中国社会科学院老年学者文库

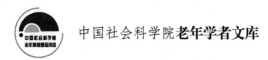

中国社会科学院**老年学者文库**

拉美和加勒比国家象征标志 手册续集

焦震衡 著

社会科学文献出版社
SOCIAL SCIENCES ACADEMIC PRESS (CHINA)

前　言

2015 年 3 月，我撰写的《拉美和加勒比国家象征标志手册》由社会科学文献出版社出版。然而，由于篇幅、资料和时间的限制，这本书仅介绍了当时同我国建立外交关系的 21 个拉美和加勒比国家的象征标志，而当时尚未同我国有外交关系的拉美和加勒比国家的象征标志在书中未能叙及，这对于完整了解整个拉美地区的情况，不能不说是个缺憾。我在该书前言中也曾表示"对一些未建交国""有待以后予以补充"。可喜的是，如今，经过几年的努力，在大量搜集和整理资料的基础上，《拉美和加勒比国家象征标志手册续集》一书终于脱稿，从而弥补了《拉美和加勒比国家象征标志手册》一书的不足。

《拉美和加勒比国家象征标志手册续集》是《拉美和加勒比国家象征标志手册》姊妹篇，是一本介绍拉美和加勒比国家基本知识的普及读物。全书约 70 万字，介绍了拉美和加勒比地区的巴拿马、多米尼加和萨尔瓦多（已分别于 2017 年 6 月 13 日、2018 年 5 月 1 日和 2018 年 8 月 21 日同我国建交）、9 个还未同我国建交的国家和 16 个未独立地区①的国名、国都、国庆、国父、国旗、国徽、国歌、国佩、总统绶带、总统玺、总统专车、总统专机、民族英雄、国语、国家保护神、国币、国球、国家运动、国花、国树、国鸟、国兽、国食、国饮、国酒、国舞、

---

① 其虽并非国家，但为叙述方便，行文中仍使用"国旗""国歌"等表述。

国家乐器、国服、国石等象征标志，全书既涵盖有关国家和地区的历史、地理、金融、文化、宗教、语言、民俗等知识，又向读者展现了上述领域的最新研究成果。应该说明的是，为使读者了解拉美和加勒比地区的全貌，本书特增加 16 个未独立地区的内容。拉丁美洲绝大多数国家曾遭受西班牙和葡萄牙三百多年的殖民统治，在政治、经济、文化等方面受曾经的宗主国的深刻影响，不仅主要通用语言是西班牙语和葡萄牙语，而且宗教信仰和许多生活习性也传承于西班牙和葡萄牙，与这两个国家有着千丝万缕的联系（比如，共和国肖像不仅是葡萄牙的国家象征，也是巴西的一个国家象征）。为了更深入地了解拉美和加勒比国家象征标志的渊源，本书附录介绍了西班牙和葡萄牙两国的象征标志。因篇幅的限制，本书没有叙及英国、法国、荷兰和美国四个宗主国和前宗主国。

如同《拉美和加勒比国家象征标志手册》前言所说，一个国家的象征标志，蕴含着历史的传承和传统文化的精髓，同它的历史、文化、经济的发展紧密联系在一起。各国都把象征标志作为历史载体，传播其思想与文化，让世人认识它，记住它，感受它的魅力。象征标志既是一个国家的象征，体现了国家的政治特色和历史文化传统，也是国家发展、社会进步的缩影。而人们了解一个国家的诸多象征标志，有助于掌握这个国家的基本轮廓和发展脉络，领略其独具特色的风采，进而认识它的发展内涵。

拉丁美洲是当前最具发展潜力的新兴地区之一，发展条件得天独厚，在国际体系中的地位日益提升。改革开放以来，我国同拉丁美洲的官方、民间往来日益频繁。进入 21 世纪以后，中拉关系从 20 世纪下半期的渐进式发展转变为跨越式发展，呈现全方位、多层次、宽领域的新局面。中国同智利、秘鲁、哥斯达黎加建成双边自贸区，同多个地区国家达成贸易和投资便利化安排，签署了产能合作协议。习近平主席于 2013 年提出的"一带一路"倡议，得到许多拉美和加勒比国家的积极热烈响应。多年来，中拉政治互信不断深入发展，中国在地区建交国增至 24 个，全面战略伙伴和战略伙伴日益增多。中拉经贸合作规模和水平持续扩大和攀升，在全球经济低迷的情况下，贸易额始终保持在 2000 亿美元以上。中国已是拉美第二大贸易伙伴，拉美成为仅次于亚洲的中国海外投资第二大目的地。习近平主席分别于 2013 年、2014 年、2016 年和 2018 年四次出访拉丁美洲，对引领新时代中拉关系发展具有重要意义，使拉美成为社会关注的热点。2018 年 1 月 22 日，习近平主席在致中国－拉美和加勒比国家共同体论坛第二届部长级会议的贺信中说，我们要描绘共建"一带一路"新蓝图，打造一条跨越太平洋的合作之路，把中国和拉美两块富饶的土地更加紧密地联通起来，开启中拉关系崭新时代。目前，我国已同 10 多个拉美和加勒比国家签署共建"一带一路"协议，"一带一路"建设成为中拉命运共同体之船的新风帆。

在拉美国家和我国政治、经济、文化等关系越来越密切的今天，通过对拉美国家的各种象征标志的介绍，向世人展现这块物产丰盈、人杰地灵的大陆，已是我国发展同拉丁美洲关系的迫切需要。本书作为《拉美和加勒比国家象征标志手册》的续集，对拉美和加勒比地区 3 个已建交国、9 个还未同我国建交国家和 16 个未独立地区象征标志的起源、发展现状以及对国家历史、文化、经济、社会发展的影响和作用进行了较为深入的研究，尽力反映这些国家和地区的特色，总结一些有规律的东西。这本书可以成为读者了解拉美和加勒比地区还未同我国建交国家和未独立地区的一个窗口，加深读者对这些国家和地区的认识，为读者提供拉美历史、地理、文化、宗教、金融等方面的知识，并可作为研究拉美的参考。

目　录
CONTENTS

巴拉圭

国名

巴拉圭共和国（República del Paraguay），南美洲中部的内陆国家。北与玻利维亚交界，西南同阿根廷接壤，东邻巴西。关于巴拉圭（Paraguay）的名字来源，存在多种说法。天主教教士安东尼奥·鲁伊斯·德蒙托亚（Antonio Ruiz de Montoya，1585～1652）说"Paraguay"意为"冠状河"（Río Coronado）。西班牙军人费利克斯·德阿萨拉（Félix de Azara，1746～1821）认为，"Paraguay"有两种来源：一是认为"Paragua"为帕亚瓜部族名，"Paraguay"意为帕亚瓜部族的河流；二是提出"Paraguay"源于一位名叫"巴拉圭奥"（Paraguaio）的酋长。阿根廷裔法国历史学家、作家保罗·格鲁萨克（Paul Groussac，1848～1929）提出"Paraguay"意为"流入海的河流"（Río Que Pasa Por el Mar）。巴拉圭前总统、诗人胡安·纳塔利西奥·冈萨雷斯（Juan Natalicio González，1897～1966）则说"Paraguay"意为"海上居民之河"（Río de Los Moradores Del Mar）。有人提出，在瓜拉尼语中，"para"意为"水"，"guay"意为"生于"，故"Paraguay"意为"生于水"。有人说，在瓜拉尼语中，"para"意为"多品种的"，"guay"意为"河流"，故"Paraguay"意为"多品种的河流"。有人认为"Paraguay"中，"para"意为"海洋"，"gua"意为"源于"，"y"意为"水"，因此，"巴拉圭"之名可能意为"海洋来的水",此处的海洋可能指的是大沼泽。有人说,"Par-aguay"意为"像海一样的河"。有人提出,"Paraguay"意为"奇花异草装饰起来的河流",因为古时巴拉圭河经常泛滥成灾,土壤被冲走后,水面上漂浮着一层绚丽的花草,使河流犹如一条斑斓的彩带。还有人说"Paraguay"源于艾马拉语"Pharaway",意为"多干燥啊!"它客观描述了该地区的特点。在瓜拉尼语中,"Paraguay"指首都亚松森所在地区,"Paraguái"是国家领土的名字。

巴拉圭被称为"南美洲的心脏",因为它位于南美洲中心地区。

国都

亚松森(Asunción)。亚松森是全国最大的城市,位于巴拉圭河东岸,皮科马约河和巴拉圭河汇合处。1537年8月15日,西班牙殖民者胡安·德萨拉萨尔·德埃斯皮诺萨(Juan de Salazar de Espinoza)在此地建立军事要塞,此地逐渐发展成一座城市。建立要塞这一天正值天主教"圣母玛利亚升天节",故将其命名为"圣母玛利亚升天"(Nuestra Señora de la Asunción)。这里的"Nuestra Señora"西班牙语意指"圣母","Asunción"西班牙语意为"升天"。1541年9月16日,副总督多明戈·马丁内斯·德伊拉拉(Domingo Martínez de Irala)成立市政厅,在当天发表的成立纪要中,正式将其命名为"非常高贵与忠诚的圣母玛利亚亚松森城"(La Muy Noble y Leal Ciudad de Nuestra Señora Santa María de la Asunción),简称"亚松森"。时至今日,这个名字仍是该城的正式名字。亚松森是南美最古老的城市之一,也是拉普拉塔河流域持续时间最久的居住区。殖民时期,西班牙人从亚松森出发,在南美建立起其他许多城市,例如布宜诺斯艾利斯、科连特斯、圣菲等,所以人们称该城为"城市之母"(Madre de Ciudades)。亚松森风景优美,绿树成荫,被称为"森林与水之都"。该城橘园遍布,收获时节,橘子挂满枝头,蔚为壮观,因此亚松森又被称为"橘城"。

国庆

5月14日（1811年）。西班牙人征服巴拉圭前，这个地区居住着印第安瓜拉尼族人。1524年，葡萄牙殖民者阿莱绍·加西亚（Aleixo Garcia）等人抵达巴拉圭河河口，烧杀抢掠、无恶不作，后被印第安人杀死。1535年西班牙殖民者马丁内斯·德伊拉拉在亚松森建立居民点，并逐渐征服其他地区，巴拉圭遂沦为西班牙殖民地。巴拉圭遭受西班牙近300年的殖民统治，瓜拉尼人、混血种人和土生白人曾多次发动反抗西班牙殖民统治的起义。1776年，巴拉圭成为拉普拉塔总督区的一部分。19世纪初，拉美地区掀起争取独立运动的高潮。1810年5月，阿根廷宣告独立。巴拉圭拒绝加入独立后的阿根廷。阿根廷政府派遣曼努埃尔·贝尔格拉诺（Manuel Belgrano）将军进驻巴拉圭，但其于1811年1月和3月两次被击败，被迫与巴拉圭停战。巴拉圭执政官贝尔纳多·德贝拉斯科（Bernado de Velasco）维护西班牙的殖民统治，并企图与巴西结盟，遭到独立运动领袖何塞·加斯帕尔·罗德里格斯·德弗朗西亚-贝拉斯科（José Gaspar Rodríguez de Francia y Velasco, 1766~1840）等人的反对。1811年5月14日，亚松森人民举行起义，成立以何塞·加斯帕尔·罗德里格斯·德弗朗西亚-贝拉斯科为首的"洪他"（委员会）。5月16日，"洪他"宣布永远废黜贝尔纳多·德贝拉斯科，并把他驱逐出境。6月22日，巴拉圭公布临时宪法，宣布脱离西班牙殖民统治，成立巴拉圭共和国。后来，5月14日被定为巴拉圭国庆日和独立日。

国父

巴拉圭人民把独立运动领导人富尔亨西奥·耶格罗斯（Fulgencio Yegros）和何塞·加斯帕尔·罗德里格斯·德弗朗西亚-贝拉斯科奉为国父。

富尔亨西奥·耶格罗斯全名为富尔亨西奥·耶格罗斯·佛朗哥·德托雷斯（Fulgencio Yegros y Franco de Torres），巴拉圭独立后首任国家元首。1780 年 2 月，耶格罗斯生于巴拉瓜里省基基奥县（Quyquyhó）圣巴尔瓦拉庄园的一个军人传统家庭。1801 年加入西班牙殖民军队，第二年首次参加从葡萄牙军队手中收复科英布拉（Coimbra）的战斗。1806 年积极投入反抗英军入侵布宜诺斯艾利斯的战争。巴拉瓜里战役后晋升为中校，1810 年任米西奥内斯省省长，建立巴拉圭第一家军事学院。1811 年率军抵抗曼努埃尔·贝尔格拉诺领导的阿根廷军队的入侵。他是巴拉圭独立运动领导人之一，1811 年巴拉圭"五月革命"的军事领袖。巴拉圭于同年 5 月 14 日宣布独立，6 月 19 日成立由 5 人组成的执政高级委员会，耶格罗斯任委员会主席至 1813 年 10 月 12 日。1814 年 2 月 12 日，与何塞·加斯帕尔·罗德里格斯·德弗朗西亚－贝拉斯科共任巴拉圭共和国执政官，1814 年 6 月 12 日被迫辞职，何塞·加斯帕尔·罗德里格斯·德弗朗西亚－贝拉斯科成为巴拉圭独裁者。耶格罗斯退出政治舞台，返回自己的庄园。1820 年，他参与推翻德弗朗西亚的活动，政变失败后被捕入狱，1821 年 7 月 17 日被处死。

为了纪念富尔亨西奥·耶格罗斯，卡萨帕省的一座城镇于 1891 年12 月 17 日被改名为耶格罗斯（Yegros）。这座城镇由当地移民局局长和首任行政官圣地亚哥·舍雷尔（Santiago Schaerer）建于 1888 年，居民主要由德国、瑞士和法国移民组成。最初地名为普埃斯托纳兰霍（Puesto Naranjo），后改为圣费尔南多德尔埃斯皮里图桑托（San Fernando del Espíritu Santo）。1891 年曾先后称科洛尼亚纳西奥纳尔（Colonia Nacional）和科洛尼亚胡安 G. 冈萨雷斯（Colonia Juan G. González），最后以国父富尔亨西奥·耶格罗斯之名命名。

有些机构和组织也以富尔亨西奥·耶格罗斯的名字命名，如中央省嫩比城（Ñemby）的富尔亨西奥·耶格罗斯足球俱乐部（Club Fulgencio Yegros）。

何塞·加斯帕尔·罗德里格斯·德弗朗西亚－贝拉斯科在巴拉圭历

史上是个有争议的人物，但还是被视为国父。他被尊称为德弗朗西亚博士（Doctor Francia），而同时代的巴拉圭人则称他为卡莱·瓜苏（Karaí Guazú）。

德弗朗西亚 1766 年 1 月出生于亚松森，其父是商人，母亲为瓜拉尼人。曾就读于阿根廷科尔多瓦大学，获神学博士学位。大学毕业后，德弗朗西亚返回亚松森，在圣卡洛斯神学院教授神学和拉丁文，后又从事律师工作。1807 年，他当选亚松森市议会审判官，并积极参加巴拉圭独立运动。1811 年 5 月 14 日，他领导的反对巴拉圭执政官贝尔纳多·德贝拉斯科的起义取得胜利，5 月 14 日巴拉圭宣布独立。德弗朗西亚成为执政高级委员会成员，1814 年与富尔亨西奥·耶格罗斯共同执政，1814 年成为最高独裁者（Dictador Supremo），1816 年改任终身独裁者（Dictador Perpetuo）。他虽独揽大权，残害异己，实施独裁统治，但他推行维护国家独立，鼓励发展工业、农业和削弱教会势力的政策，使巴拉圭成为南美洲少有的自给自足的国家。1840 年 9 月 20 日去世。

德弗朗西亚被视为巴拉圭民族英雄，至今被巴拉圭人民怀念。在亚瓜龙（Yaguarón）建立了他的博物馆，展出他和女儿的画像以及他的糖果盒、烛台和烟草盒。巴拉圭作家奥古斯托·罗亚·巴斯托斯（Augusto Roa Bastos）以德弗朗西亚一生轨迹为主题，写了一本名为《我，至高无上者》（Yo el Supremo）的小说，对他的生平做了介绍。1989 年，这部小说获塞万提斯奖（Premio Cervantes）。巴拉圭货币瓜拉尼上印有德弗朗西亚的肖像，首都亚松森还有为德弗朗西亚修建的公园。

国旗

巴拉圭国旗自上而下由红色、白色、蓝色三个平行相等的横长方形组成，长与高之比为 5∶3。正面白色长方形中央绘有国徽图案，背面绘有财政徽，这成为巴拉圭国旗独有的特色。这面旗是 1842 年 11 月 25

日由国民议会特别大会（Congreso General Extraordinario del Parlamento nacional）通过的。国旗的三色有说是受到象征独立和自由的法国三色旗的影响，也有说三色源于帮助守卫布宜诺斯艾利斯抵抗英军入侵的巴拉圭军人军服的颜色。红色象征正义，白色象征和平，蓝色象征自由。

历史上，巴拉圭国旗曾变动多次。

1811 年 5 月 14 日巴拉圭人民爆发反对西班牙殖民统治的起义，第二天升起蓝色长方形旗，旗的左上角有一颗白色六角星，长与高之比为 3∶2。这面旗是巴拉圭首都亚松森的保护神"亚松森圣母玛利亚"（Virgen Nuestra Señora Santa María de la Asunción）的标志，也是巴拉圭的第一面国旗，使用至同年 6 月 16 日。

1811 年 6 月 17 日，巴拉圭第一届代表大会（Primer Congreso General）开幕。当时使用自上而下蓝色、黄色、红色三个平行相等的横长方形组成的旗，长与高之比为 3∶2。蓝色是"亚松森圣母玛利亚"的代表，再加上西班牙红黄红国旗的黄红二色，旗的中间绘有西班牙王徽，后来这面旗被称为"保皇旗"，使用至同年 8 月 15 日。

1811 年 8 月 15 日，巴拉圭第三面国旗面世。旗面颜色与现国旗相同，但中间白色旗面的大小是上面红色和下面蓝色旗面的两倍。这面旗是由富尔亨西奥·耶格罗斯、佩德罗·胡安·卡瓦列罗（Pedro Juan Caballero）和费尔南多·德拉莫拉（Fernando de la Mora）三位第一届执政高级委员会成员设计的，使用至 1812 年 9 月 30 日。

1812 年 8 月 15 日，由红色、白色、蓝色三个平行相等的横长方形组成的国旗升起，旗面上已经没有王徽。当年成立了共和制政府，因此这面旗是共和国的第一面国旗。

1826 年，何塞·加斯帕尔·罗德里格斯·德弗朗西亚 - 贝拉斯科下令重新使用上绘一颗六角白星的天蓝色旗。这面旗一直使用到 1840 年其去世。

1842 年 11 月 25 日，马里亚诺·罗克·阿隆索（Mariano Roque Alonso）和卡洛斯·安东尼奥·洛佩斯（Carlos Antonio López）领导的

特别大会下令恢复使用 1812 年 8 月 15 日确定的红、白、蓝三色国旗，并在正面添加国徽，背面添加财政部印玺。

2013 年 7 月 15 日，巴拉圭总统和内政部部长签署法令，废除阿尔弗雷多·斯特罗斯纳·马蒂奥达（Alfredo Stroessner Matiauda, 1912~2006）执政时期对国旗和国徽所做的修改，恢复 1842 年巴拉圭国旗原始设计的式样。这项法令主要对国徽进行修改，把国徽上国名所在的红圈变回白圈，黄体字国名变回黑体字国名，去掉金色五角星所在的蓝圆并改回白底。棕榈枝和橄榄枝都为绿色，国徽只保留黑色、黄色和绿色三种颜色。法令公布 90 天后开始执行。

国旗日

8 月 14 日。1913 年巴拉圭教师协会（Asociación de Maestros）要求宣布 8 月 14 日为巴拉圭国旗日（Día de la Bandera Paraguaya），以免同亚松森成立日相混淆。该建议得到巴拉圭国会的采纳，8 月 14 日遂成为巴拉圭的国旗日。每年 8 月 14 日，巴拉圭全国各地都要隆重纪念国旗日。2016 年 8 月 14 日，巴拉圭总统奥拉西奥·卡特斯（Horacio Cartes）在巴拉圭国旗日当天，在其推特中写道："我满怀激情向我们光荣的巴拉圭国旗致敬，你的颜色保留着英雄主义与伟大的历史。"他说，"三色旗是自由与主权国家的象征"，"尽管历尽沧桑，国旗一直高高飘扬"。他解释了三色旗的含义："红、白、蓝三色代表正义、和平和自由。"最后，他还祝福巴拉圭人民："国旗日快乐！"

国徽

巴拉圭国旗正面绘有国徽（Sello Nacional），国旗背面绘有财政部印玺（Sello de Hacienda）。

巴拉圭国旗正面的国徽由三个白色同心圆组成。正中白色同心圆中央绘一颗金色五角星，亦即"五月之星"，绿色棕榈枝和橄榄枝围绕金色五角星组成椭圆冠形，在星的下端连接在一起，上端则敞开。第二个同心圆边饰写有黑体西班牙文"巴拉圭共和国"（REPUBLICA DEL PARAGUAY）字样。巴拉圭国徽绘在国旗正面。

1812 年 9 月 30 日，巴拉圭国会曾使用过一种国徽，但具体情况不明。1820 年巴拉圭官方文件上第一次出现了何塞·加斯帕尔·罗德里格斯·德弗朗西亚－贝拉斯科设计的国徽，该国徽一直用到 1842 年。1842 年 11 月 25 日，巴拉圭国会颁布国徽式样，并沿用至今。

1823～1824 年何塞·加斯帕尔·罗德里格斯·德弗朗西亚－贝拉斯科独裁时期的国徽式样与现国徽相似，所不同的只是星为白色六角星。巴拉圭现在的国徽便是以该国徽为基础设计的。1988～2013 年巴拉圭使用的国徽颜色曾有变化，2013 年 7 月时任总统费德里科·佛朗哥（Federico Franco）下令恢复原国徽式样，并沿用至今。

巴拉圭国旗背面的财政徽也由三个白色同心圆组成。正中白色同心圆绘有一头头向右看、尾巴向上竖起、端坐、咆哮的金色雄狮，身后垂直而立的长矛上挑着红色弗里吉亚帽，这是自由的象征。第二个同心圆边饰写有黑体西班牙文国家格言"和平与正义"（Paz y Justicia）。巴拉圭国旗背面也绘有财政徽。财政徽还是巴拉圭最高法院的徽章。

国玺

巴拉圭国玺与国徽形状相同，由三个白色同心圆组成。正中白色同心圆中央绘有一颗金色五角星，亦即"五月之星"，绿色棕榈枝和橄榄枝围绕金色五角星组成椭圆冠形，在星的下端连接在一起，上端则敞开。第二个同心圆边饰写有黑体西班牙文"巴拉圭共和国"（REPUB-LICA DEL PARAGUAY）字样。

总统绶带

巴拉圭总统是巴拉圭国家元首和政府首脑，也是全国武装力量总司令。自 1912 年起，巴拉圭总统就职日期规定为 8 月 15 日，这一天是建立亚松森的纪念日。在就职仪式上，当选总统接受并佩戴总统绶带。巴拉圭总统绶带由红、白、蓝三色纵列构成，颜色同巴拉圭国旗。每个颜色条宽幅相等，中间的国徽图案跨连三个颜色条。巴拉圭总统佩戴总统绶带产生于 19 世纪下半叶。1887 年，巴拉圭国会下令，总统绶带是总统权力的象征，只有佩戴绶带的总统才是宪法总统，才真正代表国家的尊严和权威。第一个拥有总统绶带的巴拉圭总统是 1886～1890 年执政的帕特里西奥·埃斯科瓦尔（Patricio Escobar，1843～1912）。2008 年巴拉圭总统费尔南多·卢戈（Fernando Lugo）就职前，请厄瓜多尔瓜兰达城一家修道院的修女为他缝制了总统绶带。

总统旗

巴拉圭总统旗长与高之比为 2∶1。旗的底色为蓝色，旗底中心为巴拉圭国徽，旗底四角各有 1 颗金色五角星。

总统专车

1999～2003 年执政的巴拉圭总统路易斯·安赫尔·冈萨雷斯·马基（Luis Ángel González Macchi）的专车曾是防弹灰色宝马车。令人不可思议的是，这辆车竟是一辆"黑车"。2001 年 3 月，巴拉圭检察部门发现总统专车的车牌号码曾被改动。经调查后得知，这辆车是巴西一家公司在圣保罗购买的，并向南美保险公司投保。后该车被盗，南美保险公司为此赔偿这家公司 120 万美元。盗贼胆大妄为，伪造汽车文件，竟将此车以 8.1 万美元卖给巴拉圭总统府，随后该车成为总统专车。真相大白后，巴拉圭总统府将车归还给南美保险公司。

总统专机

1978 年巴拉圭航空公司（Líneas Áreas Paraguayas）从美国泛美航

空公司购买一架波音 707（Boeing 707），作为巴拉圭总统专机。1994 年巴拉圭航空公司停止运转，波音 707 转属巴拉圭空军，并成为 1993 ~ 1998 年在职的胡安·卡洛斯·瓦斯莫西·蒙蒂（Juan Carlos Wasmosy Monti）的总统专机。2017 年 8 月，这架波音 707 巴拉圭总统专机被从亚松森移至洛马格兰德（Loma Grande），并被改造成博物馆，以展示巴拉圭航空史和纪念巴拉圭航空公司的员工。2011 年巴拉圭政府从荷兰购买了一架福克 100（Fokker 100）作为总统专机。福克 100 可载客约 100 人，最大航程为 4300 公里。福克 100 是由荷兰福克公司制造的双发动机中型窄体飞机，问世于 20 世纪 80 年代，1986 年 11 月 30 日首飞，1987 年 11 月 20 日获荷兰民航局颁发的型号合格证。福克 100 由福克 F28 发展而来，是福克系列中载客量最多、机身最长的飞机。机身全长 35.53 米，翼展为 28.08 米。采用两台 Tay Mk. 650 - 15 涡轮风扇发动机，置于机身后段。正常巡航速度为 743 千米/小时。

总统府

洛斯洛佩斯宫（Palacio de los López）。坐落于亚松森市中心巴拉圭独立大街，是一座二层建筑，呈倒 U 字形，主体中央有一座瞭望塔楼。它是亚松森最漂亮的新古典主义风格建筑之一，也是亚松森标志性建筑、巴拉圭政府所在地，内设总统办公室。

19 世纪上半叶，拉萨罗·罗哈斯（Lazaro Rojas）将洛斯洛佩斯宫所在的地产赠予教子弗朗西斯科·索拉诺·洛佩斯（Francisco Solano López，小洛佩斯）。1842 年，巴拉圭总统卡洛斯·安东尼奥·洛佩斯（Carlos Antonio López，老洛佩斯）下令兴建包括其子弗朗西斯科·索拉诺·洛佩斯宅第的大量建筑。弗朗西斯科·索拉诺·洛佩斯赴欧洲旅行后，带回许多建筑师和工程师。匈牙利建筑师弗朗西斯科·威斯纳（Francisco Wisner）制定了洛斯洛佩斯宫建筑规划，英国建筑师阿隆索·泰勒（Alonso Taylor）领导施工。1857 年，洛斯洛佩斯宫破土动工。建筑的装饰由来自欧洲的艺术家负责：英国工程师欧文·莫格尼汉（Owen Mognihan）负责建筑内的雕刻，意大利人安德烈斯·安东尼尼（Andrés Antonini）设计通往二层的大理石楼梯，法国画家胡利奥·莫内（Julio Monet）绘制天花板的花卉和人物。后来，法国建筑师多马·拉杜塞·费利克斯（Daumas Ladouce Felix）、意大利建筑师亚历杭德罗·拉维萨（Alejandro Ravizza）也参加了建筑工作。洛斯洛佩斯宫使用的建筑材料来自巴拉圭全国各地，如恩博斯卡达和阿尔托斯采石场的石料、涅恩布库的木料、塔库姆布的砖、伊比库伊铸造的铁器等。宫内的铜雕、贵重家具、装饰镜则来自巴黎。1862 年老洛佩斯去世，小洛佩斯继任总统。1864 年"三国联盟战争"（指巴西、阿根廷和乌拉圭对巴拉圭的战争，又称"巴拉圭之战"）爆发，工程停顿，但该建筑在1867 年已几乎完工。三国联盟战争迫使小洛佩斯把首都从亚松森迁往涅恩布库，没能入住豪华的洛斯洛佩斯宫。1869 年，巴西和阿根廷军队轰炸洛斯洛佩斯宫，建筑被严重破坏。1870 年 3 月，小洛佩斯在战斗中被击毙，三国联盟战争结束。巴西和阿根廷军队攻入亚松森后，洛斯洛佩斯宫被洗劫一空，并被当作巴西军营，时间长达 7 年。1890 年胡安·瓜尔韦托·冈萨雷斯（Juan Gualberto González）上台后，开始重建洛斯洛佩斯宫，1892 年完工。1894 年他被政变推翻，未能入住洛斯洛佩斯宫。同年上台执政的胡安·包蒂斯塔·埃古斯基萨（Juan Bautista Egusquiza）把洛斯洛佩斯宫当作政府所在地。20 世纪中叶，洛斯洛佩斯宫成为总统官邸。总统办公室原设在建筑的最高层，1949 年费利佩·莫拉斯·洛佩斯（Felipe Molas López）总统因行动不便，把办公室搬到一层。洛斯洛佩斯宫常遭白蚁侵袭，受损严重，2012 年，巴拉圭政府曾花费 500 万美元翻修受损的部分宫殿，其中包括总统的办公区以及会客厅。

总统官邸

姆布鲁维查罗加（Mburuvicha Róga）。它是一座新古典主义风格的白色建筑，位于亚松森洛佩斯元帅大街，始建于 1930 年。"姆布鲁维查罗加"瓜拉尼语意为"首领之家"。巴拉圭公共工程和交通部以 690 万比索从安东尼奥·波西（Antonio C. Pozzi）手中买下该建筑。1942 年 10 月 29 日，巴拉圭政府发布第 15320 号令，耗资百万比索修缮姆布鲁维查罗加。1942 年 11 月 27 日，伊希尼奥·莫里尼戈（Higinio Morínigo）总统宣布该建筑为总统官邸，姆布鲁维查罗加从而成为巴拉圭总统官邸。1954 ~ 1989 年巴拉圭独裁者阿尔弗雷多·斯特罗斯纳·马蒂奥达（Alfredo Stroessner Matiauda）曾在此居住长达 35 年。1989 年继任的安德烈斯·罗德里格斯·佩多蒂（Andrés Rodríguez Pedotti）总统下令改造该建筑，使其现代化，并添加大理石迎宾台阶。自巴拉圭"民主化进程"以来，已有 5 位总统入住姆布鲁维查罗加（安德烈斯·罗德里格斯·佩多蒂总统除外）。姆布鲁维查罗加占地 20 公顷，其花园多棕榈树和其他高大植物，内部的天主教教堂对公众开放。姆布鲁维查罗加内设有总统第一夫人办公室和总统直升机场。2003 年时任巴拉圭总统尼卡诺尔·杜阿尔特·弗鲁托斯（Nicanor Duarte Frutos）欲改其名为"滕多塔罗加"（Tendota Róga），但未果。

国佩

国佩颜色同国旗。中心为深蓝色，白环围绕蓝心，红环围绕白环。1811 年 5 月 14 日，亚松森人民举行起义，成立以何塞·加斯帕尔·罗德里格斯·德弗朗西亚 – 贝拉斯科为首的"洪他"（委员会）。两年后的 1813 年 9 月 30 日成立以富尔亨西奥·耶格罗斯和何塞·加斯帕尔·罗德里格斯·德弗朗西亚 – 贝拉斯科为首的政府。随后该政府确定了红、白、蓝三色的国佩。每年 5 月庆祝巴拉圭独立的日子，巴拉圭人纷纷佩戴国佩。

国歌

《巴拉圭人，无共和毋宁死》（*Paraguayos, República o Muerte*）。词作

者为弗朗西斯科·阿库尼亚·德菲格罗亚（Francisco Acuña de Figueroa，1790～1862）。曲作者为伦贝托·希门尼斯（Remberto Gimenez，1898～1977）。

卡洛斯·安东尼奥·洛佩斯执政期间，1845 年 5 月 3 日《独立巴拉圭人报》刊登了一首由阿纳斯塔西奥·罗隆（Anastasio Rolón）作词和安东尼奥·马里亚·金塔纳（Antonio María Quintana）作曲的爱国歌。这首歌被视为巴拉圭最早的国歌，被称为"巴拉圭原始国歌"（Himno Nacional Paraguayo Primitivo）。后来，老洛佩斯总统请阿根廷国歌词作者、阿根廷诗人维森特·洛佩斯－普拉内斯（Vicente López y Planes）为巴拉圭撰写国歌，但他索要 1000 硬比索。老洛佩斯总统没有答应他的要求，随后委托巴拉圭驻乌拉圭代表贝尔纳多·霍韦利亚诺斯（Bernardo Josellanos）和阿纳斯塔西奥·冈萨雷斯（Anastasio González）与乌拉圭国歌词作者、乌拉圭诗人弗朗西斯科·阿库尼亚·德菲格罗亚（详见《拉美和加勒比国家象征标志手册》乌拉圭一节）签订撰写巴拉圭国歌的合同。1840 年 8 月 15 日德菲格罗亚完成写作，把原稿交与巴驻乌代表，然后由他们转交给巴总统。关于曲作者，至今仍存在争议，莫衷一是。有人认为曲作者是 1853 年抵达巴拉圭的法国作曲家弗朗西斯克·德迪皮伊（Francisque de Dupuis）；有人认为是 1838 年抵达乌拉圭的匈牙利音乐家弗朗西斯科·何塞·达瓦利（Francisco José Davalí）；有人认为是 1850 年抵达乌拉圭的意大利音乐家何塞·朱夫拉（José Giuffra）。另外，还有人认为词作者德菲格罗亚在巴拉圭国歌中选择了乌拉圭国歌的主旋律。1933 年巴拉圭作曲家伦贝托·希门尼斯对国歌进行了修改。1934 年 5 月 12 日，欧塞比奥·阿亚拉（Eusebio Ayala）总统正式承认德菲格罗亚作词、伦贝托·希门尼斯修改的国歌。

巴拉圭国歌共有 7 节，每节都有副歌。演唱国歌时只唱两节和合唱。

巴拉圭国歌歌词译文：

合唱：

　　巴拉圭人，无共和毋宁死！

勇敢使我们赢得自由。

不允许再有压迫者和奴隶，

团结和平等大于天。

第一段：

王权压迫了美洲人民三百年，

美好的一天终于出现，

在"够了！"的呼叫声中，

王权被推翻。

我们的先辈英勇作战，

名垂青史、光荣无限，

他们砸碎威严的王冠，

举起自由胜利的花环。

国歌歌词原文为：

Himno Nacional del Paraguay

Autor：Francisco Acuña de Figueroa

Coro

Paraguayos，República o Muerte！

Nuestro brío nos dio libertad：

Ni opresores，ni siervos alientan

Donde reina unión，e igualdad.

I

A los pueblos de América，infausto

Tres centurias un cetro oprimió，

Mas un día soberbia surgiendo，

¡ Basta! dijo …, y el cetro rompió,

Nuestros padres, lidiando grandiosos,

Ilustraron su gloria marcial;

Y trozada la augusta diadema,

Enalzaron el gorro triunfal.

Coro

II

Nueva Roma, la Patria ostentará

Dos caudillos de nombre y valer,

Que rivales, cual Rómulo y Remo,

dividieron gobierno y poder…

Largos años, cual Febo entre nubes

Viose oculta la perla del Sud,

Hoy un héroe grandioso aparece

Realzando su gloria y virtud…

Coro

III

Con aplauso la Europa y el Mundo

La saludan, y aclaman también

De heroismo valuarte invencible

De riquezas magnífico Edén

Cuando entorno rugió la Discordia

Que otros Pueblos fatal devoró,

Paraguayos, el suelo sagrado

Con sus alas un ángel cubrió.

Coro

IV

Oh! cuán pura, de lauro ceñida,

Dulce Patria te ostentas asi

En tu enseña se ven los colores

Del zafiro, diamante y rubí.

En tu escudo que el sol ilumina,

Bajo el gorro se mira el león.

Doble imagen de fuertes y libres,

y de glorias, recuerdo y blasón.

Coro

V

De la tumba del vil feudalismo

Se alza libre la Patria deidad;

Opresores, doblad rodilla!

Compatriotas el Himno entonad!

Suene el grito, República o Muerte!

Nuestros pechos lo exhalen con fe,

Y sus ecos repitan los montes

Cual gigantes poniéndose en pie.

Coro

VI

Libertad y Justicia defiende

Nuestra Patria; Tiranos, oido!

De sus fueros la carta sagrada

Su heroísmo sustenta en la lid.

Contra el mundo, si el mundo se opone,

Si intentare su prenda insultar,

Batallando vengar la sabremos

O abrazo con ella expirar.

Coro

Ⅶ

Alza, oh Pueblo, tu espada esplendente

Que fulmina destellos de Dios,

No hay más medio que libre o esclavo

Y un abismo divide a los dos

En las auras el Himno resuene,

Repitiendo con eco triunfal：

A los Libres perínclita gloria！

A la Patria laurel inmortal！

Coro

歌词原文见 htt：//www. redparaguaya. com/elpais/himno. asp, https：//www. musica. com/letras. asp？ letra＝800748。

巴拉圭国歌曲作者伦贝托·希门尼斯是巴拉圭著名作曲家、指挥家，巴拉圭音乐活动的积极组织者。早期加入首都警察乐团，师从尼科利诺·佩莱格里尼（Nicolino Pellegrini）和萨尔瓦多·登蒂塞（Salvador Déntice）。主要作品有《狮山营地》（Campanento Cerro León）、《燕子》（La Golondrina）、《怀念家乡》（Nostalgias del terruño）、《树林的香气》（Ka'aguy Ryakua）、《当太阳进入的时候》（Kuarahy oike jave）等。他还创作过小提琴曲和钢琴曲。他创作的歌曲包括《青春之歌》（Himno a *la juventud*）、《在你铁栅栏下》（*Al pie de tu reja*）、《应征士兵》（*Conscripto*）等。

巴拉圭国歌词作者弗朗西斯科·阿库尼亚·德菲格罗亚 1790 年 9 月 20 日生于乌拉圭首都蒙得维的亚，其父母是来自西班牙的移民。青年时代曾就读于布宜诺斯艾利斯圣弗朗西斯科学院（Colegio de San Francisco）和圣卡洛斯皇家学院（Real Colegio de San Carlos），22 岁时已写出诗歌《蒙得维的亚地方日记》（*El Diario del sitio de Montevideo*）。1814 年赴巴西里约热内卢任职，1818 年返回蒙得维的亚，任国家图书馆馆长。他是乌拉圭公共教育学院创始人之一，还是乌拉圭著名诗人，代表作为《拉马拉姆布鲁纳达》（*La Malambrunada*），并创作了乌拉圭和巴拉圭国歌。除诗作外，他还写过一些剧本，并将许多拉丁文诗译成西班牙文。其作品收入他的 12 卷全集。1862 年 10 月 6 日因中风去世。

国家格言

世界上不少国家有自己的格言，有些国家则没有。国家格言通常是一条短语，反映本国的价值理念和信仰，以引导、规范和约束国民在社会活动中的行为。国家格言一般出现在该国的国徽和货币上。巴拉圭的国家格言为"和平与正义"，巴拉圭国旗背面的财政徽上就写有"和平与正义"。

国语

西班牙语和瓜拉尼语。1992 年 6 月 20 日颁布的巴拉圭宪法第 140 条规定，巴拉圭是一个多种文化和讲两种语言的国家。其国语为西班牙语和瓜拉尼语。根据 2015 年的统计，讲瓜拉尼语的人口占全国人口的 90% 以上，讲西班牙语的人口占全国人口的 87%。从 1994 年开始，瓜拉尼语成为全国教育体系的组成部分。全国约有 200 万名儿童、青年和成人学习瓜拉尼语。瓜拉尼语已进入大学，媒体、出版行业也已广泛使用瓜拉尼语。根据 2006 年南方共同市场委员会第 31 号决议，从 2006 年 12 月 13 日起，瓜拉尼语成为南方共同市场使用的语言之一。2007 年 1 月 19 日，南方共同市场首脑会议批准了这项决议。2010 年，瓜拉尼语和西班牙语版的《语言法》颁布，再次确认了瓜拉尼语在巴拉圭的官方语言地位。

在城市中心，主要是在首都，一些巴拉圭人讲一种西班牙语和瓜拉尼语相结合的语言，其被称为霍帕拉语（Jopara）。霍帕拉语是一种使用瓜拉尼语的语法和韵律结构，但采用西班牙语词语的克里奥尔方言。另一语言变体叫瓜拉尼赫埃阿语（Guaraní jehe'a），是一种把西班牙语词语改变成瓜拉尼语的混合语言。

巴拉圭的印第安语中除瓜拉尼语外，还存在其他几种印第安语，它们是：艾萨纳帕纳奥雷奥语（Ay Sanapanáoreo）、查马科科语（Chamacoco）、伊约武杰瓦－乔罗特语（Iyo'wujwa Chorote）、瓜纳语（Guana）、伦瓜语（Lengua）、马卡语（Maka）、尼瓦克莱语（Nivaclé）、尼安德瓦语（Ñandeva）、派塔维特拉语（Pai Tavytera）、萨拉帕纳语（Sanapaná）、托瓦戈姆语（Toba Qom）和托瓦－马斯科伊语（Toba-Maskoy）。

巴拉圭西班牙语 巴拉圭西班牙语明显带有西班牙北方所讲西班牙语的特点，因为最初抵达巴拉圭的西班牙殖民者多来自卡斯蒂利亚和巴斯克。巴拉圭西班牙语同正统西班牙语有一些差别。在发音上，字母"V"使用唇齿音，字母组合"tr"发类似"ch"的音。同阿根廷拉普拉塔地区所操西班牙语一样，在句法上，巴拉圭西班牙语没有第二人称代词复数"vosotros"（你们），而且不使用第二人称代词单数"tú"（你），"tú"用"vos"代替。与"vos"有关的动词变位采用第二人称代词复数的变位形式，而且失去二重元音中的"i"。用人称代词 le 代替 la 和 lo。在缩小词中，用"-i"代替"-ito"，如"coche'i"（小汽车）、"casa'i"（小房子）、"vaca'i"（小牛）。有时缩小词中的"i"不和单词的其他部分分开，如用"perri"（小狗）代替"perito"。巴拉圭西班牙语中使用源于瓜拉尼语的虚词"na"（请），如"Tráeme por favor un vaso de agua cuando vuelvas. "（你回去时给我带杯水。）变为 "ráemena un vaso de agua cuando vuelvas. "。巴拉圭西班牙语中还用源于瓜拉尼语的疑问虚词 "pa"、"piko" 和 "ta"，如 "Para qué"（为了什么）变为 "¿Para qué pa?"、"¿Para qué pió?" 或 "¿Para qué ta?"。

巴拉圭西班牙语中有大量源于瓜拉尼语的单词，如 "Gua'u"、"He'i"、"Pio" 和 "Kaigüé" 等。"Gua'u" 意为 "玩笑" 或 "谎言"，也表示讨论某件事的可信度，如 "Gua'u que Juan estudió para el examen. "（胡安是为考试而学习吗?）。"He'i" 意为 "说"，如 "Va a venir a las cinco de la tarde he'i Pedro. "（佩德罗说下午 5 点来）。"Pio" 用在问句中，表示说话者的怀疑，如 "¿En serio pio me decís que estaba cerrado ya el supermercado?"（你真的跟我说超市关门了?）。"Kaigüé" 表示懒于或不想做某件事，如 "Tenía que ir a una fiesta, pero estoy demasiado kaigüé. "（应该去联欢会，可我太不愿去）。

对人和物的叫法，巴拉圭和其他拉美国家也有不同的地方，如小伙子，墨西哥叫 "chaco"，巴拉圭叫 "mita'i"，墨西哥称菜豆为 "frijol"，巴拉圭则叫 "poroto"。

瓜拉尼语（Lengua Guaraní） 瓜拉尼语是南美印第安瓜拉尼人的语言，属安第斯-赤道语系的图皮-瓜拉尼语族。瓜拉尼人主要分布于巴拉圭，此外，在玻利维亚、阿根廷、巴西和乌拉圭也分布有小部分瓜拉尼人。1967 年巴拉圭宪法已承认瓜拉尼语为国语，1992 年的巴拉圭宪法则进一步规定瓜拉尼语和西班牙语同为国家官方语言。这样，瓜拉尼语成为所有印第安语言中唯一具有官方地位的语言。巴拉圭宪法规定瓜拉尼语应受到保护，它是学校中的必习语言。瓜拉尼语有自己的文字，巴拉圭出版瓜拉尼语书、刊物，电台和电视台有瓜拉尼语节目。从 2006 年起，瓜拉尼语又与西班牙语和葡萄牙语一起成为南美洲南方共同市场的官方语言。2012 年巴拉圭成立瓜拉尼语学院（La Academia de la Lengua Guaraní），并规定了瓜拉尼语的统一标准。

瓜拉尼语主要分为教会瓜拉尼语（guaraní misionero）、部落瓜拉尼语（guaraní tribal）和巴拉圭瓜拉尼语（guaraní paraguayo）三种。教会瓜拉尼语在 1632 ～1767 年流行，那时耶稣会影响很大，故又称耶稣教会瓜拉尼语（el guaraní jesuítico），这种瓜拉尼语已在 1870 年消失，但有大量书面文本存世。部落瓜拉尼语涵盖了在巴拉圭境内定居的几个民族的方言，包括西瓜拉尼语（Guaraní Occidental）、派塔维特拉语（Paí Tavyterá）、阿瓦瓜拉尼语（Ava Guaraní）和姆比亚瓜拉尼语（Idioma Mby'a Guarani）。巴拉圭瓜拉尼语是巴拉圭绝大多数人口所讲的语言，讲该语的人口占全国人口 90% 以上。

哥伦布发现美洲前，瓜拉尼语并没有文字。后来耶稣会传教士到达南美后，用拉丁字母作为瓜拉尼语的书写符号，研究并规范瓜拉尼语，编写瓜拉尼语语法书。1605 年，巴拉圭耶稣教会省（La provincia jesuítica del Paraguay）成立，瓜拉尼语成为该省的唯一官方语言。省内的日常生活、宗教活动都使用瓜拉尼语。耶稣教会在瓜拉尼人定居点建立教堂和学校，在传播天主教教义的同时，教授印第安人用瓜拉尼语进行书写。1639 年，耶稣会传教士安东尼奥·鲁伊斯·德蒙托亚（Antonio Ruíz de Montoya）出版名为《瓜拉尼语宝库》（*Tesoro de la lengua guaraní*）的瓜拉尼语—西班牙语词典，1722 年又出版了瓜拉尼语语法纲要和词典《瓜拉尼语的艺术和词语》（*Arte y bocabvlario de la lengua guaraní*），他还出版了瓜拉尼语语法书《瓜拉尼语问答手册》（*Catecismo de la lengua guaraní*）。但早期瓜拉尼语的字母和拼写并不是很一致，并且和现代的拼写方式有很大区别。1767 年，随着西班牙王室驱逐耶稣教会，巴拉圭耶稣教会省不复存在，但是耶稣教会建立的瓜拉尼人社会架构和瓜拉尼语的体系已扎下了根。1811 年，巴拉圭建国后，西班牙语成为唯一的官方语言，瓜拉尼语的位置被取代。但瓜拉尼语并未消亡，大部分巴拉圭人在日常生活中仍然讲瓜拉尼语，而且巴拉圭西班牙语也受到瓜拉尼语的深刻影响，形成了两者融合的混合体——霍帕拉语。1867 年，巴拉圭总统弗朗西斯科·索拉诺·洛佩斯曾试图规范瓜拉尼语书写方式，但未成功。直至 1950 年，在蒙得维的亚召开由雷纳尔多·德科德·拉罗萨（Reinaldo Decoud Larrosa）主持的瓜拉尼语大会，才使瓜拉尼语拼写规则标准化，这成为现在瓜拉尼语的书写规则。

瓜拉尼语共有 33 个字母，大小写是：A a、Ã ã、CH ch、E e、Ẽ ẽ、G g、G̃ g̃、H h、I i、Ĩ ĩ、J j、K k、L l、M m、MB mb、N n、ND nd、NG ng、NT nt、Ñ ñ、O o、Õ õ、P p、R r、RR rr、S s、T t、U u、Ũ ũ、V v、Y y、Ỹ ỹ、'，其中元音为 12 个，辅音为 21 个。瓜拉尼语使用拉丁字母，加上分音符表示鼻音。A、E、I、O、U、Y 是元音，这 6 个字母上加分音符是它们的元音变体——鼻化元音（Ã、Ẽ、Ĩ、Õ、Ũ）和喉鼻化元音（Ỹ）。辅音字母 n 上的腭化符号也代表鼻音。一些鼻前音用复合字母表示（如 mb、nd、ng、ch、ku）。33 个字母的最后一个字母 "'"（也被叫作 puso）表示声门塞音。瓜拉尼语不用 F、Q、W、X、Z 这几个字母，也不用西班牙语连字母 "LL"。拉丁字母 B、C、D 仅用于连字母中，字母 "L" 和连字母 "RR" 仅用于源于西班牙语的词。

瓜拉尼语的动词变化要比西班牙语简单。瓜拉尼语动词只有陈述式，以表示现在时、将来时和简单过去时。瓜拉尼语动词时态、式、人称变化不像西班牙语那样靠动词词根变化，而是把特殊的字母组合放在动词前，即加前缀，如人称变化，要在动词前加上 a/e/o/ja/ro/pe。"a" 是人称代词 "che"（我）的变体，"re" 是人称代词 "Nde"（你）的变体，"o" 是 "Ha'e"（他）和 "Ha'e kuéra"（他们）的变体，"ja" 是 "Ñande"（我们，指包括我们）的变体，"ro" 是 "Ore"（我们，指排除我们）的变体，"pe" 是 "Peẽ"（你们）的变体，例如，guata 是 "走" 的意思，aguata 是 "我走" 的意思，reguata 是 "你走" 的意思。Karu 是 "吃午饭" 的意思，jakaru 是 "我们吃午饭" 的意思。与此同时，少数几个词存在特殊变化。动词的将来时和过去时要加后缀，将来时的后缀为 "ta"，过去时的后缀为 "kuri"，例如，u 意为 "吃饭"，ro'u 意为 "我们吃饭"，ro'uta 意为 "我们将要吃饭"。

西班牙语有许多前置词，而瓜拉尼语则有许多用来表示位置、时间、作用对象的后置助词，后置助词多达 140 个。

瓜拉尼语对一个词进行否定，需要在词前加 n/nd/nda/nde/ndo，在词后加 i/iri，例如，"ojapo" 是 "他做" 的意思，"他不做" 则是 "ndojapoi"。

瓜拉尼语没有性的变化，也没有定冠词，但受西班牙语的影响，在现代瓜拉尼语中 la 作为单数定冠词使用，lo 作为复数定冠词使用，这在古瓜拉尼语中是不存在的。瓜拉尼语的名词如表示 "以前的" 要加 "-kue"，如表示将来的要加 "-rã"，例如，tetã ruvichakue，意为 "前总统"。

瓜拉尼语吸收了大量西班牙语词语，例如，瓜拉尼语 "vaka"（牛）源于西班牙语 "vaca"；"kavaju"（马）源于 "caballo"；"kurusu"（十字）源于 "cruz"；"Autaralia"（澳大利亚）源于 "Australia"；"Poytuga"（葡萄牙）源于 "Portugal"；"kesu"（奶酪）源于 "queso"；"asuka"（糖）源于 "azúcar"；等等。

巴拉圭的许多地名源于瓜拉尼语，例如，巴拉圭（Paraguay）国名源于瓜拉尼语，意为 "海洋来的水" "像海一样的河" "冠状河" 等；瓜伊拉省（Guairá）源于瓜拉尼语 "guay"（河流）和 "ra"（地方），合起来意为 "有河流的地方"；卡瓜苏省（Caaguazú）是瓜拉尼语 "Ka'a rehasa-pa" 的缩写，意为 "大山那边"；卡萨帕省和首府卡萨帕源于瓜拉尼语 "Ka'aguy jehasapa"，意为 "在森林后面"；伊塔普阿省（Itapúa）源于瓜拉尼语，由 "itá"（石头）和 "puá"（尖）组成，意为 "石尖"；巴拉瓜里省首府巴拉瓜里之名来自瓜拉尼语，意为 "酋长羽毛冠的一部分"；涅恩布库省（Ñeembucú）之名瓜拉尼语意为 "大声叫喊"。

国家勋章

军功勋章（Orden Nacional del Mérito）是巴拉圭最高荣誉勋章，由弗朗西斯科·索拉诺·洛佩斯总统设立于 1865 年。最初该勋章只授予军人，从 1939 年开始，获奖者已不限于军人。1956 年巴拉圭颁布的第 394 号法令对该勋章做出了一些规定，军功勋章授予在该国立法、外交、行政、司法、军事、科学与文化领域做出重大贡献并为国家服务的有智慧、才能和美德的人。该法令第 2 条规定巴拉圭军功勋章分为金链 (Collar)、特别大十字 (Gran Cruz Extraordinaria)、大十字 (Gran Cruz)、高官 (Gran Oficial)、骑士团长 (Comendador)、官员 (Official) 和骑士 (Caballero) 7 级。巴拉圭总统拥有金链级军功勋章，其证书由众议院议长签名。该勋章可授予外国元首、总统，其证书由"军功勋章"委员会主席、巴拉圭总统签名。特别大十字级军功勋章可授予外国前国家元首、副主席、政府首脑、王室王子、红衣主教、议长和外交部部长。大十字级军功勋章可授予政府部长、教皇使节和大使、少将和为国家做出特殊贡献的巴拉圭人。高官级军功勋章可授予立法和司法机构成员、公使、参赞、高级神职人员、准将和国内外政府高级官员。其他级军功勋章可授予不在上述条款内的官员。

民族英雄祠

民族英雄祠 (Panteón Nacional de los Héroes) 是巴拉圭国家陵墓，位于亚松森帕尔马大街和智利大街之间，这里安葬着巴拉圭历史上的一些著名人物，如首任宪法总统卡洛斯·安东尼奥·洛佩斯、弗朗西斯科·索拉诺·洛佩斯元帅、何塞·费利克斯·埃斯蒂加里维亚 (José Félix Estigarribia) 元帅及其夫人等。1863 年 10 月，巴拉圭总统弗朗西斯科·索拉诺·洛佩斯下令兴建亚松森圣母教堂，设计师为意大利建筑师亚历杭德罗·拉维萨以及贾科莫·科隆比诺 (Giácomo Colombino)。但因 1864～1870 年发生的巴拉圭战争，工程陷于停顿。直到查科战争后的 1936 年，建筑才最终完工，但距离开工已过 70 多年时间。同年 10 月 12 日根据总统命令，改称其为"民族英雄祠"，并在这一天正式开幕。1937 年，费历克斯·派瓦 (Félix Paiva) 总统在教会压力下恢复亚松森圣母教堂的称呼，但同时保留"民族英雄祠"的名称。这样，该建筑便有两个名称。2009 年民族英雄祠当选亚松森七个物质文化遗产之一。馆内的陈设庄严肃穆，正对大门的是天主教神像，馆内正前方放着 2 位巴建国英雄的石棺，另有 4 位建国英雄的骨灰坛放置于此。

英雄日

每年 3 月 1 日为巴拉圭的英雄日（Día de los Héroes），1870 年 3 月 1 日，巴西、阿根廷和乌拉圭三国联盟军队击毙弗朗西斯科·索拉诺·洛佩斯，巴拉圭战争正式结束。这一天被定为英雄日，并为全国假日，巴拉圭总统主持纪念活动，武装部队、国会、政府各部和其他机构代表参加纪念活动。

独立之家

独立之家（Casa de la Independencia）位于巴拉圭首都亚松森佛朗哥总统大街和 5 月 14 日大街的拐角，是一座具有重要历史意义的纪念建筑，也是国家象征标志之一。

这座殖民时期的砖瓦建筑由西班牙人安东尼奥·马丁内斯·萨恩斯（Antonio Martínez Sáenz）建于 1772 年。马丁内斯·萨恩斯兄弟俩继承了房产。18 世纪末 19 世纪初，巴拉圭革命者经常在此聚会。巴拉圭独立运动领导人佩德罗·胡安·卡瓦列罗（Pedro Juan Caballero）从家乡来到亚松森时，常常在这所房子里留宿。房子对面是胡安娜·马丁内斯·德拉腊（Juana Martínez de Lara）的家，她的侄子、巴拉圭独立运动的先驱维森特·伊格纳西奥·伊蒂布（Vicente Ignacio Iturbe）也常住在他家。萨恩斯兄弟俩的房子成为爱国者秘密聚会的场所，他们在这里策划推翻西班牙殖民统治。1811 年 5 月 14 日夜，佩德罗·胡安·卡瓦列罗率领一批爱国者走出这座房子，前往忠于西班牙王室的巴拉圭执政官贝尔纳多·德贝拉斯科的住所，把他驱逐出境，并宣布巴拉圭独立。

1943 年，巴拉圭政府接管了这所房子，1961 年宣布它为国家历史纪念建筑（Monumento Histórico Naciona）。与此同时，下令成立独立之家国家委员会（Comisión Nacional de la Casa de la Independencia），授权成立独立之家博物馆，1965 年 5 月 14 日对外开放。独立之家博物馆由办公室、餐厅、客厅、卧室、演讲厅、走廊、院子组成，展品包括画、宝剑、耶稣和方济各会雕刻品、费尔南多·德拉莫拉画像等。独立时期许多爱国人士的重要文件也都保存在这里，还有 5 幅纪念巴拉圭独立的画作，以及富尔亨西奥·耶格罗斯曾经佩带过的宝剑。

伯克龙堡

伯克龙堡（Fortin Boqueron）是巴拉圭的纪念建筑之一，也是国家象征之一，距内乌蓝德城约 9 英里（相当于约 14.484096 千米），是 1932 年巴拉圭和玻利维亚之间爆发的查科战争早期的一场关键性战斗所在地。从 9 月 9 日起，巴拉圭中校何塞·费利克斯·埃斯蒂巴里瓦（Jose Felix Estibarriba）率领 7500 名军人，围攻玻利维亚 448 名装备精良的军人占据的堡垒，经过 3 个星期的战斗，于 9 月 29 日夺取了堡垒。伯克龙堡博物馆展示了战斗场景，并展出相关文物。

世界遗产

巴拉那桑蒂西莫—特立尼达和赫苏斯·德塔瓦兰格的耶稣会传教区（Misiones jesuíticas de la Santísima Trinidad del Paraná y de Jesús de Tavarangué）位于伊塔普阿省，是 17、18 世纪耶稣会在拉普拉塔河流域建立的 30 个传教区之一，其建筑把巴洛克、罗马和希腊建筑风格与土著建筑风格融合在一起，在基督教化过程中保留了一些土著文化的特色。1993 年被联合国教科文组织世界遗产委员会列入《世界遗产名录》。1588 年耶稣会传教士抵达巴拉圭，他们配合西班牙殖民军的入侵，向印第安人传道，使越来越多的印第安人皈依天主教。传教区的精美建筑是由 17 世纪耶稣会传教士建立起来的，留下了 17、18 世纪耶稣会在此传教的印迹。巴拉那桑蒂西莫—特立尼达耶稣会传教区建于 1706 年，大教堂用巨石砌成，由米兰建筑师胡安·包蒂斯塔·普里莫利（Juan Bautista Prímoli）设计。此外，还有一个小教堂、一所大学、一座修道院、墓地、一个产品供自用的菜圃兼果园、一座钟楼、工作厂房及几间民用住房。赫苏斯·德塔瓦兰格的耶稣会传教区的建筑最后建成于 1685 年，有教堂、大广场、教会学校、果园等。残留的大教堂现今仍是天主教徒膜拜的场所。建筑使用的三叶拱体现了穆迪哈尔人（Mudéjar）的建筑风格。

国花

大多数人认为巴拉圭国花为西番莲（瓜拉尼语为 Mburucuyá，西班牙语为 Pasionaria）。但有人认为巴拉圭国花是素方花（jazmín），还有人认为是番石榴花（guayabo）。西番莲属西番莲科，学名为"Passiflora coerulea L."，是美洲热带一种多年生、常绿、藤本攀附果树。这种花有卷须，单叶互生，聚伞花序。夏季开花，花呈蓝色，十分美丽。有 5 个花瓣和 5 个萼片，巴拉圭人认为它们象征十使徒（十二使徒去掉犹大和彼得）。5 个雄蕊代表 5 个圣疤（圣徒身上出现的疤痕，表明他曾和耶稣同时受难）。3 个雌蕊则与十字架上的钉子相应。果为蒴果，鲜果形似鸡蛋。西番莲原生长于山区，现已移植于花园中。

国树

拉帕乔树（Lapacho，瓜拉尼语为 Tajy）。拉丁文为"Tabebuia"，是"tacyba bebuya"的缩写，这是一种图皮语名字，意为"蚁木"。俗称紫檀，属紫葳科。常绿，花呈玫瑰色、黄色和白色，白色花不多见。树龄长达 700 年。生长于拉丁美洲热带和亚热带地区，从墨西哥、加勒比地区直至阿根廷。大部分物种来自古巴和海地岛。几百年来，当地印第安人用其皮制成拉帕乔茶饮用。拉帕乔树皮有药用价值，治疗发热、病毒感染、感冒、梅毒、癌症、呼吸系统疾病等。拉帕乔树材质重硬、结构细腻、纹理交错、耐磨、耐腐、耐虫蛀、具光泽、有油性感、强度高、木质稳定、不易变形、材色大方美观，适用于制作高档家具、地板、枕木等。

国鸟

钟鸟（西班牙语为 Pájaro campana，瓜拉尼语为 Guaira Campana 或 guyra póng），学名为 Procnias nudicollis。个头比鸽子要小，全身羽毛为白色，尾为黑色，鸟喙和爪为玫瑰色，胸为蓝色，面部和喉部无毛。雄鸟平均体长 28 厘米，重 200 克。雌鸟平均体长 26 厘米，重 150 克。鸣叫声响亮，犹如钟鸣，故得名钟鸟。栖息于巴拉圭东部热带地区密林树冠高处，主要分布在阿曼拜省、卡宁德尤省（Canindeyú）和上巴拉那省。食水果，喜食油脂高的果实，特别偏爱樟科果实。也食昆虫幼虫、成虫和软体动物（小蜗牛和树蛞蝓）。因密林不断消失，这种漂亮的鸟也面临绝种的危险。为了保护钟鸟，巴拉圭设立了一些钟鸟保护区，如姆巴拉卡尤保护区（Reserva Mbaracayú）。巴拉圭流传着许多关于钟鸟的传说，但大多同天主教联系在一起。一种传说称，印第安瓜拉尼人破坏了新建起的教堂的围墙，但教堂上无钟舌的钟开始神奇奏响，钟声到处追踪那些杀掉传教士的瓜拉尼人。好神图帕（Tupa）把大钟变成一只白色小鸟，其鸣叫如同钟响。

国家乐器

巴拉圭竖琴（Arpaparaguaya）。其是巴拉圭民族乐器，也流行于委内瑞拉。17、18 世纪，西班牙耶稣会传教士把欧洲竖琴带到巴拉圭，受到当地瓜拉尼人的欢迎，他们觉得竖琴声音如同鸟鸣。瓜拉尼人把欧洲竖琴加以改良，成为现今的巴拉圭竖琴。琴身轻薄，音色比欧洲竖琴更加明亮。巴拉圭竖琴用热带松树或雪松木材制成，高4.5～5英尺（相当于137.16～152.4厘米），重8～10磅。琴体最宽的部分位于共鸣箱底部，宽40厘米。有32、36、38、40、42或46弦，其音域横跨5个八度。巴拉圭竖琴用指甲演奏，因此演奏者都留有长指甲。这种竖琴能奏出柔和优美的抒情段或华彩段，极具感染力，成为交响乐以及歌舞剧中特殊的具有色彩性的乐器，主要用于和声伴奏和表达滑奏式的装饰句。巴拉圭人非常喜欢巴拉圭竖琴，把它视为自己国家的文化象征和国家乐器。巴拉圭有着"竖琴之国"的美誉。10月9日是巴拉圭"竖琴日"，每年这一天全国各地都要举办竖琴演奏会。2013年10月26日，420名乐手在巴拉圭首都亚松森集体演奏竖琴，创下了新的吉尼斯世界纪录。

国舞

巴拉圭波尔卡舞（Polka Paraguaya）。又称巴拉圭舞（Danza Paraguaya）。瓜拉尼语称普拉艾（purahéi）。巴拉圭波尔卡舞之名源于19世纪中期广泛流行于巴拉圭的欧洲波尔卡舞。巴拉圭波尔卡舞在1830年左右起源于捷克的波希米亚。1845年波尔卡舞传到美洲，在巴拉圭开始流行。当时在亚松森的克隆大街和埃斯特雷利亚大街上有个军乐团，专为波尔卡舞进行伴奏。经过100多年世代相传，波尔卡舞在巴拉圭扎下根，深受人民喜爱和欢迎。这种混杂了西班牙舞蹈的旋律和节奏的双人舞独具特色，舞蹈欢快、多姿，形式多样。巴拉圭波尔卡舞与传统的欧洲波尔卡舞在节奏、旋律、和声上有很大的不同，前者结合了三元和二元节奏，而后者仅使用二元节奏。巴拉圭波尔卡舞这种节奏的并置，赋予了其特有的风格。最古老的巴拉圭波尔卡舞曲是在19世纪初创作的，主要有《狮山营地》（Campamento Cerro León）、《阿方索·洛马》（Alfonso Loma）、《库曼达妈妈》（Mamá Cumanda）、《切·卢塞罗·阿格雷》（Che Lucero Aguai'y）、《伦敦·卡拉佩》（London Karape）和《卡雷拉·居伊》（*Carreta Guy*）等。大多数曲目是演唱曲，但也有一些是器乐曲。现在巴拉圭流行的波尔卡舞曲有埃米利亚诺·R.费尔南德斯（Emiliano R. Fernández）创作的《喂，女王》（*Che la Reina*），毛里西奥·卡多佐·奥坎波（Mauricio Cardozo Ocampo）创作的《漂亮的蟠桃》（*Paraguaya Linda*）及马内科·加莱亚诺（Maneco Galeano）的《玛利亚·埃斯科瓦尔》（*María Escobar*）和《拉丘奇》（*La Chuchi*）等。

国球

足球。足球被称为"世界第一运动"，是最具影响力的单项体育运动。比赛由两队各派 11 人参加，其中 1 人为守门员。两队在长方形的草地球场上对抗、进攻，将足球射入对方的球门内，得分最多的一队获胜。足球运动的历史源远流长，2004 年初，国际足联确认足球起源于中国古代的一种球类游戏"蹴鞠"。英国是现代足球发源地，经英国传入欧洲其他国家，然后在全世界普及，成为世界上最受欢迎的体育项目。

足球在巴拉圭深受人们欢迎，是该国最为普及的运动。巴拉圭足协成立于 1906 年，1921 年加入国际足联。巴拉圭足球甲级联赛是巴拉圭级别最高的足球联赛。2019 年巴拉圭甲级秋季联赛共有 12 支球队。国内著名足球俱乐部有奥林匹亚俱乐部、塞罗波特尼奥俱乐部和瓜拉尼俱乐部等。巴拉圭男子足球队分别于 1986 年、1998 年、2002 年和 2010 年打入世界杯 16 强，2010 年首次闯入 8 强。1953 年及 1979 年夺得美洲杯冠军，1922 年、1929 年、1947 年、1949 年、1963 年、2011 年 6 次获亚军。2015 年智利美洲杯 1/4 决赛点球大战 4∶3 淘汰巴西，半决赛对阵阿根廷告负。2004 年奥运会首次夺得足球项目的银牌。在 2017 年 11 月 206 个国家和地区男子足球队世界排名中，巴拉圭居第 30 位。

国服

庞乔（Poncho）。它是南美人穿的一种披风或斗篷，也是巴拉圭的国服。庞乔是南美人穿的一种毛毡外套，形如一块长方形毛毯，中间开有领口，穿时从头部套入。庞乔得名有几种说法。一说是克丘亚语"punchu"的西班牙语化，意思是"披风"或"斗篷"；一说源于克丘亚语"punchaw"，意为"日"，表示日出人们穿上斗篷；一说来自马普切语，意为"毛毯"；还有人认为不是来自土著印第安语，因为在西班牙征服印加帝国和与马普切人接触之前，1530年出版的《阿隆索·德克鲁斯编年史》中已出现这个词，意为"小毛毯"。

民族服装

高乔服（Gaucho）是巴拉圭的一种民族服装。高乔人是拉丁美洲民族之一，印第安人和西班牙人结合而成的混血人种，从事畜牧业工作，讲西班牙语。因为他们居无定所而被称为"GAUDERIO"，西班牙语意即流浪汉，后来逐渐演变为"GAUCHO"，即高乔人。一说高乔源于阿拉乌坎语"guahu—che"一词，意为"忧郁的歌手"，有人则说意思是"自由的草原牧民"。还有人说意为"孤儿"。高乔人生活在南美洲查科平原南部、乌拉圭平原和潘帕斯草原，在巴拉圭也有大量高乔人。他们头戴宽沿毡帽，身穿马裤，腰扎宽腰带，脚蹬马靴，脖颈间系着丝绸领巾。这种服饰成为高乔人的特色服装，也成为巴拉圭的民族服装之一。

国食

巴拉圭汤（Sopa Paraguaya）。巴拉圭饮食文化是印第安风格和西班牙风格的结合，巴拉圭人的饮食以大豆和米饭为主并配以肉类。除了一日三餐离不开的木薯和玉米饼外，巴拉圭汤可被称为巴拉圭国食。巴拉圭汤又名卡洛斯总统汤（Sopa Paraguaya Don Carlos）。虽名为"汤"，实际上它是一种固体玉米奶油面包，配以蔬菜和乳酪。这种面包微甜、微咸，乳酪味浓郁，富含蛋白质，热量高。巴拉圭汤是瓜拉尼和西班牙食品风格的融合。瓜拉尼人曾食用一种经在热灰上烤的包在麻蕉叶或香蕉叶中的玉米粉或木薯粉的糊状物，西班牙人抵达后，在这种食品中添加了奶酪、鸡蛋和牛奶，这成为现今的巴拉圭国食巴拉圭汤。巴拉圭汤的得名源于两个传说。一说其名同巴拉圭前总统卡洛斯·安东尼奥·洛佩斯和他的厨师关系密切相关。据说他是个胖子，特别喜欢喝用奶制作的白色的汤。一天，厨师做汤时不小心把玉米粉放多了，使汤变得浓浓的，差不多成了糊状。他一不做，二不休，索性把它倒入一个铁容器中，在乡村瓜拉尼人用的用黏土和坯砌的炉灶中烧烤，结果制成了这一美味食品。卡洛斯品尝后赞不绝口，随即将其命名为"巴拉圭汤"。另一说过去瓜拉尼人使用尼亚乌皮布（ñaúpyvú）的黏土炉煮这种食品，瓜拉尼人把它称为"汤"，后来西班牙人在其前增添了"巴拉圭"，以区别于欧洲人制作的汤。

巴拉圭汤的主要配料有洋葱、水、盐、猪肉、鸡蛋、鲜奶酪、玉米粉、酥酪或鲜奶、牛奶和奶油。制作时先把洋葱切成薄片，放入盐水中煮 10 分钟。捞出后放上调味汁冷却。搅拌猪肉，然后掺入鸡蛋后接着搅拌。再加入碎奶酪。放上煮过的洋葱，再加入牛奶和奶油，使糊光滑。接着把糊倒入一个抹油（黄油或其他食用油）的容器中，然后放在烤炉里烤约 1 小时，巴拉圭汤制成。

国饮

特特雷茶（Teteré）。又称凉马黛茶。马黛草是瓜拉尼人培植的植物，马黛茶则是瓜拉尼人的主要饮料。阿根廷人、乌拉圭人和巴拉圭人把马黛茶当作国饮，称其为"上帝的饮料"。在巴拉圭，特特雷茶是以马黛草为主要原料制成的茶，其名"特特雷"源于瓜拉尼语。特特雷茶是巴拉圭传统饮料，巴西一些地区（圣保罗州、巴拉那州和南马托格罗索州等）和阿根廷西北大部分地区（福莫萨省、查科省、圣菲省等）也饮用特特雷茶。特特雷茶用马黛草、冰水和各种药草混合制成。

药草包括马鞭草、甘薯、策桩子等。制作时在巴西木臼内捣碎这些带有叶和根的药草，并加入一种解毒剂。饮用时用一种牛角杯，也可用巴西木杯代替。家人或亲友常常聚在一起，一边喝茶，一边闲聊。味道淡了时，沏新的特特雷茶。特特雷茶不仅有清凉解暑、提神醒脑的功能，还能医治胃炎、头疼、尿道炎、肾炎等。2010 年 11 月 18 日，巴拉圭国会确定每年 2 月最后一个星期六为"全国特特雷茶节"（Día Nacional del Teteré）。

宗教

罗马天主教是巴拉圭的主要宗教，从殖民时期直到 1992 年天主教一直是巴拉圭的国教。1992 年巴拉圭宪法第 24 条规定宗教信仰自由，巴拉圭不存在国教，国家与天主教会的关系建立在独立、合作和自主的基础上，保证宗教组织的独立性。所有宗教组织必须在教育与宗教部登记注册，但政府不控制宗教组织。禁止教士担任众议员、参议员和参加党派政治活动。天主教虽然已经不再是巴拉圭国教，但巴拉圭宪法承认天主教在国家生活中的独一无二的作用。巴拉圭政府虽是非宗教的，但总统必须是天主教徒，政府的大多数官员也都是天主教徒和教士。根据 2002 年的统计，巴拉圭共有天主教徒 348.8 万人，占全国人口的 89.61%。近年来，天主教徒占全国人口的比重有所下降，2016 年降至 85%。

随着西班牙殖民者入侵巴拉圭，1526 年罗马天主教也开始在这个地区渗透。1537 年，亚松森始建。1547 年 7 月 1 日，教皇保罗三世下令在亚松森建立的拉普拉塔河主教管区（Obispado del Río de la Plata）属利马大主教管区（Arzobispado de Lima）。首任主教是圣方济会神父佩德罗·德拉托雷（Pedro de la Torre），1556 年他来到巴拉圭。1609 年，拉普拉塔河主教管区属于从利马大主教管区分出来的查尔卡斯的都市主教管区（Diócesis Metropolitana de Charcas）。1617 年巴拉圭省分裂，布宜诺斯艾利斯成立主教管区，1620 年亚松森教区也独立出来。1865 年建立布宜诺斯艾利斯大主教管区后，亚松森成为其主教管区。1929 年 5 月 1 日，巴拉圭主教管区被升为亚松森大主教管区。

1588 年耶稣会教士抵达巴拉圭，方济各会教士也接踵而来，他们争相在印第安人中传教，大批印第安人皈依天主教。到 1676 年，已有 100 万名印第安人接受洗礼。耶稣会拥有了土地管理权，印第安人的劳动果实都要交给耶稣会，然后他们再领取口粮。1721 年，亚松森土生白人发动政变，取消了耶稣会的特权。1767 年，耶稣会教士被驱逐，但天主教已在巴拉圭扎根。巴拉圭独立后的很长时间，政府与教会的关系并不融洽。何塞·加斯帕尔·罗德里格斯·德弗朗西亚－贝拉斯科执政期间实行政教分离，废除什一税，没收教会土地，断绝同梵蒂冈的联系。1864～1870 年"巴拉圭战争"时期，政府和教会的关系因亚松森主教曼努埃尔·安东尼奥·帕拉西奥（Manuel Antonio Palaccio）被处死而降到最低点。战争结束时，仅有 55 名教士被允许留在巴拉圭。后来，政府和教会的关系逐渐缓和。1870 年 11 月 25 日颁布的巴拉圭宪法规定，罗马天主教为巴拉圭国教，高级教士必须是巴拉圭人。宪法第 2 条第 7 段规定总统行使圣职授予权，并任命教区主教。1940 年宪法第 3 条继续称"天主教为国教"，"巴拉圭教会领导人和主教必须是本国居民"，总统也要信奉天主教。

1954～1989 年阿尔弗雷多·斯特罗斯纳·马蒂奥达独裁统治时期，教会和政府的关系再度恶化。一些激进教士、天主教行动党人和亚松森天主教圣母大学学生参加了反对独裁统治的斗争。20 世纪七八十年代，因教会批评政府限制人民政治自由和破坏人权，在外国出生的教士被驱逐出境，一些杂志和电台的活动也被禁止。作为回应，亚松森大主教将一些政府官员逐出教会，并停止天主教会参加民间和宗教庆祝活动。然而，天主教在巴拉圭政治、经济和社会生活中仍占据重要地位。巴拉圭的许多宗教节日是国家公共节日，也是公休日，如耶稣升天节、耶稣受难日、圣母升天节、圣母受孕节、圣诞节等。亚松森大主教管区（Arquidiócesis de Asunción）下分 11 个主教管区，它们是本哈明阿塞瓦尔主教管区（Diócesis de Benjamín Aceval）、卡库佩主教管区（Diócesis de Caacupé）、卡拉佩瓜主教管区（Diócesis de Carapeguá）、埃斯特城主教管区（Diócesis de Ciudad del Este）、康赛普西翁主教管区（Diócesis de Concepción）、奥维多上校主教管区（Diócesis de Coronel Oviedo）、恩卡纳西翁主教管区（Diócesis de Encarnación）、圣胡安包蒂斯塔德拉斯米西奥内斯主教管区（Diócesis de San Juan Bautista de las Misiones）、圣洛伦索主教管区（Diócesis de San Lorenzo）、圣佩德罗主教管区（Diócesis de San Pedro）、比亚里卡德尔圣埃斯皮里图主教管区（Diócesis de Villarrica del Espíritu Santo）。巴拉圭全国共有 11 名主教、400 多名神父和 700 多名修女。

亚松森大教堂（Catedral de Asunción）是巴拉圭首都主要的教堂，建于 16 世纪初期，但在 1842 年卡洛斯·安东尼奥·洛佩斯当政时重修，于 1849 年竣工。

国家保护神

卡库佩奇迹圣母（Nuetra Señora de los Milagros de Caacupé）。卡库佩奇迹圣母大教堂建于巴拉圭科迪勒拉省省会卡库佩，卡库佩是巴拉圭宗教中心，位于亚松森以东 50 公里。卡库佩奇迹圣母大教堂供奉卡库佩奇迹圣母像。传说圣母像是 16 世纪由一位皈依天主教的瓜拉尼人所制的。一天，他在伊图谷地砍柴时，被与天主教为敌的一个部落包围，危险之时，圣母出现在他面前，要他到树后去。他转过头看到一个树洞，急忙躲了进去，保全了性命。他藏在树洞时曾许愿，如能安全离开，他将制作一尊圣母像以感谢圣母的救命之恩。这位印第安人脱险回家后，履行诺言，制作了两尊圣母像。一尊献给了托瓦蒂教堂，一尊自己留了下来。后来，托瓦蒂教堂圣母像遗失（可能毁于敌对部落之手）。一次，巴拉圭境内发大水。神父路易斯·德博拉尼奥斯（Luis de Bolaños）面向伊帕卡赖湖祷告时，湖水慢慢退了下去，露出装有印第安人雕刻的圣母像的箱子。由此，"奇迹圣母"之名传开。印第安人在发生奇迹的谷地定居下来，并为圣母像建立了一个小祭坛，人们从四面八方前来参拜圣母像。1770 年，在卡库佩建立了卡库佩奇迹圣母大教堂，并放置了圣母像。圣母像高约 50 厘米，脚踏半月支撑的天球。她身穿白色服装，肩披天蓝色斗篷，服装和斗篷上都有金线刺绣。1945年，卡库佩奇迹圣母大教堂重建。祭坛后是卡库佩奇迹圣母像，圣像右边是带着圣童的圣约翰，左边是巴拉圭第一个被视为圣徒的耶稣教士圣罗克·冈萨雷斯·德圣克鲁斯（San Roque González de Santa Cruz）。12月 8 日是巴拉圭"卡库佩奇迹圣母节"，也是全国性的休息日。成千上万的信徒来到卡库佩奇迹圣母大教堂，参加弥撒等宗教活动，乞求得到圣母的庇护。

图尔的圣马丁（San Martín de Tours, 316～397）是巴拉圭另一个保护神。他还是法国、匈牙利、法属圣马丁等国家和地区的保护神。参见后述法属圣马丁保护神。

国币

瓜拉尼（Guaraní）。

巴拉圭独立之初，由于难以铸造钱币而流通其他国家的钱币。这些外国钱币被重铸上印记，当作巴拉圭钱币使用。1812 年 7 月 7 日，巴拉圭独立后第一届最高执政委员会下令边境当局，除公用事业需要的支付和采购外，严控打上巴拉圭印记的货币流出，这是因为当时的贸易，特别是支付国家复苏非常急需的进口商品所需的货币（金银币）严重缺乏。后来，在马里亚诺·罗克·阿隆索（Mariano Roque Alonso）和卡洛斯·安东尼奥·洛佩斯（Carlos Antonio López）执政期间开始铸造本国货币，货币单位为比索，12 比索相当于 1 雷阿尔银币（Real）。1842年 11 月 24 日，卡洛斯·安东尼奥·洛佩斯政府下令在英国和亚松森铸币厂铸造总额为 3 万比索的本国铜币，铜币正面的铭文为"巴拉圭共和国，1845 年 12 月 1 日"（República del Paraguay. Año 1845. 1/12）；背面为一长矛挑着一项自由帽，下有一坐狮，整个币面由桂树枝环绕。1847年，这些铜币流通时已贬值一半，3 万比索只相当于 15000 比索。当时12 比索铜币只能兑换半个雷阿尔银币。同年 3 月，老洛佩斯下令发行总额为 20 万比索的纸币，面值分别为 1 比索、3 比索、5 比索、9 比索和 20 比索，流通至 1862 年。弗朗西斯科·索拉诺·洛佩斯执政时期发行了第二批纸币，于 1862 ～ 1870 年流通。1870 年"巴拉圭战争"结束后，巴拉圭流通多种外币。1885 年，阿根廷金币和银币在巴拉圭合法流通。直到 1941 年，巴拉圭纸币比索和阿根廷纸币比索才在巴拉圭同时流通。

根据 1943 年 10 月 5 日巴拉圭颁布的第 655 号法令，巴拉圭共和国银行（Banco de la República del Paraguay）推出新的货币单位——瓜拉尼，停止使用金比索和银比索。新的货币单位 1 瓜拉尼等于 100 分（Céntimo）。1944 年，巴拉圭共和国银行发行面值分别为 1 瓜拉尼、5瓜拉尼、10 瓜拉尼、50 瓜拉尼、100 瓜拉尼、500 瓜拉尼和 1000 瓜拉尼的纸币。1 瓜拉尼纸币正面绘有巴拉圭军人像，背面为巴拉圭共和国银行大楼图案；5 瓜拉尼纸币正面绘有何塞·埃杜维西斯·迪亚斯（José Eduvigis Díaz）将军像，背面同 1 瓜拉尼纸币；10 瓜拉尼纸币正面绘有卡洛斯·安东尼奥·洛佩斯像，背面同 1 瓜拉尼纸币；50 瓜拉尼纸币正面为何塞·加斯帕尔·罗德里格斯·德弗朗西亚 - 贝拉斯科博士像，背面同 1 瓜拉尼纸币；100 瓜拉尼纸币正面是何塞·费利克斯·埃斯蒂加里维亚元帅像，背面同 1 瓜拉尼纸币；500 瓜拉尼纸币正面绘有弗朗西斯科·索拉诺·洛佩斯元帅像，背面同 1 瓜拉尼纸币；1000 瓜拉尼纸币正面写有 1811 年 5 月 14 日，背面同 1 瓜拉尼纸币。1952 年巴拉圭中央银行（Banco Central del Paraguay）成立后，负责瓜拉尼的发行。

1963 年巴拉圭发行新一套瓜拉尼纸币，面值包括 1 瓜拉尼、5 瓜拉尼、10 瓜拉尼、50 瓜拉尼、100 瓜拉尼、500 瓜拉尼、1000 瓜拉尼、

5000 瓜拉尼 和 10000 瓜拉尼。1 瓜拉尼纸币正面仍为巴拉圭军人像，背面为巴拉圭中央银行大楼图案；5 瓜拉尼纸币正面是巴拉圭妇女像，背面为巴拉圭饭店；10 瓜拉尼纸币正面绘有欧亨尼奥·A. 加拉伊（Eugenio A. Garay）将军像，背面为巴拉圭—巴西国际大桥图案；50 瓜拉尼纸币正面为何塞·费利克斯·埃斯蒂加里维亚元帅像，背面为横穿查科之路图案；100 瓜拉尼纸币正面为何塞·埃杜维西斯·迪亚斯将军像，背面为 1865/1870 年乌迈塔遗迹图案；500 瓜拉尼纸币正面是贝尔纳迪诺·卡瓦列罗（Bernardino Caballero）将军像，背面为国家贸易船队图案；1000 瓜拉尼正面是弗朗西斯科·索拉诺·洛佩斯元帅像，背面是亚松森圣母礼拜堂和民族英雄祠图案；5000 瓜拉尼纸币为红色，纸币正面是 1844 ~ 1862 年巴拉圭总统卡洛斯·安东尼奥·洛佩斯像，背面绘有洛斯洛佩斯宫；10000 瓜拉尼纸币为咖啡色，纸币正面是何塞·加斯帕尔·罗德里格斯·德弗朗西亚 - 贝拉斯科像，背面绘有 1811 年 5 月 14 日独立宣言。何塞·加斯帕尔·罗德里格斯·德弗朗西亚 - 贝拉斯科于 1814 年当政，1816 年被任命为终身统治者，一直到逝世，对巴拉圭独立后的经济发展发挥过重要作用。

1990 年发行的 50000 瓜拉尼纸币正面像与 1944 年 1 瓜拉尼纸币相同，为巴拉圭军人像，背面为独立宫图案。1998 年发行的 100000 瓜拉尼纸币正面绘有传教士圣罗克·冈萨雷斯·德圣克鲁斯（San Roque González de Santa Cruz）像，背面为伊泰普水电站图案。2006 年发行的 20000 瓜拉尼纸币为青色，正面像与 1963 年 5 瓜拉尼纸币正面像相同，为巴拉圭妇女像，背面为巴拉圭中央银行图案。2007 年版 50000 瓜拉尼纸币为绿色和棕色，纸币正面是吉他演奏家、作曲家阿古斯丁·皮奥·巴利奥斯（Agustín Pío Barrios，1885 ~ 1944）像，背面绘有吉他。

2009 年发行的 2000 瓜拉尼正面为阿德拉 - 塞尔萨·斯佩拉蒂（Adela y Celsa Speratti）像和塞尔萨·斯佩拉蒂（Celsa Speratti）像，背面绘有高举国旗的游行队伍。阿德拉 - 塞尔萨·斯佩拉蒂和塞尔萨·斯佩拉蒂姐妹俩是巴拉圭教育家，终生为巴拉圭教育服务，培养了大批教育人才。阿德拉曾任巴拉圭师范学院首任院长。100000 瓜拉尼纸币为绿色，纸币正面是传教士圣罗克·冈萨雷斯·德圣克鲁斯像，背面绘有伊泰普水电站。圣罗克·冈萨雷斯·德圣克鲁斯曾使许多巴拉圭人皈依天主教，1628 年 11 月 15 日被一名叫内苏（Nezu）的印第安酋长所杀。因通货膨胀，小面值瓜拉尼纸币已停止流通，其中包括 500 瓜拉尼纸币和 1000 瓜拉尼纸币。巴拉圭现在流通的纸币面值分别为 2000 瓜拉尼、5000 瓜拉尼、10000 瓜拉尼、20000 瓜拉尼、50000 瓜拉尼和 100000 瓜拉尼。

瓜拉尼铸币从 1944 年开始流通。因通货膨胀，巴拉圭已不再使用分币。巴拉圭现在流通的铸币面值分别为 50 瓜拉尼、100 瓜拉尼、500 瓜拉尼和 1000 瓜拉尼。

1975 年铸造的 50 瓜拉尼铸币直径为 19 毫米，重 1 克。正面是何塞·费利克斯·埃斯蒂加里维亚元帅像，背面是阿卡赖水库图案。1990 年铸造的 100 瓜拉尼铸币直径为 21 毫米，重 3.73 克。正面是何塞·埃杜维西斯·迪亚斯将军像，背面是乌迈塔遗迹图案。1997 年铸造的 500 瓜拉尼铸币直径为 23 毫米，重 4.75 克。正面是贝尔纳迪诺·卡瓦列罗将军像，背面是巴拉圭中央银行图案。2006 年铸造的 1000 瓜拉尼铸币直径为 25 毫米，重 6 克。正面是弗朗西斯科·索拉诺·洛佩斯元帅像，背面是民族英雄祠图案。

巴拿马

国名

巴拿马共和国（La República de Panamá）。位于中美洲地峡最南端，西接哥斯达黎加，东连哥伦比亚，南濒太平洋，北临加勒比海。其名字来源存在几种不同说法。一说源于当地一种名叫"Panamá"的树的名字。一说该国多奇花异草，吸引来许多色彩斑斓的蝴蝶，尤其在加通湖畔，蝴蝶四处飞舞，有时天空布满彩蝶，形成绮丽的"蝶海"。巴拿马城兴建时也是蝴蝶漫天飞舞，故以印第安语"Panamá"（大量蝴蝶）命名。一说"Panamá"印第安语意为"鱼多"，源于当地海边一个印第安村落的名字。印第安库纳族人认为"Panamá"一词派生于"Pannaba"，库纳语意为"非常远"。西班牙殖民者把"Panamá"作为在太平洋沿岸第一个兴建起的城市的名字，后来其又成为巴拿马整个地区的名字。

国都

巴拿马城（Ciudad de Panamá）。位于巴拿马运河太平洋沿岸河口附近的半岛上，是巴拿马首都，也是该国最大城市。由西班牙总督佩德罗·阿里亚斯·达维拉（Pedro Arias Dávila）建于1519年8月15日，其名来源同上述国名。巴拿马城曾是西班牙殖民者远征印加帝国的起始点，也是欧洲人在美洲新大陆的重要贸易中心之一。巴拿马城成为西班牙殖民者在美洲掠夺财富的集散地，通过这里他们把黄金及其他财物装船运回西班牙。这条被称为"皇家之路"的运输线是当时世界上最繁忙的一条商路，活跃了 200 余年。1671 年，英国海盗亨利·摩根（Henry Morgan）攻入巴拿马城，并将洗劫一空的城市烧为废墟。1673年，在距废墟 8 公里的地方重建巴拿马城。

国庆

11 月 3 日（1903 年）。西班牙殖民者征服巴拿马前，巴拿马居住着约 50 万名各族印第安人。1502 年哥伦布第四次远航抵达巴拿马后，1509 年西班牙人在沿海地区建起殖民点，巴拿马逐渐沦为殖民地，先后属秘鲁总督辖区、危地马拉都督辖区和新格拉纳达总督辖区。1830年大哥伦比亚共和国解体后，成为新格拉纳达（后称哥伦比亚）共和国的一部分。1903 年 11 月 3 日，美军在巴拿马登陆，策动巴拿马脱离哥伦比亚独立，次日成立巴拿马共和国。11 月 3 日遂成为巴拿马的独立日和国庆日。每年这一天，巴拿马都要举行盛大游行以庆祝国庆。

国父

西蒙·玻利瓦尔（Simón Bolívar）。全称西蒙·何塞·安东尼奥·德拉圣特立尼达·玻利瓦尔 - 帕拉西奥斯（Simón José Antonio de la Santísima Trinidad Bolívar y Palacios）。玻利瓦尔是包括巴拿马在内的拉美 5个国家（委内瑞拉、哥伦比亚、厄瓜多尔、巴拿马、玻利维亚）的国父。关于玻利瓦尔的介绍，在《拉美和加勒比国家象征标志手册》委内瑞拉一节国父中已有叙述，这里不再重复。

1826 年，玻利瓦尔曾在巴拿马城召开会议，倡议拉丁美洲各国建立联盟。参加会议的有大哥伦比亚、墨西哥、秘鲁和中美洲联邦共和国代表，英国一名观察员、荷兰一名代表与会。如今，广场一侧的玻利瓦尔宫（Palacio Bolívar）是当年玻利瓦尔召开会议的场所，现为巴拿马外交部所在地。大厅内的近邻同盟议员大厅（Salón Anfictiónico）陈列着解放者玻利瓦尔的一把宝剑。为了纪念玻利瓦尔，巴拿马城的玻利瓦尔广场上矗立起玻利瓦尔纪念碑。

国旗

巴拿马国旗呈横长方形，由 4 个面积相等的长方形构成，长高之比为 3∶2。旗面左上和右下为白色，右上为红色，左下为蓝色。左上白色旗面有一颗蓝色五角星，右下白色旗面有一颗红色五角星。红色和蓝色各代表原自由党和保守党。两种颜色的结合象征和平、和谐和党派的团结。白色代表在和平的大地上建设新国家。蓝色五角星象征纯洁和引导祖国生活的诚实，红色五角星象征权威和法律。国旗的设计者为曼努埃尔·恩卡纳西翁·阿马多尔（Manuel Encarnación Amador，1869~1952），他是首任总统曼努埃尔·阿马多尔·格雷罗（Manuel Amador Guerrero，1833~1909）之子。

巴拿马独立之前，曾出现过一面国旗。它是由身在美国的费利佩·比诺·巴里利亚（Felipe Bunau Varilla）设计并由其妻缝制的，1903 年10 月，他们把旗交给了曼努埃尔·阿马多尔·格雷罗。但一些人认为这面国旗有剽窃美国国旗之嫌，因而该旗被弃用。在巴拿马急需一面象征独立的国旗的时刻，身为画家和设计师的曼努埃尔·恩卡纳西翁·阿马多尔挺身而出，很快用红色和蓝色铅笔画出国旗图样。他委托其母、总统夫人玛利亚·德拉奥萨·德阿马多尔（María de la Ossa de Amador，1855~1948）在 1903 年 11 月 3 日前制作出巴拿马的第一面国旗。他的母亲决定与姑妈安赫利卡·贝尔加莫托·德拉奥萨（Angélica Bergamoto de la Ossa）合作制旗。为了保密，11 月 1 日，她们二人在巴萨尔弗朗塞斯（Bazar Francés）布店买了白色布料，在拉达利亚（La Dalia）布店买了蓝色布料，在巴黎拉比利亚（La Villa de París）布店买了红色布料。11 月 2 日，二人按时制作出巴拿马国旗。1903 年 11 月 3

日，这面国旗第一次在巴拿马上空升起。最初的国旗蓝色在上，红色在下。1904 年立宪大会颁布的第 64 号法令做出规定，把国旗上的蓝色更改到左下，红色更改到右上，并规定这面国旗为临时国旗，1925 年国会第 48 号法令确定其为正式国旗。1941 年 3 月国会第 28 号法令和 1949 年第 34 号法令批准了 1925 年的决定。1924 年巴拿马规定每年 11 月 4 日为巴拿马国旗日。2012 年 1 月 23 日，巴拿马国民大会通过第 2 号令，国旗日改为国家象征日，也就是说，国旗、国徽和国歌合在一起纪念。

巴拿马国旗设计者曼努埃尔·恩卡纳西翁·阿马多尔，1869 年 3 月 25 日生于圣地亚哥－德贝拉瓜斯，1952 年 11 月 12 日在巴拿马城去世。他是画家和设计师，曾学习商业管理，并长期从政。1903 年巴拿马独立后担任财政部部长。1904 年赴汉堡担任总领事。1908 年前往纽约，师从罗伯特·亨利（Robert Henri），亨利对他的绘画风格产生了重要影响。1910～1914 年和 20 世纪 30 年代后期，创作了大量画作。20 世纪 30 年代返回巴拿马后担任审计署审计员，与此同时创作一些佳作，如《花》。在他逝世后，巴拿马大学展出了他的画作。2003 年巴拿马大学以他的名字命名了画廊。

国旗誓言

1959 年 1 月巴拿马国会第 24 号法令颁布国旗誓言（Juramento a la Bandera），作者为埃内斯蒂娜·苏克雷（Ernestina Sucre）。

国旗誓言译文：

> 巴拿马国旗：
> 我向上帝和祖国发誓，
> 我热爱你，
> 尊敬你，

并要保卫你，

你是我们民族的神圣象征。

国旗誓言原文：

Bandera Panameña：Juro a Dios
y a la Patria, amarte, respetarte
y defenderte como símbolo sagrado
de nuestra Nación.

誓言原文见 http://panamapoesia.com/simbolospatrios.php。

国徽

巴拿马盾形国徽由 5 组图案构成。左上图案为白底色上绘有悬在空中的闪闪发光的一把军刀和一支步枪，象征永远告别内战和时刻警惕保卫主权。右上图案为红底色上绘有交叉的一把镐和一把锹，象征生产劳动。中间图案是巴拿马地峡和地峡两边的大西洋和太平洋，左上方有即将落山的太阳，右上方有初升的月亮，象征独立的时间为 11 月 3 日黄昏时分。左下图案为蓝底色上绘有一只丰饶杯和金币，象征国家的财富。右下图案为白底色上绘有一个带金色双翼的飞翔木轮，象征进步。盾上端是一只头向右、展翅的大鹰，鹰嘴叼着的饰带上写有"为了世界的利益"（PRO MUNDI BENEFICIO）的铭文。鹰上方有呈弧形的 10 颗黄色五角星，代表该国的 10 个省。巴拿马国徽鹰上方原为 9 颗星，2013 年 12 月 30 日，巴拿马颁布第 119 号法令，宣布建立第 10 个省，并从 2014 年 1 月 1 日起，国徽上改为 10 颗星。盾徽两侧各饰有两面巴拿马国旗，在盾徽下端交结。巴拿马盾形国徽背景颜色为绿色，代表该国的植被。

国徽作者为唐尼卡诺尔·比利亚拉斯（Don Nicanor Villalaz），协作者为马克斯·莱姆（Max Lemm）。

1903 年 12 月 13 日，巴拿马临时执政委员会举办国徽设计征集竞赛，评审团由西罗·乌里奥拉（Ciro Urriola）博士、赫罗尼莫·奥萨（Jerónimo Ossa）、曼努埃尔·E. 阿马多尔（Manuel E. Amador）、里卡多·M. 阿朗戈（Ricardo M. Arango）和何塞·门德斯（José Méndez）组成。在参赛的 132 件作品中，评审团选中了曼努埃尔·阿马多尔·格雷罗的妻兄唐尼卡诺尔·比利亚拉斯的设计。唐尼卡诺尔·比利亚拉斯的哥哥塞瓦斯蒂安·比利亚拉斯（Sebastián Villalaz）曾对国徽图样进行过修改，并是第一个巴拿马国徽的制作者。唐尼卡诺尔·比利亚拉斯的获胜遭到竞赛第二名里卡多·J. 阿尔法罗（Ricardo J. Alfaro）和第三名多纳尔多·贝拉斯科（Donaldo Velazco）的抗议，理由是比利亚拉斯未按时交出作品。最后曼努埃尔·阿马多尔·格雷罗政府还是同意审查委员会的选择。1904 年国会颁布第 64 号令，宣布唐尼卡诺尔·比利亚拉斯的设计图案为巴拿马临时国徽，1906 年宣布重新举行国徽征集竞赛。但后来，新的竞赛并未举行。1925 年国会颁布第 48 号法令，正式决定唐尼卡诺尔·比利亚拉斯的设计图案为巴拿马国徽。1941 年国会颁布的第 28 号法令和 1949 年颁布的第 34 号法令批准其为国家象征。

国徽作者为唐尼卡诺尔·比利亚拉斯，1855 年 12 月 8 日生于洛斯桑托斯城。小时候因家乡没有学校，他的父母和一位有经验的教师教他文化。青年时期他到了巴拿马城，从事商业活动，做过律师，并成为西班牙语教授。他做过最高法院法官和院长。1932 年 4 月 21 日去世。

总统绶带

巴拿马总统绶带由 4 个面积相等的长方形构成，右上和左下为白色，左上为蓝色，右下为红色。每条色带宽幅相等，国徽图案在色带交叉处。巴拿马的总统绶带是国家权力的象征，只有佩戴绶带的总统才是宪法总统，才真正代表国家的尊严和权威。

总统旗

巴拿马总统旗是在巴拿马国旗的中央绘上国徽，现在的巴拿马总统旗始用于 2012 年 4 月 25 日。

总统玺

巴拿马总统玺样式与巴拿马国徽相同。

总统专车

巴拿马总统专车是黑色雪佛兰巨无霸（Chevrolet Suburban）。护卫车队由 10 辆车组成，使用的车是福特探险者（Ford Explorer）和丰田陆地巡洋舰（Toyota Land Cruiser）以及 400CC 摩托车。另说巴拿马总统专车为两辆防弹丰田陆地巡洋舰 200（Toyota Land Cruiser 200）。巴拿马副总统专车为林肯领航员（Lincoln Navigator）。

总统专机

巴拿马政府拥有多架总统专机，其中主要专机是一架巴西航空工业公司生产的现代 135BJ 莱格赛公务机（EMB – 135BJ Legacy），牌号为 HP – 1A，机身绘有 República de Panamá 字样。135BJ Legacy 是一架行政飞机，可载总统长途航行。机上拥有供总统办公所需的一切通信设备，可载 16 名旅客，可舒适飞行 6019 公里。135BJ Legacy 在 ERJ135 的基础上安装了有助于减少巡航时飞行阻力的翼梢小翼，在机腹新增了油箱，航程增加到 6000 公里，于 2001 年 3 月首飞，分别于 2002 年 7 月和 9 月通过了欧洲联合适航局（JAA）和美国联邦航空局（FAA）的型号审定。该公务机共有两种机型：行政型和通勤型。此外，巴拿马总统还拥有一架西科斯基 S – 76 型（Sikorsky S – 76）采用 VIP 配置的在国内旅行的直升机，牌号为 HP – A1A。民航管理局和总统府共同负责管理和维护总统专机。

总统府

巴拿马总统府为"总统宫"（Palacio Presidencial），又称"草鹭宫"（Palacio de las Garzas），位于巴拿马城埃洛伊阿尔法罗大道。总统府同时也是总统官邸。原址上的建筑曾是巴拿马最高殖民官吏的办公地和官邸，1673 年由西班牙王室在巴拿马的法官路易斯·洛萨达·基尼奥内斯（Luis Lozada Quiñones）所建，当时共有 22 个房间。建成后这里很快成为商业活动中心，是殖民者从秘鲁等地掠夺的金、银运往西班牙的中转仓库。1737 年一场大火使其大部分被焚毁，只有海关所在房间保留下来。1821 年 11 月巴拿马宣告独立并成为哥伦比亚的一部分后，这里曾是一座王室仓库，后成为师范学校、法庭、国家银行等。1875 年变为巴拿马最高执政官官邸，对建筑进行了修复和重建，增添了几处侧室和举行官方招待会的"黄色大厅"（Salón Amarillo），厅内悬挂所有巴拿马执政者的油画像。1903 年巴拿马脱离哥伦比亚独立后，这座建筑成为巴拿马总统府和官邸。1922 年贝利萨里奥·波拉斯·巴拉霍纳（Belisario Porras Barahona）总统执政时期，委托建筑师比利亚努埃瓦·梅耶（Villanueva Meyer）对总统府进行了改造，恢复了殖民时期的建筑风格。总统府建筑增添了第二和第三层。第三层为总统官邸，上有几个摩尔风格的大厅和漂亮的阳台，可眺望全城和大海。他还在建筑的高处修建了两个塔楼。那一年，诗人里卡多·米罗（Ricardo Miró）赠送给波拉斯总统一对羽白、腿长的草鹭，它们在总统府带喷泉的内院中自由活动，从那时起巴拿马总统府又被称为"草鹭宫"。1934 年总统府安装了电梯，以迎接在此留宿的美国总统罗斯福。1938 年，巴拿马著名画家罗伯托·刘易斯（Roberto Lewis，1874~1949）受胡安·德莫斯特内斯·阿罗塞梅纳（Juan Demóstenes Arosemena）总统之命，为总统府绘制了有关瓦斯科·努涅斯·德巴尔沃亚（Vasco Nuñez de Balboa）发现南海（即太平洋）的大型壁画。这一年国家银行迁往中央大道，总统府完全归国家所有。

总统府入口大厅楼梯附近的柱子之间，摆设着意大利雕刻家加埃塔诺·奥利瓦尔（Gaetano Olivar）于 1915 年创作、在热那亚铸造的 5 座铜雕像，分别代表法律、司法、劳动、毅力和责任。1922 年贝利萨里奥·波拉斯·巴拉霍纳执政时 5 座雕像被安放在巴拿马总统府。

总统办公室在总统府二层，办公室墙楣上的历届总统头像令人侧目，由巴拿马画家胡安·曼努埃尔·塞德尼奥（Juan Manuel Cedeño）和罗伯托·刘易斯绘制。屋内保留有贝利萨里奥·波拉斯·巴拉霍纳总统用过的写字台。墙楣上还留有为未来总统的头像准备的空地。办公室有两个门，分别通向秘书室和总统私人图书馆。图书馆内有连接三层总统官邸的电梯。三层的总统卧室配有一个学习厅和一个阳台。此外总统官邸还有另外三个侧室和一个齐本德尔风格的英式餐厅。总统官邸的莫里斯科大厅（Salón Morisco）呈现西班牙阿兰胡埃斯和阿罕布拉宫的建筑风格。

黄色大厅（Salón Amarillo）是总统府最重要的大厅之一，这里是举行国家官方仪式的地方。黄色大厅墙上有 41 位巴拿马都督、临时委员会成员和巴拿马首任总统的肖像。大厅内的 11 幅壁画生动地勾勒出巴拿马历史，有西班牙人抵达巴拿马、瓦斯科·努涅斯·德巴尔沃亚发现南海（今太平洋）、巴拿马独立等场面。壁画作者是巴拿马画家罗伯托·刘易斯。

罗望子树大厅（Salón de los Tomarindos）是总统餐厅，厅内也有壁画装饰，有罗望子丰收和塔沃加岛狩猎等场景。这些壁画是罗伯托·刘易斯受胡安·德莫斯特内斯·阿罗塞梅纳总统委托于 1938 年创作的。

内阁大厅（Salón de Gabinete）又称贝利萨里奥·波拉斯大厅（Salón de Belisario Porras），以纪念巴拿马前总统贝利萨里奥·波拉斯·

巴拉霍纳，厅内悬挂贝利萨里奥·波拉斯·巴拉霍纳像。该大厅是总统与部长和特邀嘉宾开会的场所。大厅配有涉及多媒体尖端技术和隔音的系统，并做好其他安全措施。

国歌

《巴拿马国歌》（*Himno Nacional de Panamá*）。曲作者是西班牙音乐家桑托斯·豪尔赫·阿马特里亚因（Santos Jorge Amatriáin，1870~1941），词作者是赫罗尼莫·德拉奥萨（Jerónimo de la Ossa，1847~1907）。

巴拿马独立前，国歌曲作者桑托斯·豪尔赫·阿马特里亚因曾为当时省公共教育部部长的胡安·阿古斯丁·托雷斯（Juan Agustin Torres）撰写的《地峡歌》（*Himno Istmeño*）配曲，以作为巴拿马城各学校的校园歌曲。1903 年巴拿马独立后，暂时还没有国歌。已担任共和国乐团指挥的桑托斯·豪尔赫·阿马特里亚因提议在临时政府接受美国驻巴拿马首任大使威廉·I. 布坎南（William I. Buchanan）递交国书的仪式上演奏《地峡歌》。他的提议被批准后，巴拿马著名诗人赫罗尼莫·德拉奥萨为歌曲重新填了词。桑托斯·豪尔赫·阿马特里亚因根据新歌词，对《地峡歌》配曲做了修改，加长了 3 个音节。此后，豪尔赫和德拉奥萨创作的国歌在公共和官方场合非正式演奏和演唱。后来，巴拿马政府又举办了国歌选拔赛。在民众露天音乐会上，桑托斯·豪尔赫·阿马特里亚因指挥共和国乐团演奏了参赛的歌曲。在演奏豪尔赫和德拉奥萨创作的国歌后，市民们发出一阵阵喝彩声，表示对他们的支持。1906 年国民大会颁布第 39 号法令，宣布豪尔赫和德拉奥萨创作的歌曲为临时国歌。1925 年国民大会颁布第 48 号法令，最终采用他们的歌曲为国歌。1941 年颁布的第 28 号法令和 1949 年颁布的第 34 号法令批准国歌歌词和曲调。1955 年 11 月 11 日巴拿马颁布的第 77 号法令规定 11 月 1 日为国歌日。

曲作者桑托斯·豪尔赫·阿马特里亚因 1870 年 11 月 10 生于西班

牙纳瓦拉省佩拉尔塔，曾就读于西班牙音乐和朗诵学校，在唱歌和弹奏乐器上表现出非凡的天赋。毕业后成为一名风琴手。1889 年 9 月，豪尔赫离开西班牙定居巴拿马城。巴拿马主教亚历杭德罗·佩拉尔塔发现了他的天赋，让他担任大教堂管风琴师和学校音乐教师。1892 年担任哥伦比亚军营乐队指挥，后任新成立的巴拿马军乐队指挥。1897 年他担任师范学院和一些学校的音乐教授。他作曲的《地峡歌》曾风靡巴拿马，成为学生甚至成年人最喜欢的歌曲。1903 年巴拿马独立后，豪尔赫建立了共和国乐团，并担任指挥。后来，巴拿马政府任命他为教育机构歌曲审查员，以奖励他在创作国歌上的贡献。1941 年 9 月 22 日他在巴拿马城去世。

词作者赫罗尼莫·德拉奥萨 1847 年 4 月 9 日生于巴拿马城。16 岁前往智利，在圣地亚哥接受高等教育，获土木工程专业学位，1879 年德拉奥萨返回巴拿马，曾就职于法国运河公司，曾任驻外领事。与此同时，他还是一位文学家和浪漫主义诗人，其作品散见于各种周刊和其他杂志，但其好的诗歌大多作于学生时代。他创作的国歌表达了强烈的爱国精神。1907 年 9 月 6 日去世。

巴拿马国歌歌词译文：

合唱：
　　我们终于赢得了胜利，
　　在那联邦幸福的领域。
　　火红的荣誉光辉，
　　照亮新生国家的土地。

第一段：
　　需要用一块面纱，
　　将过去的髑髅地和十字架遮蔽。
　　让和谐灿烂的光辉，
　　装点你碧空如洗。

伴随崇高的歌曲，

进步和你家连在一起。

看两大洋在你脚下呼啸，

给你指明使命向前进

合唱：

我们终于赢得了胜利，

在那联邦幸福的领域。

火红的荣誉光辉，

照亮新生国家的土地。

第二段：

你的家园鲜花怒放，

亲吻着锦绣大地。

勇士的炮声已然平息，

压倒一切唯有兄弟情谊。

拿起锤和铲，

奋发工作莫迟疑。

我们将赢得荣誉尊严，

在这哥伦布的肥沃土地。

合唱：

我们终于赢得了胜利，

在那联邦幸福的领域。

火红的荣誉光辉，

照亮新生国家的土地。

歌词原文：

Coro:

Alcanzamos por fin la victoria

en el campo feliz de la unión;

con ardientes fulgores de gloria

se ilumina la nueva nación.

Es preciso cubrir con un velo

del pasado el calvario y la cruz;

y que adorne el azul de tu cielo

de concordia la espléndida luz.

El progreso acaricia tus lares,

al compás de sublime canción,

ves rugir a tus pies ambos mares

que dan rumbo a tu noble misión.

Coro:

Alcanzamos por fin la victoria

en el campo feliz de la unión;

con ardientes fulgores de gloria

se ilumina la nueva nación.

En tu suelo cubierto de flores

a los besos del tibio terral,

terminaron guerreros fragores;

sólo reina el amor fraternal.

Adelante la pica y la pala,

al trabajo sin más dilación,

y seremos así prez y gala

de este mundo feraz de Colón.

Coro：

Alcanzamos por fin la victoria

en el campo feliz de la unión；

con ardientes fulgores de gloria

se ilumina la nueva nación.

歌词原文见 http：//panamapoesia. com/himno. htm。

国家象征日

11 月 4 日。原为巴拿马国旗日，后改为巴拿马国家象征日（Día de los Símbolos Patrios）。每年这一天，作为公共假日，巴拿马全国各地都要举行游行，纪念国旗、国徽、国歌等国家象征标志。

国家格言

"为了世界的利益"（Pro mundi beneficio）。

国语

西班牙语。巴拿马宪法第 7 条规定西班牙语为巴拿马共和国国语。但很多巴拿马人讲双语，特别是西班牙语和英语。根据 2000 年的统计，巴拿马 80% 的人口讲西班牙语，9% 的人口讲亚洲、中东国家语言，8.3% 的人口讲 8 种印第安语，3.7% 的人口讲英语。印第安语主要有布格莱语（buglé）、恩加贝语（ngäbe）、沃南语（wounaan）、恩贝拉语（emberá）和库纳语（kuna）等。

巴拿马西班牙语受到多种语言的影响，同正统西班牙语有不少区别。殖民时期，大量黑人奴隶被从非洲贩运到巴拿马，他们的语言在巴拿马西班牙语中留下了深刻痕迹。19 世纪，加勒比移民纷纷来到巴拿马，加勒比语言也渗透到巴拿马西班牙语中。因受美国语言和文化的影响，巴拿马西班牙语吸收了大量英语词语。与此同时，法语、希伯来语、意大利语和印地语对巴拿马西班牙语也有或多或少的影响。上述外来词语中，大部分已经西班牙语化。

巴拿马西班牙语在语音、词法、句法、词语方面与正统西班牙语有所不同，具有自己的特色。在语音上，"c" 和 "z" 读作 "s"；在元音字母之间和词尾的 "d" 不发音，如 "perdido"（失去的）读作 "perdío"，"mitad" 读作 "mitá"。词尾的 "s" 和辅音前的 "s" 不发音，如 "casas"（房子）读作 "casah"，"costa"（海岸）读作 "cohta"。词尾或元音间的辅音弱化，字母 "r" 在 "ue" 之前时，变为 "l"；字母 "-h" 在 "ue" 之前时，变为 "j" 或 "g"，如 "hueco"（洞）变为 "güeco"；元音 "e" 与其他元音连续时变为 "i"，如 "menudear"（经常发生）变为 "menudiar"。动词不定式读音缩短，去掉单词最后的字母 r，保留最后一个音节的重音，如动词 reir（笑）省略为 reí，llorar（哭）省略为 llorá，mover（移动）省略为 mové，coger（拿，取）省略为 cogé 等。

在词法上，一些前置词和副词常省略一些字母，如 donde（在那里）简化为 onde；adonde（去那儿）简化为 aonde；adelante（向前）简化为 alante；para（为了）简化为 pa 等。有些单词可省略词尾，如 profesor（教授）省略为 profe；televisión（电视）省略为 tele；bicicleta（自行车）省略为 bici；la universidad（大学）省略为 la u 等。

在句法上，疑问句中主语习惯放在前面，如 "¿Cómo tú te vas?"（你怎么走了？）。主语代词放在动词不定式前面，如 "después de tú decir algo"（你说了以后）。巴拿马与哥伦比亚和委内瑞拉西班牙语共同使用一些词语，如称小公共汽车为 "chiva"。在巴拿马西班牙语中留有印第安语的痕迹，如 "chicha"、"chicheme"、"tamal"、"ullama"、 "chilate"和"chirú"等。

国家勋章

曼努埃尔·阿马多尔·格雷罗勋章（Orden de Manuel Amador Guer-rero），于1953年巴拿马独立50周年时设立，以巴拿马首任总统曼努埃尔·阿马多尔·格雷罗之名命名，是巴拿马最高荣誉奖章，授予在公民服务、科学、艺术、人道主义性质服务中表现突出的人士。该勋章分为金链（Collar）、大十字（Gran Cruz）、高官（Gran Oficial）和司令（Comandante）4级。勋章的中心是曼努埃尔·阿马多尔·格雷罗像。英国女王伊丽莎白二世、南斯拉夫总统铁托、巴西总统费尔南多·恩里克·卡多佐分别于1953年、1976年和2001年获得金链级曼努埃尔·阿马多尔·格雷罗勋章。

瓦斯科·努涅斯·德巴尔沃亚勋章（Orden de Vasco Nuñez de Bal-boa）。根据巴拿马1941年6月1日颁布的第41号法令设立，以1513年发现太平洋的西班牙探险家瓦斯科·努涅斯·德巴尔沃亚的名字命名。法令规定该勋章授予在该国文学、科学和艺术领域有突出成就的巴拿马国民，也授予适合这种勋章的外国人。该勋章分为极大十字（Gran Cruz Extraordinaria）、大十字（Gran Cruz）、高官（Gran Oficial）、骑士团长（Comendador）和骑士（Caballero）5级，根据功绩分别授予不同等级的人物。勋章的中心是瓦斯科·努涅斯·德巴尔沃亚像。

曼努埃尔·何塞·乌尔塔多勋章（Order of Manuel José Hurtado），是巴拿马教育工作者最高勋章，根据1959年11月27日颁布的第412号令设立。其名是为纪念土木工程师和教育家曼努埃尔·何塞·乌尔塔多（Manuel José Hurtado），他被视为巴拿马教育体系的创建者。每年12月1日勋章被授予在文化、教育领域做出突出贡献的教师、学校、民间团体、宗教组织、家长、事业单位或组织。曼努埃尔·何塞·乌尔塔多勋章国家委员会（Consejo Nacional de la Orden de Manuel José Hurtado）组织评选获奖人员。该勋章为直径 70 毫米的银质勋章，勋章中央为曼努埃尔·何塞·乌尔塔多金色肖像，像的周围写有西班牙语金字"曼努埃尔·何塞·乌尔塔多，巴拿马教育之父"（Manuel José Hurtado, Padre de la Educacion Panameña）。勋章正面写有设立勋章的年份 1959 年和发行的年份。勋章缎带为紫色，宽 40 毫米，缎带中间有一条黄带，宽 5 毫米。除上述勋章外，巴拿马还有格雷·法尔孔勋章（Orden de Grey Falcon）、何塞·安东尼奥·雷蒙·坎特雷金质奖章（Medalla de Oro de José Antonio Remón Cantere）、阿尔弗雷德·莱斯卡诺·戈麦斯中校银质奖章（Medalla de Plata de Teniente Coronel Alfredo Lezcano Gomez）等。

民族英雄

巴拿马把下列六人视为民族英雄。

玛利亚·德拉奥萨·德阿马多尔，首任总统曼努埃尔·阿马多尔·格雷罗的夫人，也是巴拿马历史上第一位总统第一夫人。她坚定支持其丈夫组织的分离主义运动，与其弟媳安赫利卡·贝尔加莫托·德拉奥萨缝制代表独立的旗帜，这面旗帜在巴拿马宣布独立后成为巴拿马国旗。

曼努埃尔·阿马多尔·格雷罗，巴拿马首任总统，1904 年 2 月至 1908 年 10 月任职。先在科隆和圣地亚哥 - 德贝拉瓜斯行医，后在巴拿马城圣托马斯医院行医逾 30 年，同时参加政治活动。1885 年任哥伦比亚共和国巴拿马州州长。1903 年在巴拿马组织分离主义运动，使巴拿马于 1903 年 11 月 3 日独立。11 月 4 日就任临时总统。与美国政府签订关于巴拿马运河的不平等条约。1904 年巴拿马第一部宪法通过，正式就任总统。

赫罗尼莫·德拉奥萨，巴拿马国歌词作者。详见上述国歌词作者介绍。

桑托斯·豪尔赫·阿马特里亚因，巴拿马国歌曲作者。详见上述国歌曲作者介绍。

唐尼卡诺尔·比利亚拉斯，巴拿马国徽设计者。详见上述国徽设计者介绍。

曼努埃尔·恩卡纳西翁·阿马多尔，巴拿马国旗设计者。详见上述国旗设计者介绍。

国家诗人

里卡多·米罗（Ricardo Miró，1883～1940）。青年时期前往波哥大求学，1899年因"千日战争"返回巴拿马。他在《地峡先驱》杂志（El Heraldo del Istmo）工作10年，1908～1911年任驻西班牙巴塞罗那领事。1904年在《地峡先驱》发表最初的诗作，歌唱祖国、家乡景观和爱情，体现了现代派和新浪漫主义风格。1909年在西班牙发表诗作《祖国》。返回巴拿马后，曾担任国家档案馆馆长（1919～1927）和巴拿马语言科学院秘书（1926～1940）等职。他的主要诗作有1905年发表的《最后的银鸥》（La última gaviota）、1908年发表的诗集《前奏曲》（Preludios）、1909年发表的《祖国》（Patria）和《阿波尔特贝洛》（A Portobelo）、1916年发表的《第二前奏曲》（Segundos preludios）、1925年发表的《太平洋的传说》（La leyenda del Pacífico）和1926年发表的《安静的路》（Caminos silenciosos）。主要著作有《再生的诗歌》（El poema de la reencarnación）等。他写有两部长篇小说《嘈杂的夜晚》（Las Noches de Babel）和《玛利亚的花》（Flor de María.）。此外，他还写有短篇小说，并发表在报刊上，去世后其被结集出版。他创办并主编一些文学刊物，其中最重要的杂志是《新习俗》（Nuevos Ritos），指出巴拿马诗歌创新的方向。以其名字设立的里卡多·米罗奖，奖励文学上取得突出成就的人。里卡多·米罗的诗歌在巴拿马占有重要地位，他被誉为伟大的国家诗人。

世界遗产

巴拿马共有下列5项世界遗产（其中1项与哥斯达黎加共有），这

5 项世界遗产也是巴拿马国家象征。

"巴拿马加勒比海沿岸的防御工事：波托韦洛堡和圣洛伦索堡"（Fortificaciones de la costa caribeña de Panamá：Portobelo y San Lorenzo）位于科隆省，1980 年被联合国教科文组织世界遗产委员会列入《世界遗产名录》。这些城堡是 17、18 世纪的军事要塞，是西班牙王室保护跨大西洋贸易防御体系的一部分。波托韦洛堡由西班牙人弗朗西斯科·德巴拉尔德－梅尔卡多（Francisco Velarde y Mercado）建于 1597 年，曾是殖民时期重要的白银输出港，西班牙人沿环海湾建立了一整套防御工事，包括堡垒、要塞、防御工事和城墙等，成为美洲最早的防御工事之一。圣洛伦索堡位于查格雷斯河河口，内有战壕、大型半月堡防御工事和一门架在岩石上的 10 管排炮，它也是西班牙殖民者在美洲建立的最早的古堡之一，2012 年被列入《世界遗产名录》濒危遗产地。

达连国家公园（Parque Nacional Darién）位于达连省，1981 年被联合国教科文组织世界遗产委员会列入《世界遗产名录》。世界遗产委员会评价说：达连国家公园成为连接新世界两个大洲间的桥梁，这里拥有良好的地理环境，如沙滩、岩石海岸、红树林、沼泽和洼地以及山地热带丛林，其间生长着奇异的野生动植物。公园里还有两个印第安部落。该公园占地面积为 5750 平方千米，是连接南北美洲的桥梁，这里生态环境多样，有迷人的沙滩、多巉岩的海岸、高地和低地热带丛莽和森林、种类繁多的动植物。达连国家公园的丛林是美洲热带地区植物类型最多的丛林，树高平均达 40 米。公园里栖息着一些濒临灭绝的野生动物，如美洲豹、红猴、貘、中美洲凯门鳄、美洲鳄、水豚等。此外，还有灌木狗、大型食蚁动物、虎猫、夜猴、吼猴、头部呈褐色的蜘蛛猴等动物。两个印第安部落也生活在该地区，代表乔科和库纳两种不同的土著文化。达连国家公园的历史古迹也吸引世人。达连的圣玛利亚拉安提瓜古城（Santa Maria la Antigua）建于 1510 年 9 月，是航海家瓦斯科·努涅斯·德巴尔沃亚和马丁·恩西索（Martin de Enciso）在美洲建立的首批欧洲殖民地。1513 年，德巴尔沃亚率远征队穿过巴拿马地峡，成为第一个望见太平洋的人，他当时把太平洋称为南海。

巴拿马古城考古遗址和巴拿马城旧城区（Sitio arqueológico de Panamá Viejo y distrito histórico de Panamá）位于巴拿马省，1997 年巴拿马旧城区被联合国教科文组织世界遗产委员会列入《世界遗产名录》，2003 年巴拿马古城考古遗址被联合国教科文组织世界遗产委员会列入《世界遗产名录》。世界遗产委员会评价说，西班牙征服者帕卓若斯·戴勒（Pedro Arias Dávila）于 1519 年建立了最初的巴拿马城，这是欧洲殖民者在美洲太平洋地区最早的定居地。在 17 世纪中叶被遗弃之后，它被新城（历史区）所取代，新城保留了原来的街道和建筑式样以及由西班牙、法国、早期美国建筑风格所混杂成的建筑风格。1826 年，艾利博多曾进行了一次尝试，试图把波利瓦尔建成一座多国国会集中地，但是这个尝试最终失败了。

巴拿马古城由西班牙殖民者佩德罗·阿里亚斯·达维拉建于 1519 年，成为美洲太平洋海岸建立的第一个殖民点。他大兴土木，兴建宫殿、监狱、公园、商店、医院等，将渔村扩建成城镇，巴拿马城宣告诞生。城市建筑呈欧洲风格，棋盘布局设计令人称道。1671 年，英国海盗亨利·摩根攻入巴拿马城，将整座城市烧为废墟。1673 年，在古城废址以西约 8 公里处重建巴拿马城，巴拿马古城遂被抛弃。新巴拿马城旧城区古老街道、建筑保留至今，西班牙、法国和美洲建筑风格融合在一起。旧城区街道狭窄，留有西班牙式古堡和带有露台的房屋。旧城区中心独立广场周围有双塔高耸的天主教堂、法国人建造运河时指挥总部等。玻利瓦尔沙龙也是著名建筑，南美解放者玻利瓦尔 1826 年曾试图在这里建立大陆多国大会。

科伊瓦国家公园及其海洋特别保护区（El Parque Nacional Coiba y su zona especial de protección marina）位于巴拉瓜斯省，面对奇里基湾巴拿马西南海岸，面积为 270125 公顷，其中海洋面积为 216543 公顷。1991 年被宣布为巴拿马自然珍宝之一。2004 年 7 月 26 日建立科伊瓦国家公园。2005 年 7 月被联合国教科文组织世界遗产委员会列入《世界遗产名录》。该公园包括科伊瓦岛其他 38 座小岛以及周围海洋地区。科伊瓦岛面积为 493 平方公里，是巴拿马最大的岛屿。公园地区有多种哺乳动物、鸟类、海洋动物和植物，是濒危动物的保护所，也是人们进行陆地和海洋动植物研究的天然实验室。

塔拉曼卡山脉—友谊保护区/友谊国际公园（Reserva de la cordillera de Talamanca-La Amistad/Parque Internacional La Amistad）是与哥斯达黎加共有的世界自然遗产，位于巴拿马博卡斯德尔托罗省和奇里基省，哥斯达黎加圣何塞省、卡塔戈省、利蒙省和蓬塔雷纳斯省。1983 年哥斯达黎加的塔拉曼卡山脉—友谊保护区被联合国教科文组织世界遗产委员会列入《世界遗产名录》，1990 年巴拿马的友谊国际公园被联合国教科文组织世界遗产委员会列入《世界遗产名录》。塔拉曼卡山脉蜿蜒于巴拿马和哥斯达黎加，山上森林密布，分为 5 个保护区：友谊国际公园（哥斯达黎加和巴拿马）、奇里波国家公园（哥斯达黎加）、巴鲁火山国家公园（巴拿马）、保护者帕洛塞科森林（巴拿马）和福尔图纳森林保护区（巴拿马）。巴鲁火山国家公园占地 1.4 万公顷，保护者帕洛塞科森林占地 24.4 万公顷，福尔图纳森林保护区的地理位置使它保留了第四纪冰期的痕迹，促进了北美洲和南美洲植物和动物之间的接触。大部分地区被热带雨林所覆盖，有 4 个印第安部落在这里生活。

国花

圣灵花（Espíritu Santo）。学名为"Peristeria elata"。其名来自希腊文"peristerion"，意为"鸽子"。别名鸽子兰（Orquídea paloma）。圣灵花是兰花的一种，多见于安东山谷的盖塔尔山林中。7 月至 10 月开花，花瓣为乳白色。圣灵花有球形假鳞茎，高可至 12 厘米，4 片叶子可长达 1 米。花序从 1～1.8 米长的鳞茎底部长出，可生出 4～12 朵乳白色的花，花上有紫红色斑点，花药和雌蕊为黄色。花香馥郁。1980 年 10 月 21 日被宣布为巴拿马国花。该花美丽异常，常遭人采撷，存在灭绝的危险。圣灵花已被列入《濒危野生动植物种国际贸易公约》附录中，并被禁止交易。

国树

巴拿马树（Panamá）。学名为"Sterculia Apetala"。哥伦比亚称其为卡马鲁卡（camaruca），古巴称其为阿纳卡维塔（anacahuita）或阿纳卡圭塔（anacagüita），墨西哥东南部称其为卡斯塔尼奥（castaño）。巴拿马树"Panamá"之名源于土著印第安语（其意详见上述国名）。由于巴拿马树是该国国名来源之一，故1969年11月26日巴拿马政府第371号法令规定巴拿马树为该国国树。巴拿马树也是委内瑞拉卡拉沃沃州的标志树。巴拿马树是美洲特有的树，生长于墨西哥南部、中美洲直至南美洲的秘鲁和巴西。在巴拿马，巴拿马树分布于太平洋沿岸的河流两岸。树高可达40米，树干直径可达2米。巴拿马树11月至来年3月开花，1月至4月结果。花朵小而美，花心为黑红色。巴拿马树可保护环境，防止土壤风蚀，为牲畜提供阴凉，为蜜蜂提供花蜜。巴拿马树全身是宝，黄红色木材漂亮、耐用、坚硬，可作建筑材料，如拱腹架、墙柱等。树干可做独木舟、包装箱。煮过或烤过的种子可食用，味美如花生。树种还可用作巧克力的香料配料。果壳美观、坚硬，可做装饰品。巴拿马树还有药用价值，树叶制成的茶可治咳嗽和失眠。树叶煎出的汤可治脱发，树皮可制成抗疟疾药。叶子切碎后和水搅拌可成为清凉饮料。巴拿马树含有大量皂角素，极易起泡，可清洁皮肤，是一种天然的清洁素。其皂角苷对皮肤有抗菌保湿作用。

国家动物

巴拿马金蛙（Rana dorada de Panamá），是巴拿马人民的偶像，也是巴拿马国家的象征之一。金蛙栖息于巴拿马中西部中央山脉山坡热带雨林，是巴拿马的特有物种，外形似青蛙，其实是一种蟾蜍，学名泽氏斑蟾。体长4～5.5厘米，吻很尖，鼓膜不明显，身躯苗条，四肢修长，内侧及外侧手指或脚趾特别短。皮肤光滑，体色呈鲜艳的黄色或橘色，有明显的黑色斑点。为对抗山涧流水的噪声，它们放弃了叫声交流，而进化出靠手语交流的特殊本领。它们靠手语打招呼，或者向异性求爱，或者恐吓敌人。哥伦布发现美洲前，土著人把金蛙视为圣物，他们用金和黏土铸成金蛙，称之为"瓦卡"（Huaca），即"珍宝"。传说金蛙转化成金瓦卡后死亡，因此，有人看到或拥有金蛙就会有好运。由于人口的增长、农业开发造成栖息地丧失和非法抓捕，致命蛙壶菌的入侵和环境污染，金蛙数目大量减少，现已濒临灭绝，仅存200～500只。

国鸟

阿尔皮亚鹰（Águila Harpía）。属猛禽科。主要栖息于达连省，特别是在托尔蒂、丘库纳克河和达连国家公园。阿尔皮亚鹰是各种鹰中体重最大的鹰，在35米以上高的树上筑巢。雌鹰比雄鹰大，体高可达1.08米，重18磅（相当于8.164427千克）。雄鹰体高可达0.96米，重11磅（相当于4.9895161千克）。双翼展开长为1.83～2.24米。鹰冠和喙为黑色，眼虹膜为巧克力色，头和颈为灰色，胸黑腹白，翅和尾为黑色。黄色爪长达15厘米。阿尔皮亚鹰的头上长着几片竖立的羽毛，远看似角，非常威武。喜欢吃的食物是懒猴、树懒、树上的哺乳动物和爬行动物，特别是鬣蜥。体重大的阿尔皮亚鹰繁殖速度很慢，每4年半才产1～2个蛋，而且只有一个能孵出雏鸟。孵蛋需近两个月时间。阿尔皮亚鹰的寿命可达40年。2002年4月10日巴拿马颁布的第18号法令宣布阿尔皮亚鹰为国鸟，对捕捉、贩卖、伤害或致死雏鹰、鹰蛋和鸟巢，造成该鸟灭绝的人处以5000巴波亚罚款。

国舞

巴拿马国舞坦博里托舞（Tamborito），西班牙语意为"小鼓舞"。

该舞历史悠久，源于非洲。1514 年西非黑奴开始被贩运至巴拿马。1523 年后，来自几内亚、喀麦隆、安哥拉和刚果王国的男女黑奴成批抵达巴拿马，同时带来坦博里托舞的前身本德舞（Bunde）。在融合当地舞蹈和西班牙舞蹈特点后，逐渐形成了巴拿马的传统舞蹈坦博里托舞。17 世纪初，坦博里托舞在巴拿马已流传开来。该舞集舞蹈、歌唱和伴奏于一身。最重要的伴奏乐器是鼓，此外还有吉他和小提琴。舞蹈者围成圆圈，圈中央有一对舞者。圈中央的舞者不断轮换，一名歌手和女子合唱队进行伴唱。

国家运动

棒球（Baseball），是巴拿马最为普及的体育运动，被视为"国家体育运动"。棒球是对抗性很强的球类运动项目，主要特点是以球棒击球。棒球比赛参加人数最少为 9 人，分为攻、守两方，在一个扇形的棒球场里进行比赛。比赛分为九局，两队交替进攻，进攻球员跑回本垒可得 1 分，得分高的一队获胜。现代棒球运动源于英国，但历史上第一部棒球竞赛规则是 1845 年由美国人亚历山大·乔伊·卡特来特（Alexander Joy Cartwright）制定的，其中多数规则至今仍在使用，棒球这一名称也是在这一年正式采用的。1937 年世界棒球协会宣告成立，后改称国际棒球联合会，总部设在美国。第二次世界大战后，棒球运动在世界100 多个国家发展起来。1978 年国际棒联得到国际奥委会的承认，1994年国际棒联将总部迁至瑞士洛桑。

巴拿马国内有不少地方棒球俱乐部，也有国家棒球队。巴拿马国家棒球队是世界棒球劲旅，1945 年和 2005 年分获第 8 届和第 36 届棒球世界杯季军。2011 年第 39 届棒球世界杯在巴拿马举办。巴拿马至少有140 名球员在美国职业棒球大联盟和其他中美洲国家打球，温贝托·鲁滨孙（Humberto Robinson）是在美国职业棒球大联盟打球的第一个巴拿马运动员，其他著名球员还有进入名人堂的罗德·卡鲁（Rod Carew）、布鲁斯·琴（Bruce Chen）、卡洛斯·李（Carlos Lee）、曼尼·桑吉连（Manny Sanguillén）、马里亚诺·里韦拉（Mariano Rivera）和卡洛斯·鲁伊斯（Carlos Ruiz）等。

国服

巴拿马女国服名叫波列拉（Pollera），是一种全白色的棉布长连衣裙，上有彩色的刺绣，在民间舞演出、狂欢节和节日游行、旅游景点和婚礼上穿用。波列拉原为 16、17 世纪西班牙姑娘服饰，后随西班牙人的入侵而传到巴拿马。波列拉在西班牙意为裙子，在巴拿马则指裙子和上衣。巴拿马波列拉把西班牙几个地区和巴拿马本身服饰的特色完美结合起来，形成了别具一格的民族服装。巴拿马波列拉分为三种：日用波列拉（劳动服）、华丽波列拉和婚礼波列拉。华丽波列拉用的是白色布料或印花布，饰有彩色花卉图案，上衣领口饰有辫带和饰边，做工非常精致，制作成本高昂，从几百美元到几千美元不等，耗时长达一年。饰有贵重黄金和珍珠的波列拉，常作为传家宝世代相传。婚礼波列拉至少从 1815 年起就在巴拿马流行了，历史学家认为，它是从早期殖民时期"奴隶"保姆穿的简单白色连衣裙演变而来的。与波列拉搭配的头部装饰称为"特姆布莱克斯"（tembleques）。巴拿马女性把头发分成两条辫子紧紧拉到耳后，头发上别有梳子，梳子上面饰有黄金、白银和珍珠，在灯光下闪闪发光。头上最多可别 20 把梳子，两边各别 10 把。第一位得到"巴拿马共和国波列拉王后"称号的是拉莫娜·艾米莉亚·勒菲弗尔·德拉奥萨（Ramona Emilia Lefevre de la Ossa，1886～1955），她以特罗娜（TRONA）的名字为人熟知。1912 年她成为巴拿马狂欢节王后，是巴拿马最受人们喜爱的狂欢节王后之一。

巴拿马男国服叫作蒙图诺（Montuno），分为劳动服和华丽服（星期日服）两种。蒙图诺由带有刺绣的白衫、黑裤、草帽、带耳高筒靴（巴拿马农民劳动时穿的牛皮鞋）和口袋组成。白衫是宽开领，宽袖子。黑裤短小，被称为"钦戈"（Chingo），即"短小"之意。

国食

桑科乔（Sancocho）。西班牙文意为"木薯香蕉肉"。这是一种包含木薯、香蕉和蔬菜的牛肉汤，并加入洋葱头、大蒜、胡椒、芫荽、牛至等调料，配以鸡肉米饭。在阿苏埃罗半岛和中部省份使用鸡肉替代牛肉，被叫作"母鸡桑科乔"（Sancocho de gallina）。巴拿马各地区的桑科乔都有各自特色，如拉乔雷拉城的乔雷拉桑科乔（Sancocho chorrerano）、奇里基省（Chiriqui）的奇里卡诺桑科乔（Sancocho chiricano）等。巴拿马的桑科乔是从古巴传入的，在古巴叫阿希亚科（Ajiaco）。这种炖肉最早是古巴土著塔伊诺人（Taíno）烹制出来的，其名"阿希亚科"塔伊诺语意为"胡椒罐"。2003年巴拿马为庆祝独立100周年，在一口1470磅重的大锅中制作了2562加仑的"百年桑科乔"，以最大鸡肉和木薯汤载入吉尼斯世界纪录。哥伦比亚、厄瓜多尔、墨西哥、洪都拉斯、委内瑞拉、秘鲁、多米尼加等国也有桑科乔，但原料、制作方法有所不同。

国酒

塞科埃雷拉（Seco Herrerano）是甘蔗经三次蒸馏酿制出的烈酒，被视为巴拿马国酒。塞科埃雷拉是由巴拿马中部佩塞镇（Pesé）家族企业巴莱拉兄弟酿酒厂（Varela Hermanos）制造的，附近佩塞山谷有大片甘蔗种植园。塞科埃雷拉为透明酒，含酒精35%，它既有伏特加的味道，又略带朗姆酒的气味，常作为伏特加和朗姆酒的替代品。塞科埃雷拉简称塞科（Seco），还被称作九个字母（Nueve Letras）和布埃尔韦洛科（Vuelve Loco），其中九个字母是最常用的叫法。1908年，巴莱拉家族创制出来的塞科，成为当时最为畅销的品牌酒。每年，巴莱拉兄弟酿酒厂都要生产100万箱以上塞科，出口超过65个国家。塞科埃雷拉可以和任何东西相混合，从热带水果到烈酒。用塞科埃雷拉与葡萄柚和菠萝汁制成的一种饮料名叫巴拿马奇奇塔（Chichita Panamá）。巴拿马大西洋沿岸地区居民喝塞科习惯加入鲜奶或椰奶。

国饮

咖啡是巴拿马人最爱喝的饮料，他们每天都离不开咖啡。巴拿马虽然是个小国，但出产的瑰夏咖啡（Geisha）闻名遐迩。瑰夏咖啡生豆具有非常漂亮的蓝绿色，玉石般的温润质感，闻起来有新鲜的青草香、桃子味、浆果气息和大部分咖啡豆不具备的乌龙茶特有的奶香甜味。巴拿马瑰夏咖啡起源于埃塞俄比亚的瑰夏森林，1931 年被发现后送往肯尼亚咖啡研究所。1936 年引入乌干达和坦桑尼亚，1953 年传入哥斯达黎加，20 世纪 70 年代移植到巴拿马。巴拿马奇里基省波克特镇（Boquete）的拉埃斯梅拉达咖啡庄园所产的瑰夏咖啡远近闻名。这里位于巴拿马和哥斯达黎加的边界附近，靠近著名的巴鲁（Baru）火山，当地特有的气候，火山地区肥沃丰厚的土壤，非常适合出产优质的咖啡。曾任美国银行总裁的瑞典裔美国人鲁道夫·A. 彼得森（Rudolph A. Peterson）买下拉埃斯梅拉达咖啡庄园，他的儿子普赖斯·彼得森（Price Peterson）、孙子丹尼尔（Daniel）与孙女蕾切尔（Rachel）利用当地的气候和肥沃土壤，开发出具有独特香气与风味的巴拿马瑰夏咖啡。除拉埃斯梅拉达咖啡庄园外，埃利达庄园（Elida）、阿卡巴庄园等都出产优质的精品咖啡。巴拿马瑰夏咖啡在国际大赛中屡获大奖。2005 年、2006 年、2007 年连续荣获美国精品咖啡协会烘焙师协会杯（Specialty Coffee Association of America Roasters Guild Cupping Pavilion）冠军，还获得 2004 年、2005 年、2006 年、2007 年、2009 年、2010 年、2013 年的"巴拿马最佳咖啡"（Best of Panama）第一名。2007 年 3 月，巴拿马首都巴拿马城制成一个俩人高世界最大的巨型咖啡杯，以纪念巴拿马咖啡公司成立 100 周年。4 月 1 日，工人们耗费 4 个多小时，往巨型杯子注满 136 公斤咖啡，泡出了一杯 2840 升的咖啡。

宗教

巴拿马宪法没有规定罗马天主教为国教，但宣称它是"大多数巴拿马人的宗教"。巴拿马没有公民宗教信仰的统计数字，2007 年各种消息来源估计天主教徒占全国人口的 85%，新教徒占 7%，其他宗教和无宗教信仰者占 8%。

天主教传教士随西班牙殖民者进入巴拿马，1510 年天主教传教士在巴拿马的达连建立了第一座天主教堂，名字叫"圣玛利亚拉安提瓜教堂"。教堂所在地达连成为西半球主教管区。1513 年，主教胡安·德克韦多·比列加斯（Juan de Quevedo Villegas）和总督佩德罗·阿里亚斯·达维拉抵达巴拿马。1520 年该教区更名为巴拿马主教管区，1925 年成为大主教管区。1946 年颁布的宪法宣布宗教信仰自由，但承认它是巴拿马主要宗教。巴拿马大主教管区包括 8 个主教管区，它们是博卡斯德尔托罗主教管区（Bocas del Toro）、齐特雷主教管区（Chitré）、科隆–库纳亚拉主教管区（Colón-Kuna Yala）、达连主教管区（Darién）、戴维主教管区（David）、巴拿马主教管区（Panamá，也是大主教管区所在地）、佩诺诺梅主教管区（Penonomé）、圣地亚哥–德贝拉瓜斯主教管区（Santiago de Veraguas）。

巴拿马大主教大教堂（Catedral Primada de Panamá）的前身是上述圣玛利亚拉安提瓜教堂。主教胡安·德克韦多·比列加斯抵达巴拿马城后，放弃了圣玛利亚拉安提瓜教堂，搬走该教堂许多文物，着手建立巴拿马大主教大教堂。1671 年遭海盗摩根袭击，新教堂被焚毁。1688 年开始建设巴拿马大主教大教堂，直至 1796 年才竣工。双塔教堂正面的雕刻呈文艺复兴时期风格，含三个中殿和两个祈祷室。67 根石柱支撑天花板。圣器室为两层，是巴拿马殖民时期唯一的圆屋顶建筑。钟楼的钟是 18 世纪制作的，老钟因 1737 年大火部分熔化而失灵。

国家保护神

拉安提瓜圣母（Nuestra Señora de la Antigua）。9月9日为拉安提瓜圣母节。巴拿马人对拉安提瓜圣母的崇拜源于西班牙。1248年，卡斯蒂利亚国王费尔南多三世攻占摩尔人占据的塞维利亚。他在塞维利亚大教堂向拉安提瓜圣母祈祷，因为他认为拉安提瓜圣母保佑他才获得成功。从此之后，西班牙人开始崇拜拉安提瓜圣母。1510年，西班牙殖民者马丁·费尔南德斯·德恩西索（Martín Fernández de Enciso）和瓦斯科·努涅斯·德巴尔沃亚携带拉安提瓜圣母像到达乌拉瓦湾。同年，德恩西索和德巴尔沃亚在新大陆建立的第一个村镇取名为圣玛利亚德拉安提瓜德尔达连（Santa María de la Antigua del Darién）。塞马科酋长的茅屋成为美洲第一个拉安提瓜圣母小教堂。1513年9月9日，圣玛利亚德拉安提瓜德尔达连城成为教皇利奥十世在美洲建立的第一个主教管区，首任主教是教士胡安·德克韦多·比列加斯。从这年起，拉安提瓜圣母玛利亚成为主教管区保护神。1524年，第二任主教多明我会教士维森特·佩拉萨（Vicente Peraza）把教区所在地迁往巴拿马城，称其为巴拿马主教管区。1999年9月9日，大主教何塞·迪马斯·塞德尼奥（José Dimas Cedeño）宣布拉安提瓜圣母玛利亚为大教区保护神。2000年9月9日巴拿马主教会议宣布拉安提瓜圣母玛利亚为巴拿马共和国保护神。

国币

巴波亚（El balboa）。1巴波亚＝100分（centesimos）。美元与巴波亚同为巴拿马法定流通货币。1巴波亚＝1美元。除了2016年的波动外，巴波亚自引入以来一直以1∶1的汇率与美元挂钩，除短暂时间外，一直与美元一起流通。但政府账户、所有货币与外贸的统计均使用巴波亚。

巴拿马脱离哥伦比亚独立后，最初继续使用哥伦比亚货币比索。1904 年 6 月 20 日，巴拿马和美国签署货币协议，双方同意巴拿马法定货币为美元。在货币委员会成员德梅特里奥·H. 布里德（Demetrio H. Brid）大力推动下，同年 6 月 28 日巴拿马颁布第 84 号法令，宣布在该国建立十进位制货币制度，宣布巴拿马货币名称为巴波亚，以纪念发现南海（即太平洋）的西班牙航海家瓦斯科·努涅斯·德巴尔沃亚。但仅仅发行铸币，不发行纸币。与此同时，确立美元作为巴拿马的流通货币，从此巴拿马成为美洲第一个经济美元化的国家。1904 年巴拿马国民大会颁布法律，铸币分为 1 巴波亚、50 分、25 分、10 分、5 分和 1 分共 6 种。巴波亚铸币正面绘有瓦斯科·努涅斯·德巴尔沃亚像，背面为巴拿马国旗图案。这一年，巴政府在全国收集了 320 多万比索哥伦比亚货币，将其分几批运往纽约重新铸造成巴拿马铸币。

后来，巴拿马几届政府试图发行巴波亚纸币，但都没成功。例如，1911 年巴勃罗·阿罗塞梅纳（Pablo Arosemena）政府通过第 45 号法令，授权国家银行发行面值为 1 巴波亚纸币、2 巴波亚纸币、5 巴波亚纸币和 10 巴波亚纸币，共 50 万巴波亚，后未实现。1913 年贝利萨里奥·波拉斯·巴拉霍纳总统颁布第 19 号法令，授权国家银行发行 100 万巴波亚纸币，但也未能实行。1933 年，财长马丁·索萨（Martín Sosa）发行巴波亚纸币的提议未获国民大会通过。1941 年，阿努尔福·阿里亚斯·马德里总统推动颁布宪法第 156 条，授权官方和私人银行发行纸币。1941 年 9 月 30 日巴拿马中央发行银行（Banco Central de Emisión de la República de Panamá）成立，同年 10 月 2 日巴拿马中央发行银行授权发行 600 万巴波亚纸币，由汉密尔顿银行票据公司印制，但这一天仅发行了 270 万巴波亚纸币。阿里亚斯总统成为首位用巴波亚替代美元的巴拿马总统。然而，10 月 9 日阿里亚斯被推翻，流亡古巴，巴波亚纸币也寿终正寝。同年 12 月 30 日巴拿马颁布第 29 号法令，宣布停止流通巴波亚纸币。1942 年 6 月 13 日至 7 月 6 日，纸币在工艺美术学院的车间被焚烧。据估计，曾有 30.5 万巴波亚纸币参与流通，在焚化中有 7000 巴波亚纸币幸存下来。

2010 年与美元等值的 1 巴波亚铸币投入流通，估计这种铸币发行了 4000 万巴波亚。

伯利兹

国名

伯利兹（Belize）。位于中美洲东北部。北部和东北部与墨西哥相连，南部与西部同危地马拉相接，东部濒临加勒比海。伯利兹的来源有几种说法。一说 1638 年苏格兰海盗彼得·华莱士（Peter Wallace）在伯利兹河河口设置定居点，以他的名字"Wallace"（华莱士）命名，而西班牙语发音把"Wallace"读成"Belice"，"Belice"又演变成英语的"Belize"，这样伯利兹成为这个国家的名称；一说源于玛雅语，意为"结果之路"或"多淤泥的水"；一说伯利兹的名字最早出现在 1677 年多明我会教士何塞·德尔加多（José Delgado）主办的一份杂志上，上面记载了德尔加多沿加勒比海岸北上时，经过索伊特河（Rio Soyte）、希布姆河（Rio Xibum）和巴利斯河（Rio Balis）三条河，他把这三条河对应译成"Sittee River"、"Sibun River"和"Belize River"。后来"Rio Balis"索性演变为"río Belice"（伯利兹河），并逐渐成为该国国名；一说源于法语"balise"，意为"灯塔"或"航标"，古西班牙地图中把该地区称为"Baliza"，也意为"航标"，因为这一带有很多礁石或暗礁。

国都

贝尔莫潘（Belmopan），地处伯利兹河河岸。1961 年，原殖民地首府伯利兹遭飓风严重破坏，伯利兹当局决定迁都内陆。1967 年开始兴建新都贝尔（Bel），1970 年新都建成。贝尔之名由伯利兹河的前三个字母组成。1973 年改名为贝尔莫潘，其名由伯利兹河的前三个字母和伯利兹河的支流莫潘河（Mopan）的名字组合而成。

国庆

9 月 21 日（1981 年），亦为独立日。伯利兹原为玛雅人居住地，16 世纪初沦为西班牙殖民地。1638 年英国殖民者入侵，逐渐控制了伯利兹。但 1821 年独立后的危地马拉声称继承西班牙对伯利兹的主权。1862 年英国正式宣布伯利兹为其殖民地，并改名为英属洪都拉斯。1964 年伯利兹实行内部自治，成为英国的联系邦。1973 年 6 月，英属洪都拉斯改名为伯利兹。1975 年，英国同意伯利兹独立，而危地马拉一直存有异议。1981 年 9 月 21 日，伯利兹正式宣布独立，成为英联邦的成员国。9 月 21 日这一天便成为伯利兹的独立日和国庆日。

国父

乔治·凯德尔·普赖斯（George Cadle Price），是人民统一党（People's United Party，PUP）创建者之一，为该国独立做出重要贡献，被誉为该国"国父"。普赖斯 1919 年 1 月 15 日生于伯利兹城，在 10 个孩子中排行第三。12 岁在伯利兹城圣约翰学校就读时，飓风摧毁学校，他幸免于难。普赖斯 16 岁进入美国密苏里耶稣会小圣奥古斯丁神学院学习，第二年转入危地马拉城的神学院。后曾在罗马短暂停留，因战争爆发而回国。1944 年从事政治活动，但竞选失利。1947 年成为伯利兹城议会议员。1950 年 9 月 29 日，他与约翰·史密斯（John Smith）等人创建了人民统一党。1956 年，普赖斯成为人民统一党领袖。这一年，他还成为伯利兹城市长。他为伯利兹政治和经济的独立做了大量工作，并从 1961 年开始与英国进行谈判。同年他成为伯利兹首席部长。1964

年伯利兹实行"内部自治"时，普赖斯成为总理。1981 年伯利兹独立后，他出任首届总理至 1984 年。1989 年再任总理，至 1993 年。1993年辞去党内职务。2000 年 9 月，普赖斯被授予"民族英雄勋章"。2011年 9 月 19 日去世，享年 92 岁。

国旗

伯利兹国旗是 1981 年 9 月 21 日独立时采用的。其主体颜色为蓝色，上下各有一条红色宽边。旗面正中白色圆形上绘有国徽。长和高之比是 3∶2。蓝色象征天空和海洋，红色象征胜利和阳光。50 片绿叶组成的饰环暗指 1950 年，这一年成立的人民统一党提出了独立的要求。伯利兹国旗是 1950 年英属洪都拉斯国旗的变种。英属洪都拉斯国旗旗面为蓝色，旗面正中白色圆形上绘有国徽。该旗一直用至 1981 年独立前。

伯利兹国旗的产生历经曲折。最初，人民统一党提议国旗底色为蓝色，正中白色圆形上绘有国徽。统一民主党（United Democratic Party）认为上述国旗只代表人民统一党，应设计一个能代表各方力量的国旗。由此，伯利兹成立了包括两党代表的象征标志委员会。象征标志委员会举办了国旗征集竞赛。在上交的国旗设计作品中，象征标志委员会最后选中埃夫拉尔·韦特（Everal Waight）和伊内兹·桑切斯（Inez Sánchez）的作品。他们都是公务员，韦特为常任秘书，桑切斯曾任伯利兹广播电台台长，后是教育部门负责人。他们对人民统一党设计的国旗进行了修改，在旗面的上下两边加上了红色宽边。蓝色代表人民统一党，红色代表反对党。蓝色、红色和白色在一起，代表国家的团结。他们的设计得到两党的支持。赛后，他们分享了 500 伯利兹元的奖励。

国徽

伯利兹国徽为盾徽，在白色圆盘上。伯利兹国徽同国旗一样，脱胎于 1907 年英属洪都拉斯采用的国徽。盾徽被垂直线和倒 V 字分开，分为三部分。下面部分绘的是一艘帆船在海洋上航行，上面两部分展现伯利兹木材工业中使用的工具：右面部分是锯和长斧，左面部分是长锤和撬杠。盾徽两侧各有一名伐木工人，他们各用一只手扶盾。左边为克里奥尔人（土生白人），右肩扛长斧；右边为穆拉托人（黑白混血种人），左肩扛撬棒。他们代表伯利兹不同的种族，从事该国重要的木材工业的工作。盾顶上绘有一棵伯利兹国树——桃花心木树（Mahogany），18、19 世纪桃花心木工业在伯利兹经济中占据极其重要的地位。盾下面饰带写有拉丁文 "Sub Umbra Floreo"，意为 "我在树荫下繁荣昌盛"。50 片绿叶组成的饰环围绕国徽。国旗设计者埃夫拉尔·韦特和伊内兹·桑切斯曾对国徽提出意见，认为桃花心木树与奴隶制相连，躺在树下是鼓励懒惰，提出把桃花心木树改为塞里科特树（zericote tree），但未被象征标志委员会采纳。

总督旗

伯利兹总督是英国女王在伯利兹的代表，女王委派总督代行国家元首职责。1981 年伯利兹宪法规定，总督必须是伯利兹公民。伯利兹总督旗为矩形，长与高之比为 2∶1。在蓝色旗底的中部上方有一顶皇冠，皇冠下面的金色丝带上用黑色大写英文写有 "伯利兹"（BELIZE）。

总理旗

总督任命众议院多数党领袖为政府总理。伯利兹总理旗呈三角形。国徽在旗中的白色圆上，周围由 22 片绿叶环绕。国旗的 50 片绿叶改为总理旗的 22 片绿叶，含义不明。

总理绶带

伯利兹总理绶带颜色与国旗相同，由红色、蓝色、红色条幅纵列组成，蓝色条幅大大宽于红色条幅，蓝色条幅中央绘有国徽。

总督府

原总督府（Government House）是二层建筑，位于伯利兹城摄政者大街（Regent St）尽头，是伯利兹最古老的殖民建筑之一，也是伯利兹地标建筑之一。1815 年，英国驻伯利兹长官阿瑟上校（Colonel Arthur）不愿在原来位于伯利兹河对岸的木制官邸居住，他获得 3000 英镑拨款后，便在伯利兹城摄政者大街兴建新的官邸。新建筑由英国建筑师克里斯托弗·雷恩（Christopher Wren）负责设计施工，他把伯利兹同英格兰建筑风格结合在一起，使这座建筑成为伯利兹殖民时期最美的建筑。该建筑先是作为英属洪都拉斯都督府，后又成为总督府。150 多年中，这里一直是伯利兹殖民政府所在地和总督官邸。1981 年 9 月 21 日半夜，在这里降下英国国旗，升起伯利兹国旗，标志着伯利兹赢得独立。1961 年因飓风首都从伯利兹城迁往贝尔莫潘后，1984 年起伯利兹总督府也迁往贝尔莫潘。1998 年伯利兹城的总督府更名为文化宫（House of Culture），后对外开放，供游客参观。宫内陈列伯利兹各个时期的文物和图片，其中包括总督举行宴会的银制餐具。文化宫内还设有露天剧场，时常举办各种演出活动。

现在贝尔莫潘的总督府名叫伯利兹宫（Belize House），位于北环路和梅尔哈多广场（North Ring Road and Melhado Parade）。原为英国高级专员公署（British High Commission），1984 年起成为伯利兹新的总督府。

国歌

《自由的土地》（*Land of the Free*）。词作者为塞缪尔·艾尔弗雷德·海恩斯（Samuel Alfred Haynes，1899 ~ 1971），曲作者为塞尔温·沃尔福德·扬（Selwyn Walford Young，1899 ~ 1977）。

塞缪尔·艾尔弗雷德·海恩斯 1899 年生于伯利兹，1971 年在美国去世，是黑人民族主义者马库斯·加维（Marcus Garvey, 1887～1940）的信徒。加维提倡外地非裔黑人返回非洲，协力创建一个统一的黑人国家，拥有几百万的追随者。塞缪尔·艾尔弗雷德·海恩斯曾参加第一次世界大战。由于英国总督没有兑现向参战军人提供土地和工作的许诺，返国军人发动反对种族歧视暴动，艾尔弗雷德是暴动的领导人之一。后来他移居美国。他是黑人诗人，担任过《黑人世界》（*Negro World*）的编辑并撰稿，曾是马库斯·加维运动的知名人物，一度担任匹兹堡分部主席。1963 年他创作了抒情诗《上帝的土地》，后改称《自由的土地》。1963 年，音乐家、作曲家塞尔温·沃尔福德·扬为海恩斯的诗配了曲。其在 1981 年伯利兹独立时成为国歌。

《自由的土地》歌词译文：

第一节：
　　啊，加勒比海自由的国土，
　　我们发誓维护你的自由，
　　在这宁静的避风港湾
　　专制要铲除，暴君要赶走。
　　我们先辈的热血洒满圣洁的国土，
　　从奴役压迫的棍杖下赢得自由。
　　真理的力量和上帝的恩泽，
　　使我们不再受奴役之苦。

合唱：
　　起来海湾人的子孙，
　　戴上盔甲，
　　扫平国土，
　　驱逐独裁者，赶走暴君，
　　这里是加勒比海自由的国土！

歌词原文：

O, land of the free by the carib Sea,

our manhood we pledge to thy liberty!

No tyrants here linger, despots must flee

This tranquil haven of democracy

The blood of our sires which hallows the sod,

Brought freedom from slavery oppression's rod

By the might of truth and the grace of God.

No longer shall we be hewers of wood.

Arise! ye sons of the Baymen's clan,

put on your armour, clear the land!

Drive back the tyrants, let despots flee-

Land of the Free by the Carib Sea!

Nature has blessed thee with wealth untold,

O'er mountains and valleys where praries roll;

Our fathers, the Baymen, valiant and bold

Drove back the invader; this heritage hold

From proud Rio Hondo to old Sarstoon,

Through coral isle, over blue lagoon;

Keep watch with the angels, the stars and moon;

For freedom comes tomorrow's noon.

Chorus.

歌词原文见 http://www. belize. gov. bz/index. php/the-national-anthem。

伯利兹国家祈祷词

伯利兹国家祈祷词（National Prayer of Belize）是由当时的伯利兹总理乔治·凯德尔·普赖斯所写，它由 1791 年 11 月大主教约翰·卡罗尔（John Carroll）为教会和民事当局所写的祈祷文改编而成。

祈祷词译文：

全能和永恒的上帝，您通过耶稣基督
已经向各国显示你的荣耀，
请保护和维护伯利兹，我们心爱的国家。

威力无比、英明和正义的上帝，
请用你给人忠告坚忍不拔的圣灵，
帮助我们的伯利兹和人民。

让你的神圣智慧的光芒指导他们的计划和努力，
有了你的帮助，我们可以实现我们的正义目标。
有了你的指导，我们可以倾全力赢得
和平、社会正义、自由、国家幸福、工业增产和有用的知识。

上帝啊，为我们所有人，我们祈祷，
我们可得到知识，可以在遵守你最神圣的律法中圣洁化，
我们可以维护世界本身不能给予的统一与和平。
在享受了这一生的祝福后，
请让我们享用，亲爱的上帝，
你为那些热爱你的人准备的永恒的奖赏。

阿门。

祈祷词原文：

Almighty and Eternal God, who through Jesus Christ
has revealed Your Glory to all nations, please protect
and preserve Belize, our beloved country.
God of might, wisdom and justice, please assist our
Belizean government and people with your Holy Spirit
of counsel and fortitude.
Let your light of Your divine wisdom direct their plans
and endeavours so that with Your help we may attain
our just objectives. With Your guidance, may all our
endeavours tend to peace, social justice, liberty, national
happiness, the increase of industry, sobriety and useful knowledge.
We pray, O God of Mercy, for all of us that we may be
blessed in the knowledge and sanctified in the
observance of Your most holy law, that we may be
preserved in union and in peace which the world
itself cannot give. And, after enjoying the blessings of
this life, please admit us, dear Lord, to that eternal
reward that You have prepared for those who love You.

Amen.

祈祷词原文见 http://www. mybelize. net/about-belize/national-symbols/
belize-national-prayer/。

国家格言

"我在树荫下繁荣昌盛"（Sub Umbra Floreo）。

国语

英语。伯利兹宪法规定英语为该国官方语言，伯利兹也是中美洲唯一一个以英语为官方语言的国家。伯利兹是一个具有多种文化、多种语言的国家。据 2010 年人口普查，伯利兹人口为 32.2 万人。根据联合国最新估计，截至 2019 年 7 月 4 日，伯利兹人口为 390216 人。梅斯蒂索人（美洲印第安人与西班牙殖民者的混血儿后裔）占伯利兹人口的 52.9%，克里奥尔人占 25.9%，玛雅人占 11.3%，加里福纳人（非洲黑人与加勒比人的混血儿后裔，19 世纪来到伯利兹）约占 6.1%。此外，还有印度移民、德国与荷兰移民、华人移民等。尽管英语为伯利兹国语，但讲英语的居民只占伯利兹人口的 4%。如今，伯利兹克里奥尔语（Belizean Creole，也被称为 Kriol）是该国大多数居民的第一或第二语言，许多家庭都讲这种语言。

伯利兹克里奥尔语是以英语为基础的克里奥尔语。伯利兹克里奥尔语吸收了大量非洲语、玛雅语、印第安语、西班牙语、汉语和其他语言的词语，其中较重要的语言是美洲本地的米斯基托语和由非洲黑奴带来的各种西非和班图语，包括阿坎语（Akan）、埃菲克语（Efik）、埃维人说的克瓦语（Ewe）、富拉语（Fula）、豪萨语（Hausa）、伊博语（Igbo）、刚果语（Kikongo）和沃洛夫语（Wolof）等。

伯利兹克里奥尔语是殖民时期英国庄园主和西非奴隶在交流过程中形成的。1786 年之前的伯利兹克里奥尔语更像牙买加克里奥尔语。根据 1786 年《伦敦公约》，英国须停止在中美洲及加勒比海沿岸进行苏木砍伐，但伯利兹除外。这样，很多定居于米斯基托沿岸的人迁到伯利兹，随之带来了米斯基托沿岸的克里奥尔语，而且移民数量超过了当地伯利兹人，从而使伯利兹克里奥尔语变得更像米斯基托克里奥尔语。

伯利兹克里奥尔语在语音上与其他加勒比克里奥尔语相似。它同英语有许多不同之处，如使用了大量鼻音化元音，在词尾和很多音节中辅音群减少到只有一个辅音和元音。伯利兹克里奥尔语趋向于开放音节结构，许多词以元音结尾。在语法上，伯利兹克里奥尔语动词时态与标准英语差别很大，没有过去式。

西班牙语在伯利兹占重要地位，讲西班牙语的人口占全国人口的46%。来自墨西哥和危地马拉的移民的增多（20 世纪 80 年代 3 万名美洲难民抵伯），使操西班牙语的人口大量增加。伯利兹作为英国殖民地时，学校禁止教授西班牙语。伯利兹独立后，西班牙语已成为教授的第二种语言。与此同时，伯利兹还存在玛雅语、纳华语、加里富纳语等。

国家勋章

2000 年 12 月 31 日，伯利兹颁布国家荣誉和奖励法修改版。根据该法，伯利兹共有 6 种勋章，它们是：民族英雄勋章（Order of the National Hero）、伯利兹勋章（Order of Belize）、荣誉勋章（Order of Distinction）、服务功绩勋章（Meritorious Service Award）、服务荣誉勋章（Services Medal of Honour）和长期服务勋章（Long Service Medal）。

民族英雄勋章是伯利兹最高荣誉勋章，根据 1991 年 8 月 16 日颁布的《国家荣誉和奖励法》设立，授予长期以来在对伯利兹和人类的服务中取得突出成就和功绩的伯利兹公民，不授予外国人。2000 年 9 月，乔治·凯德尔·普赖斯成为获得伯利兹最高荣誉勋章——民族英雄勋章的第一人。2008 年追授给菲利普·斯坦利·威尔伯福斯·戈尔德森（Philip Stanley Wilberforce Goldson，1923～2001），戈尔德森是伯利兹 20世纪 50 年代的人民统一党和 20 世纪 70 年代的统一民主党（United Democratic Party，UDP）的创始成员之一。1965～1998 年在伯利兹众议院担任阿尔贝选区议员，曾两次担任部长。2009 年追授给蒙拉德·西格·弗里德·梅茨根（Monrad Siegfried Metzgen，1894~1956），其是英属洪都拉斯殖民时期政治家。

伯利兹勋章是第二高荣誉勋章，根据1991年8月16日颁布的《国家荣誉和奖励法》设立，授予本国和外国国家元首和领导人，勋章获得者可在其姓名后加缩写字母"OB"。牙买加前总理帕特森（P. J. Patterson）等人获得该勋章。

荣誉勋章亦根据1991年8月16日颁布的《国家荣誉和奖励法》设立。

民族英雄

伯利兹共有三位民族英雄，其中包括乔治·凯德尔·普赖斯、菲利普·斯坦利·威尔伯福斯·戈尔德森和蒙拉德·西格·弗里德·梅茨根。

乔治·凯德尔·普赖斯详见上述国父。

菲利普·斯坦利·威尔伯福斯·戈尔德森是伯利兹政治家，曾任新闻记者。人民统一党、国家独立党（National Independence Party）、统一民主党和全国争取伯利兹权利联盟（National Alliance for Belizean Rights）创始人之一。1941年起从事新闻工作，参加工会运动。1949年成为总工会总书记。1950年任人民统一党书记助理。1984年任社会服务部部长。1989年伯利兹城国际机场以他的名字命名。2001年荣获伯利兹勋章。2008年荣获伯利兹最高荣誉勋章——民族英雄勋章。

蒙拉德·西格·弗里德·梅茨根生于伯利兹城，是一名克里奥尔人（土生白人）。16岁当上抄写员，10年后成为国税局官员。1932年任财政部监督，1935年任斯坦克里克地区专员。曾在社会、教育、农业、体育等领域做过大量工作。著有《英属洪都拉斯手册》（*The Handbook of British Honduras*）等。

世界遗产

伯利兹拥有1项世界遗产，与危地马拉等国共同拥有1项非物质文化遗产。

　　1990 年 11 月 6 日伯利兹成为联合国教科文组织世界遗产委员会成员。1996 年伯利兹堡礁保护区（Sistema de Reservas de la Barrera del Arrecife de Belice）被联合国教科文组织世界遗产委员会列入《世界遗产名录》。伯利兹堡礁保护区位于尤卡坦半岛沿海一带，包括伯利兹大部分沿岸水域，长约 300 公里。堡礁距伯利兹北部海岸约 300 米，距伯利兹南部海岸约 40 公里。伯利兹堡礁是全世界第二大活珊瑚礁，面积仅次于澳大利亚大堡礁，是西半球最大的珊瑚礁。伯利兹海岸有一处风景绝佳的自然生态系统，伯利兹堡礁保护区由北半球最大的堡礁、近海环礁、几百个沙洲、美洲红树林、沿海潟湖和港湾组成。保护区内的七处水域展示了暗礁进化的历史，共有 70 种石珊瑚、36 种软珊瑚。水域里栖息着海龟、海牛和美洲湾鳄等濒危物种，此外还有 500 种鱼类。伯利兹堡礁保护区里的灯塔环礁区的蓝洞是著名潜水胜地，这个靛蓝色的石灰岩洞周围长满珊瑚礁。洞长 300 米，水深超过 120 米。洞壁陡峭，多巨大的钟乳石。半月岛是七个水域之一，可见珍贵的红脚鲣鸟和软珊瑚。2009 年伯利兹堡礁保护区被列入《世界遗产名录》濒危遗产地。

　　加里富纳人的语言、音乐与舞蹈（La lengua, la danza y la música de los garifunas）2001 年 5 月 18 日被列为伯利兹、危地马拉、洪都拉斯和尼加拉瓜《人类非物质文化遗产代表作名录》。加里富纳人是加勒比地区阿拉瓦克人和非洲人通婚的后裔。17 世纪非洲黑奴被贩卖到美洲，在途经中美洲圣文森特岛时遭遇海难，非洲人滞留该岛并定居。他们与岛上的阿拉瓦克人联姻生出加里富纳人。18 世纪，由于英国残酷的殖民统治，加里富纳人从圣文森特岛逃亡至中美洲大西洋沿岸，在伯利兹、洪都拉斯、危地马拉和尼加拉瓜等地居留下来。随着时间的推移，非洲人和阿拉瓦克人的文化互相融合，相互借鉴，形成加里富纳人的语言、音乐与舞蹈。加里富纳语属阿拉瓦克语系，尽管许多人可以讲加里富纳语，但学校主要教授西班牙语和英语，如今仅有一个村镇的学校教授加里富纳语。加里富纳人的音乐将非洲和加勒比地区风格相结合，但蕴含更多的非洲因素，使用鼓、沙球、吉他、海龟壳等。歌词表现加里富纳人的历史、日常生活和劳作等。其舞蹈采用三种不同的鼓伴奏。

国花

黑兰花（Black Orchid）。学名为"Encuclia Cochleatum"。属被子植物门、单子叶植物纲、天门冬目的兰科亚科。攀附于潮湿地区树上，终年开花。似茎的鳞茎大小不同，可达 6 英寸（相当于 15.24 厘米）长，带有两片或三片叶子。花瓣为绿黄色，靠近底部的萼片有紫红色斑。花的形状像蛤壳瓣，呈紫褐色、近黑色，带有惹人注目的闪闪发光的紫色叶脉。原产于中美洲、西印度群岛、哥伦比亚、委内瑞拉和美国佛罗里达州南部。伯利兹大约有 250 种兰花。

国树

桃花心木树。学名为"Swietenia Macrophylla King"。通称洪都拉斯桃花心木树或大叶桃花心木树。桃花心木树属楝科植物，是伯利兹热带雨林高大树木之一，高 30 ~ 60 米。树干直径为 0.75 ~ 3.5 米，树冠直径达 14 米。60 ~ 80 年成熟，开小白花，果为暗色。桃花心木呈红褐色，有笔直的纹理，木质坚硬、抗腐、易加工，广泛用于制作家具、船只、乐器。用其制作的吉他和鼓，音色比常用的枫木和桦木制作的要好得多。17 世纪中叶，英国殖民者开始采伐伯利兹的桃花心木树，并以方木形式运往英国。木材也成为伯利兹经济的支柱。现在则以锯材船运出口。在伯利兹国徽上绘有桃花心木树，国家格言"我在树荫下繁荣昌盛"中的"树"指的是桃花心木树。

国鸟

鶏鵼（Tucán）。学名为"Ramphastos Solfurantws"。栖息于伯利兹树高林密的地区。鶏鵼的喙特别长，甚至超过其一半体长，有调节体温的作用。羽毛有亮绿、蓝、红和黄色。全身长约 20 英寸（相当于 50.8 厘米）。鸟面为黑色，胸为亮黄色，尾下为红色。栖息于高树，常用树洞筑巢，也常占据啄木鸟筑的洞。喜食果子。但其喙上有向前突出的锯齿似的牙齿。这个特点使有些历史学家认为，过去鶏鵼是食肉动物，能捕鱼和小动物。巨喙能深入树洞觅食，也可吓退小鸟。叫声单调，犹如蛙鸣。雌鸟每次产 2~4 个蛋，雌、雄鸟一起孵蛋，孵出小鸟需 6~7 个星期。

国兽

貘（Tapil），即贝尔德貘（Baird's Tapir）。贝尔德貘得名于美国博物学家斯潘塞·富勒顿·贝尔德（Spencer Fullerton Baird），他于 1843 年赴墨西哥考察动物。貘又称中美洲貘，在伯利兹则被称为山牛（Mountain Cow），但它不是牛，而更接近于马或犀牛，是美洲热带地区最大的哺乳动物和食草动物。体壮、腿短，大小如驴，长可达 2 米，高达 1.2 米，重 150~400 公斤，是拉丁美洲三种貘中最重的一种，其余两种名叫山貘（Mountain Tapir）和南美貘（South American Tapir）。一般为灰栗色，眼和唇周围有一白带，耳尖为白色，有时颈部和胸部有白色斑点。尾短而粗，鼻长而灵活。前蹄各有 4 趾，后蹄各有 3 趾。大部分时间在水中或淤泥地中，是游泳好手。孕期为 400 天，每次只生一胎，多胎罕见。新生貘毛为红褐色，有白色斑点和条纹。成年后变为灰栗色。初生貘被藏在隐蔽处，由母貘寻食喂养。出生 3 周后便可下水游泳。一般 6~12 个月成熟，一岁小貘可自己寻食。寿命可达 30 年。多夜间活动，喜食叶子和落果。貘之间通过刺耳的哨声和尖叫声相互联络。貘濒临灭绝，受《伯利兹野生动物法》保护，捕猎貘属非法。

国家音乐

布鲁克唐（Brukdown）。伯利兹音乐的一种流派，是 19 世纪克里奥尔音乐、西非音乐和英格兰与苏格兰音乐的结合，把欧洲和音、非洲切分节奏和本地区的呼叫和响应以及抒情因素融合在一起。使用的乐器有手风琴、鼓、班卓琴、吉他、低音吉他、玳瑁壳响弦、格拉特（grater）等。"Brukdown"一词可能源于"broken down calypso"，意为从特立尼达卡利普索音乐分化出来，同时也受牙买加人带到伯利兹的门托音乐（Mento Music，流行于20世纪四五十年代的牙买加，它融合了牙买加特有的节奏和欧洲音乐的曲调，类似于加勒比伦巴）的影响。

威尔弗雷德·彼得斯（Wilfred Peters，1931～2010）是伯利兹著名手风琴手和乐队指挥，被称为"布鲁克唐之王"，是国家偶像。他是布鲁克唐的创新者，曾率乐队赴欧美演出布鲁克唐。1997年，英国女王伊丽莎白二世授予他英国员佐勋章（Member，简称"MBE"），以表彰他对文化的贡献。

国家运动

足球是伯利兹最普及的运动。伯利兹是国际足联、中北美洲及加勒比海地区足球协会成员之一。伯利兹国家足球队由伯利兹足球协会管理，其水平一般，至今未从世界杯外围赛出线。由于在2013年中美洲足球锦标赛获得第四名，故首次参加了中北美洲及加勒比海地区金杯赛。

国服

如同尼加拉瓜、危地马拉等国一样，伯利兹国服为瓜亚贝拉（Guay-abera）。这种服装是玛雅风格服饰和西班牙风格服饰相结合的产物，各国的叫法有所不同。瓜亚贝拉一般为亚麻或全棉面料，通常为浅色，主要为白色、浅咖啡色和黄色。它的样式为长袖，小翻领，有4个贴兜，可装许多东西。前后襟上有立式横褶，胸前衣襟上绣有花纹。伯利兹男士瓜亚贝拉绣有蓝色或红色腰带，女士瓜亚贝拉则有代表宇宙和神的精美刺绣图案。据说，穿上瓜亚贝拉，可带给人智慧。官方活动中，男性要穿白色长袖的瓜亚贝拉，女性可自选瓜亚贝拉的颜色和式样。瓜亚贝拉源于墨西哥尤卡坦或古巴农村，是西班牙民族服装与印第安人传统服装相结合的产物。作为国服，得到乔治·凯德尔·普赖斯总理和人民统一党及政府官员的大力推广。

国菜

米和豆饭配炖鸡肉和土豆沙拉（Rice and Beans with Stewed Chicken and Potato Salad），亦称1、2、3。主要原料为鸡肉、糖、食用油、辣酱油、青胡椒、黑胡椒盐、大蒜粉等。制作米和豆饭时先将豆放在水中盖上，浸泡过夜。把豆放入锅中，加入洋葱、青椒、大蒜和足够的水，煮沸，直到豆类变嫩。再加入椰奶和调味料。将大米加入豆中，用温水煮至水被吸收。用叉子轻轻搅拌，根据需要加少许水，直至煮熟。

然后制作炖鸡肉。把洋葱和甜椒切成片放在一边。烧热锅内油，加糖。糖熔化后，加入鸡肉，鸡肉变为棕色后，加入洋葱和青椒，煮几分钟。加醋和辣酱油（Lea & Perrins），把一杯水放入锅中。中低温度烹调至完成（如果使用蒜瓣，则此时加入）。根据需要加水来做肉汁。这道菜很受欢迎，配以米和豆饭及土豆沙拉。

伯利兹克里奥尔人传统菜肴比尔厄普或博伊尔厄普（bile up 或 boil-up）也很受伯利兹人喜爱，是由煮熟的鸡蛋、鱼、猪尾巴以及木薯、绿芭蕉、山药、甘薯、番茄酱混合而成的一道菜。

国酒

朗姆酒（Rum），是制糖的副产品糖浆或甘蔗汁经发酵和蒸馏制成的酒。这种酒在1650年首次由巴巴多斯文件披露，而正式提到"Rum"一词则是1661年7月8日牙买加总督发布的一项命令。

朗姆酒得名有多种说法：一说朗姆酒曾被称为"kill-devil"，意为

"杀死魔鬼"，或被称为"rumbullion"，"rumbullion"来自英国百慕大德文郡，意为"一次大动乱"；一说源于英国俚语，意为"最好的"，指其是高质量的酒；一说源于拉丁语"saccharum"（糖）的最后一个音节；一说源于罗马语"Rum"，意为"强劲的"；一说源于17世纪英国两种名酒"ramboozle"和"rumfustian"；一说源于17世纪指朗姆酒的两个词"rumbullion"和"rumbullion"，1651年最早出现有关"rumbullion"的记载，1654年"Rum"的名字应运而生，1770年出现朗姆酒西班牙语的名字"Ron"；一说源于荷兰海员使用的大水杯"rummers"，该词由荷兰语"roemer"演变而来。1654年，"Rum"一词已被普遍使用，这一年康涅狄格法院下令没收通常被称为"Rum"的巴巴多斯酒。1657年马萨诸塞法院也规定销售名为"Rum"的烈酒为非法。法属安的列斯殖民地将朗姆酒称为"guildive"，它从"kill-devil"演变而来，后来被称作"tafia"，这是一个非洲词语或当地土著词语。

朗姆酒的前身可追溯到数千年之前。此时，中国、印度、古希腊已用发酵甘蔗制酒，后传播到世界各地。马来人曾生产过名叫"Brum"的酒。马可·波罗曾说14世纪波斯（今伊朗）有一种非常好的糖酒。用甘蔗蒸馏法制酒最早发生在17世纪加勒比甘蔗种植园，黑奴是发现用制糖过程的副产品糖蜜发酵、蒸馏制酒的第一批人。

加勒比岛国大都生产朗姆酒，各国都有独特的风格。这些风格可通过传统所讲的语言分类。英语岛地区以深色朗姆酒和留有浓郁的糖蜜味道著称，伯利兹、特立尼达和多巴哥、格林纳达、巴巴多斯、圣卢西亚、百慕大、圣基茨和尼维斯、牙买加等的朗姆酒都属于这种风格。

法语岛地区的农业朗姆酒比较出名。这种朗姆酒专用甘蔗汁制作，保留了甘蔗的原有风味，通常比糖蜜朗姆酒更贵。海地、瓜德罗普和马提尼克的朗姆酒属于这种风格。

西班牙语岛地区生产口感顺滑的陈年朗姆酒，古巴、危地马拉、巴拿马、多米尼加、尼加拉瓜、波多黎各、美属维尔京群岛以及南美国家哥伦比亚和委内瑞拉的朗姆酒属于这种风格。

朗姆酒一般分为以下几类。

黑朗姆酒（Dark Rum）：棕色、黑色和红色朗姆酒被称为黑朗姆酒，比金朗姆酒颜色要暗。陈酿的制作时间至少为三年。通常由焦糖或糖蜜制成，比清淡朗姆酒和金朗姆酒味道更强烈。烹调大多使用黑朗姆酒。黑朗姆酒主要产自牙买加、海地和马提尼克。

调味朗姆酒（Flavored Rum）是以朗姆酒为基础，添加各种水果并由人工做成的鸡尾酒，如香蕉、杧果、橙子、柑橘、椰子等。

金朗姆酒（Gold Rum）也被称为"琥珀"朗姆酒，是指蒸馏后需经活性炭过滤后入桶酿造一年以上的朗姆酒，味道适中。木桶中保存的酒因时间的推移而变成暗色。比清淡朗姆酒味道更强烈，是介于清淡朗姆酒和黑朗姆酒之间的朗姆酒。

清淡朗姆酒（Light Rum）又称银朗姆酒和白朗姆酒。除了一般的甜味外，其他味道很轻。时间使酒退掉颜色，有时酒还要过滤。清淡朗姆酒大多产自波多黎各。因味道温和，故常用于混合饮料中。

超标朗姆酒（Overproof Rum）酒精度非常高，比40%（ABV）强度标准高得多，许多高过75%或80%。常用于混合饮料中。

优质朗姆酒（Premium Rum）是精心制作的陈年老酒，口味独特，多直接饮用。

五香朗姆酒（Spiced Rum）因添加香料、香精、焦糖而有特殊味道。香料包括樟树皮、迷迭香、洋艾、胡椒等。酒的颜色发暗。

朗姆酒是伯利兹当地最受欢迎的传统饮料之一，在伯利兹经济中起着重要的作用。伯利兹朗姆酒由甘蔗制成，是一种蒸馏酒，可与新鲜水果汁混合成鸡尾酒。伯利兹朗姆酒以优质和平滑的口感而闻名，是游客和本地人十分喜爱的饮料。伯利兹有两家制造商——奎略酿酒厂（Cuello's Distillery）和旅行者酒业公司（Travellers Liquor）生产优质朗姆酒。

奎略酿酒厂位于伯利兹甘蔗养殖区中心的奥兰治沃克镇（Town of Orange Walk），由搅拌器和蒸馏器大师伊格纳西奥·奎略（Ignacio

Cuello）创建，是一家家族企业。奎略酿酒厂有自己的厂歌，是当地著名艺术家拉布恩勋爵（Lord Rhaburn）创作的。奎略酿酒厂生产的朗姆酒包括加勒比白朗姆酒（Caribbean White Rum）、加勒比朗姆酒（黑）（Caribbean Rum）（Dark）、加勒比金朗姆酒（Caribbean Gold Rum）、特强朗姆酒（Extra Strong Rum）和加勒比椰子朗姆酒（Caribbean Coconut Rum）

旅行者酒业公司位于伯利兹首都贝尔莫潘，由搅拌器大师奥马里奥·佩尔多莫（Omario Perdomo）于1953年创建，是伯利兹最著名的朗姆酒———一桶（One Barrel）的制造商。一桶是口感平滑简单的金朗姆酒，散发出西番莲、木槿和番木瓜的天然香味，带有清新的热带气息，是游客和当地人首选的饮料。旅行者酒业公司只使用高浓度糖蜜，按照传统做法仔细发酵，让朗姆酒变陈并在伯利兹城装瓶。旅行者酒业公司受人欢迎的朗姆酒品种包括唐奥马里奥佳酿朗姆酒（Don Omario Vintage Rum）、陈黑朗姆酒（Aged Dark Rum）、水晶鹦鹉石朗姆酒（Cristal Parrot Lite Rum）、经典白朗姆酒（Classic White Rum）和库克纳克朗姆酒（Kuknat Rum，用椰子制作）。旅行者酒业公司生产的五桶朗姆酒（5 Barrel Rum）是高档朗姆酒品牌，由当地种植的伯利兹甘蔗制成。这种甘蔗被切割和粉碎，保留了自然的风味，混合成一种醇厚的朗姆酒，并在肯塔基州的橡木桶陈酿5年。

伯利兹的啤酒名叫Belikin，它是一种淡淡的欧式风格啤酒。伯利兹酿酒公司在市场上占有垄断地位，还酿造了一些其他品牌啤酒和烈性啤酒。

宗教

伯利兹宪法规定宗教信仰自由。主要宗教为罗马天主教和新教。根据2010年的统计，罗马天主教信仰者数量占全国人口数的39.3%，五旬节信仰者占8.3%，基督复临安息日会信仰者占5.3%，圣公会信仰者占 4.5%，门诺派信仰者占 3.7%，浸信会信仰者占 3.5%，卫理公会信仰者占 2.8%，拿撒勒信仰者占 2.8%，耶和华见证会信仰者占 1.6%，其他信仰者占 9.9%（包括巴哈伊信仰、佛教、印度教、伊斯兰教和摩门教），其他（不详）占 3.1%，无信仰占 15.2%。

1837 年，英属洪都拉斯（伯利兹旧称）被指定为牙买加新教区的组成部分，首任主教为西班牙圣方济会教士贝尼托·费尔南德斯（Benito Fernández）。尽管直至 1851 年罗马天主教在英属洪都拉斯还未正式存在，但伯利兹城天主教徒已占该城人口的 15%。20 世纪开始前，天主教已在农村地区的印第安人、梅斯蒂索人（印欧混血种人）和黑人中间传播。原因是 19 世纪 40 年代末墨西哥尤卡坦玛雅难民的涌入，以及 50 年代后危地马拉印第安人和梅斯蒂索人的抵达。1851 年，随同牙买加教区主教贝尼托·费尔南德斯来到英属洪都拉斯的牙买加耶稣会教士詹姆斯·尤斯塔斯·杜佩龙（James Eustace DuPeyron）建立起伯利兹第一座天主教堂。1855 年詹姆斯·尤斯塔斯·杜佩龙接任牙买加教区主教后又多次来英属洪都拉斯。因联系困难，后来英属洪都拉斯与牙买加教区脱离。1888 年英属洪都拉斯教区成立，主教为西西里岛耶稣会教士萨尔瓦托雷·迪·彼得罗（Salvatore di Pietro）。1908 年在英属洪都拉斯教区的 4 万人口中，23500 人为天主教徒。1925 年英属洪都拉斯教区改名为伯利兹教区。1956 年升格为主教管区。1983 年更名为伯利兹城—贝尔莫潘主教管区，从属于牙买加金斯敦大主教管区。伯利兹城—贝尔莫潘主教管区共有 13 个教区，2006 年多里克·莱特（Dorick Wright）接任伯利兹城—贝尔莫潘主教管区主教。

国家保护神

圣彼得（San Pedro 或 St. Peter）。十二门徒中的大弟子，也是耶稣最早的门徒，原名西满，耶稣给他起名"伯多禄"。他跟随耶稣最久，是耶稣最得力的左右手。他将耶稣的一切事迹都记录下来，是最早的

《新约》的一部分。在耶稣十字架受难之后，圣彼得前往罗马传道，被罗马人逮捕烧死。伯利兹把圣彼得作为保护神，每年 6 月 27 日的伯利兹安伯格里斯岛圣彼得日，全国举行三天庆祝活动，纪念伯利兹的保护神圣彼得。在伯利兹最大的岛屿安伯格里斯岛，清晨人们乘船巡游，祈求保护神圣彼得赐福。白天人群聚集街头，欢歌曼舞，持续至深夜。

国币

伯利兹元（Belize dollar）。1 伯利兹元 = 100 分（cents）。

1765～1825 年英属洪都拉斯流通西班牙元（dólares españoles），当时 1 西班牙元等于 6 先令 8 便士。1825 年开始采用英国钱币，与此同时，危地马拉比索与先令一起流通，1 比索等于 4 先令 2 便士，成为后来伯利兹元的基础。1885 年货币单位伯利兹元替代了英镑，发行了 1 分铸币，1894 年又发行了 5、10、25 和 50 分银币。同年第一次发行面额为 1 伯利兹元、2 伯利兹元、3 伯利兹元、10 伯利兹元、50 伯利兹元和 100 伯利兹元的纸币。

1907 年 5 分银币改为铜镍合金币，1942 年又改为镍－黄铜合金币。1952 年 25 分银币改为铜镍合金币，1954 年和 1956 年 50 分和 10 分银币也同样做出改变。1976 年 1 分铸币采用铝币。1990 年 1 伯利兹元铸币使用镍—黄铜合金币。

1928 年后停止生产 50 伯利兹元和 100 伯利兹元纸币。1952 年发行了 20 伯利兹元纸币。1980 年伯利兹重新发行 100 伯利兹元纸币。1983 年伯利兹中央银行负责生产纸币。1990 年重新发行 50 伯利兹元纸币。同年 1 伯利兹元纸币被 1 伯利兹元铸币取代。

现在，伯利兹流通的纸币为 2 伯利兹元、5 伯利兹元、10 伯利兹元、20 伯利兹元、50 伯利兹元、100 伯利兹元。所有纸币正面都绘有伊丽莎白二世头像。

2 伯利兹元纸币（2003 年版）为紫色，纸币背面绘有伯利兹动物、伯利兹的玛雅废墟阿尔顿哈（Altun Ha）、旭南图尼（Xunantunich）和路邦敦（Lubaantun）。

5 伯利兹元纸币（2003 年版）为红色，纸币背面绘有伯利兹动物、圣乔治卡耶（Caye）度假村和哥伦布的棺木。

10 伯利兹元纸币（2005 年版）为紫色，纸币背面绘有伯利兹动物和伯利兹建筑：政府大厦（总督官邸）、法院和圣约翰大教堂。

20 伯利兹元纸币（2003 年版）为棕色，背面绘有伯利兹多种动物。

50 伯利兹元纸币（2006 年版）为棕色，背面绘有伯利兹动物和伯利兹桥梁。

100 伯利兹元纸币（2001 年版）为蓝色，背面绘有伯利兹动物。

现在，伯利兹流通的铸币为 1 分、5 分、10 分、25 分、50 分和 1 伯利兹元。铸币的正面是伊丽莎白二世头像，圆周写有大写英文"伊丽莎白二世"（QUEEN ELIZABETH THE SECOND），背面是面值、国名和铸造年月，1 伯利兹元铸币中心还绘有一艘在海上航行的帆船。

多米尼加

国名

多米尼加共和国（República Dominicana）。位于加勒比海伊斯帕尼奥拉岛东部。西接海地，南濒加勒比海，北邻大西洋，东隔莫纳海峡与波多黎各相望。岛上土著印第安人曾称该岛为"基斯克亚"（Quisqu-eya）。1492 年 12 月 5 日，哥伦布第一次远航美洲时发现多米尼加共和国所在岛屿，取名为拉伊斯帕尼奥拉岛。1697 年岛的西部被法国占领。1804 年建立海地共和国。1809 年岛的东部重新被西班牙控制，1821 年宣布成为独立国家。但几个星期后海地军队侵入岛的东部，并占领圣多明各。随后的 22 年，整个岛在海地控制下。1844 年 2 月 27 日，岛的东部宣布独立，命名为"多米尼加共和国"。国名源于首都名。

国都

圣多明各（Santo Domingo）。位于多米尼加共和国南部海岸。1492 年 12 月，哥伦布在现今海地海岸建立第一个殖民点，取名为拉纳维达德镇（Villa la Navidad），意为"圣诞节镇"，但很快一场大火把这个居民点烧为灰烬。1494 年 1 月 6 日，在现今多米尼加共和国普拉塔港建立起第二个殖民点拉伊莎贝拉（La Isabela），它以西班牙女王名字命名。因传染病和火灾，这个殖民点 5 年后也被抛弃。1496 年 8 月 4 日，已被任命为都督的哥伦布之弟巴托洛梅（Bartolomé）在奥萨马河东岸建立起第三个殖民点，取名为新伊莎贝拉（La Nueva Isabela）。随着时间的推移，慢慢改称圣多明各。由于飓风和大蚂蚁灾害，圣多明各全城被毁。伊斯帕尼奥拉岛都督弗赖·尼古拉斯·德奥万多（Fray Nicolás de Ovando）在奥萨马河河口的西岸重建圣多明各。

关于圣多明各的名称来源存在争议。有人说圣多明各（Santo Domingo）中的多明各（Domingo），西班牙文意为"星期日"。巴托洛梅到达该地海纳金矿的这一天正是献祭圣人的星期日，人们便把建城那天的圣多明各节作为城市的名称。但有人认为，1496 年 8 月 4 日不是星期日，而是星期四。而且还有人考证 1234 年至 1558 年献祭圣人的日子不是 8 月 4 日，而是 8 月 5 日。一些历史学家提出最初该城真正的名字是圣多明各·德古斯曼（Santo Domingo de Guzmán），1966 年该国宪法也予以确认。这个名字带有强烈的天主教色彩，指的是一名叫圣多明各·德古斯曼的天主教圣徒。圣多明各·德古斯曼 1170 年生于西班牙卡斯蒂利亚布尔戈斯省的卡来鲁埃加一个笃信天主教的名门望族。其母分娩前梦见将要生下一只嘴上叼着点燃火炬的狗，火炬用来代表礼拜天，西班牙文为"Domingo"。1215 年圣多明各·德古斯曼在法国的图卢兹建立了多明我会。面对异教的活动，他捍卫了天主教的正统观念。1510 年 9 月，多明我会来到拉伊斯帕尼奥拉岛，曾参与一些维护土著人的活动。1844 年 2 月 27 日多米尼加立国时，便以这个教派名字命名。有人考证，哥伦布的小儿子埃尔南多·哥伦布（Hernando Colón）在其撰写的《哥伦布传》中透露，哥伦布把其父多米尼库斯·哥伦布（Dominicus Colón）的名字作为该城名。1508 年 12 月 7 日西班牙女王胡安娜在关于该城城徽的敕令中，用圣多明各城（Villa de Santo Domingo）来称该城。1844 年多米尼加颁布的第一部宪法第 6 条写道，"圣多明各城是共和国首都和政府所在地"，而多明我会奠基人圣多明各·德古斯曼的名字没有出现在这部宪法中。1854 年修改过的宪法第 3 条第一次出现圣多明各·德古斯曼的名字，但指的不是首都，而是圣多明各·德古斯曼省。第 4 条仍规定"圣多明各城是共和国首都和政府所在地"。1878
年 12 月 24 日颁布的第 244 号和第 249 号公报中，圣多明各·德古斯曼
省又改回圣多明各省。1936 年 1 月 8 日，国会颁布的第 1067 号法令把
首都改为特鲁希略城（Ciudad Trujillo），该名一直维持到拉斐尔·莱奥尼
达斯·特鲁希略·莫利纳（Rafael Leónidas Trujillo Molina，1891~1961）
倒台。1961 年 9 月 29 日颁布的宪法修正案恢复了圣多明各的名字。
1966 年 9 月 18 日颁布的宪法修正案，第一次出现了圣多明各·德古斯
曼是共和国首都的提法。然而市政委员会与现行宪法意见相左，仍坚持
该城名字是圣多明各，而不是圣多明各·德古斯曼。

圣多明各是新大陆最古老的城市，拥有 500 多年的历史，拥有众多
古老建筑和历史遗迹。奥萨马堡是新大陆第一个军事堡垒，圣尼古拉
斯·德巴里医院是新大陆第一家医院。1521 年在圣多明各建立了新大
陆第一个大教堂——恩卡纳西翁圣玛利亚大教堂（Catedral de Santa
María de la Encarnación），1538 年建立了新大陆第一所大学——圣托马
斯-德阿基诺大学（Universidad de Santo Tomás de Aquino）。1990 年联
合国教科文组织世界遗产委员会将圣多明各列入《世界遗产名录》。

为了纪念哥伦布发现新大陆 500 周年，多米尼加耗时 44 年、耗资
7000 万美元，在圣多明各修建了名为哥伦布灯塔（Faro a Colón）的十字
架形哥伦布陵墓，1992 年正式竣工。这座银灰色陵墓高 15 米，东西长
211 米，南北宽 60 米。每到夜晚，逾百支光束交叉投向夜空，光环直径
达 70 公里，色彩斑斓，蔚为壮观。陵墓正厅有镶金叶的白色大理石拱门、
石柱和门廊，拱门后面有一具放哥伦布遗骨的青铜棺。然而，哥伦布的墓
地是在多米尼加还是在西班牙一直存在争议。多米尼加方面说，哥伦布去
世后被埋在多米尼加共和国，哥伦布的遗体从未离开过多米尼加。西班牙
方面则说，哥伦布死后埋在西班牙南部城市塞维利亚的一个大教堂内。

国庆

2 月 27 日（1844 年）。根据 1697 年西班牙同法国签订的《维克和

约》，海地岛东部归西班牙所有，西部属于法国。1795 年西班牙人被法国人驱逐，法国人占领了整个拉伊斯帕尼奥拉岛。1801 年，杜桑·鲁维杜尔率领黑人军队驱逐法国军队，占领圣多明各。1805 年，法国军队再次占领岛东部。1809 年，西班牙殖民军趁乱重新统治东部，但 1821 年 11 月 30 日被推翻。1822 年 1 月，海地吞并东部。东部人民反对海地的统治，掀起争取独立的运动。1838 年胡安·巴勃罗·杜阿尔特（Juan Pablo Duarte，1813～1876）领导秘密组织"拉特里尼塔里亚"（La Trinitaria）准备进行起义。因计划泄露，起义领导人遭驱逐，但东部人民并未停止斗争。1844 年 2 月 27 日，东部人民揭竿而起，迅速占领圣多明各和整个东部，起义军领袖弗朗西斯科·德尔罗萨里奥·桑切斯（Francisco del Rosario Sánchez，1817～1861）和马蒂亚斯·拉蒙·梅利亚（Matias Ramón Mella，1816～1864）宣布多米尼加共和国独立。后来，开始起义的 2 月 27 日成为该国国庆日。2002 年多米尼加宪法第 98 条规定，2 月 27 日为国家节日。

国父

胡安·巴勃罗·杜阿尔特、弗朗西斯科·德尔罗萨里奥·桑切斯和马蒂亚斯·拉蒙·梅利亚被共同誉为多米尼加共和国国父，他们为 1844 年国家独立做出了巨大贡献。

胡安·巴勃罗·杜阿尔特是多米尼加共和国独立运动的先驱，1813 年 1 月 26 日生于圣多明各。其父是西班牙商人，做海产品和五金生意，母亲是西班牙和多米尼加混血种人。1802 年其父携全家从法国占领的圣多明各迁往波多黎各。1809 年西班牙重新控制拉伊斯帕尼奥拉岛东部后，其父携全家又返回圣多明各。杜阿尔特自幼聪颖好学，1828 年经美国前往英国、法国和西班牙学习。1831 年返回多米尼加，跟随其父做买卖。杜阿尔特厌恶海地的统治，强烈要求独立。1838 年 7 月 16 日，他成立了争取独立的秘密组织"拉特里尼塔里亚"。杜阿尔特和拉特里尼塔里亚人遵循"上帝，祖国，自由"的格言，积极从事反对海地独裁者让·皮埃尔·布瓦耶（Jean Pierre Boyer）的活动。1840年，杜阿尔特又成立了"拉菲兰特洛皮卡"，从事戏剧演出，进行革命宣传工作。这个组织的格言是"和平、团结和友谊"，演出的剧目包括意大利剧作家委托里奥·阿尔菲耶里（Vittorio Alfieri）的《自由的罗马》（*Roma Libre*）、弗朗西斯科·马丁内斯·德拉罗萨（Francisco Martínez de la Rosa）的《帕迪利亚的寡妇》（*La Viuda de Padilla*）和欧亨尼奥·德奥乔亚（Eugenio de Ochoa）的《加的斯23年的一天》（*Un Día del Año 23 en Cádiz*）等。后来杜阿尔特率领拉特里尼塔里亚人建立起第三个宣传独立的革命组织"戏剧"。在争取多米尼加独立的过程中，杜阿尔特逐渐成为运动的领袖。1843年拉特里尼塔里亚人联合海地改革派推翻独裁者布瓦耶，帮助夏尔·埃拉尔（Charles Hérard）上台执政。然而，埃拉尔上台后军事占领多米尼加各省，镇压独立运动。杜阿尔特为防被捕而流亡库拉索，他写信给母亲，要她卖掉产业资助独立运动。杜阿尔特不在的情况下，弗朗西斯科·德尔罗萨里奥·桑切斯和马蒂亚斯·拉蒙·梅利亚继续领导多米尼加人民进行争取独立的斗争。他们发表了1844年1月16日宣言，表达了杜阿尔特共和与自由的原则。2月27日起义爆发后，杜阿尔特于3月15日返回祖国，带回了用自己家族的钱财在库拉索购买的大量武器。杜阿尔特受到人民的热烈欢迎，被视为国父。他被任命为将军，人们支持他成为总统候选人，梅利亚甚至宣布杜阿尔特为总统。但杜阿尔特说，只有大多数多米尼加人选他，他才接受总统职位。在这一时期，杜阿尔特撰写了共和国的宪法草案并设计了国旗。杜阿尔特被派出与海地军队作战时，与主张归并西班牙的保守派南方军队司令佩德罗·桑塔纳（Pedro Santana）产生分歧。1844年6月9日，杜阿尔特与桑切斯和梅利亚等人发动政变，废黜了主张接受法国保护的中央执政委员会主席托马斯·博瓦迪利亚·布里奥尼斯（Tomás Bobadilla Briones）。桑切斯领导了新的执政委员会，派杜阿尔特和梅利亚到北方地区寻求支持。7月，北方军队宣布杜阿尔特为总统。

桑塔纳带领南方军队开进圣多明各，解散了桑切斯领导的执政委员会。9 月 10 日，桑塔纳宣布杜阿尔特、桑切斯、梅利亚和其他自由派人士叛国，并把他们流放到汉堡。杜阿尔特在汉堡停留时间不长，于 11 月 30 日前往委内瑞拉瓜伊拉，并隐居多年。1864 年 3 月 24 日，杜阿尔特返回多米尼加，被任命为驻外使节。1876 年 7 月 15 日，杜阿尔特在委内瑞拉加拉加斯逝世。1884 年他的遗骨被运回多米尼加。乌利塞斯·厄鲁（Ulises Heureaux）总统宣布杜阿尔特、桑切斯和梅利亚为国父。1944 年三位民族英雄的尸骨被葬入祖国祭坛（Altar de La Patria）。为了纪念杜阿尔特，加勒比最高峰被以杜阿尔特的名字命名，称杜阿尔特峰（Pico Duarte），他的故居成为博物馆。

弗朗西斯科·德尔罗萨里奥·桑切斯是多米尼加共和国缔造者之一，与杜阿尔特和梅利亚一起被尊为该国国父。桑切斯 1817 年 3 月 9 日生于圣多明各。他深受参加过驱逐海地人运动的父亲和秘鲁神父加斯帕尔·埃尔南德斯（Gaspar Hernández）爱国思想的熏陶。1843 年杜阿尔特出走后，他担任了独立运动的领袖，继续开展斗争。1844 年 1 月初，桑切斯撰写了独立宣言，并于 1 月 16 日颁布。1844 年 2 月 24 日，桑切斯获上校军衔，当选军队司令，并领导第一届执政委员会。2 月 27 日桑切斯在伯爵门升起多米尼加国旗，宣布多米尼加独立。3 月 1 日重组了中央执政委员会。桑切斯被宣布为委员会主席，但不久便被博瓦迪利亚取代。3 月 14 日杜阿尔特返回多米尼加，参加了中央执政委员会，并被任命为准将。9 月 10 日，桑塔纳将杜阿尔特、桑切斯、梅利亚流放到汉堡。后来，桑切斯和梅利亚去了美国和库拉索。1844 年 11 月桑塔纳成为多米尼加总统。桑塔纳下台后，新任总统曼努埃尔·何塞·希门尼斯·冈萨雷斯（Manuel José Jimenes González）发布特赦令，1848 年 11 月 8 日，桑切斯回到多米尼加，被任命为军队司令。1855 年 4 月他又被迫流亡库拉索，1856 年 8 月回国。桑切斯热衷于国家独立，反对佩德罗·桑塔纳提出的归并西班牙的主张。1859 年 8 月，桑切斯被关押入狱。9 月，被流放到圣托马斯。他继续坚持反对归并西班牙的斗争，前往海地寻求海地总统法布尔·热弗拉尔（Fabre Geffrard）帮助进军多米尼加。迫于西班牙的压力，法布尔·热弗拉尔强迫桑切斯离开海地，后迫于形势又让他返回海地，许诺为他提供资助。1861 年 6 月 1 日，桑切斯率领一支远征军进入多米尼加，但受伤被俘。7 月 4 日，被枪杀于圣胡安德拉马瓜纳墓地。1944 年桑切斯的遗骨与杜阿尔特和梅利亚的遗骨共同葬在祖国祭坛。

马蒂亚斯·拉蒙·梅利亚是多米尼加共和国缔造者之一，与杜阿尔特和桑切斯同被誉为该国国父。1816 年 2 月 25 日生于圣多明各。青年时期从事伐木生意，擅长使用军刀和剑。1838 年，他成为"拉特里尼塔里亚"成员，同杜阿尔特与桑切斯等爱国者一起开展争取独立的地下活动。梅利亚是一位杰出的军事家，熟知战略与战术。1843 年 1 月，杜阿尔特派遣他到岛南部一个海地城镇，接触反对布瓦耶总统的改革派人士。他促使拉塔里尼塔里亚人和海地改革派建立了反对布瓦耶的同盟。梅利亚同海地反对派领袖夏尔·埃拉尔建立了联系。埃拉尔发动暴乱推翻布瓦耶政权后，却在太子港关押了梅利亚。由于发生暴乱，埃拉尔不得不将梅利亚释放，以得到梅利亚的帮助。梅利亚和其追随者向圣多明各进军，占领了岛的东部。1844 年 2 月多米尼加正式宣布脱离海地。2 月 27 日多米尼加共和国宣告成立后，梅利亚宣布杜阿尔特为中央执政委员会主席，为此，佩德罗·桑塔纳将他驱逐出国。1848 年曼努埃尔·何塞·希门尼斯·冈萨雷斯发布特赦令后，梅利亚返回国内，曾任国防部部长、副总统。1864 年 6 月 4 日在圣地亚哥去世。1944 年其遗骨与杜阿尔特和桑切斯的遗骨一起被葬于祖国祭坛。

国旗

多米尼加国旗是国家自由和主权最崇高的象征，是独立运动时期由胡安·巴勃罗·杜阿尔特设计出来的，1838 年 6 月 16 日经拉特里尼塔里亚运动通过，由孔塞普西翁·博纳（Cocepción Bona）小姐和其堂妹玛利亚·德赫苏斯·皮纳（María de Jesús Pina）等人缝制完成。1844年2月27日，弗朗西斯科·德尔罗萨里奥·桑切斯在伯爵门（puerta del Conde）［今称祖国祭坛或2月27日堡垒（Baluarte 27 de Febrero）］第一次升起多米尼加共和国国旗。2002年多米尼加宪法第95条对该国国旗样式做出说明。多米尼加共和国国旗由红、白、蓝三色组成，长与宽之比为8∶5。巨型白十字把旗面分为四部分，两部分为红色，两部分为蓝色。右上和左下为红色，左上和右下为蓝色。国旗白十字的正中有一个国徽。关于国旗三种颜色的含义，有人说蓝色象征天空，红色象征爱国者洒下的鲜血，白色象征多米尼加人的尊严、爱好和平的特性和为和平而献身的精神。有人说蓝色代表自由，红色代表独立斗争的烈火和鲜血，白十字是牺牲的象征。有人说，蓝色代表进步和自由的思想，红色表示祖国英雄们洒出的鲜血，白色象征和平与所有多米尼加人之间的团结。还有人说，蓝色象征上帝对国家的保护，红色象征解放者们流出的鲜血，白十字象征解放者们传给子孙万代一个自由的国家。每年2月27日，多米尼加全国人民在欢庆国庆节的同时，也热烈庆祝"国旗日"。

1943年多米尼加颁布第360号法令，对使用国旗做出规定：国旗永不触地；国家机关工作日期间每天太阳升起至日落升国旗；展示的国旗不能撕裂、受损和肮脏；节日期间（例如2月27日、8月16日等）升旗是所有多米尼加人的义务；等等。

国徽

多米尼加最早的国徽也是由杜阿尔特创制出来的，后经多次修改。现国徽于1913年由卡西米罗·内梅西奥·德莫亚（Casimiro de Moya）绘制，同年2月22日由阿道尔弗·亚历杭德罗·诺埃尔总统颁布的第2376号令正式加以确认。2002年多米尼加宪法第96条规定，国徽为矩形，上端有两个突出的角，下端则近似圆形。底色与国旗的颜色和图案相同。国徽的正中有一本《圣经》，这在世界上是独一无二的。《圣经》

之上有一黄十字。《圣经》和黄十字代表该国人民的宗教信仰。《圣经》和黄十字两边各有三面国旗。盾徽由左边的橄榄枝和右边的棕榈枝环绕，徽的上方蓝色丝带上写有西班牙文国家格言"上帝，祖国，自由"（DIOS PATRIA LIBERTAD），下方红色丝带上写有"多米尼加共和国"（REPUBLICA DOMINICANA）。宪法还规定，国徽图案绘在国旗的中央，绘在共和国总统使用的绶带上，绘在军官、警官军帽前，绘在多米尼加官方文件上。

多米尼加共和国历史上共出现过 14 个以上的国徽。例如，第一个国徽很像海地原始的国徽，上面没有国家格言"上帝，祖国，自由"的字样。1844 年宪法第 195 条对第二个国徽做了描述，在徽面中间增添了"多米尼加共和国"的名字和写有"上帝，祖国，自由"字样的绶带，取消了徽上的两门火炮。第一个和第二个国徽的相同点是徽面中间是福音书，桂枝环绕国徽，福音书下有一顶自由帽。1853 年多米尼加发行的 2 比索纸币绘制的国徽，除了有桂枝外，还出现棕榈枝。徽面上没有"上帝，祖国，自由"的字样。同年 5 月 19 日多米尼加国会颁布法令，规定了新国徽式样。新国徽取消了自由帽和两面国旗，代之以两支芦苇。桂枝和棕榈枝下端被写有"上帝，祖国，自由"的丝带缠绕在一起。

总统绶带

多米尼加共和国总统是国家和政府首脑和执政党领袖，也是国家武装力量总司令。1966 年宪法和 2015 年宪法修改法规定，总统须为 30 岁以上的多米尼加人，拥有完全的公民和政治权利，参加大选至少 3 年前不在军队和警察部队服务。多米尼加共和国总统拥有自己的象征标志。总统绶带是国家权力的象征，新总统就职时被授予总统绶带。总统绶带由蓝、白、红三色纵列组成，与国旗颜色一致。每个颜色条宽幅相等，中间的国徽跨连三个颜色条。

总统旗

总统旗是多米尼加共和国总统权力象征之一。多米尼加总统旗长与高之比为 2∶1，旗的左上部为带有国徽的国旗，右部为黄色的锚，象征船运和贸易在该国的重要地位。1930～1938 年、1942～1952 年拉斐尔·莱奥尼达斯·特鲁希略·莫利纳执政期间曾使用大元帅旗和上将总司令旗。大元帅旗旗底为白色，左上部分为多米尼加国旗，右上和右下各有两颗平行的白色五角星，五角星都在底色为蓝的圆内。后被上将总司令旗所取代，变化是将白色旗底改为蓝色，右上和右下各有两颗平行的白色五角星。

总统玺

由两圆组成。内圆底色为白，上绘国徽。外环底色为蓝，上面写有白色大写西班牙文"多米尼加共和国总统府"（PRESIDENCIA DE LA REPUBLICA DOMINICANA）的字样，并绘有 7 颗白色五角星。

总统专车

多米尼加共和国总统多有自己的专车。1996～2000 年 和 2004～2012 年总统莱昂内尔·费尔南德斯·雷纳（Leonel Fernández Reyna）使用 2007 年防弹雷克萨斯 LX 470 车，他的车队由丰田普拉多（Toyota Prado）、雪佛兰郊外（Chevrolet Suburban）和雷克萨斯 LX 470（Lexus LX 470）组成。总统达尼洛·梅迪纳·桑切斯（Danilo Medina Sánchez）使用的专车是黑色丰田陆地巡洋舰 200（Toyota Land Cruiser 200）和黑色雷克萨斯 LX 570（Lexus LX 570），车身带有防弹装甲，安全性能高。使用的车牌是总统专用 0 - 1 车牌。达尼洛·梅迪纳·桑切斯参加竞选活动时使用的一辆黑色福特远征车（Ford Expedition）现为备用车。他在就职游行时使用一辆黑色宝马 7 系列轿车（BMW 7 Series）。这些车经过改装后都备有防弹轮胎和防弹窗。随行的护卫车队使用第四代和第五代黑色丰田 4Runner 轿车（Toyota 4Runner）、丰田奔跑者（Toyota Fortuner）和丰田陆地巡洋舰普拉多 J120（Toyota Land Cruiser Prado J120）、J150（Toyota Land Cruiser Prado J150）轿车。

从 2013 年起，各省省长的专车改为第四代三菱蒙特罗（Mitsubishi Montero），不再使用尼桑 X-Trail（Nissan X-Trail）和尼桑 Frontier D22（Nissan Frontier D22）。

总统专机

达尼洛·梅迪纳·桑切斯总统使用的专机是美国贝尔公司生产的贝尔 430 直升机（Bell 430），它是在贝尔 230（Bell 230）基础上研制的新一代中型双发直升机，1996 年起投入运营。此外，达尼洛·梅迪纳·桑切斯总统还使用欧直 EC155（Eurocopter EC155）和欧直 AS-365 "海豚"（Eurocopter SA AS365 Dauphin）。这两种直升机都由欧洲直升机公司设计制造，前者是多用途中型直升机，后者采用新型五桨叶旋翼和重新设计的宽体机舱，于 1997 年 6 月 17 日首飞，1999 年 3 月开始交付使用。多米尼加总统长途旅行使用的是航空指挥官 500（Aero Commander 500）总统专机。2015 年多米尼加政府购买比奇超空中国王飞机（Beech Super King Air）作为总统专机。

总统府

多米尼加共和国总统府称为 "国民宫"（Palacio Nacional），是政府办公地和总统官邸，副总统和三个重要的部也在此处办公。1939 年，奉拉斐尔·莱奥尼达斯·特鲁希略·莫利纳之命，意大利建筑师圭多·达利山德罗（Guido D'Alessandro）开始设计国民宫。1944 年 2 月 27 日多米尼加百年独立日时，国民宫在原总统府（Mansión Presidencial）的旧址上动工，1947 年 8 月 16 日正式落成。工程共花费约 500 万比索，但不包括家具和地基的开销。国民宫占地面积为 2.5 万平方米，建筑面积为 1.8 万平方米。新古典主义风格的三层白色建筑的中央有一个醒目的圆屋顶。一层有一般服务设施；二层有前厅、政府委员会大厅（Salón del Consejo de Gobierno）、总统和副总统等一些高级官员的办公室；三层有大使大厅（Salón de Embajadores）、女像柱大厅（Salón las Cariátides）、绿色大厅（Salón Verde）、酒吧大厅（Salón Bar）、主要饭厅（Comedor Principal）等接待大厅以及总统私人活动区域。国民宫各厅都有自己的特色。前厅深处有卡塔卢尼亚画家奥雷利奥·奥列尔·克罗伊谢特（Aurelio Oller Croisiet）于 1957 年创作的有关哥伦布第三次远航美洲抵达海地岛的壁画，中央是直径 18 米、高 34 米、由 18 柱支撑的圆顶。大使大厅的墙为蓝色，有几个能观赏美景的阳台。女像柱大厅又被称为"镜子大厅"（Salón de los Espejos），环绕大厅的柱子基座上放置着美丽多姿的女人雕塑，还有多面镶嵌在桃花心木中的大镜子。大使大厅是外国使节递交国书的地方，建筑呈维多利亚风格，摆设意大利和法式家具。绿色大厅因厅内的颜色得名，是巴洛克式建筑，经常举行小型招待会。1956 年，国民宫外的圣拉斐尔小教堂（Capilla de san Rafael）成为国民宫的组成部分，建筑风格与国民宫相同，其设计者为温贝托·鲁伊斯·卡斯蒂略（Humberto Ruiz Castillo）。

国歌

多米尼加国歌称为《多米尼加国歌》（*Himno Nacional Dominicano*）。词作者是埃米里奥·普吕多姆（Emilio Prud'Homme），曲作者是何塞·雷耶斯（José Reyes）。

在普吕多姆作词、雷耶斯作曲的国歌问世之前，多米尼加曾出现过几首国歌。第一首国歌是《多米尼加之歌》（*Canción Dominicana*），词作者是国民卫队中尉费利克斯·马里亚·德尔蒙特（Félix María del Monte，1819～1899），曲作者为胡安·包蒂斯塔·阿方塞卡（Juan Bautista Afonseca）上校。1844 年 3 月 1 日，德尔蒙特在奥萨马堡服役时创作了这首歌。他曾积极参加多米尼加争取独立的斗争，其作品带有鲜明的爱国精神。除撰写过第一首国歌外，他的著名作品还有戏剧《加林多和迪韦尔热的圣母》（La Vírgenes de Galindo y Duvergé）、《4 月 11 日的牺牲者》（Víctimas del 11 de Abril）和《莱昂大教堂的乞丐》（El Mendigo de la Catedral de León）。多米尼加第二首国歌为《卡波蒂略之歌》（Himno de Capotillo），词作者是曼努埃尔·罗德里格斯·奥夫西奥（Manuel Rodríguez Objío），曲作者为伊格纳西奥·马蒂·卡尔德龙（Ignacio Martí Calderón）。

1883 年多米尼加音乐家何塞·雷耶斯从巴黎报纸《美洲人》（El Ameiricano）上看到阿根廷国歌后，也想为自己祖国谱写一首类似的歌。于是他请朋友、诗人普吕多姆写出歌词，然后由他配曲。同年 8 月 16 日圣多明各的周报《舆论回声》（El Eco de la Opinion）刊登了普吕多姆的歌词，第二天在圣多明各共济会大厅报界举行的晚会上，一群青年在乐队伴奏下演唱了何塞·雷耶斯和普吕多姆创作的爱国歌曲，何塞·雷耶斯也亲自参加伴奏。他们的歌曲受到观众的热烈欢迎，并慢慢传播开来。1884 年 2 月 27 日，多米尼加国父杜阿尔特尸骨从委内瑞拉加拉加斯运回国内时，从圣多明各的港口到圣伊格莱西亚大教堂，杜阿尔特灵车所到之处，均演奏何塞·雷耶斯和普吕多姆创作的爱国歌曲。由于条件所限，普吕多姆 1883 年填写的歌词在史实和韵律上有一些错误，因而受到一些人的批评，甚至有人撰写新歌词试图代替老歌词。1884 年菲德里科·恩里克斯－卡瓦哈尔（Federico Henríquez y Carvajal）对几节歌词做了修改，1897 年被普吕多姆所采纳，并被大众所接受。同年，众议员拉斐尔·加西亚·马丁内斯（Rafael García Martínez）向国会提交关于采用何塞·雷耶斯和普吕多姆创作的爱国歌曲为国歌的提案。同年 6 月 7 日，国会通过他的提案。然而，因普吕多姆对实行独裁恐怖统治的乌利塞斯·厄鲁总统表示不满，厄鲁并未执行国会通过的提案，但多米尼加人继续在各种正式场合演唱何塞·雷耶斯和普吕多姆的歌。拉斐尔·莱奥尼达斯·特鲁希略·莫利纳总统执政时期，向国会递交关于采用《勇敢的基斯克亚诺人》（*Quisqueyanos Valientes*）为多米尼加国歌的法律提案。1934 年 5 月 30 日国会颁布第 700 号法令，采纳普吕多姆作词、雷耶斯作曲的《多米尼加国歌》为多米尼加国歌并规定在所有正式场合演奏。演奏国歌时，所有在场的人须立正并保持至曲终，同时面向播送音乐处。升降国旗时，在场人则须面向国旗。戴帽子者在演奏国歌时，应把帽子放在左胸前，直至曲终。雨天要把帽子放在头上方遮雨。

词作者埃米里奥·普吕多姆 1856 年 8 月 20 日生于普拉塔港。他的职业是律师，但主要从事教学工作。他撰写过大量诗歌和散文，作品被其女儿收集在 2 卷本《我蓝色的书》（*Mi Libro Azul*）中。他的代表诗作是《掘墓人》（*El Sepulturero*）。1932 年 7 月 21 日在圣多明各去世，遗体葬在祖国祭坛。

曲作者何塞·雷耶斯 1835 年 11 月 15 日生于圣多明各。父亲是个零售商。自幼师从军乐团指挥胡安·包蒂斯塔·阿方塞卡（Juan Bautista Alfonseca），学会弹奏多种乐器，后成为著名大提琴手。雷耶斯谱写世俗和宗教歌曲、玛祖卡舞曲、华尔兹舞曲和进行曲，并同普吕多姆创作了《多米尼加国歌》。1905 年 1 月 31 日在圣多明各去世，遗体葬在祖国祭坛。

《多米尼加国歌》共 12 节、48 句，一般只唱前 4 节歌词。《多米尼加国歌》前 4 节歌词译文如下：

第一节：

基斯克亚*勇士们，

让我们纵情高歌欢唱，

向全世界炫耀，

我们光荣的旗帜常胜、辉煌。

第二节：

欢呼人民无畏、坚强，

奋勇投身战场，

面对死亡的威胁，

他们打碎枷锁迎解放。

第三节：

如果甘为奴隶卑躬屈膝，

这样的人不配把自由分享；

如果胸中不是热血沸腾，

那就算不上勇敢的儿郎。

第四节：

英勇不屈的基斯克亚人，

永远抬头挺胸膛；

虽然千次做奴隶，

千次得自由获解放。

注：＊岛上一土著居民的称呼，用来指多米尼加人。

前4节歌词原文：

I

Quisqueyanos valientes, alcemos

Nuestro canto con viva emoción,

Y del mundo a la faz ostentemos

Nuestro invicto glorioso pendón.

II

Salve el pueblo que intrépido y fuerte,

A la guerra a morir se lanzó

Cuando en bélico reto de muerte

Sus cadenas de esclavo rompió.

Ⅲ

Ningún pueblo ser libre merece

Si es esclavo indolente y servil；

Si en su pecho la llama no crece

Que templó el heroísmo viril.

Ⅳ

Mas Quisqueya la indómita y brava

Siempre altiva la frente alzará：

Que si fuere mil veces esclava

Otras tantas ser libre sabrá.

歌词原文见 http：//www. monografias. com/trabajos29/simbolos-domini-cana/simbolos-dominicana. shtml#himno#ixzz4n3RuXy00。

国家格言

"上帝，祖国，自由"。1838 年 7 月 16 日杜阿尔特成立秘密组织"拉特里尼塔里亚"时，提出了"上帝，祖国，自由"的国家格言，并将其写入"拉特里尼塔里亚"的誓言中。

国语

多米尼加宪法规定该国官方语言为西班牙语。西班牙语是随着西班牙殖民者发现拉伊斯帕尼奥拉岛而传入的，并逐渐取代岛上的土著语言塔伊诺语、马科里赫语，逐渐形成多米尼加的西班牙语，并成为国语。

多米尼加西班牙语同正统西班牙语有一些区别，并有自己的特点。

第一，多米尼加西班牙语中，含有大量土著语言词语。西班牙殖民过程中，瘟疫的传播、残酷的杀戮和劳役致使岛上的印第安人完全灭绝，他们所操语言也完全消失。西班牙殖民者在岛上定居过程中发现了一些美洲特有的植物、水果等，由于他们讲不出是什么东西，于是便保留了土著语言的名称，例如，辣椒（ají）、密林（arcabuco）、甘薯（batata）、藤本植物（bejuco）、胭脂树（bija）、龙舌兰（cabuya）、木棉（ceiba）、平原或牧场（sabana）、丝兰（yuca）、仙人掌刺（guazábara）、吊床（hamaca）、番荔枝（anón）、星苹果树（caimito）、油椰（coro-zo）、山番荔枝（guanábana）、番石榴（guayaba）、槟榔青（jobo）、花生（maní）、番木瓜（papaya）、健立果树（jagua）等。

第二，比拉美其他西班牙语国家保留更多的西班牙古语，目前这在一些人之中或偏僻地区仍在使用。知识阶层所讲西班牙古语有 acesar、agonía、alfeñique、alferecía、alquilarse una persona、amujerato、anafe、apa-reente、apeñuscado、atollarse、barcino、mancar、mata、pollera por falda 等。与农村关系密切的古语有 sernos、vide、haiga 等。

第三，受到其他国家所讲西班牙语和其他语言的影响。多米尼加邻国多讲西班牙语，各有各的特色。多米尼加人与这些国家人员往来频繁，语言上相互影响是很自然的事。多米尼加移民来自欧洲、非洲和亚洲，这对其语言也产生了一定的影响。

第四，多米尼加西班牙语读音与正统西班牙语存在差别。

1. 同其他拉美国家一样，多米尼加人也把"c"（i 和 e 之前）、"z"和"s"都读作"s"。词尾的"s"读音常省略，如"tres pesos"（3 比索）读成"tre piso"，"dos días"读成"do día"等。在词中间的"s"，其读音也常被省略，如"fósforos"（火柴）读成"fóforo"，"to-stones"（油煎面包片）读成"totone"，"usted"（您）读成"uté"，"pescado"（鱼）读成"pecao"，"justo"（正义的）读成"juto"，"cris-tiano"（基督徒）读成"critiano"，"escuela"（学校）读成"ecuela"，"respeto"读成"repeto"等。

2. "ll"读成"y"，如"botella"（瓶）、"fallecimiento"（逝世）、"guillotina"（断头台）、"lluvia"（雨）等。这种变化从 18 世纪起就开

始在拉丁美洲出现，并很快普及开来，可能同非洲黑奴的发音习惯有关。

3. 元音的变化。多米尼加农村地区和城市下层民众习惯把在鼻辅音"m""n"前的元音鼻音化，如"romana"（秤）、"cuando"（当……的时候）、"trabajando"（在干活）、"como"（如同）等。他们把在"a"前的"e"读成"i"，如"apear"读成"apiai"；在"o"前的"e"读成"i"，如"peor"（更坏）读成"pioi"，"ojeado"（瞥）读成"ojiao"等。"i"的重音改变，如"caída"（倒下）读成"cáida"；"i"读成"e"，如"mismo"（同样的）读成"memo"。民间语言中，"o"常被"u"取代，如"toalla"（毛巾）读成"tualla"，"todavía"（仍）读成"tuavía"。

4. 辅音的变化。北部地区所讲西班牙语"r"和"l"常被"i"取代，如"dolor"变为"doloi"，"malvado"变为"maivado"。农村和平民所讲西班牙语中，"b"常被"g"取代，如"abuela"（奶奶）变成"agüela"，"bueno"（好的）变成"güeno"，"vuelta"（转动）变成"güeita"；"b"被"m"代替，如"vagabundo"（流浪的）变成"vag-amundo"；"t"前的"p"省略，如"acepto"变成"aseto"，"concep-to"变成"conseto"。平民语言中一些单词词头添加"d"，如"iba"（去）变成"diba"；一些单词要省略词尾的"d"，如"verdad"变成"verda"，"amistad"变成"amistá"，"usted"变成"uté"；一些单词词尾添加"de"，如"vi"变成"vide"；在一些出现"dm"和"dv"组合的单词中，"d"改为"i"，如"admitir"改为"aimití"，"advertir"改为"aiveití"；在"n"前的"d"常省略，如"donde"变成"onde"，"adonde"变成"aonde"；在出现"ct"组合的单词中，"c"的读音消失，如"doctor"变成"dotoi"；"h"常被"j"取代，如"bohío"变成"bojío"，"hamaca"变成"jamaca"；"j"在词尾有时省略，如"reloj"变成"reló"；单词中"g"后跟"n"失去发音，如"ignorante"变成"inorante"；"l"位于单词中间和词尾变为"i"，如

"salto" 变为 "saito", "animal" 变为 "animai"。

第五，语法方面的不同。

1. 多米尼加西班牙语不使用第二人称复数 "Vosotros"（你们）。

2. 句中过多地使用主语人称代词，如："Susana dice que mañana ella no va a venir." 正统西班牙语中 "ella" 可以省略。

3. 特殊问句中，正统西班牙语主语放在动词之后，而多米尼加西班牙语主语则置于动词前，如："¿Cómo tú estás?" "¿Dónde ella va?"

4. 表示刚刚完成的动作，正统西班牙语要用现在完成时（El pretérito perfecto compuesto），而多米尼加西班牙语则常用简单过去时（pretérito indefinido）代替现在完成时，如：多米尼加西班牙语中的 "¿Qué pasó?" "Oí un rayó." 在正统西班牙语中为 "¿Qué ha pasado?" "He oído un rayo."。

国家勋章

多米尼加共和国的国家勋章都是在拉斐尔·莱奥尼达斯·特鲁希略·莫利纳执政时期设立的，当时有些勋章以他的名字命名。1961 年 5 月 30 日特鲁希略被刺杀后，这些勋章被重新命名。

现今，多米尼加共和国有两种文职人员国家勋章，旨在奖励为该国立下丰功和做出特殊贡献的本国人和外国人。这两种勋章是杜阿尔特·桑切斯－梅利亚功绩勋章（Orden al Mérito de Duarte, Sánchez y Mella）和克里斯托瓦尔·哥伦布勋章（Orden Heráldica de Cristóbal Colón）。

杜阿尔特·桑切斯－梅利亚功绩勋章是该国最高等级的荣誉勋章，前身是胡安·巴勃罗·杜阿尔特功绩勋章（Orden al Mérito Juan Pablo Duarte）。该勋章根据 1931 年 2 月 24 日颁布的第 91－31 号法令设立，以该国民族英雄胡安·巴勃罗·杜阿尔特的名字为名。1954 年颁布的第 3916－54 号法令将勋章的名称改为杜阿尔特·桑切斯－梅利亚功绩勋章，并一直用到现在。杜阿尔特·桑切斯－梅利亚功绩勋章是为奖励为该国做出突出贡献、立下丰功伟绩、为人类做出有益工作、在科学上有重大发现、创作出杰出艺术作品等的本国人和外国人而设立的。

杜阿尔特·桑切斯－梅利亚功绩勋章分为金链（Collar）、金质大十字（GranCruz，Placa de oro）、银质大十字（Gran Cruz，Placa de Plata）、高官（Gran Oficial）、骑士团长（Comendador）、官员（Oficial）和骑士（Caballero）7级。

金链勋章是专为多米尼加共和国总统设置的勋章，在就职仪式上授予总统。勋章的挂链由铂与金制成，上有多个桂冠和多个绘有杜阿尔特、桑切斯和梅利亚半身像的圆盘。挂链中央是用12颗钻石装饰的国徽，国徽下挂着绘有杜阿尔特、桑切斯和梅利亚半身像的勋章。桂冠、国徽和勋章都由多颗宝石装饰。

金质大十字勋章授予该国前总统和副总统、外国国家元首、王位继承人。

银质大十字勋章授予议员、最高法院法官、部长、大使、罗马教皇使节、大主教等。

高官勋章授予政府和教会高官。

骑士团长勋章授予省长、教育部门领导人、科学院院长、大学校长、作家和其他重要人物。

官员勋章授予教授、学校负责人、上校以上军官和重要文官。

骑士勋章授予其他人。

杜阿尔特·桑切斯－梅利亚功绩勋章挂在获奖者的左胸。在获奖者左胸从右向左的奖章排列中，作为该国最高荣誉奖章的杜阿尔特·桑切斯－梅利亚功绩勋章须挂在右面第一的位置。

克里斯托瓦尔·哥伦布勋章是根据1937年颁布的第1352－37号法令和1939年2月3日颁布的第172号法令设立的，授予在该国慈善、艺术、科学领域做出突出贡献的本国人和外国人。

该勋章分为金链（Collar）、金质大十字（GranCruz，Placa de oro）、银质大十字（Gran Cruz，Placa de Plata）、高官（Gran Oficial）、骑士团

长（Comendador）、官员（Oficial）和骑士（Caballero）7 级。授予范围同上述杜阿尔特·桑切斯－梅利亚功绩勋章。其中，金链级勋章的挂链由 18 克拉黄金制成，挂链分为四组，每组各有一桂冠和哥伦布胸像、天然色珐琅国徽、绿色珐琅桂冠。挂链中部有大的天然色珐琅国徽，国徽顶上饰有 15 块闪亮的铂金。挂链挂克里斯托瓦尔·哥伦布勋章，马耳他十字末端由 8 颗宝石组成。

金链级克里斯托瓦尔·哥伦布勋章的挂链由 18 克拉黄金制成。该挂链由四部分组成，每个部分各有一个月桂冠和一个哥伦布胸像。挂链的中央为天然色珐琅多米尼加国徽。

多米尼加共和国现有 5 种军人勋章，它们是桑塔纳上将英雄勋章（Laorden del Heroísmo Militar Capitán General General，1954 年设立）、军功勋章（La Orden del Mérito Militar，1930 年设立）、勇敢勋章（La Medalla al Valor，1939 年设立）、空军功绩勋章（La Orden al Mérito Aéreo，1952 年设立）、海军功绩勋章（La Orden al Mérito Naval，1954 年设立）。

1985 年 5 月 29 日多米尼加政府专门设立了多米尼加妇女功绩奖章（Medalla al Mérito de la Mujer Dominicana），每年 3 月 8 日国际妇女节颁发给在社会、政治、经济、人文、科学或艺术领域表现突出的妇女。

恢复战争英雄纪念碑

恢复战争英雄纪念碑（Monumento a los Héroes de la Restauración），位于圣地亚哥省省会圣地亚哥—德卡瓦列罗一座小山丘上。纪念碑高67 米，全部用大理石建造。原称特鲁西略和平纪念碑（Monumento a la Paz de Trujillo），是由 1944 年当时的独裁者拉斐尔·莱奥尼达斯·特鲁西略·莫利纳下令修建的。1961 年特鲁西略被刺杀后，特鲁西略和平纪念碑改名为恢复战争英雄纪念碑，以纪念 1863 年恢复战争中的英雄。1861 年 3 月，西班牙再度占领多米尼加，恢复对多米尼加的殖民统治。

1863 年 8 月，多米尼加人民发动武装起义，建立革命临时政府。西班牙虽出动由 13000 名士兵组成的军队，但未能打垮起义军。1865 年 7 月，西班牙殖民军被迫撤离多米尼加，多米尼加再次建立独立的共和国。这次恢复多米尼加独立和主权的战争史称恢复战争，圣地亚哥—德卡瓦列罗的恢复战争英雄纪念碑也成为多米尼加象征标志之一。

国家诗人

佩德罗·米尔（Pedro Mir, 1913 ~ 2000）。全称为佩德罗·胡利奥·米尔·巴伦廷（Pedro Julio Mir Valentín）。1984 年被国家议会授予多米尼加共和国国家诗人（Poeta Nacional de la República Dominicana）称号。父亲为古巴人，母亲为波多黎各人，4 岁丧母。20 世纪 30 年代初，佩德罗·米尔开始写诗。其友把他的一些诗作交给当时著名作家、后任总统的胡安·博什（Juan Bosch）。博什说佩德罗·米尔有才华，但眼睛应朝向他的土地。佩德罗·米尔茅塞顿开，决定写反映社会的诗。他把写好的诗作亲自交给胡安·博什，博什把他的诗刊登在其主办的重要报纸《利斯廷日报》上，并附上醒目的标题"这位小伙子将成为多米尼加期待的社会诗人？"

1941 年，佩德罗·米尔毕业于圣多明各自治大学，获法律博士学位。1947 年，佩德罗·米尔为免遭特鲁希略独裁政权的迫害而前往古巴。1949 年，他在古巴发表诗集《世界上有一个国家》（*Hay un país en el mundo*）。1952 年在危地马拉出版诗集《对唱沃尔特·惠特曼》（*Contracanto a Walt Whitman*）。这两部诗集都被译成多种外文。特鲁希略垮台后，在胡安·博什执政期间的 1962 年，佩德罗·米尔返回多米尼加。博什下台后，他又赴国外，1968 年最终定居圣多明各，在圣多明各自治大学任教授。佩德罗·米尔的作品多次获奖，如 1974 年他的杂文《门罗主义的多米尼加之源》获"年度历史奖"（Premio Anual de Historia）；1975 年他的诗《聂鲁达飓风》获"年度诗奖"（Premio Anual de

Poesí）；1993 年获国家文学奖。1991 年他获得纽约大学亨特学院荣誉博士学位；1991 年圣多明各自治大学建立佩德罗·米尔图书馆。

国家化身

孔乔普里莫（Conchoprimo）。这是对参加过多米尼加内战，特别是 1865～1916 年战争的武装农民头目的称呼，20 世纪初，媒体用孔乔普里莫人格化形象来作为多米尼加共和国的化身。

世界遗产

多米尼加共和国共有一项世界遗产和三项人类非物质文化遗产。世界遗产是圣多明各的殖民城市，三项人类非物质文化遗产分别是梅利亚镇孔果圣灵兄弟会文化空间、库库鲁舞蹈戏剧和梅伦格音乐舞蹈（Merengue）。

1990 年，联合国教科文组织世界遗产委员会将圣多明各的殖民城市（Ciudad Colonial de Santo Domingo）作为文化遗产，列入《世界遗产名录》。世界遗产委员会这样评价圣多明各的殖民城市："1492 年克里斯托瓦尔·哥伦布（Christopher Columbus）抵达这个岛屿后，圣多明各成为美洲第一个建立教堂、医院、海关和大学的地方。这座殖民城镇建于 1498 年，呈网状布局，是后来几乎所有新大陆城镇规划者效仿的典范。"详情见上述国都。

梅利亚镇孔果圣灵兄弟会文化空间（El espacio cultural de la Cofradía del Espíritu Santo de los Congos de Villa Mella）于 2001 年被联合国教科文组织列入《人类非物质文化遗产代表作名录》。兄弟会在多米尼加有着悠久历史，最早始于 1503 年，创建者是非洲奴隶和混血儿。18 世纪在巴尼（Bani）有一个兄弟会，而于 1850 年在梅利亚镇成立、由民间艺术家西斯托·米尼耶（Sixto Minier）和皮奥·布拉索万（Pío Brazobán）等人领导的兄弟会最为活跃。梅利亚镇孔果人深受非洲的影响，特别是达荷美、刚果—安哥拉地区的影响。兄弟会历经几百年，如今已不分性别和出身向所有人开放。梅利亚镇孔果人使用的乐器有孔果（congo）、小孔果（conguito）、卡诺伊塔（canoíta）和响葫芦（maracas），孔果和小孔果是用双手击打的鼓。在罗萨里奥圣女节和圣灵节等宗教节日和葬礼期间，兄弟会开展活动，其成员用孔果等乐器演奏，游行的人们在乐声中唱歌、跳舞，有些人举着代表圣灵的鸽子，表示对圣灵的崇敬。每次圣灵庆典仪式都会有几千人参加。

库库鲁舞蹈戏剧（La tradición del teatro bailado Cocolo）于 2008 年入选联合国教科文组织《人类非物质文化遗产代表作名录》。库库鲁舞蹈戏剧是由 19 世纪中叶抵达多米尼加后在甘蔗种植园干活的讲英语的加勒比地区移民后裔发展起来的。这个与当地语言与文化不同的群体建立了自己的教堂、学校、慈善机构，以提供互助服务，其最突出的表现是每年的舞蹈戏剧表演。"库库鲁"一词是指在该岛的英国甘蔗种植园中工作的移民，最初含有贬义，但如今人们已自豪使用该词。库库鲁舞蹈戏剧在圣诞节、圣彼得节和狂欢节期间表演，这些表演把起源于非洲的音乐和舞蹈流派以及来自《圣经》和中世纪欧洲文学作品的情节、传说和人物结合在一起。这些融合非洲和英国传统的舞蹈戏剧，在多米尼加的西班牙文化环境中幸存下来。

2016 年 11 月 30 日第 11 届联合国教科文组织保护非物质文化遗产政府间委员会将多米尼加梅伦格音乐舞蹈列入《人类非物质文化遗产代表作名录》。梅伦格音乐舞蹈被认为是多米尼加国家代表之一，2005 年 11 月 26 日被宣布为国家梅伦格日，每年这一天多米尼加都要举办庆祝活动，舞者伴随音乐成双起舞。这项传统习俗吸引了各阶层人民，促进了人们的相互尊重与和谐共处。

国花

巴亚伊贝玫瑰（Rosa de Bayahíbe）。学名为"Pereskia Quisqueyana"。木本植物，花呈深玫瑰色，生长于中美洲和南美洲北部热带潮湿和半潮湿地区。这种花共有 17 种，多米尼加有 5 种，其中 2 种为多米尼加特有。巴亚伊贝玫瑰是 1977 年由法国植物学家亨利·阿兰·利奥吉耶（Henry Alain Liogier）领导的一支考古队在巴亚伊贝地区发现的。"巴亚伊贝"一词来自古代印第安塔伊诺语，其意可能与水和海有关，指有丰富海贝的沿海地区。

多米尼加国花原为桃花心木花，是由 1957 年 7 月 16 日埃克托尔·比恩韦尼多·特鲁希略（Héctor Bienvenido Trujillo）政府颁布第 2944 号令确定下来的。同年发行的 5、10 和 20 比索纸币上绘有这种花的图案。由于多米尼加没有国树，人们普遍希望世界闻名的桃花心木成为该国国树，把更为漂亮的巴亚伊贝玫瑰作为国花。为此，2009 年 9 月 15 日参议员弗朗西斯科·多明格斯·布里托（Francisco Dominguez Brito）向国会提出关于确定桃花心木为国树和巴亚伊贝玫瑰为国花的议案。2010 年 5 月 25 日多米尼加国会批准了这个议案，宣布桃花心木为国树、巴亚伊贝玫瑰为国花，同时，决定把纸币中花的图案改为巴亚伊贝玫瑰，并从当日起施行。

国树

桃花心木（Caoba）。学名为"Swietenia mahagoni"。属楝科植物。桃花心木生长于包括多米尼加在内的大安的列斯群岛、中美洲和巴哈马群岛的半潮湿森林地带，树高可达 25 米，树冠庞大、浓密、匀称，树干笔直、无枝。木呈暗红色到玫瑰色。4～6 月开小绿花，花香袭人。花为单性，有时由蜜蜂和蛾授粉。花瓣为白色，长 4 毫米。果实为 5 裂片的木质蒴果，成熟时其壳裂为 5 部分，种子自由落地。桃花心木是名贵树木，可存活百年以上。抗白蚁、蛀虫，抗潮湿，木材密度中等，软硬适中，干缩小，尺寸稳定，可制作高级家具、造船，并可用作行道树、庭园树。果实皮提取物可治疗疟疾、腹泻、发热、痢疾，并可作为净血剂。16世纪初就有关于多米尼加桃花心木的记载，如1514年的文献记载圣多明各大教堂放入桃花心木十字架。1540年，这座西印度群岛最古老的教堂完工时放置的桃花心木家具，时隔500多年，至今完好如初。

国鸟

棕榈西瓜鸟（Cigua Palmera）。学名为"Dulus dominicus"。1987年1月14日被宣布为多米尼加国鸟，是安的列斯群岛特有的鸟，仅见于伊斯帕尼奥拉岛。长约8英寸（相当于20.32厘米），是一种小巧玲珑的鸣鸟。外表呈栗色和橄榄绿色。其嘴长，呈黄色。眼为红色。生活于棕榈林中，并由此得名。常筑巢于棕榈树顶部，喜群居。巢大，可容几对鸟，各有各的卧室和单独的出口。3~6月产蛋，一般产2~4个蛋。雌雄鸟都给幼雏喂食。食水果、花瓣、昆虫和蜥蜴。

国石

琥珀。古代松柏树脂的化石。树脂是有黏性的液体，和空气接触后变硬，随着时间的推移逐渐变成琥珀。几百年前，树干流出树脂时，常有一些植物碎片或小昆虫吸附在树脂中，并保留下来。所以，在琥珀中常镶嵌有植物和小昆虫。从严格意义上说，琥珀并不是石头，而是透明的矿物。多米尼加的琥珀色彩绚丽，颜色多样，有绿色、红色、黑色等，但许多是黄色。琥珀的颜色取决于产生树脂的树的类型、树脂的成分、变成化石的时间和条件等。琥珀有各种形状，有的像滴柱，有的像钟乳石，有的呈钟形。如果琥珀与火直接接触，便会立即燃烧起来。它的硬度与金和银相似，但低于铁和其他矿物。多米尼加蓝珀是由豆角树的树脂形成的，是琥珀当中非常罕见的珍贵品种，集中产于多米尼加共和国。多米尼加蓝珀在阳光下会呈现似蓝非蓝的梦幻效果，此外还有明显的荧光反应。

人类认识琥珀已有很长的历史。据说 3 万年前就在德国加诺费尔地区"Ganover"发现了最古老的琥珀。腓尼基人已经把琥珀当作商品同古代波罗的海沿岸居民进行交易。大约在公元前 3000 年，波罗的海沿岸地区居民用琥珀交换南欧商品。公元前 1500 年，古希腊人痴迷于琥珀，认为琥珀是由河流女神眼泪流入水中而形成的。琥珀是希腊人重要的交易物，被带入许多地中海国家。在公元前 1400 年的埃及国王图坦卡蒙（Tutankhamen）坟墓和公元前 900 年美索不达米亚，发现过波罗的海的琥珀制品。公元前 58 年，罗马皇帝专门派人寻找琥珀并带回几百磅琥珀。从 1283 年起，条顿人成为普鲁士和琥珀产地的统治者，控制琥珀的制作，绞死违规制作琥珀者。后来的 500 年间，琥珀主要用于制作宗教用的念珠串。罗马人非常喜欢琥珀饰物，建立了穿越欧洲到达琥珀产地波罗的海的贸易通道。

在拉丁美洲一些印第安文化中，琥珀被认为是有益的石头。儿童佩戴琥珀用来防病和驱邪。在古代印第安人眼中，具有导电特性的琥珀像是一块魔石，将其放在手心，人们会感到令人愉悦的热。树脂化石一旦遇热，便挥发出令人陶醉的香味。中美洲的大量考古发现表明，史前人类用琥珀作为个人饰物和宗教仪式的饰物。多米尼加的琥珀大部分产于圣地亚哥和普拉塔港之间的北部山脉地区。琥珀用来制造琥珀酸和各种漆，也可制作装饰品，可入药，治疗甲状腺肿、腮腺炎、气喘、百日咳等。圣多明各和普拉塔港都有出售琥珀的市场，最大的琥珀市场是普拉塔港的科斯塔姆巴尔市场。

国舞

梅伦格舞（Merengue）和巴查塔舞（Bachata）是多米尼加共和国两种不同风格的舞蹈，都被视为该国的国舞。

梅伦格舞是多米尼加民间舞蹈，音乐悦耳，节奏明快，舞姿奔放，遍及多米尼加各个地区和各个角落。"梅伦格"意为"蛋白甜饼"，是含有蛋白、白糖的酥皮甜点，多米尼加人聚会经常烤制梅伦格。以"梅伦格"为舞名，是因该舞轻柔、明快，音乐节奏短而精确，就像糖和蛋清混合在一起覆盖在甜点上泛出的鲜亮光泽。梅伦格舞使用的乐器包括鼓、铁刷（guira）、萨克斯、手风琴和吉他等。梅伦格舞都是每小节2拍。舞曲具有两个各为16小节的对称乐句构成的欢快的曲调。节奏较为平稳，不甚强调切分音。多米尼加人在跳梅伦格舞时，结尾部分一般加快速度，步伐较前面激烈。最初的梅伦格舞不是对舞，而是围成圈跳舞。男舞伴和女舞伴相对而立，手牵着手，胳膊之间有一段距离。只是摇动肩部，双脚快速移动，没有像现在那样的胯部运动。鼓声响起时，舞者模仿铐在一起的非洲奴隶拖着脚步收割甘蔗的动作。另说在欢迎脚部受伤的多米尼加英雄时，跳起瘸脚舞。还有人说，一位王子生下来腿有残疾，他的仆人们也总是瘸着一条腿跳舞，这种跳舞姿势便流传下来。

梅伦格舞是17世纪末、18世纪初非洲和法国小步舞相结合的产物，它在多米尼加的起源有多种说法。许多人认为19世纪多米尼加人取得塔兰克尔战役胜利后，在农村田间庆祝胜利中产生了梅伦格舞。有人说梅伦格舞产生于西巴奥（Cibao），有人说源于与海地交界的拉利内阿（La Línea），还有人提出源于古巴。1838~1849年，古巴曾出现一种名叫"哈瓦那乌帕舞"（UPA Habanera）的舞蹈。后来哈瓦那乌帕舞风行于波多黎各，随后在19世纪中期传入多米尼加，舞名改为"梅伦格舞"。1850年梅伦格舞开始流行于多米尼加，取代了"顿巴舞"（Tumba）。阿丰塞卡（Alfonseca）上校谱写出几首新的梅伦格舞曲，名为《哎呀，椰子》（! Ay, Coco!）、《难吃的菜》（El Sancocho）和《没有两个比索的人不跳舞》（El que no tiene dos pesos no baila）等。有人说梅伦格舞源于非洲梅林加舞（meringha），黑人奴隶把它带进多米尼加。还有人说梅伦格舞是海地舞蹈，1844年在多米尼加和海地边界地区第一次出现梅伦格舞。

梅伦格舞原来只流行于多米尼加农村地区。20世纪初，多米尼加梅伦格音乐家胡安·弗朗西斯科·加西亚（Juan Francisco García）试图在上层社会普及这种舞蹈，1918年出版了《梅伦格舞规则》。1922年，一家俱乐部首次弹奏梅伦格舞曲。然而上层社会看不起这种所谓粗俗的音乐，对其予以排斥。1930年农家出身的拉斐尔·莱奥尼达斯·特鲁希略·莫利纳上台后，取缔非洲和海地音乐，大力提倡梅伦格舞，以加强其独裁统治。他改造了著名的路易斯·阿尔韦尔蒂（Luis Alvertí）爵士乐队，建立一些教授梅伦格舞曲的学校。路易斯·阿尔韦尔蒂在其乐队中增添了乐器铁刷和鼓，并把梅伦格舞变成多米尼加国舞。梅伦格舞也逐渐得到多米尼加社会精英的认可。音乐家想要在多米尼加得到承认，必须谱写歌颂特鲁希略的梅伦格舞曲。商店必须出售、个人必须拥有歌颂特鲁希略的梅伦格舞曲的唱盘。1961年特鲁希略被刺杀后，梅伦格舞继续作为多米尼加国舞，但歌颂特鲁希略的梅伦格舞曲的唱片被禁。后来约翰尼·本图拉（Johnny Ventura）在多米尼加的梅伦格舞中增添了美国摇滚舞的因素，使梅伦格舞现代化。

巴查塔舞在多米尼加共和国兴起于20世纪60年代。关于巴查塔的称呼有几种说法：一说巴查塔（Bachata）这个词源于非洲；一说它是由意大利语的一个音乐流派"ballata"演变而来；一说巴查塔原本是对20世纪20年代古巴和多米尼加共和国社交聚会的民众节日的称呼，节日期间有流行舞曲的表演。特鲁希略独裁统治时期，因他偏爱梅伦格舞，巴查塔舞受到抑制。1961年特鲁西略被刺杀后，巴查塔舞在圣多明各的边缘穷人区迅速发展。一般认为巴查塔舞派生于受古巴松舞（Son）影响的波莱罗舞（Bolero）、梅伦格舞和蓝调（Blues）。巴查塔舞是社交风情拉丁舞的一种，通常表达浪漫、悲伤的感情，舞和曲温柔婉转、缠绵入骨、浪漫洒脱。音乐是4/4拍，舞步简单，主要是前进、后退和侧步动作，通过臀部和身体性感的律动体现舞蹈的精髓。在演奏巴查塔舞曲时，乐队使用打击乐器铁刷（guira，代替了沙球马拉卡斯maracas）和邦果鼓（bongo），并增加了吉他，改变了波莱罗舞曲的节奏，加上多米尼加农村地区非常流行的曲调。1962年由巴查塔舞曲作曲家和演奏家何塞·曼努埃尔·卡尔德隆（José Manuel Calderón）领导的乐队第一次录制了巴查塔舞曲。他说，"今天巴查塔舞曲诞生了"。巴查塔舞曲逐渐成为多米尼加文化的一个象征。但那个时期，巴查塔舞传播有限，因为它被认为是一种庸俗、不道德、下流的舞蹈。20 世纪 80 年代随着媒体的传播，巴查塔舞得到发展。瓜拉奇塔电台发挥了重要作用，中上阶层开始以新的眼光看待巴查塔舞。20 世纪 90 年代路易斯·巴尔加斯（Luis Vargas）和安东尼·桑托斯（Antony Santos）两位著名巴查塔舞曲歌手，把巴查塔舞和梅伦格舞融合到一起，新的曲风走上了世界流行音乐的舞台。直到今日，巴查塔舞仍在不断创新，引入新的乐器，并融合其他音乐流派。

国家运动

棒球。棒球被视为多米尼加国家运动。1868 ~ 1878 年古巴十年战争期间，移居多米尼加的古巴难民带来了棒球，棒球在多米尼加迅速发展起来。多米尼加棒球职业联赛有两支球队：1907 年成立的"埃尔利塞队"和 1921 年成立的"埃尔埃斯科希多队"。后者成为多米尼加最好的棒球队之一和加勒比最有竞争力的棒球队之一。在很长的一段时间内，两个球队成为竞争对手。1937 年在独裁者特鲁希略促成下，两队合并成"特鲁希略城之龙队"。特鲁希略为特鲁希略城之龙队在古巴、波多黎各和美国买下最好的运动员。后来，因为经济衰退，棒球联赛被迫中断，直到 1951 年才恢复。夏季主办业余棒球赛，冬季主办职业棒球赛。现今，多米尼加有 5 支棒球队，它们分别是：圣多明各的老虎队、圣多明各的狮子队、圣佩德罗－德马科里斯的东方之星队、圣地亚哥的西巴奥之鹰队和拉罗马纳的东方蔗糖人队。10 月至次年 2 月是多米尼加棒球联赛季节，每个棒球队比赛 60 场。联赛冠军将参加加勒比冠军联赛，同墨西哥、委内瑞拉、波多黎各等冠军队同场竞技。多米尼加棒球比赛水平很高，拥有大量高水平运动员，与美国职业棒球队签约的多米尼加球员有 1700 名。2013 年世界棒球经典赛上，多米尼加战胜波多黎各，荣获冠军。

国服

多米尼加国服为查卡瓦纳（chacabana），即瓜亚贝拉（Guayabera）。瓜亚贝拉一般为亚麻或全棉面料，通常为浅色，主要为白色、浅咖啡色和黄色。它的样式为长袖，小翻领，有 4 个贴兜。前后襟具有立式横褶，胸前衣襟上绣有花纹。

多米尼加国服出现于 18 世纪末、19 世纪初，是西班牙民族服装与印第安人传统服装相结合的产物。瓜亚贝拉的起源从未被证实，但存在下列几种说法。

一说多米尼加巴尼是瓜亚贝拉的原产地，因为那里生产瓜亚巴（Guayaba）水果。马克西莫·戈麦斯（Máximo Gómez）把瓜亚贝拉带往古巴。

一说源于墨西哥韦拉克鲁斯或尤卡坦半岛。墨西哥的衬衫通过加勒比海运至古巴，西班牙用大帆船把衬衫带到菲律宾，在菲律宾衬衫上增加了复杂的刺绣。有人认为这种衬衫最早源于西班牙人到达之前的菲律宾，通过马尼拉—阿卡普尔科大帆船贸易输往墨西哥，再运至古巴，然后在加勒比地区流传开来。瓜亚贝拉有时也被称为墨西哥婚礼衬衫（Mexican Wedding Shirt）。

一说源于古巴，18 世纪初，古巴圣斯皮里图斯的亚亚博河（Río Yayabo）地区一位来自安达卢西亚的裁缝最早发明了瓜亚贝拉。这种服装开始被叫作亚亚贝拉斯（Yayaberas），源自亚亚博河。现在这种服装的名称"瓜亚贝拉"则源于一种名叫瓜亚巴的带有绿壳、咖啡色肉的果实。传说，当时农民们把瓜亚巴果实装满新衣服上的 4 个大口袋，因此，安达卢西亚裁缝最后把这种服装定名为"瓜亚贝拉"。

一说 1709 年，圣斯皮里图斯的一位农夫叫其妻子给他做一件适于田间劳动的舒适服装，他的妻子按照他的嘱托，做成了衣服。这种适于田间劳动的服装，因物美价廉，轻便凉快，很受农民欢迎。后来，服装样式经过改进，逐渐成为古巴人喜爱的服装，并慢慢传入加勒比和中美洲国家，在古巴、多米尼加、波多黎各、墨西哥、巴拿马、委内瑞拉、哥伦比亚加勒比地区、厄瓜多尔沿海地区以及其他中美洲国家流行开来。2010 年古巴宣布瓜亚贝拉为古巴"正式礼服"。

国食

桑科乔（Sancocho），西班牙文意为"木薯香蕉肉"，是多米尼加饮食中最具代表性、最大众化的菜肴，家人和亲友聚会时常品尝这道菜肴。桑科乔以牛肉为主要原料，看起来像是西班牙的杂烩，但使用的配料木薯、土豆、薯蓣、黄体芋、香蕉、芫荽等使其味道极为鲜美，而且独具特色，与巴拿马制作的桑科乔有所不同。桑科乔制作的时间要长于其他菜肴。此菜的配料有羊肉、猪香肠、猪肉、带骨牛肉、鸡、猪肉排骨、熏火腿骨、柠檬、蒜末、油、大绿椒丁、芹菜、切成片的木薯、薯蓣、黄体芋、土豆、绿香蕉、牛肉（猪肉或鸡肉）汤、玉米棒、牛至粉、芫荽、醋、辣酱油或橘汁等。制作时先把牛肉和蔬菜、蒜、醋等调料与盐拌匀，然后倒入热油锅，盖上盖，1 分钟后再次翻炒，加入一些水，使肉等不粘锅。20 分钟后加入猪肉，煎约 15 分钟，加入适量水。把其他肉倒入锅中搅拌，慢火炖 10 分钟，同时加入一些水。后再加水至沸腾。加入芫荽、黄体芋和切好片的香蕉。烧约 10 分钟，把礤子擦过的剩余 1 根香蕉放入锅中，再把所有其他配料放入锅中，添加适量水。经常翻炒，以避免粘锅。所有配料烧至酥软和黏稠后关火，加上点儿盐即可。吃时辅以白米饭。

炸鸡块（Chicharrones de Pollo）是具有多米尼加共和国特色的菜肴，烹饪使用非常温和的香料，因为多米尼加人不吃辛辣的菜肴。炸鸡块前，先把去骨去皮鸡胸肉条加上酱油、伍斯特郡酱（Wocestershire sauce）、柠檬汁、切碎的蒜腌制，放入冰箱 3 小时后取出，把面粉、辣椒粉、胡椒和盐混合在一起并均匀涂在腌好的鸡肉条上。放入加过热的植物油中，鸡肉条每面炸约 4 分钟，外面变成棕色，肉里也要炸熟。食用时佐以棕豆、米饭和绿香蕉条。

班德拉（Bandera）是多米尼加家庭另一道必不可少的菜肴，是大米、菜豆和炖牛肉相混合的一道菜，常和煎香蕉、生菜一起食用。"Bandera" 西班牙文意为 "旗"。取名 "旗" 是因白色大米、红色菜豆颜色与国旗相同。

国酒

朗姆酒（Rum），是多米尼加人的一种传统饮料，以甘蔗糖汁或糖蜜为原料，经发酵、蒸馏、陈酿而生产的一种蒸馏酒。1 吨甘蔗可提取 100 升酒。朗姆酒可以直接单独饮用，作为餐前酒和餐后酒，也可作为鸡尾酒的基酒。朗姆酒以颜色可分为无色、淡褐色和深褐色三种；以风味可分为淡朗姆酒、中性朗姆酒和浓朗姆酒。朗姆酒可直接单独饮用，可加冰、加水，也可与其他饮料混合成鸡尾酒，并作为开胃酒来喝。朗姆酒与啤酒是多米尼加消费量较多的两种酒。多米尼加是世界上朗姆酒主要生产国之一，生产多种品牌、高质量的朗姆酒，著名品牌有巴尔塞洛朗姆酒（Ron Barcelo）、贝穆德斯朗姆酒（Bermudez）和布鲁加尔朗姆酒（Brugal）。酒的度数在 40 度至 75 度。多米尼加朗姆酒口感柔和、余香长久，与古巴朗姆酒非常相似。朗姆酒是多米尼加主要出口品之一，2009 年向欧洲的出口额为 8620 万英镑，占多米尼加对欧洲出口额的 14.5%。多米尼加有把第一口酒献给故去的人的习俗，打开酒瓶时先把一点儿酒洒在地板上。

国饮

咖啡。多米尼加人每天都离不开咖啡，其是非酒精的多米尼加国饮。18 世纪初咖啡从马提尼克传入多米尼加，多种植在 1000 米左右的山地，主要分布在北部、中部、南部、东南部和东部山区五个地区。咖啡成为多米尼加仅次于可可和甘蔗的第三大经济作物。最好的生产地是西南部的巴拉奥纳（Barahona），但洪卡利托（Juncalito）和奥科阿（Ocoa）出产的圣多明各咖啡则是世界闻名的优质咖啡，其特点是清新淡雅、颗粒饱满、酸度极佳、香味怡人。多米尼加一般采用人工方法挑选咖啡，根据咖啡颗粒的饱满和均匀程度分出等级，颗粒饱满、最均匀的咖啡豆才可以烘焙最优质、最上乘的咖啡。多米尼加用水洗法处理咖啡豆，这种方法比干燥法保留了更多的原味，使香气纯正而柔和。

宗教

2002 年多米尼加宪法第 8 条规定宗教信仰自由，但罗马天主教为法律承认的官方宗教。据 2017 年的统计，多米尼加 70% 人口信奉天主教，26% 信奉新教，1% 信奉其他宗教，3% 没有宗教信仰。随着哥伦布在 1492 年发现拉伊斯帕尼奥拉岛，天主教传入多米尼加。多米尼加有 2 个大主教区、9 个主教管区、250 个教区和 500 名教士。1511 年 8 月 8 日根据教皇敕令建立圣多明各主教管区，随后建立了加勒比地区的第一座天主教堂。1546 年 2 月 12 日，根据保罗二世（Paolo Ⅱ）敕令，圣多明各主教管区升格为大主教管区，首任大主教为阿隆索·德福恩马约尔（Alonso de Fuenmayor）。1803 年 11 月，圣多明各大主教管区被取消，1816 年 11 月，根据教皇庇护七世（Pío Ⅶ）敕令恢复。圣多明各大主教管区本部在圣多明各，圣多明各大主教是南北美洲所有教区中，唯一在 1816 年 11 月 28 日被教皇庇护七世授予"美洲大主教"（Primado de América）称号的人，并在 1954 年 6 月 16 日被教廷和多米尼加共和国政府签订的协约（Concordato）所批准。协约规定天主教在多米尼加享有其他宗教所享受不到的特权，甚至享有免关税待遇。现任圣多明各大主教、红衣主教为尼古拉斯·德赫苏斯·洛佩斯·罗德里格斯

（Nicolás de Jesus López Rodriguez）。1953 年建立的圣地亚哥—德卡瓦列罗主教管区，在 1994 年升格为大主教管区。多米尼加的 9 个主教管区是：巴尼、巴拉奥纳、拉贝加、马奥－蒙特克里斯蒂、伊盖的拉阿尔塔格拉西亚圣母、普拉塔港、圣弗朗西斯克－德玛克里斯、圣胡安－德拉马瓜纳和圣佩德罗－德马克里斯。历史上，天主教在多米尼加政治生活中发挥了重要作用。特鲁希略统治时期，天主教的政治作用受到限制，特鲁希略甚至打算把所有教士驱逐出国。1961 年特鲁希略被刺杀后，天主教会又重新活跃。天主教会与政府和教育体系联系密切。2000 年多米尼加颁布的一项法律规定，《圣经》是公共教育计划的组成部分。法律承认用天主教仪式举行的宗教婚姻，但世俗婚姻也是合法的。

恩卡纳西翁圣玛利亚大教堂（Catedral de Santa María de la Encarnación）又称圣多明各大教堂（Catedral de Santo Domingo）、美洲大主教大教堂（Catedral Primada de América），是美洲第一个和最古老的天主教堂。由阿隆索·罗德里格斯·德塞维利亚（Alonso Rodríguez, de Sevilla）设计、路易斯·德莫亚（Luis De Moya）负责建成。该教堂位于圣多明各殖民区，是朝拜恩卡纳西翁圣玛利亚（Santa María de la Encarnación）的大教堂。1504 年，教皇朱利叶斯二世（Giulio Ⅱ）曾在此地祝圣。1512 年，主教加西亚·帕迪利亚（García Padilla）开始运筹修建大教堂。1514 年，航海家哥伦布之长子迭戈·哥伦布（Diego Columbus）在此曾树立过奠基石。但真正决定兴建大教堂的是 1519 年抵达圣多明各的首任主教亚历杭德罗·杰拉尔迪尼（Alejandro Geraldini）。1521 年，大教堂正式开工，1541 年竣工。1546 年 2 月 12 日，教皇保罗二世授予该教堂西印度群岛都市和大主教大教堂（Catedral Metropolitana y Primada de las Indias）的地位。1920 年 6 月 14 日，教皇本笃十五世（Benedetto XV）定其为乙级圣殿（Basílica Menor）。

大教堂主要用石灰石建成，融合包括哥特风格在内的多种建筑风格，在三扇大门中，有两扇是哥特式的，一扇是普拉特雷斯科式的。大教堂拥有 12 个侧祈祷室、3 个中殿和 1 个大殿。教堂正殿至内殿深处最长达 54 米。3 个中殿宽 23 米。从地板至天花板高 16 米。总建筑面积为 3000 平方米。

大教堂藏有大量艺术珍品，如祭坛后的装饰屏、1523 年的圣母嵌板画、古代细木制品、1540 年制作的大主教宝座以及其他珍品。教堂内有殖民时期数位大主教墓、拉美解放者西蒙·玻利瓦尔（Simón Bolívar）纪念碑。哥伦布的遗体曾安置在教堂内，1992 年他的遗体被转移到圣多明各的哥伦布灯塔，以纪念发现美洲新大陆 500 周年。在原来安葬哥伦布的唱诗班所在地，安放了哥伦布大理石纪念碑。

19 世纪 20 年代，新教通过从美国来的移民传入多米尼加。摩根·福利（Morgan Foley）是 19 世纪多米尼加新教领袖。19 世纪末、20 世纪初，西印度群岛新教徒抵达多米尼加。到 20 世纪 20 年代，已在多米尼加全国建立起新教组织。神召会（Assemblies of God）、多米尼加福音派教会（Dominican Evangangelical Church）和基督复临安息日会（Seventh-day Adventist Church）成为 20 世纪主导多米尼加新教的教派。但 20 世纪六七十年代五旬节派教会（Pentecostal）在多米尼加发展很快。如今，新教徒数量已约占多米尼加人口的 26%，活跃在该国的新教教派主要有：神召会、神的教会（Church of God）、浸信会（Baptist）、五旬节派教会和基督复临安息日会。

此外，犹太教和伊斯兰教也有一定发展，21 世纪初，多米尼加新建了 1 所犹太教堂和 1 所清真寺。

国家保护神

阿尔塔格拉西亚圣母（Virgen de la Altagracia）。多米尼加人把她视为精神的和维护人民的母亲。

多米尼加人对阿尔塔格拉西亚圣母的崇拜可能源于西班牙卡塞雷斯省加罗维利亚斯德阿尔科内塔尔镇（Garrovillas de Alconétar）和巴达霍斯省西鲁埃拉镇（Siruela），这两个镇的人民把阿尔塔格拉西亚圣母当作保护神,并为她建起圣堂。1502 年抵达拉伊斯帕尼奥拉岛担任西印度群岛总督的尼古拉斯·德奥万多(Nicolás de Ovando),生于距西鲁埃拉镇 11 公里的布罗萨斯镇(Brozas),也是多米尼加人对阿尔塔格拉西亚圣母崇拜的一个原因。

殖民初期,圣多明各岛就已出现对阿尔塔格拉西亚圣母的崇拜。1502 年,阿方索·特雷霍(Alfonso Trejo)和安东尼奥·特雷霍(Antonio Trejo)兄弟俩从西班牙埃斯特雷马杜拉地区的普拉森西亚带来阿尔塔格拉西亚圣母的油画像。他们前往伊盖城(Higüey,全称为 Salvaleón de Higüey)时随身带了这幅画像,把它献给了教区,以供人们朝拜。传说这幅画像曾神秘消失,后来在一棵橙树上重新出现。1572 年,人们在这棵橙树所在地建起第一个阿尔塔格拉西亚圣母教堂。

关于阿尔塔格拉西亚圣母油画像,多米尼加还有一个传说。从前有个商人的女儿笃信天主教,她要求在圣多明各经商的父亲回家时,给她带回阿尔塔格拉西亚圣母油画像。这个商人四处打听,但人们都没有听说过这张画像。他返回伊盖城前的夜晚,在朋友家住宿。饭桌上他唉声叹气,因为他想起空手而归,女儿一定非常失望。他向同桌的客人讲述了女儿的心愿。这时,一位白胡子老人从其褡裢里掏出一张卷起来的小画像交给商人,并说"这就是你找的阿尔塔格拉西亚圣母油画像",这是 15 世纪末 16 世纪初一家西班牙画院的原创画作,展现了圣诞的景象。商人对白胡子老人千恩万谢,然而天还没亮,老人已经神秘地失去踪影。阿尔塔格拉西亚圣母油画像从此在圣多明各岛留存下来。

1922 年 8 月 15 日,教皇庇护十一世(Pío XI)在伯爵门为阿尔塔格拉西亚圣母加冕,多米尼加总统华金·安东尼奥·巴拉格尔·里卡多(Joaquin Antonio Balaguer Ricardo)在任期间,宣布 1 月 21 日阿尔塔格拉西亚圣母节为国家节日。1 月 21 日成为阿尔塔格拉西亚圣母节,是因 1691 年 1 月 21 日安东尼奥·米涅尔(Antonio Miniel)率领的西班牙军队在萨瓦纳雷阿尔战役中击败法国军队,战役中西班牙人曾请求阿尔塔格拉西亚圣母给予帮助。1 月 21 日是多米尼加休息日,每逢这一天,众多信徒从各地赶往伊盖的阿尔塔格拉西亚圣母教堂朝圣，献上祭品，祈求圣母为他们带来好运。

根据伊盖首任主教胡安·费利克斯·佩彭（Juan Félix Pepén）的命令，1954 年开始在伊盖城兴建新的阿尔塔格拉西亚圣母教堂，以代替老教堂。工程历时 17 年，1971 年 1 月 27 日新教堂建成揭幕。新教堂的钟楼有 24 口铜钟，大门也用铜制作。同年 10 月 12 日其被宣布为多米尼加纪念建筑物（Monumento Dominicano），10 月 17 日教皇保罗六世宣布其为圣殿（Basílica Menor）。1992 年 10 月 12 日，教皇约翰·保罗二世亲自用镀金银冠给阿尔塔格拉西亚圣母加冕，并参观了伊盖的阿尔塔格拉西亚圣母教堂。教堂内珍藏的阿尔塔格拉西亚圣母画像绘制于 15 世纪末或 16 世纪初。油画宽 33 厘米，高 45 厘米，展示了耶稣在伯利恒出生的画面。圣母位于油画的正中，甜蜜地望着躺在牲口槽麦秸中的婴儿。圣母身披多米尼加国旗蓝、白、红颜色的服装，头戴金冠，右肩后是她的丈夫。画面上的伯利恒星代表天空，两条光线伸展至牲口槽，上帝为牲口槽中的耶稣祈神赐福。圣母头上的 12 颗星，代表耶稣的十二使徒天主教会。画像的画框是由 18 世纪多米尼加金银匠精心制作的，镶嵌着信徒们奉献的黄金和珠宝。

国币

多米尼加比索（Peso）。1 比索等于 100 分（Centavos）。

多米尼加比索从 1844 年开始使用，替代了海地古德（gourdehaitiano）。1848 年发行 40 和 80 比索纸币。1849 年发行正规的 1、2 和 5 比索纸币，1858 年发行 10、50 比索纸币。1865 年财政委员会发行 50、200 比索纸币，同年信贷委员会发行 10、20 分纸币，1866 年发行 5、40 分纸币，1867 年发行 1、2、5 和 10 比索纸币。1877 年多米尼加实行十进位制，1 比索等于 100 分。两家私人银行也发行纸币。1869 ~ 1889 年，圣多明各国家银行发行 25 分纸币、50 分纸币、1 比索纸币、2 比索纸币、5 比索纸币、10 比索纸币、20 比索纸币、25 比索纸币 和 100 比索纸币。19 世纪 80 年代至 1899 年，普拉塔港信贷公司银行发行了 25 分纸币、50 分纸币、1 比索纸币、2 比索纸币、5 比索纸币、10 比索纸币和 50 比索纸币。1891～1897 年流通多米尼加法郎（Franco dominicano），但并未代替比索。20 世纪初，美国势力渗入多米尼加，1905 年，比索被美元取代，5 比索兑换 1 美元。1912 年，圣多明各国家银行发行过以元（dólares）命名的纸币。1937 年 2 月 21 日多米尼加颁布第 1259 号法令，建立本国货币，开始使用金比索（Peso oro），与美元面值相同，但美元继续使用至 1947 年。根据第 1528 号货币法，1947 年 10 月 9 日，多米尼加共和国中央银行宣告成立，成为多米尼加唯一发行纸币和铸币的机构，同年 10 月 23 日开始正式运作，发行了面值为 1 比索、5 比索和 10 比索的第一套纸币，纸币的大小和特色与美元类似。1961 年多米尼加共和国中央银行生产了 10 分纸币、25 分纸币和 50 分纸币，1962 年 1 月又在美国生产了这些纸币。1962 年多米尼加共和国中央银行发行第二套纸币，纸币都为红色。1962～1964 年发行 1 比索纸币，颜色同以前的纸币。1966 年发行第三套纸币，设计更为现代，每个面值的纸币都有各自的颜色。1967 年第一套和第二套纸币停止流通。1977 年发行第四套纸币，纸币图案增添了当时的国花桃花心木花。1998 年第三套纸币停止流通。现今，第四套纸币与第五套纸币一起流通。第五套纸币在象征标志和纪念人像上有了一些变化，增加了防伪措施。1997 年停止印刷 5 比索纸币，代之以铸币。

目前，多米尼加流通的纸币面值为 2000 比索、1000 比索、500 比索、100 比索、50 比索、20 比索和 10 比索。下面简要介绍 1999 年 12 月开始流通的第五套纸币：

2000 比索为蓝色，正面是埃米里奥·普吕多姆和何塞·雷耶斯像，背面是国家剧院图案；

1000 比索为红色，正面是国家宫图案，背面是哥伦布城堡图案；

500 比索为绿蓝色，正面是萨洛梅·乌雷尼亚和佩德罗·恩里克斯·乌雷尼亚像，背面是中央银行图案；

100 比索为橙黄色，正面是国父胡安·巴勃罗·杜阿尔特、弗朗西斯科·德尔罗萨里奥·桑切斯和马蒂亚斯·拉蒙·梅利亚像，背面是伯爵门图案；

50 比索为深紫色，正面是普里马达德阿梅里卡大教堂图案，背面是阿尔塔格拉西亚圣母教堂图案；

20 比索为栗色，正面是格雷戈里奥·卢佩龙将军像，背面是祖国祭坛图案；

10 比索为绿色，正面是爱国者马蒂亚斯·拉蒙·梅利亚像，背面是祖国祭坛图案。

1844 年多米尼加宣布独立后，流通由美国斯科维尔制造公司铸造的 1/4 雷阿尔（Real）铜币，统称"夸尔蒂略"（Cuartillo）。1844～1848 年流通黄铜币。1848 年授权流通美国铸币 5 分、10 分和 25 分，分别相当于 0.5 雷阿尔、1 雷阿尔和 1 硬比塞塔（Peseta）。1877 年实行十进位制后，多米尼加流通 5、2½和 1/4 分（Centavo）三种铜镍合金币。1882～1888 年流通 1 分和 1/4 分。法郎停止流通后，1897 年使用面值为 10 分和 20 分、1/2 比索和 1 比索的银币。1937 年第 1259 号法令颁布后，铸造并流通第一批面值为 1 分、5 分、10 分和 25 分以及 0.5 比索的铸币。因为 1 美元纸币还在流通，所以没有铸造 1 比索铸币。1939 年多米尼加发行了少量 1 比索铸币。1991 年 9 月 12 日颁布第 329－90 号法令，授权铸造和在全国发行 1 比索铸币。1997 年颁布第 205－97 号法令，授权铸造和发行复本位制 5 比索铸币，第 460－97 号法令批准了 5 比索铸币的设计。根据多米尼加货币委员会 2005 年 2 月 10 日第 4 号决议，中央银行于 2006 年 2 月发行 10 比索和 25 比索铸币。

目前，多米尼加流通的铸币面值为 1 比索、复本位制 5 比索、复本位制 10 比索和复本位制 25 比索。以下是各种铸币的特点。

1 比索铸币为十一角形，铜币，直径为 25 毫米。正面中央是多米尼加民族英雄胡安·巴勃罗·杜阿尔特像，像上是大写西班牙文铭文

"国父"（PADRE DE LA PATRIA），像下是铸造年份"1991""1992""1993""1997""2000""2002"。背面中央是国徽，国徽上面为大写西班牙文铭文"多米尼加共和国"（REPUBLICA DOMINICANA），国徽左边是阿拉伯数字 1，国徽下边是大写西班牙文铭文"比索"（PESO）。

复本位制 5 比索铸币为圆形，铜和钢合金，直径为 23 毫米。正面中央是多米尼加民族英雄弗朗西斯科·德尔罗萨里奥·桑切斯像，圆周是西班牙文铭文"中央银行 50 周年 1947－1997"（50 ANIVERSARIO BANCO CENTRAL 1947～1997 年）。背面中心右边为国徽，左边为阿拉伯数字 5，国徽下为大写西班牙文铭文"比索"（PESOS）。圆周为大写西班牙文铭文"多米尼加共和国"（REPUBLICA DOMINICANA）和铸造年份"1997"。

复本位制 10 比索为圆形，镍和铜合金，直径为 27 毫米。正面中央是多米尼加民族英雄马蒂亚斯·拉蒙·梅利亚像，圆周写有大写西班牙文铭文"多米尼加共和国中央银行"（BANCO CENTRAL DE LA RE-PUBLICA DOMINICANA）和铸造年份"2005"。背面中心右边为国徽，左边为阿拉伯数字 10，国徽下为大写西班牙文铭文"比索"（PESOS）。圆周为大写西班牙文铭文"多米尼加共和国"（REPUBLICA DOMINI-CANA）和铸造年份"2005"。

复本位制 25 比索为圆形，镍币，直径为 29 毫米。正面为多米尼加民族英雄格雷戈里奥·卢佩龙像，周边写有大写西班牙文铭文"多米尼加共和国中央银行"（BANCO CENTRAL DE LA REPUBLICA DOMINI-CANA）和铸造年份"2005"。背面中心右边为国徽，左边为阿拉伯数字 25，国徽下为大写西班牙文铭文"比索"（PESOS），国徽右为西班牙文铭文"多米尼加共和国"（REPUBLICA DOMINICANA）。

海　地

国名

海地共和国（La République d'Haïti）。哥伦布发现新大陆之前，原始土著居民给海地岛取过许多名字，如"Ayiti"（多山之地）、"Quisqueya"（广袤的土地）和"Bohio"（多村落之地）等。有人认为，"Ayiti"由3个词根组成；"A"意为"花"，"y"意为"高的"，"ti"意为"土地"或"地区"，3个词混合起来的"Ayiti"意为"山区之花"。1492年12月9日，哥伦布称海地岛为"拉伊斯帕尼奥拉"（La Española），意为"小西班牙"。从16世纪初开始，该岛改称"圣多明各岛"（Isla de Santo Domingo），因为岛上的主要城市名为圣多明各（详见多米尼加国都介绍）。17、18世纪一直使用这个名字。1804年海地独立时宣布采用古名"Ayiti"修改后的"海地"（Haiti）为国名，1822年海地政府把全岛也称为"海地岛"，但多米尼加共和国1844年独立时继续称该岛为"圣多明各岛"，这样当时该岛就有了"海地岛"和"圣多明各岛"两个名称。1891年，美国地理委员会决定在所有制作的地图中采用"海地岛"的名称，但这个称呼引起了混乱，多米尼加人不予承认，因而美国地理委员会于1833年又决定在正式地图中改称英语世界普遍使用的"伊斯帕尼奥拉岛"（Hispaniola）。

国都

太子港（Port-au-Prince）。哥伦布发现新大陆前，海地岛土著印第安塔伊诺人（Taíno）酋长博埃奇奥（Bohechio）控制着太子港所在地区。博埃奇奥死后，其妹妹阿纳卡奥纳（Anacaona）接管了权力。1503年，西班牙殖民者来到海地岛后，都督尼古拉斯·奥万多（Nicolás Ovando）设计杀害了阿纳卡奥纳和其他印第安头领，海地成为西班牙殖民地。由于西班牙人惨绝人寰的屠杀和天花的蔓延，岛上土著印第安人惨遭灭绝。西班牙人在沿海不远处太子港所在地建立起一个村镇，取名为"圣玛利亚真正和平镇"（Santa María de la Paz Verdadera）。后来，该村镇被弃，奥万多又兴建了圣玛利亚港（Santa María del Puerto）。1535年该港遭法国人烧毁后重建，1592年又毁于英国人之手。西班牙人被迫放弃该港。此后，太子港所在地成为海盗的藏身之所。1650年，法国海盗从北面的托尔图加岛来到海地岛，在沿海地区的"Trou-Borded"建立了一个殖民点，随后在离沿海地区不远处建起一座医院，于是他们把这个地方称作"奥皮塔尔"（Hôpital），即"医院"之意。法国人控制这个地区后，海盗的活动逐渐减少。1706年，法国船长圣安德烈（Saint-André）指挥的"太子号"船（Le Prince）在"奥皮塔尔"附近海湾失事，圣安德烈把该地区称为"太子港"。1793年9月23日，法国殖民官员艾蒂安·波尔韦勒尔（Étienne Polverel）给该地区取名"共和港"（Port-Républicain）。后来海地皇帝雅克一世（Jacques I）恢复了"太子港"的名字，从此太子港成为海地首都的正式名称。

国庆

1月1日（1804年）。海地原为土著印第安塔伊诺人居住地，16世纪初沦为西班牙殖民地。岛上印第安人灭绝后，从非洲贩运来的大量黑奴成为岛上的主要劳动力。1697年海地被割让给法国，从此成为法国殖民地。黑人和混血种人受到残酷的剥削和压迫，多次举行反对殖民统治的起义。1790 年，混血种人樊尚·奥热（Vincent Oge）率领海地人民举行第一次武装起义，但被镇压下去，奥热也被处以死刑。1791 年夏，海地著名黑人领袖杜桑·卢维杜尔（Toussaint Louverture，1743～1803）领导海地人民再次揭竿而起，击溃法国、西班牙和英国军队，并于 1801 年初解放全岛。1802 年 1 月，拿破仑派遣夏尔·勒克莱尔（Charles Leclerc）率 54 艘战舰和由 2 万名士兵组成的军队前往海地，向起义军发起进攻。杜桑率领海地人民英勇反击，给予法国远征军沉重打击。勒克莱尔诱骗杜桑出席谈判，将其逮捕并押解至法国。1803 年，杜桑死于法国监狱。法国殖民者的残酷镇压并未吓倒海地人民，他们在亨利·克里斯托夫（Henri Christophe）和让－雅克·德萨林（Jean-Jacques Dessalines）领导下继续开展武装斗争，歼灭大量法国侵略军。1803 年 10 月，法军被迫投降。11 月 29 日，海地发表《独立宣言》。1804 年 1 月 1 日，海地正式宣告独立，这一天成为海地的国庆日。

国父

杜桑·卢维杜尔。原为种植园主的黑人奴隶，直到 33 岁才获得自由人身份。1791 年杜桑参加反抗殖民统治的武装起义，表现出非凡的军事才能，很快成为起义军领袖。他率领的起义军攻城拔寨，所向披靡，击溃法国、西班牙和英国殖民军，并于 1801 年 1 月解放了西班牙殖民军盘踞的圣多明各城，摧毁了殖民政权。他召开会议，制定宪法，废除奴隶制。1802 年 1 月，拿破仑派遣其妹夫夏尔·勒克莱尔率领由 2 万名士兵组成的法国军队到海地，妄图恢复殖民统治。杜桑率领军队迎头痛击侵略军，法军节节败退，迫使拿破仑又向海地调集由 4 万名士兵组成的军队。然而，法军仍然无法战胜杜桑领导的军队。1802 年 5 月，夏尔·勒克莱尔使用卑鄙手段，假装邀请杜桑参加和谈，利用这个机会逮捕了杜桑，并把他押往法国。1803 年 4 月 7 日，杜桑死于茹克斯堡

（Fort de Joux）。海地人民永远怀念这位为推翻殖民统治奋勇献身的民族英雄，并把他视为国父，2003 年海地首都太子港国际机场被命名为杜桑·卢维杜尔机场。

国旗

海地国旗由蓝、红两个长方形组成，蓝色长方形在上，红色长方形在下，各占旗面 1/2。旗面正中底色为白色的正方形中绘有海地国徽（下文国徽详述），作为官方国旗使用，民用国旗中没有国徽。国旗的颜色源于法国国旗。最初是黑红两色，后改为蓝红两色。蓝色代表组成海地人口绝大多数的黑人和与非洲的联系，红色是海地多种族的象征。据说海地国旗是在 19 世纪初反抗法国殖民者的起义中产生的。起义军高举法国三色旗，后来去掉旗中间的白色，意思是赶走白人殖民者。海地现国旗于 1986 年 2 月 25 日正式采用，1987 年宪法对国旗、国徽和国歌明确做出规定。5 月 18 日为海地"国旗日"，以纪念 1803 年海地第一面国旗的诞生。

历史上，海地国旗曾多次变化。

1798 年，海地黑人领袖杜桑在所控制区域，曾使用法国大革命的蓝、白、红三色旗作为国旗。1802 年，杜桑被法军诱捕后，杜桑的战友让－雅克·德萨林等人继续坚持战斗。1803 年 2 月，起义军黑人领导人德萨林和穆拉托领导人（黑白混血种人）亚历山大·萨贝斯·佩蒂翁（Alexandre Sabes Pétion）宣布海地独立。同年 5 月 18 日，德萨林撕破法国国旗，扔掉作为白人标志的白色条，他的教女卡特琳·弗隆（Catherine Flon）把剩下的蓝条和红条缝在一起，作为海地的第一面国旗，旗面上添加白色铭文"不独立毋宁死"（Liberté ou la Mort）的旗帜则成为军旗。5 月 18 日这一天后来成为海地"国旗日"，海地各地人们都要举行纪念活动。

1804 年 1 月 1 日海地正式宣布独立，国旗颜色仍为蓝色和红色，但修改为上下平行相等的长方形，不再是自左到右的两个垂直相等的长方形。这面旗帜成为独立的海地共和国第一面国旗。1804 年 10 月 8 日，德萨林宣布自己为海地皇帝，号称雅克一世。1805 年 5 月 20 日颁布的宪法规定，国旗旗面的蓝色改为黑色。一说黑色象征这个国家的黑人，一说是当时的国家格言"不独立（红色）毋宁死（黑色）"的显示。

1806 年德萨林被刺杀后，海地发生分裂，海地北部仍使用原德萨林时代的黑红两色国旗。1811 年 3 月 28 日，亨利·克里斯托夫自立为皇帝，称亨利一世（Henri I）。他对国旗进行了修改，红在左，黑在右，旗面正中增添一盾，盾中上方为 5 颗金色五角星，星下有一金色长生鸟。盾被两个金边圆围绕，两圆之间蓝底色上为金色拉丁文铭文"EX CINEREVBVS NASCITVR"。外圆的顶上有一王冠。

佩蒂翁控制海地的南部和西部，使用蓝红垂直相等长方形国旗。1807 年 3 月 11 日他当选这个地区的总统后，把他使用的蓝红垂直相等长方形国旗改为 1804 年海地独立时采用的上下平行相等的长方形国旗，并在旗面上添加了一个白色矩形，内绘国徽：一棵高大挺拔的棕榈树，树顶上为一顶自由帽、几面国旗和火炮以及格言"团结就是力量"（L'UNION FAIT LA FORCE）。这面国旗在 19 世纪和 20 世纪一直使用，只是国徽和矩形的大小略有变化。

1818 年佩蒂翁征服海地北部，废黜亨利一世，使用了他控制区域的蓝红国旗。1843 年宪法对其加以确认，后来几部宪法仍延续下来。

1847 年福斯坦·苏鲁克（Faustin Soulouque）成为海地总统，1849 年 8 月自己宣布为皇帝，称福斯坦一世（Faustin I），蓝红二色国旗未做变动，但把国徽改为皇徽。皇徽在国旗旗面中间的白色长方形内，正中为一棵棕榈树，上有一只金鹰和呈 X 形的两门火炮，两头金狮扶着徽面，徽被紫色披风环绕，披风顶有一王冠。1859 年，苏鲁克被推翻，国旗颜色没有改变，但国旗旗面恢复了过去的共和国徽。

1957 年 9 月，弗朗索瓦·杜瓦利埃（François Duvalier）当选总统，从此杜瓦利埃及其子小杜瓦利埃开始长达 28 年的独裁统治。1964 年 5

月 25 日，杜瓦利埃恢复使用德萨林时代的黑红国旗，旗面上带有国徽，同年 6 月 21 日被正式采用。

小杜瓦利埃垮台后，海地开始使用新国旗，并延续至今。

国徽

海地国徽源于 1807 年佩蒂翁使用的国徽。1986 年 2 月 25 日正式采用。1987 年颁布的海地宪法第 3 条阐明了国徽的式样：底色为白色的正方形正中有一棵高大挺拔的绿色棕榈树，树顶插一根"自由之竿"，竿顶悬挂一顶与国旗颜色相同的蓝红"自由帽"。树后左右两侧各有 3 把带刺刀的步枪、3 面蓝红国旗和 1 柄战斧。树前摆放 1 只战鼓，鼓两旁各立 1 把军号、1 门火炮和 1 面红三角旗，它们都在树前的绿色草地上。战鼓和军号前的草地上有两段断开的锁链，象征海地黑人打破奴隶制的枷锁。枷锁两旁各有 12 颗圆形炮弹和 1 把船锚。草地的前沿白色缎带上有法文海地格言"团结就是力量"（L'UNION FAIT LA FORCE）。

总统绶带

海地总统是国家元首，也是该国武装力量总司令。总统由公民选举产生，任期 5 年。可任两届，但再次当选须间隔 5 年以上。禁止第三次任总统。参选总统须为本土出生、年满 35 岁的海地人。海地总统绶带与国旗颜色相同，由蓝白两色纵列构成，每个颜色条宽幅相等，中间为国徽图案，是国家权力象征，各届总统在就职仪式上都会被授予总统绶带。

总统旗

20 世纪 50 ~ 80 年代，海地有专门属于总统的旗帜。20 世纪 50 年代海地总统旗旗底为蓝色，旗底中央的白色矩形内绘有国徽。

1951 ~ 1956 年海地总统保罗·欧仁·马格卢瓦尔（Paul Eugène Magloire) 采用的总统旗呈红色矩形，上下和右边为黄色，旗中央为白底国徽，国徽两侧各有一颗白星，它们在旗的上部。

1964～1986 年弗朗索瓦·杜瓦利埃和让－克洛德·杜瓦利埃时代使用的总统旗同当时的国旗的唯一区别是总统旗上的国徽比国旗上的国徽大，旗中央的白底国徽长度为旗面长度的 1/2。

总统府

海地总统府称"国民宫"（Palais National），位于首都太子港。2010 年 1 月 12 日，国民宫遭到强烈地震严重破坏。

海地总统府所在地最早曾是法国总督官邸，建于 18 世纪。官邸只有一层，地面和房间用黑色和白色大理石铺就。虽不豪华，但大而舒适。1806 年，穆拉托人（黑白混血种人）亚历山大·佩蒂翁成为总统后，成为入住此官邸的第一个海地人，后来他和他的一个女儿死后就埋在官邸前面。1850 年，该官邸变成福斯坦一世和皇后安德莉娜（Adélina）的皇宫。1869 年 12 月 19 日，皇宫被毁于战火。当时海地总统西尔维昂·萨尔纳夫（Sylvain Salnave）在皇宫内存放了大量炸药。起义军缴获了政府的军舰，向皇宫发射炮弹，引燃宫内炸药，皇宫被完全摧毁。1881 年重建皇宫，但 1912 年 8 月 8 日发生的剧烈爆炸，炸死了总统辛辛纳阁斯·勒孔特（Cincinnatus Leconte），并使建筑严重受损。

1912 年，海地举行总统府建筑设计比赛，大批海地和法国设计师参赛。毕业于巴黎建筑学院的海地建筑师乔治·H. 博桑（Georges H. Baussan，1874～1958）虽获得比赛第二名，但他的设计被选中。主要原因是其建筑造价预算为 35 万美元，要比第一名的预算造价低得多。1914 年 5 月，新的总统府开始动工。1915 年 7 月 27 日，正在施工中的总统府遭起义群众袭击和焚烧，部分建筑被毁，当时执政的让－维布伦·纪克姆·桑（Jean-Vilbrun Guillaume Sam）总统也被处决。次日，美国派海军登陆海地，并占领修建中的总统府。1920 年竣工的总统府具有法国文艺复兴时期建筑风格，类似于 19 世纪后期法国和其海外殖民地的建筑。总统府为白色二层建筑，正面向后展开三翼，其形状如字母 E。建筑正中突出的人形山头门廊由 4 根爱奥尼亚巨柱支撑，上面是圆形屋顶。2010 年 4 月，海地政府宣布将推倒遭地震破坏的总统府建筑，在原址上重建新的总统府。

国歌

《德萨林之歌》（*La Dessalinieene*）。词作者为朱斯坦·莱里松（Justin Lhérisson，1873～1907），曲作者为尼古拉斯·热弗拉尔（Nicolas Geffrard，1871～1930）。国歌名称是为纪念海地奠基人让－雅克·德萨林。

海地国歌《德萨林之歌》产生之前，海地曾有一首名叫《当我们的前辈打碎枷锁时》（*Quand nos Aïeux brisèrent leurs entraves*）的非正式国歌。1893 年，一艘德国军舰访问太子港。德国全体海员要在船舷上举行仪式，其中包括演奏海地国歌。但那时，海地还没有国歌。情急之下，海地著名作曲家奥克希德·让蒂（Occide Jeanty）提议为奥斯瓦尔德·杜兰德（Oswald Durand）撰写的爱国诗《当我们的前辈打碎枷锁时》配曲以充当国歌。奥克希德·让蒂花费一个晚上完成配曲，第二天早上在德国军舰船舷上首次成功演奏。此后，这首歌曲一度成为海地国歌。

1903 年，朱斯坦·莱里松和尼古拉斯·热弗拉尔创作了《德萨林之歌》，同年 11 月 29 日在太子港一家剧院首次演唱，并在当年国歌竞赛中夺魁。1904 年 1 月 1 日海地独立一百周年时被正式确定为海地国歌，1919 年海地又颁布法律规定《德萨林之歌》为国歌。

词作者朱斯坦·莱里松 1872 年 2 月 10 日生于太子港，他是作家、律师、报界人士和教师。他撰写的较著名的小说是于 1905 年出版的 *La Famille des Pititecaille* 和 1906 年出版的 *Zoune Chez sa Ninnaine*。他还出版过两本诗集和一部有关海地西班牙殖民时期史的著作。曲作者尼古拉斯·热弗拉尔是海地著名音乐家，大部分时间旅居欧洲。

《德萨林之歌》共有五节，第一节歌词译文如下：

> 为了国家，
>
> 为了祖国，
>
> 团结向前，
>
> 我们队伍中没有叛徒，
>
> 全都是祖国大地的英雄汉。
>
> 团结向前，
>
> 团结向前。
>
> 为了国家，
>
> 为了祖国，
>
> 向前，向前，团结向前。
>
> 为了国家，
>
> 为了祖国。

第一节歌词法文原文：

> Pour le Pays,
>
> Pour la Patrie,
>
> Marchons unis,
>
> Marchons unis.
>
> Dans nos rangs point de traîtres!
>
> Du sol soyons seuls maîtres.
>
> Marchons unis,
>
> Marchons unis
>
> Pour le Pays,

Pour la patrie,

Marchons, marchons, marchons unis,

Pour le Pays,

Pour la Patrie.

歌词原文见 http://www. travelinghaiti. com/national-anthem-of-haiti-la-de ssalinienne/。

国家格言

"团结就是力量"（L'Union Fait La Force）。1807 年开始在国徽的缎带上使用。1847 年福斯坦·苏鲁克掌握政权，1849 年 8 月自称皇帝。他废弃了国徽和国家格言，采用了新的帝徽。1859 年无党派领袖法布尔·尼古拉斯·热弗拉尔（Fabre Nicolas Geffrard，1806～1878）恢复了共和体制，并恢复了老的国徽和国家格言。

国语

法语和海地克里奥尔语。海地人口的 90%～95% 以海地克里奥尔语为第一语言，全世界有 960 万～1200 万人讲海地克里奥尔语。

海地克里奥尔语已有 500 多年历史。奴隶贸易时期，在法国殖民地圣多明各（今海地），由于法国庄园主和非洲黑奴交流的需要，海地克里奥尔语逐渐产生并发展起来。

海地克里奥尔语以法语为基础，融合沃洛夫和格贝等西非语言的因素，同时受芳语、埃维语、基孔戈语、约鲁巴语和伊格博语的影响，并留有阿拉伯语、西班牙语、葡萄牙语、塔伊诺语和英语的痕迹。

从 1804 年独立时起，法语一直是海地的官方语言。1924 年，路易·博尔诺（Louis Bornó，1865～1942）总统首次把克里奥尔语列入学校教授的语言课程。20 世纪 40 年代初，埃利·莱斯科（Élie Lescot）试图使克里奥尔语标准化，他请来美国语言专家奥蒙德·麦康奈尔（Ormonde McConnell）和弗兰克·洛巴克（Frank Laubach），首次总结出克里奥尔语拼写法，后其被称为"麦康奈尔—洛巴克拼写法"，但并未被推行。在费利克斯·莫里塞奥－勒鲁瓦（Félix Morisseau-Leroy）和普拉代尔·蓬皮吕斯（Pradel Pompilus）等作家和语言学家的努力下，从 1961 年起，海地克里奥尔语与法语一同成为海地的官方语言。1964 年宪法第 34 条首次提到海地克里奥尔语。然而，弗朗索瓦·杜瓦利埃执政时期，却把振兴海地克里奥尔语的知识分子逐出国。1979 年 9 月，根据教育部部长的要求，国立教育学院将海地克里奥尔语拼写法规范化。1983 年宪法第一次明确海地克里奥尔语官方语言的地位。1987 年宪法使海地克里奥尔语的地位得到维持并提升。在海地已出现海地克里奥尔语报纸和广播与电视节目。

海地克里奥尔语可分为 3 种方言：北方方言，包括海地角；中部方言，包括首都太子港；南部方言。在三种方言中，中部方言的影响力最大，因此一些海地人除了使用自己的方言之外，也说中部太子港方言。

海地克里奥尔语拼写法与国际音标非常接近。在语法上，海地克里奥尔语与法语有很大差别，比法语简单，如动词不根据时态和人称变位；名词没有性，形容词也不随名词变性；使用人称后缀表明名词所属；动词不变位，没有动词虚拟式，如要表示时态，需在名词和动词之间加一些特殊的词，如"ap""te""kon""fèk"等。定冠词只有一个，不同于法语定冠词有阳性（le）和阴性（la）之分。定冠词和法语一样放在名词后面。如果名词最后一个字母是非鼻音的辅音，则放在该名词后的定冠词为"la"；如名词最后一个字母是元音，定冠词则用"a"；如名词结尾是"en m, nm, nn, gn, ng"，则定冠词为"nan"。定冠词复数为"yo"，如"liv"意为"书"，"liv yo"则是"很多书"。不定冠词有两个"youn"和"yon"，放在名词前。海地克里奥尔语定冠词和名词合二为一，如"la Ville"（城市）合写成"Lavil"。法语的一些词在变成海地克里奥尔语词后发生了一些变化，如法语动词"Parler"（说），克里奥尔语变成"Pale"；法语名词"Négre"（黑人），克里奥尔语去掉"re"，变成"Nég"；法语的"Blanc"（白人），克里奥尔语去掉词尾的"c"，变成"Blan"。

国家勋章

国家荣誉与功绩勋章（Ordre National Honneur et Mérite）是海地最高荣誉勋章。设立于 1926 年 5 月 28 日。该勋章分为大十字（Grand Croix）、高官（Grand Officier）、骑士团长（Commandeur）、官员（Officier）和骑士（Chevalier）5 级，授予在海地外交、政治以及艺术、慈善工作和其他领域做出杰出贡献的本地人和外国人。该勋章的主体是白色珐琅马耳他十字，正面中央是圆章，上写"功绩荣誉勋章"（Medaille Honneur et Merite）。背面写有"海地共和国"（La République d'Haïti）和"自由平等博爱"（Liberte Egalite Fraternite）的铭文。

海地还有军队服务 25 年勋章（Cross for 25 Years'Service in the Army）、劳动勋章（Medal for Work）等勋章。

民族英雄

杜桑·卢维杜尔。详见上述国父。

让-雅克·德萨林。海地革命领袖。德萨林原为奴隶，1791 年参加杜桑·卢维杜尔领导的奴隶起义，并成为其亲密助手。1802 年杜桑·卢维杜尔被法国远征军逮捕后，让-雅克·德萨林和亨利·克里斯托夫继续开展武装斗争。1804 年，德萨林以总督名义宣布国家独立，他自立为皇帝，称雅克一世。他在 1806 年 10 月 17 日前往与叛军作战途中，在太子港附近的红桥（Pont Rouge）遇刺身亡。为了纪念他，海地国歌名为《德萨林之歌》；10 月 17 日被定为国家纪念日。

亨利·克里斯托夫。海地革命领导人之一。生于格林纳达岛，父母是被贩卖到格林纳达的西非奴隶。他不到 10 岁便在法国轮船上服役，后被卖到海地甘蔗种植园。克里斯托夫参加了杜桑·卢维杜尔领导的起义军，后成为杜桑·卢维杜尔的副手。杜桑·卢维杜尔被迫害致死后，他和让-雅克·德萨林继续坚持斗争，并任军队司令。1806 年 10 月德萨林被刺后，海地发生分裂。他被军事委员会任命为临时国家元首。1807 年 1 月 6 日被亚历山大·佩蒂翁击败后，在北部建立"海地国"，并于 1807 年 2 月当选总统。1811 年 3 月，他宣布海地为王国，并自封亨利一世。他在首都以南的海地角建造了著名的拉费里耶尔城堡。1820 年 8 月中风偏瘫，9 月 8 日开枪自杀。

亚历山大·佩蒂翁。海地革命领袖，海地南部共和国的总统（1807 ~ 1818）。生于海地西部太子港的一个穆拉托（混血种人）家庭，父亲是法国人，母亲是黑人。18 岁时被派往巴黎法国军事学院学习。1791 年在海地南部参加反对法国殖民统治的起义军。1801 年与黑人领袖杜桑·卢维杜尔领导的黑人起义军发生冲突，失败后逃往法国。1802 年回到海地，同年 10 月和黑人领袖德萨林一起，领导混血种人和黑人起义军反对法国远征军，赢得海地独立。1806 年德萨林被暗杀后海地分裂，1806 年 3 月 9 日佩蒂翁当选海地西南部的"海地共和国"总统。1806 年 10 月佩蒂翁召集参议院通过宪法，宣布实行共和制。1807 年海地南北分裂。3 月 11 日，佩蒂翁担任海地南部共和国总统。1811 年再度当选，1816 年被宣布为终身总统。他设计了海地的国旗和国徽，实行共和政体，采取了没收法国种植园主的土地等进步措施。他大力支持西蒙·玻利瓦尔在南美争取独立的斗争，支援他金钱、武器弹药，甚至派遣海地志愿军，并要求在南美所有地区取消奴隶制。1818 年 3 月 29 日因病去世。

国家诗人

雅克·罗曼（Jacques Roumain，1907 ~ 1944）。海地诗人、作家、

政治家。被视为海地文学最有影响的代表人物。1907 年 6 月 4 日生于太子港，祖父坦克德雷·奥古斯特（Tancrède Auguste）于 1912～1913 年任海地总统。青年时期曾在比利时、瑞士、法国、德国和西班牙求学。20 岁返回海地，与菲利普·索比－马塞兰（Philippe Thoby-Marcelin）等人创建杂志《土著评论：艺术与生活 》（*Revue Indigene：Les Arts et La Vie*）。他积极参加反抗美国占领海地的斗争，1934 年建立海地共产党。曾多次被捕，后被斯泰尼奥·文森特（Sténio Vincent）流亡国外。流亡期间，他和许多著名泛非作家成为朋友，如兰斯顿·休斯（Langston Hughes）等。他还就读于纽约哥伦比亚大学，从事民族志研究。海地政府变更后，他返回海地，建立了民族学办公室（Office of Ethnology）。海地总统埃利·莱斯科任命他为驻墨西哥代办。1944 年 8 月 18 日雅克·罗曼由于不明原因死亡。他的主要诗作有《乌木木》（*Ebony wood*）、《木偶》（*Les fantoches*）、《勇闯魔域山》（*La montagne ensorcelée*）、《猎物和阴影》（*La proie et l'ombre*）、《黑衣男子的申诉》（*Griefs de l'homme noir*）等。他于 1944 年出版的小说《露水的统治者》（*Gouverneurs de la Rosée*）被誉为世界文学杰作。

国家化身

尔兹莉·丹铎（Ezili Dantor），是海地伏都教（Vodou，又称巫毒教）信仰中的神明，也是海地人民崇拜的神灵，并是海地的国家化身。伏都教源于西非加纳、贝宁等地，伏都教尊崇被称为 "洛阿"（Loa，Lwa，L'wha）的众神。在海地，尔兹莉·丹铎是洛阿神中之一，该神灵被认为是母亲的洛阿神（lwa of motherhood），特别是单身母亲的洛阿神。伏都教传入海地后，黑奴们将洛阿神和罗马教廷的圣人融合在一起，尔兹莉·丹铎最常见的形象是琴斯托霍瓦的黑麦当娜（Black Madonna of Częstochowa），她也被称为圣母琴斯托霍瓦（Our Lady of Częstochowa）。这个形象是随拿破仑派出到海地镇压革命的波兰军队进来的，并在海地扎下根，特别是在卡扎莱城（Cazale）。

世界遗产

国家历史公园——城堡、桑斯苏西宫和拉米尔斯堡垒（National History Park-Citadel, Sans Souci, Ramiers）。位于海地北部省首府海地角以南约 30 公里处，1980 年 1 月 18 日海地成为联合国教科文组织世界遗产委员会成员。1982 年海地国家历史公园——城堡、桑斯苏西宫和拉米尔斯堡垒被联合国教科文组织世界遗产委员会列入《世界遗产名录》。世界遗产委员会评价说：这些建筑可追溯到 19 世纪海地宣布独立的时期。桑斯苏西宫、拉米尔斯堡垒，尤其是古城堡对全世界来说都是自由的象征，因为它们是最先由获得自由的黑人奴隶修造的建筑。

海地国家历史公园包括城堡、桑斯苏西宫、拉米尔斯堡垒三部分，是 19 世纪初海地宣布独立时由获得自由的黑人奴隶建造的，是海地人民自由和独立的象征。城堡（Citadelle）即拉费里埃城堡（Citadelle Laferrière），又称亨利·克里斯托夫城堡（Citadelle Henry Christophe）。城堡是一座不等四边形建筑，位于海拔 970 米的赞里埃山山顶，离海地角 25 千米。为了抵御法国进攻，在 1805 年，对于刚刚获得独立的海地，时任海地武装部队总司令亨利·克里斯托夫奉皇帝德萨林之命开始兴建城堡。工程师亨利·巴雷负责工程指挥。当过砖瓦工的克里斯托夫成为海地皇帝后，仍参与建设城堡。城堡用工 2 万人、耗时近 10 年才最终建成。1813 年，亨利·克里斯托夫的女儿主持了城堡落成仪式，以其父之名将其命名为亨利·克里斯托夫城堡。城堡城墙高 43 米，厚 4 米。城墙石头用石灰、糖蜜、牛血和羊血混合砌成。海地人认为，通过用牺牲的牛羊流出的血，伏都教神明可以给予城堡力量并予以保护。城堡内有石阶、庭园、礼拜堂、会议厅、武器库、水井，有储存饮用水的巨大水窖，还有把污水排出墙外的系统。城墙顶端安放着从法军手中夺来的 365 门大炮，旁边堆放着摆放整齐的 4.5 万发炮弹。城堡内可以容纳 5000 人。1818 年因弹药库爆炸城堡毁坏严重。1820 年 8 月佩蒂翁的军队入侵太子港，10 月 8 日亨利·克里斯托夫皇帝在桑斯苏西宫自杀后，其妻把他的遗体埋葬在城堡，后城堡遭到洗劫。1842 年海地角发生地震，城堡又遭到毁灭性破坏。

桑斯苏西宫建于 1810 年，1813 年完工。位于北方省米洛特镇，是皇帝亨利·克里斯托夫、王后玛丽-路易丝及两个女儿的寝宫。桑斯苏西宫之名法语意为"无忧宫"，风格和式样模仿法国的凡尔赛宫，是克里斯托夫修建的 9 个王宫中最大的宫。王宫共有 4 层，此外还有行政楼、皇家图书馆、兵营、马厩、军火库、医院、教堂、造币厂、游乐园等。

拉米尔斯堡垒也是 19 世纪海地独立后的建筑，与城堡属同一时期建筑，其房屋和 4 个堡垒都采用木质结构，外面垒着石板，是当时西半球最大的要塞堡垒。

1980 年联合国教科文组织和联合国开发计划署提出的亨利·克里斯托夫城堡遗址修复计划开始实施，由海地建筑师阿尔贝·曼戈内作为工程指挥。1991 年修复工程结束。

国花

凤凰木花（Flamboyán 或 Framboyán）。其名源于希腊语，意为"有名的爪"，是指花瓣的形状。又称"火焰树"。学名为"Delonix Regia"。原产于哥斯达黎加。树高可达 50 英尺（相当于 15.24 米），树干直径可达 2 英尺（相当于 60.96 厘米）。树冠呈伞形，宽大无比。叶长可至 20 英寸（相当于 50.8 厘米）。春天至秋初为花开时节，凤凰木枝头缀满红色花朵，火红一片，鲜艳夺目，与绿叶相映成趣。花朵宽达 5 英寸（相当于 12.7 厘米）。果实有硬壳，两边开，里面有许多长种子。

国树

大王棕榈树（Royal palm）。又名"Roystonea"，以纪念美国将军罗伊·斯通（Roy Stone），是 11 种雌雄同株的棕榈树之一，是高大、无刺、单茎带有羽状叶子的热带树木，茎光滑如柱，树高 15～20 米，最高可达 40 米。其根深扎地下，长可达 6 米。叶片由叶基、叶柄和叶轴组成。叶基在树干顶端周围形成一个长 1.4～2 米的绿色鞘，被称为冠茎鞘。叶柄长 20～100 厘米，花通常为白色。果实为长圆形或球形，长 1～2 厘米。大王棕榈树原产于加勒比海岛屿以及北美、中美和南美沿海地区，树木高大挺拔，可作为观赏植物。某些地区用棕榈心制作沙拉，其种子可作为咖啡豆的替代品。圣周中棕榈叶可在宗教仪式中使用。棕榈种可榨油，并可作为猪饲料。海地人非常喜欢大王棕榈树，把它视为国树，其在国徽上占有一席之地。每年 6 月 24 日是海地"国树日"。2012 年 6 月 24 日这一天，门诺派中央委员会所属的 130 名志愿者在距首都太子港东北 93 英里（相当于 149.668992 千米）的德萨尔梅斯附近山区种下了 5000 棵大王棕榈树。2008 年，德萨尔梅斯建立了 38 英亩（相当于 153780.5440512 平方米）保护区，种植了大量大王棕榈树。

国鸟

伊斯帕尼奥拉咬鹃（Hispaniolan Trogon）。又称圣多明各咬鹃（Santo Domingo Trogon）和罗桑咬鹃（Rosentrogon）。学名为"Priotelus roseigaster"。生活于热带和亚热带森林，多见于海地山脉地区。这种鸟羽毛色彩艳丽，上身呈亮绿色，颈、颏和胸呈灰色，腹部为红色，长尾为暗蓝色，有白色斑点。雄鸟翼上有白色和黑色条纹。身长 27～30 厘米。食果实、昆虫和小的爬行动物。3～7 月为繁殖期，雌鸟每次产 2～4 枚蛋。在树缝或洞中筑巢。因森林被大量砍伐，伊斯帕尼奥拉咬鹃数量面临减少的危险。

国舞

梅林格舞（Meringue）。海地与多米尼加共和国的国舞相同，只是称呼不同。多米尼加共和国称其为"Merengue",而海地则称其为"Meringue"。海地梅林格舞和多米尼加梅伦格舞非常相似。海地梅林格舞是18世纪中期在海地发展起来的,成为海地的象征之一。关于它的起源,海地人说一位伟大的英雄在邻岛参加战斗时腿部负伤,在欢迎他的宴会上,人们模仿他以受伤的腿跳舞的样子跳起舞,这种舞姿随后便流传下来。根据海地历史学家让·富沙尔(Jean Fouchard,1912~1990)的说法,海地梅林格舞由奴隶音乐流派与法国—海地对舞的舞蹈形式融合发展而成,并说梅林格舞之名源于马达加斯加班图人的莫林格音乐(mouringue music)。长期以来,对于多米尼加共和国还是海地为该舞的创始国,人们争论不休,至今没有定论。

从梅林格舞发展而来的卡登塞朗帕(Cadence rampa)也被称为海地的国舞。克里奥尔语称卡登塞朗帕为卡当斯朗帕(kadans ranpa),简称卡当斯(kadans)。卡登塞朗帕舞曲诞生于20世纪60年代初,是由海地萨克斯演奏家、作曲家韦伯特·西科特(Webert Sicot,1930~1985)创立的,是梅林格舞曲的变体,也是现代的梅林格舞曲。卡登塞朗帕的前身为20世纪50年代由西科特创立的康帕斯(Compas),1962年他把康帕斯命名为卡登塞朗帕。1961年,韦伯特·西科特成为卡登塞朗帕舞曲的先驱,用小号、贝斯、钢琴和鼓等进行演奏。他和兄弟雷蒙(Raymond)巡游加勒比地区时演奏的卡登塞朗帕舞曲在多米尼加、瓜德罗普和马提尼克大受欢迎,成为加勒比地区引人注目的舞曲。

国球

足球。海地人不像多米尼加人和波多黎各人那样喜欢棒球,足球是海地最普及的运动。1974年海地足球队获得进军德国慕尼黑世界杯足球赛资格,埃曼努埃尔·萨农(Emanuel Sanon)是当时海地最著名运动员,为该国足球的发展做出了重要贡献。1974年世界杯中海地与意大利比赛虽以1:3失利,但萨农攻入一球,令海地全国沸腾。2007年,海地曾获加勒比海杯冠军。2010 年 1 月海地发生大地震，造成 30 万人死亡，许多球员伤亡。震后一年，2011 年 1 月 9 日，在太子港举行了一场"一条腿的足球赛"。残疾的球员们拄着拐杖或安装假肢参加比赛，以纪念地震一周年，表现了对足球的热爱。2014 年 6 月在 205 个国家和地区的男子足球队世界排名中，海地居第 71 位。2018 年 1 月其在国际足联排名为第 56。

国服

海地女国服是卡拉贝拉（Karabela），是海地版本的加勒比黑人服装，源于 18 世纪普通海地妇女日常穿着的服装。卡拉贝拉是妇女表演传统民间舞蹈时穿的衣服，又称四对舞服（quadrille dress），在婚礼和重大活动中也穿卡拉贝拉。卡拉贝拉由棉或亚麻制成，在加勒比地区很常见。卡拉贝拉的式样很多，但都是以蓝、红二色为主的连衣裙，上面是露肩的有褶边的上衣，裙子长至脚踝。头巾可以是红色的，也可以是蓝色的。头巾的替代品是草帽。海地临近赤道，气候炎热，头巾和草帽可以防晒。男子国服为夹克衫，也被称为卡拉贝拉。卡拉贝拉也是牙买加、马提尼克等国家和地区的女国服和地区服。卡拉贝拉在牙买加称为班达纳裙（Bandana Skirt）或四对舞服，在圣卢西亚称 Kwadril Dress，在苏里南称 Kotomisi。

国食

油煎猪肉和豆米饭（Fried Pork with Rice & Beans）。海地饮食将非洲风味和法国风味有机融合。油煎猪肉配料有：苦味橙汁，植物油，盐，黑胡椒，百里香，切碎的热青椒、青葱和大洋葱，带肩肉的前腿肉。烹制之前把所有配料（油除外）放在一大锅内腌泡后再放入冰箱内过夜。第二天将腌泡后的猪肉和配料放入火炉上的锅中，然后加水，水要没过腌猪肉和配料，文火煮 90 分钟。肉熟后捞出晾干。锅内加油，将腌猪肉油煎至金黄色，肉质外焦里嫩。吃时配上用长粒大米和红豆煮成的豆米饭以及蔬菜。

国酒

巴尔邦库尔朗姆酒（Barbancourt Rum）是海地最古老、最知名的古老朗姆酒，创始人为移民到海地的法国人迪普雷·巴尔邦库尔（Depré Barbancourt）。1862 年巴尔邦库尔在海地建立酿酒厂，把蔗糖汁放在铜罐内进行两次蒸馏，然后储入栎木桶陈酿。为了纪念酒的创始人，该酒便以他的姓氏命名。这种以鲜蔗糖汁为原料，经发酵、蒸馏、陈酿而制成的蒸馏酒，呈琥珀色，口感柔和、醇厚、清香，饮后余味无穷。海地的巴尔邦库尔朗姆酒分 4 年、8 年、15 年酿，价格随酿酒的年份增加而提高。巴尔邦库尔朗姆酒深受海地人民欢迎，被誉为国酒。海地出产的巴尔邦库尔朗姆酒约有一半出口海外，畅销于美国、法国、意大利等 20 多个国家。

宗教

1987 年海地宪法第 30 条规定宗教信仰自由，每个人有信奉宗教的权利。根据 2017 年 CIA World Factbook，天主教徒占海地人口的 54.7%，新教徒约占 28.5%。一说天主教徒占海地人口的 80%～85%。天主教是海地主要宗教，曾经是海地国教。海地天主教有 2 个教省、10 个主教管区，全国共有 251 名教士。2010 年大地震摧毁了太子港大教堂，大主教约瑟夫·塞尔日·米奥（Joseph Serge Miot）也在地震中死亡。

天主教在海地已有 500 年历史。1511 年伊斯帕尼奥拉岛建立了圣多明各和康塞普西翁德拉贝加两个主教管区。1527 年，康塞普西翁德拉贝加主教管区被撤销，该岛只剩下圣多明各主教管区，这种情况一直延续至 1862 年。许多正规教士来自法国，特别是多明我会教士和方济各会教士。多明我会教士在伊斯帕尼奥拉岛西部和南部传教，方济各会教士则在岛北部传教。1704 年方济各会因缺乏传教士放弃这个地区，耶稣会教士取而代之，但 1763 年遭驱逐。世俗教士接着传教，5 年后被方济各会教士所取代。海地革命前，天主教的影响并不大。1800 年杜桑·卢维杜尔掌权后，对天主教实施控制，不承认巴黎主教委员会任命的圣多明各主教。海地获得独立后，天主教会教士一度离开海地，1806 年一些教士又返回海地。虽然海地独立后颁布的几部宪法都宣布天主教为海地官方宗教，但梵蒂冈一直不予承认。海地政府与梵蒂冈经过多年谈判，于 1860 年 3 月 28 日才签订协约，天主教正式成为海地国教。协约规定天主教受海地政府保护，海地总统任命大主教和主教，政府每年给予教士 1200 法郎补贴。协约还允许教皇否决海地的一些规定。1861 年，天主教在海地建立了太子港大主教管区和属下海地角等 4 个主教管区。1862 年协约修改法规定了天主教在世俗教育中的重要作用。首任太子港大主教前往法国征募新教士，并于 1864 年在法国建立起圣马夏尔神学院，该神学院每年接受海地 2 万法郎的补贴。1864～1906 年，先后有 516 名法国教士来到海地，大部分教士是讲法语的欧洲人，特别是布列塔尼人。他们主要在社会上层活动，在农村地区和城市贫民中影响很小。1959～1961 年海地总统弗朗索瓦·杜瓦利埃驱逐了大主教、耶稣会教士和大批教士，弗朗索瓦·杜瓦利埃因同梵蒂冈关系紧张而被开除教籍。1966 年，海地与教会关系恢复，第一次任命了海地人大主教，总统获得任命主教权。20 世纪七八十年代，天主教使用克里奥尔语和鼓乐进行宣传，影响有所扩大。1987 年海地宪法取消了天主教的国教地位，保证宗教信仰自由，但此后历届政府并未否认海地与罗马教廷于 1860 年签订的协约。1990 年天主教教士让－贝特朗·阿里斯蒂德 (Jean-Bertrand Aristide) 当选海地总统，但第二年 9 月被军事政变赶下台并逃往海外。

海地新教主要教派有神召会 (Assemblées de Dieu)、海地浸信会 (Convention Baptiste d'Haïti)、基督复临安息日会 (Seventh-day Adventists）、神的教会（Church of God）、拿撒勒教会（Church of the Nazarene）和福音的使命－海地南方浸礼会（Mission Evangelique Baptiste du Sud-Haiti）。海地新教大教堂为太子港的神圣三位一体大教堂（Cathédrale Sainte Trinité）。

海地相当多的人信奉伏都教（Voodoo），特别是农村地区和城市贫民圈。伏都教也称巫毒教，源于流行在西非加纳、贝宁等地的一种神秘宗教。"伏都"一词来自芳语（Fon）和埃维语（Ewe），意为"精灵"或"神"。伏都教是糅合祖先崇拜、万物有灵论、通灵术的原始宗教。16 世纪，伏都教被黑奴带入海地，遂与土著宗教和天主教相结合，形成了海地伏都教。伏都教尊崇被称为"洛阿"（Lwa 或 Loa）的众神，"洛阿"依附于被称为"邦迪埃"（Bondye）的最高神。在伏都教融合了天主教因素后，"邦迪埃"对应成为"上帝"，"洛阿"则成为"圣徒"。伏都教因仪式恐怖、诡异曾被当作邪教。前总统弗朗索瓦·杜瓦利埃曾利用伏都教的恐怖色彩，建立名为"通顿马库特"的私人武装，将其作为镇压人民的工具。伏都教在海地影响很大，许多人既是天主教徒，又是伏都教徒。2003 年伏都教才被正式承认为合法宗教。

国家保护神

永援圣母（Notre-Dame du Perpétuel Secours）。永援圣母节是 6 月 27 日。对永援圣母的崇拜起源于罗马，有人说是在 10 ~ 11 世纪，有人说是从 15 世纪初开始的。永援圣母木质画像原本安置在爱琴海克里特岛的一座教堂中，后被一商人偷走，藏在行李中坐船运往别处。传说船在海中航行期间，突遇暴风雨。乘客纷纷向上帝和圣母求救。在上帝和圣母庇护下，大海恢复了平静，船顺利抵达港口。不久，商人带着圣像来到罗马。几经周折，1499 年圣像出现在圣马太教堂。1798 年 2 月，路易斯·亚历山大·贝尔蒂埃（Lowis Alexandre Berthier）率领法国军队占领罗马，摧毁了包括圣马太教堂在内的 30 所教堂。教徒们把永援圣母圣像转存至一座小教堂，直至 1866 年才将其安置在圣阿方索教堂后殿，人们在这个教堂祈求永援圣母赐福。后来对永援圣母的崇拜逐渐扩展到世界各地。天主教赎世主教派来到海地后，在靠近太子港的贝莱－阿伊莱建立起永援圣母教堂。传说 1883 年一场病毒性传染病席卷海地，信徒们赶往永援圣母教堂祈祷，传染病奇迹般消失，永援圣母遂成为海地保护神。1983 年教皇约翰·保罗二世访问海地，参加庆祝奇迹发生 100 周年大会，宣布海地在永援圣母保护下，永援圣母被正式命名为海地保护神。永援圣母还是世界很多地区和机构的保护神，如委内瑞拉梅里达州埃尔比希亚（El Vigía）、厄瓜多尔埃尔奥罗省韦尔塔斯城（Ciudad de Huertas）等。

国币

古德（法语为 Gourd，克里奥尔语为 Goud）。1 古德等于 100 分（法语为 Centime，克里奥尔语为 Santim）。

海地最初为西班牙殖民地，后又成为法国殖民地。1804 年海地独立后，1813 年货币单位古德（Gourde）首次问世，取代了原来旧货币单位利夫雷（Livre），1 古德等于 8 利夫雷 5 苏斯（Sous）。古德是西班牙语"戈尔多"（Gordo，意为胖子）法语化的名字，是原安的列斯法属殖民地的货币比索（Peso）的名称，一直使用到 18 世纪。海地铸造的第一批古德为银币，面值为 6、12 和 25 分（Centimes）。1827 年铸造了 50 分和 100 分铸币，1828 年又铸造了 1 分和 2 分铸币。1863 年开始铸造铜币，面值为 5、10 和 20 分。

海地第一批钱币的正面图案都是国徽，反面镌刻海地共和国的法文字母和铸造钱币的年份以及面值数字，面值数字旁边有一颗带 C（centimes）的星。有一段时间皮亚斯特雷（Piastre）的名称曾取代古德，1875 年发行了 1、5 皮亚斯特雷以及 25 分，但很快被弃。

1912 年海地放弃同法国法郎的可兑换性，建立同美元的可兑换性。

5 古德等于 1 美元。

1979 年海地共和国银行取代国家银行，成为授权发行货币的银行。1989 年海地取消古德同美元挂钩，实行浮动汇率。

为纪念海地独立 200 周年，2004 年 8 月海地共和国银行开始发行新设计的 10～500 古德 6 种纸币和 1000 古德纸币，作者是设计师、画家达尼埃尔·埃利（Daniel Elie）。每种纸币正面绘有海地革命著名领导人，背面是海地人民战斗过的城堡，与此同时，纸币上第一次出现法文和克里奥尔文。

现在，海地流通 10 古德、20 古德、25 古德、50 古德、100 古德、250 古德、500 古德和 1000 古德纸币。

10 古德纸币正面为萨尼特·贝莱尔（Lt. Sanite Bélair, 1781？～1802 年）像，纸币背面是雅克梅尔红海角堡（Fort Cap-Rouge à Jacmel）图案。萨尼特·贝莱尔是为海地独立而英勇献身的女英雄。曾参加杜桑·卢维杜尔军队以为独立而战斗。1796 年她与旅长夏尔·贝莱尔（Charles Bélair）将军结婚。1802 年在与勒克莱尔率领的法军的战斗中被俘。她的丈夫为了和她同生死，自投法军罗网。夫妇俩被押解至勒卡普，并被判处死刑。法军要将其夫枪决，将她斩首。她拒绝法军的安排，也要像她丈夫一样死。萨尼特目睹其夫被处决后，拒绝蒙上双眼，面对敌人枪口从容就义。海地人民世世代代怀念这位为国牺牲的女英雄，将她的肖像绘制在 2004 年版的 10 古德纸币上。

20 古德纸币正面为海地革命杰出领袖杜桑·卢维杜尔像，纸币背面绘有 1801 年宪法。

25 古德纸币正面为总统法布尔·尼古拉斯·热弗拉尔像，纸币背面是古堡图案。法布尔·尼古拉斯·热弗拉尔 1806 年出生于海地的昂萨沃，1821 年大学毕业，后从军，晋升为中校。1859 年推翻福斯坦·苏鲁克上台。执政期间鼓励发展教育、经济和对外关系。1867 年被迫下台后流亡牙买加，1878 年 12 月在牙买加金斯敦去世。

50 古德纸币正面为弗朗西斯·卡波伊斯（François Capois, 1766～

1806）像，纸币背面是马尔梅拉德拉雅卢谢雷堡（Fort de la Jalousière à Marmelade）图案。他于 1793 年开始军事生涯。在 1803 年 11 月 18 日贝尔蒂耶雷斯战役中，卡波伊斯率领海地第九旅击溃拿破仑军队，迫使法军抛弃了他们的大本营。卡波伊斯是 1804 年《独立宣言》的签字者之一。1806 年 10 月 8 日，卡波伊斯在前往海地角的途中，在利莫纳德附近被刺杀。

100 古德正面为亨利·克里斯托夫像，背面是米洛特亨利城堡（Citadelle Henry à Milot）图案。

250 古德纸币正面为让－雅克·德萨林像，纸币背面是马尔尚德西德堡（Fort Décidé à Marchand）图案。

500 古德纸币正面为亚历山大·佩蒂翁像，背面为费马特雅克堡（Fort Jacques à Fermathe）图案。

1000 古德正面为弗洛维尔·伊波利特（Florvil Hyppolite，1828～1896）像，背面是瓦利埃市场（Marché Vallières）图案。弗洛维尔·伊波利特出生于海地的海地角，早年就读于军事学校，后晋升为将军。曾任财政部部长等职。1889 年 10 月 17 日任海地总统，在任期间曾拒绝美国提出建立海军基地的要求。

现在，海地流通 5 分、10 分、20 分和 50 分、1 古德和 5 古德铸币。5 分、10 分、20 分铸币现已价值不大，很少用。5 分、10 分、20 分和 50 分铸币均为圆形镍币，正面均为国徽，背面均为国家英雄和发行年份。1 古德铸币为七角形黄铜币，正面为海地风景和发行年份，背面是国徽。5 古德铸币为七角形黄铜币，正面为 4 位国家英雄像和发行年份，背面是国徽。

洪都拉斯

国名

洪都拉斯共和国（La República de Honduras）。位于中美洲北部，北濒加勒比海，南临太平洋，东、南与尼加拉瓜和萨尔瓦多为邻，西与危地马拉交界。关于洪都拉斯名称的来源，存在多种解释，但许多说法都没有确凿的依据。有人说，洪都拉斯得名之前，其所在地区称为瓜伊姆拉斯（Guaymuras）；有些资料说，洪都拉斯过去的名字是伊格拉（Higuera），意为无花果，因为哥伦布远航美洲时，发现洪都拉斯廷托河（Río Tinto）上漂浮着大量无花果；还有些资料说，洪都拉斯过去的名字叫维马斯（Waimas）、丰杜拉（Fondura）和特尔努拉（Ternura）等。然而，最为普遍的说法是，1502 年，哥伦布第四次率船队远航美洲抵达洪都拉斯时，突然遭到暴风雨的袭击。哥伦布的船队躲进一岬角，这里成为他们的避难所。风暴过后，哥伦布高呼："感谢上帝（Gracias a Dios），我们逃出了深渊（Honduras）！"从此，这一岬角被称为格拉西亚斯—阿迪奥斯（Gracias a Dios），而科科河（或称塞戈维亚河）以西的地区则被称为洪都拉斯（Honduras）。从 1607 年开始，洪都拉斯的名称出现在官方文件中。

国都

特古西加尔巴（Tegucigalpa）。1578 年 9 月 29 日建城，取名为雷阿尔·比利亚·德圣米格尔·德特古西加尔巴 （Real Villa de San Miguel de Tegucigalpa）。雷阿尔·比利亚是皇家城镇之意；圣米格尔是该城的守护神；特古西加尔巴则源于印第安纳华语 Teguz-galpa，意即"银山"，因为那时特古西加尔巴矿业发达，盛产白银和黄金。洪都拉斯首都曾变动过几次。第一个首都是大西洋沿岸的特鲁西略港 （Trujillo），后迁往格拉西亚斯城 （Gracias）。成立共和国后，首都曾从特古西加尔巴迁往科马亚瓜 （Comayagua）。1880 年，又迁回特古西加尔巴。据说，当时总统马尔科·奥雷利奥·索托 （Marco Aurelio Soto）的妻子是特古西加尔巴人，而科马亚瓜一些上流社会蔑视总统夫人。这样，索托总统决定把首都迁往特古西加尔巴。1982 年 1 月 20 日生效的现行宪法第 1 章第 8 条规定首都由特古西加尔巴城和科马亚圭拉城 （Comayagüela）共同组成。

国庆

9 月 15 日 （1821 年）。洪都拉斯曾是古玛雅王国的组成部分。1525 年西班牙人占领洪都拉斯，洪都拉斯从此沦为其殖民地。1821 年 9 月 15 日，包括洪都拉斯在内的中美洲国家宣布脱离西班牙独立。后加入中美洲联邦共和国。1838 年退出中美洲联邦共和国，建立独立的洪都拉斯共和国。洪都拉斯宣布脱离西班牙独立的日子 9 月 15 日为该国的独立日和国庆日。

国父

迪奥尼西奥·德埃雷拉 （Dionisio de Herrera，1781～1850），洪都拉斯自由派政治家。1824～1827 年为洪都拉斯首任国家元首，1830～1833 年为尼加拉瓜国家元首。1834 年当选萨尔瓦多国家元首，但他没有接受这个职务。他是中美洲唯一一个当选三个国家元首的人。他还是洪都拉斯国徽的创作者，被称作洪都拉斯国父 （Padre de La Patria）。

德埃雷拉 1781 年 10 月 9 日生于洪都拉斯乔卢特卡城（Choluteca）的一个地产主家庭。曾在危地马拉圣卡洛斯大学攻读法律专业，受到法国大革命自由思想的熏陶，成为中美洲独立的忠实支持者。德埃雷拉获得律师资格后返回洪都拉斯。他建立个人图书馆，组织沙龙，宣传自由思想，支持玻利瓦尔和圣马丁领导的南美独立运动。1820 年，他被任命为特古西加尔巴圣米格尔阿尔坎赫尔市议会总书记。1821 年 9 月 28 日，他起草了"独立法"（Acta de Independencia）。1824 年德埃雷拉当选洪都拉斯第一任国家元首，1824 年 9 月 16 日至 1827 年 5 月 10 日任洪都拉斯总统。1825 年，他确定了洪都拉斯的行政区划，并和其外甥弗朗西斯科·莫拉桑（Francisco Morazán）将军起草了带有自由思想色彩的洪都拉斯第一部宪法，该宪法于同年 12 月 11 日颁布。该宪法内容包括确定人民的基本权利、限制天主教会的特权、消灭奴隶制等。在职期间，他还采取发展工业、农业等措施。德埃雷拉为洪都拉斯做出了重要贡献，被视为洪都拉斯国父和该国六位先驱者之一。1827 年，德埃雷拉因保守派教士伊利亚斯（Irías）发动叛乱而辞去职务。他被中美洲联邦政府派往尼加拉瓜充当调解员，并于 1830 年成为尼加拉瓜国家元首，执政至 1833 年。1834 年他当选萨尔瓦多国家元首，但他拒绝接受职务。1838 年德埃雷拉退出政坛，任教于萨尔瓦多圣维森特一所学校，1850 年 6 月 13 日在圣萨尔瓦多城去世。洪都拉斯人缅怀这位该国历史上的著名人物，在货币 20 伦皮拉上绘有德埃雷拉像。

国旗

洪都拉斯独立后很长时间都在使用中美洲联邦国旗，直至何塞·马里亚·梅迪纳（José Maria Medina）执政时期的 1866 年 2 月 16 日，洪都拉斯国会颁布第 7 号法令，洪都拉斯才有了自己的国旗。1949 年 1 月 18 日，洪都拉斯国会下令修改 1866 年 2 月 16 日有关国旗的第 7 号法令，并颁布洪都拉斯国旗的式样。1949 年 1 月 24 日，洪都拉斯国会颁布第 29 号法令，正式确认洪都拉斯的国旗。洪都拉斯国旗以中美洲联邦国旗为基础，而中美洲联邦国旗又以阿根廷拉普拉塔河联合省国旗为基础。洪都拉斯国旗由蓝、白、蓝自上而下平行相等的三个长方形组成，白色带中间绘有 5 颗蓝色五角星。5 颗星呈 × 形，象征组成中美洲联邦的 5 个国家和中美洲团结的理想。中央的星代表洪都拉斯，另外 4 颗星分别代表危地马拉、尼加拉瓜、萨尔瓦多和哥斯达黎加 4 国。洪都拉斯国旗颜色与中美洲联邦国旗相同。蓝色象征洪都拉斯的蓝空、与祖国领土接岸的太平洋和大西洋，此外，也象征正义、忠诚、友爱、力量、温柔、勇气，兄弟之爱和团结洪都拉斯人民的慷慨理想。白色象征纯洁、正直、诚信、服从、和平、坚定、警惕、仁慈和民族。洪都拉斯国旗长和宽之比为 2∶1。1943 年 6 月 7 日洪都拉斯国会颁布第 5 号法令，规定每年 6 月 14 日为国旗日。1995 年 5 月 23 日，洪都拉斯国会通过时任总统卡洛斯·罗伯托·雷纳（Carlos Roberto Reina）颁布的第 84 - 95 号令，宣布每年 9 月 1 日为国旗日。从那一年起，每逢国旗日所有国家机构和市民都要向国旗致敬。

向国旗宣誓的誓词译文如下：

> 向国旗宣誓，
> 我宣誓忠于国旗，
> 您是团结、正义、自由与和平的象征，
> 祈求上帝和我们祖先的庇护。
> 我保证为祖国增光，
> 在为所有人利益的唯一目标下，
> 我将服务于您并且捍卫您。

誓词西班牙文原文：

Juramento a la Bandera

Juro fidelidad a la bandera nacional

símbolo de unidad, justicia, libertad y paz

invocando la presencia de Dios y el ejemplo de nuestros próceres

prometo honrar a la patria

servirla y defenderla bajo un solo propósito,

para beneficio de todos.

誓词原文见 http://www.presidencia.gob.hn/index.php/hoadurRs/bandera-nacional。

国徽

殖民时期，洪都拉斯一直使用西班牙国徽。洪都拉斯摆脱西班牙殖民统治后，在 1825 年 10 月 3 日，当时的国家元首迪奥尼西奥·德埃雷拉创制了沿用至今的洪都拉斯国徽。此后洪都拉斯国徽曾被修改过两次。1866 年 2 月 16 日颁布的第 7 号法令是第一次修改，发布在何塞·马里亚·梅迪纳执政时期的同年 3 月 6 日第 4 号立法公报中。公报第 4 条规定用夕阳代替在山顶之上、彩虹之下的自由帽。蒂武西奥·卡里亚斯·安迪诺（Tiburcio Carías Andino）将军统治时期，在 1935 年 1 月 10 日颁布第 16 号法令，对洪都拉斯国徽做了第二次修改。其中第 142 条规定国徽的样式。国徽反映了洪都拉斯的历史和拥有的丰富资源。国徽主体为椭圆形，椭圆形中蓝色的天空和海洋的背景下有一个等边三角形状的金字塔。在三角形底部，两座塔状城堡间出现一座火山。火山顶上有一轮熠熠生辉的红日，红日之上为弧形彩虹。彩虹象征和平、洪都拉斯大家庭的团结和提升的理想。金字塔是玛雅部落都城科潘城的象征，等边三角形象征平等和自由。城堡一座在加勒比海岸，另一座在太平洋丰塞卡湾，象征土著人民保卫独立、与西班牙殖民者坚决斗争的决心。

火山系指洪都拉斯是多火山的国家。两座城堡所在的陆地被太平洋和大西洋所沐浴。椭圆形的白色饰边上用西班牙文写有金棕色的"洪都拉斯共和国，自由，主权和独立，1821 年 9 月 15 日"（REPÚBLICA DE HONDURAS，LIBRE，SOBERANA E INDEPENDIENTE 15 DE SEPTIEMBRE 1821）。椭圆形顶上的一壶箭，象征洪都拉斯的土著印第安人、他们的军事活动，怀念土著领袖伦皮拉酋长（Cacique Lempira）。椭圆形两旁各有一丰饶杯，杯口溢出鲜花和水果，象征洪都拉斯的植物资源。椭圆形左边山坡上有三棵松树，这是洪都拉斯国树，与右边山坡上的三棵栎树一起，象征覆盖洪都拉斯的森林。两边山坡象征洪都拉斯的山地。椭圆形下部有交叉的矿工工具——钻头、楔子、大锤、榔头，左边山坡上还有矿井，这些是洪都拉斯矿业的象征。右边山坡有一所房屋，象征玛雅文化。

总统绶带

洪都拉斯总统绶带与国旗颜色相同。由蓝、白、蓝三色纵列构成，每个颜色条宽幅相等，中间的国徽图案跨连三个颜色条。洪都拉斯的总统绶带实际上就是精美的工艺品，由各时期技艺精湛的大师刺绣、缝制，其中著名大师有索菲娅·阿马多尔（Sofía Amador）夫人、雷蒙达·伊萨贝尔·戈麦斯（Raymunda Isabel Gómez）夫人等。

洪都拉斯独立后很多年间，总统就职时只是在国会宣誓，不佩戴总统绶带。1925 年米格尔·帕斯·巴拉奥纳（Miguel Paz Barahona）在国家剧院就职时接受了总统绶带，开创了洪都拉斯总统绶带的历史。1929 年比森特·梅希亚·科林德雷斯（Vicente Mejía Colindres）总统就职时只向国会主席安东尼奥·里维拉（Antonio C. Rivera）宣誓，而没有使用总统绶带。1933 年蒂武西奥·卡里亚斯·安迪诺总统恢复使用总统绶带。此后洪都拉斯总统就职佩带总统绶带便延续至今。1957 年 12 月 21 日，拉蒙·比列达·莫拉莱斯（Ramón Villeda Morales）就职仪式改在特古西加尔巴国家体育场举行，其在露天场地中心接受了总统绶带。1963 年奥斯瓦尔多·洛佩斯·阿雷利亚诺（Oswaldo López Arellano）总统则在国家剧院举行就职仪式并接受总统绶带。1971 年 6 月，拉蒙·埃内斯托·克鲁斯（Ramón Ernesto Ernesto Cruz）又改回在国家体育场举行就职仪式和接受总统绶带。

总统专机

洪都拉斯是第一个拥有总统专机的中美洲国家，洪都拉斯总统最早曾使用美国比奇 17 双翼机（Beechcraft 17）。20 世纪 40 年代后期换成美国道格拉斯 C－47 飞机（Douglas C－47）。到了 20 世纪 70 年代洪都拉斯总统开始使用以色列飞机工业公司（IAI Israel Aircraft Industries）制造的西风飞机（IAI Westwind）。西风飞机是商业喷气式飞机、以色列飞机制造业的基石，维持生产 20 年。1976 年洪都拉斯向以色列购买了 1123 型西风飞机（IAI 1123 Westwind）。1980 年其被 1124 型西风飞机（IAI 1124 Westwind）所替代。除了西风飞机外，20 世纪 70 年代末洪都拉斯总统还曾拥有西科斯基 S－76 型直升机（Sikorsky S－76），90 年代后期拥有阿古斯塔 A109E Power 直升机（Agusta A109E Power），后来拥有一架贝尔 412SP 直升机（Bell 412SP）。2014 年 10 月以后，洪都拉斯总统改用巴西航空工业公司制造的配置 VIP 的莱格赛 600 型公务机（Embraer Legacy 600）。莱格赛 600 型飞机是在原 ERJ145 飞机的基础上开发的新型号机，该机于 2000 年面世。莱格赛 600 型飞机设备齐全，豪华舒适，最多载客 16 人。航速高达 0.8 马赫，航程可达 6019 公里，每年平均可飞 2500 小时。可靠性高，运营成本低，每架 2470 万美元。

总统府

洪都拉斯总统府名为何塞·塞西利奥·德尔巴列宫（Palacio Cecilio del Valle），位于首都特古西加尔巴洛斯普洛费西奥纳莱斯区。建于

1988 年，由建筑师豪尔赫·卢西亚诺·杜龙·布斯蒂略（Jorge Luciano Durón Bustillo）设计。建成后供外交部使用。其名是为纪念独立运动的先驱何塞·塞西利奥·德尔巴列（José Cecilio del Valle，1777~1834）。1821 年 9 月 15 日，德尔巴列撰写了中美洲独立宣言，曾当选中美洲联邦共和国总统。1998 年 1 月 26 日，卡洛斯·罗伯托·弗洛雷斯（Carlos Roberto Flores）总统把它作为总统府。何塞·塞西利奥·德尔巴列宫为正方形，中间是一个院子，类似于西班牙殖民时期建筑。宫内的莫拉桑大厅（Salón Morazán）是举行正式活动的场所，如部长宣誓、外交使节递交国书、签订国际条约、授勋、总统举行记者招待会等。

　　洪都拉斯总统府曾经几次变动。从 1821 年开始，洪都拉斯政府的办公楼和官邸位于科马亚瓜市议会的楼房中，时间长达 60 年，直至 1880 年 10 月 30 日马尔科·奥雷利奥·索托总统颁布第 11 号令，将首都迁往特古西加尔巴。特古西加尔巴市的第一座总统府是由建筑师胡安·茹达斯·萨拉瓦里亚（Juan Judas Salavarría）建造的一座两层木质建筑，位于今天梅尔塞德广场西南侧立法宫附近。行政部门设在二楼，那里有索托总统和政府秘书长拉蒙·罗莎（Ramón Rosa）的办公室。1883 年，新任总统路易斯·博格兰（Luis Bográn）将军对前任总统索托的办公楼不满意，于是把总统府迁往国会会议厅右侧一座宽敞、装饰华丽的建筑（现今的下士士官学校）。弗朗西斯科·贝特兰德（Francisco Bertrand）总统执政时把总统府迁往现今的洪都拉斯中央银行所在地的一座新建筑。

　　1914 年弗朗西斯科·贝特兰德总统花费 4 万洪都拉斯比索买下赫罗尼莫·塞拉亚（Jerónimo Zelaya）的一块地产，以建造总统府。意大利建筑师奥古斯托·布雷萨尼（Augusto Bressani）负责设计建造，使用了特古西加尔巴附近采石场的石头。二层建筑带有走廊，正面被设计为经典的欧洲维多利亚式，墙上设有警戒塔，圆顶上飘扬着洪都拉斯国旗。一层有办公室、住房、用于接待贵宾的"蓝厅"（salón azul）和作为会议室的"镜厅"（salón de los espejos），还有总统卫队的院子和卧室。建筑屋顶为木质和黏土瓦，上有石膏，悬挂水晶灯。走廊陈列从意大利运来的雕像，地板铺着意大利制作的马赛克和陶瓷制品。1919 年，这座新总统府竣工。1920 年，拉斐尔·萨尔瓦多·洛佩斯·古铁雷斯（Rafael Salvador López Gutiérrez）成为第一位入住的总统。该总统府现为洪都拉斯国家档案馆（Archivo Nacional de Honduras），属于国家历史遗产（Patrimonio Histórico Nacional）。

国歌

《歌唱我的祖国》（*Canto a Mi Patria*）。词作者为奥古斯托·孔斯坦蒂诺·科埃略·埃斯特维斯（Augusto Constantino Coello Estévez），曲作者为卡洛斯·哈特林（Carlos Hartling）。

洪都拉斯从 1821 年独立到 1915 年，一直没有正式国歌，有时把罗穆洛·E. 杜龙（Rómulo E. Durón）创作的爱国歌曲《拉格拉纳德拉》（*La Granadera*）当作国歌，何塞·安东尼奥·多明戈斯（José Antonio Dominguez）的《军歌》（*Himno Marcial*）、无名氏的《洪都拉斯人的誓言》（*Una Salva Hondureños*）、瓦伦丁·杜龙（Valentín Durón）的《国歌》（*Himno Nacional*）和费利克斯·A. 特赫拉（Félix A. Tejeda）的《洪都拉斯之歌》（*Himno Hondureño*）也曾被作为国歌演唱，但这些歌都不是正式国歌。1903 年，洪都拉斯诗人奥古斯托·孔斯坦蒂诺·科埃略·埃斯特维斯受曼努埃尔·博尼利亚（Manuel Bonlilla）总统的委托，写出了《歌唱我的祖国》的歌词，德国作曲家、"最高权力乐团"指挥卡洛斯·哈特林为歌词配了曲。1904 年 9 月 15 日，在卡洛斯·哈特林指挥下，特古西加尔巴女子师范学校学生在科马亚圭拉城首次演唱《歌唱我的祖国》。此后，《歌唱我的祖国》便作为洪都拉斯国歌在各种官方活动上演唱。在众议员罗穆洛·E. 杜龙和拉蒙·巴利亚达雷斯（Ramón Valladares）的倡议下，并根据国会颁布的第 115 号法令，1910 年 4 月 5 日，米格尔·拉斐尔·达维拉（Miguel Rafael Dávila）政府举办了竞选国歌词和曲的比赛。1912 年，在提交的 10 件作品中，没有一件作品获得评选委员会的通过。1915 年 11 月 13 日，阿尔韦托·德赫苏斯·梅布尔诺（Alberto de Jesús Membreño）总统颁布第 42 号令，正式宣布由奥古斯托·孔斯坦蒂诺·科埃略·埃斯特维斯作词、卡洛斯·哈特林作曲的《歌唱我的祖国》为洪都拉斯国歌。1917 年 1 月 23 日，其被国会第 34 号法令所批准。

洪都拉斯国歌包含合唱和 7 节歌词，合唱和每节歌词都有 8 行诗句，全歌共 64 行 10 音节诗句，每三、六、九音节为重读韵律，每节歌词后加合唱。合唱部分以进行曲 4/4 拍演唱，每节歌词用中度节拍演唱。1917 年，教育部部长罗穆洛·E. 杜龙宣布了国歌演唱的有关规定。现在，国歌只演唱合唱部分和第 1 节歌词。

词作者奥古斯托·孔斯坦蒂诺·科埃略·埃斯特维斯 1884 年 9 月 1 日生于特古西加尔巴，毕业于洪都拉斯中央大学，获法律硕士学位。1903 年在外交部供职。1904 年任立宪大会拉巴斯省议员，并撰写出《歌唱我的祖国》的歌词。1907 年因发生政变移居哥斯达黎加。1912 年返回洪都拉斯，从事报刊工作。1914 年在纽约出版《疯狂的地峡》（El Istmo Loco）。1915 年任因蒂布卡省拉塞瓦市市长。1915 年任因蒂布卡省议员。1925 年出版书信集《路途上的灰尘》（El Polvo del Camino）。1925～1928 年任外交部部长。1931～1933 年任驻美国大使馆参赞。之后几年，他写有大量著作，如 1934 年出版的《歌唱旗帜》（Canto a la Bandera）和 1937 年写的《胜利的春天》（La Primavera Triunfal）等。1941 年 9 月 8 日于萨尔瓦多去世。

曲作者卡洛斯·哈特林 1869 年 9 月 2 日生于德国，曾就读于魏玛和莱比锡的音乐学校，后毕业于慕尼黑音乐学院。1896 年 9 月抵达特古西加尔巴，成为乐队指挥和音乐教师。后受托为诗人奥古斯托·孔斯坦蒂诺·科埃略·埃斯特维斯的《歌唱我的祖国》配曲，该歌广为传唱，后来成为洪都拉斯国歌。1920 年前往萨尔瓦多，定居于圣特克拉城，担任军队第六乐团指挥。1920 年 8 月 13 日在圣特克拉城去世。

洪都拉斯国歌包括合唱和 7 节歌词，合唱和第一节歌词译文如下：

合唱：

> 你的旗像是炫目的蓝空，
>
> 一条雪带从中穿过，
>
> 在你圣洁底色上看到的是，
>
> 五颗淡蓝色星。
>
> 你的国徽上
>
> 一个喧腾的大海伴着滚滚涛声。
>
> 一座火山露出尖峰，
>
> 一颗明星闪烁天穹。

第一节：

> 熟睡的印第安美丽少女，
>
> 大海高声歌唱。
>
> 当你静卧在金色谷地中，
>
> 勇敢的航海家发现了你。
>
> 看到你迷人美丽，
>
> 你的魅力巨大无比。
>
> 蓝色饰边镶于你那华美的外衣，
>
> 他把爱情之吻献给了你。

洪都拉斯国歌原文：

Coro：

> Tu bandera es un lampo de cielo
>
> Por un bloque de nieve cruzado;
>
> Y se ven en su fondo sagrado
>
> Cinco estrellas de pálido azul;

En tu emblema que un mar rumoroso

Con sus ondas bravías escuda,

De un volcán tras la cima desnuda

Hay un astro de nítida luz.

I :

India virgen y hermosa dormías

De tus mares al canto sonoro,

Cuando echada en tus cuencas de oro

El audaz navegante te halló;

Y al mirar tu belleza extasiado

Al influjo ideal de tu encanto,

La orla azul de tu espléndido manto

Con su beso de amor consagró.

II :

De un país donde el sol se levanta,

Mas allá del Atlante azulado,

Aquel hombre que te había soñado

Y en tu busca a la mar se lanzó.

Cuando erguiste la pálida frente,

En la viva ansiedad de tu anhelo,

Bajo el dombo gentil de tu cielo

Ya flotaba un extraño pendón.

III :

Era inútil que el indio tu amado

Se aprestara a la lucha con ira,

Porque envuelto en su sangre Lempira,

En la noche profunda se hundió;

Y de la épica hazaña, en memoria,

La leyenda tan sólo ha guardado

De un sepulcro el lugar ignorado

Y el severo perfil de un peñón.

IV:

Por tres siglos tus hijos oyeron

El mandato imperioso del amo;

Por tres siglos tu inútil reclamo

En la atmosfera azul se perdió;

Pero un día gloria tu oído

Percibió, poderoso y distante,

Que allá lejos, por sobre el Atlante,

Indignado rugía un León.

V:

Era Francia, la libre, la heróica,

Que en su sueño de siglos dormida

Despertaba iracunda a la vida

Al reclamo viril de Dantón:

Era Francia, que enviaba a la muerte

La cabeza del Rey consagrado,

Y que alzaba soberbia a su lado,

El Altar de la Diosa razón.

VI:

Tú también, ¡oh mi patria!, te alzaste

De tu sueño servil y profundo;

Tú también enseñastes al mundo

Destrozado el infame eslabón.

Y en tu suelo bendito, tras la alta

Cabellera de monte salvaje,

Como un ave de negro plumaje,

La colonia fugaz se perdió.

VII :

Por guardar ese emblema divino,

Marcharemos ¡ Oh Patria! a la muerte,

Generosa será nuestra suerte,

Si morimos pensando en tu amor.

Defendiendo tu santa bandera

Y en tus pliegues gloriosos cubiertos,

Serán muchos, Oh Honduras tus muertos,

Pero todos caerán con honor.

国歌原文见 https://www. musica. com/letras. asp? letra = 801162；ht-tp://www. xplorhonduras. com/himno-nacional-de-honduras/。

国家格言

"自由，主权和独立"（Libre，Soberana e Independiente）。

国语

西班牙语。洪都拉斯 1982 年宪法第 6 条规定，西班牙语为官方语言。洪都拉斯是多种族、多种语言的国家。在 7 个土著种族中，有 5 个种族仍保留自己的语言，它们是"乔尔语"（chol）、"伦卡语"（lenca）、"米斯基塔语"（misquita）、"塔瓦卡语"（tawahka）、"希卡克语"（xicaque）。太平洋海岸地区居住的加里富纳人（garífunas，来自非洲黑人奴隶与印第安加勒比人混血种人）讲加里富纳语。海湾群岛居民讲克里奥尔英语，但他们之中绝大多数人通过西班牙语同外界联系。哥伦布抵达此地后，来群岛居住的英格兰和爱尔兰海盗和后来从牙买加与大开曼群岛来的黑人奴隶带来了克里奥尔英语。

洪都拉斯西班牙语相对正统西班牙语在发音、句法和词语上有所变化，与萨尔瓦多和尼加拉瓜的西班牙语有许多相似之处。特古西加尔巴人讲的西班牙语是标准的洪都拉斯西班牙语，但受西班牙农村地区西班牙语的深刻影响，因为特古西加尔巴有许多从西班牙农村迁徙来的人。洪都拉斯北部沿海地区西班牙语受古不列颠人使用的语言、当地部落和大量黑人后裔语言的影响。在北方一些地区，西班牙语只能作为第二语言使用。

洪都拉斯西班牙语受当地语言和一些安的列斯非洲黑人语言的影响，其特点是俚语和地方语言的使用率很高。"J"和"S"是吸气的，它们可以像英语中的"h"一样发音，也可以不发音。在发音上，音节尾的"s"音弱化；西班牙语重音不明显；单词尾的"n"软腭音化；音节尾的"l"和"r"发音中和。

洪都拉斯西班牙语有来自土著语言的发音，如经常使用的字母"x"的音，就源于受玛雅和阿斯特克文化影响的部族，它可读成"sh"或"j"。在句法上，洪都拉斯西班牙语除人称代词单数"usted"（您）和"tú"（你）外，还增添了人称代词"vos"（你），在家庭或朋友间使用，有些被用于指孩子或青年人。

国家勋章

洪都拉斯重要的国家勋章有下列两种。

何塞·塞西利奥·德尔巴列勋章（Orden José Cecilio del Valle）设立于1957年10月3日，授予在艺术、科学或外交领域做出重大贡献、为洪都拉斯服务的洪都拉斯人和外国人，分为金链（Collar）、带金星的大十字（Gran cruz con estrella de oro）、带银星的大十字（Gran cruz con estrella de plata）、高官（Gran oficial）、骑士团长（Comendador）、官员（Oficial）和骑士（Caballero）7 级。

弗朗西斯科·莫拉桑勋章（Orden de Francisco Morazán）设立于 1941 年 3 月 1 日，授予立功人员。分为带金星的大十字（Gran cruz con estrella de oro）、带银星的大十字（Gran cruz con estrella de plata）、带铜星的大十字（Gran cruz con estrella de）、骑士团长（Comendador）、官员（Oficial）和骑士（Caballero）6 级。

民族英雄

在洪都拉斯，有 6 个人被视为该国的民族英雄，他们是伦皮拉酋长、迪奥尼西奥·德埃雷拉、弗朗西斯科·莫拉桑（Francisco Morazán，1792 年至 1842 年 9 月 15 日）、何塞·塞西利奥·德尔巴列、何塞·特立尼达·卡瓦尼亚斯（José Trinidad Cabañas，1805~1871）和何塞·特立尼达·雷耶斯（José Trinidad Reyes，1797~1855）。

伦皮拉，伦卡语意为"群山之王"。伦皮拉是印第安伦卡人，中等身材，虎背熊腰。他身为伦卡酋长，热爱他的土地，热爱他的人民。他英勇善战，作风顽强，深得民心。1525 年，西班牙殖民者埃尔南·科尔特斯（Hernán Cortés）征服洪都拉斯，但土著印第安人并未屈服。1536 年西班牙国王任命弗朗西斯科·蒙特霍（Francisco Montejo）为洪都拉斯总督。蒙特霍从墨西哥抵达洪都拉斯后，下令阿隆索·德卡塞雷斯（Alonso de Cáceres）上尉攻打玛雅伦卡人酋长伦皮拉所在的部落。1537 年，伦皮拉把 200 多个部落统一起来，组成一支 3 万多人的军队，奋勇抵抗西班牙殖民者的入侵。他在埃藤皮卡村向印第安人宣布了驱除西班牙人的计划，然后把印第安人聚集在靠近今伦皮拉省格拉西亚斯城附近的塞尔金山的顶部，挖壕沟，修工事。他通过杀死 3 名西班牙殖民者的行动，向部下发出了举行武装起义的信号。弗朗西斯科·蒙特霍命阿隆索·德卡塞雷斯上尉攻占伦皮拉的据点，但未果。于是他调集所有西班牙军队，并把墨西哥和危地马拉的印第安人组成辅助部队，对塞尔金巨岩发起强攻。面对西班牙殖民者的残酷镇压，伦皮拉毫不屈服，坚持抵抗。他向印第安人下达反攻的战斗号令，把科马亚瓜城烧成一片火海。不久，格拉希亚斯以及特鲁希略等城市也被起义军包围。西班牙殖民者惶惶不可终日，纷纷逃往格拉希亚斯。殖民当局看到武力打不垮起义军，便转而采用卑鄙的手段。根据编年史家安东尼奥·德埃雷拉（Antonio de Herrera）的记载，一天，伦皮拉正在山顶监视敌人。殖民当局派人骑马上山给伦皮拉送去和平信函，一个火绳枪手暗藏在马屁股后。马到了伦皮拉跟前，火绳枪手趁伦皮拉不备，开枪将他打伤。伦皮拉滚落地面，不幸身亡，时年 38～40 岁。但据西班牙殖民者罗德里格·鲁伊斯（Rodrigo Ruiz）于 1558 年在墨西哥写的文件的说法，是他在肉搏中杀死了伦皮拉。伦皮拉是洪都拉斯的民族英雄，受到洪都拉斯全国人民的尊敬。伦皮拉不仅成为伦皮拉省省名和格拉西亚斯—阿迪奥斯省省会名，而且还成为洪都拉斯货币的名称。在 1 伦皮拉纸币上绘有代表伦皮拉的伦卡印第安人像。在 20 分和 50 分铸币上也有代表伦皮拉的印第安人像。7 月 20 日还被宣布为伦皮拉酋长日（Día del Cacique Lempira）。

迪奥尼西奥·德埃雷拉。详见上文国父。

弗朗西斯科·莫拉桑。全称何塞·弗朗西斯科·莫拉桑·奎萨达（José Francisco Morazán Quezada）。洪都拉斯将军、政治家、作家、思想家，中美洲联邦共和国总统（1830～1839），并曾担任过洪都拉斯、危地马拉、萨尔瓦多和哥斯达黎加的国家元首。

莫拉桑 1792 年 10 月 3 日出生于特古西加尔巴科西嘉贵族移民家庭。青年时期深受法国思想家孟德斯鸠和卢梭的影响。1821 年中美洲宣布独立时，莫拉桑担任特古西加尔巴市长助理。1823 年莫拉桑参加中美洲摆脱墨西哥统治的运动。1826 年成为迪奥尼西奥·德埃雷拉政府秘书长。1827 年 11 月 27 日至 1828 年 6 月 30 日、1829 年 12 月 2～24 日和 1830 年 4 月 22 日至 7 月 28 日三次出任洪都拉斯总统。1830～1834 年和 1835～1839 年两任中美洲联邦共和国总统。在任期间，莫拉桑进行了一系列自由主义改革，如实现政教分离，限制天主教会的权力，废除什一税，没收教会财产，取消教会对教育的控制，减少教会的特权，放逐了所有不与新政权合作的神职人员，实行宗教自由，实行世俗结婚和离婚政策，发展教育，建设学校和公路，发展自由贸易，鼓励外国投资等。1834年，莫拉桑将中美洲首都从保守势力强大的危地马拉城迁往自由派堡垒圣萨尔瓦多。上述改革使莫拉桑成为拉丁美洲第一位在其政府中推行自由主义思想的总统。中美洲联邦解体后，1839～1840年莫拉桑继续任萨尔瓦多国家元首。1840年，保守势力占领圣萨尔瓦多，莫拉桑被迫流亡哥伦比亚。1842年，莫拉桑前往哥斯达黎加，推翻自称"终身统治者"的布劳略·卡里略，掌控大权，试图以哥斯达黎加为基地重建中美洲联邦。9月11日，保守势力发动反对莫拉桑政府的叛乱。莫拉桑和几位将军被俘。9月15日，即中美洲联邦共和国成立纪念日的当天，莫拉桑在卡塔戈的中央广场被处决。莫拉桑牺牲后，洪都拉斯和萨尔瓦多奉他为民族英雄，两国各有一个省以其名字命名，即洪都拉斯的弗朗西斯科·莫拉桑省和萨尔瓦多的莫拉桑省。他的诞辰10月3日成为洪都拉斯法定节日。洪都拉斯纸币5伦皮拉上绘有莫拉桑像。

何塞·塞西利奥·德尔巴列，哲学家、政治家、律师和记者，绰号"智者"，中美洲开国元勋之一，是中美洲从殖民时期向独立过渡期间最重要的人物之一。德尔巴列1780年11月22日出生于洪都拉斯乔卢特卡镇，9岁时随父母到危地马拉定居。1794年获圣卡洛斯大学（Universiolad de San Carlos）哲学学士学位，1803年获法律硕士学位。1813年他被任命为危地马拉军队的战地审计员，同年6月当选军队荣誉法官。1820年10月，在危地马拉城创办《祖国之友报》（*El Amigo de la Patria*）。1821年，他当选危地马拉市市长。同年中美洲脱离西班牙获得独立，他是中美洲独立法（Act of Independence of Central America）起草者之一。1822年中美洲成为墨西哥帝国一部分，德尔巴列当选墨西哥议会的危地马拉代表。1822年8月27日，德尔巴列与其他代表被控阴谋反抗墨西哥政府而遭监禁，1823 年 2 月，他被释放后，被任命为墨西哥政府的外交部部长。同年中美洲从墨西哥独立。1824 年 1 月，他返回危地马拉。1825 年，他在同曼努埃尔·何塞·阿尔塞（Manuel José Arce）竞选中美洲联邦共和国总统时虽获胜，但未得到国会承认。举行二次投票后阿尔塞当选总统。德尔巴列选举失败后退出政坛，专心写作。1830 年，弗朗西斯科·莫拉桑总统请他担任驻法国大使或副总统，他拒绝任职，而是成为经济学会主任和圣卡洛斯大学美术系主任。1834 年，他在大选中击败了弗朗西斯科·莫拉桑当选总统。1834 年 3 月 2 日，他从康塞普西翁农场前往危地马拉城就任途中死亡。因为他是自由主义者和保守派推崇的少数杰出人物之一，他死后政府下令全国举行三天哀悼，全国响起钟声。为了纪念他，洪都拉斯政府设立了以他名字命名的何塞·塞西利奥·德尔巴列民事勋章（Orden Civil José Ceciclio del Valle），特古西加尔巴有一所以他名字命名的大学——何塞·塞西利奥·德尔巴列大学（Universidad José Cecilio del Valle）。洪都拉斯纸币 100 伦皮拉上绘有德尔巴列像。

何塞·特立尼达·卡瓦尼亚斯，洪都拉斯将军和自由派政治家。1852 年 3 月至 1855 年 10 月任洪都拉斯总统。

卡瓦尼亚斯 1805 年 6 月 9 日出生于特古西加尔巴。曾就读于科马亚瓜的三叉戟学院（Colegio Tridentino），学习拉丁文、修辞学、神学和哲学。1827 年，胡斯托·米拉（Justo Milla）率军队入侵科马亚瓜，并推翻了迪奥尼西奥·德埃雷拉政府。22 岁的卡瓦尼亚斯加入了中美洲联邦共和国军队，参加中美洲独立运动战争，成为弗朗西斯科·莫拉桑将军的副手，后晋升为将军，获得政治和军事领导权，1830 年成为制宪议会议员。1839 年 11 月 11 日，他参与特立尼达战役，后来陆续参加圣萨尔瓦多、拉斯查尔卡斯、圣灵、圣彼得罗佩鲁拉潘等战役。他在特古西加尔巴郊外的拉索莱达的索莱达德战役中击败了弗朗西斯科·塞拉亚－阿耶斯（Francisco Zelaya y Ayes）将军的部队。1840 年自由派失败之后，卡瓦尼亚斯和莫拉桑将军从危地马拉流亡到巴拿马，随后前往哥斯达黎加。1842 年莫拉桑被处死后，他回到萨尔瓦多，1850 年任国防部部长，后任副总统，致力于发展农业、工矿业和教育，通过征收畜牧和木材出口税，兴建了 50 所公立学校。他还推动铁路建设。在 1851 年底洪都拉斯举行的大选中，卡瓦尼亚斯当选总统，并于 1852 年 3 月 1 日上任。在任期间，他力图恢复中美洲联邦，遭到危地马拉保守派拉斐尔·卡雷拉政府的敌视。卡雷拉支持洪都拉斯保守派胡安·洛佩斯（Juan López）将军。1855 年 10 月，叛军在马萨瓜拉击败卡瓦尼亚斯，卡瓦尼亚斯逃往萨尔瓦多，成为萨政府部长和国会主席。1867 年返回洪都拉斯，并在科马亚瓜定居，直至 1871 年去世。卡瓦尼亚斯被视为洪都拉斯民族英雄，为了纪念他，洪都拉斯纸币 10 伦皮拉绘有他的画像。

何塞·特立尼达·雷耶斯神父，1797 年 6 月 11 日生于特古西加尔巴圣米格尔镇。1804 年进入特古西加尔巴一所私立学校，学习和阅读天主教教义。1812 年在拉斯梅赛德斯圣母修道院学习拉丁文、美术和音乐。1815 年 1 月，他前往尼加拉瓜莱昂城继续深造，获得哲学、神学和教会法规学士学位。与此同时，他在莱昂大教堂担任礼拜堂大师的助理，并在那里提高了音乐水平。1819 年，他进入莱昂静修道院，不久任副补祭。1825 年，正式开始宗教生涯，成为一名教士。同年，因尼加拉瓜内战，他被迫到危地马拉学习希腊文和拉丁文的经典作品，阅读西班牙和墨西哥的戏剧作品。1828 年雷耶斯神父返回洪都拉斯，在特古西加尔巴拉斯梅赛德斯圣母修道院安顿下来。他重建和修复了几座小教堂。他是洪都拉斯国立自治大学（Universidad Nacional Autónoma de Honduras）的创立者。该大学原来叫作"创业天才和好口味学会"（Sociedad del Genio Emprendedor y del Buen Gusto）。他是反贫困的斗士，帮助穷人在信仰、文化和科学方面获得受教育权利。他写过几部歌剧，包括《诺埃米》（*Noemí*）、《米科伊》（*Micol*）、《圣礼剧》（*Auto Sacramental*）等，开中美洲戏剧之先河，为随后洪都拉斯戏剧的诞生打下基础。他的歌剧在特古西加尔巴几座教堂上演，其中一部名叫《我们的圣诞节》（*Navidad nuestra*）。雷耶斯深受法国大革命和启蒙思想的影响，他是妇女权利的倡导者，主张妇女享有基本的受教育权，这反映在其歌剧中的妇女角色中。他深信艺术，特别是戏剧的重要性，认为它是文明的工具。在特古西加尔巴生活期间，他与暴力、政治和宗教迷信进行了激烈的斗争。1847 年 9 月 19 日，雷耶斯神父为洪都拉斯国立自治大学举行开幕式。同年，他成立了洪都拉斯第一家图书馆——学院图书馆（Biblioteca de la Academia），并使该国第一台印刷机投入运转。他还把第一架钢琴带到特古西加尔巴。1850 年 4 月 16 日，雷耶斯写作诗《洪都拉斯》（*Honduras*）。1855 年初病倒，去世前写出歌剧《奥林匹亚》（*Olimpia*）。同年 9 月 20 日去世。

世界遗产

1979 年 6 月 8 日洪都拉斯成为联合国教科文组织世界遗产委员会成员。洪都拉斯共有 2 项世界遗产，其中 1 项为世界文化遗产，1 项为世界自然遗产。科潘的玛雅遗址（Sitio maya de Copán）是世界文化遗产，普拉塔诺河生物圈保护区（Reserva de la Biosfera de Río Plátano）是世界自然遗产。此外，洪都拉斯还与危地马拉等国共同拥有 1 项非物质文化遗产——加里富纳人的语言、音乐与舞蹈。

科潘的玛雅遗址于 1980 年被联合国教科文组织世界遗产委员会列入《世界遗产名录》。世界遗产委员会评价说：科潘的玛雅遗址于 1570 年被迭戈·加西亚·德帕拉西奥（Diego García de Palacio）发现，是玛雅文明最重要的地点之一，一直到 19 世纪才被挖掘出来。废弃的城堡和壮丽的公共大广场体现了它 10 世纪初期被遗弃前的三个主要发展阶段。

科潘的玛雅遗址位于洪都拉斯西部的科潘省科潘废墟市（Copán Ruinas），距科潘废墟村 1.6 公里，离危地马拉边境不远。"科潘"（Copán）纳瓦特尔语意为"浮桥"或"桥"。2000 多年前，此地已有人居住。古代，"科潘"可能被称作"Xukpi"。"科潘"可能被玛雅人称作"奥斯维蒂克"（Oxwitik），意为"三根"。"科潘"是玛雅文明古典时期最重要的城邦之一，公元 5 世纪至 8 世纪为其鼎盛时期。公元 738 年 5 月 3 日，科潘王国突遭灭顶之灾。科潘国王十八兔（Uaxaclajuun Ub'aah K'awiil，695～738 年在位）被原来的属下基里瓜（Quiriguá）国王卡克·蒂利弗·昌·约帕特（K'ak' Tiliw Chan Yopaat）俘虏和斩首，并被基里瓜统治了 17 年。后来，科潘逐渐恢复元气，大兴土木，修建了大量宏伟建筑和纪念碑。公元 9 世纪开始后，不知什么原因，科潘连同其他玛雅城邦突然消失，长期淹没在人迹罕至的热带草莽丛林中。1570 年，西班牙殖民者迭戈·加西亚·德帕拉西奥在从危地马拉前往洪都拉斯途中，发现了科潘古城遗址。而真正使古城遗址重见天日的却是美国考古学家约翰·史蒂芬斯（John Stephens）和英国画家弗雷德里克·加瑟伍德（Frederick Catherwood）。1839 年，他们在洪都拉斯遮天蔽日的雨林之中发现了已荒废千年的科潘古城遗址。科潘玛雅遗址是玛雅文明最重要的地区之一，也是唯一诞生在热带丛林的文明，与玛雅文明的著名古迹蒂卡尔（Tikal）、帕伦克（Palenque）比肩齐名。科潘玛雅遗址有广场、金字塔、石阶、庙宇、祭坛、石碑、雕塑等宗教建筑遗址，广场上的大金字塔高 30 米，由一个石梯直通塔顶。石梯由科潘国王十八兔建于公元 710 年。石梯宽约 10 米，长 21 米，共 62 级，用 2500 块方石修砌而成。每级石阶都刻有玛雅人记载事件的象形文字，共有 2500 个象形文字符号，因而被称为"象形文字石阶"。这是玛雅象形文字最长的铭刻。石梯两侧各刻着一条花斑巨蟒。

大金字塔周围有小金字塔、庙宇和其他建筑。广场中央的两座庙宇分别祭祀太阳神和月亮神。两座庙宇由地道相通，其建筑上都刻有多姿多彩的人像。两座庙宇之间的空地上立有 14 个石碑，碑上刻有象形文字。

外围是 16 组居民住宅的遗址，从金字塔中心区向外延伸。玛雅祭司、部族首领、贵族、商人的住宅依次而建，远处则是居民住宅，反映了当时玛雅社会的等级观念和宗教祭司的崇高地位。

遗址附近还有一个面积约为 300 平方米的长方形球场，由科潘国王十八兔所建，于公元 738 年 1 月 6 日竣工。宗教祭祀仪式中，在该球场举行球赛。玛雅人用树胶做成类似足球一样的球，比赛双方用除手以外的任何部位传球，球不能落地，并且要设法将球投入墙上的石圈中。胜者被奉为勇士，败者则被斩首祭神。

普拉塔诺河生物圈保护区 1982 年被联合国教科文组织世界遗产委员会列入《世界遗产名录》。世界遗产委员会评价说：位于香蕉河的分水岭处，保留地是中美洲少数几个湿热带雨林保护区之一，它有数量丰富、种类繁多的植物和野生动物；在其靠近加勒比海岸的山地内，有 2000 多位居民仍然沿袭着他们传统的生活方式。

普拉塔诺河生物圈保护区位于洪都拉斯东北部的格拉西亚斯—阿迪奥斯省莫斯基蒂亚地区。面积为 50 万公顷，其中生物圈保留地面积为 35 万公顷，缓冲地区面积为 15 万公顷，是洪都拉斯最重要的森林保护区，也是中美洲最后几片原始热带雨林之一。保护区内还有亚热带雨林。这里的动植物超过 2000 种，拥有 180 多种两栖动物和爬行动物、39 种哺乳动物、377 种鸟类，其中包括美洲湾鳄、古比埃姆鳄、美洲豹、貘、卷尾猴、山猫、猞猁、食蚁兽等珍稀动物。

该保护区是玛雅文化的重要遗址之一，具有重要考古意义的遗址有 200 多处，其中包括 2012 年发现的白城（Ciudad Blanca）。

普拉塔诺河生物圈保护区有许多濒临灭绝的物种，2011 年被列入《世界遗产名录》濒危遗产地。

加里富纳人的语言、音乐与舞蹈 2001 年 5 月 18 日被列为伯利兹、危地马拉、洪都拉斯和尼加拉瓜《人类非物质文化遗产代表作名录》。详见伯利兹世界遗产。

国花

兰花（Orquídea）。学名为 "Orquidea Brassavola digbiana"，另一说学名为 "Rhyncholaelia digbyana"。它是洪都拉斯本地一种美丽的附生兰

花。附生在另一植物上生长，但不是寄生，因为它利用另一植物固定住，并不靠另一植物取得营养。兰花通过光合作用产生自己的能量，通过雨水或空气获得水分。花为白绿色，芳香无比，散发一种柠檬香气。1946年1月12日，洪都拉斯国会颁布第17号法令，宣布玫瑰为该国国花。但因玫瑰不是原产于洪都拉斯的花，所以1969年1月12日洪都拉斯国会颁布第17号法令，宣布取消玫瑰的国花资格。1969年11月25日，洪都拉斯国会宣布，产于本地的兰花为国花，同时颁布保护国花、控制销售和普及兰花知识的规定。

国树

卵果松（Pino Oocarpa 或 Pino ocote）。洪都拉斯境内有7种松树，一般把卵果松称作洪都拉斯国树，但法令宣布的国树只简称为松树。1926年5月14日，洪都拉斯国会颁布第429号法令，宣布松树为国树。法令还规定了保护松树的措施。1927年2月4日洪都拉斯国会颁布第48号法令，正式宣布松树为洪都拉斯国树，同时批准了监测松树使用情况的法规，以避免过度砍伐森林，防止森林火灾，并鼓励重新造林。

国鸟

红瓜卡马亚鸟（Guacamaya Roja），一般称红瓜拉（Guara Roja），学名"Ara macao"。属鹦鹉科。栖息于洪都拉斯密林地区，特别是格拉西亚斯—阿迪奥斯省的密林中，并可见于墨西哥至玻利维亚的广大地区。1993年6月28日，洪都拉斯国会颁布第36号法令，宣布红瓜卡马亚鸟为国鸟。这种鸟的特点与鹦鹉相似，尾长，羽毛有黄、红、蓝等颜色，色泽艳丽。它以花蜜、草根、水果、胡桃和谷类为食。不筑巢，以树洞为巢。雌鸟每次产蛋2～3枚。雌雄鸟一生相依为命，从不分离。可存活约30年。洪都拉斯有红瓜卡马亚鸟和绿瓜卡马亚鸟两种。

国家动物

白尾鹿（Venado de cola blanca）。学名为"Odocoileus"。1993 年 6 月 28 日，洪都拉斯国会颁布第 36 号法令，宣布白尾鹿为国家动物。白尾鹿是反刍亚目哺乳动物，因尾为白色，故而得名。雄白尾鹿有向后倾的角，每年脱落。擅游泳。体重为 35~40 公斤，高约 73 厘米，体长约 140 厘米（包括尾）。它是洪都拉斯拥有的两种鹿中较大的一种。白尾鹿额头是深褐色的，而身体其他部分的颜色则随季节变化而改变。夏季皮毛变红，冬季变灰，而其腹部、大腿下部、喉咙和胸部为白色。白尾鹿能适应各种环境，所以在加拿大、墨西哥及中美洲和南美洲森林中都可以见到它。白尾鹿栖息于平原和山地的松林间，喜独居，晚间出来活动。它是草食动物，以草、叶、芽、水果、地衣、苔藓等为食。美洲狮和美洲豹是其天敌。白尾鹿遇袭奔跑时尾巴抬起，以向鹿群发出危险信号。

国舞

魔鬼舞（Baile de los Diablitos），也称圣塞阿斯蒂安殉教者舞（El Martirio de San Sebastian），是洪都拉斯最古老的舞剧和舞蹈，1644 年初次演出并流传至今。一般每年 2 月在教堂的庭院中露天演出。该舞讲述古罗马禁卫军上尉塞瓦斯蒂安皈依天主教被鞭打而殉教的故事。该舞传入洪都拉斯后，与源于土著伦卡人的魔鬼舞结合在一起。通常在热闹的集市上表演。其他中美洲国家也有这种舞。

国球

足球。洪都拉斯人喜欢足球，甚至到酷爱的程度。许多洪都拉斯人说，足球就是他们的生活，是他们的精神动力。洪都拉斯国家虽小，但足球水平不低。洪都拉斯国家足球队是国际足联及中北美洲及加勒比海地区足球协会成员之一，1921 年开始参加国际、洲际比赛。1981 年获中北美洲及加勒比海地区足球锦标赛冠军，1991 年获中北美洲及加勒比海地区金杯赛亚军，并两次获得中美洲锦标赛冠军。1962 年首次参加世界杯预选赛，但 1966 年、1970 年和 1974 年三届世界杯预选赛均失利。1982 年洪都拉斯足球队第一次闯进世界杯，并在小组赛中以 1∶1 逼平西班牙和北爱尔兰足球队。2009 年洪都拉斯足球队第二次晋级世界杯，U17 和 U20 国家队也都获得了进入相应年龄段青年锦标赛的资格。历史上由于足球，洪都拉斯和邻国萨尔瓦多爆发过"足球战争"。本来两国就因移民等问题存在矛盾，1969 年 6 月世界杯预选赛争夺出线权发生的冲突更使双方的仇恨升级。当时，两国各胜一场，之后在墨西哥城举行的附加赛萨尔瓦多以 3∶2 取胜。不能接受结果的洪都拉斯人开始迫害在洪的萨尔瓦多人，上万名萨尔瓦多人逃离洪都拉斯。同年 6 月 27 日，两国断交。球迷和民众情绪的失控，终于导致当年 7 月 14 日洪萨一场惨绝人寰的战争发生。在 4 天的血腥冲突中，双方死亡人数接近 4000 人。两国和平协议的签订竟花了近 10 年的时间，而且至今两国历史冲突的阴影仍然存在于人们的记忆中。2014 年 6 月在包括 205 个国家和地区的男子足球队世界排名中，洪都拉斯居第 59 位。

国食

普拉托蒂皮科（Plato Típico）。西班牙文意为"特色菜"。洪都拉斯饮食是西班牙、非洲和印第安风格相融合的产物，椰子的使用比其他中美洲国家要多。洪都拉斯餐馆都供应普拉托蒂皮科。普拉托蒂皮科是以牛肉为主、多种食物混合的拼盘，盘上除串肉扦上腌泡过的烤牛肉外，还有脆皮猪肉、炸香蕉、红菜豆、腌泡过的甘蓝、白乳酪、米饭、色拉、酸奶和玉米薄饼等。吃肉食时还要加一点切碎的西红柿、洋葱头和绿椒制成的调味汁（Chilmol）和酱油。

宗教

　　洪都拉斯宪法规定宗教信仰自由和政教分离，但自殖民时期以来，天主教一直是该国影响最大的宗教。

　　1521 年方济各会教士来到洪都拉斯，1548 年施恩会教士随后抵达，向土著印第安人传教，并建立教堂和修道院。1539 年到达洪都拉斯的教士克里斯托瓦尔·德佩德拉萨（Cristóbal de Pedraza）是首任主教，定居于特鲁希略城。1601 年，科马亚瓜教区成立。洪都拉斯独立前，全国已有 300 多座天主教教堂。1821 年独立后，洪都拉斯政府采取了削弱天主教势力的措施。外国教士被驱逐，教堂拥有的大部分财产被没收，教士数量大量减少。1878～1880 年，洪都拉斯政府和教会关系紧张，天主教会的一些经济和政治权利被剥夺。政府没收天主教会财产，包括教会建筑和教士住宅等，取消国家向教会支付的农产品什一税。20 世纪，天主教重新活跃。1902 年，天主教神学院恢复，但仍受到很多限制。1916 年，科马亚瓜主教管区易名为特古西加尔巴主教管区，并升格为大主教管区，大主教为圣地亚哥·马里亚·马丁内斯－卡瓦纳斯（Santiago María Martínez y Cabanas）。20 世纪 50 年代，天主教制订了扩张教会的计划，鼓励天主教徒参与教会活动。

　　第二次世界大战以后，天主教徒占该国人口的比重持续下降，天主教徒占人口的比重从 1950 年的 95% 降至 1997 年的 63%。根据维基网站的统计，2017 年再降至 49.3%。与此同时，新教在洪都拉斯的影响不断上升，教徒占人口比重也不断提高，从 1950 年占不足 5% 升至 1997 年的 21%，再升至 2017 年的 36.6%。2017 年信仰其他宗教或不信教的人数占全国人口数量的 14.1%。按照 www.woldatlas.com 的说法，2018 年洪都拉斯天主教徒占人口的比重为 48.7%，新教徒占 41%。

　　现今洪都拉斯天主教分为 8 个教区，它们是：特古西加尔巴教区、科马亚瓜教区、乔卢特卡教区、胡蒂卡尔帕教区、圣佩德罗苏拉教区、圣罗萨德科潘教区、特鲁希略教区和约罗教区。特古西加尔巴大主教为红衣主教奥斯卡·安德烈斯·罗德里格斯·马拉迪亚加（Oscar Andrés Rodríguez Maradiaga），他于 1978 年成为主教，1993 年被任命为特古西加尔巴大主教，2001 年成为红衣主教。

特古西加尔巴大教堂（La catedral de Tegucigalpa），又称特古西加尔巴圣米格尔大教堂（La catedral de San Miguel de Tegucigalpa），圣米格尔（San Miguel Arcángel）是特古西加尔巴城保护神。该教堂是洪都拉斯最古老和最主要的教堂之一，从 20 世纪初开始就是全国最著名的教堂，并被宣布为"国家大教堂"（Catedral del País）。

1621 年，在现市中心马约尔广场北面建立了圣母无原罪教堂（Iglesia de Nuestra Señora de la Inmaculada Concepción），1746 年毁于大火。1765 年在马约尔广场东侧开始兴建圣米格尔教堂，于 1781 年竣工，19 世纪升级为大教堂。曾多次遭地震破坏（如 1808 年、1823 年、1899 年），1823 年地震使该教堂关闭了 6 年之久。该教堂曾多次重修，近年来的修缮还原了教堂原本的鲑鱼颜色。圣米格尔大教堂是一座中美洲殖民时期巴洛克风格建筑，长 60 米，宽 11 米，高 18 米。正面装饰华丽，中殿圆顶高达 30 米。拥有大量宗教艺术珍品，有洪都拉斯著名画家何塞·米格尔·戈麦斯（José Miguel Gomes，1714～1806）创作的多幅壁画作品，代表性作品是《神圣的三位一体》（*La Santísima Trinidad*）、《福音书著者圣马太》（*San Mateo Evangelista*）、《福音书著者圣路加》（*San Lucas Evangelista*）、《福音书著者圣马可》（*San Marcos Evangelista*）和《福音书著者圣约翰》（*San Juan Evangelista*）。

国家保护神

苏亚帕圣母（Nuestra Señora de Suyapa）。18 世纪，苏亚帕圣母是洪都拉斯最受欢迎的宗教形象，苏亚帕圣母教堂是朝圣之旅的重点。苏亚帕圣母雕像安放在首都特古西加尔巴郊区苏亚帕的苏亚帕圣母教堂。

每年 2 月 3 日为苏亚帕圣母日，洪都拉斯和其他中美洲国家信徒聚集到苏亚帕圣母教堂，瞻仰苏亚帕圣母雕像并举行庆祝活动。

苏亚帕圣母雕像的来源有这样一个传说。1747 年 2 月一个星期六的夜晚，特古西加尔巴附近皮利金青年农民亚历杭德罗·科林德雷斯（Alejandro Colindres）在皮利金附近山上松林中干活时，捡到无原罪圣母玛利亚雕像。圣母像为深色木制，高 6.5 厘米，外观像一位印第安妇女。其脸椭圆形，大眼睛，小嘴，翘鼻，黑发披肩，双手放在胸前，蓝色斗篷上饰有许多小星星。亚历杭德罗把圣母像放在褡裢里带回苏亚帕村，交给母亲安娜·卡拉瓦略（Ana Caraballo）和姐姐伊莎贝尔·科林德雷斯（Isabel Colindres）。随后，姐姐把圣母像放在自己房间。人们纷纷闻讯而来，希望圣母帮助他们治病，并减轻他们的痛苦。伊莎贝尔在一个大房间安放祭坛，摆上圣母像、鲜花和蜡烛。圣何塞德埃尔特拉皮切庄园主管约瑟夫·德塞拉亚（Joseph de Celaya）深受膀胱结石的折磨，命人把圣母像带到自己床前，许愿说如果治好他的病，他将在村里为圣母建立教堂，并负责全年弥撒的费用。传说第二天奇迹发生，他的结石排出体外，身体完好如初。1780 年，在庄园主贝尔纳多·费尔南德斯（Bernardo Fernández）捐赠的一块土地上建起了一座简陋的小教堂。1889 年，教友会用获得的资金改建教堂，并增添了木制钟楼。1906 年因风暴袭击教堂严重受损，1913 年重修。1925 年教皇庇护十一世宣布苏亚帕圣母为洪都拉斯保护神，并宣布每年 2 月 3 日为"苏亚帕圣母日"。1936 年 4 月 11 日夜间，一个名叫多洛雷斯·查韦斯·科尔佩尼奥（Dolores Chávez Corpeño）的女精神病人藏在教堂内，打破玻璃，偷走圣母像，然后藏在自己房内。第二天，教堂才发现圣母像被偷，后经过不少曲折圣母像才被取回。1982 年盗窃分子进入教堂，再次偷走圣母像。他们剥掉圣母像华贵的衣服和金冠，把圣母像扔在城中心的小吃店卫生间。店主发现后，把圣母像交还给了教堂。

1943 年，特古西加尔巴大主教管区大主教埃米利奥·莫拉莱斯·罗克（Emilio Morales Roque）决定建立新的苏亚帕圣母教堂（Basílica de

Suyapa），以替代 1780 年的老教堂。苏尼加－伊内斯特罗萨（Zuñiga-Ine-stroza）家族捐赠了新教堂用地，1954 年第三任大主教何塞·德拉克鲁斯·图尔西奥斯－巴拉奥纳（José de la Cruz Turcios y Barahona）为大教堂开工放上了第一块石头。教堂第一期工程完工时，圣母像被移往新的祈祷中心。大教堂（Catedral）升级为圣殿大教堂（Basílica）。1969 年苏亚帕圣母被命名为洪都拉斯武装部队统帅。1983 年 3 月 8 日，教皇约翰·保罗二世访问洪都拉斯时，面对苏亚帕圣母像举行弥撒。1993 年，苏亚帕圣母教堂成为道德保护区，苏亚帕圣母日成为公共假日。2005 年苏亚帕圣母教堂全部竣工并开幕。新的教堂是中美洲最大的教堂，以容纳朝拜圣母的众多信徒。教堂长 93 米，高 43 米，圆屋顶高 46 米，直径为 11.5 米。正厅宽 13.5 米。教堂正面有三个主要大门，两侧有两个钟楼。正厅的圆形窟窿和圆屋顶由圆柱支撑。主要祭坛在圆顶下面正厅的深处，其装饰是巴伦西亚画家弗朗西斯科·乌尔塔多－索托（Francisco Hurtado-Soto）的作品。

国币

伦皮拉（Lempira）。1 伦皮拉＝100 分（Centavos），1 雷阿尔（Real）是 1/8 伦皮拉（12.5 分）。

西班牙人征服美洲地区前，洪都拉斯土著印第安人像其他中美洲国家人民一样，使用可可仁作为交易工具。可可仁可换取食物、服装、生活用品，甚至交换奴隶。4 个可可仁可换 8 个人参果；10 个可可仁可换一只兔子；100 个可可仁可买一个奴隶……西班牙人抵达中美洲时，带来了西班牙货币：卡斯特亚诺（Castellano）、杜卡多（Ducado）、多夫隆（Doblón）、比索（Peso）、雷阿尔（Real）、夸尔蒂约（Cuartillo）和马拉韦迪（Maravedí）。殖民时期，洪都拉斯除流通西班牙货币外，也流通墨西哥和秘鲁铸造的货币。此外，还流通英国、美国和德国的货币。17 世纪末，由于钱币的短缺，采掘出的银块捣碎后被直接充作钱币，名为"马卡多"（Macado），正式称为"科尔塔达"（Cortada，意为"块"）。1728年，西班牙王室授权西印度群岛造币厂铸造1埃斯库多、2埃斯库多、4埃斯库多银币和8埃斯库多金币。1739年在科马亚瓜动工建立洪都拉斯第一家雷阿尔铸币厂，1741年完工。

洪都拉斯独立后，在1824年之前，流通西班牙殖民时期的雷阿尔币。接着是中美洲联邦的雷阿尔币。16雷阿尔银币相当于1埃斯库多金币。1831年8月2日在特古西加尔巴建立了本国的造币厂，1832年铸造出1/2雷阿尔、1雷阿尔、2雷阿尔、4雷阿尔、8雷阿尔钱币。洪都拉斯钱币是半银半铜币，被称为"半莱切"（Media Leche）。钱币的正面图案为五座火山组成的山脉，第一个火山后升起的太阳，镌刻有"MON. PROVISIONAL DEL EST. DE HON"。钱币的反面中心为一棵象征自由的雪松，镌刻有"LIBRE CRESCA FECUNDO. T. 1832. F"。后来因为银的缺乏，不再生产银币，只生产铜币。与此同时，一些大庄园主铸造自己的钱币，但只在庄园内流通。

1862年，自由党人维克托里亚诺·卡斯特利亚诺斯（Victoriano Castellanos）政府决定用比索（Peso）取代雷阿尔作为货币单位（雷阿尔继续流通至1871年），8雷阿尔等于1比索。批准在英国铸造的1、2、4、8比索开始流通，普遍称其为"科基姆博斯"（Coquimbos），西班牙语意为"红党"，即"自由党币"。从此，比索成为洪都拉斯货币单位。因为铸造和发行太多，币值开始下降，货币停止流通。

1932年该国把货币单位名称改为伦皮拉，以纪念洪都拉斯国家英雄伦皮拉。发行20分、50分和1伦皮拉铸币。与此同时，洪都拉斯银行和大西洋银行在1932年发行第一批面值为1伦皮拉、2伦皮拉、5伦皮拉、10伦皮拉和20伦皮拉纸币。1950年洪都拉斯中央银行负责发行纸币，发行面值为50伦皮拉的纸币，20世纪70年代发行面值为100伦皮拉的纸币，后来又发行了面值为500伦皮拉的纸币。

现在，洪都拉斯流通的纸币为1伦皮拉、2伦皮拉、5伦皮拉、10伦皮拉、20伦皮拉、50伦皮拉、100伦皮拉和500伦皮拉。

1 伦皮拉纸币（2003 年版）为红色，正面为洪都拉斯民族英雄、玛雅伦卡人酋长伦皮拉像和国徽；背面绘有球戏和科潘废墟的玛雅石阶。

2 伦皮拉纸币（2003 年版）为紫色，正面是 1876～1883 年洪都拉斯总统、"自由改革时代"的推动者马尔科·奥雷利奥·索托像和国徽；背面绘有"虎岛"和阿马帕拉港。

5 伦皮拉纸币（2003 年版）为绿色，正面是 1827 年 11 月 27 日至 1828 年 6 月 30 日、1829 年 12 月 2～24 日、1830 年 4 月 22 日至 7 月 28 日三任洪都拉斯执政者、1830～1834 年和 1835～1839 年中美洲联邦总统弗朗西斯科·莫拉桑像和国徽。弗朗西斯科·莫拉桑曾为维持联邦的团结而斗争；背面绘有莫拉桑将军指挥的特立尼达战役。

10 伦皮拉纸币（2003 年版）为褐色，正面是 1852～1855 年洪都拉斯总统何塞·特立尼达·卡瓦尼亚斯像和国徽；背面绘有特古西加尔巴的洪都拉斯国立自治大学。

20 伦皮拉纸币（2006 年版）为绿色，正面是 1824～1827 年洪都拉斯首任国家元首迪奥尼西奥·德埃雷拉像；背面绘有 1922～1992 年总统府。

50 伦皮拉纸币（2006 年版）为青色，正面是 1949～1954 年洪都拉斯总统胡安·曼努埃尔·加尔韦斯（Juan Manuel Gálvez）像和国家农业开发银行图案；背面绘有坐落在特古西加尔巴的洪都拉斯中央银行的主要建筑。

100 伦皮拉纸币（2003 年版）为橙色，正面是 1821 年中美洲独立宣言的起草者何塞·塞西利奥·德尔巴列像和乔卢特卡河大桥图案；背面绘有何塞·塞西利奥·德尔巴列在乔卢特卡城诞生时的房子。

500 伦皮拉纸币（2003 年版）为紫色，正面是马尔科·奥雷利奥·索托政府倡导自由改革的思想家拉蒙·罗萨（Ramón Rosa）像和拉美塞德教堂图案及国立大学旧礼堂图案；背面绘有 1893 年时罗萨里奥·德圣华尼托矿区。

现在，洪都拉斯流通的铸币为 50、20、10 和 5 分。《洪都拉斯中央银行法》规定了各种铸币的面值、图案、金属材料、直径、重量。在铸币发行过程中，因金属原料的价格不断上涨，铸币的材料发生了一些变化。1975 年 6 月 17 日洪都拉斯第 233 号令对铸币做出了具体规定。

50 分铸币正面为伦皮拉像，圆周写有大写西班牙文面值"50 分"（50 CENTAVOS DE LENPIRA）；背面为洪都拉斯国徽，圆周写有大写西班牙文"洪都拉斯共和国"（REPUBLICA DE HONDURAS）和铸造年份，为钢镍合金币，直径为 24 毫米，重 5 克。20 分铸币图案与 50 分铸币相同，直径为 18 毫米，重 2 克。10 分和 5 分铸币正面正中是大写西班牙文面值，背面图案与 50 分和 20 分铸币相同。10 分铸币为铜锌合金币，直径为 26 毫米，重 6 克。5 分铸币为铜锌合金币，直径为 21 毫米，重 3.2 克。

尼加拉瓜

国名

尼加拉瓜共和国（La República de Nicaragua）。位于中美洲中部。北与洪都拉斯接壤，南同哥斯达黎加相连，东临加勒比海，西濒太平洋。

关于国名尼加拉瓜"Nicaragua"的来源，第一种说法是土著语"Nicarao"和西班牙语"Agua"的混成词，"Agua"西班牙语意为"水"，这是因为尼加拉瓜靠近尼加拉瓜湖。"Nicarao"有人说原为居住在尼加拉瓜湖畔一土著纳华酋长的名字。1522年，西班牙殖民者希尔·冈萨雷斯·德达维拉（Gil González de Dávila）侵入尼加拉瓜西南部时曾与这个强大部落相遇。然而，2002年确定这个酋长的真正名字是"Macuilmiquiztli"（纳华特尔语意为"五人死"），而不是"Nicarao"。"Nicarao"一说源于曾居住在该国太平洋沿岸的古代居民尼卡劳人（Nicarao）的名字。

第二种说法是尼加拉瓜"Nicaragua"来自纳华特尔语"Ni-can-atl-hua"，意为"这里水的主人"，或来自纳华特尔语"nican-nahuan"，意为"这里靠水"；一说源于下面几个纳华特尔语词语：nic-anahuac、nican-nahua和nic-atl-nahuac。nic-anahuac意为"阿纳华克人（Anahuac）走这么远"，或"纳华人（Nahuas）来到这个遥远的地方"，或"那些来自阿纳华克的人来到这个遥远的地方"；nican-nahua意为"这里是纳华"；

nic-atl-nahuac 意为"这里的水边"或"水包围的地方"。

国都

马那瓜（Managua）。位于尼加拉瓜西部，马那瓜湖东南岸。殖民时期是个小渔村，到 1811 年发展成为村镇，1846 年进一步变成一座城市，1852 年成为首都。有人说它的名字源自土著纳华特尔语"Mana-ahuac"，意思是"靠近水"；有人说意思是"水环绕"；还有人说意即"池塘环绕"，因为它地处广阔的马那瓜湖边，而且附近还有很多火山湖，如蒂斯卡帕湖、阿索科斯塔湖、内哈帕湖等。还有一种说法，马那瓜（Managua）源于曼格语（Mangue），意为"大人物之地"或"首领之地"。1819 年西班牙国王费尔南多七世赐该城名为"Leal Villa de Santiago de Managua"，意为"圣地亚哥德马那瓜忠诚城"，以表彰其忠于西班牙。1824 年 7 月 24 日，更名为"Santiago de Managua"，意为"圣地亚哥德马那瓜"，简称"马那瓜"。

国庆

9 月 15 日（1821 年）。西班牙殖民者入侵前，尼加拉瓜地区生活着尼卡劳、乔罗特加等族印第安人。1524 年，尼加拉瓜沦为西班牙殖民地。1811 年，拉丁美洲掀起独立运动高潮，尼加拉瓜也爆发起义，但被镇压。1821 年，尼加拉瓜人民再次揭竿而起，9 月 15 日与其他中美洲国家一起宣布独立。后加入"中美洲联邦"。1838 年退出联邦，1839 年成立"尼加拉瓜共和国"。9 月 15 日这一天被宣布为独立日和国庆日。但与其他国家不同的是，国庆日游行提前到头一天 9 月 14 日，以纪念圣哈辛托战役的英雄事迹，届时各校学生要穿上最漂亮的服装参加游行。9 月 15 日，学生们乘学校租来的汽车前往圣哈辛托庄园，瞻仰英雄事迹的发生地。圣哈辛托战役于 1856 年 9 月 14 日发生在马那瓜东北 42 公里处的圣哈辛托庄园。何塞·多洛雷斯·埃斯特拉达·巴多

（José Dolores Estrada Vado）率领爱国部队北方军的 160 名军人（其中有 60 名印第安人弓箭手）击败拜伦·科尔（Byron Cole）指挥的 300 名美国海盗。两天后，拜伦·科尔死于爱国军人的大刀下。

国父

尼加拉瓜人民把迪里安亨（Diriangén）和奥古斯托·尼古拉斯·卡尔德隆·桑地诺（Augusto Nicolás Calderón Sandino）视为民族英雄。

迪里安亨。尼加拉瓜印第安民族英雄。大约 1497 年生于迪亚兰巴（Diriamba），即现在的卡拉索省（Carazo）。他是当地一个酋长，所属领土从迪亚兰巴到今格拉纳达省的奥乔莫戈河（río Ochomogo），其居民讲乔罗特加语（chorotega）。迪里安亨自小接受军事训练，是部落里最好的木剑手和木斧与矛的投手。他很年轻时就成为部落的"勇士"，受到人们的尊敬。作为勇士的标志，留着光头，头顶上有一绺头发。1523 年，西班牙殖民者希尔·冈萨雷斯·德达维拉率军侵入尼加拉瓜纳查利里区（Nochari）。迪里安亨拒绝皈依天主教，拒绝承认西班牙的保护神。同年 4 月 27 日率领 4000 名印第安人首次向德达维拉殖民军队发起攻击，迫使西班牙军队后撤。迪里安亨坚持了 6 年多的抵抗斗争，后被尼奎萨·阿尔瓦雷斯（Nicuesa Álvarez）率领的西班牙军队击败，在奥乔莫戈河河口附近的卡奇姆巴布拉瓦平原（Llano de Cachimba Brava）或大马塔谷（Valle de Mata Grande）英勇牺牲。尼加拉瓜人民缅怀这位反抗西班牙殖民军队的勇士，把他视为民族英雄和国父。

奥古斯托·尼古拉斯·卡尔德隆·桑地诺。更广为人知的名字是奥古斯托·塞萨尔·桑地诺（Augusto César Sandino）。尼加拉瓜民族英雄，反抗美国侵略的斗士，人们称其为"自由人将军"（General de Hombres Libres），被誉为尼加拉瓜国父。

1895 年 5 月 18 日，桑地诺出生于尼加拉瓜马萨亚省尼基诺奥莫城（Niquinohomo）的一个小咖啡庄园主家庭。20 世纪 20 年代初，他前往洪都拉斯干活。1923 年到危地马拉，加入联合果品公司。随后，赴墨西哥韦拉克鲁斯石油公司做工。在墨停留期间，他参加了当地人民的反美爱国斗争。1926 年 6 月 10 日，桑地诺返回尼加拉瓜，在北部一个美国资本控制的金矿工作。同年 12 月美国海军陆战队登陆尼加拉瓜时，他组织起一支 30 人的队伍，自掏腰包购买了一些武器弹药，开始进行反抗美国入侵者的斗争。他与大西洋自由军首领何塞·马里亚·蒙卡达（José María Moncada）的军队在拉斯梅赛德斯会师。1926 年 11 月 2 日，桑地诺率军攻打埃尔西卡诺镇（El Jícaro）保守派军营，获得大胜，并成为拉斯塞戈维亚斯自由军总司令（Ejército Liberal de Las Segovias）。桑地诺军队所向披靡，取得多次胜利，军队发展到 800 多人，被称为塞戈维亚斯军（Columna Segoviana），为自由军控制尼加拉瓜做出重大贡献。美国看到保守派势力日衰，于是从 1927 年初开始加紧干涉尼加拉瓜，入侵美军士兵上升至 5000 多人，并且美国派出特使亨利·L. 斯廷森（Henry L. Stimson）与蒙卡达谈判。蒙卡达屈从于美国的压力，1927 年 5 月 4 日与美国签订了《黑山楂条约》（Pacto del Espino Negro），以换取美国支持他作为总统候选人。桑地诺坚决反对美国侵略者施加的协议，继续坚持斗争。7 月 12 日，美军向桑地诺发出最后通牒，命令他 48 小时之内放下武器。桑地诺立场坚定，绝不屈服。7 月 16 日发生的奥科塔尔战役中，桑地诺率军几乎占领全城，迫使美国海军陆战队和国民卫队龟缩在市中心街区。后来。在美国轰炸机狂轰滥炸下，桑地诺军队才撤往山区，建立根据地，开展游击战。9 月 2 日桑地诺发表声明，表示他们所进行的斗争已不是国内战争，而是爱国者和侵略者的战争。不久，桑地诺军队扩大到 6000 人，组成了保卫国家主权军（Ejército Defensor de la Soberanía Nacional，EDSN）。美国看到用武力战胜不了桑地诺军队，于是出钱出枪扶植尼加拉瓜国民卫队，用尼加拉瓜人打尼加拉瓜人。然而，桑地诺武装发展却越来越快，活动区域已不仅在塞戈维亚斯，而且扩展到希诺特加、马塔加尔帕、琼塔莱斯、博阿科、奇南德加、莱昂、加勒比海岸等地区，甚至包括首都马那瓜。在桑地诺领导的反美武装斗争不断取得胜利的形势下，美国海军不得不在1933年1月2日撤出尼加拉瓜。然而，美国及其扶植的代理人不甘心失败，千方百计欲除掉眼中钉桑地诺。1934年2月21日，尼加拉瓜国民警卫队总司令安纳斯塔西奥·索摩查·加西亚（Anastasio Somoza García）假意邀请桑地诺前往马那瓜举行谈判，然后在桑地诺归途中布置埋伏将其杀害。尼加拉瓜人民永远怀念抗击美国侵略者的民族英雄桑地诺，誉他为国父。20世纪60年代，尼加拉瓜反对索摩查的民主革命运动以他的名字命名，为桑地诺运动（Movimiento Sandinista）。1979年推翻索摩查家族后，桑地诺运动更名为桑地诺民族解放阵线（Frente Sandinista de Liberación Nacional）。尼加拉瓜首都马那瓜的国际机场也被命名为奥古斯托·卡尔德隆·桑地诺国际机场。

国旗

尼加拉瓜国旗呈长方形，长与高之比为5：3。自上而下由蓝、白、蓝三个平行相等的横长方形组成，中央绘有国徽图案。上下为蓝色，中间为白色。蓝色象征正义，白色代表国家的领土，象征祖国的纯洁。上下的蓝色意味着两大洋沐浴着该国的领土，也表示该国在太平洋和加勒比海之间的地理位置。该国国旗是在1971年8月27日被采纳的。尼加拉瓜国旗是根据1908年9月5日通过的《立法法令》创立的，当时执政总统为何塞·桑托斯·塞拉亚·洛佩斯（José Santos Zelaya López）将军，但没有具体规定国旗旗面的大小。随后的几十年中，国旗的大小随意而为，没有正式的统一尺寸，旗面的蓝色也没有具体规定。国徽上的火山颜色、天空颜色、弗吉尼亚帽（自由之帽）颜色、字体颜色等也都没有被准确界定。直至1971年8月27日，时任总统安纳斯塔西奥·索摩查·德瓦伊莱（Anastasio Somoza Debayle）执政时，颁布第1908号法令《国家标志的特征和使用法》（Ley sobre Características y Uso de los Símbolos Patrios），上述问题才得到彻底澄清。法令规定五座火山呈黄绿色，彩虹所在的天空为淡蓝色，弗里吉亚帽为朱红色，海洋为群青色，大小相等的大写字母是金色。

尼加拉瓜国旗脱胎于蓝、白、蓝三色中美洲联邦国旗，中美洲联邦国旗则根据萨尔瓦多曼努埃尔·何塞·阿尔塞（Manuel José Arce）博士设计的萨尔瓦多省旗制成（详见萨尔瓦多国旗）。1823～1838 年尼加拉瓜是中美洲联邦成员。这个时期，尼加拉瓜使用中美洲联邦国旗和国徽，并一直用至 1854 年 4 月 21 日。

1971 年颁布的第 1908 号法令规定，总统就职仪式、全国代表大会开幕式和闭幕式、政府指定的其他活动，须向国旗致敬，鸣礼炮 21 响。国旗升降时间应为上午 6 点和下午 6 点。总统府和所有兵营每天应悬挂国旗。所有学校每周一开始上课前，5 名优秀学生负责升国旗，其他学生唱国歌。周末，以同样方式举行降国旗活动。规定 7 月 14 日为尼加拉瓜国旗日（Día de la Bandera Nacional）。节日期间游行队伍、家庭和广场可使用不带国徽的国旗。

国徽

尼加拉瓜国徽以中美洲联邦国徽为基础，中心图案为等边三角形，代表国家及其制度的平等和正义。三角形内，下部为耸立在海面上的 5 座黄绿火山，象征组成中美洲联邦的 5 个成员国和它们之间的团结与友爱。被绿山隔开的蓝色水面，代表被中美洲地峡分开的太平洋和加勒比海。山顶的黄色，表示该地区多火山的高原地貌。绿山之上是朱红色的"自由之帽"，放射出白色的光芒，象征"自由"。淡蓝色天空的背景，象征着光荣、英雄主义和为自由而牺牲。上面的 7 道彩虹象征和平和中美洲实现高目标之路。环绕三角形图案的是一圈黄色的大写西班牙文字"中美洲，尼加拉瓜共和国"（REPUBLICA DE NICARAGUA-AMERICA CENTRAL），这些文字组成的圆形象征天空、完美和永恒。黄色字母和三角形黄色的边，象征国家的矿产资源。尼加拉瓜国徽是由 1908 年 9

月 5 日颁布的法律通过的，当时执政的总统是何塞·桑托斯·塞拉亚·洛佩斯将军。但国徽上的火山颜色、天空颜色、自由之帽颜色、字体颜色等都没有被准确界定，直至 1971 年 8 月 27 日颁布的第 1908 号法令，才最终确定了火山等的颜色。见上述国旗。

总统绶带

总统绶带宽 15 厘米。颜色与国旗相同，由蓝、白、蓝三色纵列构成，每个颜色条宽幅相等，国徽图案在白色带中间，绶带底端为金穗。在官方重大活动场合总统披总统绶带，总统就职、总统向国会发表国情咨文、外国大使或公使向总统递交国书等重大活动时，总统必须佩戴总统绶带。在职总统逝世时可在其胸前放置总统绶带。

总统专车

现今尼加拉瓜总统丹尼尔·奥尔特加·萨阿韦德拉（Daniel Ortega Saavedra）使用的专车是梅赛德斯－奔驰 G 级（Mercedes-Benz G-Class）。2015 年，奥尔特加购买了两辆防弹奔驰车，车的国际市场价格为 17.8 万美元。奥尔特加所乘坐的车型"G63 V8 AMG"奔驰车，可以根据客户不同需求设计，因而价格提高，多功能防弹奔驰车价格可超过百万美元。梅赛德斯－奔驰 G 级历史悠久，在世界享有盛誉。早在 1979 年应伊朗国王要求，梅赛德斯－奔驰公司和奥地利施泰尔·戴姆勒·普赫公司生产出第一辆梅赛德斯－奔驰 G 级车。这种越野车深受欢迎，罗马教皇也把它作为专车。后来，陆续出现多种民用版梅赛德斯－奔驰车。索摩查家族当政 43 年期间，也使用豪华的梅赛德斯－奔驰 Type 300（Mercedes-Benz Type 300）专车，以用于官方礼仪活动。他使用的其他专车还有其他型号的梅赛德斯－奔驰（Mercedes-Benz）和凯迪拉克（Cadillac）轿车。

总统府

尼加拉瓜总统府（Casa Presidencial）。尼加拉瓜老总统府又称橘宫（Casa Naranja），俗称马蒙宫（Casa Mamón），西班牙语意为"密果树宫"。位于首都马那瓜历史中心，建于 1999 年。何塞·阿诺尔多·阿莱曼·拉长约（José Arnoldo Alemán Lacayo）总统在 2001～2002 年和恩里克·尼古拉斯·博拉尼奥斯·赫耶尔（Enrique Nicolas Bolanos Geyer）总统在 2002～2007 年曾在此办公。2007 年丹尼尔·奥尔特加·萨阿韦德拉上台执政后，以该总统府每月维修花费 5 万美元过于浪费为由，将其废弃，并将总统府改名为"人民宫"（Casa de los Pueblos）。奥尔特加把自己位于雷帕尔托埃尔卡门（Reparto El Carmen）的家当作总统府。

马那瓜还有个更老的总统府，因位于马那瓜洛马德迪斯卡帕（Loma de Tiscapa）而被称作拉洛马宫（La Loma）。建筑设计者是自 1908 年起定居于尼加拉瓜的建筑师皮萨诺·马里奥·法维尔（Pisano Mario Favilli）。他采用了阿拉伯建筑风格的竖框窗户和马蹄形拱门，建筑正面的画廊有三个拱门，顶楼两端各有一头卧狮守护着国旗和国徽，狮爪之间是地球。建筑主体面设有卡拉拉大理石楼梯，上有守护狮雕像。建筑的大厅饰有西班牙瓷砖。建筑内有前厅、主厅、旗厅、外交官大厅、客房和饭厅。1931 年 1 月 4 日何塞·玛利亚·蒙卡达·塔皮亚（José María Moncada）总统主持总统府开幕式。

1937 年安纳斯塔西奥·索摩查·加西亚上台后，在总统府东约 100 米处修建了拉库尔瓦宫（Palacio de La Curva）以作为国民卫队总司令官邸，安纳斯塔西奥·索摩查·加西亚和其妻也在此居住到 20 世纪 60 年代初，后搬入一所名叫雷蒂罗宫（Retiro）的建筑。1972 年 12 月 23 日发生的里氏 6.2 级地震使老总统府拉洛马宫、拉库尔瓦宫和雷蒂罗宫均遭受严重破坏。安纳斯塔西奥·索摩查·加西亚又建起一座名为埃尔邦克（El Bunker）的新建筑，以作为总统府。1979 年桑地诺民族解放阵线推翻索摩查独裁统治后，老总统府拉洛马宫成为国家安全总局和监狱所在地。

国歌

《向你致敬，尼加拉瓜》（*Salve a ti，Nicaragua*）。词作者为萨洛蒙·伊巴拉·马约尔加（Salomón Ibarra Mayorga，1887～1985），曲作者佚名，改编者为路易斯·亚伯拉罕·德尔加迪略（Luis Abraham Delgadillo，1887～1961）。

尼加拉瓜国歌的来源与宗教紧密相连。18 世纪下半叶，西班牙托莱多方济各会传教士安塞尔莫·埃尔内斯托·卡斯蒂诺维（Anselmo Ernesto Castinove）在向莱昂城郊的苏布蒂亚瓦印第安人传教时，经常演奏一支宗教圣歌乐曲。这支乐曲世代相传，最后传到音乐教师马塞洛·索托（Marcelo Soto）手中，他继续在学生、居民中普及这首圣歌。19 世纪 20 年代初，在庆祝中美洲宣布独立的活动中，尼加拉瓜人高唱这支方济各会圣歌，实际上它已成为当时尼加拉瓜的国歌 。

1824 年 5 个中美洲国家组成的中美洲联邦成立时，《歌唱国旗颜色》（*Antfona de los Colores*）成为中美洲联邦国歌。1834～1840 年，何塞·塞佩达（José Zepeda）政府和何塞·努涅斯（José Núñez）政府重新把方济各会的圣歌作为国歌。此后，尼加拉瓜国歌几经变动。尼加拉瓜于 1838 年脱离中美洲联邦时，尼加拉瓜把《歌唱国旗颜色》定为国歌。1876 年，佩德罗·华金·查莫罗·阿尔法罗（Pedro Joaquin Chamorro Alfaro）总统将由 F. 阿尔瓦雷斯（F. Alvarez）作词、卡门·维加（Carmen Vega）作曲的歌曲作为国歌。1889 年，罗贝托·萨卡萨·萨利亚（Roberto Sacasa Sarria）上台后，下令将比利时音乐家、国家军乐团指挥亚历杭德罗·库赞（Alejandro Cousin）创作的器乐曲定为国歌。1893 年，以何塞·桑托斯·塞拉亚（José Santos Zelaya）为首的自由派取代保守派夺得政权，下令取消上述国歌，决定将亚历杭德罗·库赞谱写的新曲作为国歌，并为其填上歌词，称为《美丽的、独立自主的国家》（*Hermosa Soberana*）。1893 年立宪大会通过该歌词，但歌词作者不详，可能是诗人鲁文·达里奥（Rubén Darío, 1867～1916）、圣地亚哥·阿圭略（Santiago Arguello）和曼努埃尔·马尔多纳多（Manuel Maldonado）中的一人。

1909 年何塞·桑托斯·塞拉亚政府倒台，安东尼奥·萨帕塔（Antonio Zapata）为方济各会的圣歌乐曲配了器乐，马尔科·安东尼奥·奥特加（Marco Antonio Ortega）则为其填了词，称为《心爱的祖国》（*La Patria Amada*）。1917 年，埃米利亚诺·查莫罗·瓦加斯（Emiliano Chamorro Vargas）执政后，宣布《心爱的祖国》为国歌，并决定修改歌词。1918 年 4 月 23 日，查莫罗下令举行征集尼加拉瓜国歌歌词的比赛，规定歌词只写两节四行诗，即八句诗，和平与劳动是唯一的话题，并要与上述宗教圣歌乐曲合拍。同年 12 月 16 日，国歌评选委员会一致通过诗人萨洛蒙·伊巴拉·马约尔加填写的《向你致敬，尼加拉瓜》为国歌歌词，并于当日首次配乐演唱。但直到 1938 年，《向你致敬，尼加拉瓜》才正式成为尼加拉瓜国歌。尼加拉瓜国歌歌词只有八句，因而是美洲最短的国歌。1939 年 10 月 20 日安纳斯塔西奥·索摩查·加西亚政府发布第 3 号令，向尼加拉瓜人民公布该国歌。

尼加拉瓜法律规定在独立庆典、总统就职、国会开幕式和闭幕式、在任总统逝世追悼会、政府指定的其他活动须演奏国歌。外事活动中演奏本国和外国国歌时，须先演奏本国国歌。各学校有宣讲国歌的义务，公私立学校每日第一堂课须唱国歌。广播电视每天节目开始和结束播放国歌。严禁改动国歌歌词和歌曲，严禁以广告为目的演唱和演奏国歌。

尼加拉瓜国歌词作者萨洛蒙·伊巴拉·马约尔加 1887 年 9 月 8 日生于奇南德加城，父亲是知名律师、哲学家、诗人和作家，曾担任鲁文·达里奥（Rubén Darío, 1867～1916）的文学老师。受父亲影响，他从青年时起便喜爱文学。他曾就读于莱昂的圣拉蒙教士会议神学院，并于 1909 年获商业学院会计师称号。24 岁时担任全国唯一的自由派报纸《时间》（*El Tiempo*）主编。1912 年他参加反对阿道尔夫·迪亚斯政权的自由派立宪革命，后被迫移居洪都拉斯。1918 年 31 岁时以笔名"罗慕洛"（*Rómulo*）参加竞选国歌歌词的比赛并拔得头筹。他还创作过很多歌曲，如《尼加拉瓜飞行员之歌》（*Himno al Aviador Nicaraguense*）、《玻利瓦尔赞歌》（*Himno a Boívar*）、《教师赞歌》（*Himno al Maestro*）等。1949 年获国家鲁文·达里奥奖和尼加拉瓜教师工会联盟奖。1955 年 5 月在外交部赞助下，出版《国歌专题文章》（*Monografía del Himno Nacional*）。1972 年 12 月地震后移居洪都拉斯，1985 年 10 月 2 日去世，享年 98 岁。2000 年其遗体被运回国，葬于文化宫国家象征标志大厅。

尼加拉瓜国歌曲改编者路易斯·亚伯拉罕·德尔加迪略是尼加拉瓜音乐家、作曲家、管弦乐队指挥，尼加拉瓜最著名的古典音乐作曲家，在拉丁美洲享有盛名。他生于尼加拉瓜首都马那瓜，获尼加拉瓜政府奖学金后求学于米兰音乐学院。曾在拉美各国巡演，1930 年纽约卡内基音乐厅邀请他指挥其作品演奏音乐会。他创作的著名进行曲为反映土著人民文化的《印加交响曲》（*Sinfonía Incaica*）、《特奥蒂华坎》（*Teotihuacán*）和组曲《十二月》（*Diciembre*）及《西班牙交响曲》（*Sinfonía Hispánica*）、《十二短交响曲》（*Doce Sinfonías Breves*）等。1927 年所写组曲《十二月》标志着这位音乐大师的成熟，1929 年在哈瓦那演奏。他的交响乐技艺超越了他的前辈，受到国内外广泛赞誉。他是尼加拉瓜第一位用交响曲和协奏曲等广泛音乐形式创作的音乐家。1961 年 12 月 20 日在马那瓜病逝后，葬于马那瓜公墓的名人园亭。

尼加拉瓜国歌歌词：

> 向你欢呼，尼加拉瓜，
> 在你的土地上，炮声已然沉寂，
> 兄弟们的热血，
> 不再染红你光荣的两色旗。

和平在你的上空闪烁光辉，

什么也挡不住你不朽的荣誉。

因为劳动是你的花冠，

荣誉是你胜利的旗。

歌词原文：

¡Salve a ti, Nicaragua! En tu suelo,

Ya no ruge la voz del cañón

Ni se tiñe con sangre de hermanos

Tu glorioso pendón bicolor.

Brille hermosa la paz en tu cielo,

Nada empañe tu gloria inmortal

Que el trabajo es tu digno laurel

Y el honor es tu enseña triunfal.

歌词原文见 http://html. rincondelvago. com/simbolos-patrios-en-centroa merica. html；http://vianica. com/nicaragua/practical-info/3-national-symbols. html。

国家格言

"我们信仰上帝"（En Dios Confiamos）。

国语

西班牙语。尼加拉瓜是一个多种族的中美洲国家，继承了托尔特卡、玛雅和阿斯特克文化遗产。西班牙殖民者征服尼加拉瓜前，土著乔洛特加人、马里比澳人、尼加拉奥人、马塔加尔帕人、米斯基托人、苏穆人和拉马人居住在这片土地上，他们所操语言属于纳华语族。殖民时期以后，土著民族逐渐消失，但他们所操的纳华语有些被保留下来，有些词语被西班牙语化。纳华语深刻影响了尼加拉瓜西班牙语的发音、句法和词语。据统计，尼加拉瓜日常用语中，有约 600 个来自纳华语的词语。乔洛特加人和马里比澳人虽然幸存下来，但留下的单词不超过 20 个。

尼加拉瓜西班牙语与其他中美国家，特别是哥斯达黎加西班牙语很相像，和南美国家、安的列斯国家和墨西哥西班牙语差异较大。在读音上，把"c"和"z"读成"s"。元音之后的"s"发成送气音。尼加拉瓜西班牙语的元音连续有所减少，动词音色发生变化，辅音发音更为松弛。同其他中美洲国家和墨西哥一样，把"ll"读成"y"。

在语法上，不使用第二人称代词复数"vosotros"（你们）以及"os"和"vuestro"。但在主语重读形态中，用"vos"代替"tú"（你），如"vos cantás"（你唱歌）；在间接格中亦如此，如"a vos""con vos""para vos"。

尼加拉瓜西班牙语保留大量土著语言词语。1948 年，阿方索·巴列（Alfonso Valle）指出，"殖民时期以来，尼加拉瓜西班牙语中共有约 1200 个纯土著语单词或源于土著语的单词，特别是在人、动植物、食品、饮料、服装等方面"。尼加拉瓜西班牙语中来自纳华语的词语有很多，如"sacuanjoche"（黄色的花）、"cipote"（小伙子）、"choco"（酸的）等。米斯基托语留下的有"güirís"（矿工）、"nambiro"（瓜）等。来自克丘亚语的词语不算多，如"chulla"（钱币）、"yuyo"（草）等。来自玛雅语的有"cumba"（小瓷杯）、"cumbaste"（甜水果）等。

在加勒比海岸地区，很多非洲裔尼加拉瓜人讲英语或克里奥尔英语。他们把英语或克里奥尔英语当作第一语言，而把西班牙语视为第二语言。大西洋沿岸北部和南部地区的语言受英语、荷兰语、葡萄牙语、西班牙语和法语的影响很大。加勒比海沿岸地区的土著人讲土著语言，如米斯基托语（Miskito）、苏穆语（Sumo）、拉马语（Sumo）和加里富纳语（Garifuna）等。此外，来自世界各地的移民也保留着自己的语言，如汉语、阿拉伯语、德语、夏威夷语和意大利语等。

国家勋章

奥古斯托·塞萨尔·桑地诺勋章（Orden "Augusto César Sandino"）是尼加拉瓜最高荣誉勋章，授予对尼加拉瓜和人类做出特殊贡献的尼加拉瓜公民和外国人。奥古斯托·塞萨尔·桑地诺（1895~1934）是尼加拉民族英雄，1927年他率领尼加拉瓜人民发动反抗美国占领军的起义。他所领导的游击队取得重大胜利，迫使美国侵略军撤出尼加拉瓜。1934年2月21日，被国民警卫队杀害。尼加拉瓜人民永远铭记这位反抗美国控制的英雄人物。1981年10月尼加拉瓜政府颁布第851号令，开始实施关于奥古斯托·塞萨尔·桑地诺勋章的规定。该勋章分为"圣哈辛托战役"（Batalla de San Jacinto）、"科约特佩战役"（Batalla del Coyotepe）和"奥科塔尔战役"（Batlla del Ocotal）3级。3个等级的勋章都为圆形，直径均为5厘米。勋章图案中心是奥古斯托·塞萨尔·桑地诺像。勋章上方写有"尼加拉瓜共和国"（República de Nicaragua），下方写有奥古斯托·塞萨尔·桑地诺勋章（Orden Augusto César Sandino）。3个等级勋章分别在奥古斯托·塞萨尔·桑地诺勋章字样下写有与之平行的"圣哈辛托战役"（Batalla de San Jacinto）、"科约特佩战役"（Batalla del Coyotepe）和"奥科塔尔战役"（Batlla del Ocotal）的字样。此外，3种勋章在颜色、缓带上也有区别。2010年，尼加拉瓜军队总司令莫伊塞斯·奥马尔·阿列斯莱文（Moisés Omar Hallesleven）和厄瓜多尔总统拉斐尔·科雷亚·德尔加多（Rafael Correa Delgado）分获"圣哈辛托战役"级奥古斯托·塞萨尔·桑地诺勋章。

鲁文·达里奥勋章（Orden Rubén Darío）是尼加拉瓜政府授予促进该国科学与文化发展的本国公民、外国人和机构的最高奖章，仅次于奥古斯托·塞萨尔·桑地诺勋章。2002 年 9 月 17 日,尼加拉瓜政府颁布有关鲁文·达里奥勋章的第 89 号法令。鲁文·达里奥勋章分为 7 级,分别是金链（Collar）、大十字（Gran Cruz）、高官（Gran Oficial）、骑士团长（Comendador）、官员（Oficial）、骑士（Caballero）和旗带（Corbata）。金链级勋章授予国家元首;大十字级勋章授予总统、前总统、副总统、部长、教会大主教、军队总司令等;高官级勋章授予立法机构成员、最高法院法官、竞选法院法官、副部长、高级教士和军官;骑士团长级勋章授予大学校长等;官员级勋章授予大学系主任、上诉法院法官;骑士级勋章授予大学教授、公务员等。

除上述两种勋章外,尼加拉瓜还有米格尔·拉雷纳加勋章（Orden Miguel Larreynaga）、卓越勋章（Medalla de Distinción）、国会勋章（Medalla del Congreso）等。

国家诗人

鲁文·达里奥。生于尼加拉瓜梅塔帕镇（Metapa）,今称达里奥城（Ciudad Darío）。达里奥是尼加拉瓜著名诗人,也是记者和外交家。他是拉丁美洲现代主义诗歌的代表人物,在拉丁美洲被尊为"诗圣",代表作有《蓝》（*Azul*）、《生命与希望之歌》（*Cantos de vida y esperanza*）、《胜利进军》（*Marcha Triunfal*）和《献给阿根廷的歌》（*Canto a la Argentina*）等。

鲁文·达里奥是其笔名,原名为费利克斯·鲁文·加西亚·萨米恩托（Félix Rubén García Sarmiento）。因父母失和,母亲出走洪都拉斯,年幼的达里奥被寄养在莱昂城其姑母贝纳达·萨米恩托（Bernarda Sarmiento）家。贝纳达家是当地知识分子聚集之所,达里奥自幼受文化氛围的熏陶,再加上他聪明绝顶,从小显示出非凡的才华。他 3 岁识字,6 岁能读家中的经典著作。1879 年 12 岁时,他写出第一首诗歌——十四行诗《信仰》（*La Fe*）。1880 年 7 月 26 日,他刚 13 岁,便在里瓦斯城《温度计日报》发表诗作《一滴眼泪》（Una lágrima），同年还发表了《大自然》（Naturaleza）、《去大海》（Al Mar）、《致维克多·雨果》（A Victor Hugo）、《课堂》（Clases）、《幻灭》（Desengaño）、《诗人与你》（El Poeta y A Ti）等诗歌，从而成为一名令人瞩目的小诗人。14 岁完成自己的首部著作《散文中的诗和文章》（Poesías y artículos en prosa），但这部著作在他逝世 50 周年后才得以出版。1882 年尼加拉瓜政府愿意支付他在格拉纳达学院学习的费用，但他没有接受。这一年，他前往萨尔瓦多，见到该国总统拉斐尔·萨尔迪瓦（Rafael Zaldívar）。萨尔迪瓦谈到他的诗后，问他想要什么，他回答说："我想有一个好的社会地位。"翌年 10 月，患天花愈后返回尼加拉瓜，在尼加拉瓜国家图书馆工作了一段时间。1884 年他写下第二部著作《书简和诗》（Epístolas y poemas），但未能发表。1886 年达里奥来到智利，过着穷困潦倒的生活，受到贵族集团的歧视。为了穿得像样些，他只吃鲱鱼和啤酒。在朋友面前，他也从不掩饰自己的贫困。在智利总统巴尔马塞达之子、诗人佩德罗·巴尔马塞达·托罗（Pedro Balmaceda Toro）和其他友人帮助下，1887 年 3 月，他的第一部诗集《蓟》（Abrojos）得以出版，诗集中披露了他的悲惨生活状况。1888 年，他的重要诗集《蓝》（Azul）在瓦尔帕莱索出版，在拉丁美洲掀起了一场现代主义文学革命。达里奥的诗集得到西班牙作家、文艺评论家胡安·巴莱拉（Juan Valera）的大力赞扬，他在马德里日报《公正报》（El Imparcial）撰文称他是"有才能的散文家和诗人"。巴莱拉的评论被智利和许多国家的报刊转载，这使达里奥声誉骤增，并使他成为拉丁美洲最有影响的报纸布宜诺斯艾利斯《国民报》（La Nación）的记者。1889 年达里奥被任命为圣萨尔瓦多《团结日报》（La Unión）总编。1890 年他在圣萨尔瓦多与拉菲拉·孔特雷拉斯（Rafaela Contreras）结为夫妇。同年 12 月，他的诗集《蓝》第二版在危地马拉出版。1892 年，达里奥被任命为尼加拉瓜出席西班牙庆祝发现美洲 400 周年代表团成员。1893 年其妻病逝后，与罗萨里奥·穆里略（Rosario Murillo）结婚。哥伦比亚总统米格尔·安东尼奥·卡罗（Miguel Antonio Caro）授予他哥伦比亚驻阿根廷荣誉领事职位。在前往阿根廷途中，在纽约结识古巴著名诗人何塞·马蒂（José Martí）。1893 年 8 月，达里奥抵达布宜诺斯艾利斯。在阿根廷期间，他为《国民报》、《论坛》（La Tribuna）、《时代》（El Tiempo）等报刊撰稿。1895 年 5 月哥伦比亚政府撤销了他的领事职务。重要经济来源的中断，迫使他担任邮电和电报局局长秘书。1896 年，他在布宜诺斯艾利斯出版《洛斯拉罗斯》（Los raros）和《世俗散文和其他诗》（Prosas profanas y otros poemas）两本书。1898 年 12 月，达里奥作为《国民报》驻西班牙记者抵达巴塞罗那，每月撰写 4 篇有关美西战争后西班牙时局的文章。他所写的文章于 1901 年收入《现代西班牙》（España Contemporánea）一书中。20 世纪初达里奥定居法国。此后几年达里奥成为尼加拉瓜外交官，1903 年达里奥被任命为尼加拉瓜驻法国领事。1906 年成为参加里约热内卢第三次泛美会议的尼加拉瓜代表团秘书，1907 年任驻西班牙大使。1909 年辞去大使职务后，辗转于墨西哥、古巴、法国、巴西、乌拉圭、阿根廷、西班牙。因酗酒，身体每况愈下。1915 年底返回尼加拉瓜，1916 年 1 月 7 日病逝。

世界遗产

尼加拉瓜共有两项世界遗产，这两项世界遗产都是文化遗产，它们是莱昂·别霍遗址（Ruinas de León Viejo）和莱昂大教堂（Catedral de León）。除此之外，尼加拉瓜还有两项非物质文化遗产，它们是艾尔－圭根斯（El Güegüense）和加里富纳人的语言、音乐与舞蹈（与伯利兹、危地马拉、洪都拉斯共享）。

莱昂·别霍遗址于 2000 年被联合国教科文组织世界遗产委员会列入《世界遗产名录》。世界遗产委员会评价说：莱昂·别霍地区是西班牙在美洲最早的殖民地之一，由于它在各个方面都没有什么发展和改变，因此它的遗址成为 16 世纪西班牙帝国社会、经济结构的重要见证。

另外，遗址还具有巨大的考古潜力。

莱昂古城（León Viejo）由西班牙殖民者弗朗西斯科·埃尔南德斯·德科尔多瓦（Francisco Hernández de Córdoba）建于 1524 年，靠近马那瓜湖和莫莫托姆博火山。它是尼加拉瓜第二古城，也曾是中美洲最重要的城市之一。在该城曾进行尼加拉瓜和其他国家黄金交易，许多富商住在该城。1610 年莫莫托姆博火山喷发，全城居民迅速逃离，在城西 30 公里处建起新城。然而莱昂古城并未被摧毁，而是被火山灰、石埋没。几个世纪过后，莱昂古城遗址被发现，1999 年开始挖掘。重见天日的古城基本上保留了一二百年前的建筑风貌，成为研究西班牙殖民时代建筑特色的窗口。

莱昂大教堂于 2011 年被联合国教科文组织世界遗产委员会列入《世界遗产名录》。修建于 1747 年至 19 世纪初，设计者是危地马拉建筑师迪埃哥·何塞·珀雷斯·埃斯基韦尔（Diego José de Porres Esquivel）。大教堂的建筑风格表现出巴洛克到新古典主义的过渡，也可以说是折中主义的风格。建筑特点主要体现在简约的内部装饰以及丰富的自然采光方面。但在圣殿的拱顶部分使用了华丽的装饰。大教堂内安放着重要的艺术作品，包括佛兰德木祭坛，以及由尼加拉瓜艺术家安东尼奥·萨里亚（Antonio Sarria，19 世纪末至 20 世纪初）创作的以基督受难苦路十四站为主题的数幅绘画作品。

莱昂大教堂位于尼加拉瓜第二大城市莱昂，是该国最大的教堂和最重要的建筑之一，也是尼加拉瓜象征之一。1746 年开始建造，历经 100 年才最后完工。大教堂长 90 米，高 30 米，宽 29 米。从入口到十字厅堂，共有三个大厅。教堂内装饰华丽，有以印度白玉为顶盖的神龛、用象牙雕刻的基督像和 12 个信徒的雕塑像，尼加拉瓜著名诗人鲁文·达里奥的坟墓在一个信徒雕像的脚下。

艾尔－圭根斯于 2005 年被联合国教科文组织列入《人类非物质文化遗产代表作名录》。它是尼加拉瓜讽刺性戏剧，最早的文本出现于 18 世纪初，主要表现尼加拉瓜人民反对殖民统治的斗争。艾尔－圭根斯融合了西班牙和当地土著文化的特点，把戏剧、舞蹈和音乐完美结合，被认为是拉丁美洲最富有特色的殖民时期的艺术表达形式。艾尔－圭根斯源于印第安纳瓦特尔语 huehue，意为"老者"或"智者"。每年 1 月 17～27 日圣塞巴斯蒂安节（圣塞巴斯蒂安是尼加拉瓜卡拉索省迪里亚姆巴城保护神）期间演出艾尔－圭根斯。戏剧中有 8 个主要人物，他们是警长（El Alguacil）、艾尔－圭根斯、唐福尔西索（Don Forsico）、唐安布罗西奥（Don Ambrosio）、阿尔瓜西尔·马约尔船长（Capitán Alguacil Mayor）、塔斯图亚内斯总督（Gobernador Tastuanes）、埃斯克里瓦诺·雷亚尔（Escribano Real）和管理人雷亚尔（Regidor Real）。8 个主要人物及舞蹈者进行表演，主要人物穿着不同的服装，头戴不同的木制面具和帽子，以区别不同的角色。表演中使用小提琴、吉他和鼓伴奏。

加里富纳人的语言、音乐与舞蹈 2001 年 5 月 18 日被列为伯利兹、危地马拉、洪都拉斯和尼加拉瓜共享的人类非物质文化遗产。详见伯利兹世界遗产。

国花

五月花（Sacuanjoche）。"Sacuanjoche"源自阿斯特克语"Zacuani xochitl"。"Zacuani"意为"黄色"，"xochitl"意为"花"，合起来即"黄色花"。因在五月开花，故也称"五月花"。学名为"Plumeria alba"，意为"百色花"；另一学名为"Plumeria rubia"，意为"红色花"。在马萨亚火山国家公园（Parque Nacional Volcán Masaya）遍布五月花树。五月花花瓣为白色，中心为黄色。五月花生长于一种圆锥形树上，夜晚五月花最香，以吸引天蛾授粉。五月花没有花蜜，只是欺骗授粉的天蛾。在中美洲常用此花制成花环修饰房屋或迎接来访的人们。据说哥伦布发现美洲前，土著人把新生儿放在撒满五月花的水中沐浴。五月花是玛雅人尊崇的花，黄色是印第安人眼中神圣的颜色，在他们看来，黄色是太阳，是他们最喜爱的鸟的翅膀，是火山的火焰，是神的化身。

1971 年 8 月 27 日尼加拉瓜国会发布第 1890 号法令，宣布"五月花"
为尼加拉瓜国花。在尼加拉瓜面值 1、5、10 和 25 分的纸币上印有这种
花的图案。

国树

野草莓树（Madroño），学名为"Callycophyllum Candissimum"，也
被称为萨拉莫树（Sálamo），属茜草科（Rubiaceae）。生长于尼加拉瓜
太平洋沿海地区。树高 15 ~ 20 米。树冠浓密，呈球形。枝权繁多，枝
叶繁茂，树皮粗糙。11 月至次年 2 月特别是 12 月开花时节，奶白色花
朵缀满枝头，异常美丽，与深绿色树叶形成鲜明对照。常用来装饰圣
坛，也被用于装饰房间。花粉香气袭人，蜜蜂可生产高质量蜂蜜。木材
重，坚固，纹理细密，有弹性，易于加工。1971 年 8 月 27 日尼加拉瓜
第 194 号官方公报宣布，野草莓树为尼加拉瓜国树。

国鸟

瓜达巴兰科鸟（Guardabarranco），学名为"Eumomota supercil-
iosa"。这种鸟个头小，羽毛艳丽。成年鸟面部有宽的黑面罩，延伸至
耳郭。长眉，前面黑面罩下有绿松石色条纹。头顶为黑色，头部的其他
部分、颈部和身体为橄榄绿色。脖子中央为黑色，两侧有绿松石色条
纹。背部中央和眼后部分为红褐色。腹部是红褐色和淡肉桂色。喙和腿
为黑色，翅膀短，呈圆形。翼羽和尾羽为淡蓝绿色。尾羽长，由两根淡
蓝绿色羽毛组成，形似球拍，带黑斑点。惊恐时，尾像钟摆一样从一边
摇摆到另一边。爪短，并趾。喙长而宽，常闭合。喜独处。瓜达巴兰科
鸟多见于尼加拉瓜西南部太平洋沿岸的森林中，特别是在格拉纳达、马
萨亚、卡拉索和里瓦斯地区。主要吃昆虫和水果。在地上掘洞产蛋，每
次产 3 ~ 5 枚蛋。1971 年 9 月 27 日，尼加拉瓜政府颁布第 1891 号法令，
宣布它为国鸟。瓜达巴兰科鸟也是萨尔瓦多国鸟，被称为托洛戈斯鸟

（Torogoz）。

国家乐器

马林巴琴（marimba），是打击乐器的一种，类似于木琴。马林巴琴在包括尼加拉瓜在内的中美洲国家和墨西哥南部非常流行，被尼加拉瓜视为国家乐器。马林巴琴的键盘用各种木料制成，如拉美破布木。马林巴琴的键数有 49 键、52 键、56 键、61 键、66 键、69 键，各键板下放有各自的共鸣箱，共鸣箱用竹子、葫芦等制成。共鸣箱上开有 1～2 个小孔，木槌击打键盘时，声音由键盘传到共鸣箱和孔上的薄膜上，产生一种特殊的共鸣效果。关于马林巴琴的起源众说纷纭，看法不一。有人说马林巴琴源自非洲，甚至具体说源自尼日利亚，马林巴琴（marimba）之名就源于班图语 "xylophone"；有人说马林巴琴源于印度尼西亚或东南亚地区；有人说马林巴琴来自亚马孙地区，是本地区的土生乐器；有人提出根据古希腊文史资料，马林巴琴的诞生地在危地马拉。1982 年 11 月 30 日，危地马拉考古学家卡洛斯·拉米罗·阿斯图里亚斯·戈麦斯（Carlos Ramiro Asturias Gomez）说早在公元前 1000 多年，玛雅人已使用马林巴琴。作为证据的是，在危地马拉上韦拉帕斯省奇霍伊河与特萨尔巴河汇合处查马地区拉廷林胡尔（Ratin Lin Xul）考古点发现了公元前 1000 多年玛雅人使用的一只陶器杯，上面绘有玛雅人击打马林巴琴的画面。

现今人们使用的半音阶马林巴琴，是从 1892 年墨西哥恰帕斯州发展起来的，而双键盘马林巴琴则是由该州贝努斯蒂亚诺 - 卡兰萨市音乐家赫苏斯·博拉斯·莫雷诺（Jesús Borras Moreno）发明的。1897 年，在该市塞尼奥尔德尔波索教堂首次使用这种乐器演奏，并从这时起，其传至其他地区。

国舞

尼加拉瓜国舞拉斯因迪塔斯舞（Baile de las Inditas）流行于包括尼

加拉瓜在内的中美洲地区。在木琴伴奏下，4对或5对舞者翩翩起舞。女舞者衣着华丽，身穿带有红、蓝、绿或黄的横向饰边白丝裙，上面饰有各色宝石、珍珠和箔片的无袖衫，她们佩戴闪闪发光的项链、手镯。她们将黑色长发梳往脑后，并用亮晶晶的发带盘住。男舞者着装简单，白衣白裤，系宽丝腰带。男女皆戴面具，女赤足，男穿凉鞋。舞步慢，但引人注目。

国家运动

棒球。棒球是尼加拉瓜最普及的体育运动。19世纪棒球被引入尼加拉瓜。1888年，美国人艾伯特·艾德莱斯伯格（Albert Addlesberg）来到尼加拉瓜，教授尼加拉瓜人打棒球。1891年一群美国大学生在尼加拉瓜太平洋沿岸成立娱乐协会，组织多种体育活动，棒球在尼加拉瓜逐渐普及开来。尼加拉瓜曾有多名球手效力于美国职棒大联盟，如埃弗斯·卡布雷拉（Everth Cabrera）、维莱特·帕迪拉（Vicente Padilla）、丹尼斯·马丁内斯（Dennis Martínez）等，其中丹尼斯·马丁内斯最为著名。他是尼加拉瓜球员参加美国职棒大联盟的第一人，也是完美参加美国职棒大联盟比赛的第一名拉美选手。曾4次入选全明星阵容，并在巴尔的摩金莺队获得过冠军戒指。尼加拉瓜国家棒球队水平很高，是一支世界劲旅。在1939年第2届、1940年第3届、1973年第22届、1974年第23届、1990年第31届棒球世界杯五次荣获亚军，在第9届、14届、19届、20届和33届世界杯五次获得季军。1996年亚特兰大奥运会取得第4名。在根据2017年3月29日世界棒垒球总会（WBSC）公布的世界棒球队排名中，尼加拉瓜列第15名。

国服

维皮尔（Huipil）是尼加拉瓜女士国服，也是墨西哥中部和中美洲国家土著印第安人的传统服装，其名源于纳瓦特尔语"huīpīlli"。维皮尔是一件自头部套穿的宽松的外衣或连衣裙，用两三块长方形布料缝合而成，头部开口，衣服两侧有缝，两臂可自由活动。维皮尔可长可短，短的如同衬衫，长的可及脚面。传统的或礼仪性的维皮尔非常精致，在婚丧等仪式上穿。上有刺绣彩色花纹，带有花边和丝带等装饰。早在哥伦布发现美洲前，包括尼加拉瓜在内的中美洲土著妇女就已穿维皮尔了。西班牙征服墨西哥和中美洲后，维皮尔顽强地留存下来并继续发展，且融合了其他地区和欧洲的服饰要素。现存最古老的一件名叫"拉马琳切"（La Malinche）的维皮尔收藏在墨西哥人类学博物馆。"拉马琳切"之名来自西班牙殖民者埃尔南·科尔特斯（Hernán Cortés）的翻译。拉马琳切是印第安纳乌阿部落（Nahua）首领的女儿，1519 年科尔特斯侵入阿兹特克帝国后，纳乌阿部落首领将她献给了科尔特斯，她成为其翻译和情妇。于是，她所穿的民族服装维皮尔被叫成了"拉马琳切"，并被保留下来。但据说后经碳－14 测试，这件维皮尔制成于 18 世纪，这就推翻了上述说法。拉马琳切的主要图案是双头鹰，显示出土著文化与西班牙文化的融合。特万特佩克地峡的维皮尔所用布料来自菲律宾，这种维皮尔带有亚洲特色。19 世纪初，玛雅妇女的维皮尔已开始简单化。到 19 世纪末，大多数玛雅妇女已忘记了织锦缎的技术，维皮尔一般用背带织机制作。直到今天，维皮尔仍是尼加拉瓜和中美洲其他地区妇女常穿的服装。

尼加拉瓜男士国服为瓜亚贝拉（Guayabera）。瓜亚贝拉在拉美地区服饰中占有重要地位，除尼加拉瓜外，它还是古巴、伯利兹、危地马拉、多米尼加、波多黎各等国家和地区的国服和地区服。墨西哥、古巴、波多黎各还争当瓜亚贝拉的发源地。瓜亚贝拉的使用范围很广，各国和各地区的瓜亚贝拉既有共同之处，又有各自的特点。瓜亚贝拉是尼加拉瓜正式的棉衬衫，这种纽扣衬衫穿在裤子外面，而不是塞进裤子里。正面和背面有两个褶，有时用刺绣或平针装饰。棉质长裤为蓝色或白色，脖子系红色围巾。

国食

尼加拉瓜的烹调文化可以追溯到哥伦布发现美洲之前，一些菜肴至今还保留着那时的名称。殖民时期，西班牙和印第安两个民族和两种文化的结合形成了独特的、多样化的尼加拉瓜克里奥尔饮食。

玉米面粽子（Nacatamal）是尼加拉瓜传统食品，特别是周六和周日早餐和晚餐常用的美食，同时饮用咖啡，有些家庭还喝些玉米酒。尼加拉瓜玉米面粽子与墨西哥传统食品玉米面粽子（Tamal）非常相似，也用玉米粉制成，但个头要大一些，而且玉米粉粉皮比墨西哥的软，馅比墨西哥的丰富。制作时，先把玉米粉与猪油或酥油及盐放在碗里一起揉，随后加入酸橙汁、鸡汤或肉汤接着揉，面团揉得比土豆泥稍硬一些。盖上碗，放置1小时。米饭在温水中浸泡半小时，与猪肉块放在一起，加盐和胡椒粉调味。土豆和洋葱去皮切片，甜椒和西红柿切片。取出碗中面团，摊在光滑的香蕉叶上，放上调过盐和胡椒粉的猪肉，在猪肉上撒上1～2汤匙排干水分的米饭，再加入1～2片土豆，最后再放入1～2片洋葱、1～2片甜椒和1片西红柿，然后在上面放上几片薄荷叶（也可加李子、橄榄和葡萄干），用线或绳系成长方形，并用铝箔包好。放在锅中煮开，然后蒸3～4小时，即成。剥掉铝箔，打开香蕉叶，然后食用。

国汤

牛百叶汤（Sopa de mondongo）。被誉为尼加拉瓜国汤，家家户户经常做这种汤，特别是在马萨亚地区（Masaya）。制作牛百叶汤的原料有牛百叶、酸橙、洋葱、大蒜、盐、胭脂树籽、大丝瓜或木薯、克基斯克（Quequisque，或称芋头）、阿约特（Ayote，一种南瓜）、查约特（chayote，一种瓜）、煮熟的小玉米、甜玉米、面粉、卷心菜、薄荷叶等。制作这道汤时，先将洗净的牛百叶用酸橙汁腌30分钟，把切好的洋葱和大蒜放在上面，然后加入盐、胭脂树籽和盖住洋葱的水。用中火煮至肉熟，约需 2.5 小时。把嫩肉切成小块，然后再放到锅里。把大丝瓜或木薯、芋头、阿约特、查约特切成片，与小玉米和甜玉米一起放入锅中，再把切成丁的洋葱和大蒜放入锅中，然后在锅中挤入酸橙汁，加适量的盐，再将面粉和水混合后放入锅中搅拌，在中火下煮 15～20 分钟，直到蔬菜变软。最后把卷心菜和薄荷叶切成丝，放入汤中，汤即成。喝牛百叶汤时，常辅以鳄梨和热的玉米饼。根据尼加拉瓜传说，牛百叶汤还有治病强身的作用。

国菜

平托鸡（Gallo Pinto）。西班牙文意为"彩色鸡"或"花鸡"。与哥斯达黎加国食相同，但配料使用的是红豆，不是黑豆，调味用的是尼加拉瓜调味汁。它是尼加拉瓜炒饭、煮豆和新鲜蔬菜混合在一起的国菜，并可添加牛肉或鸡肉，一日三餐都可食用。平托鸡的原料有新鲜红豆、新鲜芫荽、洋葱、甜椒、炒米饭用的植物油、鸡汤（如吃素，可用蔬菜汤）、白米饭、盐、炸平托鸡用的植物油。把沥干的豆子倒进锅里，加入清水，水没过豆子 2.5 厘米，煮开后，盖上锅盖，改小火接着炖。直到豆子变软，汤几乎没了。把芫荽、洋葱和甜椒切成小碎片。把油倒入一个煎锅里加热，将干的未煮熟的米倒入煎锅中，中火炒 2 分钟，防止米与豆混合后成为糊糊。将芫荽、甜椒、一半洋葱放入煎锅，继续炒 2 分钟。加鸡汤煮沸。这通常需要 20～35 分钟。盖上煎锅，小火慢煮直到米饭变软，需要 20～35 分钟。把煮好的豆子和另一半洋葱搅拌一下，加盐，放入植物油，再炒几分钟。然后把两只锅里放凉的东西放在一起，再加上一些切碎的洋葱头和甜椒油煎几分钟。由于白米和红豆混在一起烹制时，出现多种颜色和斑点，故称"彩色鸡"或"花鸡"。

国酒

朗姆酒（Rum）。尼加拉瓜虽然不是生产朗姆酒的大国，但其朗姆酒在国际上享有盛名。尼加拉瓜烈酒股份有限公司（Compañía Licorera de Nicaragua S. A, CLNSA）生产的甘蔗花朗姆酒（Flor de Caña）为优质朗姆酒，是拉丁美洲最好的朗姆酒之一。2000 年以来，获得 150 项以上国际大奖。尼加拉瓜烈酒股份有限公司属于佩拉集团（Grupo Pellas），总部设在首都马那瓜。1875 年，尼加拉瓜烈酒股份有限公司现任董事长的曾祖父从意大利移民到尼加拉瓜。1890 年，他在距马那瓜 120 公里的奇奇加尔帕镇（Chichigalpa）建立起一座酿酒厂，以大规模发展当地的甘蔗种植。到 1937 年，尼加拉瓜烈酒股份有限公司首次生产甘蔗花朗姆酒。1959 年尼加拉瓜烈酒股份有限公司首次向委内瑞拉、哥斯达黎加和其他拉美国家出口朗姆酒。1963～1965 年，奇奇加尔帕镇酿酒厂进行了现代化改造。1973 年在洪都拉斯建起第二家酿酒厂。1996 年奇奇加尔帕镇酿酒厂已完全现代化。甘蔗花朗姆酒在生产过程中进行 5 次蒸馏，每种朗姆酒都在焦白橡木桶中陈放，可长达 25 年。现在生产线生产 5 种高级朗姆酒和 3 种超高级朗姆酒，有白朗姆酒和黑朗姆酒。

国饮

皮诺利略（Pinolillo）。主要是由磨碎的烤白玉米粉、可可粉、香料（肉桂、丁香）、奶或水制成的尼加拉瓜传统饮料，可加奶，也可加糖，不加糖则很苦。尼加拉瓜人把皮诺利略放在一种叫作希卡拉（Jicara）的杯子中，希卡拉是用希卡罗树（Jicaro）果实的类似葫芦的外壳制成的。杯上手工雕有当地花卉、美丽景观等图像，像是一件精美的艺术品。皮诺利略是尼加拉瓜人离不开的饮料，成为尼加拉瓜文化象征之一。尼加拉瓜人常把自己称为皮诺莱罗（Pinolero），由此可见皮诺利略在尼加拉瓜人心目中的重要性。蒂诺·洛佩斯·格拉（Tino López Guerra）创作的爱国歌曲《我的尼加拉瓜》（*Nicaragua Mía*）中有一句歌词"我是个纯粹的皮诺莱罗，尼加拉瓜人得到上帝的恩惠！"（Soy puro Pinolero；¡Nicaragüense por gracia de Dios!），经常被尼加拉瓜人所引用，其中包括在总统发表的演说中。

宗教

天主教是尼加拉瓜的主要宗教，而且很长时间内是该国国教。根据1995年的统计，天主教徒占全国人口的77.5%，新教徒占12.2%，其他宗教信仰者占1.9%，不信教者占8.4%。据2010年调查，天主教徒和新教徒分别占全国人口的54.4%和27.7%。

1523年，随着西班牙殖民者安德烈斯·尼尼奥（Andrés Niño）和希尔·冈萨雷斯·德达维拉（Gil González Dávila）率军从巴拿马侵入尼加拉瓜西海岸，天主教便开始进入尼加拉瓜，格拉纳达、莱昂和埃尔雷亚莱霍等地出现传教中心。1524年方济各会在格拉纳达建立了第一座天主教堂，1531年2月施恩会和方济各会又在莱昂分别建立了修道院。同年，莱昂主教管区成立，首任主教是迭戈·阿尔瓦雷斯·德奥索里奥（Diego Alvarez de Osorio）。但在整个殖民时期，天主教在尼加拉瓜的普及主要是由耶稣会完成的。天主教成为殖民统治的支柱之一，被给予国教的特权地位。尼加拉瓜独立后的很长一段时间，保守派政权得到天主教的全力支持，而天主教则成为该国的国教。1858年宪法提出，"共和国的宗教是罗马天主教。政府保护其宗教信仰"。1893年以何塞·桑托斯·塞拉亚（José Santos Zelaya）为首的自由派夺得政权，实行了一些改革，结束了政教合一的体制，天主教的地位受到严重的挑战。1912年，教皇圣庇护十世（San Pío X）分别建立马那瓜、莱昂和格拉纳达大主教管区以及马塔加尔帕教区，任命何塞·安东尼奥·莱斯卡诺－奥尔特加（José Antonio Lezcano y Ortega）为马那瓜大主教管区大主教。从1933年起，尼加拉瓜宪法规定宗教信仰自由，但天主教会仍维持一种特殊地位。天主教控制了教育体系的很多部门，特别是为中上阶层服务的私立学校。天主教很多节日是该国的法定休息日。20世纪 90 年代初，名义上大多数人是天主教徒，实际上很多人和天主教并没有什么联系。20 世纪 80 年代中期，平均 7000 名天主教徒有 1 名神父，这个比例低于拉丁美洲的平均水平。1970 年 2 月 16 日，马塔加尔帕教区助理主教米格尔·奥万多－布拉沃（Miguel Obando y Bravo）被教皇保罗六世任命为马那瓜大主教管区大主教，1985 年晋升为红衣主教。2005 年 4 月奥万多辞职。马塔加尔帕教区主教莱奥波尔多·布雷内斯（Leopoldo Brenes）被任命为马那瓜大主教，并任职至今。

马那瓜安提瓜大教堂（La Antigua Catedral de Managua）或称马那瓜旧大教堂（Vieja Catedral de Managua）是一座新古典主义风格建筑，专门祭拜耶稣十二使徒之一的圣地亚哥（Apóstol Santiago，即雅各）。马那瓜安提瓜大教堂所在地原为 18 世纪末建立的都市大教堂（Catedral Metropolitana），于 1925 年拆除，以建新教堂。同年 4 月，大主教莱斯卡诺和尼加拉瓜总统卡洛斯·何塞·索洛萨诺（Carlos José Solórzano）为新教堂放置了奠基石。1926 年 1 月 10 日公布了瑞士建筑师巴勃罗·达姆巴赫（Pablo Dambach）的教堂设计图。大主教莱斯卡诺对此设计不满意，要达姆巴赫按照一张照片中的比利时教堂重新设计。钢铁构架从比利时运到了尼加拉瓜。1928 年新教堂开始动工，从而兴建了尼加拉瓜第一座钢筋混凝土建筑。1931 年 3 月 31 日地震摧毁了马那瓜，但这座具有文艺复兴时期和新古典主义风格的建筑屹立不倒。1938 年 12 月 1 日，都市大教堂落成揭幕。当时的大教堂内外装饰华丽，其中有彩色玻璃、壁龛、大理石祭坛、浮雕、灯火通明的拱顶等。1972 年 12 月 23 日发生的里氏 6.2 级地震使大教堂受损严重，屋顶倒塌，许多珍品被毁，剩下残垣断壁，大教堂被抛弃。1995 年进行清扫、修缮，安装了新的屋顶，成为展览宗教艺术品的博物馆。从 2000 年 11 月起，因墙壁混凝土块脱落其被无限期关闭。

1991 年，墨西哥建筑师里卡多·莱戈雷塔在地铁中心商城北侧开始修建新的马那瓜大教堂。

马那瓜大教堂（Catedral de Managua）是 1972 年地震后，于 1991

年开始建设的新大教堂，位于蒂斯卡帕湖东南原属索摩查家族的一块空地上。墨西哥建筑师里卡多·莱戈雷塔（Ricardo Legorreta）负责设计和施工，他以以色列耶路撒冷圣塞普尔克罗大教堂为参照，修建了多圆顶的马那瓜大教堂。1993年9月4日，大教堂正式落成。马那瓜大教堂全称马那瓜都市大教堂（Catedral Metropolitana de Managua）。由于从1993年起，该教堂用于祭拜尼加拉瓜保护神无原罪圣母玛利亚（Purisima inmaculada Concepción de María），因此，它的正式名称是无原罪圣母玛利亚都市大教堂（Catedral Metropolitana Inmaculada Concepción de María）。马那瓜大教堂从外观看，像众教堂合在一起的巨大雕像。它共有63个圆屋顶，代表大主教区的63个教区。塔楼高高耸起，与众圆屋顶争辉。大教堂主要入口有高6米的木质大门，上面是精美的十字架浮雕。大教堂中殿长45米，宽35米，高9.5～24米，由4个中心支柱支撑，代表4个福音书著者。交错的圆顶上有63盏太阳能灯。祭坛在内殿，读经台在内殿右边，读书架在内殿左边。内殿有半圆形拱顶，底部是大主教座位，两边各有为教士准备的6把椅子，代表十二使徒。走过三层台阶才到椅边，象征信仰、希望和慈善。

18世纪60年代，英国圣公会在尼加拉瓜东部地区开展传教活动。此后其他基督教派也分别进入尼加拉瓜活动。但在20世纪60年代前，新教在尼加拉瓜发展缓慢。20世纪60年代以后，新教发展迅猛，教徒数量占人口总数的比例不断攀升。到1990年已有100多个非天主教教派在尼加拉瓜拥有信徒，较大的是摩拉维亚教会、尼加拉瓜浸礼会等。1995年新教教堂共有4402座。根据Prolades估计，2005年尼加拉瓜新教徒数量已达997486人，占全国人口的15.8%。

国家保护神

无原罪圣母玛利亚（Purisima inmaculada Concepción de María）。

尼加拉瓜无原罪圣母节（Purisima de Nicaragua）在12月8日，这个传统节日在尼加拉瓜流传已有几百年之久。西班牙人，特别是方济各会教士把塞维利亚的圣母节带到了美洲。在尼加拉瓜莱昂城，无原罪圣母被称为"Purisima"或"Inmaculada Concepción"；在格拉纳达，无原罪圣母被称为"Virgen de la Conchita"（拉孔奇塔圣母）；在奇南德加省埃尔别霍镇，无原罪圣母被称为"La Virgen del Trono"（埃尔特罗诺圣母）或"Nuestra Señora del Viejo"（埃尔别霍圣母）。

关于尼加拉瓜保护神无原罪圣母玛利亚的来源，流传着下面的传说。1562年，洛伦索·德塞佩达（Lorenzo de Cepeda）前往秘鲁旅行途中，在埃尔雷亚莱霍逗留。他所带物品中，有一受孕圣母像。因为有病，他前往附近的埃尔别霍镇，寻求修道院方济各会教士对其予以治疗。途中，洛伦索仍然带着他所崇敬的圣母像。圣母像的出现轰动了整个埃尔别霍镇，当地印第安人、梅斯蒂索人和其他居民纷纷到修道院拜谒。尽管人们希望圣母像留在埃尔别霍镇，但洛伦索仍将其打包，乘船出海。就在这时，一场风暴突然来临，帆船只得返回尼加拉瓜港口。洛伦索带着圣母像又来到埃尔别霍镇。镇上居民说，圣母不愿离开埃尔别霍镇，想留下来。在人们的极力挽留下，洛伦索终于将圣母像留在埃尔别霍镇，自己独自前往目的地秘鲁。人们对受孕圣母的崇拜与日俱增，如今供奉的圣母像已变成镀金木制雕像。

12月8日无原罪圣母玛利亚节始于18世纪的莱昂城，当时是为纪念100年前无原罪圣母玛利亚像到达尼加拉瓜。这个节日一直延续下来，成为尼加拉瓜重要的宗教节日。在尼加拉瓜，无原罪圣母玛利亚节俗称"拉戈里特里亚"（La Gritería），西班牙语意为"呼喊节"。对于尼加拉瓜人来说，过节的前一天傍晚节日已经开始，家家房里都已设有为节日准备的祭坛。欢乐的人群穿过大街小巷，在一家家房门口停住脚步。人们高声喊道："是谁让人这么欢乐？"房主人大声回答："无原罪圣母玛利亚！"随后向孩子们分发糖果、食品和玩具，接着人群再向别的人家走去。整个节日期间，鞭炮齐鸣，不时可见戴着面具的队伍，在街上高歌曼舞，形成欢乐的海洋。活动过后人们回到家中，亲朋好友开怀畅饮，热闹非凡。

1995年10月8日，尼加拉瓜主教会议下令将莱昂城的无原罪圣母玛利亚圣堂列为国家圣所，承认这个地方具有祈祷特权。约翰·保罗二世访问无原罪圣母玛利亚圣堂后，这个教堂更是一鸣惊人，升级为圣殿，到此朝圣的人也越来越多。2001年5月13日，尼加拉瓜主教会议宣布尼加拉瓜保护神为无原罪圣母玛利亚。

国币

金科多巴（Córdoba Oro）。原称科多巴。1科多巴=100分（Centavos）。币名是为纪念圣地亚哥·德格拉纳达（Santiago de Granada）和莱昂·圣地亚哥·德洛斯卡瓦列罗斯（León Santiago de los Caballeros）两座城市的奠基者、西班牙船长弗朗西斯克·埃尔南德斯·德科尔多瓦（Francisco Hernández de Córdoba）。

西班牙殖民者入侵尼加拉瓜前，印第安尼基拉诺人已把可可仁引入尼加拉瓜。酋长和贵族对可可仁实行垄断，禁止普通人获得巧克力食品和以可可做原料的国饮"蒂斯特"（Tiste）。可可仁被用作交易工具，充当货币使用。400可可仁被称为"孔特莱"（Contle）或"特松特莱"（Tzontle）。20"孔特莱"（即8000可可仁）被称为"希基皮尔"（Xiquipil），3"希基皮尔"（即24000可可仁）被称为"卡尔加"（Carga）。

尼加拉瓜沦为殖民地后，虽引入了西班牙货币，但因钱币短缺，可可仁一直作为货币被使用到18世纪。殖民时期，可可仁不再被酋长和贵族垄断，社会各阶层都在使用它。160可可仁兑换1雷阿尔银币。1855～1857年抗击海盗威廉·沃克（William Walker）战争期间，因可可种植受到破坏，可可价格大涨，10可可仁可兑换1雷阿尔银币。1869年3月29日，尼加拉瓜政府下令禁止可可仁作为货币流通。但因铸币的缺乏，可可仁作为货币在很长时期仍在继续流通。

殖民初期，墨西哥商人铸造了一些圆形、小的金币和银币，上标

"杜卡多比索"（Peso delducado）。随着西班牙征服美洲，西班牙钱币大量进入尼加拉瓜和其他地区。主要有马拉韦迪（Maravedí）、雷阿尔（Real）、卡斯特亚诺（Castellano）、杜卡多（Ducado）、多夫拉（Dobla）或多夫隆（Doblón）。后来，尼加拉瓜同时流通来自危地马拉、墨西哥、秘鲁等地铸造的各色钱币。1823～1838年中美洲联邦共和国时期，1826年该地区开始流通第一批雷阿尔钱币。钱币正面为5座火山，初升的太阳是自由解放的象征。背面为一棵木棉树和写有"Libre Crezca Fecundo"的铭文。中美洲联邦共和国瓦解后，尼加拉瓜使用秘鲁、玻利维亚、美国等货币作为交易工具。1859年曾授权莱昂市场发行一种被称为雷阿尔迪梅"Real dime"的钱币，相当于1/10美元。

1878年比索取代雷阿尔成为尼加拉瓜货币单位，被一直使用到1912年。比索分为100分（centavos），1比索相当于8雷阿尔。1878年11月16日，佩德罗·华金·查莫罗·阿方索政府下令发行本国第一批钱币"森塔沃"（centavo），即"分"。这种钱币为铜镍合金币，铜占3/4，镍占1/4。尼加拉瓜驻纽约领事亚历杭德罗·科特阿尔（Alejandro Cotheal）负责铸造。1880年铸造了面值为5、10和20分的银币，铸币上的图案是国徽和在国徽下的一门炮。1887年铸造的银币图案是国徽和在国徽下的两门炮。

1879年4月2日华金·萨瓦拉政府下令发行的第一批纸币，被称为"国库纸币"（Billetes del Tesoro）。1888年2月23日，尼加拉瓜出现第一家商业银行——尼加拉瓜银行。同年11月莱昂城成立农业银行。这些私人银行发行各自的纸币。19世纪末、20世纪初，一些庄园主铸造了名叫"菲查斯"（Fichas）的特殊货币，只限在本庄园使用。

1912年阿道尔夫·迪亚斯（Adolfo Díaz）政府颁布货币兑换法，成立尼加拉瓜国家银行。通过该法，确立尼加拉瓜货币单位科多巴（Córdoba），但因政局不稳，直至1913年中期科多巴才开始流通。从1963年开始，货币自由兑换。1979年4月后，通货膨胀越来越严重。1990年为阻止贬值而重新定价，遂添加金字，名为金科多巴，但习惯称之为科多巴。

目前，尼加拉瓜流通的纸币为 10 科多巴、20 科多巴、50 科多巴、100 科多巴、200 科多巴、500 科多巴。

10 科多巴纸币为绿色，正面绘有圣胡安河城堡，背面绘有圣哈辛托庄园。

20 科多巴纸币为桃红色，正面绘有加勒比东海岸土著人小屋，背面绘有五月棒舞。

50 科多巴纸币为紫色，正面绘有尼加拉瓜陶器，背面绘有索莫托峡谷。

100 科多巴纸币为蓝色和紫罗兰色，正面绘有鲁文·达里奥纪念碑，背面绘有莱昂大教堂。

200 科多巴纸币为棕、绿、蓝、黄色，正面绘有奥梅特佩岛、国鸟瓜达巴兰科鸟，背面绘有格亨赛人（El Guegense）。

500 科多巴纸币为红色，正面绘有奥古斯托·塞萨尔·桑地诺出生地，背面绘有印第安人雕像。

目前，尼加拉瓜流通的铸币为 5 分、10 分、25 分、50 分和 1 科多巴、5 科多巴、10 科多巴。所有铸币为圆形，背面中心皆为国徽，圆周上部写有大写西班牙文"尼加拉瓜共和国"（REPUBLICA DE NICARA-GUA），下部写有"中美洲"（AMERICA CENTRAL）。

5 分铸币直径为 18.5 毫米，重 3 克。正面中心为面值 5 分（5CENTI-VOS），圆周上部写有大写西班牙文国家格言"我们信仰上帝"，下部为铸造年份。

10 分铸币直径为 20.5 毫米，重 4 克。正面中心为面值 10 分（10CE-NTIVOS），圆周上部写有大写西班牙文国家格言"我们信仰上帝"，下部为铸造年份。

25 分铸币直径为 23.2 毫米，重 5 克。正面中心为面值 25 分（25CENTIVOS），圆周上部写有大写西班牙文国家格言"我们信仰上帝"，下部为铸造年份。

50 分铸币正面中心为面值 50 分（50CENTIVOS），下有两桂枝相交，圆周上部写有大写西班牙文国家格言"我们信仰上帝"，下部为铸造年份。

1 科多巴铸币正面中心为面值 1 科多巴（1 CORDOBA），圆周上部写有大写西班牙文国家格言"我们信仰上帝"，下部为铸造年份。

5 科多巴铸币正面中心为面值 5 科多巴（5 CORDOBAS），下有两桂枝相交，圆周上部写有大写西班牙文国家格言"我们信仰上帝"，下部为铸造年份。

10 科多巴铸币正面左侧为面值 10 科多巴（10 CORDOBAS）和铸造年份，右侧为尼加拉瓜民族英雄安德烈斯·卡斯特罗（Andrés Castro）像和他的西班牙文名字。该币于 2008 年 6 月 16 日发行。

萨尔瓦多

国名

萨尔瓦多共和国（La República de El Salvador）。位于中美洲北部，东部和北部与洪都拉斯接壤，西部和西北部同危地马拉交界，南濒太平洋。在新大陆发现前，印第安阿兹特克部族的后裔皮皮尔人（Pipil）曾在今圣萨尔瓦多附近建立都城库斯卡特兰（Cuscatlan），后被放弃。1524年西班牙殖民者佩德罗·德阿尔瓦拉多（Pedro de Alvarado）从危地马拉率军征服库斯卡特兰失败后，第二年又派其弟弟冈萨罗·德阿尔瓦拉多（Gonzalo de Alvarado）第二次进军库斯卡特兰。1525年4月冈萨罗在今圣萨尔瓦多（San Salvador）兴建起城镇后，按事前佩德罗的吩咐，给该镇取名为圣萨尔瓦多。圣萨尔瓦多之名源于圣萨尔瓦多节。1457年教皇卡利克斯特三世下令每年8月6日为圣萨尔瓦多节，以感谢1456年匈牙利王国名将匈雅提·亚诺什率领基督教军队粉碎奥斯曼帝国苏丹穆罕默德二世对贝尔格莱德的围攻，取得这次战役的胜利。从15世纪中期开始，欧洲许多城镇和教堂以泛基督教（天主教、新教和东正教）教徒对耶稣基督的尊称"救世主"（Salvador）命名。西班牙语Salvaclor意为救世主。耶稣是基督教各派信奉的救世主。哥伦布远航美洲时，登上的第一个岛——瓜纳尼岛（Guanahani）也被命名为救世主。1546年西班牙国王卡洛斯一世正式赐予该城圣萨尔瓦多的名号。

圣萨尔瓦多同时还是监督管辖区的名字,辖有库斯卡特兰、圣文森特、圣米格尔和乔卢特卡等省。1824 年,圣萨尔瓦多监督管辖区和松索纳特辖区的议员一致同意成立联邦国家,国名为萨尔瓦多(El Salvador)。1824 年 7 月 12 日颁布的萨尔瓦多第一部宪法确认了这个国名,并一直沿用至今。首都则一直以"圣萨尔瓦多"之名沿用至今。

国都

圣萨尔瓦多。位于圣萨尔瓦多山西南的阿马卡斯河谷,被称为"活火山观光城"。最早兴建于 1525 年,1528 年重建。圣萨尔瓦多之名源于耶稣的尊称"救世主"(Salvador)。参见上述萨尔瓦多国名。

国庆

9 月 15 日(1821 年)。西班牙殖民者抵达前,萨尔瓦多地区居住着皮皮尔、连卡、玛雅、阿兹特克等族印第安人。1524 年西班牙殖民者从墨西哥入侵萨尔瓦多,萨尔瓦多沦为西班牙殖民地,从此遭受 300 多年的殖民统治。萨尔瓦多曾为危地马拉都督区(辖危地马拉、哥斯达黎加、洪都拉斯、萨尔瓦多和尼加拉瓜)的组成部分,而危地马拉都督区属新西班牙总督辖区。19 世纪初,中美洲人民反对西班牙殖民统治的斗争此起彼伏,争取独立解放的呼声越来越高。1821 年 9 月 15 日,在墨西哥独立运动的影响下,发表中美洲独立宣言,中美洲宣布独立。1823 年萨尔瓦多加入中美洲联邦。1841 年 2 月 18 日颁布宪法,正式定名为"萨尔瓦多共和国",成为独立国家。9 月 15 日这一天成为萨尔瓦多独立日和国庆日,每到此日首都圣萨尔瓦多和各省省会都要举行盛大游行以欢庆节日。

国父

何塞·马蒂亚斯·德尔加多(José Matías Delgado, 1767 ~ 1832)。萨尔瓦多国父(El Padre de la Patria Salvadoreña)和民族英雄。1767 年

2月24日德尔加多生于圣萨尔瓦多，父亲是巴拿马人，母亲是危地马拉人。青年时期曾在危地马拉学习神学和法学，获博士学位。1797年，他被任命为圣萨尔瓦多副主教并返回萨尔瓦多从事宗教活动。1808年德尔加多重建圣萨尔瓦多教区教堂（今罗萨里奥教堂）。1811年11月5日，他敲响拉梅塞德教堂的大钟，号召人民反抗西班牙的殖民统治，并同曼努埃尔·阿尔塞（Manuel Arce）一起领导了武装起义，但起义被镇压下去。1821年萨尔瓦多宣布脱离西班牙统治独立，他是中美洲独立宣言的签署者之一。同年11月28日，德尔加多成为萨尔瓦多的政治领袖，担任圣萨尔瓦多执政长官，领导萨尔瓦多执政委员会。1822年1月11日，德尔加多率领萨尔瓦多人民举行示威，抗议危地马拉执政协商委员会关于中美洲同墨西哥合并的决定。为此，他决定让萨尔瓦多退出危地马拉，并于1月13日任命曼努埃尔·阿尔塞为萨尔瓦多总司令，开展反对合并的斗争。1823年2月9日，危地马拉最高司令官布里格迪尔·维森特·菲利索拉（Brigadier Vicente Filísola）奉墨西哥皇帝阿古斯丁·德伊图尔维德之命率军入侵圣萨尔瓦多，推翻了何塞·马蒂亚斯·德尔加多政府，把萨尔瓦多强行并入墨西哥。同年3月，墨西哥德伊图尔维德帝国垮台。6月，德尔加多担任在危地马拉城召开的中美洲联邦立宪大会主席。7月，萨尔瓦多与危地马拉、尼加拉瓜、洪都拉斯和哥斯达黎加组成"中美洲共和国联合省"。1824年11月，定国名为中美洲联邦共和国。1824年5月，德尔加多被地方当局任命为萨尔瓦多首任主教。但因危地马拉大主教拉蒙·卡萨乌斯－托雷斯（Ramón Casaus y Torres）和罗马教廷的反对，德尔加多被迫离职。1832年11月12日，德尔加多在圣萨尔瓦多去世。1833年1月22日被誉为萨尔瓦多功臣。萨尔瓦多人民为了纪念他，于1977年9月15日把一所私立大学命名为"何塞·马蒂亚斯·德尔加多博士大学"。

国旗

由蓝、白、蓝三个平行相等的横长方形色带组成，上和下为蓝色，中部为白色。蓝色象征萨尔瓦多的蓝天，白色代表对和平与和睦的热切期望。现行法律规定，在三权机构领导人参加的仪典中使用的国旗白色带中央绘有国徽，国家节日期间各公共建筑和公共机构悬挂的国旗白色带写有"上帝，团结，自由"（Dios Unión Libertad）的西班牙文字样，游行中使用的国旗与上一种相同。正式国旗长 3.35 米，宽 1.89 米，三色带各宽 0.63 米。萨尔瓦多国旗与过去的中美洲联邦国旗颜色完全相同，经萨尔瓦多总统曼努埃尔·恩里克·阿劳霍（Manuel Enrique Araujo）博士倡议，1912 年 5 月 17 日国会颁布法令后予以正式采用。萨尔瓦多法律规定，节日和国庆日期间各公共建筑物须悬挂国旗，使用国旗不当的个人或机构将被处以 50 科朗的罚款。1912 年 9 月 15 日独立日阅兵庆典中，曼努埃尔·恩里克·阿劳霍博士亲自升起了萨尔瓦多新国旗，新国旗成为萨尔瓦多的正式象征标志。

中美洲联邦国旗脱胎于萨尔瓦多曼努埃尔·何塞·阿尔塞博士设计的萨尔瓦多省旗。1822 年他曾领导反对中美洲联邦并入墨西哥的斗争，被萨尔瓦多民兵推举为萨军队首领。他在构思中美洲联邦国旗时，突然想起阿根廷民族英雄圣马丁和贝尔格拉诺的蓝白色旗，于是吩咐妻子费莉帕·阿兰萨门迪（Felipa Aranzamendi）和妹妹安东尼娅·马努埃拉（Antonia Manuela）用天蓝色和白色丝绒缝制了萨尔瓦多省旗。1822 年 2 月 20 日，在大教堂举行的有大批群众和军人参加的庄严仪式上，蓝白色萨尔瓦多省旗冉冉升起。为了纪念阿尔塞设计的旗，1823 年 8 月 21 日中美洲联邦全国立宪大会下令中美洲联邦国旗为蓝白蓝色，中部的白色带绘有国徽。

1865 年 4 月 28 日萨尔瓦多总统弗朗西斯科·杜埃尼亚斯（Francisco Dueñas）颁布法令，宣布萨尔瓦多国旗为 9 条蓝白相间色带旗，5 条蓝色带，4 条白色带。靠旗杆的左上角是红色正方形，上绘 9 颗白色五角星，9 颗星代表萨尔瓦多的 9 省。随着省份的增加，红底中的星也在增多。到 1875 年已有 14 颗星，代表萨尔瓦多的 14 省。

国徽

主体为等边三角形。三角形代表在法律面前人人平等，三个角代表立法权、行政权和司法权。三条金黄色边线还象征三位一体教团格言：自由、平等、博爱。三角形内下部绘有 5 座火山组成的山脉，山脉沐浴在两大海洋中。5 座火山代表组成中美洲联邦的 5 个国家，表明它们之间的紧密联系。两大洋是太平洋和大西洋，开放的海洋表明萨尔瓦多与其他地区国家的联系。三角形上部为一道红、黄、绿、蓝色的弧形彩虹，彩虹是和平的象征，也代表迈向繁荣之路。彩虹下是竖立在山顶的自由帽，散发出光芒，象征摆脱外国殖民枷锁。西班牙文"1821 年 9 月 15 日"（15 SEPTIEMBRE DE 1821）呈圆形围住自由帽和其光芒，表明萨尔瓦多共和国独立的时间。三角形下方的白色饰带上写有大写西班牙文"上帝，团结，自由"（DIOS UNION LIBERTAD），表明萨尔瓦多共和国依据的原则。三角形背后有 5 面萨尔瓦多国旗，左右各 2 面，中间 1 面。月桂枝呈圆形环抱以上图形，月桂枝左右各 7 束，在三角形下由蓝丝带系结。14 枝月桂束象征萨尔瓦多的 14 省，系结代表团结。整个图形被打成圆形的大写西班牙文"中美洲，萨尔瓦多共和国"（REPÚBLICA DE EL SALVADOR EN LA AMÉRICA CENTRAL）所围绕。

萨尔瓦多国徽设计者是书法家拉菲尔·巴拉萨·罗德里格斯（Lafael Barraza Rodríguez）。他在 1912 年 8 月由国防部举办的国徽设计选拔赛上，战胜 30 名挑战者，拔得头筹。最初的设计没有 5 面国旗和月桂枝，后来，他进行了加工，添加了国旗和月桂枝。1912 年 9 月 15 日被正式采纳为萨尔瓦多国徽。1916 年 3 月 20 日，萨尔瓦多国会颁布法令予以批准。

总统绶带

萨尔瓦多总统绶带由蓝、白、蓝三色纵列构成，每个颜色条宽幅相等，中间的国徽图案跨连三条色带。萨尔瓦多的总统绶带是国家权力的象征，只有佩戴绶带的总统才是宪法总统，才真正代表国家的尊严和权威。

总统玺

萨尔瓦多总统玺为圆形，内圆为白色，上绘国徽；外圆为蓝色，写有金色大写西班牙文"萨尔瓦多共和国总统"（PRESIDENCIA DE LA REPUBLICA EL SALVADOR）。

总统专车

萨尔瓦多总统都有自己的专车。2009～2014 年萨尔瓦多总统毛里西奥·富内斯（Mauricio Funes）的专车是梅赛德斯 - 奔驰 W220（Mercedes-Benz W220）。他还开雷克萨斯 LX570（Lexus LX 570）、悍马 H3（Hummer H3）、吉普大切诺基 SRT - 8（Jeep Grand Cherokee SRT - 8）、雪佛兰巨无霸（Chevrolet Suburban）和丰田陆地巡洋舰 200（Toyota Land Cruiser 200）系列。护卫车队一般由六辆丰田陆地巡洋舰普拉多（Toyota Land Cruiser Prado）组成。

总统专机

萨尔瓦多总统使用多种直升机在国内各地区之间飞行，其中主要有贝尔 412（Bell 412）、贝尔 407（Bell 407）、贝尔 206L"远程者"Ⅲ（Bell 206L Long Ranger Ⅲ）和贝尔 UH - 1H（Bell UH - 1H）。这些直升机都有 VIP 配置，并涂蓝白色。贝尔直升机公司自 1978 年通过改造贝尔 212 开始研制贝尔 412。1979 年开始试飞，1981 年投放市场。此外，萨尔瓦多总统还使用过阿兹特克涡轮 Piper PA - 23 直升机（Piper PA - 23 Turbo Aztec）、罗克韦尔司令官 114B 直升机（Rockwell Commander 114B）以及属于萨尔瓦多空军的直升机和飞机。萨尔瓦多前总统毛里西奥·富内斯在国内旅行时曾使用阿德豪华版的贝尔 412 直升机，他还使用过军用飞机、涡轮螺旋桨飞机。

总统府

总统府（Casa Presidencial）。位于圣贝尼托区曼努埃尔·恩里克·阿劳霍大道第 5500 号。总统官邸位于埃斯卡隆区上部的马斯费雷尔大街。

现今的总统府原为"乡村俱乐部"（Country Club），于 1926 年 7 月 4 日落成，设计师为萨尔瓦多建筑师达尼埃尔·多明格斯（Daniel Domínguez）。1886 年 10 月 16 日多明格斯生于圣萨尔瓦多。在萨尔瓦多完成学业后，赴墨西哥查普尔特佩克军事学院学习工程和建筑。他所设计的乡村俱乐部，经常被用作举行节庆活动和招待会。中美洲各国总统也常在这里举行国宴或出席国宴。1953 年乡村俱乐部与私人公司签订的租赁合同期满，房产成为国家财产。20 世纪 50 年代末进行了装修，成为外交部的活动场所。2001 年 1 月 13 日，萨尔瓦多发生里氏 7.6 级强烈地震，原总统府（在哈辛托区）严重受损，萨尔瓦多总统弗朗西斯科·弗洛雷斯（Francisco Flores）被迫将总统府搬至此处，外交部则迁往圣贝尼托区另一处租赁的楼房。

总统府的荣誉大厅（Salón de Honor）是召开会议、举行招待会和总统授勋的地方。厅内有从哈辛托区总统府运来的三幅重要画作，作者分别是何塞·马蒂亚斯·德尔加多、曼努埃尔·何塞·阿尔塞和赫拉尔多·巴里奥斯。总统官邸还有外交大厅（Salón Diplomático）、部长大厅（Salón de los Ministros）、总统办公室（Despacho Presidencial）、副总统办公室（Despacho Vicepresidencial）和政府秘书处等。

历史上，萨尔瓦多总统府和官邸曾多次变动。共和国建立之初，总统府和总统官邸还不存在，总统的私邸被当作总统府和总统官邸。1870 年时任总统才有了自己的办公楼房，但 1889 年被大火烧毁。1877 年拉斐尔·萨尔迪瓦（Rafael Zaldívar）总统下令建造总统府"白宫"（Casa Blanca）。白宫为木质结构四层建筑，作为总统府直至 1885～1890 年执政的弗朗西斯科·梅嫩德斯（Francisco Menéndez）总统。此后，白宫变成邮政总局所在地，1918 年毁于大火。1890 年总统府临时设在圣萨尔瓦多市政厅（Palacio Municipal de San Salvador），同年迁往炮兵军营，至 1898 年。20 世纪初，从 1911～1913 年执政的曼努埃尔·恩里克·阿劳霍至 1931 年阿图罗·阿劳霍（Arturo Araujo）总统，萨尔瓦多总统官邸设在圣萨尔瓦多北部德尔加多大街和第八大街之间的一所紫色楼房里，这一年阿图罗·阿劳霍被政变所推翻。新上台的马克西米利亚诺·埃尔南德斯·马丁内斯（Maximiliano Hernández Martínez）将军在埃尔萨波特军营待了一段时间，随后于 1932 年 1 月连同家人迁入哈辛托区的男子师范学校（Escuela Normal de Varones）的楼房。这座楼房被称为"拉卡索纳"（La Casona）。此后几任总统和家属都住在拉卡索纳。1948 年萨尔瓦多·卡斯塔内达·卡斯特罗（Salvador Castaneda Castro）总统被政变推翻后，总统和其家属便不在总统府拉卡索纳居住。2001 年 1 月 13 日，萨尔瓦多发生强烈地震。拉卡索纳部分建筑毁损。时任总统弗朗西斯科·弗洛雷斯将总统府临时迁往国际博览会楼房。同年总统府搬到外交部占据的原乡村俱乐部，因此，乡村俱乐部变成了总统府。

乡村俱乐部所在地原称"金塔娜塔莉亚"（Quinta Natalia），在 1911 年属于格尔·恩里克·阿劳霍所有。1913 年开始在这里兴建师范学校，因受 1917 年和 1919 年地震影响，1924 年师范学校才开始运转。1931 年政变后，学生搬出学校，学校变成总统府。师范学校楼房具有新古典主义风格，入住总统按各自的喜好对建筑进行改造。这座总统府为二层建筑，拥有多个大厅：椭圆大厅（Salón Oval）是入口主大厅；何塞·马蒂亚斯·德尔加多博士大厅（Salón Dr. José Matías Delgado）被称为"外交大厅"（Salón Diplomático），在这里会见大使、其他外交官和受邀外国人；赫拉尔多·巴里奥斯大厅（Salón Gerardo Barrios）是会见政府官员的大厅；荣誉大厅（Salón de Honor）是举行特别活动的大厅；曼努埃尔·何塞·阿尔塞大厅（Salón Gral. Manuel José Arce）或称蓝色大厅（Salón Azul）是总统与内阁成员开会的大厅；办公厅（Despacho Oficial）是总统专用办公室；胡安·曼努埃尔·罗德里格斯大厅（Salón Juan Manuel Rodríguez）是特邀嘉宾餐厅。

国歌

《我们自豪地向祖国致敬》（*Saludemos la Patria orgullosos*）。词作者为胡安·何塞·卡尼亚斯（Juan José Cañas），曲作者为胡安·阿韦尔莱（Juan Aberle）。

萨尔瓦多第一首国歌出现于 1866 年。当时，为庆祝萨尔瓦多独立 45 周年，应弗朗西斯科·杜埃尼亚斯总统之邀，萨尔瓦多政府官方报纸《立宪派》（*El Constitucional*）主编、古巴人托马斯·M. 穆尼奥斯（Tomás M. Muños）撰写萨尔瓦多国歌歌词。穆尼奥斯完成作品后，委托萨尔瓦多音乐家、军乐队指挥拉菲尔·奥罗斯科（Rafael Orozco）为歌词配曲。1866 年 10 月 8 日，杜埃尼亚斯总统宣布他们创作的歌曲为萨尔瓦多国歌。1867 年初，这首歌进行了试演。同年 1 月 24 日在总统府对面广场举办的露天音乐会上，首次正式演唱萨尔瓦多国歌。1871年杜埃尼亚斯政府被推翻后，这首歌因吹捧杜埃尼亚斯而被禁止在任何场合演唱和演奏。

1876 年拉斐尔·萨尔迪瓦（Rafael Zaldivar）任总统后，邀请萨尔瓦多诗人胡安·何塞·卡尼亚斯和 19 世纪末来到萨尔瓦多的意大利作曲家胡安·阿韦尔莱创作一首爱国歌曲，前者负责作词，后者配曲。1879 年 9 月 15 日上午，首都学生经过 3 个月的排练，在旧国家宫草地举办的庆祝萨尔瓦多独立 58 周年的大会上演唱了他们创作的歌。演出获得巨大成功，包括拉斐尔·萨尔迪瓦总统、政府要员在内的听众报以热烈的掌声。尽管以后很多年间没有正式规定和宣布卡尼亚斯和阿韦尔莱创作的歌为国歌，但在各种官方场合都演唱和演奏他们谱写的歌，所以它实际上就是萨尔瓦多国歌。1890 年 6 月卡洛斯·埃塞塔（Carlos Ezeta）上台后，下令停止演唱卡尼亚斯和阿韦尔莱谱写的国歌，并委托意大利音乐家切萨雷·乔治－贝莱斯（Césare Giorgi-Vélez）写一首游击队歌。1891 年 6 月 8 日，埃塞塔政府颁布法令，宣布切萨雷·乔治·贝莱斯谱写的名为《自由萨尔瓦多人》为萨尔瓦多国歌。不过，这首歌好运不长，埃塞塔将军垮台后，又恢复演唱卡尼亚斯和阿韦尔莱创作的歌曲。1902 年 4 月 4 日，托马斯·雷加拉多（Tomás Regalado）总统分别向卡尼亚斯和阿韦尔莱颁发金质奖章，以表彰他们的贡献。但以后很多年间，仍未颁布他们创作的歌为国歌的正式法令。这种不正常情况遭到各界的质疑，萨尔瓦多历史科学院为此于 1953 年 6 月 10 日特向国会提交报告，要求正式宣布卡尼亚斯和阿韦尔莱创作的歌为国歌。直至 1953 年 9 月 13 日，在各界呼声影响下，萨尔瓦多国会主席何塞·马里亚·佩拉尔塔（José María Peralta）、总统奥斯卡·奥索里奥（Óscar Osorio）和内政部部长何塞·马里亚·莱姆斯（José María Lemus）方签署法令，正式宣布卡尼亚斯和阿韦尔莱谱写的歌为萨尔瓦多国歌。同时宣布，1866 年和 1891 年的国歌无效。同年 12 月 14 日，该法令生效。

国歌词作者胡安·何塞·卡尼亚斯 1826 年 1 月 19 日生于萨尔瓦多圣米格尔。青年时代曾在尼加拉瓜莱昂大学就读，1843 年返回萨尔瓦多学习哲学，后在危地马拉获得哲学学士学位。与此同时，他还学了医学，但未毕业。1848 年前往美国加利福尼亚淘金，但一无所获，1852 年返回萨尔瓦多。他曾加入萨尔瓦多军队，获少将军衔。1856 年参加过抵抗海盗的战争。至于卡尼亚斯的文学活动，他 17 岁时发表了第一部作品，并被公认为萨尔瓦多浪漫主义的先驱。他是 1875 年成立的萨尔瓦多语言学院（Academia Salvadoreña de la Lengua）的创建者之一，领导该学院至 1915 年。1875 年任萨尔瓦多驻智利大使。他还成为南美洲一些科学与文学协会成员，如智利美术学院和哥伦比亚语言学院。1877 年返回萨尔瓦多。他在许多报刊上发表了大量诗歌，但从未出版过将他的诗歌作品汇集在一起的书。他的作品收录在中美洲诗歌廊和萨尔瓦多吉尔马尔达诗歌选集中。尼加拉瓜作家和诗人鲁文·达里奥称他为"中美洲诗歌的鼻祖"。卡尼亚斯晚年前往洛杉矶，1918 年 1 月 10 日逝世。

国歌曲作者胡安·阿韦尔莱原名乔瓦尼·恩里科·阿韦尔莱·斯福尔扎（Giovanni Enrico Aberle Sforza）。1846 年 12 月 11 日生于意大利那不勒斯城。指挥家、作曲家。11 岁时就读于纳波利塔诺音乐学院。曾在纽约歌剧院担任院长 5 年。后来他巡游拉美国家。在危地马拉停留期间建立音乐学院（Conservatorio de Música），并在 1873～1879 年担任院长。他还曾担任危地马拉爱乐乐团指挥，成立国家音乐学院并担任院长。之后他来到萨尔瓦多，建立了音乐学校（Escuela de Música）。1892 年他返回危地马拉，担任危地马拉音乐学院院长，直至 1896 年回到萨尔瓦多。他与一位阿瓦查潘姑娘结为连理，从此萨尔瓦多便成为他的第二故乡。他写了大量萨尔瓦多乐曲，例如 1882 年被宣布为国家进行曲的《莫拉桑进行曲》（Morazán）。他曾出任萨尔瓦多乐团指挥，1922 年因年事已高辞去指挥职务，1930 年 2 月 28 日于圣萨尔瓦多逝世。

萨尔瓦多国歌分为合唱、第一节、第二节和第三节四部分。现在，演唱国歌时，只唱合唱和第一节。

萨尔瓦多国歌合唱和第一节歌词译文如下：

合唱：
　　让我们向祖国致敬，
　　作为她的子女我们骄傲。
　　让我们宣誓，
　　为她的幸福，
　　终生勇敢奉献我们的生命。
第一节：
　　美满幸福中享受和平，
　　一直是萨尔瓦多崇高的梦想。

实现梦想是她永恒的追求，
保持梦想是她最大的荣耀。

怀抱坚定的信念，
进步之路上继续向前。
为实现她宏伟的目标，
赢得幸福的未来。

筑起一道保护她的铁栅栏，
灭掉卑鄙叛逆的来犯。
从今天起在她的旗帜上，
用鲜血写下了"自由"的字样！

萨尔瓦多国歌原文：

Coro：

Saludemos la Patria orgullosos

de hijos suyos podernos llamar；

y juremos la vida animosos.

Sin descanso a su bien consagrar.

Primera estrofa：

De la paz en la dicha suprema，

siempre noble soñó El Salvador；

fue obtenerla su eterno problema，

conservarla es su gloria mayor.

Y con fe inquebrantable el camino

del progreso se afana en seguir，

por llenar su grandioso destino

conquistarse un feliz porvenir.

Le protege una férrea barrera

contra el choque de ruin deslealtad,

desde el día que en su alta bandera

con su sangre escribió: ¡LIBERTAD!

Segunda estrofa:

Libertad es su dogma, es su guía

que mil veces logró defender;

y otras tantas, de audaz tiranía

rechazar el odioso poder.

Dolorosa y sangrienta es su historia,

pero excelsa y brillante a la vez;

manantial de legítima gloria,

gran lección de espartana altivez.

No desmaya en su innata bravura,

en cada hombre hay un héroe inmortal

que sabrá mantenerse a la altura

de su antiguo valor proverbial.

Tercera estrofa:

Todos son abnegados y fieles

al prestigio del bélico ardor,

con que siempre segaron laureles

de la patria salvando el honor.

Respetar los derechos extraños

y apoyarse en la recta razón

es para ella, sin torpes amaños,

su invariable, más firme ambición.

Y enseguir esta línea se aferra

dedicando su esfuerzo tenaz,

en hacer cruda guerra a la guerra：

su ventura se encuentra en la paz.

（coro-bis）

歌词原文见 http：//www. asamblea. gob. sv/conoce-mas/sobre-simbolos-patrios/letra-del-himno-nacional。

国家格言

"上帝，团结，自由"（Dios, Unión, Libertad）。

国语

西班牙语。萨尔瓦多宪法第 62 条规定，萨尔瓦多国语为西班牙语。萨尔瓦多部分印第安人聚集地区操纳华语，但人数不多。

萨尔瓦多西班牙语与正统西班牙语有许多不同。在发音上萨尔瓦多西班牙语词尾和句尾的辅音"n"发软腭音；"j"作为轻送气音在快读时可消失；"b"在辅音后成为闭塞音；纳华语改变了西班牙语的发音，取消了"s"、"c"和"z"3 个字母发音的差别，3 个字母统发短而送气的"s"音；音节和单词结尾的辅音"s"发成送气音。萨尔瓦多西班牙语把"ll"发成"y"。

在句法上，萨尔瓦多西班牙语第二人称代词"你"，用"vos"代替"tú"，特别是在日常会话或家庭对话中；句中出现不定冠词和物主形容词并列的现象，如"una mi amiga"（我的一个朋友）、"una mi taci-ta de café"（我的一杯咖啡）；物主形容词与指示形容词结合，而不是与冠词结合，如"aquella su idea"；正统西班牙语的"verdad?"（真的吗?）被"va?"代替。在词语上，萨尔瓦多西班牙语有一些词组是由两个或两个以上单词组合并去掉一些音素组成的，如"vapué"（那么，你去吧），正统西班牙语为 vaya pues；"puesí"（那么，对），正统西班牙语为 pues sí；"vuá"（我去），正统西班牙语为 voy a。

国家勋章

奴隶解放者何塞·西梅翁·卡尼亚斯勋章（Orden del Libertador de los Esclavos José Simeón Cañas）是授予在人道与社会、科学、教育、慈善领域为萨尔瓦多做出杰出贡献的萨尔瓦多或外国元首或公民的勋章。该勋章分为金链（Collar）、大十字（Gran Cruz）、高官（Gran Oficial）、骑士团长（Comendador）、骑士（Caballero）5 级。金链级勋章是萨尔瓦多最高荣誉勋章之一，授予本国或外国元首，其他级勋章分别授予相应级别人员。

何塞·马蒂亚斯·德尔加多勋章（Orden de José Matías Delgado）以萨尔瓦多国父和民族英雄何塞·马蒂亚斯·德尔加多之名命名，设立于1946 年 8 月 14 日，授予在人文、文学、科学、艺术、政治和军事领域为萨尔瓦多做出重大贡献的萨尔瓦多人和外国人，是该国最高荣誉勋章之一。该勋章分为大十字金质（Gran Cruz, Placa de Oro）、大十字银质（Gran Cruz, Placa de Plata）、高官（Gran Oficial）、骑士团长（Comendador）、官员（Oficial）和骑士（Caballero）6 级。

国家诗人

阿尔弗雷多·埃斯皮诺（Alfredo Espino）。1900 年 1 月 8 日生于阿瓦查潘，其父亲是诗人，母亲为教育家。埃斯皮诺曾在萨尔瓦多大学法律和社会科学系学习法律，获博士学位。他是萨尔瓦多最著名的抒情诗人之一，一生共创作了 96 首诗。1928 年 5 月 24 日因酗酒在圣萨尔瓦多去世，享年仅 28 岁。在他去世两年后（1930 年），他的父亲和其他热心人把他的诗搜集起来，汇编成诗集，分为 6 部分，称为《悲伤的希卡拉斯》(*Jícaras Tristes*)。该诗集很快受到萨尔瓦多社会各阶层人民的欢迎，阿尔弗雷多·埃斯皮诺也被誉为萨尔瓦多的"国家诗人"。

国家化身

世界救世主纪念碑（Monumento al Divino Salvador del Mundo）是萨尔瓦多的国家化身和国家象征。位于圣萨尔瓦多城罗斯福大街东端的世界救世主广场（Plaza Salvador del Mundo）。纪念碑设计者为建筑师何塞·马里亚·巴拉奥纳·比利亚塞尼奥尔（José María Barahona Villaseñor）。纪念碑为长方形石柱，高 18 米。石柱四面是十字架，石柱顶端置有一个地球，地球上耸立着救世主基督像。救世主像被作为前总统曼努埃尔·恩里克·阿劳霍墓的装饰品。

1942 年 11 月 26 日，为庆祝召开首次全国圣体大会，阿劳霍家族将世界救世主纪念碑赠送给圣萨尔瓦多大主教路易斯·查韦斯－冈萨雷斯（Luis Chávez y González）。纪念碑在 1986 年圣萨尔瓦多地震中倒塌，并严重受损。几个月后在原地重建纪念碑。纪念碑所在广场原名为美洲广场（Plaza las Americas）。2010 年美洲广场改造升级，改名为世界救世主广场，基督像用新的涂料更新，并整修了人行道和台阶。救世主基督也是圣萨尔瓦多城的保护神。

世界遗产

1991 年 10 月 8 日萨尔瓦多成为联合国教科文组织世界遗产委员会成员。霍亚－德赛伦考古遗址（Sitio arqueológico de Joya de Cerén）于 1993 年被联合国教科文组织世界遗产委员会列入《世界遗产名录》。世界遗产委员会评价说：它是古拉丁美洲的一个农庄，像意大利的庞贝和赫库兰尼姆一样，于公元 600 年左右遭到火山喷发掩埋。正是由于这种特殊的保存方式，人们现在可以从此了解当时在这块土地上耕作的中美洲人的日常生活。

霍亚－德赛伦位于萨尔瓦多拉利伯塔德省的圣胡安奥皮科－拉斯弗洛雷斯附近。最早这里被火山灰所覆盖，后来土地逐渐变得肥沃。公元400年，这里已有人居住，他们以种田为生。到公元6世纪，霍亚－德赛伦居民点已建立起来。但未过许久，公元600年左右，洛马卡尔德拉火山喷发，火山灰把整个霍亚－德赛伦完全吞没，所幸当地居民全都逃离了该地——在该遗址未发现一具尸骨。1976年供应管理局（I. R. A.）挖地窖时，发现该遗址。玛雅人的房屋、仓库、浴室以及大量生活用品、手工艺品重见天日。人们通过这些遗物，可以了解1400多年前（公元7世纪）玛雅族农民的日常生活，因此这个遗址是中美洲最重要的考古点之一，堪称美洲的"庞贝"。

国花

丝兰花（Izote）。学名为"Yucca Elephantipes"，原产于中美洲地区。萨尔瓦多人很早就把丝兰花视为国花，但直至1996年2月10日颁布法令，其才正式成为国花。丝兰花是一种百合科植物，高5～10米，白色花串长达1.5米，可用作装饰品。因味道好，可配于凉拌菜和泡菜中，是萨尔瓦多人喜欢食用的菜之一。丝兰花还可做纺织原料。

国树

马基利苏亚特树（Maquilíshuat）和香胶树（Balsamo）。根据萨尔瓦多1939年9月1日第44号法令，马基利苏亚特树和香胶树为萨尔瓦多国树。马基利苏亚特树学名为"Tabebuia rosea"，又称"玫瑰木"（palo de rosa）和"马蒂利斯瓜特"（matilisguate）。高可达30米，直径达100厘米。树冠硕大，树皮呈灰色到褐色。树叶为复合、掌状，落叶。每个树叶由大小不同的5片小叶组成，中间的叶子最大。1月和2月花开时节，枝头缀满硕大的粉色、紫色、玫瑰色花，艳丽无比。2～4

月结果，果实可长达 35 厘米。马基利苏亚特树是中美洲最漂亮的树之一，受到萨尔瓦多人民的喜爱。马基利苏亚特树有多种用途，其木质精致，较轻，可制作精美高档家具，并可用于制作地板、橱柜、装饰胶合板、船、木工作品、带轮推车、工艺品、包装盒和室内装饰品等，还可作为公园、庭院的观赏植物。树皮可入药，治疗疟疾、子宫癌、贫血、便秘，并可驱虫。煎过的花和叶可退烧、止痛、治疗扁桃腺炎和其他疾病。

香胶树高 15 ~ 20 米，复叶，花为白色，属蝶形花科。其树脂可制药，治疗呼吸道感染。

国鸟

托洛戈斯鸟（Torogoz），学名为"Choroxiphia Linearis"，属佛法僧目。成鸟长约 34 厘米，重约 65 克。羽毛艳丽，背部多为绿色，腹部为红色，双翼和尾的羽毛为蓝色，此外，鸟身还有天蓝色、咖啡色、白色、黄色、黑色羽毛等。尾有两根长羽毛。以昆虫和野果为食，筑巢于墙、树等洞中。雌雄鸟共同抚育雏鸟，因而成为家庭团结的象征。多见于萨尔瓦多西北部，如莫拉桑、拉乌尼翁北部和查拉特南戈山区。1999 年 10 月 21 日被宣布为国鸟。托洛戈斯鸟也是尼加拉瓜国鸟，被称为瓜达巴兰科鸟（Guardabarranco）。参见尼加拉瓜国鸟。

国舞

托里托平托舞（Torito Pinto），是萨尔瓦多著名的民间舞之一，它同萨尔瓦多民族的起源与民族的文化紧密相连。每逢文化或公众活动，特别是 9 月欢庆国庆节期间，人们就跳起托里托平托舞。托里托平托舞最早起源于西班牙殖民者征服萨尔瓦多地区时期，主要受到玛雅 - 皮皮尔和伦卡文化的仪式和传统以及西班牙的影响。该舞模仿西班牙斗牛舞，把西班牙舞蹈和印第安乐器融合在一起。萨尔瓦多拥有国际知名的舞蹈之一托里托平托舞，特别是在圣萨尔瓦多省圣安东尼奥阿巴德村，在庆祝村保护神节期间跳起这种舞蹈。库斯卡辛戈村也跳托里托平托舞。托里托平托舞通常由 8~12 人结对起舞，男女舞者衣着艳丽，草帽饰有穗子和纸花。舞圈中有一男舞者装成斗牛，头戴类似于牛的帽子，架子固定在腰间。另一舞者身着魔鬼服。舞者们手中舞动着红手帕，挑逗着牛。牛则表现出刚健和灵巧的特点，不时扑向舞者。扮演魔鬼的舞者则不停地追逐牛。笛子和鼓伴随 6/8 节拍的舞蹈响起，曲调优美而奔放。

国球

足球。萨尔瓦多足球队曾于 1970 年和 1982 年两次入围世界杯，但在小组赛即遭淘汰。1954 年和 2002 年曾获中美洲锦标赛冠军。1969 年 7 月萨尔瓦多和洪都拉斯曾爆发"足球战争"（详见洪都拉斯）。在 2014 年 6 月 205 个国家和地区的男子足球队世界排名中，萨尔瓦多居第 54 位。

国食

普普萨玉米馅饼（Pupusa）。源于皮皮尔语"pupusawa"的"Pupusa"，是"popotlax"的西班牙语化。而"popotlax"则是纳华特尔语"popotl"（意为大的、填馅的）和"tlaxkalli"或"tortilla"（玉米饼）的组合，由"púpu"和"tsa"两个词组成，意为"填满馅的食物"。多用玉米面制作，在萨尔瓦多个别地区（如奥洛库伊尔塔镇）也有用米粉制作的。馅内含有菜豆、乳酪、猪肉丁（也可用鸡肉、鱼肉和虾肉）、洛罗科（loroco，生长于中美洲北部的植物，其花蕾和未开的花朵具有独特的香味，萨尔瓦多食品中常配此物）、奇皮林（chipilín，生长于中美洲的植物，富含铁、钙、β-胡萝卜素）、南瓜、西葫芦、蘑菇等，是半圆形卷饼。其形类似北京的火烧，但个儿要大一些。馅饼包好后在平的铛上烘烤,烤十几分钟即可。可与由酱油拌的圆白菜、胡萝卜、葱头和绿蜡(芭蕉的心)一起吃。普普萨玉米馅饼是历史悠久的印第安食品,起源于中美洲地区,特别是萨尔瓦多西部。这种食品一代一代传承下来,成为萨尔瓦多非常普及的大众化食品。每个普普萨玉米馅饼的热量约为350卡路里,联合国粮农组织认为普普萨玉米馅饼是萨尔瓦多基本食物的重要一部分,是花销少的好食品。在2004年"国际稻米年",被世界公认为"受欢迎的食品"。根据萨尔瓦多第655号法令,每年11月的第二个星期日为"普普萨玉米馅饼节"。中美洲其他国家也有普普萨玉米馅饼,为争普普萨玉米馅饼的原产地,萨尔瓦多和洪都拉斯及尼加拉瓜还发生过争议。

2007年1月,首都圣萨尔瓦多40名厨师制作出一个直径为3.15米的大玉米馅饼,使用玉米面200磅,猪肉和奶酪各40磅,供1000人食用。使用的平面金属铛重达7吨。该玉米馅饼被载入吉尼斯世界纪录。2016年11月,萨尔瓦多旧库斯卡特兰市打破原来的纪录,制作出一个直径为5.5米的大玉米馅饼。

宗教

和其他拉美国家一样,天主教是萨尔瓦多的主要宗教。16世纪20年代,随着西班牙殖民者入侵中美洲,天主教也传入萨尔瓦多,越来越多的印第安人皈依天主教。殖民时期和独立后很长时间,天主教为萨尔瓦多国教,是殖民统治的重要支柱。1871年以圣地亚哥·冈萨雷斯(Santiago Gonzales)为首的自由党人掌权后,颁布了新宪法,规定宗教信仰自由,取消教士对墓地的控制,宣布非宗教仪式结婚合法化,禁止教士在公立学校授课。1962年宪法重申政教分离。

1842年在圣萨尔瓦多成立第一个主教管区,1913年成立圣安娜主教管区和圣米格尔主教管区。1943年成立圣维森特主教管区,1958年成立圣地亚哥-德玛利亚主教管区。查拉特南戈主教管区和萨卡特科卢卡主教管区则成立于 1987 年。现任圣萨尔瓦多大主教为何塞·路易斯·埃斯科瓦尔·阿拉斯（José Luis Escobar Als，生于 1959 年 3 月 10 日）。2002 年萨尔瓦多天主教会报告说，7 个主教管区下辖 376 个教区，拥有 662 名教士（其中世俗教士为 429 人）、394 名宗教人员和 1542 名修女。

近些年来，萨尔瓦多信仰天主教的人数有所下降，信仰新教的人数则不断上升。1988 年萨尔瓦多中美洲大学研究人员所做的报告披露，占该国人口 67.1% 的人为天主教徒，16.4% 的人为新教徒，4.8% 的人为其他教徒，其他人信仰不明或不信教。此后，新教徒数量大幅增加，天主教徒数量则显著减少。根据萨尔瓦多中美洲大学 2009 年的调查，天主教徒占全国人口的 50.4%，新教徒占 38.2%，其他教徒占 2.5%，不信教者占 8.9%。

圣萨尔瓦多大教堂（Catedral de San Salvador）全称世界圣萨尔瓦多都市大教堂（Catedral Metropolitana del Divino Salvador del Mundo），是圣萨尔瓦多大教区所在地，也是其主教堂。原址为 19 世纪圣多明各一教堂，1873 年毁于地震。1888 年，在原圣多明各教堂的地基上建立起一座为大主教们准备的教堂，但 1951 年 8 月 8 日又毁于大火。1956 年大主教路易斯·查韦斯－冈萨雷斯（Luis Chávez y González）开始重建大教堂，历经 40 多年，1999 年 3 月 19 日，大主教费尔南多·萨恩斯·拉卡列（Fernando Sáenz Lacalle）任职期间，大教堂终于竣工。1983 和 1996 年，教皇保罗二世曾两次造访还未完工的大教堂，祭拜 1980 年被谋杀的大主教奥斯卡·罗梅罗（Óscar Romero），他被安葬在大教堂地下。

国家保护神

拉巴斯圣母（Nustra Señora de la Paz）。"拉巴斯"（la Paz）西班牙文意为"和平"，拉巴斯圣母即和平圣母。11 月 21 日为萨尔瓦多拉巴斯圣母节。

拉巴斯圣母的称呼源于 11 世纪末的西班牙城市托莱多（Toledo）。

传说 645 年 12 月 18 日，托莱多第十次主教会议结束后，大主教圣伊尔德方索（San Ildefonso）在随行人员陪伴下，深夜赶回大教堂。进入大门时，突然发现祭台上射出一道强烈的光芒，众人害怕逃之夭夭，而大主教却坚定地继续向前。他看到从天上降到人间的玛利亚圣母坐在主教宝座上，非常友善地同他交谈，并送给他一件十字褡。随后，圣母便消失了。托莱多教会下令 1 月 24 日在全大主教区举行专门庆祝活动，纪念圣母玛利亚降临大教堂。因此，从 7 世纪起，托莱多大教堂成为朝拜圣母玛利亚的圣地。三个世纪后的 1085 年，圣母玛利亚获得拉巴斯圣母称号。为什么得此称号？原来这一年在托莱多城发生了一件大事。阿斯图里亚斯和莱昂王国国王阿方索六世通过和摩尔人协商，重新控制了托莱多城，他们签订的和平协议的一个条件就是把城中主要教堂仍"维持"为摩尔人的清真寺。阿方索六世答应了这个条件，签了和平协议。随后他离开托莱多，把其妻孔斯坦萨（Constanza）女王留了下来，作为该城的长官。然而，基督徒们认为他们是城市主人，却不能在城市主要教堂朝拜圣母玛利亚，感到难以容忍，不断向大主教唐罗德里格（Don Rodrigo）和女王抱怨。大主教和女王同样厌恶大教堂成为朝拜穆罕默德之所，因而支持基督徒们的要求。受到鼓励的基督徒们无视国王对摩尔人的许诺，也没考虑触怒人数占优的摩尔人带来的威胁，企图用武力占领大教堂。此时，摩尔人认为阿方索六世破坏了和平协议，他们也拿起武器，一场激烈冲突一触即发。摩尔人派使者晋见国王，阿方索六世马上返回托莱多。听到国王动怒的消息，大主教、女王及其女儿率众迎接国王。正当阿方索六世同意摩尔人的要求，让大教堂继续掌握在摩尔人手中时，意想不到的事发生了。摩尔人的使者跪倒在国王面前，请求国王宽恕基督徒们，并保证归还大教堂。国王及其人民喜出望外，认为这是神的旨意。国王下令允许大主教和基督徒在第二天，即 1 月 24 日占领大教堂，并举行纪念为人民实现和平的圣母玛利亚的特别庆祝活动，从此之后尊她为和平圣母。这样，和平圣母的称号一直延续到现在。

至于萨尔瓦多人崇拜和平圣母，有这样的传说。相传 1682 年，几个商人在南海（太平洋前称）沿岸村子里拾到一个被丢弃的盒子，盒子封闭严密，他们怎么也打不开。于是，他们把盒子系在驴背上，前往圣米格尔城。经过长途跋涉，11 月 21 日抵达该城。当他们经过教区教堂（今大教堂）前时，驴子突然趴倒在地，不再前进。这时，他们竟毫不费力地把盒子打开了，里面原来装的是双臂紧抱幼儿的圣母像。圣母像被放入教堂，然而，圣母像的来源一直是个谜。人们传说，诺努阿尔科人和圣米格尔人为争抢盒子发生激烈冲突时，在得知是圣母像后，立即放下武器，停止了争斗。

1833 年，西班牙殖民者贝尼特斯率领军队击败诺努阿尔科人和圣米格尔人后，进入圣米格尔城。为了巩固殖民统治，欺骗印第安人，他从教堂搬出拉巴斯圣母像，命令士兵围绕圣像站成排。贝尼特斯跪倒在地，摘下宝剑放在圣母脚前，随后重新拿起宝剑。在向圣母致敬后，把圣母送回教堂。

拉巴斯圣母像为木制，右手擎一金棕榈枝。据说，1787 年 9 月 21 日查帕拉斯迪克火山喷发时，惊恐的圣米格尔人把拉巴斯圣母像放在大教堂的前门，这时熔岩流改变方向，绕开了圣米格尔城，该城得以免遭火山熔岩吞噬。这一天，人们看到火山喷出的烟雾在蓝天上聚拢成一棕榈枝，这是圣母保护的标记。人们决定在圣母手上放上一棕榈枝，其与在天上看到的棕榈枝一样。1921 年 11 月 21 日，圣母被戴上一顶重 650 克镶有黄金和许多宝石的王冠，宝石中最突出的是一颗巨型绿宝石。1953 年，新的拉巴斯圣母教堂落成。

国币

萨尔瓦多科朗（Colón de El Salvador）。2001 年 1 月，萨尔瓦多货币一体化法生效，规定科朗和美元均为该国流通的合法货币。但现在美元已成为该国主要流通货币，科朗已很少使用。现流通的萨尔瓦多科朗面值有 5 分、10 分、25 分、50 分、100 科朗、200 科朗六种，铸币有 1 分、5 分、10 分、25 分、50 分和 1 科朗。

萨尔瓦多在沦为西班牙殖民地之前，当地印第安人进行易货交易，把可可仁作为流通钱币使用。因为他们认为，可可仁是一种稀有、珍贵的果实，可可制成的巧克力是神的食品。西班牙殖民者征服萨尔瓦多后，带来了西班牙货币里亚尔，但可可仁继续作为货币流通，200 可可仁抵 1 里亚尔。殖民初期，里亚尔都由西班牙铸造。1731 年危地马拉建立造币厂，萨尔瓦多使用的里亚尔便是中美洲自己铸造的了。整个殖民时期，萨尔瓦多使用最多的货币是一种名叫马卡科（Macaco）或莫尔拉科（Morlaco）的货币。马卡科是秘鲁或墨西哥铸造的一种样子不太正规的银币，币上绘有赫丘利大力神柱和铭文"Plus Ultra"。因其所含银的分量高于面值，故受萨尔瓦多人欢迎。1821 年中美洲国家独立后，马卡科被继续使用。1856 年 7 月 9 日，萨尔瓦多颁布法令，正式规定马卡科合法流通。在马卡科流通的同时，在萨尔瓦多庄园还使用代金牌。代金牌是一种用黄铜铸造的钱币，由各庄园自主发行，并刻有自己庄园的名字。各庄园的代金牌各不相同，但基本都为圆形。代金牌是庄园主用来支付雇工工资的钱币，雇工只能在庄园当地的商店购物。

中美洲联邦时期，殖民时期的货币制度在萨尔瓦多延续下来，银比索为主要货币单位，1 银比索等于 8 里亚尔。1883 年萨尔瓦多颁布货币法，仍以比索为单位，但建立十进位制，1 比索等于 10 里亚尔。1880 年成立的国际银行经政府授权发行了萨尔瓦多第一批纸币，后西方银行和农业商业银行也被授权发行纸币。1892 年 8 月 28 日，萨尔瓦多建立自己的造币厂，发行了面值为 1 分铜币，5 分、10 分、20 分、50 分和 1 比索银币，2.5 比索、5 比索、10 比索和 20 比索金币。为了庆祝发现美洲 400 周年，1892 年 10 月 1 日，萨尔瓦多国会修改 1883 年的货币法，把货币单位的名称改为科朗，不再使用比索。同时，1 比索和 50 分铸币上的国旗图案改为西班牙探险家哥伦布像。萨尔瓦多造币厂因生产成本高昂，在 1896 年底便停止运作，欧洲和美国的几家造币厂为萨尔瓦多铸造钱币。货币的名称改为科朗后，很长时间内纸币仍以比索为单位，到 20 世纪 20 年代才改为科朗。1919 年第二货币法问世，宣布禁止用代金牌、代价券代替货币，违者将被处罚。1934 年 6 月 19 日，国会通过成立萨尔瓦多中央储备银行（Banco Central de Reserva de El Salvador）的法令。同年 8 月 31 日，该行发行一套面值为 1、5、10、25 和 100 科朗的纸币。随后，该行于 1955 年发行 2 科朗纸币，1979 年发行 50 科朗纸币，1997 年发行 200 科朗纸币。为纪念发现美洲 500 周年与和平协议的签订，萨尔瓦多中央储备银行曾发行纪念币。

萨尔瓦多纸币科朗正面均是哥伦布像，1 科朗纸币背面绘有水库，2 科朗纸币背面绘有潘奇马尔克殖民时期教堂，5 科朗纸币背面绘有国家宫，10 科朗纸币背面绘有伊萨尔科火山，25 科朗纸币背面绘有圣安德烈斯金字塔，50 科朗纸币背面绘有科阿特佩克湖，100 科朗纸币背面绘有塔苏马尔金字塔，200 科朗纸币背面绘有世界救世主纪念碑。

圣基茨和尼维斯

国名

圣基茨和尼维斯联邦（The Federation of Saint Kitts and Nevis）。位于东加勒比海背风群岛北部，由圣基茨岛、尼维斯岛和其他岛屿组成。圣基茨和尼维斯最早的居民是卡利纳戈人（Kalinago），他们称该地为"利亚穆伊加"（Liamuiga），意为"肥沃的土地"，表示岛上的火山土壤肥沃，物产丰盈。圣基茨岛又称克里斯托弗岛，圣基茨是克里斯托弗的昵称。宪法规定圣基茨和尼维斯与圣克里斯托弗和尼维斯都是该国国名，但前一个名字最为通用。关于克里斯托弗名称的来源，存在一些争论。一说 1493 年哥伦布第二次远航美洲登上该岛，为该岛取名为"圣克里斯托巴尔"（San Cristóbal）；一说是以旅行者的保护神"圣克里斯托弗"为名；另一说是为纪念哥伦布本人。有人认为哥伦布给该岛取的名字是"圣亚戈"（Sant Jago），而"圣克里斯托巴尔"则是哥伦布给距该岛西北 20 海里远的现名为萨巴岛（Saba）取的名字，后来，西班牙探险者们绘制地图错误，导致圣克里斯托巴尔的名字在文件中被使用开来。1623 年该岛成为英国在西印度群岛的第一块殖民地，保留了该岛的英文译名"圣克里斯托弗岛"（St. Christopher's Island）。17 世纪以后，克里斯托弗岛被简称为基茨岛（Kitt's Island），后又缩短为圣基茨（Saint Kitts）。英国殖民者以圣基茨岛为基地，向加勒比其他岛屿扩张，圣基茨岛一度被称为加勒比"殖民地之母"。

哥伦布发现尼维斯岛之前，该岛被当地人称作"夸利"（Qualie），意为"秀水土地"，可能是指岛上多淡水泉和热火山泉。哥伦布来到该岛时，给它取名为"圣马丁"（San Martín）。后来有人把它叫作"杜尔西纳"（Dulcina），西班牙语意为"甜岛"，但这两个名字都没能保留下来。而不知是谁给该岛取的"尼维斯"（Nevis）之名却成为该岛的永久之名。"尼维斯"（Nevis）来自西班牙文"雪圣母"（古西班牙文为Noestra Siñora de las Neves，现西班牙文为 Nuestra Señora de las Nieves）。据说西班牙人看到该岛中央一座火山山峰被雪一样的白云所缭绕，他们想起了4世纪天主教奇迹传说中的"罗马埃斯基利内山"（Esquiline Hill）雪景，遂把该岛称为"雪圣母"，简称"尼维斯"。

国都

巴斯特尔（Basseterre）。位于圣基茨岛西南岸，是圣基茨和尼维斯最大城市和海港，也是东加勒比最古老的城市。1627 年，法国探险家皮埃尔·贝兰（Pierre Belain）在此建城，取名巴斯特尔。1727 年，英国人托马斯·沃纳（Thomas Warner）把首府从旧罗德（Old Road）迁到巴斯特尔。巴斯特尔之名法语意为"低地"或"向下的土地"，该名来自17世纪在加勒比海使用的法语术语，用于称呼避风的海岸地区。在加勒比海，从东北吹来盛行风，加勒比群岛西部的背风群岛受贸易风保护，17世纪时就被称为"Basse-Terre"，因为它位于顺风处，而加勒比东部的岛屿位于迎风处，这片地区就被称为"卡贝斯特"（Cabesterre）。这样，17世纪时，法国在加勒比海的一些殖民地就使用"Basse-Terre"表示岛的西部，"Cabesterre"表示岛的东部。圣基茨和尼维斯首都被称为巴斯特尔，就是因为位处圣基茨岛的西部。

国庆

9 月 19 日（1983 年）。1493 年哥伦布发现圣基茨和尼维斯后，西班牙、英国和法国殖民者对两岛展开激烈争夺。1623 年，英国殖民者托马斯·沃纳入侵圣基茨，建立起殖民点。第二年，法国殖民者也在该岛建立起殖民点。1628 年，英国占领尼维斯岛。法国和英国继续交锋多年。1713 年根据《乌德勒支条约》，法国将圣基茨和尼维斯让与英国。但两国仍在争夺对圣基茨和尼维斯的控制权。后根据 1783 年《凡尔赛条约》，圣基茨和尼维斯最终归属英国。1882 年安圭拉与圣基茨和尼维斯合并，称为"圣基茨—尼维斯—安圭拉"。1967 年 2 月实行"内部自治"，1980 年 12 月，安圭拉脱离联邦。1983 年 9 月 19 日，圣基茨和尼维斯宣布独立，为英联邦成员国。9 月 19 日这一天成为该国独立日和国庆日。

国父

罗伯特·卢埃林·布拉德肖（Robert Llewellyn Bradshaw）。1916 年 9 月 16 日生于圣基茨和尼维斯圣保罗卡皮斯特雷教区首府圣保罗，父亲是个铁匠。布拉德肖只有 9 个月大时，其父便移居美国打工，祖母把他养大。布拉德肖 16 岁时前往巴斯特尔，在一家制糖厂当学徒，成为工人联盟（Workers' League）成员。他在一家机械商店工作时，右手不慎受伤，养伤期间他抓紧时间学习。1940 年布拉德肖积极参加工会为提高工人工资而举行的罢工，当了糖厂分会首任书记和执委会成员。1944 年布拉德肖成为工会主席和工人联盟副主席，1945 年当选加勒比劳工大会秘书长第一助理，1949 年参与成立巴斯特尔国际自由工会联合会并被选进第一届执委会，1958 年当选联邦议会议员和财政部部长。1967 年圣基茨—尼维斯—安圭拉实行内部自治，布拉德肖成为总理。他为圣基茨和尼维斯完全独立带病坚持与英国进行谈判。1978 年 5 月 23 日布拉德肖病逝，未能亲眼看见该国独立。圣基茨和尼维斯人民怀念为争取独立不懈奋斗的布拉德肖，把他誉为该国民族英雄和国父。1998 年颁布《国家荣誉法》后，已故的布拉德肖成为第一枚民族英雄勋章获得者。为了纪念这位民族英雄，民族英雄日定在他的生日 9 月 16 日。巴斯特尔国际机场以他的名字命名，机场休息室放置着古巴捐赠的布拉德肖铜像。

国旗

圣基茨和尼维斯国旗是在 1983 年 8 月 19 日开始使用的。国旗为长方形，长与高之比为 3∶2。一条带有黄边的黑色宽条从旗的左下角直至右上角，把旗面分为两个相等、对称的三角形。左上方的三角形为绿色，右下方的三角形为红色。黑色宽边上有两颗白色的五角星。通常的说法是，两颗星分别代表圣基茨岛和尼维斯岛，但实际上两颗星象征希望和自由。绿色代表肥沃的土地；红色代表争取自由的斗争；黑色代表大多数居民的撒哈拉以南非洲来源；黄色象征全年照耀的阳光。

20 世纪 80 年代初圣基茨和尼维斯举行选择新国旗的全国比赛，在参赛的 258 个设计作品中，学生埃德里斯·刘易斯（Edrice Lewis）设计的国旗拔得头筹。1983 年 9 月 19 日圣基茨和尼维斯宣布独立后，这面国旗首次悬挂在圣基茨和尼维斯上空，替代了原来的圣基茨—尼维斯—安圭拉国旗。

国徽

圣基茨和尼维斯国徽主题图案为盾形。盾面底部绘有一艘帆船，象征 1493 年哥伦布乘船抵达圣基茨和尼维斯。帆船之上是倒“V”字形红色宽条和两朵红色国花凤凰木花。盾面的上部中央绘有一加勒比人头像，表示圣基茨和尼维斯的最早居民是加勒比人。头像的两边是鸢尾花和蔷薇花，它们分别是法国和英国的国花，表示这两个国家对圣基茨和尼维斯的巨大影响。盾的顶上是一顶头盔，头盔顶上是城楼，代表非洲黑人、欧洲白人和混血种人的三只手在城楼上高举火炬，象征来源不同的各族人民争取自由的斗争，为共同的目标团结在一起。盾的两侧各有一只国鸟褐鹈鹕扶持。盾的左侧绘有一棵椰子树，右侧绘有一株甘蔗，它们在圣基茨和尼维斯被广泛种植。盾面之下的浅蓝色飘带上写有红色英文国家格言"国家至上"（COUNTRY ABOVE SELF）。

圣基茨和尼维斯国徽于 1983 年 9 月 19 日采用，代替了从 1967 年 2 月 16 日开始使用的圣基茨—尼维斯—安圭拉国徽。

总督旗

圣基茨和尼维斯的国家元首是英国女王伊丽莎白二世，总督是女王的代表，女王陛下根据总理的建议任命。圣基茨和尼维斯总督旗为蓝色长方形，长与高之比为 2：1。旗面中央为王冠，王冠上站立一头戴冠的金狮，象征与英国的关系。王冠下的黄色飘带上写有黑色英文国家格言"国家至上"（COUNTRY ABOVE SELF）。

总督府

圣基茨和尼维斯总督府（Government House）位于圣基茨岛的巴斯特尔。总督府是一座二层建筑，红瓦白墙，别具一格。它有宏伟的入口大厅、客厅、餐厅和 5 间卧室，房子周围有宽阔的草地，种有观赏花木。院内还有网球场和槌球场。总督府已有近 200 年的历史。总督府所在地曾是种植园主亨利·布莱克（Henry Blake）的钻石庄园（Diamond Estate）的一部分。1837 年，种植园主托马斯·哈珀（Thomas Harper）从亨利·布莱克手中买下这块面积为 25 英亩（相当于 101171.41 平方米）的土地，取名为"斯普林菲尔德"（Springfild），意为"春田"，并修建房屋。后来，托马斯·哈珀因负债累累，又把这块地转给罗伯特·哈珀（Robert Harper）。1848 年 9 月 29 日，哈珀家族的"春田"和所建房屋被抵押给首任圣基茨副主教弗朗西斯·罗伯特·布拉斯韦特（Francis Robert Brathwaite）。1855 年"春田"房产被政府征用。房子翻修后，1856 年成为教区长亨利·威洛比·杰明（Henry Willoughby Jermyn）的宅第，后来这座房子一直作为教区长的宅第。1882 年，教区长乔治·米德·吉布斯（George Meade Gibbs）退休后，"春田"和所建房屋归政府所有。同年 8 月总督 C. M. 埃尔德里奇（C. M. Eldridge）入住"春田"，这里成为总督府。但 1883 年他就从"春田"搬回到维多利亚大道的总督府，因为他认为"春田"抵御不了飓风。1946 年，维多利亚大道的总督府停止使用，成为一所女子中学。从那时起，"春田"正式成为总督府，当时的总督弗雷德里克·艾伯特·菲利普（Frederick Albert Phillip）搬进这座房子，后来此房就成为圣基茨和尼维斯总督府，也是总督官邸。

总理府

总理府（Government Headquarters），位于巴斯特尔教会街，是一幢白色三层楼房，内有总理办公室。总理府所在地原为纽斯特德饭店（Newstead Hotel），1945 年 12 月 1 日，当时的岛政府以 5000 英镑购买了这个饭店，社会福利、教育、劳工等部门曾在此办公。1949 年新成立的西印度群岛大学校外办公室也设在这里，直至 1970 年迁出。1958 年西印度群岛联邦成立后，圣基茨岛在纽斯特德饭店建立行政大楼。建筑师科林·莱尔德（Colin Laird）负责设计和施工，1965 年竣工，立法部门和其他一些部门进驻。1993 年政府决定扩建行政大楼，占据了已毁坏严重的纽斯特德饭店。1995 年经过整修和扩建的总理府完工。

权杖

圣基茨和尼维斯国民议会为一院制，由 14 名议员组成。其中 11 名由选举产生，另外 3 名由提名产生（2 名由总理提名，1 名由反对党领袖提名），称参议员。权杖是圣基茨和尼维斯国民议会权力标志之一，也是王权在圣基茨和尼维斯国会的标志。

议长座椅

圣基茨和尼维斯国民议会议长由议员选举产生。国民议会专门为议长设立议长座椅（Speaker's Chair），其代表议长的威望和权力。

国歌

《啊，美丽的土地！》（*O Land of Beauty*！）。由肯里克·安德森·乔治（Kenrick Anderson Georges，生于1955年）作词和作曲。他是圣基茨和尼维斯著名古典派作曲家。1983年独立时他创作的歌被定为国歌，目前居住于美国纽约。

歌词译文：

啊，美丽的土地！
我们的国家充满和谐静谧，
孩子们依赖意志和爱心自由发育。
我们的奋斗有上帝在一起，
共同的命运，
使圣基茨和尼维斯成为一体。

为了正义和自由，
我们坚定不移。
为你服务、为你增光添彩，
因为我们拥有智慧和真理。
刀剑不能把你征服，
上帝必定保卫你。
对你永远赐福是上帝，
你的子孙绵延不息。

歌词原文：

O Land of Beauty!
Our country where
peace abounds,
Thy children stand free
On the strength of will
and love.
With God in all our
struggles
St. Kitts and Nevis
be a nation
bound together
with a common destiny.

As stalwarts we stand
for justice and liberty.
With wisdom and truth
we will serve and
honour thee.
No sword nor spear can
conquer for God will sure
defend.
His blessings shall
forever
to posterity extend.

歌词原文见 http://www.stkittsnevis.net/governed/page3.htm。

国家格言

"国家至上"（Country above Self）。

国语

英语。圣基茨和尼维斯官方语言为英语，但一般只在正式场合使用，在非正式场合，大多数居民讲一种以英语为基础的克里奥尔语。克里奥尔语起源于 17 世纪，当时西非黑人奴隶被贩运到圣基茨和尼维斯，在甘蔗园充当劳力。他们在被迫学习英语的过程中，在英语中加入了西非语言的词语和结构。后来，法国占领圣基茨和尼维斯期间，克里奥尔语又受到法语的一些影响。圣基茨和尼维斯克里奥尔语的发音与安提瓜克里奥尔语和蒙特塞拉特克里奥尔语相近，其句法与正规英语有差别。句子中用作主语的人称代词和用作宾语的人称代词的使用方法与正规英语正好相反，动词的过去时用现在时表达，如用"I tell she"代替了"I told her"；名词从单数变为复数时，词尾不发生变化，而要添加另一个单词"dem"，如"gyul"（姑娘）的复数形式是"gyul dem"。疑问句中的"is it"改为"y be"，如"what is it?"（它是什么?）变成"what y be?"。圣基茨和尼维斯克里奥尔语的形容词前很少使用"very"和"extremely"。表示"very"的意思，形容词要重复，如"look bad bad"（看起来非常坏）。要表示"extremely"的意思，应在形容词后加"so tail"，如"look bad so tail"（看起来极坏）。

国家勋章

1996 年圣基茨和尼维斯联邦议院通过《国家荣誉法》，决定设立"民族英雄勋章"（Order of National Hero）、"功绩之星勋章"（Star of

Merit）和"荣誉勋章"（Medal of Honour）3种勋章，并宣布9月16日为"民族英雄日"。常设国家奖励委员会由公共服务委员会、工会、商会、教会和妇女组织以及全国青年委员会的代表组成，接受对国家做出突出贡献的公民的申请，并负责审批以确定勋章的获得者。"民族英雄勋章"是圣基茨和尼维斯最高一级荣誉奖章，1998年第一个获得"民族英雄勋章"的人是已故总理罗伯特·卢埃林·布拉德肖。2004年"民族英雄勋章"颁给已故总理凯莱布·阿扎赖亚·保罗·索斯韦尔（CalebAzariab Paul Southwell，1913～1979）和已故国民议会部长约瑟夫·纳撒尼尔·弗朗斯（Joseph Nathaniel France，1907～1997）。2013年尼维斯前总理西梅翁·丹尼尔（Simeon Daniel，1934～2012）获得"民族英雄勋章"。2015年"民族英雄勋章"颁给首任圣基茨和尼维斯总理肯尼迪·西蒙兹（Kennedy Simmonds，生于1936年）。

"圣克里斯托弗和尼维斯勋章"（Order of St Christopher and Nevis）是2005年设立的，授予为圣基茨和尼维斯做出重大贡献的外国元首或国家代表。

民族英雄

截至2015年，圣基茨和尼维斯共有5人获得"民族英雄勋章"，他们被称为该国民族英雄。

罗伯特·卢埃林·布拉德肖。详见上述国父。

凯莱布·阿扎赖亚·保罗·索斯韦尔曾任圣基茨和尼维斯总理。生于多米尼克，当过教师、警官。1944年进入圣基茨糖厂，成为工会副主席，从事工会运动。1978年被任命为总理。1979年5月18日，他在圣卢西亚主持西印度群岛国家部长理事会期间突发心脏病去世。

约瑟夫·纳撒尼尔·弗朗斯做过印刷工、记者、专栏作家，工党成员，从事工会运动。1938年他当选工人联盟书记，后又当选总书记，任职直到去世，曾任社会服务部部长。

西梅翁·丹尼尔是尼维斯首任总理。1950 年起从事教师工作。1962 年赴英国从教和学习。1966 年成为律师，并于同年返回圣基茨和尼维斯，次年成为最高法院法官。1970 年参与组建尼维斯改革党（Nevis Reformation Party，NRP）。1983～1992 年成为尼维斯首任总理。他在担任尼维斯总理和改革党领袖期间，改善了水、电、道路、教育、旅游的状况，进行了土地改革。

肯尼迪·西蒙兹是人民行动运动党创始人之一。他是圣基茨和尼维斯独立后首任总理，于 1980～1983 年任职，故被称为"民族之父"。

世界遗产

圣基茨和尼维斯共有 1 项世界遗产，它就是布里姆斯通山城堡国家公园（Brimstone Hill Fortress National Park），又称布里姆斯通山要塞国家公园和硫黄石山要塞国家公园。1999 年被联合国教科文组织世界遗产委员会列入《世界遗产名录》。世界遗产委员会评价说：布里姆斯通山城堡是由英国人设计、非洲奴隶建造而成的，它得到完好保存，是 17 世纪和 18 世纪加勒比海军事建筑的典范，要塞是欧洲的殖民扩张、奴隶交易和加勒比海地区出现新型社会的见证。

布里姆斯通山城堡国家公园位于圣基茨和尼维斯的圣汤玛斯及圣克里斯多福教区，距离首都巴斯特尔 17 公里。布里姆斯通山高 800 英尺（相当于 243.84 米），山势陡峭。1690 年，英军为了夺取法军手中的查尔斯堡，在布里姆斯通山安放了第一门大炮。但因山高林密，他们无法移动大炮，从那之后，开始修建布里姆斯通山城堡，耗时 90 多年时间，才于 1790 年左右建造完成。由于数千年前海底火山活动散放出大量硫黄气味，工事故被命名为"硫黄山堡垒"。因其战略地位重要，该城堡被誉为"西印度群岛的直布罗陀"。它是加勒比地区第二大城堡，仅次于海地的费里埃城堡。城堡雄踞山顶，2 米厚的城墙用此山的火山石砌成，将巨大的乔治炮台重重围住。城墙上架设多门大炮，炮口指向对面的大海。1782 年 2 月，法国为将英国赶出圣基茨和尼维斯，派遣海军上将弗朗西斯·德格拉斯（François de Grasse）率领由 50 艘舰艇组成的法国舰队驶入尼维斯地区海域。在舰队支持下，8000 名法国士兵围攻布里姆斯通山城堡。英国海军上将塞缪尔·胡德率 1000 名英军，抵抗1 个多月，终因寡不敌众投降并撤离布里姆斯通山。一年以后，《凡尔赛条约》的签订又使英国恢复了对圣基茨和尼维斯的统治。经历过这次英法之争，由于贩卖奴隶被禁、蔗糖贸易的衰落，"新世界"的地位不断下降，1851 年布里姆斯通山城堡被废弃。在此后的 100 多年，该城堡遭到人为破坏和自然毁损。从 20 世纪开始，该遗址逐渐得到人们的重视。1965 年在时任总理罗伯特·卢埃林·布拉德肖支持下，布里姆斯通山修复协会（Brimstone Hill Restoration Society）成立。1987 年圣基茨和尼维斯政府颁布《国家保护与环境保护法》，该遗址被正式列为国家公园。经过修复，城堡再现原来雄姿。布里姆斯通山修复协会现称布里姆斯通山城堡国家公园协会（The Brimstone Hill Fortress National Park Society），负责管理和保护该遗址。每年到此的游客多于 5 万人。

伯克利纪念碑

伯克利纪念碑（Berkeley Memorial）位于首都巴斯特尔市中心希尔卡斯（Circus），由钟表和饮水机组成。钟表在纪念碑上部，饮水机在下部。钟表有四面，每面对应一条通向市中心的街道。这座造型精巧、奇特的纪念碑是为纪念 19 世纪 80 年代背风群岛立法委员会主席和庄园主托马斯·伯克利·哈特曼（Thomas Berkely Hardtman）而于 1883 年 1 月建立起来的。碑的中间部分用大写英文写有"伯克利生于 1824 年 1 月 14 日，卒于 1881 年 11 月 6 日"的字样，碑文则介绍了伯克利的职务、业绩和对该岛的贡献。如今，伯克利纪念碑不仅是巴斯特尔的象征标志之一，也是一个著名景点，吸引众多游客。

国花

凤凰木花（Flamboyant）。学名为"Delonix Regia"。凤凰木原产于马达加斯加。圣基茨和尼维斯人称其为"Poinciana"，源于圣基茨首任法国总督波因西（Monsieur de Poincy）的姓氏。据说是他将凤凰木从马达加斯加引入圣基茨和尼维斯的。凤凰木是落叶乔木，因伞状树冠、绿色羽状复叶和艳丽的红色和橙色花朵而引人注目。凤凰木是热带树种，喜高温、潮湿和阳光充足的环境。树高可达 20 米，直径可达 1 米。每年 5~8 月开花。

国鸟

褐鹈鹕（Brown Pelican），学名为"Pelecanus Occidentalis"，是圣基茨和尼维斯国鸟，也是特克斯和凯科斯鸟及法属圣马丁鸟。褐鹈鹕是大型全蹼足的水鸟，体长 1 米多。翼大，嘴长，嘴下有皮囊。善于游水和飞翔，将捕来的鱼放在皮囊中。幼鸟头、颈和上半身为褐色，下半身大部分为白色。成年鸟身体大部分为深褐色，头的上部为白色。在海岸边的树丛或灌木筑巢。交配后的成年鸟的颈部变成白色，每窝产蛋 1~4 枚，孵化期约 1 个月。飞行时头和颈不伸展开来。

国家动物

绿色长尾猴（Green Vervet Monkey）。学名为"Chlorocebus Pygerythrus"。猕猴属灵长类动物，分布于撒哈拉以南非洲地区，17、18 世纪被引入包括圣基茨和尼维斯在内的加勒比岛国。绿色长尾猴面部和耳朵为黑色，有白色刘海，头发灰白。尾很长，绿色—米色皮毛是很好的伪装，难以被发现。成熟雄性阴囊为浅蓝色，阴茎为红色；体重为 3.9~8 公斤，平均为 5.5 公斤；体长 420~600 毫米，平均为 490 毫米。成熟雌性体重为 3.4~5.3 公斤，平均为 4.1 公斤；体长 300~495 毫米，平均为 426 毫米。群体生活，猴群有 10 ~ 70 个成员，有自己的首领。雄性成熟后转往临近猴群。猴群栖身于陡峭山坡的林中。每天清晨和傍晚结队出去觅食，主要吃种子和水果，特别喜欢未成熟的绿色杧果。为寻找饮用水，经常穿行于峡谷，甚至抵达海滩。绿色长尾猴有些特点与人类相同，如会患高血压、焦虑症、酒精依赖症等。对来犯的豹、蛇和老鹰，绿色长尾猴有三种不同的报警声音。

国家运动

板球，又称木球。板球运动的规则类似于棒球，板球被称为"棒球之父"。板球是以击球、投球和接球为主的运动，参赛的两队各有 11 人，一队攻击，另一队防守。攻方的击球局结束后，两队攻守对调，得分高的队获胜。板球起源于英国，早在 13 世纪，英王爱德华一世就曾参与类似板球的运动。17 世纪，板球在英国已非常流行，并陆续传入其殖民地，成为流行于英联邦的一项体育运动。板球世界杯（ICC Cricket World Cup）是由国际板球理事会举办的一天单局板球比赛。该项比赛是世界上被最多人观赏的体育运动之一，是仅次于奥运会（Olympic Games）、FIFA 世界杯（FIFA World Cup）、橄榄球世界杯（Rugby World Cup）的全球第四大赛事。1975 年，国际板球理事会在英国举办了第一届板球世界杯，西印度群岛获得冠军。此后每隔 4 年举行一次世界杯。2007 年，在西印度群岛举行了第 9 届板球世界杯。国际板球理事会力争使板球进入奥运会。

板球是圣基茨和尼维斯人最喜欢的体育运动，板球也是该国最普及的运动。最顶尖的球员可以入选西印度群岛队，已故西印度群岛队球员鲁纳科·莫顿（Runako Morton）就来自圣基茨和尼维斯。圣基茨和尼维斯曾主办 2007 年板球世界杯，成为主办该赛事的面积最小的国家。

国服

圣基茨和尼维斯国服具有加勒比特色，并受非洲和欧洲风格的影响。

男国服：男士头戴饰有马德拉斯条纹布的遮阳草帽，上穿白棉布短袖 V 领杰克衬衫，领子口和两个兜口饰有马德拉斯条纹布。这种上衣设计与非洲人所穿传统衬衫非常相像。下穿长及脚踝的米色棉布裤子。

女国服：由护头头巾、紧身胸衣、衬裙、袖套、围裙、马德拉斯条纹布宽带和钱袋组成。护头头巾用马德拉斯条纹布制作，紧身胸衣和长及脚踝的衬裙用白色纯棉布缝制，衬裙下摆蓬松张开。短的袖套和遮挡污物的短下摆围裙为米色纯棉材质。马德拉斯条纹布宽带系在腰上，过去其用来携带给甘蔗上肥的碳酸钠。系在马德拉斯条纹布宽带上的橘黄色拉绳袋，是女士用于装钱的保险袋。

国食

炖咸鱼（Stewed Saltfish）、香辣香蕉（Spicy Plantains）、椰子布丁（Coconut Dumplings）和调味面包果（Seasoned Breadfruit）。

炖咸鱼：头天晚上把咸鱼浸泡在水中，制作时先用清水加热直至烧开使咸鱼变软；沥干水分，去鱼骨和鳞，切成片；加热锅中植物油，加入青椒丁、切碎的香葱、洋葱和大蒜末；盖上盖，用小火煮 5 分钟，其间可搅动几次；加入西红柿片后用温火煨，加热 2～3 分钟；随后加入咸鱼片、人造黄油、盐和胡椒粉；盖上盖，小火炖约 5 分钟；然后放到盘中，撒上切碎的欧芹即可。

香辣香蕉：把去皮香蕉切成两段，与鲜姜末、洋葱末、辣酱、碎辣椒一起放在碗中搅拌、混合，然后下锅炸至金褐色，捞出、控干水分。

椰子布丁：把面粉、椰子末、盐、人造黄油和油放入碗中，用水将其搅拌成硬面团，放在面板上揉约 2 分钟，做出自己希望的形状的布丁；然后将其放入沸腾的盐水中，盖上盖，煮 10～15 分钟即可。

调味面包果：把黄油或人造黄油放入锅里用中火加热熔化，然后加入植物油；放入洋葱末，煎 5～8 分钟使其变成金黄色；放入大蒜末、切碎的欧芹、百里香叶、切成方块的面包果以及鸡汤，搅拌、混合，继续加热；加入盐和胡椒粉调味。

一切制作完毕后，炖咸鱼、香辣香蕉、椰子布丁和调味面包果放在一起食用，美味可口。

宗教

圣基茨和尼维斯宪法规定宗教信仰自由。基督教新教徒占人口大多数，其中英国圣公会是最大的教派。此外，还有卫理公会、摩拉维亚教派、浸礼会等教派。天主教在该国也有一定势力，教徒约占人口的10%。

1623年1月28日，英国牧师约翰·费特利（John Featley）随托马斯·沃纳从英国乘船抵达圣基茨和尼维斯，在圣基茨的第一个城镇旧罗德建立第一个圣公会教区。福音传播公谊会海外部负责向岛上派遣神职人员，但教士的任命受殖民地总督的操纵，并与文职官员的任命联系在一起。法国和英国争夺圣基茨和尼维斯多年，在法国占领时期，1635年方济各会教士在巴斯特尔建立起第一座木质教堂。1646年，普安西总督（De Poincy）下令驱逐方济各会教士，耶稣会教士取而代之，1672年建立起名为圣母院（Notre Dame）的教堂。英法两国不断发生争夺该岛的冲突，1713年法国曾将圣基茨和尼维斯让与英国。1723年，巴斯特尔成为圣公会的一个教区。1733年，约翰·贝龙维莱（John Beronville）成为首任教区长。1796年以后，随着英国圣公会传教士的到来，岛上皈依圣公会的黑人奴隶越来越多。

圣乔治圣公会教堂（St. George's Anglican Church）是巴斯特尔最大的教堂，位于教堂街开始，建筑风格与英国教区的教堂类似。外墙为重安山岩，屋顶被板岩覆盖。建筑规模宏大，可容纳1000名信徒。圣乔治圣公会教堂的前身是1704年法国人建造的名为圣母院（Notre Dame）的教堂。30多年后被英国人烧毁。1704年重建，以英国保护神圣乔治为名，取名圣乔治圣公会教堂。该教堂曾多次遭受飓风、地震和火灾的破坏，1842 年的地震和 1843 年的飓风彻底摧毁了该教堂。第二年，在废墟右侧建起新教堂，1856 年竣工。新教堂的设计师为威廉·索尔特（William Salter），克莱顿（Clayton）和贝尔（Bell）制作了彩色玻璃窗。1956 年圣坛北面建了女士祈祷室，教堂还添加了圣器收藏室。1974 年发生的里氏 6.5 级地震，使教堂受损严重。1989 年教堂再遭飓风破坏，钟和塔的楼梯毁损，2007 年才修复。

国币

东加勒比元（The East Caribbean Dollar）。1 东加勒比元 = 100 分（Cents）。现流通的纸币面值为 5 东加勒比元、10 东加勒比元、20 东加勒比元和 100 东加勒比元，铸币面值为 1 分、2 分、5 分、10 分、25 分和 1 东加勒比元。建于 1983 年 10 月的东加勒比中央银行（Eastern Caribbean Central Bank）负责发行东加勒比元。该货币实行固定汇率制，1 美元 = 2.76 东加勒比元。东加勒比元是东加勒比国家组织圣基茨和尼维斯、格林纳达、安提瓜和巴布达、多米尼克、圣卢西亚、蒙特塞拉特和圣文森特和格林纳丁斯 7 个正式成员与非正式成员英国海外领地安圭拉共同使用的货币，唯有英属维尔京群岛使用美元。

1949 年，英国政府批准英属加勒比货币发行局（British Caribbean Currency Board，BCCB）发行的西印度元（British West Indies dollar，BWI $）在东加勒比地区流通，安提瓜和巴布达货币正式与英属东加勒比地区的货币联系在一起。1965 年底，东加勒比货币管理局（the Eastern Caribbean Currency Authority，ECCA）发行了面值为 1 东加勒比元、5 东加勒比元、20 东加勒比元和 100 东加勒比元纸币，取代了西印度元铸币，但西印度元铸币继续流通。从 1981 年起发行东加勒比元铸币。1983 年 10 月，东加勒比中央银行接管货币的发行。为纪念东加勒比中央银行成立一周年，1984 年 11 月 15 日发行 1 东加勒比元、5 东加勒比元、10 东加勒比元、20 东加勒比元和 100 东加勒比元纸币。各面额纸币上印有代表各成员的代码：安圭拉是 U；安提瓜和巴布达是 A；多米尼克是 D；蒙特塞拉特是 M；格林纳达是 G；圣基茨和尼维斯是 K；圣卢西亚是 L；圣文森特和格林纳丁斯是 V。1989 年 1 东加勒比元纸币停止发行。1993 年，东加勒比中央银行发行第二套纸币，增发 50 东加勒比元纸币。各种纸币的设计做了修改，纸币正面除英国女王伊丽莎白二世头像外，还增添了东加勒比中央银行大楼、动物图案，纸币背面绘有几个成员国的特色风景。1995 年发行的第三套纸币，对面额数字和颜色做出一些改变。2000 年和 2004 年发行的第四套和第五套纸币，加强了防伪措施。2008 年发行的第六套纸币，取消了几个成员的代码，进一步升级防伪措施。

2008 年东加勒比中央银行发行的各面额纸币正面右侧均绘有英国女王伊丽莎白二世半身像，女王像左侧绘有东加勒比中央银行大楼、鱼和海龟图案，并有伊丽莎白二世半身像水印。5 东加勒比元纸币背面绘有安提瓜和巴布达的上将宫（Admiral's House）和多米尼克的特拉法加瀑布（Trafalgar Falls）；10 东加勒比元纸币背面绘有圣文森特和格林纳丁斯的阿德默勒尔海湾（Admiralty Bay）、加勒比地图、安圭拉的航行中的瓦尔斯皮特船（The Warspite Sailing Ship）、褐鹈鹕和鱼；20 东加勒比元纸币背面绘有蒙特塞拉特的政府宫（Government House）和肉豆蔻；50 东加勒比元纸币背面绘有圣卢西亚西南海岸的双峰（Les Pitons）和圣基茨和尼维斯的硫黄山堡垒（Brimstone Hill）；100 东加勒比元纸币背面绘有东加勒比中央银行大楼和阿瑟·刘易斯（Arthur Lewis）爵士。

2002 年东加勒比中央银行发行的铸币均为圆形，正面均为英国女王伊丽莎白二世近照头像，圆周写有大写英文"女王伊丽莎白二世"（QUEEN ELIZABETH THE SECOND）。1 分、2 分、5 分铸币背面图案是两片棕榈叶相交叉，棕榈叶之间是面值的阿拉伯数字。均为铝制。10 分、25 分和 1 东加勒比元铸币背面图案是爵士弗兰西斯德雷克斯船，面值的阿拉伯数字在船的两侧，均为铜镍合金材质。1 分铸币直径为

18.42 毫米，重 1.03 克，边缘光滑；2 分铸币直径为 21.46 毫米，重 1.42 克；5 分铸币直径为 23.11 毫米，重 1.74 克，边缘光滑；10 分铸币直径为 18.06 毫米，重 2.59 克，有棱纹的边缘；25 分铸币直径为 23.98 毫米，重 6.48 克，有棱纹的边缘；1 东加勒比元铸币直径为 26.50 毫米，重 7.98 克。

圣卢西亚

国名

圣卢西亚（Saint Lucia）。位于加勒比海小安的列斯群岛中向风群岛中部的火山岛国，北隔圣卢西亚海峡与马提尼克岛相望，西南邻圣文森特岛。岛上最早的居民是来自南美洲北部的印第安阿拉瓦克人，后加勒比人侵入，并将阿拉瓦克人驱逐出岛。他们将该岛称为"Iouanalao"和"Hewanorra"，意为"发现大蜥蜴的地方"。圣卢西亚的名字来源存在几种说法，一说1502年12月13日，一艘法国探险船在该岛附近失事，法国水手以意大利锡拉库萨德的圣女卢西亚为该岛命名。一说在杜特特雷神父（Father DuTetre）于1664年所著的《安的列斯群岛传》中，已出现"Sainte Alousie"的称谓。一说1498年12月13日圣卢西亚节（Feast of Saint Lucia）这一天，哥伦布船队抵达圣卢西亚附近海面，遂以圣卢西亚名字命名，但哥伦布是否发现圣卢西亚岛，存在很多争议。圣卢西亚节又称圣卢西亚日（Saint Lucia's Day），是为了纪念公元3世纪戴克里先（Diocletianic Persecution）迫害下的殉道者圣卢西亚。传说圣卢西亚把食品和援助带给躲藏在墓穴中的基督徒。

国都

卡斯特里（Castries），位于圣卢西亚岛北部，是该国政治、经济、文化和交通中心，也是著名天然深水良港。由法国殖民者始建于 1650 年，取名"卡雷纳热"（Carenage），意为"安全锚地"。但此名在西印度群岛并不被认可，因为直到 1763 年，这个城市都是非常不安全的。1765～1768年，德米库（Baron de Micoud）男爵重建该城，称之为"卡雷纳热城"（Ville du Carenage）。1785 年，改称"卡斯特里"，以纪念法国远征军司令卡斯特里侯爵夏尔·欧仁·德拉克鲁瓦（Charles Eugene Gabriel de la Croix, marquis de Castries）。1793 年里卡尔（General Ricard）将军改变了圣卢西亚所有城镇名称，其中，卡斯特里被改名为费利西泰城（Ville de la Felicite），意为"幸福城"。1794 年其名被罗伯斯庇尔（Robespierre）批准。然而，同年肯特公爵爱德华王子（Prince Edward）率领英国远征军占领该城，以其母夏洛特女王（Queen Charlotte）之名改城名为夏洛茨维尔（Charlottesville），意为"夏洛特城"。后来，法国重新占领该城后，恢复了卡斯特里的名称，并沿用至今。

国庆

12 月 13 日（1498 年）。1639 年圣卢西亚成为英国殖民地，1651 年落入法国之手。英、法对该岛展开激烈争夺，该岛曾 15 次易手，1814年终于成为英国殖民地。1979 年 2 月 22 日，圣卢西亚获得独立，这一天成为圣卢西亚的独立日。许多拉美和加勒比国家习惯把独立日同时作为国庆日，但圣卢西亚则把哥伦布发现圣卢西亚的日子 1498 年 12 月 13日作为国庆日，每年都要庆祝这个"发现日"和"国庆日"。

国旗

圣卢西亚国旗于 1967 年 3 月 1 日开始采用。旗的底色为天蓝色，长与高之比是 2∶1。旗中央有 3 个等腰三角形，相互压在一起，黑色三角形在白色三角形上面，金色三角形又在黑色三角形上面。可看到完整的黄色三角形，而白色三角形只看到两白边，黑色三角形只看到像箭头的部分。天蓝色象征忠诚，代表该国的蓝色天空和环绕该岛的海——加勒比海和大西洋。金色象征照耀加勒比地区的阳光和繁荣昌盛。白色和黑色分别代表白人文化和黑人文化，两个种族团结在一起生活和工作。黑人文化在圣卢西亚占统治地位。3 个三角形象征圣卢西亚的山峰，其中包括突出海面、陡峭的双峰大皮通峰（Gros Piton）和小皮通峰（Petit Piton），代表人民的希望和志气。圣卢西亚对国旗的升降有明确的规定，政府办公场所、学校等上午 6 点升旗，下午 6 点降旗，重要纪念活动期间除外。旗杆应为白色。一条绳索上悬有几面旗时，国旗应在最上端。国旗与其他旗帜一起升起时，最先升国旗，最后降国旗。升起的国旗的高度不能低于其他旗帜。除特殊重要的日子外，未经允许国旗不能悬挂在汽车上。

圣卢西亚国旗设计者邓斯坦·圣奥墨（Dunstan St. Omer）于 1927 年 10 月 24 日生于卡斯特里。他是圣卢西亚绘画界领军人物，创作出包括壁画在内的大量画作。圣卢西亚许多教堂都有他的作品，其最著名的壁画是罗素教堂的《神圣家族》（*Holy Family*）和丰德圣雅克教堂的基督像。他长期在教育部工作，任美术指导员。2004 年获圣卢西亚最高奖章——圣卢西亚十字勋章。

国家颜色

蓝色、黄色、黑色和白色。

国徽

圣卢西亚国徽的主体图案是盾徽，由竹杖组成的十字将盾徽分成四部分。左上和右下部分绘有玫瑰花，左下和右上部分绘有鸢尾花。竹子是圣卢西亚的国家植物，十字表示宗教信仰。一只象征非洲的小的褐色非洲凳子在盾徽的中央，表示大量非洲黑奴被贩卖到圣卢西亚。玫瑰花象征同英国的关系，它曾是英国多年的殖民地；鸢尾花象征同法国的关系，历史上它曾 7 次被法国统治。盾徽左右各有一只圣卢西亚鹦鹉（The Saint Lucia Parrot）护卫，它们是圣卢西亚的国鸟，其学名为"Amazona versicolor"，通常被称为"Jacquot"。盾徽上有头盔、花冠，花冠中间一只巨手握着燃烧的火炬，指明前进的道路。圣卢西亚国徽的设计者为悉尼·巴格肖（Sydney Bagshaw）。巴格肖生于美国加利福尼亚州，曾任《读者文摘》美术编辑。1961 年来到圣卢西亚发展，设计了该国国徽。

英国统治时期，1880 年出现了圣卢西亚岛徽章。岛徽为圆形，在蓝色的水和蓝色的天空之间，绘有褐色山地覆盖的圣卢西亚岛，山峰上有一面英国国旗。岛的右边有一个光芒四射的太阳。圆徽下部白底色上写有黑色铭文"station haud malefida carinis"，意为"船只的安全港"。这是古罗马诗人维尔吉为卡斯特里港写下的铭文。

1939 年 8 月 16 日，圣卢西亚第一个属于自己的岛徽问世。盾形徽底色为黑色，呈十字形的甘蔗秆把盾徽分为 4 部分，左上和右下部分绘有玫瑰花，左下和右上部分绘有鸢尾花，它们分别是英国和法国的象征。甘蔗秆象征蔗糖对该国的重要性。岛徽下白色飘带上的格言"station haud malefida carinis"取自 1880 年圣卢西亚岛徽章。

1967 年 3 月 1 日圣卢西亚岛徽做了修改，除盾徽下面的飘带变为黑色外，其他图案均为黄色。甘蔗秆交叉的中央添加了非洲凳，强调大部分人是非洲后裔。盾徽两旁增添了护卫的圣卢西亚鹦鹉，盾徽下方飘带上面的铭文变为"土地，人民，光明"（The Land, The People, The Light）。铭文下写有英文"圣卢西亚"（St. Lucia）。盾徽上面增添了花冠和手臂举起的火炬。1979 年 2 月 22 日圣卢西亚独立后，国徽图案没有变化，但是颜色出现一些变化。

总督旗

圣卢西亚为议会制君主立宪政体，英国女王为国家元首，女王任命总督为代表，执掌行政权。总督有权任命总理和各部部长、参议院和反对党领袖。现任总督伊曼纽尔·内维尔·塞纳克（Emmanuel Neville Cenac）于 2018 年 1 月 12 日就任。总督旗是总督个人的旗帜，旗底为深蓝色，旗底中间的皇冠上站立一头加冕的金狮，皇冠下面的黄色飘带上用大写英文写有"圣卢西亚"（Saint Lucia）。总督旗日夜在总督居住地飘扬，总督外出时降总督旗。总督乘船或乘车旅行时升总督旗。

总督府

总督府（Government House）位于首都卡斯特里城南一座小山顶上。第一座圣卢西亚总督府修建还未完工，便于 1817 年毁于飓风。1819 年建起了第二座木质的总督府，1865 年因年久失修而被废弃。总督府搬到附近一座废弃的军营里。1894 年在原总督府旧址上，建起了保留至今的砖砌总督府，1895 年竣工。它是一座维多利亚女王时代风格的建筑，开始作为圣卢西亚高级专员的住所，到 1958 年成为圣卢西亚行政官员的住所。1967 年起作为圣卢西亚都督的住所，1979 年圣卢西亚独立后成为总督府。总督府内有皇家博物馆，收藏有历史照片、文件、工艺品、陶器、银器、勋章、奖品和悬挂在墙上的总督府原始建筑图样。

总理府

总理府（Office of the Prime Minister）位于首都卡斯特里海滨格里汉路易斯行政大楼 5 楼，是一个十分精致的蓝顶白墙建筑，台阶通向建筑的正门。整个建筑被门廊环绕，既美观又隔热。围绕建筑的花园里绿草如茵，古木参天，另有蓝顶亭点缀，别有情趣。

国歌

《圣卢西亚的儿女们》（*Sons and Daughters of St. Lucia*）。词作者为查尔斯·杰希（Charles Jesse，1897～1985）神父，曲作者为莱汤·费

利克斯·托马斯（Leton Felix Thomas，生于 1926 年）。

　　1967 年圣卢西亚取得自治地位时开始采用这首歌，1979 年圣卢西亚独立后，其正式成为国歌。圣卢西亚规定，国家举行的正式仪式、公众集会以及总督、英国国王或王室成员、外国君主、加勒比共同体国家总督、东加勒比国家组织总督等抵达或离开圣卢西亚时演奏国歌。演奏多个国家国歌时，须最后演奏圣卢西亚国歌。演奏国歌时，公民须立正，男子须脱帽。

　　圣卢西亚国歌词作者查尔斯·杰希神父生于英国多塞特，1928 年抵达圣卢西亚。杰希除为国歌作者外，还在圣卢西亚撰写了多部历史著作，如《圣卢西亚史》（*Saint Lucia's History*）、《旧堡镇和区史》（*History of the Town and District of Vieux Fort*）等。圣卢西亚国歌曲作者莱汤·费利克斯·托马斯曾任阿瑟·刘易斯爵士社区学院校长，在圣卢西亚教育部和联合国教科文组织担任过多种职务，被女总督皮尔莱特·路易茜（Pearlette Louisy）任命为参议员。2003 年 11 月 1 日获西印度群岛大学荣誉博士称号。2006 年 2 月获圣卢西亚最高奖章——圣卢西亚十字勋章。

　　演奏国歌有如下规定：演奏国歌时在场公民应脱帽、立正；三节国歌都要唱；在总督、英国国王和王室成员、外国君主或元首、独立的英联邦国家总督、东加勒比国家组织总督、英联邦附属地区总督和政府高级人员在场时演奏国歌，在电影院、剧场演出前演奏国歌，在公共集会结束和正式场合祝酒时演奏国歌。国歌词和曲不能瞎唱，不能在非规定时间演奏国歌，国歌不能用于为舞蹈伴奏和广告。当演奏不止一首国歌时，圣卢西亚国歌应最后演奏。

　　圣卢西亚国歌歌词译文：

第一节：
　　圣卢西亚的儿女，
　　热爱我们出生的土地。
　　那里有海滩、山峦和谷地

是世界最美好的岛屿。

无论你漫游哪里，

哦，热爱我们岛的大地。

第二节：

列强争夺西方美女海伦*

的日子不再出现，

折磨您儿女作息的冲突和不和谐

的日子已经过完，

终于迎来明丽的一天，

一条康庄新路伸展向前。

第三节：

愿上帝保佑我们的岛屿，

保护您的儿女免遭伤害和灾难。

愿我们的人民团结生活，

体壮心健，

正义、真理和博爱，

是我们理想追求的永远。

注：＊希腊传说中最美丽的女人，这里指圣卢西亚。

歌词原文：

1.

Sons and daughters of Saint Lucia love the land that gave us birth. Land of beaches, hills and valleys, fairest isle of all the earth. Wheresoever you may roam, love, oh love, our island home.

2.

Gone the times when nations battled for this Helen of the West.

Gone the days when strife and discord, dimmed her children's toil and rest. Dawns at last a brighter day, stretches out a glad new way.

3.

May the Good Lord bless our island; guard her sons from woe and harm. May our people, live united, strong in soul and strong in arm. Justice, truth and charity, our ideals forever be.

歌词原文见 http://www.govt.lc/search/st% 20lucia% 20national% 20 anthem% 20protocols。

国家格言

"土地，人民，光明"（The land, the People, the Light）。

国语

英语。经过多年激烈争夺后，1814 年法国正式将圣卢西亚岛转让给英国，1842 年，英语成为圣卢西亚的官方语言。学校、机关、商界和正式场合都讲英语。

由于历史的原因，圣卢西亚语言表现出多元化特点。它既受英语、法语的深刻影响，又有黑奴所带来的非洲语言的痕迹。大部分圣卢西亚人讲以法语为基础、包括非洲语言因素在内的克里奥尔语，特别是在农村地区和社会下层人士中。圣卢西亚法语克里奥尔语（Saint Lucian French Creole）俗称"Patois"，是小安的列斯群岛克里奥尔语的一种，与马提尼克、多米尼克、瓜德罗普、格林纳达和特立尼达和多巴哥的克里奥尔语非常接近，理解率可达 100%。其句法、语法和词语特征几乎与马提尼克克里奥尔语相同，但含有比马提尼克克里奥尔语更多的英语外来词。和其他加勒比克里奥尔语一样，圣卢西亚法语克里奥尔语把源自非洲和加勒比的语法和主要来自法国的词语相融合。此外，圣卢西亚法语克里奥尔语还受到英语克里奥尔语和西班牙语的影响，它和标准法语并不相通，但同小安的列斯群岛其他法语克里奥尔语相通，并且与海地克里奥尔语也能相互理解。尽管过去几十年，讲圣卢西亚法语克里奥尔语的人数有所下降，但其在圣卢西亚仍被广泛使用。

圣卢西亚约有 20% 人不懂英语，只讲克里奥尔语，他们被排斥在教育体系之外。圣卢西亚政府试图通过语言拓展计划，向他们普及英语知识。

国家勋章

1980 年英国女王伊丽莎白二世设立了圣卢西亚勋章（Order of Saint Lucia），该勋章优先于其他勋章，维多利亚十字勋章（Victoria Cross）和乔治十字勋章（George Cross）除外。圣卢西亚勋章分为下列 7 个等级。

圣卢西亚大十字勋章（Grand Cross of the Order of Saint Lucia, GC-SL）为金质勋章，只授予总督。获此勋章者，同时被授予一颗星和金链，与勋章挂在一起。唯有获得该勋章的退休总督才能把携有勋章和星的缎带挂在脖子上。获此勋章者的名字前可加 "His Excellency" 或 "Her Excellency"（男阁下或女阁下）字样，名字后加 "GCSL" 字样。

圣卢西亚十字勋章（Cross of the Order of Saint Lucia, CSL），为金质勋章，用缎带佩戴在脖子上。可授予任何对圣卢西亚具有杰出贡献和提供杰出服务的人。获此勋章者的名字前可加 "The Honourable"（可敬的）字样，名字后加 "SLC" 字样。任何时候获此勋章者的数量不能超过 25 人，每年被授予此勋章的人数不能超过 3 人。圣卢西亚十字勋章可以死后追授，但死者不是该勋章成员。

圣卢西亚荣誉奖章（Saint Lucia Medal of Honour, SLMH），分金质和银质奖章两种。获此奖章者名字后加 "SLMH" 字样。该奖章可授予为圣卢西亚提供重要的卓越服务或对圣卢西亚及其他国家做出杰出的勇敢行动或人道主义行为的人。为在极端危险情况下做出勇敢行动的人授予金质奖章，为在危险情况下做出勇敢行动的人授予银质奖章。授予该勋章没有时间和配额的限制。该奖章可以死后追授，但死者不是该奖章成员。每年授予该奖章各级别的人数不能超过 3 人。

圣卢西亚功绩奖章（Saint Lucia Medal of Merit, SLMM），分金质和银质奖章两种。获此奖章者名字后加"SLMM"字样。授予在圣卢西亚艺术、科学、文学或其他领域做出突出贡献的人。总督授予圣卢西亚功绩奖章的人数每年不超过 5 人，每个级别不超过 3 人。

圣卢西亚山峰奖章（Saint Lucia Les Pitons Medal, SLMP），分金质、银质和铜质奖章三种。获此奖章者名字后加"SLPM"字样。授予为圣卢西亚长期提供卓有建树的服务，致力于完善公共服务、国家福利或宣传社区精神与加强建设的人。评奖委员会根据对获奖人的评估分别授予金质、银质和铜质奖章。总督授予圣卢西亚山峰奖章的人数每年不超过 6 人，每个级别不超过 3 人。

国家服务十字奖章（National Service Cross, NSC），获此奖章者名字后加"NSC"字样．该奖章授予为圣卢西亚提供忠诚有益服务的皇家圣卢西亚警察部队中不低于助理警长级别的军官、不低于副消防队长级别的军官、不低于副首席监狱官级别的监狱部门官员。该奖章可以死后追授，但死者不是该奖章成员。总督授予国家服务十字奖章的人数每年不超过 1 人。

国家服务奖章（National Service Medal, NSM），获此奖章者名字后加"NSM"字样，可授予提供了杰出服务的圣卢西亚警察局、圣卢西亚消防局、圣卢西亚狱政署的成员和学员团的军官。总督授予国家服务奖章的人数每年不超过 4 人。

总督经与总理、反对派领袖以及公共服务委员会主席、教学服务委员会主席、警察局长以及三个公众代表（2 个代表由总理提出，1 个代表由反对派领袖提出，最后由总督任命）协商后提出评奖委员会人选，评奖委员会秘书由总理任命。国家勋章和奖章由总督根据总理的提议代表伊丽莎白二世颁发给为圣卢西亚做出杰出贡献的人，并只授予圣卢西亚公民，荣誉勋章可经总理提议、伊丽莎白二世批准授予外国人。圣卢西亚大十字勋章只授予总督。1 年中授予圣卢西亚十字勋章的人数不超过 3 人。勋章和奖章的绶带由蓝、黄、黑和白色垂直条带组成。圣卢西亚大十字勋章和圣卢西亚十字勋章绶带宽 2 英寸（相当于 5.08 厘米），其他奖章绶带宽 1.5 英寸（相当于 3.81 厘米）。

国家象征人物

圣卢西亚虽然是加勒比海一个小国，但出现了两位诺贝尔奖获得者。圣卢西亚人民十分尊敬他们，把他们视为圣卢西亚的象征。

阿瑟·刘易斯（Arthur Lewis，1915～1991），美籍圣卢西亚人。圣卢西亚第一位诺贝尔奖获得者，也是西印度群岛第一位获奖者。在发展经济学方面颇有建树，提出了二元经济模型和进出口交换比价模型。1915 年 1 月 13 日，刘易斯出生在圣卢西亚岛一个黑人移民家庭。1932年在英国伦敦政治经济学院攻读经济学，1937 年获经济学学士学位，1940 年获经济学博士学位并留校任教。1948 年任曼彻斯特大学教授，集中研究经济发展问题。1959～1963 年任西印度群岛大学第一副校长。1963 年赴美国普林斯顿大学任教。1970～1973 年任加勒比地区开发银行第一总裁。1986 年从普林斯顿大学退休后在巴巴多斯岛居住，1991年去世。刘易斯一生撰写了 12 部专著和多篇论文。主要有 1955 年出版的《经济增长理论》（*The Theory of Economic Growth*）、《经济计划原理》（*Principles of Economic Planning*）、《国际经济秩序之演化》（*The Evolution of the International Economic Order*）等。由于他在经济发展方面进行了开创性研究，深入研究了发展中国家在发展经济时应特别考虑的问题，因而在 1979 年获诺贝尔经济学奖。

德里克·奥尔顿·沃尔科特（Derek Atton Walcott，1930～2017），圣卢西亚第二位诺贝尔奖获得者。1930 年 1 月 23 日生于圣卢西亚首都卡斯特里。祖父母均为非洲黑奴的后裔，父亲是一位画家和诗人，在沃尔科特出生后一年就去世了。母亲是一位教师，也是一位业余剧作家。1941 年沃尔科特就读于当地卫理公会派的圣玛丽学校。1948 年沃尔科特在牙买加的西印度群岛大学读书。1953 年毕业后移居特立尼达，并在此地生活多年，教授拉丁文、法文和英文，当过报纸记者和戏剧与艺术评论员。他 18 岁便出版了第一部诗集《诗二十五首》（25 Poems），这部诗集收录了他最初创作的诗歌。此后一发不可收拾，他创作了大量的诗歌。1962 年诗集《绿夜》（Green Night）的出版使他一举成名。1959 年他创办了特立尼达戏剧创作室，开始进行剧本创作。1970 年沃尔科特移居美国，受聘于波士顿大学，担任戏剧创作与理论研究方面的教授。他曾在纽约大学、耶鲁大学和哥伦比亚大学等任教，2010 年起任埃塞克斯大学诗歌教授。

沃尔科特出版了约 20 部诗作，主要诗集有《给青年人的墓志铭：诗章十二》（Epitaph for the Young：XII Cantos，1949）、《诗集》（Poems，1951）、《在绿夜里》（In a Green Night，1962）、《诗选》（Selected Poems，1964）、《海湾和其他诗》（The Gulf and Other Poems，1969）、《海葡萄》（Sea Grapes，1976）、《星星苹果王国》（The Star-Apple Kingdom，1979）、《幸运的旅客》（The Fortunate Traveller，1981）、《仲夏》（Midsummer，1984）、《1948～1984 年诗集》（Collected Poems, 1948–1984，1986）、《阿肯色的证言》（The Arkansas Testament，1987）、《恩赐》（The Bounty，1997），以及自传性长诗《另一种生活》（Another Life，1973）、叙事长诗《奥梅洛斯》（Omeros，1990）和回忆录式长诗《浪子》（The Prodigal，2004）、《诗选》（Selected Poems，2007）、《白鹭》（White Egrets，2010）等。《奥梅洛斯》是沃尔科特的代表作，被称为"加勒比的庄严史诗"。他的作品描述了加勒比地区的文化和风情，反映了加勒比人民的命运和遭遇的挑战。这首诗使沃尔科特被誉为"当代荷马"。

沃尔科特主要剧作有《亨利·克利斯朵夫》（Henri Christoph，

1950）、《多芬海域》（*The Sea at Dauphin*，1954）、《锣鼓与色彩》（*Drums and Colours*，1958）、《提金和他的兄弟们》（*Ti-Jean and His Brothers*，1958）、《猴山之梦》（*Dream on Monkey Mountain*，1967）、《塞维利亚的小丑》（*The Joker of Seville*，1974）、《噢，巴比伦！》（*O Babylon!*，1976）、《回忆》（*Remembrance*，1977）、《哑剧》（*Pantomime*，1978）、《充满噪声的小岛》（*The Isle Is Full of Noise*，1982）、《海地的土地》（*The Haitian Earth*，1984）、《最后的狂欢》（*The Last Carnival*，1986）、《钢》（*Steel*，1991）、《行者与幽灵之舞》（*Walker and The Ghost Dance*，2002）、《月亮孩子》（*Moon-Child*，2011）、《星星的夜晚》（*O Starry Starry Night*，2014）等。

沃尔科特的作品曾多次获奖，如 1981 年获美国麦克阿瑟基金会奖；1988 年获英联邦女王诗歌金奖；1990 年获史密斯文学奖和威尔士艺术协会国际作家奖，1992 年获诺贝尔文学奖，2015 年获格里芬诗歌终身贡献奖。此外，1962 年出版的诗集《在绿夜里》获得吉尼斯基金奖；1969 年《海湾和其他诗》获肖尔姆德蕾奖；1971 年《猴山之梦》获奥比最佳外国戏剧奖；2011 年《白鹭》捧得英国的诗歌奖项艾略特奖和 OCM 博卡斯加勒比文学奖。

民族英雄

2000 年 2 月通过的《国家荣誉和奖励法》设立了民族英雄勋章（Order of National Hero），授予在圣卢西亚出生或去世的向圣卢西亚提供杰出服务并促进圣卢西亚经济和社会发展的圣卢西亚公民。2015 年 2 月 22 日圣卢西亚独立 36 周年时宣布了民族英雄勋章的获得者，具体如下。

约翰·乔治·梅尔文·康普顿（John George Melvin Compton，1925 ~ 2007）生于圣文森特，1939 年抵达圣卢西亚。1948 年赴英国学习，1951 年返回圣卢西亚。1953 年加入圣卢西亚工党。1961 年第二次退出工党，组建全国家劳工运动（National Labour Movement）。1964年大选，康普顿领导的全国家劳工运动击败圣卢西亚工党取得胜利，当选圣卢西亚总理，并连续执政多次（1964～1967年；1967～1979年；1979年2月至1979年7月；1982～1996年；2006年12月至2007年9月）。他曾多次获奖，2015年被授予民族英雄称号。

乔治·弗雷德里克·劳伦斯·查尔斯（George Frederick Lawrence Charles，1916～2004）是圣卢西亚前首席部长。曾移居阿鲁巴，1945年返回圣卢西亚。他积极参加工会运动，当选圣卢西亚工人合作联盟（St. Lucia Workers Cooperative Union）总书记。1948年作为工会代表被选入卡斯特里城委员会。他参与建立圣卢西亚工党（St. Lucia Labour Party）。1954～1964年任首席部长。2015年被授予民族英雄称号。

国家诗人

德里克·奥尔顿·沃尔科特，圣卢西亚诗人和剧作家。1992年获诺贝尔文学奖。详见上述国家象征人物。

国家标志形象

高耸于圣卢西亚西南海岸的皮通双峰是圣卢西亚标志形象，从T恤衫、明信片到当地啤酒的标签上，到处都有皮通双峰的图像。如果外来游客未去皮通双峰，那么就会被认为没有去过圣卢西亚。大皮通峰高770米，底部直径为3公里；小皮通峰高743米，底部直径为1公里。3.2万～3.9万年前，由于火山喷发，火山口流出的熔岩形成了双峰。它们从碧绿的海水中突兀而起，雄姿勃勃，傲视天空。两个陡峭的山峰通过山脊相连，山坡上遍布郁郁葱葱的热带雨林。很多文人墨客为描述奇异的双峰而搜索枯肠。圣卢西亚诗人、诺贝尔文学奖得主德里克·奥尔顿·沃尔科特把双峰形容为"尖角"（Horns），美国著名演员奥普拉·温弗瑞（Oprah Winfrey）则称双峰是世界五佳景点之一。

世界遗产

圣卢西亚拥有 1 项世界遗产。2004 年皮通山保护区（Pitons Management Area）被联合国教科文组织世界遗产委员会列入《世界遗产名录》。世界遗产委员会评价说，皮通山保护区紧邻苏弗里耶尔镇，面积为 2909 公顷。保护区内有皮通山，两处最高的火山分别高达 770 米和 743 米。延绵的山峰和山脊连接，一直延伸到海面。火山群包括一个地热带，那里温泉密布，硫黄色的烟雾缭绕。珊瑚暗礁覆盖了几乎 60% 的海面。一项调查研究显示，这里有 168 种长须鲸，包括珊瑚在内的 60 种刺胞动物、8 种软体动物、14 种海绵、11 种棘皮类动物、15 种节肢动物和 8 种 A 环节蠕虫。玳瑁在近海岸出没，海面上还能看见鲸鲨和领航鲸的身影。主要的陆地植物为潮湿热带雨林和亚热带雨林，在山顶还有一小部分干燥林和高山矮曲林。据记载，大皮通山至少有 148 种植物，小皮通山和中间的山脊至少有 97 种植物，其中有 8 种珍稀树种。皮通山还是约 27 种鸟类（其中 5 种为当地鸟类）、3 种当地啮齿动物、1 种负鼠、3 种蝙蝠、8 种爬行动物和 3 种两栖动物的栖息地。

皮通山保护区包括陆、海两部分。上述两处较高的火山分别为大皮通峰和小皮通峰，山底直径分别为 3 公里和 1 公里。山上植物多种多样，令人目不暇接。这两座山峰被绘制在圣卢西亚国旗上，作为国家的象征。海洋管区是一条长 11 公里、宽约 1 公里的海岸带，内有多种鱼类和珊瑚。皮通山保护区自然山水景色奇绝，吸引众多游客到此一游。

国花

玫瑰（Rose）和玛格丽特（Marguerite）是圣卢西亚国花。1985 年 9 月圣卢西亚举办国花选拔赛，玫瑰和玛格丽特最后胜出。每年 8 月 30 日是圣卢西亚的玫瑰日，10 月 17 日是雏菊日。玫瑰是蔷薇科蔷薇属植物，学名为 Rosa rugosa，原产地为中国。玫瑰属落叶灌木，花有紫红色、白色，玫瑰象征美丽和爱情。西方还把玫瑰花当作严守秘密的象征。起源于罗马神话中的荷鲁斯（Horus）与女神"维纳斯"偷情的故事，维纳斯之子丘比特为了帮母亲保有名节，于是给了荷鲁斯一支玫瑰，请他守口如瓶。荷鲁斯收了玫瑰后缄默不语，成为"沉默之神"。玛格丽特原名叫作蓬蒿菊或木春菊，16 世纪时挪威公主玛格丽特非常喜欢这种花，便以自己名字为该花命名。在西方，玛格丽特是"少女花"的别称。玛格丽特花瓣纯白，清新脱俗。

国树

葫芦树（Calabash）。学名为"Lagenaria siceraria"。是一种爬藤植物，藤长可达 15 米，叶呈椭圆形。属葫芦科。其果实呈葫芦状。未成熟的果实可当作蔬菜食用，成熟的果实可制作容器和烟斗。葫芦是人类最早种植的植物之一，可能源于非洲，后传往亚洲、欧洲和美洲。圣卢西亚岛上印第安阿拉瓦克人很早就使用葫芦制作容器，如今许多当地居民仍把葫芦做成碗使用。

国家植物

竹。高大、生长迅速的禾草类植物，生长于热带、亚热带和暖温带地区。多年生，高可达 40 米。茎为木质。竹枝干挺拔，修长，四季青翠，深受人们喜爱。竹一生只开花结籽一次。在圣卢西亚全岛，被广泛用在住宅和其他建筑上。

国鸟

圣卢西亚鹦鹉。圣卢西亚特有的鹦鹉，也是圣卢西亚的标志之一。圣卢西亚鹦鹉全身以绿色为主，额头为钻蓝色，面颊为青绿色，胸部为猩红色。雌雄鸟无明显差异。5 岁后成熟、交配。2~4 月干燥季节，雌鸟在大树洞中产 2~3 个白色的蛋，孵蛋需 27 天，孵化 67 天后幼鸟离巢。圣卢西亚鹦鹉栖息于森林，以坚果、种子和浆果等为食。20 世纪 70 年代，由于人类的滥捕、非法交易和生态环境的破坏，珍稀的圣卢西亚鹦鹉面临灭绝的危险。为了保护圣卢西亚鹦鹉，1978 年，圣卢西亚农业部林业局发动了一场拯救圣卢西亚鹦鹉的运动。1979 年，圣卢西亚鹦鹉被宣布为圣卢西亚国鸟。1980 年，颁布《野生动物保护法》，后来又颁布了《林业法》，上述措施使圣卢西亚鹦鹉的数量有所增长。

国舞

克瓦德里尔舞（kwadril），是圣卢西亚一种民间舞，源于欧洲四对舞（quadrille）。原来被认为"老土"，如今已成为圣卢西亚的文化象征。伴奏的乐器有四弦琴、拨浪鼓、小提琴、班卓琴、曼陀林、吉他等。克瓦德里尔舞包括 5 个独立的舞蹈，它们是"pwémyé fidji"、"dézyèm fidji"、"twazyèm fidji"、"katwiyèm fidji" 和"gwan won"，乐手可以用"玛祖卡曲""波尔卡曲"进行伴奏。一年四季都可举办克瓦德里尔舞会，但大斋期（复活节前 40 天）除外。

国球

板球。19 世纪初，板球从英国传入圣卢西亚。最初是一种"精英运动"，唯有有钱的白人才能打板球。1900 年，赴英国参赛的西印度群岛板球队成员都是白人。20 世纪 40 年代，这种情况有了改观。1959 年来自特立尼达的黑人弗兰克·沃雷尔（Frank Worrell）因技术出众被任命为西印度群岛板球队队长。圣卢西亚板球水平不太高，西印度群岛板球队队员多来自牙买加、特立尼达和多巴哥、圭亚那和巴巴多斯。达伦·萨米（Darren Sammy）是第一个成为西印度群岛板球队队员的圣卢西亚运动员，因而成为该国备受尊敬的人。每年 3 ~ 8 月是圣卢西亚板球比赛季节，但节日期间的板球赛不受季节限制终年举行。由前西印度群岛板球队队员、圣卢西亚国家板球队队长朱利安·查尔斯（Julian

Charles）领导的圣卢西亚国家板球协会（Saint Lucia National Cricket Association）负责推动该国板球运动的发展。圣卢西亚北部的波塞茹尔板球场于 2002 年建成，可容纳 15000 名观众，在这里经常举办国际比赛。

国服

圣卢西亚女国服称"马德拉斯"（Madras），又称"吉普"（Jip）或"朱佩"（Jupe）。"马德拉斯"的名称来源于原产于印度马德拉斯的马德拉斯布（Madras Cloth）。马德拉斯的款式由早期法国移民传进来的"沃布德维耶特"（Wob Dwiyet）演变而来，深受法国南部妇女服装的影响。马德拉斯为三片装，由白色罩衫、外裙和头饰组成。白色罩衫用棉布或府绸制成，带有装饰用的绳边和丝带；外裙可长可短，用马德拉斯布料制成，套在白色长衬裙外面；头饰称为"Tête en l'air"，也用马德拉斯布料制成，在头顶系成几个结尖。结尖的数目表示主人的情绪：系 1 个结尖意思是"我的心是自由的"；系 2 个结尖意思是"我没空，但你可以试试"；系 3 个结尖意思是"我的心没空"；系 4 个结尖意思是"欢迎任何尝试的人"。此外，三角形的披巾别在左肩上，披巾用印花薄软绸制成。

"沃布德维耶特"（Wob Dwiyet）也是圣卢西亚女国服。沃布德维耶特原为法国南部妇女服装，18 世纪末传入圣卢西亚，后成为该国妇女正式礼服，如今只在洗礼仪式、婚礼、游行等特殊场合穿。沃布德维耶特由长衣、衬裙、披巾和头饰组成。长衣称为"德维耶特"（Dwiyet），带裙裾，用鲜红色织物制成，背部多皱褶，腰部有褶缝。从两侧延伸的带子在胸前系住长衣。长衣穿在衬裙的外面，两只袖子很长，直至手腕。衬裙用塔夫绸、缎子制作，用花边和丝带装饰。被称为富拉尔多的三角形缎子披巾环绕颈和肩，用胸针别住，三角形顶点在后背中央。折叠的头饰被称为"特特卡塞"（Tete Casé）。

圣卢西亚男国服比较简单，由白衬衫、黑裤和红腰带组成。

国食

咸鱼饼和青香蕉（Salt Fish and Green Fig）。"Green Fig"一词在圣卢西亚不是青无花果，而是未成熟的青香蕉。制作时先把青香蕉煮软，去皮，趁热压碎，浇上酸橙汁，以免变黑。把咸鱼放在沸水中，去除大部分盐分，去掉鱼皮和鱼骨。把青香蕉末放在抹了油的烤馅饼盘上，再把切碎的鱼放在青香蕉末上，随后撒上切成片的甜辣椒、洋葱、西红柿以及乳酪和磨碎的黑胡椒，上面浇一层牛奶和面包屑。把盘子放在180度炉中烘烤30～40分钟，直至乳酪酥融，变成金褐色，此时咸鱼饼和青香蕉便可出炉食用。

国酒

朗姆酒（Rum）。和加勒比其他国家一样，朗姆酒也是圣卢西亚的国酒。圣卢西亚朗姆酒公司（St. Lucia Distillers）位于罗素谷地，由巴纳德家族建于1932年。1998年其股份的24.9%出售给特立尼达和多巴哥安戈斯图拉有限公司。近年来，圣卢西亚朗姆酒公司加紧进行现代化改造，升级设备，以生产出质量更高的朗姆酒。

啤酒在圣卢西亚也很受欢迎。Piton啤酒是圣卢西亚岛比尔森啤酒的一个品牌，由喜力啤酒（Heineken）旗下的Windward&Leeward Brewing Limited酿造。Antillia酿酒公司是该岛屡获殊荣的啤酒厂。它酿造传统的啤酒和烈性啤酒，用百香果、当地柑橘酿酒，并用朗姆酒桶陈酿。

宗教

圣卢西亚宪法规定宗教信仰自由。全国61.5%的人口信仰罗马天主教。圣卢西亚与安圭拉、安提瓜和巴布达、多米尼克、格拉纳达、英属维尔京群岛、蒙特塞拉特和圣基茨和尼维斯同属卡斯特里教省（Castries Province）。1956年成立的卡斯特里主教管区，在1974年11月升格为大主教管区（在圣卢西亚）。圣卢西亚属卡斯特里大主教管区（Archdiocese of Castries）下设罗素主教管区（在多米尼克）、圣乔治主教管区（在格林纳达）、圣约翰－巴塞特尔主教管区（在安提瓜和巴布达、圣基茨和尼维斯、安圭拉、英属维尔京群岛和蒙特塞拉特）。卡斯特里大主教管区为安的列斯主教会议成员。建于1956年2月20日的罗素主教管区，于1974年11月18日升格为大主教管区。现卡斯特里大主教管区大主教为罗伯特·里瓦斯（Robert Rivas, O.P.），2008年2月15日就任。该国共分23个教区。圣卢西亚3所中学和40所小学属天主教会。

卡斯特里大主教管区的主教堂为无原罪圣母大教堂（Cathedral Basilica of the Immaculate Conception），简称卡斯特里大教堂（Cathedral of Castries），是加勒比地区最大的教堂。位于卡斯特里德里克沃尔科特广场，是卡斯特里大主教管区大主教所在地。教堂高61米，宽30米。在1999年5月11日举行的庆祝卡斯特里大教堂建成百年庆典中，其被宣布为乙级圣殿（Minor Basilica）。教堂内饰有圣卢西亚画家邓斯坦·圣奥默（Dunstan St. Omer）创作的壁画。

近年来，新教在圣卢西亚发展很快。根据2010年人口调查，圣卢西亚约有25.5%的人口信仰新教，包括基督复临安息日会信仰者占10.4%、五旬节派信仰者占8.9%、浸信会信仰者占2.2%、英国圣公会信仰者占1.6%、上帝教会信仰者占1.5%，其他新教徒占0.9%。

国家保护神

无原罪圣母玛利亚（Inmaculada Concepción）是圣卢西亚天主教徒的保护神。玛利亚是耶稣之母。圣母无原罪是天主教有关圣母玛利亚的教义之一。1854年12月8日，教皇庇护九世发布《莫可名言之天主》（*Bulla Ineffabilis Deus*）通谕，正式宣告"圣母无染原罪"为"当信的道理"。自此，"圣母无染原罪"正式成为天主教教义的一部分。12月

8 日为圣母无原罪日，是天主教节日之一。

国币

东加勒比元（The Esat Caribbean Dollar）。1 东加勒比元 = 100 分（Cent）。现流通的纸币面值为 5 东加勒比元、10 东加勒比元、20 东加勒比元和 100 东加勒比元，铸币面值为 1 分、2 分、5 分、10 分、25 分和 1 东加勒比元。圣卢西亚是东加勒比中央银行成员（详见圣基茨和尼维斯国币）。

圣文森特和格林纳丁斯

国名

圣文森特和格林纳丁斯（St. Vincent and the Grenadines）。位于加勒比海小安的列斯群岛中向风群岛的南部。由主岛圣文森特及其以南的格林纳丁斯群岛北半部的贝基亚、马斯蒂克、卡努安、迈罗和尤宁等32个岛组成。最先发现圣文森特和格林纳丁斯的是南美的西博内人（Ciboney），他们乘独木舟来到此地。随后到来的是阿拉瓦克人，他们引进了农业和渔业技术。后来，加勒比人取而代之，称圣文森特岛为"海朗"（Hairoun），意为"神圣的土地"。哥伦布于1498年1月22日圣文森特节抵达主岛。哥伦布遂以圣文森特为其命名，以纪念天主教圣徒、守护神圣文森特·德萨拉戈萨（St. Vincen de Saragossa）。圣文森特生于西班牙韦斯卡，是一座教堂的执事，受戴克里先迫害而殉难。圣文森特经常被用来指包括格林纳丁斯在内的整个群岛。格林纳丁斯之名来自西班牙语"Promegaranate"，意为"石榴"。该群岛不产石榴，可能许多小岛像石榴籽一样散布在海中，故得此名。

国都

金斯敦（Kingstown）。英文意为"国王之城"。与牙买加首都金斯敦中文同名，但它们的英文字母不相同。牙买加首都的英文名称是

"Kingston"。金斯敦位于圣文森特岛西南部的金斯敦湾畔。1763 年圣文森特和格林纳丁斯被法国转让给英国时，当时英国国王为乔治三世。为了表示对英国的忠诚，该城被命名为"国王之城"，即金斯敦。后来，1806 年在金斯敦伯克希尔山建成的夏洛特堡（Fort Charlotte）则以乔治三世之妻的名字命名。金斯敦三面临海，一面靠山，海拔仅为 7 米。市区呈半圆形，花繁叶茂，绿草如茵，景色十分秀丽。建于 1763 年的植物园是西印度群岛最古老的植物园。

国庆

10 月 27 日（1979 年）。哥伦布发现圣文森特和格林纳丁斯时，那里居住着印第安部族加勒比人。1627 年英国殖民者占领圣文森特和格林纳丁斯，此后法国与英国为争夺对该岛的控制权进行过多次战争。直到 18 世纪，加勒比人一直力阻欧洲人在圣文森特建立殖民点。1763 年法国将圣文森特和格林纳丁斯转让给英国。1779 年，法国人卷土重来。1783 年英国人重新控制了该群岛，对该群岛实行了长期的殖民统治。加勒比人坚持争取独立的斗争。1772 年和 1795 年，民族英雄约瑟夫·查托耶（Joseph Chatoyer）曾率领圣文森特和格林纳丁斯人民进行过两次反对殖民统治的战争，但遭到镇压。1969 年 10 月，圣文森特和格林纳丁斯取得"内部自治"的地位。1979 年 10 月 27 日，圣文森特和格林纳丁斯宣布独立，这一天成为该国的独立日和国庆日。

国旗

圣文森特和格林纳丁斯国旗为长方形，长与高之比是 3:2。自左至右由蓝、黄、绿三个垂直长方形组成，黄色长方形的宽度是蓝色和绿色长方形的 2 倍。黄色长方形中绘有 3 颗呈"V"字形的绿色菱形宝石，代表"文森特"（Vicent）的第一个字母，3 颗绿宝石象征圣文森特和格林纳丁斯群岛是小安的列斯群岛的宝石。蓝色代表天空和海洋；黄色代表该国人民的热情和生机勃勃的精神，并象征格林纳丁斯的金沙；绿色象征圣文森特的农作物和人民的持久活力。圣文森特和格林纳丁斯国旗是由瑞士图形画家朱立恩·范德瓦尔（Julien van der Wal）设计的，1985 年 10 月 21 日正式采用。他还是日内瓦州旗的设计者。

1979 年圣文森特和格林纳丁斯独立时采用的国旗也自左至右由蓝、黄、绿三个垂直长方形组成，但蓝、黄、绿色长方形面积相等，黄色长方形两侧有两个白窄条，黄色旗面中央绘有一片大的面包果叶，叶上是该国国徽。该旗设计者为伊莱恩·利弗普尔夫人（Mrs. Elaine Liverpool）。1985 年初国旗做了微小改动，去掉了黄色长方形两侧的两个白窄条。

国徽

圣文森特和格林纳丁斯国徽为盾形，是和平与正义的象征。它以 1907～1979 年殖民时期使用的徽章为基础，经过多次修改而成。盾面上一个黄色祭坛两边有两位身着传统罗马服装的女子。左边一位站立的女子手持绿色橄榄枝，象征和平；右边另一位屈膝献祭的女子，象征正义。盾徽上面绘有棉花图案，象征纯洁。盾徽下面的飘带上用大写拉丁文写有国家格言"和平与正义"（PAX ET JUSTITIA）。

总督旗

圣文森特和格林纳丁斯的国家元首是英国女王伊丽莎白二世，总督是女王在该国的代表。总督弗雷德里克·纳撒尼尔·巴兰坦（Frederick Nathaniel Ballantyne，生于 1936 年）于 2002 年 9 月就职。总督旗为蓝色，长与宽之比为 2：1。旗面正中为王冠，王冠上站立着一头戴冠的金狮，象征该国与英国的特殊关系。王冠下的黄色飘带上用黑色大写英文写有"圣文森特和格林纳丁斯"（St. VINCENT & THE GRENADINES）。

总督府

圣文森特和格林纳丁斯总督府（Government House）每周一至周五

上午 8 点至下午 4 点 15 分对外开放。历史上，圣文森特和格林纳丁斯总督府曾变动过几次。1791 年，总督府位于卡利亚夸（Calliaqua）。1795～1797 年第二次加勒比战争期间，总督和其工作人员离开位于蒙特罗斯的总督府，前往夏洛特堡避难。这座被遗弃的总督府在加勒比战争过后年久失修、破败不堪，于是在金斯敦建起了新的总督府，这样总督可方便地去坐落在附近一所楼房的总督办公室办公。1828 年，又在植物园的 3 亩土地上建起新的总督府，不过好景不长，不久也被废弃。现在的总督府建于 1886 年，位于金斯敦郊区老蒙特罗斯原总督府同一位置上，圣公会教区中心对面，作为总督正式官邸。这座总督府有三个方"人"字形屋顶。底层墙壁为毛砖石，上层则为木制，进入上层需通过外部砌体楼梯。

国歌

《圣文森特！国土多美丽》（*St. Vincent! Land So Beautiful*）。词作者为菲利斯·乔伊斯·麦克林（Phyllis Joyce McClean, 1917～2004），曲作者为约恩·伯特伦·米格尔（Joen Bertram Miguel, 生于 1938 年）。1967 年第一次演奏，1979 年独立时正式被确定为国歌。

圣文森特和格林纳丁斯国歌译文：

第一节：

圣文森特，多么美丽的土地，

我们满怀欣喜向你保证，

忠于你、热爱你，

发誓让自由永远和你在一起。

不管未来是如何，

我们的信念清晰。

愿海岸之间充满和平，

保佑我们的是上帝。

第二节：

哈龙*，我们美丽有福的岛屿，

你的高山清澈又碧绿，

也许我会把路迷，

这是我的家，安宁祥和的避风区。

不管未来是如何，

我们的信念清晰。

愿海岸之间充满和平，

保佑我们的是上帝。

第三节：

可爱的格林纳丁斯，

我们姊妹小岛似美玉。

阳光永远照耀，

金色沙滩和海域。

不管未来是如何，

我们的信念清晰。

愿海岸之间充满和平，

保佑我们的是上帝。

注：*哈龙是土著印第安语对该岛的称呼，意为"有福之家"。

国歌原文：

The Saint Vincent and Grenadines National Anthem

1.

Saint Vincent, Land so beautiful,

With joyful hearts we pledge to thee

Our loyalty and love, and vow

To keep you ever free

Chorus:

Whate'er the future brings,

Our faith will see us through.

May peace reign from shore to shore,

And God bless and keep us true.

2.

Hairoun, Our fair and blessed Isle,

Your mountains high, so clear and green,

Are home to me, though I may stray,

A haven, calm, serene.

3.

Our little sister islands are

Those gems, the lovely Grenadines,

Upon their seas and golden sands

The sunshine ever beams.

歌词原文见 http://www. gov. vc/index. php? option = com_cont ent&
view = article&id = 27&Itemid = 44。

国家格言

"和平与正义"（PAX ET JUSTITIA）。

国语

英语。圣文森特和格林纳丁斯官方语言是英语，小学到大学各级学校都用英语教学，印刷、广播、电视、各种正式活动都广泛使用英语。圣文森特和格林纳丁斯英语接近美式英语，因为最早来圣文森特和格林纳丁斯的移民是美国人。但该国大多数人说一种被称为"文森特英语"（Vincy English）的当地方言，即克里奥尔语。这种语言以英语为基础，但含有西非语言、法语、西班牙语、葡萄牙语以及土著语卡利纳戈语和加里富纳语的要素。当地人说话语速较快，含有浓重的文森特味儿。为规避词尾的硬音，常常改变字母的位置，如"ask"（问）读成"aks"；或者读时去掉最后的字母，如"desk"（书桌）读成"dess"，"tourist"（游客）读成"touriss"。克里奥尔语句子中的主语常使用人称代词宾格，如"I am going down town"（我到城里去）变成"Me going down town"。圣文森特和格林纳丁斯留有许多法文地名和加勒比语地名，法文地名如"Petit Vincent"（小文森特）、"Mayreau"（迈罗岛）等，加勒比语地名如"Bequia"（贝基亚岛）、"Commantawana Bay"（科曼塔瓦纳湾）等。

民族英雄

约瑟夫·查托耶（Joseph Chatoyer）。居住在圣文森特和格林纳丁斯的加勒比族印第安人被称为"加里夫纳"（Garifuna）人，西班牙语意为"吃木薯的人们"。17 世纪初，英国和法国殖民者相继入侵圣文森特和格林纳丁斯，并为控制该群岛展开激烈争夺。加勒比人深入山区茂密的森林中，坚持争取独立的斗争。1772 年，约瑟夫·查托耶领导加勒比人揭竿而起，开展第一次反对英国殖民统治的战争。在加勒比人的沉重打击下，英国被迫与加勒比人签订和解协议。1783 年，根据《凡尔赛条约》，圣文森特和格林纳丁斯沦为英国殖民地，加勒比人继续开展斗争。1795 年，约瑟夫·查托耶率领加勒比人发动了第二次加勒比战争。他们袭击英国兵营，处决殖民官吏，从多塞特夏尔山发动对金斯敦的进攻，取得了多次胜利。1796 年 3 月 14 日，英国殖民者拉尔夫·阿伯克龙比（Ralph Abercromby）率一个营士兵向多塞特夏尔山猛扑。当天深夜，约瑟夫·查托耶被殖民军残忍杀害。约瑟夫·查托耶英勇无畏的精神，一直鼓舞着争取独立的圣文森特和格林纳丁斯人民。2002 年 3 月 14 日，约瑟夫·查托耶被认定为圣文森特和格林纳丁斯的民族英雄，获得了该国的最高荣誉奖章"圣文森特和格林纳丁斯民族英雄奖章"。在多塞特夏尔山上树起了约瑟夫·查托耶纪念碑，他牺牲的日子 3 月 14 日也被定为该国的民族英雄日。

夏洛特堡

夏洛特堡是金斯敦地标之一。位于金斯敦城西海拔 600 英尺（相当于 182.88 米）的伯克希尔山上（Berkshire Hill）。建于 1806 年，以乔治三世之妻的名字命名。全盛时期驻扎 600 名兵士，有 34 门炮，以镇压土著加勒比人。一些老军营现已成为博物馆，墙上有反映加勒比黑人历史的绘画作品。

国花

索弗里雷树花（Soufriere tree）。"Soufriere"源于法文"Soufre"，意为"硫黄"。学名为"Spachea elegans"。热带和亚热带树木，树高可达 25 米。花朵小，呈黄色、粉色等，披针形绿叶。原产于英属圭亚那，1791 年被引进圣文森特和格林纳丁斯。1804 年植物园监护员亚历山大·安德森（Alexander Anderson）博士在火山坡发现索弗里雷树。

国鸟

圣文森特鹦鹉（St. Vincent Parrot）。学名为"Amazona Guildingii"。

栖息于圣文森特岛山地密林中。该鸟是该国独有鹦鹉品种。体长 16~18 英寸（相当于 40.64~45.72 厘米），羽毛色彩斑斓。头为白色、黄色和紫色，颈的大部分为绿色，体羽以黄色和褐色为主，翼色斑驳，尾巴为绿色和蓝褐色，尾尖为黄色。以水果、坚果、花和种子为食。雌鸟每次只产 1~2 个蛋。过度捕猎、砍伐森林、香蕉种植面积的扩大、木炭生产、修路使鸟的栖息地面积缩小以及飓风与火山爆发等人为和自然灾害，造成近些年来圣文森特鹦鹉的数量不断减少。

国家音乐

大鼓音乐（Big Drum Music）。大鼓音乐流行于向风群岛，特别是圣文森特和格林纳丁斯。传统上大鼓用树干制作，但如今大多已使用朗姆酒桶。演奏大鼓音乐时，一位被称作 Chantwell 的女歌手演唱歌曲，一些头戴花头巾、身穿五颜六色裙子的舞女伴舞。大鼓音乐一般在婚礼或节庆活动中演奏，特别是在庆祝船只下水时演奏。

国家运动

板球。板球是圣文森特和格林纳丁斯最普及的体育运动。圣文森特和格林纳丁斯是板球劲旅西印度群岛队的一员。首都金斯敦的阿诺斯峡谷体育场（Arnos Vale Stadium）是举办板球和足球比赛的体育场，可容纳 1.8 万人。参见圣基茨和尼维斯国家运动。

篮球也是圣文森特和格林纳丁斯人喜欢的体育运动。

国服

卡拉贝拉（Karabela）。与海地等国家一样，传统加勒比黑人妇女服装卡拉贝拉是圣文森特和格林纳丁斯国服。这种服装裙子宽大，色彩斑斓、鲜艳，短袖上衣领口露肩，彩色头巾裹住头发。

国食

烤面包果和炸杰克鱼（Roasted Breadfruit & Fried Jackfish）。1793 年布莱船长（Captain Bligh）把 630 株面包果树从塔希提引进圣文森特和格林纳丁斯，面包果树从此在岛上扎根，面包果也成为当地人民的重要口粮之一。面包果树在该国随处可见，被视为国家象征之一，1979 年至 1985 年初的国旗就有面包果树叶的图案。圣文森特和格林纳丁斯人还把烤面包果和炸杰克鱼当作国食。

烤面包果：制作烤面包果时，先把串肉扦子穿入面包果中，放在屋外炭火中烤，上下翻动，烤约半小时，变软即可。

炸杰克鱼：洗净杰克鱼，把柠檬汁浇在杰克鱼上，腌泡 15 分钟，洗净杰克鱼，擦干；与此同时，在热油中嫩煎切碎的洋葱头、大蒜、百里香、切成薄片的熟西红柿，加人造黄油搅拌至熔化，加入番茄酱和水，加盐，汤变微浓，调味汁即制成，并放上小的甜椒做装饰；用一些调味汁擦杰克鱼，剩余调味汁待用。把面粉撒在蜡纸上，将杰克鱼两面都涂上面粉，中火加热锅中的油，油热后（不冒烟）煎鱼的两面，约 4 分钟，直至鱼变成褐色。炸杰克鱼可与切成片的烤面包果及调味汁一块食用。

国酒和国饮

圣文森特啤酒公司酿造海朗啤酒（hairoun）。海朗是该岛的另一个名字，由加勒比人所取，意为"神圣的土地"。海朗啤酒是用大麦、啤酒花和泉水酿造的金啤酒。圣文森特啤酒公司还生产打破吉尼斯世界纪录的超烈性酒，以及无酒精麦芽饮料和其他几种非酒精饮料。

金色苹果汁（Golden Apple Juice）在圣文森特和格林纳丁斯被作为国饮。

狂欢节

狂欢节是圣文森特和格林纳丁斯最盛大的节日，已有 300 多年历史。18 世纪法国殖民者最早在圣文森特和格林纳丁斯开始举行狂欢节庆祝活动，时间是在四旬节前。英国统治初期，继续举办狂欢节，在四旬节第一天圣灰星期三之前的星期二举行，持续 4 天。当时狂欢节是特权阶层的专利，不准许奴隶参加。奴隶制废除后，获得自由的奴隶才得以加入狂欢节的庆祝活动中，并为其增添了非洲文化传统的色彩。圣文森特和格林纳丁斯的狂欢节被称为"文西马斯"（Vincy Mas）。约瑟夫·查托耶领导人民进行反抗英国殖民统治的斗争中，人们利用狂欢节发泄不满。1872 年，英国殖民当局禁止举行狂欢节庆祝活动。1879 年 2 月 11 日，圣文森特和格林纳丁斯人民决定抗拒禁令，继续庆祝狂欢节，狂欢节庆祝活动一直持续下来。

1976 年狂欢节开发委员会决定把狂欢节的时间从每年 2 月改为每年 6 月底至 7 月初，庆祝活动持续 10 天。例如，2011 年狂欢节是从 6 月 24 日至 7 月 5 日。节日期间商店停止营业，唯有沿街的食品摊点照常开放。人们涌上街头，身穿色彩艳丽的民族服装，在激昂的音乐声中，载歌载舞，热闹非凡。许多人戴着面具、羽饰、金属小圆片，化装成魔鬼或天使，行进在游行队伍中。在此期间，还要举行选拔狂欢节国王和王后、卡利普索（Calipso）与索卡（Soca）音乐优胜者，钢鼓乐和唱歌比赛等活动，到处是欢乐的海洋。

宗教

圣文森特和格林纳丁斯大多数人信奉新教，其中英国圣公会教徒占人口的 47%，卫理公会教徒占 28%。圣文森特和格林纳丁斯圣公会副主教辖区隶属于向风群岛主教辖区，副主教为西尔维纳斯·里吉斯福德（Sylvanus Regisford）。圣文森特和格林纳丁斯全国分为 6 个教区，它们是：夏洛特（Charlotte）、格林纳丁斯（Grenadines）、圣安德鲁（Saint Andrew）、圣戴维（Saint David）、圣乔治（Saint George）和圣帕特里克（Saint Patrick）。

圣乔治英国圣公会大教堂（St George's Anglican Cathedral）建于19世纪初，出售加勒比人的土地为建设该教堂提供了部分财政来源。1820年，这里举行了献堂礼，它是一座乔治风格建筑，其彩色玻璃窗特别引人注目。对于其中的一扇玻璃窗，原本维多利亚女王打算悬挂在伦敦圣保罗大教堂，但后来作为送给主教的礼物被运往金斯敦，安置在了圣乔治英国圣公会大教堂。

天主教在圣文森特和格林纳丁斯影响也很大，信仰天主教的人口占13%。金斯敦主教管区隶属于西班牙港大主教管区。主教查尔斯·贾森·戈登（Charles Jason Gordon）于2011年7月8日就职。亚松森大教堂（Assumption Cathedral）是成立于1989年的金斯敦主教管区主教堂，又称亚松森圣母大教堂（Cathedral of Our Lady of the Assumption）或简称圣玛利亚大教堂（St. Mary's Cathedral），位于首都金斯敦。最早建于1823年，后重建，竣工于20世纪30年代，是一座哥特式建筑，并融合了摩尔式、罗马式、拜占庭式和佛兰芒建筑风格。

国币

东加勒比元（The East Caribbean Dollar）。1东加勒比元=100分（Cent）。现流通的纸币面值为5东加勒比元、10东加勒比元、20东加勒比元和100东加勒比元，铸币面值为1分、2分、5分、10分、25分和1东加勒比元。圣文森特和格林纳丁斯是东加勒比中央银行成员（详见圣基茨和尼维斯国币）。

危地马拉

国名

危地马拉共和国（La República de Guatemala）。位于中美洲西北部。东北部与伯利兹为邻，西部和北部同墨西哥相接，东南部靠洪都拉斯和萨尔瓦多，南濒太平洋，东邻加勒比海。

1524 年西班牙殖民者佩德罗·德阿尔瓦拉多（Pedro de Alvarado）率兵攻陷玛雅基切王国都城伊克西姆切（Iximche），建立新城"圣地亚哥德洛斯卡瓦列罗斯德危地马拉"（Santiago de los Caballeros de Guatemala），简称"危地马拉"。"危地马拉"来自纳华语"Quauhtemallan"，意为"多林之地"或"森林之国"，由随同德阿尔瓦拉多征服危地马拉的特拉斯卡尔特卡斯人（tlaxcaltecas）所取。西班牙人把这个名字西班牙语化为"Guatemala"，并用于称呼整个王国。危地马拉的名字第一次出现在 1524 年 4 月 11 日德阿尔瓦拉多写给埃尔南·科尔特斯（Hernán Cortés）的信件上。同年 10 月 15 日科尔特斯在致卡洛斯五世的信中也提到了危地马拉城。

关于危地马拉的名字来源，还存在多种说法。一说来自玛雅语"uhatezmala"，意为"喷射熔岩的火山"；一说派生于基切国王"Jiutemal"或"Juitemal"；一说源于"Cuahuitimal"一词，意思是"流出黄色沥青的泉"；一说来自"Quautemalli"一词，意为"腐烂的棍子"；一说派生于"Guhatezmalhá"一词，意思是"水山"；一说源于"Cuahtemallan"，意为"在大堆木材中间"；一说来自"Quauhtlimallán"一词，意为"迷人的鹰"；一说源于卡克奇克尔（Cakchiquel）宫廷所在地特查瓜特马兰（Techan Quatemalan）之名。

危地马拉还有个玛雅语名字"Iximulew"，意为"玉米之地"。

国都

危地马拉城（Ciudad de Guatemala），是新危地马拉 - 德拉亚松森（Nueva Guatemala de la Asunción）的简称。始建于 1524 年 7 月 28 日，是危地马拉和中美洲最大的城市，位于危地马拉中部的山谷中。城名中的危地马拉（Guatemala）的起源，上文国名已述，不再重复。城名中的"新"字，是因 1773 年发生的圣马尔塔地震摧毁了原首都圣地亚哥德洛斯卡瓦列罗斯德危地马拉，殖民当局被迫放弃该城，并于 1774 ~ 1778 年在埃尔米塔谷地建立一座新城，故称新危地马拉。城名中的亚松森（Asunción）是指亚松森圣母（Virgen de la Asunción），表示对圣母的尊敬。

国庆

9 月 15 日（1821 年）。危地马拉是玛雅文化的发源地之一。1523 年 12 月，西班牙殖民者入侵危地马拉，1524 年 7 月征服整个危地马拉，危地马拉从此成为西班牙殖民地。1527 年西班牙王室在危地马拉设置都督府。印第安人为争取独立和解放，多次发动起义。1811 年，危地马拉爱国者再次爆发起义，但被残酷镇压。1821 年墨西哥获得独立。在其影响下，于同年 9 月 15 日宣布独立，并发表中美洲独立宣言。1822 年危地马拉与墨西哥合并。1823 年与其他中美洲国家组成中美洲联邦。1838 年中美洲联邦瓦解。第二年，危地马拉成为独立国家，9 月 15 日成为危地马拉独立日和国庆日。

国旗

目前的危地马拉国旗是在 1871 年 8 月 17 日米格尔·加西亚·格拉纳多斯（Miguel García Granados）总统发布第 12 号令后使用的，1968 年正式确认这面国旗，并沿用至今。它由天蓝、白、天蓝色三个等宽的垂直长方形组成，两边为天蓝色，白色居中，中央绘有国徽图案。长与宽之比为 8∶5。白色条带象征地处太平洋和加勒比海之间的国家大地，同时代表纯洁、正直、信仰、温顺、坚定、警惕、和平和民族。天蓝色象征正义、忠诚、温柔、坚强、危地马拉天空和太平洋与加勒比海。每年 8 月 17 日是危地马拉"国旗日"。

危地马拉国旗是以中美洲联邦旗为基础设计出来的，而中美洲联邦旗又脱胎于阿根廷国旗。危地马拉国旗曾经过多次变动。

1821 年 9 月 15 日，危地马拉宣布中美洲脱离西班牙独立。1823 年 3 月，危地马拉与其他中美洲四国组成"中美洲联邦"。同年 8 月，中美洲联邦旗问世。这面国旗由蓝、白、蓝色三个平行长方形组成，它是危地马拉第一面国旗。

危地马拉作为组成中美洲联邦中的一个国家，于 1825 年 1 月 20 日创建了自己的国旗，即危地马拉第二面国旗。这面国旗在中美洲联邦旗的白色长方形中央添加危地马拉国徽。

1838 年中美洲联邦解体，1839 年危地马拉成为独立国家。立宪大会下令使用第三面国旗。这面国旗只是对第二面国旗的国徽做了修改。

1851 年 3 月 14 日，马里亚诺·帕雷德斯（Mariano Paredes）总统下令使用危地马拉第四面国旗。原国旗上和下的蓝色长方形被一分为二，上方长方形的左半部改为红色，下方长方形左半部改为黄色，白色条带不变，但去掉了国徽。

1858 年 5 月 31 日，拉斐尔·卡雷拉（Rafael Carrera）总统下令使用由七个长方形组成的第五面国旗，次序是蓝、白、红、黄、红、白、蓝色。其中，蓝、白和红色长方形一样大小，中间黄色长方形的面积则是其他颜色长方形的 3 倍，即占旗面的 1/3。

1871 年 8 月 17 日，米格尔·加西亚·格拉纳多斯总统下令采用由天蓝、白、天蓝色三个等宽的垂直长方形组成、中央绘有国徽图案的第六面国旗。

国徽

现今的危地马拉国徽，是根据 1871 年危地马拉总统米格尔·加西亚·格拉纳多斯颁布的命令采用的。这一年，为了庆祝危地马拉独立 50 周年，米格尔·加西亚·格拉纳多斯总统要求造币厂设计新国徽。在造币厂工作的瑞士雕刻家胡安·巴蒂斯塔·弗雷内尔（Juan Bautista Frener）接受了任务，很快交出图样，获得格拉纳多斯总统高度赞赏。同年 11 月 18 日，格拉纳多斯总统宣布弗雷内尔设计的国徽为危地马拉国徽。这个国徽为圆形，底色为蓝色，圆面中央为白色羊皮纸轴卷，上写"自由，1821 年 9 月 15 日"（LIBERTAD 15 DE SEPTIEMBRE DE 1821），以纪念 50 年前这一天中美洲国家脱离西班牙获得独立和自由。轴卷上方停落一只危地马拉国鸟格查尔鸟，作为国家独立和自主的象征。两支带三角刺刀的雷明顿式步枪和两柄长剑在轴卷后交叉，步枪象征力量，长剑象征荣誉。两束月桂叶花组成花环，在圆面底部相交，象征着胜利、光荣和知识。1968 年 9 月 12 日，被正式确认为危地马拉国徽。危地马拉国徽设计者胡安·巴蒂斯塔·弗雷内尔 1821 年 12 月 10 日生于瑞士鲁塞恩。他是著名雕刻师，曾创作 Wilhelm Tell 纪念章和意大利音乐家朱塞佩·威尔地（Giuseppe Verdi）纪念章，在拉斐尔·卡雷拉执政时期来到危地马拉，在造币厂从事设计、雕刻工作。他冲压出许多钱币和纪念章，其中包括著名的卡雷拉比索，这是危地马拉货币史上最好的钱币之一。1871 年危地马拉自由派执政后，他继续在造币厂担任画家和雕刻师，在雕刻和铸币领域取得非凡成就。

历史上，危地马拉国徽经过几次变动。

1823 年，危地马拉与其他中美洲国家共同使用中美洲联邦国徽。

1825 年，作为中美洲联邦成员的危地马拉，开始使用自己的国徽，但与中美洲联邦国徽区别不大。

1842 年，危地马拉国徽面世。国徽的中央为箭囊，囊里插蓝白色箭。箭囊前面的盾内圆绘有光芒四射的太阳和 5 座火山，圆的外环写有铭文"中美洲的危地马拉，1821 年 9 月 15 日"（Guatemala en Centroamérica，15 de sept. De 1821）。

1851 年，马里亚诺·帕雷德斯总统下令使用新的国徽，使用至 1858 年。

1858 年 5 月 31 日拉斐尔·卡雷拉下令使用新国徽。盾徽分两部分，下部是 3 座火山，上部是多根白色和蓝色杆子。盾徽两面各有两面国旗。盾徽右边的圣栎树枝与左边的月桂树枝在盾徽下相交。白色飘带写有"Guatimalae Respublica Sub. D. O. M. Protectione"字样。

国佩

在豪尔赫·乌维科·卡斯塔涅达（Jorge Ubico Castañeda，1878 ~ 1946）于 1931 ~ 1944 年执政时期，危地马拉第一次使用国佩。国佩由两个蓝色圆和五角星组成，外围大蓝色圆中绘有一颗白色五角星，小蓝色圆位于五角星中央。国佩的颜色与国旗相同。

总统绶带

危地马拉总统绶带与格查尔勋章、宪法钥匙和总统权杖一起，是危地马拉最高象征标志。总统绶带由蓝、白、蓝两色三条纵列组成，与国旗颜色相同。每个颜色条幅宽 6 厘米，长度根据当选总统身材而定。国徽横跨蓝、白、蓝纵列，直径为 12 厘米。历史上，危地马拉共和国成立后，拉斐尔·卡雷拉总统首次使用蓝、白、红、黄、红、白、蓝色总统绶带。1848 年卡雷拉下台后，停止使用总统绶带。1851 年卡雷拉再次执政，恢复使用总统绶带。1871 年 8 月 17 日米格尔·加西亚·格拉纳多斯总统下令把总统绶带改成蓝、白、蓝色，并沿用至今。总统绶带是国家权力的标志，总统就职时被授予总统绶带。总统绶带是国家重要的象征标志之一，每个总统绶带都被精心保护。危地马拉军队纹章博物馆就保存有胡斯托·鲁菲诺·巴里奥斯（Justo Rufino Barrios）和米格尔·加西亚·格拉纳多斯的总统绶带。

总统旗

总统旗是危地马拉总统标志之一。长与高之比为 8∶5。它的式样是在危地马拉国旗左侧蓝色旗面上增添垂直竖立的 5 颗金色五角星。副总统旗与总统旗唯一不同的是旗为燕尾形。议长旗是在危地马拉国旗左侧蓝色旗面上增添垂直竖立的 4 颗金色五角星。最高法院院长旗是在危地马拉国旗左侧蓝色旗面上增添垂直竖立的 3 颗金色五角星。

总统专机

危地马拉总统乘租用的比奇 400A 喷气机（Beechcraft 400A）出行，该机可载 7 人。制造商为豪客比奇飞机公司（Hawker Beechcraft Corporation），公司总部设在美国堪萨斯州威奇托市。危地马拉总统还有一架贝尔 412 直升机（Bell 412），该机是在贝尔 212 基础上研发的，由直径较小的 4 桨叶旋翼系统取代了贝尔 212 的 2 桨叶旋翼系统。可全天候飞行，安全可靠。

总统府

危地马拉总统府称为"危地马拉国民宫"（Palacio Nacional de Guatemala）或"国民文化宫"（Palacio Nacional de la Cultura），是危地马拉城和危地马拉的象征之一。1980 年 11 月 7 日，国民文化宫被宣布为危地马拉"历史和艺术纪念物"（Monumento Histórico y Artístico）。国民文化宫位于首都危地马拉城中心国家公园一侧，占地 8890 平方米。1939 年 1 月，豪尔赫·乌维科·卡斯塔涅达总统委托建筑师拉斐尔·佩雷斯·德莱昂（Rafael Pérez de León）和恩里克·列拉（Enrique Riera）设计国民文化宫。他们以 16 世纪西班牙萨拉曼卡蒙特雷伯爵的府第为基础，开始兴建国民文化宫。为使宫墙呈绿色，他们使用了掺杂了硫酸铜的水泥。1943 年 11 月 10 日乌维科总统诞辰时，这座融合危地马拉殖民时期风格和新古典主义风格与法国风格的国民文化宫落成，整个工程共花费 280 万格查尔。危地马拉著名画家阿尔弗雷多·加尔韦斯·苏亚雷斯（Alfredo Gálvez Suarez）、吉列尔莫·格拉和达·梅纳（Guillermo Grajeda Mena）等为国民文化宫创作了反映哥伦布到达危地马拉前至危地马拉独立的历史壁画；鲁道夫·加莱奥蒂·托雷斯（Rodolfo Galeotti Torres）制作了宫内的雕刻装饰；胡利奥·乌鲁埃拉（Julio Urruela）制作了玻璃窗；卡洛斯·里加尔特·阿吉亚诺（Carlos Rigalt Anguiano）负责墙壁、天花板和地毯的装饰。国民文化宫的天花板都是穆德哈尔建筑风格（西班牙从穆斯林那里继承下来的建筑风格）的，其中宴会大厅（Salón de Banquetes）天花板用瓷砖和黄金覆盖。接待大厅（Salón de Recepciones）的圆顶具有巴洛克建筑风格。厅内的水晶灯重 2.5 吨，上面装饰有 4 个眼望基点的格查尔鸟铜雕。厅内北侧设置了乐队演奏台，南部设置了马林巴演奏台。国民文化宫拱门上多次重复出现乌维科总统喜欢的阿拉伯数字 5，因为他的姓和名都有 5 个字母。许多重要的露天官方活动在国民文化宫院子里举行，例如 1996 年危地马拉政府和游击队签订和平协议。院中矗立着和平纪念碑，碑上有两只铜铸的手心向上的手。每天 11 点 30 分，国民文化宫卫队在这里举行仪式，把一朵代表和平的白色玫瑰花放在手心上，同时取走前一天放置的玫瑰花。国民文化宫不仅是危地马拉政府所在地，而且是一座博物馆，建筑部分对公众开放。

总统官邸

危地马拉总统官邸称为"总统别墅"（Casa Presidencial），位于国民文化宫后面。总统官邸也是建筑师拉斐尔·佩雷斯·德莱昂受命于乌维科总统设计的，建造于 1931～1943 年。总统官邸还被称为"Casa Crema"，意为"奶油房"，带有德科建筑风格（Art Deco），具有美国建筑的特色。总统官邸是在任危地马拉总统、夫人和其他家人的住所。总统官邸有一个主门、两个侧门。一层有 6 个厅，庭院有喷泉装饰，是艺术家鲁道夫·加莱奥蒂·托雷斯（Rodolfo Galeotti Torres）的雕塑。二层有 6 个房间、4 个浴室，以及仓库和警卫室。

国歌

《危地马拉国歌》（*Himno nacional de Guetemala*）。词作者为何塞·华金·帕尔马·拉索（José Joaquín Palma Lasso），曲作者为拉法埃尔·阿尔瓦雷斯·奥瓦列（Rafael Alvarez Ovalle）。

危地马拉独立后，很长时间没有自己的国歌。1879 年，胡斯托·鲁菲诺·巴里奥斯总统通过文学会"未来"（El Porvenir）组织选拔国歌歌词的比赛。在参赛作品中，比较不错的作品有胡安·费尔明·艾西内马（Juan Fermín Aycinema）的《祖国之歌》（*Himno a la patria*）、米格尔·A. 萨沃里奥（Miguel A. Saborio）的《危地马拉颂》（*A Guatemala*）和米格尔·A. 乌鲁蒂亚（Miguel A. Urrutia）的《祖国颂》（*A la Patria*）。但由于提交参赛作品只有 15 天时间，上交作品中没有一首入选。

1887 年，时任危地马拉政府秘书的青年诗人拉蒙·P. 莫利纳（Ramón P. Molina）创作出爱国诗歌《人民之歌》（*Himno Popular*）。同年，危地马拉执政官曼努埃尔·阿吉拉尔（Manuel Aguilar）将军举办为《人民之歌》配曲的选拔赛。由洛伦索·莫拉莱斯（Lorenzo Morales）、H. 霍尔（H. Hall）和莱奥波尔多·坎蒂莱纳（Leopoldo Cantilena）组成的评委会判定作曲家拉法埃尔·阿尔瓦雷斯·奥瓦列取得第一名。此后一段时间，他和莫利纳创作的歌曲实际上已成为危地马拉国歌。阿尔瓦雷斯所做之曲被人们唱了 10 年，但莫利纳所作之词饱受诟病。1896 年，危地马拉总统何塞·马里亚·雷纳·巴里奥斯（José María Reiyna Barrios）将军决定举行征集新国歌的比赛。比赛在 7 月 24 日至 10 月 15 日举行。10 月 28 日，由何塞·莱奥纳多（José Leonardo）、F. 卡斯塔涅达（F. Castañeda）和何塞·华金·帕尔马（José Joaquín Palma）组成的评选委员会宣布，阿尔瓦雷斯作曲、署名"匿名"作词的歌曲赢得胜利。然而，其他参赛者对阿尔瓦雷斯再次获胜十分不满。雷纳·巴里奥斯总统和内阁成员及音乐界大师重新听了所有参赛歌曲，最后仍坚持拉法埃尔·阿尔瓦雷斯·奥瓦列的作品胜出。1897 年 3 月 14 日晚，危地马拉国歌首次演出在首都科隆剧院隆重举行，危地马拉政府向阿尔瓦雷斯颁发了金质奖章和荣誉证书。

很长时间，人们不知道危地马拉国歌词作者是谁。直至 1910 年，音乐大师阿尔瓦雷斯才把谜底揭开，因为那时他们创作的国歌已深入人心，受到人们的热烈欢迎。原来危地马拉国歌的词作者是侨居危地马拉多年的古巴诗人何塞·华金·帕尔马·拉索。同年 9 月 15 日，曼努埃尔·埃斯特拉达·卡夫雷拉（Manuel Estrada Cabrera）总统确认何塞·华金·帕尔马·拉索是危地马拉国歌词作者。

根据 1934 年 7 月 26 日危地马拉政府的决议，委托著名语法学家何塞·马里亚·博尼利亚 – 鲁阿诺（José María Bonilla Ruano）对危地马拉国歌歌词做了一些修改。

危地马拉国歌词作者何塞·华金·帕尔马·拉索 1844 年 9 月 11 日生于古巴奥连特省圣萨尔瓦多·德巴亚莫。1864 年，他开始从事新闻工作，创建报纸《巴亚莫新生》（La Regeneración de Bayamo）。他曾积极参加争取古巴独立的运动，后流亡洪都拉斯。1873 年流亡危地马拉期间，受到危地马拉人民的热烈欢迎，写下 100 多首歌颂危地马拉的诗篇。他严守创作危地马拉国歌歌词的秘密 10 多年，直至 1910 年人们才知道他是危地马拉国歌的词作者。1911 年，何塞·华金·帕尔马·拉索身染重病。7 月 23 日，在危地马拉军乐团演唱他创作的国歌声中，诗人曼努埃尔·巴列、作家比尔希略·罗德里格斯·贝特拉和比赛委员会的成员们给已经不能讲话的帕尔马戴上危地马拉最高荣誉银质桂冠，他流下了激动的泪水。1911 年 8 月 2 日，何塞·华金·帕尔马·拉索与世长辞。他的遗体上覆盖着古巴国旗，葬于危地马拉城。应古巴政府的要求，1951 年 4 月 17 日，他的遗体被运回故乡德巴亚莫安葬。

危地马拉国歌曲作者拉法埃尔·阿尔瓦雷斯·奥瓦列 1858 年 10 月 24 日生于奇马尔特南戈省圣胡安科马拉帕。他的父亲是镇教堂的管风琴演奏者和当地一所音乐学校校长，也是他的音乐启蒙教师。他的母亲为了培养他，把他送到圣卢西亚科特苏马尔瓜帕，他师从希尔韦里奥·阿维利亚（Silverio Avilla）。他多才多艺，对笛子、小提琴、曼陀林、吉他等乐器样样精通。1879 年，他在首都进修音乐，并获得胡斯托·鲁菲诺·巴里奥斯总统授予的奖学金，在替代者学院（Escuela de Substitutos）就读。后来，他前往圣塔卢西亚市担任当地乐团指挥。阿尔瓦雷斯在 29 岁时为国歌配曲，他一生共作曲 200 多首。1911 年获得危地马拉政府奖励给他的金和银头冠。1946 年 12 月 26 日去世，享年 88 岁，遗体葬在危地马拉城陵园。40 多年后，危地马拉政府决定把他的遗骨迁往其家乡。1988 年 10 月 22 日，危地马拉政府、军队和人民举行了悼念阿尔瓦雷斯的仪式，其遗骨摆放在国民文化宫供人祭拜。24 日，他的遗骨下葬于奇马尔特南戈省圣胡安科马拉帕文化宫。危地马拉国立图书馆大厅珍藏有 1911 年拉法埃尔·阿尔瓦雷斯·奥瓦列和诗人何塞·华金·帕尔马·拉索获得的桂冠。

危地马拉国歌歌词分为四节与合唱部分，第一节与合唱部分译文如下：

祝愿危地马拉美好无比，
恶人永远玷辱不了你的祭坛圣地，
祝愿没有披枷带锁的奴隶，
没有暴君鄙薄你。

如果明天外敌
威胁侵犯你神圣的土地,
美丽的国旗迎风招展,
召唤我们誓死迎胜利。

美丽的国旗迎风招展,
召唤我们拼死为胜利。
你的人民矢志不渝,
誓死不做奴隶。

歌词原文:

¡Guatemala feliz…! Que tus aras
no profane jamás el verdugo;
ni haya esclavos que laman el yugo
ni tiranos que escupan tu faz.

Si mañana tu suelo sagrado
lo amenaza invasión extranjera,
libre al viento tu hermosa bandera
a vencer o a morir llamará.

Coro:
Libre al viento tu hermosa bandera
a vencer o a morir llamará;
que tu pueblo con ánima fiera
antes muerto que esclavo será

歌词原文见 http://bellezaguatemalteca. lacoctelera. net/categoria/him- no- nacional-guatemala-letra-y-musica。

国家格言

"发展自由，促成丰饶"（Libre Crezca Fecundo）

国家史诗

《波波尔·乌》（*Popol Vuh*）。玛雅基切语拉丁文写法为"popol wuj"。《波波尔·乌》是玛雅基切人的古典史诗，其名意为"社会之书"、"人民之书"或"议会之书"。《波波尔·乌》是根据更早的玛雅文献以基切语写成，原作者不详。西班牙人在征服危地马拉之后，禁止使用玛雅文，代之以拉丁文，但一些玛雅祭司为保存自己的民族文化，不惧风险偷偷用玛雅文字把《波波尔·乌》等古老典籍抄写下来。1702 年，西班牙神父弗朗西斯科·席梅内兹（Francisco Ximénez）在危地马拉小镇奇奇卡斯德南哥发现了 16 世纪中叶写在一张鹿皮上的《波波尔·乌》，他将其抄写下来并译成西班牙文，连同他的其他著作，保存在圣多明各修道院，1830 年，其被转移至危地马拉科学院。1854 年，奥地利人卡尔·谢尔策（Karl Scherzer）在危地马拉市圣卡洛斯图书馆的一处角落发现了《波波尔·乌》的手抄本和译文本。1857 年，他在维也纳出版了《波波尔·乌》西班牙文译本。夏尔·艾蒂安·布拉瑟尔（Charles Étienne Brasseur）教士在危地马拉得到了《波波尔·乌》手稿，将其带回欧洲，译为法文后，于 1861 年以《波波尔·乌》之名出版。临死前，他把《波波尔·乌》手稿交给阿方斯·皮纳尔（Alphonse Pinar）保存，但此人对中美洲不感兴趣，将其卖给了芝加哥收藏家爱德华·E. 艾尔（Edward E. Ayer）。1897 ~ 1911 年，他陆续把包括《波波尔·乌》手稿在内的 17000 部藏书捐给了芝加哥纽伯利图书馆（Newberry）。

1925 年，国家诗人米格尔·安赫尔·阿斯图里斯·罗萨莱斯（Miguel Ángel Asturias Rosales）将《波波尔·乌》译成西班牙文。

《波波尔·乌》被视为古代基切玛雅人的圣书，它融合了宗教、神话、历史、天文学、占星学、习俗与传说，其中包括创造世界、人类起源的神话传说，基切部落兴起的英雄故事，历代基切统治者的系谱等，表现了玛雅人对大自然、对人类命运的乐观态度。

国语

西班牙语。危地马拉讲西班牙语的人被称为拉迪诺人（Ladino），即"会讲西班牙语的人"。国内各地区所讲西班牙语各有特点。在与萨尔瓦多和洪都拉斯交界地区，发音特点与这两国相似，辅音的发音更为松弛。而在与墨西哥恰帕斯州相邻的西北部地区，所讲西班牙语就有恰帕斯西班牙语的特点。危地马拉西班牙语在音位、语法、句法和词语上与正统西班牙语存在差异。在读音上，同一些中美洲国家一样，在危地马拉西班牙语中，"s"、"c"和"z"3 个字母的发音没有区别，字母"ll"读成"y"。危地马拉西班牙语的很多单词使用了玛雅语的发音和字母，如"ch"和"x"发成"sh"，使用"ix"的前缀，大部分带"x"字母的单词是形容词等。危地马拉西班牙语的句法结构有少数源于土著语，有些则可发现玛雅语的影响，如西班牙语"es un amigo mío"（是我的一个朋友），危地马拉西班牙语则变成"es uno mi amigo"。危地马拉西班牙语一部分词语源于玛雅语或纳华语，一些单词只在危地马拉西班牙语中使用，如"chapin"（危地马拉的）、"canche"（白肤金发碧眼女人）、"patajo"（小孩）和"trobo"（醉的）等。

尽管西班牙语为官方语言，但占全国一半人口的玛雅人后裔讲玛雅语，特别是在农村地区。在危地马拉的 24 种语言中，21 种是玛雅语，它们是"K'iche'""Q'eqchi""Kaqchiquel""Mam""Poqomchi""Tzu'tujil""Achí""Q'anjo'bal""Ixil""Akateko""Popti""Chuj""Poqomam"

"Ch'orti'" "Awuakateko" "Sakapulteko" "Sipakapense" "Uspanteko" "Tektiteko" "Mopan" "Itza"，另外 3 种是西班牙语、辛卡语（Xinca）和加里富纳语（Garifuna）。辛卡语不属于玛雅语，危地马拉东南部地区讲这种语言。大西洋沿岸地区黑人讲加里富纳语，根据 2003 年颁布的第 19 号法令，除西班牙语外的 23 种语言为民族语言。

国家勋章

1936 年豪尔赫·乌维科·卡斯塔涅达将军执政时设立的格查尔勋章（Orden del Quetzal），是危地马拉最高荣誉奖章。授予对该国和人类的科学技术、文学、艺术、社会、国际关系等做出重大贡献的国内外人士。格查尔勋章分为金链（Collar）、大十字（Gran Cruz）、高官（Gran Oficial）、司令（Comandante）、官员（Oficial）和骑士（Caballero）6 级。古巴领袖菲德尔·卡斯特罗（Fidel Castro）、多米尼加总统莱昂内尔·费尔南德斯·雷纳等获得过危地马拉金链级格查尔勋章。

安东尼奥·何塞·伊里萨里勋章（Orden de Antonio José de Irisarri）由危地马拉政府设立于 1973 年，其名是为纪念危地马拉国务活动家、作家安东尼奥·何塞·伊里萨里（Antonio José de Irisarri，1786 ~ 1868 年）。安东尼奥·何塞·伊里萨里勋章授予在外交方面和为人民的独立和国家主权做出突出贡献的国内外人士，通常被授予外交人员。勋章分为大金链（Gran Collar）、大十字（Gran Cruz）、高官（Gran Oficial）、司令（Comandante）和官员（Oficial）5 级。勋章缎带为白色，中间有蓝色条带。安东尼奥·何塞·伊里萨里出生于危地马拉城。1809 年赴智利，积极参加 1810 年智利独立运动。1818 年被智利国父贝尔纳多·奥希金斯（Bernardo O'Higgins）任命为外交部部长。1839 ~ 1848 年作为危地马拉和萨尔瓦多驻厄瓜多尔和哥伦比亚大使。1849 年定居美国，1855 年被危地马拉和萨尔瓦多任命为驻美大使。代表作有自传体小说《流浪的基督教徒》（*El cristiano errante*）、《库拉索岛的检票员》（*El*

Revisor en Curazao）等。

除此之外，危地马拉还有许多类型的勋章，如五火山勋章（Orden de los Cinco Volcanes），设立于 1961 年 3 月，授予致力于中美洲团结的人士；鲁道夫·罗夫莱斯勋章（Orden Rodolfo Robles），设立于 1955 年 12 月 2 日，授予在公共卫生领域提供突出服务的医生；弗朗西斯科·马罗金国家勋章（Nacional Orden Francisco Marroquin），设立于 1963 年 1 月，授予教学成绩突出的教育工作者；军功十字勋章（Cruz de Mérito Militar），设立于 1947 年 10 月，授予有功军人。

民族英雄

特库恩·乌曼（Tecun Uman，1499～1524）。1523 年 12 月，西班牙殖民者佩德罗·德阿尔瓦拉多率军入侵危地马拉，基切王国国王特库恩·乌曼带领印第安人英勇抵抗。1524 年 2 月 20 日，在奥林特佩克谷地的皮纳尔平原的激烈战斗中，特库恩·乌曼被佩德罗·德阿尔瓦拉多用剑刺中胸部，倒地而亡。传说格查尔鸟飞落到这位胸部流血不止的印第安首领的身上，从那时起，格查尔鸟的胸部变为红色。危地马拉人民世世代代怀念这位国家英雄，1960 年 3 月 22 日，危地马拉国会颁布第 1334 号法令，宣布特库恩·乌曼为民族英雄和保卫祖国的象征。危地马拉城街头为他树立了纪念碑，圣马科斯省的特库恩·乌曼城（Ciudad Tecun Uman）也以他的名字命名。

国家诗人

米格尔·安赫尔·阿斯图里亚斯·罗萨莱斯（Miguel Ángel Asturias Rosales，1899～1974）。1965 年国际列宁和平奖和 1967 年诺贝尔文学奖获得者，拉丁美洲魔幻现实主义文学流派和拉丁美洲新小说主要开创人。1899 年生于危地马拉城。1917 年入圣卡洛斯大学学医，后转学法律和社会学。1923 年赴欧洲深造，在巴黎大学学习人种学。他关注玛雅文化，1925 年将《波波尔·乌》译成西班牙文，与此同时，他开始创作诗歌和小说。他在巴黎创建了《新时代》（*Nuevos Tiempos*）杂志。1930 年他的第一部书《维多利亚神话》（*Leyendas de Guatemala*）出版。1933 年 7 月阿斯图里亚斯返回危地马拉，创作了大量诗歌。他的第一部诗集《十四行诗》（*Sonetos*）在 1936 年出版。其他著名诗集还有 1942 年创作的《歌唱法国》（*Canto a Francia*）、1943 年创作的《昨天晚上，1543 年 3 月 10 日》（*Anoche, 10 de marzo de 1543*）、1955 年创作的《玻利瓦尔：歌唱解放者》（*Bolívar: Canto al Libertador*）。1942 年阿斯图里亚斯当选国会议员。此后他涉足外交工作，先后在墨西哥、法国、阿根廷等国任外交官。1947～1953 年任驻萨尔瓦多大使。1946～1952 年任驻阿根廷大使，1952～1960 年任驻法国大使。1954 年阿马斯上台后，他被剥夺国籍，被迫流亡智利、阿根廷。晚年在马德里度过。阿斯图里亚斯创作过多部小说，如《总统先生》（*El señor presidente*）、《玉米人》（*Hombres de maíz*）、《疾风》（*Viento fuerte*）、《绿色教皇》（*El Papa Verde*）、《被埋葬者的眼睛》（*Los ojos de los enterrados*）等，其中《总统先生》是他的代表作，深刻揭露了拉丁美洲寡头政治的罪恶。

世界遗产

1979 年 1 月 6 日，危地马拉成为联合国教科文组织世界遗产委员会成员。截至 2015 年 7 月 8 日第 39 届世界遗产大会闭幕，危地马拉共有 2 项文化遗产，1 项文化和自然遗产。此外，危地马拉还拥有 2 项非物质文化遗产。

危地马拉的世界文化遗产如下。

安提瓜危地马拉（Antigua Guatemala）又称旧危地马拉城，1979 年被联合国教科文组织世界遗产委员会列入《世界遗产名录》。世界遗产委员会评价说：安提瓜危地马拉行政长官所在的首都，始建于 16 世纪早期，这座城市建在海拔 1500 米以上的潘乔伊山谷，并处在地震带内，于 1773 年遭到大地震的严重破坏，但一些主要建筑的遗迹保留了下来。城市的网格状布局受到意大利文艺复兴的启发，在不到三个世纪的时间内，这里就汇集了大批气势庄严而风格华丽的建筑作品。

安提瓜危地马拉位于危地马拉南部的萨卡特佩克斯省海拔 1500 米的潘乔伊山谷，靠近阿瓜（Agua）和富埃戈（Fuego）火山，距首都危地马拉城 40 公里。它是殖民时期危地马拉总督辖区第三个首府。1524 年西班牙殖民者在原玛雅城市卡克奇克尔（Kakchikel，今伊克西姆切，Iximché）建立危地马拉第一个首府，1527 年被抛弃。第二个首府建在阿瓜火山坡阿尔莫龙加谷（Valle de Almolonga），后被大水冲毁。1543 年开始在潘乔伊山谷兴建第三个首府。城市设计以直线布局，街道从北到南，从东到西，城市中心为中央广场，广场一侧矗立着雄伟的大教堂。1545 年建立的第一所天主教教堂遭到多次地震的破坏，1585 年兴建的检审廷宫，后来成为总督府。1549 年该城成为危地马拉皇家检审廷所在地，1570 年被改为危地马拉检审廷。17 世纪安提瓜危地马拉成为危地马拉总督辖区首府（辖区包括危地马拉、伯利兹、萨尔瓦多、洪都拉斯、尼加拉瓜和哥斯达黎加以及墨西哥的恰帕斯），是当时西班牙在美洲殖民统治的政治、军事中心之一，城名为"圣地亚哥德洛斯卡瓦列罗斯德危地马拉城"，其官方名称则为"非常高贵与非常忠诚的圣地亚哥德洛斯卡瓦列罗斯德危地马拉城"（Muy Noble y Muy Leal Ciudad de Santiago de los Caballeros de Guatemala）。该城因把西班牙文艺复兴建筑风格与巴洛克建筑风格相结合，曾被称为"西班牙美洲最漂亮的城市之一"。该城鼎盛时期人口达 6 万人，城中拥有 30 座教堂、18 座修道院、15 座隐修院、10 家礼拜堂、5 家医院和 1 所孤儿院以及圣卡洛斯大学。但该城因靠近火山，多次遭受地震破坏。1530 年、1541 年、1565 年、1575 年、1577 年、1585 年和 1590 年发生过地震，1575 年地震曾摧毁城内基督学校的教堂，1590 年地震又给城市造成很大破坏。1651 年、1679 年、1689 年先后发生 3 次地震。18 世纪的地震规模更是远超以往，1717 年里氏 7.4 级地震震塌了安提瓜危地马拉 3000 户房屋，甚至包括总督府的部分房间和墙壁。震后殖民当局打算迁都，然而由于当地居民强烈反对并到总督府示威，迁都计划只得作罢。1730年建筑师迭戈·德波雷斯（Diego de Porres）负责城市重建，1736 年完工。其间，1731 年新建萨拉戈萨皮拉尔圣母修道院和教堂（convento e iglesia de Nuestra Señora del Pilar de Zaragoza），1736 年建成后改称卡普奇纳斯修道院（Convento de las Capuchinas），它是安提瓜危地马拉建设的最后一座修道院。1773 年 7 月 29 日再次发生强震，1775 年西班牙当局决定重新建造危地马拉首都。1776 年正式迁都新危地马拉城（La Nueva Guatemala），即今危地马拉城。安提瓜危地马拉则被称为"废墟危地马拉"（arruinada Guatemala）、"圣地亚哥德旧危地马拉"（Santiago de Guatemala Antiguo）和"安提瓜城"（Antigua Ciudad，意为旧城）。

安提瓜危地马拉虽经历多次地震，但仍保留了众多巴洛克风格建筑，如中央广场的市政厅、方济各会修道院、大教堂等，提供了有关巴洛克时代的美洲殖民城市的独特的证据。

基里瓜考古公园和玛雅文化遗址（Parque Arqueológico y Ruinas de Quiriguá）于 1981 年被联合国教科文组织世界遗产委员会列入《世界遗产名录》。世界遗产委员会评价说：基里瓜从公元 2 世纪开始就有人居住，在考阿克·斯凯统治期间（723～784）成为一个自治、繁荣国家的首都。基里瓜遗址包括 8 世纪的一些建筑杰作，以及一系列让人叹为观止的雕刻石柱和石刻历法，这些为研究玛雅文明提供了必要的原始资料。

基里瓜考古公园和玛雅文化遗址位于危地马拉伊萨巴尔省，距首都危地马拉城东北约 160 公里。这里曾是古典时期早期的前玛雅首都，城内拥有 8 世纪的许多建筑杰作。遗址内有 12 个巨幅雕刻和 13 个纪念碑。纪念碑上雕刻着头戴镶嵌羽毛的头盔的国王，并刻有迄今未被破译的象形文字，这或许是对玛雅人的生活、文化和历史的描述。这些用砂石而不是金属器具直接雕刻而成的纪念碑，体现出古代玛雅人超强的审美观念和艺术技能，它们为研究玛雅文明提供了珍贵的原始资料。

危地马拉的世界文化和自然遗产如下。

蒂卡尔国家公园（Parque Nacional Tikal）在 1979 年被联合国教科文组织世界遗产委员会列入《世界遗产名录》。世界遗产委员会评价说：在丛林心脏地带的繁茂植被环绕下，坐落着玛雅文明的主要遗址之一，自公元前 6 世纪到公元 10 世纪，这里一直有人居住。作为一个举行仪式的场所，这里不但有华丽而庄严的庙宇和宫殿，也有公共的广场，可沿坡道进入。周围的乡村内还零散保留着一些民居的遗迹。

蒂卡尔国家公园面积为 57583 公顷，位于危地马拉北部佩滕省，建于 1955 年 5 月 26 日。蒂卡尔国家公园既是世界自然遗产，又是文化遗产。作为自然遗产，该国家公园热带雨林密布，原始森林中有众多珍稀植物，栖息着众多鸟类和其他动物，如植物有木棉树、美洲雪松、人心果树、桃花心木树、巴西普罗梯乌木等，动物有灰狐、美洲豹、美洲狮、野猫、刺豚鼠、墨西哥食蚁兽、浣熊、北方貘等，飞禽有阿尔皮亚鹰、游隼、鹌鹑、中美哈卡纳鸟、秧鹤、多种蜂鸟、鶏鶎、莫莫托鸟等。此外，还有各种爬行动物，如蝾螈、蛇、鳄鱼、蜥蜴等。

作为世界文化遗产，蒂卡尔国家公园是古代玛雅文明的主要遗址之一。"蒂卡尔"意思为"能听到圣灵声音的地方"。公园内中心地带的蒂卡尔古城遗址占地 1600 公顷，是古典时期玛雅人最大的古城。城中大部分建筑已然倒塌，如今只留下一些断墙残壁。主要遗迹有建于公元 810 年的高 60 米、有 9 层平台的美洲豹金字塔，因塔形很像美洲豹而得名。另外还有 2 号金字塔、4 号金字塔、5 号金字塔，以及耸立着 7 座宫殿的广场。这些恢宏建筑是在 3～9 世纪蒂卡尔繁荣时期建立起来的。此外，这里还有大批刻有象形文字的石碑。最早的象形文字石碑刻于公元 292 年，是目前发现的最早的玛雅石碑。

危地马拉的非物质文化遗产如下。

加里富纳人的语言、音乐与舞蹈于 2001 年 5 月 18 日被联合国教科文组织列入《人类非物质文化遗产代表作名录》，为伯利兹、危地马拉、洪都拉斯和尼加拉瓜共享。详见伯利兹世界遗产。

拉比纳尔阿奇舞剧（La tradicion del teatro bailado Rabinal Achí）是哥伦布发现美洲前危地马拉玛雅文化的代表性文艺作品，2005 年被联合国教科文组织宣布于 2008 年被列入《人类非物质文化遗产代表作名录》。拉比纳尔阿奇舞剧用基切语（K'iche）写成，每年在危地马拉下韦拉帕斯省的拉比纳尔（Rabinal，Baja Verapaz）演出。原来的名字是"Xajoj Tun"，意为"鼓舞"。拉比纳尔阿奇舞剧是 15 世纪玛雅王朝的一出戏剧，也是迄今唯一留存的一出哥伦布发现美洲前的玛雅戏剧。该戏剧通过面具化的舞蹈、戏剧和音乐，讲述了基切人的起源神话和拉比纳尔地区人民的政治—社会关系。拉比纳尔阿奇舞剧从 1625 年起一直处于地下存活的状态，直至 1856 年，一位法国牧师夏尔·艾蒂安·布拉瑟尔·德布尔堡（Charles Étienne Brasseur de Bourbourg）根据阿奇人的叙述把它翻译出来，这部戏剧才真正面世。拉比纳尔阿奇舞剧的音乐用一个木制狭缝鼓和两个喇叭或类似木笛的乐器进行演奏。全剧分为 4 场，剧中的两个主要人物是拉比纳尔王子（Rabinal Achí）和基切王子（K'iche Achí）。其他人物有拉比纳尔国王霍布托伊（Job'Toj）及他的仆人阿奇伊蒙（Achij Mun）和伊霍克蒙（Ixoq Mun），他们是男人和女人的代表；长着绿色羽毛的母亲乌丘奇库克（Uchuch Q'uq'）；代表拉比纳尔首都卡耶城堡（Kajyub'）武士的 13 只鹰和 13 头美洲虎。基切王子率军摧毁了拉比纳尔的 4 个村镇，强迫其居民纳税。经过连续几日的战斗，基切王子被抓获，并被押往拉比纳尔国王霍布托伊的宫殿，以试图绑架拉比纳尔儿童的罪名受审。基切王子被允许与其人民告别。临刑前，他获准与拉比纳尔公主随着鼓点跳舞，并饮用真正的饮料。500 年后的今天，拉比纳尔人相信，在这次战役中牺牲的武士的精神存在于周围的山峦上，也存在于舞蹈中。从 16 世纪殖民时代起，拉比纳尔阿奇舞剧就一直在 1 月 25 日拉比纳尔节（圣巴勃罗节）演出。这个节日由负责管理社区的当地兄弟会协调。舞剧表演中，生者还与死者即拉哈瓦莱斯（rajawales）进行接触，舞台上戴面具的祖先代表死者。对于现代拉比纳尔阿奇人来说，追忆祖先不仅是传承祖先的遗产，而且也是对未来的展望，有一天他们将与祖先聚在一起。

帕奇典礼（Ceremonia de La Paach）于 2013 年被联合国教科文组织列入《人类非物质文化遗产代表作名录》，是圣佩德罗萨卡特佩克斯（San Pedro Sacatepéquez）举行的一个谷物崇拜仪式，是感谢丰收的典礼，强调人类与自然的密切关系，仪式上用马姆语进行祷告。参加仪式的人多是年纪较大的农民，他们与社区有着广泛的联系，并被认为是领导者。四名祷告者在仪式上祷告，与此同时，四名教母身着玉米芯礼仪服装，协调食物的准备和服务工作，并伴着马林巴琴弹奏的音乐表演礼仪舞蹈。帕奇典礼加深了圣佩德罗社区对其文化的认同以及对自然的尊重以加强对其的保护。近年来，参加仪式的年轻人和传授者不断减少，帕奇典礼面临失传的风险。

国花

白色修女兰（Monja Blanca）。在危地马拉，它是和平、美丽、艺术和纯洁的象征。土著基切人流传一个传说，一位漂亮的公主变成了白色修女兰。1934 年 2 月 11 日，危地马拉总统豪尔赫·乌维科·卡斯塔涅达根据美国迈阿密国际鲜花博览会主席莱蒂西亚·M. 萨瑟兰（Leticia M. Southerland）夫人的提议，决定把白色修女兰作为危地马拉国花。1946 年 8 月 9 日，胡安·何塞·阿雷瓦洛（Juan José Arévalo）总统颁布政府决议，规定禁止采摘和出口白色修女兰，违者处罚 25 格查尔（相当于当时的 3.37 美元）。唯有农业部有权批准采摘和出口白色修女兰及其鳞茎和花。1997 年铸造的 50 分硬币上出现了白色修女兰图案。

100 多年前，白色修女兰开始出现在世界面前。植物学家乔治·尤尔·斯金纳（George Ure Skinner）是发现白色修女兰的第一人。1889年，在植物学家拉迪斯劳·科尔德罗教授（Ladislao Cordero）的倡议下，危地马拉白色修女兰参加维也纳花展。当时，白色修女兰被划分在里卡斯特（Lycaste）兰科，属附生兰花科。为纪念第一个发现白色修女兰的斯金纳，学名被称为里卡斯特斯金纳阿尔瓦（Licaste Skinnery Alba）。后来，学名改为里卡斯特维基纳里斯阿尔瓦（Lycaste Virginalis Alba）。白色修女兰生长于韦拉帕斯森林、拉斯米纳斯山脉和危地马拉西部火山山麓。叶长，花呈三角形，长 10～15 厘米。花色多样，从白色到玫瑰色，美丽多姿。白色修女兰雌雄同株，蒴果内含成千上万颗种子。白色修女兰有一变异的唇瓣或花瓣，被用来做授粉昆虫的起落跑道。它是附生植物，有为储存水分而增大的茎。白色修女兰是危地马拉 800 多种兰花中最稀有的品种之一，因而受到严格保护。

国树

木棉树（Ceiba）。玛雅语称"亚斯切"（Yaxché）。学名为"Ceiba Pentandra Gaertin"。在中美洲神话中，木棉树占据重要地位。对玛雅文明来说，木棉树象征世界之轴，它将地下世界（Xibalba）和天空的飞机与地面世界的飞机相连。玛雅人认为木棉树是圣树、生命树、智慧树和希巴尔巴（Xibalbá，玛雅人的地狱）的摇篮。在中美洲年历中，占据"卡姆日"（día Kam）。生长于海拔 0～500 米、潮湿和半潮湿、气温 20～39℃ 的森林地区。在墨西哥、危地马拉等中美洲国家以及巴西都可见到木棉树。树高可达 60 米，树干直径可达 3 米。枝叶茂密、树冠庞大，可遮阴至 1600 平方米。危地马拉国内最古老、最重要的木棉树被称为帕林埃斯库因特拉木棉树（La Ceiba de Palín Escuintla），至今已存活 400 多年。1955 年 3 月 8 日，危地马拉总统卡洛斯·卡斯蒂略·阿马斯（Carlos Castillo Armas）宣布木棉树为危地马拉国树。

国鸟

格查尔鸟（Guetzal）。印第安纳华语意为"金绿色羽毛"。学名为"菲拉马鲁斯－莫西尼奥"（Pharamachrus Mocinno）。"菲拉马鲁斯"（Pharamachrus）希腊文意为"长披风"。"莫西尼奥"（Mocinno）则是第一个把格查尔鸟带往欧洲的墨西哥博物学家何塞·莫里亚诺·莫西尼奥（José Moriano Mociño）的姓氏。格查尔鸟生活于危地马拉和中美洲部分地区。它是一种非常美丽的鸟，也是非常难以得到的鸟。头、背和尾部的羽毛为绿色和蓝色，胸口和肚子的羽毛为红色。它的尾很长，雄鸟尾可长 90 厘米，但雌鸟没有长尾和冠。格查尔鸟代表玛雅祖先最高的宗教尊严，也是玛雅文明自由的象征。1971 年 11 月 18 日，危地马拉政府下达第 33 号令，宣布格查尔鸟从即日起成为该国国鸟。危地马拉人热爱格查尔鸟，格查尔鸟在危地马拉国歌、国徽和国币上都占有一席之地，而且国币也叫作"格查尔"。1936 年豪尔赫·乌维科·卡斯塔涅达总统设立了危地马拉最高勋章"格查尔勋章"。每年 9 月 5 日是危地马拉"格查尔鸟日"，危地马拉人都要举行庆祝活动。由于滥捕滥杀和森林过度开发，格查尔鸟面临灭绝的危险。1979 年，在下韦拉帕斯靠近科万公路由萨拉马市公司捐赠的一块土地上，圣卡洛斯大学建立了格查尔鸟保护区。在这个禁止捕猎的保护区，还有一些其他濒临灭绝的动植物。

国家乐器

马林巴（marimba），是类似于木琴的打击乐器。危地马拉人非常钟爱这种乐器，把它视为国家象征标志之一。无论在城市，还是在农村地区的乐队中，都可见到马林巴，早在 1821 年危地马拉便已宣布马林巴为国家乐器。1955 年，危地马拉宣布马林巴为"祖国象征"（Símbolo Patrio）。1968 年马林巴又被宣布为民族乐器（Instrumento Nacional）。1999 年，阿尔瓦罗·阿尔苏（Alvaro Arzú）总统下令每年 2 月 20 日为"马林巴日"（Día Nacional de la Marimba）。从那时起，每年这一天，危地马拉各个机构和学校都要组织庆祝活动。1999 年 8 月 31 日，危地马拉议会通过决议，确定马林巴为国家乐器。危地马拉议会根据同年颁布的宪法第 171 条发布第 31 号令，宣布马林巴为国家象征之一，要求教育部在公私立学校开设马林巴课。在卡萨尔特南戈市主要入口处，矗立着一座马林巴纪念碑。这座纪念碑不仅纪念马林巴乐器，而且纪念马林巴演奏家和创作马林巴舞曲的音乐家。马林巴在拉美国家非常普及，墨西哥、尼加拉瓜、哥斯达黎加、哥伦比亚等都把马林巴当作重要乐器。墨西哥恰帕斯州有个马林巴公园，是马林巴爱好者聚会的地方，每天下午他们在这里演奏或欣赏马林巴乐曲。1996 年 9 月 3 日，哥斯达黎加总统何塞·马里亚·菲格雷斯·奥尔森（José María Figueres Olsen）政府颁布第 25114 - C 号令，宣布马林巴为哥斯达黎加国家乐器，并将其作为文化与传统的一个象征。

马林巴由键和一串木条及键下面的共鸣箱组成，使用长柄圆头槌演奏，槌头用树脂和橡胶制成，并用丝线缠成球状。马林巴通常由木材或合成材料制成（但合成材料不能保证音的质量），人们一般用玫瑰木和生长在危地马拉南部的红木 - 黄檀（Dalbergia Stevensonii）制作。键则用一种名叫奥尔米吉略（Hormiguillo）的特殊木材制成，这种木材坚硬、抗击打，并能产生独特的声音。马林巴的声音像木琴，但声音更低而广。马林巴能演奏各种类型乐曲，参加合奏的有其他打击乐器、三弦小提琴、四弦低音提琴、小号、萨克斯、单簧管、长笛、螺号、土著鼓等。

马林巴的起源众说不一。古希腊文史资料介绍说马林巴诞生在危地马拉。危地马拉著名音乐家赫苏斯·卡斯蒂略支持这种说法，他说该国有座奇那尔·胡尔山，土著语意为"峡谷中的马林巴"，说明马林巴是危地马拉的民族乐器。有人说马林巴最早在墨西哥恰帕斯制造出来，其前身是中美洲黑奴发明的一种名叫巴拉夫（Balaf）的木琴，1680年第一批在册乐手用巴拉夫进行演奏。有人说马林巴源于亚洲，或来自印度尼西亚，或来自泰国，后传到非洲。有人说马林巴起源于非洲，被贩卖到危地马拉的非洲黑人带来了他们制作的马林巴，马林巴从而在危地马拉落户。土著印第安人模仿制作马林巴，并添加了由竹管或葫芦做成的共鸣箱。19 世纪末，卡萨尔特南戈人塞瓦斯蒂安·乌尔塔多（Sebastián Hurtado）发明了双键盘，对危地马拉马林巴的发展起了重要作用。1899 年乌尔塔多兄弟俩在庆祝曼努埃尔·埃斯特拉达·卡夫雷拉总统生日的音乐会上，第一次用双键马林巴演奏了华尔兹舞曲。马林巴不断改进，从单一的全音阶到出现半音阶；从一人演奏发展为几人甚至十几个人演奏；从最初的"简单马林巴"（Marimbas Sencillas）发展到"夸切马林巴"（Marinba Cuache），再到"分组马林巴"（Marimba Fraccionada）。简单马林巴使用一个马林巴弹奏；夸切马林巴使用两个马林巴弹奏，其中一个是大马林巴，另一个是小马林巴；分组马林巴由 6 个小马林巴组成，每个马林巴相对独立，作用各不相同，这种马林巴被称为"危地马拉马林巴"（Guatemarimba）。如今，马林巴的共鸣箱已使用雪松木或意大利柏木制作，用蜡把膜粘在共鸣箱的最下端。

国舞

危地马拉国舞是征服舞（Baile de la Conquista），又称"摩尔人和基督徒舞"（Baile de los Moros y Cristianos），主要流行于危地马拉基切省，在保护神节、玛雅历节日和收获季节演出。危地马拉历史学家考证，基切人（Quiché）和卡克奇克尔人（Cakchikel）是两个能歌善舞的民族，从远古时代起，乐器和舞蹈就伴随着他们。土著人认为纳克希特神（Nacxit）教会他们舞蹈和音乐，并把骨和蜗牛壳笛传给他们，乐器比珠宝还要珍贵。1523 年，埃尔南·科尔特斯（Hernán Cortés）派遣佩德罗·德阿尔瓦拉多率兵入侵危地马拉。基切国王特库恩·乌曼领导基切人奋勇抵抗，不幸被德阿尔瓦拉多所杀，1524 年危地马拉沦为西班牙殖民地。西班牙殖民者征服危地马拉后，土著人的舞蹈被禁演，代之以西班牙舞蹈。16 世纪末、17 世纪初，方济各会的一个传教士为了降服土著人并使他们皈依天主教，编排了征服舞。该舞描述 1524 年基切人的状况，基切国王特库恩·乌曼和占卜者阿希茨（Ajitz）的形象出现在舞中。征服舞经过几个世纪的传承，已成为玛雅人反映其历史、习俗，纪念保护神和反抗压迫和剥削的舞蹈。舞者分为两队，一队充当西班牙人，另一队充当土著人。装扮成西班牙人和玛雅人的服装各具特色。西班牙人头戴锡盔和欧洲巴洛克式松木面具，身穿带有箔片、镜子、穗子、辫形绲边、锡片的刺绣丝绒武士服装，其上饰有多种颜色的鸵鸟毛，腰悬带鞘的剑。玛雅人着短裤，穿后面封口的衬衫，披长斗篷，头戴一顶前后用刺绣丝绒彩绘板装饰的锡冠，左手持被作为串铃用的似盾的盘。在哨子、笛、大鼓等伴奏下，两队舞者翩翩起舞，热闹非凡。

国家运动

足球是危地马拉最普及的体育运动。危地马拉国家男子足球队由成立于1919年的危地马拉足球协会管理，是中北美洲及加勒比海地区较强的足球队之一。危地马拉国家男子足球队从1921年开始参加国际、洲际足球比赛。危地马拉国家女子足球队从1998年开始参加国际、洲际足球比赛。1943年、1946年、1948年，危地马拉国家男子足球队连续3次获得中北美洲及加勒比海地区锦标赛亚军。1965年、1967年、1969年，危地马拉国家男子足球队连续3次进入中北美洲及加勒比海地区锦标赛决赛，并于1967年取得了其在国际赛场上的第一个冠军头衔。2001年，危地马拉获得中美洲国家杯赛冠军。1996年闯入中北美洲及加勒比海地区金杯赛4强，2007年跻身8强。危地马拉市政体育队在1974年举行的中北美洲及加勒比海地区俱乐部冠军杯赛上夺得桂冠，1978年通信队获得同一赛事的冠军。危地马拉国家男子足球队多次冲击世界杯预选赛，但均未取得决赛资格。国际足球联合会（Fédération Internationale de Football Association，FIFA）排名中，危地马拉的最好成绩是2006年排第50位。2017年3月国际足联排名中，危地马拉排第79位，积分为445分。1996年10月16日晚，危地马拉首都危地马拉城马特奥之花体育场举行危地马拉对哥斯达黎加的世界杯足球赛中北美洲及加勒比海地区预选赛上，发生震惊世界的惨案，球赛组织者超量发售球票，造成观众拥挤、踩踏，导致 80 多人死亡，300 余人受伤。

国服

与尼加拉瓜女国服一样，维皮尔（Huipil）也是危地马拉和其他中美洲国家玛雅人的传统服装。维皮尔在危地马拉被称为波特（po't），它是一种宽松的长外衣，用两三块长方形布料缝合而成，头部开口，衣服两侧有缝，两臂可自由活动。维皮尔可长可短，短的如同衬衫，长的可及脚面。上刺绣彩色花纹，色彩鲜艳，图案复杂。传统或礼仪维皮尔是用背带织机制作的，有刺绣、丝带、花边等装饰。维皮尔也用于商业销售。维皮尔风格可显示出穿戴者的种族和所在地区，因为每个地区都有自己独特的制作方法和装饰。一些维皮尔的设计非常复杂，并有特殊含义。礼仪维皮尔被精心制作，用于婚礼、葬礼等，甚至用作圣徒雕像的服装。裙子被称为科尔特（corte），通常为红色、蓝色、黄色和粉红色，上饰彩色条纹。短斗篷被称为"罗迪列拉"（rodillera），做披肩或头巾的布料被称为"特苏特"（tzute），也可用来包裹婴儿。

危地马拉男士国服为开襟夹克，称为查科塔（chaqueta），即瓜亚贝拉（Guayabera）。男士下身穿长裤，头戴草帽相搭配。

国菜

佩皮扬（Pepián），是极具危地马拉特色的炖肉，将欧洲饮食和玛雅饮食风格相结合。佩皮扬已有几百年的历史，是危地马拉饮食文化的重要组成部分，危地马拉政府给予它"国家遗产"的称号。

做这道菜时，把牛肉或鸡肉放在清水锅里炖约 2 小时，炖熟前加入一些土豆、佛手瓜、豆角。与此同时，在另一饼铛上把辣椒、葡萄、西红柿、洋葱头、芝麻、蛋黄、蒜瓣、桂皮、香蕉皮烤黄，之后在这些配料上加一些刚炖过的肉汤烧开，使其变浓，填入芫荽，凉30分钟后，倒入炖熟的牛肉或鸡肉和蔬菜，重新烧开，使各种味道混合在一起，这样美味的佩皮扬便烹制完成。

菲安布雷（Fiambre）是危地马拉人每年11月1日庆祝万圣节和亡灵节食用的传统菜，也是危地马拉民族多种文化的象征之一。天主教会把11月1日定为"天下圣徒之日"。这一夜是一年中最"闹鬼"的一夜，所以这一节日也叫"鬼节"。这一天，危地马拉人所准备的菲安布雷像一盘色拉（即凉拌菜），内有50多种配料，大体分为肉、香肠、蔬菜和奶酪4类，包括腌小玉米和洋葱、甜菜、山茶棕花、各种乳酪、橄榄、鸡肉，有时有球芽甘蓝，此外还有各种调味品。危地马拉的菲安布雷分为红、白色两种。甜菜（或糖萝卜）菲安布雷呈红色。白菲安布雷不带甜菜。

菲安布雷起源于殖民时期，16世纪末，危地马拉人创造了这道沙拉冷菜，并在每年纪念亡灵时食用。但直到17世纪中叶，菲安布雷才成为国菜，并在每年11月1日万圣节食用。关于菲安布雷还有一个有趣的传说。女主人准备为一次大型聚会做一顿丰盛的晚餐。她自己筹划饭菜，并做了大量准备。她吩咐女仆怎样把饭菜端给客人。女仆正要按主人的话去做，忽然她的情人在后门给她打来电话。这时客人已经来了，女仆惊慌失措，忘掉了主人的吩咐，把各种各样的食物都一起放在一个大盘子里端给了客人。谁承想这个大杂烩冷盘竟受到来宾的称赞，并很快流传开来，逐渐成为危地马拉一道国菜。危地马拉历史学家塞尔索·拉腊（Celso Lara）说，菲安布雷是危地马拉传统最好的表现之一，代表了危地马拉民族的多元文化。中美洲人民提供了蔬菜，西班牙人提供了原由阿拉伯人发明的香肠，危地马拉人把它们融合在一起成为一种美食。危地马拉各个地区、各个家庭制作的菲安布雷都有自己的特色，每年万圣节食用一次，给人留下美好的回忆。

国饮

咖啡。危地马拉人每天都要喝咖啡，特别是午餐，人们习惯要喝一杯咖啡。咖啡是采用经过烘焙的咖啡豆制作的饮料，通常为热饮，但也有作为冷饮的冰咖啡。危地马拉是中美洲咖啡生产大国，产量居世界第八位。咖啡在该国经济中占有重要地位，其出口收入占外汇总收入的1/3。1750 年，传教士杰苏伊特（Jesuit）神父把咖啡引进危地马拉。19 世纪末，德国殖民者在危地马拉兴建咖啡工业，咖啡逐渐在该国经济中占据重要地位。危地马拉侧重于高等级咖啡的生产，主攻高海拔优质阿拉比卡豆以及精品咖啡市场。危地马拉位于热带，但由于海拔比较高的原因，气候温和，实属亚热带气候。温和的气候加上肥沃的土壤造就了种植咖啡的绝佳环境，孕育出风味独特的精品咖啡豆。危地马拉98% 的咖啡为遮阴种植，全国 22 个省中有 20 个省种植咖啡，共分为 8个咖啡产区，分别是：安提瓜、弗赖哈内斯高原、韦韦高地 、圣马科斯火山、新奥连特、传统阿蒂特兰、科潘雨林和阿卡特南戈谷 。8 个产区所生产的咖啡风味各具特色，特别是安提瓜咖啡更是咖啡中的精品。这种咖啡香气浓郁，口感柔滑，芳醇中略含炭烧味，好像是巧克力的甜美与烟气混合在一起，所以安提瓜咖啡被称为"香烟咖啡"。安提瓜咖啡产于卡莫纳庄园（Hacienda Carmona），品质最佳的咖啡是埃尔普尔卡尔（EL Pulcal）。它不仅质量好，而且比其他咖啡味道更浓郁、口感更丰富、烟草味更重。

国酒

朗姆酒（Rum）。与许多中美洲和加勒比国家一样，朗姆酒为危地马拉国酒。百年萨卡帕朗姆酒（Ron Zacapa Centenario）是危地马拉最负盛名的优质朗姆酒之一，由危地马拉酒业公司（Industrias Licoreras de Guatemala）子公司朗姆酒制造和产品公司（Rum Creation and Products）生产。萨卡帕（Zacapa）是危地马拉东部城市，成立于 1876 年。1976 年为庆祝萨卡帕建立一百周年，以萨卡帕命名该朗姆酒。萨凯帕朗姆酒使用"初榨甘蔗蜜"，即把从新鲜甘蔗中提取的第一道甘蔗汁作为原料酿造，能让酒液分外地柔顺。这种酒是 6～23 年朗姆酒的混合，瓶装酒精含量为 40%。萨卡帕朗姆酒的瓶身都包裹着一条由干燥棕榈树叶手工编织的带子，这种棕榈织带（petate）是史前玛雅文明的一种延续，其历史可追溯至公元前 1400 年。萨卡帕朗姆酒瓶身的棕榈织带，象征着其与危地马拉的土地和文化的紧密结合。在 1998 年、1999 年、2000 年和 2001 年举行的国际朗姆酒节上，百年萨卡帕朗姆酒连续 4 年荣获朗姆酒第一名，第一次被列入国际朗姆酒节名酒堂。

宗教

危地马拉宪法规定宗教信仰自由，但天主教是该国最大宗教。天主教曾长时间为该国国教，尽管现今已不再是国教，但危地马拉宪法第 37 条明确规定天主教会具有不容置疑的法定地位。

1523 年，西班牙殖民者佩德罗·德阿尔瓦拉多侵入危地马拉，天主教也随同殖民军队进入该国。1524 年 7 月 25 日，天主教在危地马拉特克潘（Técpan Guatemala）举行了第一次弥撒。1527 年，危地马拉阿尔莫隆加谷（Valle de Almolonga）建立起第一座教堂。1533 年和 1537 年，多明我会与施恩会教士分别来到危地马拉，开始在印第安人中传教。1541 年，方济各会教士也抵达这里。1536～1537 年，随着弗朗西斯科·马罗金（Francisco Marroquín）被任命为首任危地马拉主教，上述第一座教堂被改称为大教堂（Catedral）。1743 年，危地马拉主教管区成为大主教管区。殖民时期，天主教一直是殖民统治的精神支柱。危地马拉独立后，天主教受到诸多限制。1829 年，大主教拉蒙·卡绍斯（Ramón Casáus）和许多神父被驱逐出境，教会的财产被没收。1838 年，保守派在危地马拉重新得势，恢复了天主教的统治地位。1844～

1848 年，受天主教支持的拉斐尔·卡雷拉执政期间，天主教势力得到扩张。1852 年，危地马拉与罗马天主教廷签订契约。1873 年胡斯托·鲁菲诺·巴里奥斯执政后实施改革措施，驱逐反动的大主教、主教和耶稣会教士，关闭修道院和教堂。1879 年颁布的宪法，规定危地马拉宗教信仰自由。1945 年、1956 年、1963 年 和 1985 年都重申了这个规定。1944 年危地马拉爆发资产阶级民主革命，反动教会势力遭受沉重打击。但民主政府被推翻后，天主教在危地马拉又重新活跃起来。

危地马拉有两个大主教管区，它们是危地马拉大主教管区（Arquidiócesis de Guatemala）和洛斯阿尔托斯克萨尔特南戈 – 托托尼卡潘大主教管区（Arquidiócesis de Los Altos Quetzaltenango-Totonicapán）。危地马拉大主教管区正式名称为圣地亚哥德危地马拉大主教管区（Arquidiócesis de Santiago de Guatemala），是天主教会在危地马拉的都市总部。建于 1534 年 12 月 18 日，当时是主教管区，1743 年 12 月 16 日升格为大主教管区。该大主教管区下辖 5 个主教管区，它们是埃斯昆特拉主教管区（Diocese of Escuintla）、圣罗莎德利马主教管区（Diócesis de Santa Rosa de Lima）、哈拉帕主教管区（Diócesis de Jalapa）、贝拉帕斯科万主教管区（Diócesis de Verapaz，Cobán）和萨卡帕 – 圣克里斯托德埃斯基普拉斯主教管区（Diócesis de Zacapa y Santo Cristo de Esquipulas）。洛斯阿尔托斯克萨尔特南戈 – 托托尼卡潘大主教管区前身是 1921 年 7 月 27 日成立的洛斯阿尔托斯主教管区，1996 年 2 月 13 日升格为大主教管区。主教管区下辖 5 个主教管区，它们是韦韦特南戈主教管区（Diócesis de Huehuetenango）、基切主教管区（Diócesis de Quiché）、圣马科斯主教管区（Diócesis de San Marcos）、索洛拉 – 奇马尔特南戈主教管区（Diócesis de Sololá-Chimaltenango）和苏奇特佩克斯 – 雷塔卢莱乌主教管区（Diócesis de Suchitepéquez-Retalhuleu）。

危地马拉城都市大教堂（Catedral Metropolitana de la Ciudad de Guatemala）正式名称为危地马拉城都市大主教大教堂（Catedral Primada Metropolitana de Santiago），是危地马拉大主教管区的主教堂。位于危地

马拉城历史中心宪法广场东侧的对面。1773 年圣马尔塔地震摧毁了原首都圣地亚哥德洛斯卡瓦列罗斯德危地马拉，殖民当局被迫放弃该城，并于 1774~1778 年在埃尔米塔谷地建立新危地马拉。与此同时，旧都严重毁坏的大教堂也迁往新都。危地马拉城都市大教堂建于 1782~1815 年，塔楼则建于 1867 年。新的大教堂设计者是建筑师马尔科·伊瓦涅斯（Marco Ibáñez）和工程师华金·德伊萨西（Joaquín de Isasi）。1779 年，他们的大教堂设计图获得西班牙王室批准。1882 年，危地马拉大主教卡耶塔诺·弗朗科斯-蒙罗伊（Cayetano Francos y Monroy）为大教堂放置了奠基石。1783 年 8 月 13 日正式动工，1815 年教堂基本竣工。危地马拉城都市大教堂具有新古典主义风格和巴洛克式风格相结合的双塔楼结构，300 英尺（相当于 91.44 米）长，100 英尺（相当于 30.48 米）宽。教堂的很多艺术品来自旧都的大教堂，如 1522 年埃尔南·科尔特斯（Hernan Cortés）从西班牙带来的圣母像和其他圣人像。教堂大钟是用把圣何塞堡几门铜炮熔化后的材料制成的。1917 年和 1976 年两次大地震使大教堂损毁严重，后修复。

关于危地马拉天主教徒的数量，至今没有官方统计数字。近些年来，危地马拉新教势力有了很大的发展。据危地马拉主教会议估计，2009 年占危地马拉人口 65%~70% 的人信仰天主教，新教联盟则估计信仰新教的人占危地马拉人口的 35%~40%。根据 2016 年材料，危地马拉天主教徒约占全国人口的 47%，新教徒占 42%。估计新教徒已占全国人口 40% 以上，成为拉美地区最大的新教团体。现在，危地马拉较大的新教教派是长老会、五旬节派、路德教会、浸信会和圣公会。1882 年新教徒首次抵达危地马拉，这是在当时胡斯托·鲁菲诺·巴里奥斯总统希望对抗天主教会的背景下实现的。他邀请长老会、卫理公会和浸信会的传教士来危地马拉，但是当五旬节派传教士从美国抵达危地马拉时，才开始出现大批新教皈依者。

国家保护神

罗萨里奥圣母（Nuestra Señora del Rosario）。对罗萨里奥圣母的崇拜起源于中世纪的欧洲。据教皇庇护五世所说，在 1571 年 10 月 7 日发生的勒班陀战役中，罗萨里奥圣母帮助由基督教国家西班牙王国、威尼斯共和国、教皇国、萨伏依公国、热那亚共和国及马耳他骑士团组成的神圣同盟舰队在希腊勒班陀击败奥斯曼海军，令奥斯曼帝国从此失去在地中海的海上霸权。从此，10 月 7 日成为罗萨里奥圣母节。16 世纪初叶，多明我会教士定居危地马拉后，开始传播对罗萨里奥圣母的崇拜。1559 年在危地马拉建立起第一个罗萨里奥教友会，美洲首任主教弗朗西斯科·马罗金规劝圣地亚哥（今旧危地马拉城）居民崇拜罗萨里奥圣母。多明我会神父洛佩·德蒙托亚（Lope de Montoya）委托塞维利亚银匠安德烈斯·雷沃列多（Andrés Revolledo）的 3 个徒弟制作银制罗萨里奥圣母像，于 1592 年制作完成。罗萨里奥圣母像高 2 巴拉（changdudanwei，合 0.8359 米），外观非常美丽，具有典型的巴洛克风格。圣母左手抱着酣睡的圣婴，右手拿着念珠（Rosario）。传说罗萨里奥圣母周游美洲，到达危地马拉时，圣婴睡着了，于是罗萨里奥圣母像留在了危地马拉。罗萨里奥圣母像被置于经过重修和装饰的旧危地马拉城小教堂。旧危地马拉遭地震破坏后，1776 年新建危地马拉城。1788 年，在危地马拉城开始兴建罗萨里奥圣母大教堂，1808 年完工。1821 年独立运动领导人宣布罗萨里奥圣母为新国家的保护神，并在圣像前宣誓，危地马拉不独立誓不罢休。1833 年罗萨里奥圣母又被宣布为"危地马拉女王"（Reina de Guatemala）。1934 年 1 月 28 日，在大教堂前的主要广场上为罗萨里奥圣母像举行加冕典礼，大主教路易斯·杜罗（Luis Durou）为圣母戴上了王冠。

国币

格查尔（Quetzal）。1 格查尔等于 100 分（Centavos）。

1838 年中美洲联邦解体后，危地马拉成为一个独立国家，但它没有立即建立自己的货币体系，很多年间依然流通联邦钱币和多种外国货币。随着联邦的解体，各国都铸造了本国的货币。1853 年，危地马拉铸造本国货币的决定出台，但因受资金的限制，只铸造了少量货币。拉斐尔·卡雷拉在危地马拉建立共和制后，危地马拉从 1859 年起开始铸造自己的货币。

1859～1869 年危地马拉铸造了被称为卡雷拉（Carrera）的货币，币上有卡雷拉胸像。这段时间铸造的银币面值从 1/4 雷阿尔到 4 雷阿尔和 8 雷阿尔，1/4 雷阿尔改称 1 比索。1859 年和 1860 年危地马拉铸造了 1 比索金币，1860～1864 年又铸造了一些 4 雷阿尔的小金币。1864 年危地马拉政府授权建立一家唯一发行钞票的私人银行，但受到放债者的阻挠而未能成功，1867 年一批危地马拉市民成立的一家银行也由于同样的原因失败。1869 年，保守派政权倒台前夕，开始进行以比索为基础的十进位制货币改革。1870 年危地马拉下令比索与美元平价。1871 年自由派上台后深入进行货币改革。1881 年危地马拉建立复本位制，并把它作为货币体系的基础，确定比索为货币单位。

20 世纪 20 年代，何塞·马里亚·奥雷利亚纳（José María Orellana）政府进行货币改革。1924 年 11 月和 1925 年 2 月颁布《货币和兑换法》（Ley Monetaria y de Conversión）和《信贷机构法》（Ley de instituciones de Crédito），《货币和兑换法》采用金本位制，格查尔取代比索成为危地马拉的货币单位。本国的货币单位的建立促成了危地马拉中央银行（Banco Central de Guatemala）的成立，它拥有唯一发行货币的权力。中央银行成立后，以 1 格查尔兑 60 比索的比价收回旧币。1925 年铸造了 1/4 格查尔、1/2 格查尔和 1 格查尔铸币，5 分、10 分银币以及 1 分铜合金币，但尚未发行纸币。1926 年又发行了 5 金本位格查尔、10 金本位格查尔和 20 金本位格查尔。1927 年发行了面值为 1 格查尔、2 格查尔、5 格查尔、10 格查尔、20 格查尔的纸币。1932 年又发行铜与锌合金的 1/2 分和 2 分新面值的铸币。

1944 年 10 月革命后，危地马拉进行了第二次货币与银行体系的改革。1945 年末，议会颁布《货币法》（Ley Monetaria）和《危地马拉银行组织法》（Ley Orgánica del Banco de Guatemala）。从 1946 年起，发行货币的权力归属危地马拉银行（Banco de Guatemala）。1948 年，该行发行了第一批面值为 50 分，1 格查尔、5 格查尔、10 格查尔、20 格查尔和 100 格查尔的纸币以及 1 分、5 分、10 分、25 分铸币。

1964 年 8 月 20 日，恩里克·佩拉尔塔·阿苏迪亚（Enrique Peralta Azurdia）颁布《货币类别法》（Ley Especies Monetarias），规定从即日起可发行 1 分、5 分、10 分、25 分和 50 分铸币，确定了每种铸币的合金、金属量、重量、大小、直径和厚度。该法还规定发行 1 格查尔、5 格查尔、10 格查尔、20 格查尔、50 格查尔、100 格查尔、500 格查尔和 1000 格查尔纸币，授权货币委员会根据《货币法》第 6 条确定各种纸币的大小、设计图案和铭文。

1997 年 1 月 6 日，危地马拉国会颁布新的《货币类别法》，宣布将发行 200 格查尔纸币。

1998 年 11 月 26 日，国会颁布第 92 - 98 号令，根据危地马拉政府与危地马拉全国革命联盟签订的牢固与持久的和平协议，修改了 1 格查尔铸币背面的图案。

2002 年 5 月 10 日，危地马拉国会颁布第 17 号令，重申了危地马拉银行负责发行货币，具体说明了危地马拉铸币和纸币的特点。

现在，危地马拉流通的纸币面值为 1 格查尔、5 格查尔、10 格查尔、20 格查尔、50 格查尔、100 格查尔和 200 格查尔。500 格查尔和 1000 格查尔有待国会批准后发行。

1 格查尔纸币主色为绿色，正面为 1921～1926 年总统何塞·马里亚·奥雷利亚纳像，在他执政期间建立了货币单位格查尔。背面是危地马拉银行图案。

5 格查尔纸币主色为淡紫色，正面为 1873～1885 年总统胡斯托·鲁菲诺·巴里奥斯像，他进行了改革，促进了中美洲的团结。背面是一幅教师给学生授课画。

10 格查尔纸币主色为红色，正面为 1871～1873 年总统米格尔·加西亚·格拉纳多斯像。他促使通过一些主要的法规和法律。背面是一幅 1872 年立宪大会画。

20 格查尔纸币主色为蓝色，正面为独立运动领导人、中美洲联邦危地马拉执政者马里亚诺·加尔韦斯（Mariano Gálvez）像。背面是一幅签订《中美洲独立宣言》画。

50 格查尔纸币主色为橙色，正面为财政部部长、1923～1926 年货币和银行改革的经办人卡洛斯·萨克里松（Carlos Zachrisson）像。背面是一幅采咖啡画，表明咖啡对该国的重要性。

100 格查尔纸币主色为棕色，正面为危地马拉圣卡洛斯大学的创建者弗朗西斯科·马罗金主教像。背面是在旧危地马拉建立的早期圣卡洛斯大学建筑图案。

200 格查尔纸币主色为蓝色，正面为著名马林巴演奏家塞瓦斯蒂安·乌尔塔多（Sebastián Hurtado）、马里亚诺·巴尔维德（Mariano Valverde）和赫尔曼·阿尔坎塔拉（German Alcántara）像。背面是赫尔曼·阿尔坎塔拉的"咖啡花"音符图案、塞瓦斯蒂安·乌尔塔多的马林巴图案和马里亚诺·巴尔维德废墟月夜像。

现在，危地马拉流通的铸币面值为 1 格查尔，1 分、5 分、10 分、25 分、50 分。各种铸币都为圆形，正面中间都铸有国徽，圆周上部用西班牙文写有"危地马拉共和国"（REPUBLICA DE GUATEMALA），圆周下部铸有铸造年份。各种铸币的直径、合金、重量和厚度有所不同。

1 分铸币背面中间铸有教士巴托洛梅·德拉斯卡萨斯（Fray Bartolomé de las Casas）像，圆周上部铸有面值"1 分"（UN CENTAVO），下部铸有"教士巴托洛梅·德拉斯卡萨斯"（Fray Bartolomé de las Casas）。直径为 19 毫米，材质为铝镁合金，重 800 毫克。

5 分铸币背面中间铸有自由树图案，树的右边铸有面值 5 分（5

CENTAVOS），树的下方是国家格言"发展自由，促成丰饶"（LIBRE CREZCA FECUNDO）。直径为 16 毫米，材质为铜锌镍合金，重 1.6 克。

10 分铸币背面中间铸有基里瓜独石碑图案，石碑图案的右边铸有面值 10 分（10 CENTAVOS），石碑的下方铸有"基里瓜独石碑"（MONOLITO DE QUIRIGUA）。直径为 21 毫米，材质为铜锌镍合金，重 3.2 克。

25 分铸币背面中间铸有一土著妇女像，像的右边铸有面值 25 分（25 CENTAVOS）。直径为 27 毫米，材质为铜锌镍合金，重 8 克。

50 分铸币背面中间铸有国花白色修女兰图案，白色修女兰图案的右边铸有面值 50 分（50 CENTAVOS），白色修女兰图案的左边铸有西班牙文"国花白色修女兰"（MONJA BLANCA FLOR NACIONAL l）。直径为 24.25 毫米，材质为铜锌镍合金，重 5.5 克。

1 格查尔铸币背面中间铸有西班牙文"和平"（Paz），它是和平鸽的组成部分。鸽的上方铸有西班牙铭文"牢固与持久的和平"（Paz Firme y Duradera），右边铸有面值 1 格查尔（1 Quetzal）。直径为 29 毫米，材质为铜锌镍合金，重 11 克。

波多黎各

邦名

波多黎各自由邦（英语为 The Commonwealth of Puerto Rico，西班牙语为 Estado Libre Asociado de Puerto Rico）位于加勒比海的大安的列斯群岛东部。包括波多黎各岛及别克斯、库莱夫拉等小岛。北临大西洋，南濒加勒比海、东与美属维尔京群岛、英属维尔京群岛隔海相望，西隔莫纳海峡同多米尼加共和国相望。波多黎各西班牙语意为"富裕之港"。波多黎各最早的居民是印第安阿拉瓦克人和加勒比人，公元 1000 年左右，泰诺人（Taino）成为该岛的统治者，一直到哥伦布来到此地。泰诺人称该岛为"博里肯"（Borikén），意为"蟹岛"。后来"博里肯"演变为"博林肯"（Borinquen），意为"英勇王之地"，这个名字到该岛被叫作波多黎各时一直在使用。由"博林肯"演变来的"博里夸"（boricua）也成为波多黎各（Puerto Rico）的同义词。另一种说法，泰诺人把该岛称为"Boriquén"，这个词源于波多黎各加勒比语"buruquena"，是当地一种甲壳虫的名字。克里斯托弗·哥伦布第二次远航美洲时，于 1493 年 11 月 19 日发现波多黎各岛。根据天主教给新发现地区命名的习惯，他命名该岛为圣胡安包蒂斯塔岛（San Juan Bautista），以纪念天主教圣人施洗约翰（John the Baptist）。1508 年 8 月 8 日，首任波多黎各总督胡安·庞塞·德莱昂（Juan Ponce de León）建立了殖民点卡帕拉（Caparra）。后来，他把这个殖民点移往海岸边，1509 年行政中心建成，取名波多黎各（Ciudad de Puerto Rico）。岛名和行政点的混淆导致两个名字进行互换，1520 年最终岛名改为波多黎各，而行政中心则改称圣胡安。

首府

圣胡安（San Juan），正式名称为圣胡安包蒂斯塔市（Municipio de San Juan Bautista）。位于波多黎各岛东北岸，圣胡安湾内。初建于 1508 年，正式建于 1521 年。是美洲第二古老城市，仅晚于多米尼加共和国首都圣多明各。它是波多黎各首府、最大港口和最大城市，也是美国管辖的第 42 大城市。1508 年，胡安·庞塞·德莱昂在圣胡安以西建立了最早的居民点卡帕拉。第二年他把这个居民点迁到圣胡安现在的地址，取名波多黎各。为了防范欧洲其他国家的入侵，该城周围筑起许多城堡和工事，成为典型的西班牙式墙垣之城。1520 年改称圣胡安。

邦旗

波多黎各旗帜由互相交替的三条红色和两条白色的色带组成。旗的左侧为一蓝色等腰三角形，三角形中心处有一白色五角星。旗面上的蓝色三角代表立法、行政和司法三权，蓝色三角里的白色五角星代表自由联邦，蓝色代表天空和沿海水域。三条红色色带代表哺育三种权力的生命血液，两条白色色带代表自由、胜利、和平。1952 年该旗被波多黎各自由邦正式采用并沿用至今。

16 世纪初，波多黎各沦为西班牙殖民地后，300 年间西班牙国旗一直被用作波多黎各的官方旗帜。在 1873 年西班牙爆发资产阶级革命后建立共和国时，波多黎各曾短暂使用过西班牙政府颁发的一个新的殖民旗。这面旗类似于西班牙国旗，但在旗中央绘有波多黎各国徽。1874 年 12 月 24 日王朝复辟后，该旗便不再使用，西班牙国旗再次重回波多黎各。

多年间，波多黎各人民一直为争取独立而斗争。1868 年波多黎各人民在拉蒙·埃梅特里奥·贝坦塞斯（Ramón Emeterio Betances）领导下，在拉雷斯镇举行起义（史称"拉雷斯呼声"），并宣布成立共和国。当时起义军使用的革命旗是由埃梅特里奥·贝坦塞斯亲自设计并委托号称"金臂"的玛丽亚娜·布拉塞蒂（Mariana Bracetti）缝制的，它借鉴了多米尼加共和国国旗，因为多米尼加人民通过 1865 年复国战争结束了西班牙的殖民统治。这面旗被白色十字分为上下左右各两半，下面的两半为红色，上面两半为蓝色，左边蓝色旗面有一颗白色五角星。根据波多黎各诗人 Luis Lloréns Torres 的说法，白色十字代表怀念故乡；红色旗面代表起义英雄流出的鲜血；蓝色旗面的白色五角星代表解放和自由。宣誓就职波多黎各首任总统的弗朗西斯科·拉米雷斯·梅迪纳（Francisco Ramírez Medina）宣布这面旗为"波多黎各共和国"国旗，其被置于拉雷斯天主教堂主祭坛上，成为波多黎各第一面国旗，并成为当时革命的象征。可惜不久起义就被西班牙殖民军镇压下去，原始的革命旗落入一个西班牙军官之手，多年后，他把该旗归还给波多黎各人民，存入波多黎各大学博物馆。

拉雷斯呼声失败后，许多革命志士逃亡到美国纽约，其中包括与曼努埃尔·罗哈斯（Manuel Rojas）并肩战斗的"拉雷斯呼声"领导人胡安·德马塔·特雷福尔特（Juan de Mata Terreforte）。特雷福尔特加入了波多黎各革命委员会，并被任命为副主席。直到 1892 年，波多黎各革命委员会一直把拉雷斯革命旗作为波多黎各国旗。这一年以胡利奥·里科·J. 埃纳（Julio J. Henna）博士为首的 59 个波多黎各革命党人在纽约曼哈顿"烟囱角大厅"聚会，特雷福尔特公示了新的波多黎各国旗，这面旗与古巴国旗非常相似，体现了波多黎各人民和古巴人民的战斗友谊，旅居纽约的波多黎各革命志士和古巴革命党人在争取独立的斗争中相互支持、并肩战斗。关于波多黎各国旗的设计者至今存在争论，可能是胡安·德马塔·特雷福尔特、安东尼奥·贝莱斯·阿尔瓦拉多（Antonio Vélez Alvarado）、曼努埃尔·贝索萨（Manuel Besosa）和诗人格里列罗·弗朗西斯科·贡萨洛（帕钦）·马林［Guerrillero Francisco Gonzalo（Pachín）Marín］。然而，后来披露的 1923 年 5 月 20 日特雷福尔特的一封信提到，帕钦·马林从牙买加发出的信中推出了旗帜的设计图，由特雷福尔特在"烟囱角大厅"转交并被大会采纳。1897 年 3 月 24 日亚乌科起义期间，波多黎各国旗首次在波多黎各上空飘扬。

1898 年美西战争爆发，西班牙战败，根据《巴黎条约》，波多黎各被割让给美国。1898～1952 年，波多黎各国旗一直被禁止使用。1950 年 10 月 30 日，波多黎各人民发动武装起义，布兰卡·卡纳莱斯（Blanca Canales）宣布成立波多黎各共和国，再次把这面旗帜作为国旗，但第二天起义被镇压下去。

1952 年美国给予波多黎各自由邦的地位，采用了 1892 年在纽约曼哈顿"烟囱角大厅"展示的国旗。这面国旗虽然沿用至今，但颜色稍有变化。1952～1995 年的波多黎各旗帜，虽然图案与现在的旗帜完全相同，但三角形的蓝色更深。1995 年之后旗上的蓝色浅一些。一般支持波多黎各独立的人士和团体偏好浅蓝色的波多黎各旗帜，而主张波多黎各成为美国一州的人士则青睐深蓝色的旗帜。此外，波多黎各邦旗和古巴的国旗图案虽然一样，但三角的颜色和三杠的颜色刚好对调。

邦徽

在拉美国家中，波多黎各邦徽的历史最为长久，1511 年由阿拉贡国王、代表胡安娜女王的卡斯蒂利亚执政王费尔南多二世（Fernando II）授予，至今已有 600 多年的历史。1899 年波多黎各被西班牙割让给美国后，曾短暂采用过两个邦徽。1905 年重新确立 1511 年国徽为波多黎各国徽。1976 年 6 月 3 日波多黎各自由邦政府正式采用当前版本的邦徽。

波多黎各邦徽以盾为主，绿色盾面代表波多黎各岛上的植被。盾面上有一只上帝的羔羊，羔羊卧于一本红色书上。启示录的七个封印在书上显得十分突出。白色羔羊两爪持杆，杆顶为十字形，挑一面带有红十字的白旗。羔羊和十字旗是波多黎各岛保护神施洗圣约翰的象征。

盾面的边饰由 16 组图案组成，图案中城堡、狮子、旗和耶路撒冷十字各有 4 个，它们相互交替，各有代表：红色底面上的城堡代表卡斯蒂利亚；白色底面上的狮子代表莱昂王国（与卡斯蒂利亚一起组成卡斯蒂利亚王国）；红色底面上的一面旗（有些旗带有卡斯蒂利亚和莱昂的边饰，有些旗则带有阿拉贡和西西里的边饰）代表 1511 年皇家敕令；白色底面上的耶路撒冷十字是耶路撒冷王国的象征，其继承权被传给西西里岛王国，后又传给西班牙王室。费尔南多继承了那不勒斯遗产并传播天主教。盾顶上的王冠是 1511 年授予国徽的王室权力和管辖权的标志。

盾的左边写有阿拉贡和西西里国王费尔南多（Fernando）之名的第一个字母 F；盾的右边写有卡斯蒂利亚约安娜一世（Yoanna I）或称胡安娜一世（Juana I）之名的第一个字母 Y。Y 并非代表伊莎贝拉一世（Ysabel I 或 Isabel I），因为她已于 1504 年去世，因而她同这个国徽无任何关系。其女约安娜一世继承了她的卡斯蒂利亚和莱昂女王之位，继续使用字母 Y。在 F 字母下绘有轭，Y 字母下绘有箭，它们也是天主教国王个人的象征。

盾下方飘带上写有拉丁文"JOANNES EST NOMEN EJUS"，意为"约翰是他的名字"，是指施洗圣约翰，这是波多黎各岛最原始的名字。

邦玺

波多黎各邦玺由两个圆形组成，内圆是主体，外圆起边饰作用。内圆底色为绿色，采用传统的玺徽图案，它保留了玺徽图案大部分内容，但有些宗教内容则被剔除。羔羊头上不再有光环，把带有红十字的白旗变为白旗。羔羊所持杖的顶部不再有十字，羔羊所在的书上也不再有启示录印记。外圆边饰中城堡、狮子、旗和耶路撒冷十字各有 4 个，比邦徽减少一半。最初总督把邦玺作为其徽章，但近年来邦玺仅限于作为在正式文件中代表波多黎各的官方徽章。

总督旗

总督为波多黎各最高行政长官，也是武装部队和国民卫队总司令。从 1948 年起由普选产生，在此之前，西班牙统治时期波多黎各总督由西班牙国王任命；1898～1948 年由美国总统任命。波多黎各总督任期 4 年，下设部长会议。波多黎各总督有自己的旗帜。总督旗底色为白色，上绘波多黎各邦徽（唯一的不同是没有旗杆）。这是总督府圣卡塔丽娜宫（El Palacio de Santa Catalina）的官方旗帜。总督在波多黎各时，总督旗与美国国旗和波多黎各邦旗一道在总督府升起，总督不在波多黎各时，总督府则不挂总督旗。

波多黎各曾使用过这样的总督旗：底色为白色，上绘 16 世纪初西班牙授予的波多黎各国玺，写有拉丁文"JOANNES EST NOMEN EJUS"。

总督玺

波多黎各总督玺由两个圆形组成，内圆是主体，外圆起边饰作用。内圆底色为深蓝，上绘波多黎各邦徽。外圆写有西班牙文"SELLO DEL GOBERNADOR DE PUERTO RICO"，意为"波多黎各总督玺"。

总督专车

波多黎各总督有自己的专车，每 4 年可更换一次。每个总督的专车不尽相同，他们有变更总督车队车辆的权力。传统上，总督专车为全尺寸轿车，20 世纪 90 年代后期起开始使用越野车。2013 年上任的总督亚历杭德罗·加西亚·帕迪利亚（Alejandro García Padilla）用的是一辆黑色的克莱斯勒 300（Chrysler 300）轿车，这辆汽车是没收犯罪分子的车，名义作价 2000 美元。总督车队中还使用前一届政府留下的日产舰队车（Nissan Armadas）。车队有一辆或两辆福特探险者（Ford Explorer)、两辆白色福特皇冠维多利亚（Ford Crown Victorias）和一辆警察摩托车。这些车辆携带标准的波多黎各车牌，其中包括总督的"LGF－051"特别号码。2009～2013年波多黎各总督路易斯·福图尼奥（Luis Fortuño）使用雪佛兰塔荷混合动力车（Chevrolet Tahoe Hybrid）；2005～2009年波多黎各总督阿尼瓦尔·阿塞维多·比拉（Aníbal Acevedo Vilá）使用日产舰队车；2001～2005年波多黎各总督西拉·卡尔德隆（Sila Calderón）使用福特远征（Ford Expedition）和别克林荫大道车（Buick Park Avenue）；1993～2001年波多黎各总督佩德罗·罗塞略（Pedro Rosselló）使用水星大侯爵车（Mercury Grand Marquis）和GMC育空（GMC Yukon）；1973～1977年和1985～1993年两任波多黎各总督拉斐尔·埃尔南德斯·科隆（Rafael Hernández Colón）的车是防弹福特旅行车（Ford Station Wagon），但因受到批评，故很少使用；1949～1965年波多黎各总督路易斯·穆尼奥斯·马林（Luis Muñoz Marín）的专车为帕卡德（Packard），这是美国总统杜鲁门（Harry S. Truman）送给他的，现陈列在穆尼奥斯·马林基金会图书馆和博物馆（Muñoz Marín Foundation Library and Museum）。

总督府

波多黎各总督府名为拉福塔莱萨（La Fortaleza），西班牙语意为"要塞"或"堡垒"。总督府也称圣卡塔丽娜宫，圣卡塔丽娜是哲人、单身汉、纺织女工、学生和多明我会修道士的保护神。根据西班牙国王卡洛斯一世敕令，1533年开始兴建波多黎各第一个防御工事拉福塔莱萨，以防御印第安人、欧洲强国和海盗的袭击，保卫圣胡安港。1540年5月25日，拉福塔莱萨最后竣工。最初，拉福塔莱萨由四面墙和带有圆塔的庭院构成。圆塔称为德曼多塔（Torre de Mando），总督曾在塔顶宣誓就职。后来，又建立了第二座塔，名叫拉阿乌斯特拉尔塔（La Torre Austral）。16世纪起，拉福塔莱萨成为总督府。1822年正式确定其作为行政楼的地位。1846 年，拉福塔莱萨建筑进行大规模改造，以适应从军事要塞到行政官邸的转变。历史上，拉福塔莱萨曾被三次占领：1598 年坎伯兰伯爵乔治·克利福德（George Clifford）率领英国舰队攻占拉福塔莱萨；1625 年鲍德温·恩里克（Boudewijn Hendrick）率领荷兰舰队占领拉福塔莱萨；1898 年美国入侵波多黎各并占领拉福塔莱萨，同年，西班牙末任总督里卡多·德奥尔特加（Ricardo De Ortega）用自己的佩剑击碎拉福塔莱萨的一口钟，代表西班牙失去波多黎各的日子和钟点。该钟还保留在拉福塔莱萨。截至 2019 年，总督府已居住过 170 多个总督，接待过多国领导人和其他要人。1983 年，拉福塔莱萨和圣胡安国家历史遗址（San Juan National Historic Site）被联合国教科文组织宣布为世界文化遗产。

邦歌

《波多黎各》（*La Borinqueña*）。词作者为曼努埃尔·费尔南德斯·洪科斯（Manuel Fernández Juncos，1846～1928）。曲作者为费利克斯·阿斯托尔·阿特斯（Félix Astol Artés，1813～1901）。国歌名 La Borinqueña 源于土著泰诺语（Taíno）给波多黎各岛取的名字"Borinkén"或"Borinquén"。

1868 年波多黎各著名女诗人洛拉·罗德里格斯·德蒂奥（Lola Rodríguez de Tió，1843～1924）写了一首热情支持波多黎各革命的诗歌，并被配上 1867 年费利克斯·阿斯托尔·阿特斯所写的一首浪漫抒情的哈巴涅拉舞曲，这首歌受到波多黎各人民的热烈欢迎，很快传遍波多黎各全岛，并成为事实上的波多黎各邦歌。

1898 年波多黎各被割让给美国后，洛拉·罗德里格斯·德蒂奥的歌词被认为太过革命化，被换成 1903 年阿斯图里亚斯人曼努埃尔·费尔南德斯·洪科斯撰写的一首抒情歌。1952 年 7 月 24 日，波多黎各总督路易斯·穆尼奥斯·马林（Luis Muñoz Marín）颁布第 2 号法令，批准费利克斯·阿斯托尔·阿特斯作曲的波多黎各邦歌乐曲，1977 年波多黎各总督卡洛斯·罗梅罗·巴尔塞洛（Carlos Romero Barceló）颁布第 123 号法令，正式批准曼努埃尔·费尔南德斯·洪科斯所作的邦歌歌词。

关于波多黎各邦歌曲作者，还存在另一种说法：波多黎各邦歌曲作者不是费利克斯·阿斯托尔·阿特斯，而是圣赫尔曼人弗朗西斯科·拉米雷斯（Francisco Ramírez）。他于 1860 年创作了名为《拉阿尔莫哈瓦那》（*La Almojábana*）的乐曲，后成为洛拉·罗德里格斯·德蒂奥写的诗歌的配曲。由于拉米雷斯担心遭到岛上西班牙政府的调查，于是请阿斯托尔·阿特斯拥有乐曲的著作权，因为他是土生土长的加泰罗尼亚人，不会受到怀疑。

词作者曼努埃尔·费尔南德斯·洪科斯生于西班牙阿斯图里亚斯，不满 12 岁时来到波多黎各，并在波多黎各度过了一生。他结识了诗人何塞·瓜尔韦托·帕迪利亚（José Gualberto Padilla）博士，受其深刻影响。他先是为一些报刊撰稿，后来自己创办了许多自由主义倾向的报纸。他还创办了《波多黎各杂志》（*Revista Puertorriqueña*），著有《类型和特点》（*Tipos y Caracteres*）、《校园歌曲》（*Canciones Escolares*）等。他曾参加罗曼·巴尔多里奥蒂·德卡斯特罗（Román Baldorioty de Castro）创建的自治党（Autonomist Party），并任他的秘书。波多黎各获得自治时，他当选首任国务卿。但不到一年美西战争爆发，美国占领波多黎各后，其政府被取缔。1903 年波多黎各举行新邦歌歌词比赛，曼努埃尔·费尔南德斯·洪科斯创作的歌颂波多黎各的诗歌获胜，取代了洛拉·罗德里格斯·德蒂奥的被认为太过于革命化的歌词。1952 年他写的《波多黎各》正式成为波多黎各邦歌歌词。他的作品有《传说和故事》（*Cuentos y narraciones*）、《从波多黎各到马德里》（*De Puerto Rico a Madrid*）等。1928 年 8 月 18 日费尔南德斯在圣胡安去世。波多黎各的三所学校、圣胡安的一条商业大街以他的名字命名，以表示对他的纪念。

曲作者费利克斯·阿斯托尔·阿特斯1813年10月9日生于西班牙加泰罗尼亚的雷乌斯。1828年为逃避兵役前往古巴。在古巴，他还是被迫入伍，加入了哈瓦那一个军营的乐队。退役后他成为塔孔剧院的一个歌剧团的男高音演员。1840年他前往波多黎各，后返回古巴。他参加了斯特法诺·布萨蒂歌剧团，1860年随团前往波多黎各。该剧团解散后，他在玛雅圭兹成立了阿斯托尔喜剧团。费利克斯·阿斯托尔创作了很多民间音乐作品，最著名的是1867年创作的《漂亮的黑姑娘》（*Bellísima trigueña*）舞曲，这首表达爱情的舞曲在拉美国家中有多种叫法，在波多黎各称《波多黎各》，并成为邦歌的配曲。1901年1月21日费利克斯·阿斯托尔在玛雅圭兹病逝。

波多黎各邦歌歌词译文如下：

> 波多黎各土地，
> 是我出生的家园。
> 她神奇而美丽，
> 像个大花园。

> 清澈的天空，
> 做你的华盖，
> 脚下的波浪
> 给你温柔的催眠。

> 哥伦布抵达你的海滩，
> 不禁呼喊赞叹：
> "啊，我寻找的美丽土地
> 就在眼前！"

> 波多黎各，

大海、太阳的女儿，

大海、太阳的女儿，

大海、太阳的女儿，

大海、太阳的女儿，

大海、太阳的女儿。

波多黎各邦歌西班牙文原文：

La tierra de Borinquen

donde he nacido yo

es un jardín florido

de mágico primor.

Un cielo siempre nítido

le sirve de dosel

y dan arrullos plácidos

las olas a sus pies.

Cuando a sus playas llegó Colón

exclamó lleno de admiración,

"¡Oh! Esta es la linda tierra

que busco yo".

Es Borinquen, la hija,

la hija del mar y el sol

del mar y el sol,

del mar y el sol

del mar y el sol,

del mar y el sol.

英文歌词原文：

The land of Borinquen,

where I was born,

is a flower-garden

of magical brilliance.

An ever-clear sky

is its canopy,

and the waves sing lullabies

at its feet.

When Columbus reached these beaches,

full of awe he exclaimed,

"Oh! this is the lovely land

that I seek."

Borinquen is the daughter

of the sea and the sun.

the sea and the sun.

the sea and the sun.

the sea and the sun.

the sea and the sun.

歌词原文见 http://www. nationalanthems. info/pr. htm。

邦格言

"他的名字是约翰"（拉丁文为 Joannes est nomen eius，西班牙文为 Juan es su nombre）。施洗约翰是波多黎各人的保护神。邦格言表达了人民对施洗约翰的崇拜。

邦语

1993 年波多黎各法律规定西班牙语和英语都是波多黎各官方语言。2015 年 9 月 3 日，波多黎各参议院以 15 票支持、11 票反对的结果，通过了执政党人民民主党前主席安东尼奥·法斯·阿尔萨莫拉（Antonio Faz Alzamora）提出的重新宣布西班牙语为波多黎各唯一官方语言、英语为波多黎各第二语言的法案。2014 年 8 月该法案提交参议院，但以 10 票支持、12 票反对落败。

波多黎各 95% 以上人口讲西班牙语，其是波多黎各商业、教育和日常生活的主导语言。波多黎各西班牙语与其他各地西班牙语有所不同，在词语与句法上具有鲜明的地方特色，这是因为波多黎各西班牙语深受殖民时期来自加那利群岛、科西嘉和加泰罗尼亚的移民的语言，以及土著印第安泰诺语言和非洲语言的影响。在现今波多黎各西班牙语中很容易察觉几百年来，从伊比利亚、地中海和西班牙大西洋沿岸省份带来的西班牙口语的因素，特别是流行于加那利群岛的西班牙口语。波多黎各西班牙语中来自泰诺语的词语，许多与植物－自然现象或原始乐器有关。来自西非语言的词语则表现在食物、音乐和舞蹈等方面，特别是在波多黎各沿海城镇，那里聚集了来自撒哈拉以南的大批非洲后裔。20世纪以来，美式英语也对波多黎各西班牙语产生重大影响，因为其和美国大陆的经济联系已经日趋紧密，人际交往更是深入，波多黎各几乎只与美国进行商业活动，而且大批波多黎各人定居美国。

尽管只有 10%～20% 的波多黎各居民能说英语，但英语是波多黎各第二语言，是学校基础教育阶段到高中阶段的必修语言。不过，在波多黎各 1400 多所公立学校中，只有 10 多所学校进行英语教学。根据对 2005～2009 年波多黎各人口和住房概况（2005 - 2009 Population and Housing Narrative Profile for Puerto Rico）的调查，95% 的波多黎各人在家讲西班牙语，85% 的波多黎各人不会讲英语。人民民主党前主席安东尼奥·法斯·阿尔萨莫拉在其提案中说，80% 以上的波多黎各人不懂也不讲英语。

世界遗产

波多黎各共有一项世界文化遗产，这就是 1983 年 12 月 6 日联合国教科文组织宣布的拉福塔莱萨和圣胡安国家历史遗址。世界遗产委员会这样评价它：15 世纪至 19 世纪，在加勒比海的战略要地上建起了一系列防御工事以用于保护圣胡安城和圣胡安海湾，这些建筑很好地展示了欧洲军事建筑与美洲大陆港口实际情况相结合后产生的和谐效果。

波多黎各南濒加勒比海，战略地位重要。16 世纪至 19 世纪，西班牙人在波多黎各建立起一系列军事要塞，把波多黎各作为保护西印度群岛和帝国的军事基地。几百年以来，古堡、护城墙等军事建筑几经修复，比较完好地保存下来。圣胡安要塞、外围阵地、弹药库、城墙和埃尔卡纽埃罗要塞成为圣胡安国家历史遗址的主要组成部分。

圣胡安要塞是美洲大陆最重要的工事群之一，从 1511 年起开始兴建，包括拉福塔莱萨要塞、埃尔莫罗要塞和圣克里斯托瓦尔城堡。1533 年在圣胡安港口旁边建的拉福塔莱萨在上述总督府已做介绍，这里不再赘述。由于拉福塔莱萨要塞位于圣胡安湾内，不能御敌于外，因此 1539 年西班牙人在圣胡安湾畔的入口重建城防系统，建起埃尔莫罗要塞，以防御英国、荷兰等列强进攻。从 18 世纪中叶开始，西班牙人又在圣胡安东北角开建圣克里斯托瓦尔城堡（Castillo de San Cristóbal）。圣胡安的城墙，把圣菲利佩·德尔莫罗堡（Castillo San Felipe del Morro）和圣克里斯托瓦尔城堡联在一起，将旧城区完全围住。

圣费利佩·德尔莫罗堡位于圣胡安城墙末端，其名字是为纪念西班牙国王费利佩二世（Felipe II），简称莫罗堡。1587年，军事工程师胡安·德特哈达（Juan de Tejada）和胡安·包蒂斯塔·安东内利（Juan Bautista Antonelli）设计了莫罗堡。1589年波多黎各总督 Diego Menéndez 开始建设莫罗堡，其成为西班牙人在加勒比海建立的最大堡垒之一。这个厚重坚实的建筑，有高而笔直的墙并配有碉堡、武器库等建筑和可容三四千人的地道，以保卫圣胡安湾入口。最初堡墙只有1.8米厚，18世纪末已厚至5.5米。堡墙上有为步兵和大炮准备的台阶和坡道，18世纪末时，堡墙上有400多门大炮，至今许多完好的大炮挺立在堡墙，炮口直对辽阔的海面。如今，莫罗堡是吸引游客的旅游点之一，每年约有200万名游客光顾此地。这里陈列着殖民时期西班牙人、土著人和非洲黑奴使用过的物品。

圣克里斯托瓦尔城堡位于西南角奥尔卡山丘（Cerro de la Horca）上，是西班牙在美洲修建的最大军事堡垒，由西班牙聘请的两位爱尔兰工程师设计，始建于1631年，1783年竣工。该堡占地27英亩（相当于109265.1234048平方米），有5个由隧道和壕沟相连的独立院落，堡内建有暗道、陷阱、迷宫和暗器等。

邦花

木槿花（Hibiscus）。又称马加花（Flor de Maga）。木槿为锦葵科木槿属植物，是落叶灌木，树高2～3米，多分枝。叶呈三角形或菱形。花朵硕大，直径为5～8厘米，有白、粉红、紫红等色。花开时节，色彩缤纷的花朵缀满枝头，娇艳夺目。虽每花只开一日，但天天都有花开。木槿喜温凉、湿润、阳光充足的气候和肥沃的中性至微酸性土壤。木槿适应性强，耐干旱，耐寒冷，但忌涝。

邦树

木棉树（Ceiba），是美洲地区最高大树木之一，树高可达 80 英尺（相当于 24.384 米），直径为 5 ~ 8 英尺（相当于 1.524 ~ 2.4384 米）。树冠庞大。由 5 ~ 8 片柳叶形小叶组成，小叶长 3 ~ 8 英寸（相当于 7.62 ~ 20.32 厘米）。12 月至 2 月开花，花呈白色、粉红色。结 3 ~ 6 英寸（相当于 7.62 ~ 15.24 厘米）长椭圆形果实，含多颗种子。成熟后果荚开裂，果中的棉絮随风飘落。这种树常栽种于波多黎各城市广场，被认为是宝树。"Ceiba"源于土著印第安泰诺语。1492 年哥伦布、1526 年贡萨洛·费尔南德斯·德奥维多（Gonzalo Fernandez de Oviedo）都对西印度群岛、中美和南美沿海用木棉树木制作的独木舟留下深刻印象。独木舟用掏空的木棉树木制成，有些 10 ~ 12 拃宽（1 拃等于 9 英寸，相当于 22.86 厘米），舟可携 100 人以上。木材非常轻，易于造舟。因为木材缺乏耐久性，容易受到昆虫和腐烂的影响，所以不用于其他类型的建筑。

邦鸟

波多黎各唐纳雀（Puerto Rican Spindalis），是波多黎各岛特有的唐雀，当地俗称"莫拉女王"（reina mora）。属雀形目，裸鼻雀科。这种鸟广泛分布于波多黎各岛各地，是该岛生态系统的重要组成部分，因为它帮助传播种子，促进植物繁殖。雄鸟色彩鲜艳，身披绿色羽毛，颈和胸呈橙色，两条白纹穿过黑色头，一纹落在眼上，一纹落在眼下。而雌鸟色彩暗淡，全身橄榄绿，上面有些白纹。体重和大小也有差异，雌鸟略重，但体长不如雄鸟。雄鸟体重为 22.5 ~ 37.0 克，平均重 30.8 克；雌鸟体重为 28.0 ~ 41.1 克，平均重 33.5 克。雄鸟翼长 82 ~ 88.5 毫米，平均长 85.2 毫米；雌鸟翼长 80 ~ 85.5 毫米，平均长 82.6 毫米。雄鸟尾长 59 ~ 68 毫米，平均长 63.3 毫米；雌鸟尾长 56 ~ 65.5 毫米，平均长 60.6 毫米。通常成对飞行，有时也小群飞行。以果实为食，如无花果、黑莓等，也食昆虫和小蜥蜴。用多种植物建杯状巢，每次产 2~4 个蛋。

波多黎各啄木鸟（西班牙文为 Carpintero Puertorriqueño；英文为 Puerto Rican woodpecker），学名为 Melanerpes portoricensis，也是波多黎各国鸟，是波多黎各群岛特有的、唯一的啄木鸟，是安的列斯群岛 5 种啄木鸟之一。身体大部分为黑色，唯喉部和胸部为亮红色，白斑从两眼穿过，下身为橘黄色。雄鸟喉部和胸部颜色更为鲜艳，雌雄鸟的体长也有区别，雄鸟略大。均重 56 克，体长为 23~27 厘米。波多黎各啄木鸟在波多黎各分布广泛，主要在咖啡种植园、红树林、棕榈树林、公园和花园。类似于北美红头啄木鸟（Melanerpes erythrocephalus）。像其他啄木鸟一样，波多黎各啄木鸟在树干上啄洞捕食，主要是昆虫，如甲虫幼虫等。亦食水果，很少吃蝎子、壁虎和小树蛙。雌鸟在雄鸟啄的洞中每次孵 1~8 个白色的蛋。

小树蛙

小树蛙（Coquí）是波多黎各象征之一。产于波多黎各本土，小树蛙是波多黎各最常见的青蛙之一，品种超过 16 种，其中 13 种在埃尔云克国家森林。两栖动物，属无尾目细趾蟾科。体型小，有 30 多毫米长。每个脚趾都具有发育良好的吸盘，可以用来吸附在物体表面上。上背部通常是灰色或灰咖啡色，双肩之间有一深色的 M 字形的标记。头顶双眼硕大，两侧有一条光亮的条纹。湿季繁殖，雌蛙每年产 4~6 窝卵，每窝卵约 28 颗，每 8 周可产一窝卵。

其声音清晰甜美，像小鸟啼鸣，深受人们喜爱。小树蛙离开故土，常常会死去。波多黎各人把小树蛙作为爱国主义象征，代表人民对祖国的热爱。

邦乐器

波多黎各四弦琴（Cuatro），属弦乐的诗琴族。功能上类似吉他，形状上更像小提琴。现今的波多黎各四弦琴有 10 根弦，分为 5 组，每组 2 根。波多黎各四弦琴在波多黎各岛已有 400 多年的历史。老的四弦琴有 4 阶和 4 弦。这种乐器与古吉他（也被称为中世纪或文艺复兴吉他）和诗琴紧密相关。古吉他有 8 根弦，4 阶，每阶有 2 根弦。波多黎各四弦琴最初只有简单的 4 弦，后来增至 2 阶 8 弦，到现在则为 5 阶 10 弦，但乐器名没有变化，仍为波多黎各四弦琴。

如今，波多黎各四弦琴有三种类型：一是老四弦琴，是波多黎各原始的四弦琴，用一块木料制成，使用羊肠弦，可能由古吉他演变而来。曾主要用来演奏西瓦罗音乐；二是八弦南方四弦琴，由老四弦琴演变而来，制作如吉他，有 4 对钢弦，演奏沙龙流派乐曲，如马祖卡舞曲、华尔兹、波尔卡等；三是"现代"十弦四弦琴，由巴洛克时代十弦班杜里亚琴（bandurria）西班牙的诗琴（laúd）演变而来，用单一木料制成，有 5 对钢弦，是当今最广泛使用的四弦琴，用来演奏西巴拉音乐、沙龙流派音乐、萨尔萨舞曲、流行音乐、摇摆舞曲、古典音乐、爵士音乐等。

邦舞

丹萨舞（Danza）。西班牙文意即"舞蹈"。丹萨舞源于波多黎各南部城镇庞塞（Ponce）。它是 20 世纪流行的舞厅舞，略像华尔兹。丹萨舞和其近亲对舞（contradanza）都是序舞，19 世纪上半叶已稳定地更加克里奥尔化。其音乐和舞蹈克里奥尔化是因为创作者自觉地把非洲和欧洲风格融合在一起，很多波多黎各人是克里奥尔人，他们生于加勒比地区，把加勒比岛屿当成自己的家。

丹萨舞曲是音乐的一种形式，波多黎各国歌《波多黎各》最初就是一种丹萨舞曲，后来才演变为国歌。丹萨舞曲有浪漫丹萨舞曲和节日丹萨舞曲。浪漫丹萨舞曲包括四个部分，首先八拍慢步走；随后是每十六拍的三个主题；然后是大号独舞；最后返回第一部分或音乐结束。节日丹萨舞曲是自由的形式，唯一的规则是有一个序曲和快速的节奏。

丹萨舞曲来源不明，可能产生于 1840 年，深受古巴移民和哈巴涅拉舞曲的影响。从巴黎回国的钢琴家曼努埃尔·格雷戈里奥·塔瓦雷斯（Manuel Gregorio Tavárez）对丹萨舞的发展做出重要贡献，他创作了大量丹萨舞曲，被誉为波多黎各丹萨舞曲之父。他的学生胡安·莫雷尔·坎波斯（Juan Morel Campos）进一步发展了丹萨舞曲，创作出 300 多首丹萨舞曲。

邦球

棒球。棒球目前是波多黎各人最喜欢的体育运动。棒球在波多黎各已有 100 多年的历史。19 世纪下半叶，一批在美国学过棒球的波多黎各人和古巴人把棒球引入波多黎各。最初，这项运动没有受到当地媒体和公众的欢迎，认为它是愚蠢的运动。1897 年，在波多黎各出现了最早的棒球俱乐部，这就是弗朗西斯科·阿拉莫·阿马斯（Francisco Alamo Armas）的阿尔门达雷斯棒球俱乐部（Almendares Baseball）和桑托斯·菲利皮（Santos Filippi）的波多黎各棒球俱乐部（Borinquen Baseball Club）。《国家日报》报道，1898 年 1 月 11 日在圣胡安举行了波多黎各第一次棒球比赛，波多黎各棒球俱乐部棒球队以 3∶0 击败阿尔门达雷斯棒球俱乐部棒球队。1951 年波多黎各赢得首次也是唯一一次棒球世界杯。2005 年 7 月 8 日棒球被国际奥委会正式排除在奥运会比赛之外以后，美国职棒大联盟与国际棒球总会共同策划了世界棒球经典赛。在2013 年举行的第三届世界棒球经典赛上，波多黎各战绩出色获得亚军。2017 年第四届世界棒球经典赛，波多黎各进入决赛。波多黎各棒球联盟（Puerto Rico Baseball League）成立于 20 世纪初，至 2019 年，有 6

个队。波多黎各棒球队代表波多黎各参加各项国际赛事。

邦服

瓜亚贝拉（Guayabera）在拉美国家很受欢迎，不仅是古巴、多米尼加、墨西哥等国国服，也是波多黎各邦服。瓜亚贝拉通常是男人服装，但现在也有妇女和儿童样式的瓜亚贝拉。在波多黎各，它是男人的传统服饰，特别是节日或正式场合。一般认为，古巴或墨西哥是瓜亚贝拉的原产地，而波多黎各和其他很多地区也声称瓜亚贝拉源于其所在地区。瓜亚贝拉用亚麻或棉布制成，也使用棉和涤纶混纺的织物，但正式的晚装则由菠萝纤维制成。瓜亚贝拉的样子像夹克或加长衬衫，通常前面有标志性的四个大口袋，也有两个大口袋的。两排垂直的 10 个褶（被称为 alforzas）紧密地缝合在一起，从衬衫的前部向下延伸到口袋和衬衫的后部。瓜亚贝拉作为外衣，穿在汗衫或 T 恤外面。它的扣子通常不系在靠近脖子的地方，所以在领口的 V 字处可看到一点里面的汗衫。正规的瓜亚贝拉通常用一排排刺绣图案装饰，沿着胸部向下延伸。瓜亚贝拉穿在裤外而不塞进裤子里，而且经常在侧面有缝隙。

瓜亚贝拉宽松，穿起来很舒适，受到拉美地区人民的喜爱。2016年 9 月哥伦比亚政府与"哥伦比亚革命武装力量"（简称"哥武"）签署全面和平协议时，哥伦比亚总统胡安·曼努埃尔·桑托斯·卡尔德龙（Juan Manuel Santos Calderrón）、哥武领导人罗德里格·隆多尼奥·埃切维里（Rodrigo Londoño Echeverri）以及赶来参加仪式的 2500 人，包括古巴国务委员会主席劳尔·卡斯特罗（Raúl Castro）等 15 国元首、西班牙前国王胡安·卡洛斯（Juan Carlos）、联合国秘书长潘基文以及美国国务卿克里都身着瓜亚贝拉，可见瓜亚贝拉在拉丁美洲受欢迎的程度。

波多黎各女邦服为"邦巴裙"（bomba skirt）和希巴罗连衣裙（Jibaro skirt）。"邦巴裙"起源于西非奴隶的服装，由一件短而有褶边的衬衫和一条又长又宽的飘逸的裙子组成，头巾作为头饰，年轻女孩经常用花来代替头巾。希巴罗连衣裙主要受西班牙影响，由彩色长裙和白色衬衫组成。

邦食

鸽豆饭（Arroz con gandules）。波多黎各饮食有点类似西班牙、古巴和墨西哥饮食，但它是融合了西班牙、非洲、土著泰诺族和美国风味的饮食，具有波多黎各独特风格。烹调中使用很多本土调味料和配料，如芫荽、木瓜、可可、欧楂果、芹菜、大蕉等，当地人称自己的美食为"克里奥尔美食"（cocina criolla）。

克里奥尔美食的形成可以追溯至阿拉瓦克人和泰诺人。他们是岛上的原住民，他们使用玉米、热带水果和海鲜制作美食。1493 年庞塞·德莱昂随哥伦布抵达后，西班牙人给岛上增添了牛肉、猪肉、大米、小麦和橄榄油。后来，西班牙人从非洲贩运来黑奴。非洲人带来了秋葵、芋头（波多黎各人称其为黄体芋）。在岛上定居的不同种族，一代代把各地区的风味和配料相混合，逐渐形成了今日波多黎各独特的美食。

鸽豆饭是波多黎各邦食，是波多黎各文化的招牌菜，与烤猪肉配在一起成为波多黎各食品。鸽豆饭是大米、鸽豆和猪肉相结合的饭食，在波多黎各节日和特殊场合食用。在制作前一天，把大米调味，准备酱油和其他调料，并把橄榄油泡上胭脂树籽（胭脂树籽能使鸽豆大米变成黄色）。制作鸽豆饭第一步是煮鸽豆，在另一个锅中加热胭脂树籽橄榄油。大腊肠（波多黎各香肠）与熏火腿或熏火鸡肉放入胭脂树籽橄榄油中变焦黄。然后加入酱油和其他调料，轻轻搅拌烹调至大部分水分蒸发，然后加入橄榄、酸豆和月桂叶，再煎几分钟后，加入米饭、鸽豆、盐、黑胡椒、芫荽籽、枯茗、牛至，搅拌至每粒米饭都附上酱油和其他调料。肉汤倒入锅中，高温煮沸后降温，盖上芭蕉叶和盖子，即成。

鸡粥（Asopao）也是波多黎各邦食。用大米和炖鸡肉汤熬成粥，类似亚洲的粥，但因添加许多佐料，所以更美味和辛辣。

邦酒

朗姆酒（Run）。朗姆酒是波多黎各邦酒，到处都可买到。波多黎各朗姆酒产量在世界名列前茅，美国消费的朗姆酒80%来自波多黎各。1508年，庞塞·德莱昂任总督时，把朗姆酒引入波多黎各。那时，波多黎各出现大量甘蔗种植园。朗姆酒大量销往当时还是殖民地的美国。美国建国后，用谷物制作的威士忌取代了朗姆酒的位置。朗姆酒在美国的销量萎缩。第二次世界大战期间，威士忌生产的减少，使朗姆酒销量重新上升。但20世纪50年代，波多黎各朗姆酒蒸馏方法和质量的落后，以及其他酒类出现在美国市场，再次使朗姆酒在美国销量大降。后来，波多黎各政府为朗姆酒的生产、混合和变陈制定了严格的标准，为朗姆酒厂配备了更现代化、更卫生的设备，从而使朗姆酒的出口量大幅上升。波多黎各生产的白朗姆酒，取代了杜松子酒和伏特加酒。金色和琥珀色朗姆酒取代了威士忌。在木桶中存放4~6年甚至更长时间的金朗姆酒被称为阿内霍斯（ɑnejos），是波多黎各朗姆酒中最美味和独特的好酒。巴卡迪（Bacardí）朗姆酒在美国销量最多，其他品牌还有龙里科（Ronrico）、城堡（Castillo）等。

啤酒也是波多黎各人爱喝的饮料。Medalla Light啤酒和Silver Key啤酒是由波多黎各公司生产的商业淡啤酒。Medalla Light啤酒获得"世界品质评鉴大会"或"国际优质食品组织"（Monde Selection）颁发的2005年布鲁塞尔轻啤酒一等奖。目前，它是波多黎各最畅销的啤酒。另外，该公司于2011年8月1日推出了Magna啤酒。

邦饮

皮尼亚科拉达（piña colada），西班牙语意为"滤菠萝汁"，是一种用朗姆酒、椰子奶油和菠萝汁勾兑的鸡尾酒，可混合其他酒或饮料，并可以加冰块，还可配上菠萝块和樱桃。1978年起成为波多黎各邦饮，每年 7 月 10 日全邦举行国家皮尼亚科拉达节。波多黎各三个调酒师争夺皮尼亚科拉达的发明权。一个人是拉蒙·"蒙奇托"·马雷罗·佩雷斯（Ramón "Monchito" Marrero Pérez），他声称，1952 年 8 月 15 日，他在加勒比希尔顿酒店比奇科默酒吧第一个发明制作出皮尼亚科拉达。另一个人是同样在加勒比希尔顿酒店工作的里卡多·加西亚（Ricardo García），他说是他发明了皮尼亚科拉达。他说该发明纯属偶然。当时，波多黎各人习惯喝一种名叫可可洛科（coco-loco）的饮料，这种饮料由可可奶、朗姆酒和可可奶油混合而成。因发生罢工，椰子供应中断。里卡多·加西亚于是灵机一动，决定用掏空的菠萝代替椰子，可可味、朗姆酒一旦与菠萝果肉的甜酸味相遇，皮尼亚科拉达便应运而生。还有一个人是拉蒙·波塔斯·明戈特（Ramón Portas Mingot），他说 1963 年他在圣胡安巴拉奇纳餐厅做主要调酒师时，把菠萝汁、可可奶油、炼乳和冰块混合在搅拌器中，制作出美味可口的皮尼亚科拉达。然而，究竟谁是发明者，至今还莫衷一是。1978 年起成为波多黎各邦饮之后，皮尼亚科拉达名声大震。1979 年鲁珀特·霍姆斯（Rupert Holmes）创作并发行他的新歌《皮尼亚科拉达之歌》后，皮尼亚科拉达更加广为人知。

皮尼亚科拉达的制作流程是：在搅拌器或振动筛中倒入 3 盎司可可奶油、6 盎司椰子汁和 1.5 盎司加碎冰的白朗姆酒，混合并摇动至均匀，倒入冰过的玻璃杯，饰以菠萝块或樱桃。

宗教

根据 2014 年调查，天主教徒占波多黎各人口的 56%，新教徒占 33%，无教派人士占 8%，其他教徒占 2%。

罗马天主教是由西班牙殖民者带入波多黎各的，逐渐成为波多黎各的主要宗教。1511 年，教皇朱利叶斯二世（Julius Ⅱ）颁布圣谕，授权建立波多黎各圣胡安主教管区、康赛普西翁德拉贝加胡安主教管区和圣多明各主教管区。1512 年 12 月 25 日，波多黎各圣胡安主教管区首任主教阿隆索·曼索（Alonso Manso）抵达波多黎各。1521 年，阿隆索·曼索在圣胡安领导建立美洲第二所最古老的大教堂——圣胡安大教堂（Catedral de San Juan，美洲最古老的大教堂是圣多明各的圣玛利亚大教堂）。波多黎各圣胡安主教管区起初属于塞维利亚教省，1546 年 2 月 12 日建立圣多明各大主教管区后，波多黎各圣胡安主教管区受其管辖。1798 年波多黎各圣胡安主教管区划归古巴圣地亚哥大主教管区管辖。1903 年 2 月 20 日波多黎各圣胡安主教管区脱离古巴圣地亚哥教省，直接隶属于教廷。1960 年 4 月 30 日，约翰二十三世（John ⅩⅩⅢ）将波多黎各圣胡安主教管区升格为大主教管区。

波多黎各只有一个教省。波多黎各大主教管区（Arquidiócesis de San Juan de Puerto Rico）下辖 5 个主教管区，它们是阿雷西沃主教管区（Diócesis de Arecibo）、卡瓜斯主教管区（Diócesis de Caguas）、法哈尔多 - 乌马卡奥主教管区（Diócesis de Fajardo-Humacao）、马亚圭斯主教管区（Diócesis de Mayagüez）、蓬塞主教管区（Diócesis de Ponce）。波多黎各大主教管区大主教为罗伯托·冈萨雷斯·尼夫斯（Roberto González Nieves）。

圣胡安大教堂是圣胡安大主教区主教堂，位于圣胡安老城克里斯托街，建于 1521 年，是一座新古典主义风格建筑。圣胡安大教堂原为木质教堂，1526 年木质教堂遭飓风破坏，1529 年重修成石头教堂。1539 年、1615 年又两次遭飓风破坏，1615 年遭海盗洗劫，教堂多次重修。1917 年教堂再次重修和扩大。根据红衣主教、圣胡安大主教管区大主教路易斯·阿庞特·马丁内斯（Luis Aponte Martínez）的请求，1977 年 11 月 19 日，教皇保罗六世（Paul VI）把该教堂命名为"乙级圣殿"（Basílica Menor）。1984 年，教皇约翰·保罗二世（John Paul Ⅱ）访问了波多黎各，如今教堂还藏有教皇保罗二世当年出访波多黎各时穿的圣衣。圣胡安大教堂是波多黎各最大的宗教建筑，定期举行宗教仪式。圣胡安大教堂内有第一任总督胡安·庞塞·德莱昂的大理石墓以及天主教殉道者圣皮奥（San Pio）的圣骨。胡安·庞塞·德莱昂生于西班牙莱昂名人家庭，曾加入军队，在格拉纳达抵抗摩尔人。1493 年，他陪同哥伦布第二次远航美洲。后被任命为波多黎各总督。1521 年中箭死于古巴哈瓦那，遗体被运回波多黎各，保存在圣何塞教堂（Iglesia de San José）。20 世纪初，他的遗体被葬入圣胡安大教堂大理石墓中。圣皮奥是公元 1 世纪罗马迫害基督徒的殉道者，1862 年他的遗骨被运到波多黎各，涂蜡的木乃伊被装在教堂内部的玻璃结构中。圣胡安大教堂有一瓜达卢佩圣母像，她被称为 "墨西哥保护神和美洲皇后"（Patrona de México y Emperatriz de las Américas）。圣胡安大教堂是波多黎各保护神天意圣母的国家圣殿（Santuario Nacional）。

波多黎各的所有城市都有至少一座天主教堂，大部分位于市中心或广场。2012 年 11 月 18 日，圣胡安何塞米格尔阿格雷洛特体育宫举办了庆祝天主教首任主教抵达波多黎各 500 周年大会。大会由圣胡安大主教罗伯托·冈萨雷斯·涅维斯（Roberto González Nieves）主持，教皇本笃十六世特使、塞维利亚退休大主教卡洛斯·阿米戈·巴列霍（Carlos Amigo Vallejo）应邀出席。

新教曾受到天主教的压制，1872 年德国移民在庞塞建立了圣公会教堂——圣特立尼达教堂，这是西班牙在美洲建立的第一所非天主教教堂。美国占领波多黎各后，新教迅速发展，长老会、卫理公会、浸信会开始在波多黎各传教布道，并对教育机构施加影响。长老会创办了泛美大学和阿什福德长老会医院，基督复临安息日会创办了复临大学。波多黎各逐渐成为拉美国家中信仰新教人数最多的国家，信仰人数占总人口的 33%～38%，大部分信仰者属于五旬教派。

波多黎各其他教派有东正教、犹太教、佛教等。1952 年少数美国犹太人在富有的波多黎各籍德国犹太人威廉·克伯（William Korber）的宅第，建立了波多黎各岛第一所犹太教堂，其是由捷克建筑师设计、建造的。波多黎各的犹太社区有 3000 人，是加勒比地区最大的犹太社区。

邦保护神

施洗约翰。波多黎各最初的名字即施洗约翰。每年 6 月 24 日是波多黎各施洗约翰节，8 月 29 日是施洗约翰殉道日。在施洗约翰节，波多黎各首府圣胡安举行为期一周的庆祝保护神活动，包括举行宗教游行、音乐节，跳舞，玩游戏，举办沙滩篝火派对等。狂欢过后人们走向海洋，浸泡在水中，以迎接来年的好运。

施洗约翰的父亲是一位祭司，名叫撒加利亚，母亲名叫以利沙伯（伊丽莎白）。约翰的母亲以利沙伯是耶稣的母亲玛利亚的堂姐，施洗约翰比耶稣早 6 个月出生，应该算是耶稣的表兄。在耶稣开始传福音之前，施洗约翰在旷野向犹太人传道，劝勉悔改，是基督教的先行者，为耶稣宣讲教义打下了基础，铺平了道路。据《圣经》记载，约翰是在约旦河中为众人施洗礼，并为耶稣洗礼，故得施洗约翰的别名。在为耶稣洗礼后，施洗约翰继续进行传道。由于他抨击当时的统治者希律王娶自己的兄弟腓力的妻子希罗底为妻，希律王将他逮捕。但因施洗约翰威望太高，希律王一直不敢杀他。后来在希律的生日那天，其女莎乐美为他跳舞，兴高采烈的希律王表示可以赏赐她任何东西。莎乐美对希律说她想要约翰的那颗头颅，希律王就派人杀死了约翰，把头放在盘子里给了莎乐美。

天意圣母（Nuestra Señora de la Divina Providencia）是波多黎各人尊崇的保护女神，圣胡安大教堂是天意圣母的圣殿，藏有年代久远的瓜达卢佩圣母像。

天意圣母是圣母玛利亚的别称。对天意圣母的崇拜始于 13 世纪的意大利。1853 年，加泰罗尼亚人希尔·埃斯特韦·托马斯（Gil Esteve y Tomás）被任命为波多黎各主教后，随身带去了在巴塞罗那制作的铁质天意圣母雕像。圣胡安大教堂修复后，希尔·埃斯特韦·托马斯把天意圣母雕像放置在该大教堂，以供信徒瞻仰、朝拜。67 年后的 1920

年，铁质天意圣母雕像换成了木质雕像。1969 年 11 月 19 日，教皇保罗六世宣布天意圣母为波多黎各岛主要的保护女神。1976 年 11 月 5 日在圣胡安举行的拉丁美洲主教会议期间，1853 年的老天意圣母雕像被加冕。2012 年 8 月 22 日，这个天意圣母雕像再次被加冕。

货币

美元（United States Dollar，USD）。

西班牙殖民时期，发行过纸钞和铸币。1502 年波多黎各成为西班牙殖民地后，作为其一个重要港口，拥有自己的黄金供应体系。然而，100 多年间，黄金储备枯竭，波多黎各经济陷入危机。西班牙王室把墨西哥发行的货币希图亚多（Situado Mexicano）运往波多黎各，作为提供经济支持的一种途径。1766 年波多黎各开始印制纸币，成为西班牙美洲第一个印制 8 里亚尔纸币的殖民地。1809 年西班牙将波多黎各设为西班牙的海外省。19 世纪期间，因墨西哥脱离西班牙独立，墨西哥希图亚多停止发行。时任波多黎各总督萨尔瓦多·梅伦德斯·布鲁纳（Salvador Meléndez Bruna）下令发行省纸币，波多黎各比索（Puerto Rican peso）由此诞生。1815 年后这些纸币停止印刷。随后几十年间，外国铸币开始广泛流通。19 世纪六七十年代，纸币再次出现。1890 年 2 月 1 日，波多黎各西班牙银行（Banco Español de Puerto Rico）开张并开始发行纸币。该行设计了四套纸币，其中三套纸币在岛上流通。19 世纪末，西班牙王室决定建立波多黎各货币体系，并于 1895 年下令波多黎各有自己的货币。同年，波多黎各铸造了 8500021 枚币值为 5 比塞塔的铸币和 967364 枚币值为 20 分的铸币。为方便兑换新货币，发行了一些"兑换钞票"。这些"兑换钞票"兑换了在波多黎各流通的 6103992 枚墨西哥和其他国家比索，并被送往西班牙熔炼。随后在 1896 年铸造出 70 万枚 10 分、72.5 万枚 40 分和 2382642 枚 20 分铸币，"兑换钞票"又把这些新货币兑换回来，并在市场开始流通。面值为 1 比索和 40、

20、10、5 分的省银币由西班牙造币厂铸造，前四种币的图案设计相同，只是日期不同。正面都是阿方索八世铜胸像，反面为西班牙国徽。

1898 年美西战争后，西班牙把波多黎各割让给美国。波多黎各西班牙银行改称波多黎各银行（Bank of Porto Rico），创建并发行相当于美元的波多黎各元（Puerto Rican Dollar）。1902 年波多黎各第一国家银行（First National Bank of Porto Rico）已平行的方式发行纸币。到 1913 年共发行两套以上纸币。波多黎各经济和货币体系完全纳入美国经济和货币体系后，波多黎各元被兑换成美国财政部发行的货币。波多黎各比索和元有时出现在发行的纪念纸币、私人货币以及带有圣费利佩德尔莫罗堡图案的 25 分铸币上。

美属维尔京群岛

名称

美属维尔京群岛（The United States Virgin Islands）。美属维尔京群岛是维尔京群岛的一部分，维尔京群岛的另一部分为英属维尔京群岛。维尔京群岛原名为丹麦属西印度群岛（英文为 Danish West Indies，丹麦文为 De dansk-vestindiske øer）。美属维尔京群岛是美国海外属地，为美国"未合并领土"。由圣克罗伊岛（Saint Croix）、圣托马斯岛（Saint Thomas）、圣约翰岛（Saint John）3 个主岛和 50 多个小岛及珊瑚礁组成。位于加勒比海小安的列斯群岛东部，西距波多黎各 64 公里，位于小安的列斯群岛背风群岛的最北端。哥伦布于 1493 年登陆圣克罗伊岛时，把群岛命名为"Santa Ursula y las Once Mil Virgenes"，西班牙语意为"圣乌尔苏拉及 11000 处女"群岛，简称维尔京群岛。该名是为纪念传说中 4 世纪的英国公主圣女乌尔苏拉和 11000 名太阳圣女（终身处女）和南美洲秘鲁古代的太阳圣女。据说圣女乌尔苏拉是不列颠国王的女儿，她是一位笃信基督教的姑娘，却被许配给一位异教徒——布列塔尼王国的王子。乌尔苏拉提出了结婚的条件：把婚期拖后 3 年，以完成她前往罗马朝圣的愿望。在此期间，她与 10 名贵族贞女结伴开始朝圣之旅。连乌尔苏拉在内的这 11 位童贞女，各自带领 1000 名童贞女同行。她们在归途中经过（德国）科隆（Cologne），被入侵的匈奴王阿提拉（Attila，King of the Huns）所率领的匈奴人袭击。阿提拉欲对乌尔苏拉公主不轨，遭到乌尔苏拉拼死反抗，最终包括乌尔苏拉公主在内的11000 位贞女一同殉道。这段传说成为维尔京群岛得名的来源。

从 16 世纪起，维尔京群岛先后受西班牙、英国、荷兰、法国控制。1670 年，圣托马斯和圣约翰两岛成为丹麦殖民地，1733 年丹麦又从法国手中买下圣克罗伊岛，这些岛遂改名为丹麦属西印度群岛。1867 年丹麦与美国达成出售圣托马斯岛和圣约翰岛的协议，但未果。1902 年两国又一次协议转售，但又被丹麦议会否决。第一次世界大战的爆发，使丹麦陷入经济萧条。美国再次向丹麦政府提出购买的建议。经过数月谈判后双方达成协议。1916 年 8 月双方签署条约，1916 年 12 月丹麦经全民公投后批准了这个条约。1917 年 1 月 17 日，美国和丹麦交换了各自签署的条约，该条约正式生效。这样，美国以 2500 万美元从丹麦手中买下丹麦属西印度群岛。1917 年 3 月 31 日，美国开始控制丹麦属西印度群岛，并将其改名为美属维尔京群岛。当地人给 3 个主岛分别起了别名：圣克罗伊岛为"双城岛"（Twin City），圣托马斯岛为"岩城岛"（Rock City），圣约翰岛为"爱城岛"（Love City）。

首府

夏洛特阿马利亚（英文为 Charlotte Amalie，丹麦文为 Amalienborg），是美属维尔京群岛最大城市，2010 年人口为 18481 人。建于 1666 年，当时名为"Taphus"，意为"啤酒屋"，取此名是因当地有多间啤酒屋。1691 年改名为夏洛特阿马利亚，这是为纪念丹麦国王克里斯蒂安五世（Christian V）之妻夏洛特·阿马利亚王后（Charlotte Amalie of Hesse-Kassel，1650~1714）。夏洛特阿马利亚的十几条街道和场所都有丹麦名字。1921~1936 年，夏洛特阿马利亚曾改名为圣托马斯（St. Thomas），1936 年恢复现名。

布莱克比尔德堡

布莱克比尔德堡（Blackbeard's Castle）又称斯屈茨博格塔（Skytsborg Tower），被列为美国国家历史地标之一，是夏洛特阿马利亚著名古建筑，建于 1679 年。其名意为"黑胡子的城堡"。这座城堡曾是加勒比海盗居住的地方。这里有历史悠久的塔楼和 14 英尺（相当于 4.2672 米）高的黑胡子海盗的青铜雕像。站在塔楼上，夏洛特阿马利亚美丽海景尽收眼底。

克里斯蒂安堡

克里斯蒂安堡（Fort Christian）是夏洛特阿马利亚另一著名古建筑，建于 1671 年。这座红色城堡由丹麦殖民者所建，1700 年进行扩建，增添了一个维多利亚式的钟楼以及一个新的入口。后来该城堡被废弃，曾作为总督府，也做过警察局、法院和监狱，现为历史博物馆。

美属维尔京群岛旗

美属维尔京群岛有自己的旗帜。该旗底色为白色，简版美国国徽是旗的主要图案，国徽左侧为蓝色大写英文字母 V，右侧是蓝色大写英文字母 I，它们是组成维尔京群岛（Virgin Islands）名字的两个词的第一个字母，这两个字母也是维尔京群岛的缩写。白头海雕右爪握象征和平的绿色橄榄枝，左爪握象征自卫决心的三支箭，同时代表圣克罗伊岛、圣托马斯岛和圣约翰岛三个主要岛屿。旗上的白头海雕为黄色，字母和箭为蓝色，橄榄枝为绿色。白头海雕胸前由 7 红 6 白组成的旗帜盾代表了最早的 13 个州。在国旗各种颜色中，黄色代表群岛各地区和鲜花的多种特色；绿色代表群岛的山峦和丘陵；白色代表白云；蓝色代表海水；红色代表爱情。

美属维尔京群岛旗是 1921 年 5 月 17 日通过行政法令被正式采用

的。这一年 4 月 26 日海军少将萨默·伊利·惠特莫尔·凯特利（Summer Ely Whitmore Kitelle）宣誓就职美属维尔京群岛总督。根据他的请求，漫画家珀西瓦尔·威尔逊·斯帕克斯（Percival Wilson Sparks）在纸上画出国旗草图，然后把设计图转到棉布料子上，再由其妻子格雷斯（Grace）和其妹妹布兰奇·约瑟夫（Blanche Joseph）在旗面上刺绣图案，一面美属维尔京群岛旗最终制作完毕。

美属维尔京群岛玺

美属维尔京群岛不使用地区徽，只使用地区玺。美属维尔京群岛玺的设计者为圣托马斯岛画家米奇林·E. 戴维斯（Mitchlyn E. Davis）。该玺由两圆组成，内圆为蓝色，外圆为黄色。内圆是玺的主体，正中为美属维尔京群岛鸟蕉林莺（bananaquit）和黄桧木花（Yellow Cedar）。美属维尔京群岛的三个主要岛屿圣克罗伊岛、圣托马斯岛和圣约翰岛围绕在鸟的周围，岛上插有美国和丹麦国旗，表示 1917 年前美属维尔京群岛曾为丹麦殖民地。蓝色内圆下部的飘带上写有美属维尔京群岛格言"团结在骄傲和希望之中"（UNITED IN PRIDE AND HOPE）。黄色外圆圆周写有黑色英文大写字母"GOVERNMENT OF THE UNITED STATES VIRGIN ISLANDS"，意为"美属维尔京群岛政府"。这个玺是美属维尔京群岛新的玺，代替了老玺。老玺图案类似于美属维尔京群岛旗。

总督府

总督府（Governor's Mansion）。总督原由美国总统任命，从 1970 年起改由普选产生，任期四年。总督肯尼斯·E. 马普（Kenneth E. Mapp）于 2015 年 1 月就职，总督府包含 26 个部门。总督府位于圣托马斯岛政府山（Government Hill）上，是一座木质结构的白色楼房，建于 1867 年，是该岛的历史古迹。以前美国指派的总督都住在这里，现在民选总督继续把它作为总督府。

总督府玺

总督府玺与美属维尔京群岛玺图案相同，不同的是黄色外圆圆周写有黑色英文大写字母"OFFICE OF THE GOVERNOR OF THE UNITED STATES VIRGIN ISLANDS"，意为"美属维尔京群岛总督办公室"。

美属维尔京群岛歌

《维尔京群岛进行曲》（*Virgin Islands March*）。词作者为奥尔顿·奥古斯塔斯·亚当斯（Alton Augustus Adams，1889~1987），曲作者为萨姆·威廉姆斯（Sam Williams）。

《维尔京群岛进行曲》创作于20世纪20年代，但很长时间内是非官方地区歌。直至1963年立法法案才正式承认其为地区歌。这首歌含有欢快的旋律，其风格类似于美国流行的"进行曲之王"作曲家、军乐指挥家约翰·菲利普·苏萨（John Philip Sousa，1854~1932）音乐风格的进行曲。

《维尔京群岛进行曲》共有4段歌词，下面是前两段歌词译文：

第一段：
>都来为我们的维尔京群岛欢呼，
>海洋中的绿宝石，
>洒满珊瑚砂的明亮海滩，
>信风向我们祖国大地祝愿。
>都来为我们的维尔京群岛欢呼，
>沐浴在蓝色海水中间，
>我们向你献出全部忠诚。
>对你发誓真诚永远。

第二段：

我们的维尔京群岛，

对你，爱的声音在发展。

一首赞美兄弟情的歌，

斗争中取得权利并不难。

我们的维尔京群岛，

你是自由的港湾。

我们高歌对你的爱，

我们有自己公正自由的岛群，

多么愉快浪漫！

《维尔京群岛进行曲》（*Virgin Islands March*）前两段英文歌词原文：

1.

All hail our Virgin Islands.

Em'ralds of the sea,

Where beaches bright with coral sand

And trade winds bless our native land.

All hail our Virgin Islands,

Bathed in waters blue,

We give our loyalty,

Full to thee,

And pledge allegiance forever true.

2.

To thee our Virgin Islands,

Loving voices raise

A song in praise of brotherhood,

Where right makes might to fight for good.

To thee our Virgin Islands,

Haven of the free,

We sing our love to thee,

Joyously,

Our own fair islands of liberty.

英文歌词原文见 http://www. nationalanthems. info/vi. htm。

《维尔京群岛进行曲》词作者奥尔顿·奥古斯塔斯·亚当斯是美国海军第一位黑人乐队指挥，他创作的歌曲由约翰·菲利普·苏萨和埃德温·弗兰科·戈德曼乐队演奏。

奥尔顿·奥古斯塔斯·亚当斯出生在夏洛特阿马利亚一个工匠之家，小学毕业后跟工匠和鞋匠学徒。学徒期间对音乐和文学产生了浓厚的兴趣。他学会吹短笛，1906 年加入市乐队。与此同时，他通过宾夕法尼亚大学休米·A. 克拉克博士（Dr. Hugh A. Clark）的函授课程学习音乐理论和作曲。1910 年 6 月，他离开市乐队，组建自己的乐队——亚当斯青少年乐队。他的乐队发展很快，经常在夏洛特阿马利亚举办音乐会。1915 年他成为圣克罗伊岛报纸《先驱》（The Herald）音乐编辑，一年后成为《波士顿雅各布月刊》（Boston's Jacobs' Band Monthly）乐队专栏作家，他发表的文章引起美国音乐家的广泛关注。1917 年 6 月，亚当斯和他的乐队被吸收入美国海军，他从而成为美国海军的第一位黑人乐队指挥。亚当斯成为红十字会美属维尔京群岛分会官员，帮助成立夏洛特阿马利亚公共图书馆，开展公立学校的音乐教育。1922 年他首次赴美研究音乐教育。他随乐队在华盛顿、纽约等地演出，获得高度赞誉。这个时期他的著名作品有 1919 年创作的《维尔京群岛进行曲》（Virgin Islands March）、1921 年创作的《州长自己》（The Governor's Own）、1924 年创作的《美国海军精神》（The Spirit of the U. S. N.）。1931 年亚当斯所在的海军乐队转至古巴关塔那摩湾。1932 年 12 月亚当斯在圣托马斯的家发生火灾，其女儿在大火中丧生，他的许多作品手稿也被烧毁。1933 年他从海军退休后返回圣托马斯，后重返海军乐队，1945 年退休返回圣托马斯，进入圣托马斯执政委员会。1953 年当选圣托马斯酒店协会主席，任职至 1971 年。与此同时担任记者，为报刊撰写文章。他从未担任公职，但经常过问群岛政治。1963 年他的《维尔京群岛进行曲》被群岛议会接受，1982 年成为岛歌。1987 年 98 岁时去世。

美属维尔京群岛格言

"团结在骄傲和希望之中"。

美属维尔京群岛语

美属维尔京群岛官方语言为英语，但大部分人讲维尔京群岛克里奥尔语。维尔京群岛克里奥尔语被非正式地使用，而美式英语（带有独特的维尔京群岛口音）则在学校、工作和较为正式的谈话场合使用。多数年龄大一些的孩子和成人能够在维尔京群岛克里奥尔语和美式英语之间快速切换。中上阶层在非正式场合和在家中说维尔京群岛克里奥尔语，但在专业领域讲标准英语。下层民众则在任何场合都讲维尔京群岛克里奥尔语。维尔京群岛克里奥尔语以英语为基础，但与标准英语有很多不同，它掺杂了大量西非语言词语和语法结构。16.8% 的人口讲西班牙语，6.6% 的人口讲法国土语。来自波多黎各和多米尼加的移民讲西班牙语，来自圣巴特岛、多米尼克和海地的移民讲克里奥尔语。

维尔京群岛克里奥尔语是在奴隶贸易时期发展起来的语言。随着1685 年丹麦与荷兰《勃兰登堡条约》的签订，20 万名以上来自西非海岸的黑奴被贩卖至维尔京群岛，在甘蔗种植园从事繁重的体力劳动。美属维尔京群岛虽曾为丹麦殖民地，但当时居住在圣托马斯岛和圣约翰岛的欧洲人口中以来自荷兰的居多。非洲黑奴来自西非不同地方，彼此之间言语不通，与荷兰种植园主也无法通话。为了进行沟通，逐渐创立了以荷兰语为基础的克里奥尔语。这种语言被称为"Negerhollands",意为"黑人荷兰语"(现在已基本消失)。直到 19 世纪英国占领丹麦属西印度群岛时,黑人荷兰语还是圣托马斯岛和圣约翰岛的主流语言。圣克罗伊岛有所不同,在该岛的欧洲人主要来自英格兰、爱尔兰和苏格兰,18、19 世纪非洲黑奴发展了一种以英语为基础的克里奥尔语。19 世纪圣托马斯岛和圣约翰岛的克里奥尔语已逐渐抛弃"Negerhollands",到 19 世纪末,英式克里奥尔语完全取代黑人荷兰语。

在美属维尔京群岛三个主岛之间,所讲的克里奥尔语也有差别。圣克罗伊岛的克里奥尔语被称为"Crucian",它与伯利兹和巴拿马的英式克里奥尔语很相似。可能因为修建巴拿马运河期间,很多圣克罗伊岛人来到巴拿马。它与圣托马斯岛和圣约翰岛的克里奥尔语略有不同,如标准英语句子"come here"(到这儿来),转成圣克罗伊岛的克里奥尔语是"come ya",转成圣托马斯岛和圣约翰岛的克里奥尔语是"come heh"。几个岛在元音发音上也有差别,例如"special"(特别的),圣克罗伊岛的克里奥尔语读成"speshahl",圣托马斯岛和圣约翰岛的克里奥尔语则读成"speshuhl"。"Island",圣克罗伊岛的克里奥尔语读成"islahn",圣托马斯岛和圣约翰岛的克里奥尔语则读成"isluhn"。此外,圣克罗伊岛的克里奥尔语掺杂大量西班牙语词语,因为岛民很多来自波多黎各。圣托马斯岛和圣约翰岛的克里奥尔语则兼有圣克罗伊岛的克里奥尔语"Crucian"和英属维尔京群岛克里奥尔语的特点。与其他加勒比克里奥尔语相比,维尔京群岛克里奥尔语代词比英语少,而且动词变位也少,例如,英语句子"I gave it to her"(我把这个东西给她),转换成维尔京群岛克里奥尔语就是"Ah gie it toh she"。维尔京群岛克里奥尔语的名词复数、所有格和动词第三人称单数不加字母"s",例如英语"my eyes"(我的双眼),转换成维尔京群岛克里奥尔语就是"ma eye dem"。

维尔京群岛克里奥尔语受丹麦语影响很大,有许多词语和表达方式来自丹麦语,例如,克里奥尔语经常使用的"skål"(烤面包)、"berg"

（山）、"frikadeller"（炸肉圆）等即为丹麦语，"street"（街）常被丹麦语"gade"所替代。因为维尔京群岛的移民来自许多加勒比岛，那些地方讲西班牙语和法国克里奥尔语。

美属维尔京群岛花

黄钟花（yellow elder）。学名为"Tecoma stans"。也是巴哈马国花。属紫葳科。黄钟花树为常绿灌木，高可达 20 英尺（相当于 6.096 米），具多数分枝，枝条呈圆柱形。叶对生，是掌状三出复叶，小叶有锯齿或羽状深裂。叶柄短。10 ~ 12 月开花，花开数枚，黄色，具香味，呈喇叭样。花序长，花柄短，花冠长 3 ~ 4 厘米，有红色条纹。果实为蒴果，长圆柱形。成熟时带褐色，开裂，种子扁平。

美属维尔京群岛鸟

蕉林莺。拉丁语名称为 Coereba flaveola。属森莺科。美属维尔京群岛的鸟类共有 232 种。蕉林莺是一种小而独特的雀形目鸟，长 10 ~ 13 厘米，重 5.5 ~ 19 克。这种鸟色彩斑斓，背部呈黑灰色，胸部和腹部呈亮黄色，长白纹贯穿眼部。黑色长而尖的喙向下弯曲，底部有红色斑点。喉咙有黑色、白色，也有灰色，翼上有白色斑点。尾短，颜色深，腿为黑色。食花蜜、香蕉、杧果、番木瓜、水果汁和小昆虫。雌鸟全年筑巢，四季都能繁殖。每次产 3 个蛋，由雌鸟孵化。在加勒比地区、西印度群岛、墨西哥南部均可见蕉林莺，但罕见于沙漠、密林和海拔 2000 米以上地区。公认蕉林莺有 41 个亚种。

官方音乐

克尔贝（Quelbe）是来自美属维尔京群岛的民间草根音乐，也是该群岛的官方音乐。岛民们用歌曲讲他们的故事，讲他们所经历的事件。通过克尔贝的歌曲和歌词，人们可以了解美属维尔京群岛的历史和风貌。通常由民间草根乐队在非正式场合和庆典与节日期间演奏和演唱，歌词有些反映人们的诉求，如惩罚游戏厅老板，反对涨工资。有些歌词含有性暗示和双关语及其他隐晦含义。克尔贝是对非洲、欧洲和美洲印第安文化的融合，带有鲜明的加勒比群岛特色。然而青年一代热衷于现代音乐，对克尔贝的兴趣下降。克尔贝留存的文献稀缺，有失传的危险。20世纪70年代搜集的一些口述历史记录被置于圣托马斯图书馆，但无人问津。迫切需要把克尔贝重要的内容、形式记录下来，并传承下去。

美属维尔京群岛食

芬吉（Fungi），是维尔京群岛的一种主食。先在水中煮熟玉米面，然后加黄秋葵烹调成浓稠的面团即可，通常与煮鱼或咸鱼一起食用。卡拉卢（Callaloo）是维尔京群岛的一种汤，用当地蔬菜卡拉卢或菠菜、肉和黄秋葵烧成的浓汤。炖猪头（Souse）是美属维尔京群岛人节日期间常做的菜肴，把炖过的猪头、猪尾和猪脚用酸橙汁调味。

美属维尔京群岛饮

莫比（Maubi），是用当地一种树的皮、香草和鲜酵母制成的一种饮料，堪称美属维尔京群岛饮料。"BANANA DAIQUIRI"是美属维尔京群岛世界著名的鸡尾酒，用"CRUZAN"牌朗姆酒加糖、酸橙汁，以及一种秘制家酿的香蕉汁混合而成。每年到圣托马斯岛的上千万名游客会品尝购买这种酒。

宗教

新教在美属维尔京群岛占据优势地位。根据2010年统计，美属维尔京群岛人口的42%信仰基督教新教浸信会，17%信仰圣公会，拉斯塔法里教信徒也很多。天主教在美属维尔京群岛的势力也很大，34%的人口信仰天主教，圣托马斯岛有西半球第二古老的天主教堂。18 世纪西班牙犹太商人在圣托马斯岛定居，这里的犹太社区是西半球最古老的犹太社区之一。此外，还有少数人信仰伊斯兰教、印度教和佛教。

丹麦统治时期，路德教曾是美属维尔京群岛地区教。其他任何教会的存在，都必须经过官方批准，但获得许可并不难。1917 年美国从丹麦手中购得美属维尔京群岛后，天主教在一段时间成为该群岛的主要宗教，但后来新教的势力越来越大，20 世纪 40 年代以后逐渐超过天主教。原来，维尔京群岛的三个英国圣公会教区和传教机构在安提瓜圣公会主教领导之下，而安提瓜是巴巴多斯教区的一部分。美属维尔京群岛转归美国后，1919 年 4 月 30 日安提瓜主教将维尔京群岛英国圣公会管辖权转交给了美国新教教会。1947 年 11 月 7 日，在维尔京群岛建立了圣公会教堂，其成为维尔京群岛宣教区。波多黎各主教被任命为维尔京群岛宣教区主教。通过 1963 年 11 月 24 日西印度群岛大主教的让渡契约，英属维尔京群岛圣公会管辖权转归美国新教教会。1962 年美国主教会议任命锡德里克·米尔斯（Cedric Mills）为维尔京群岛主教，他于1963 年抵达，整个维尔京群岛圣公会都在他领导之下。1971 年维尔京群岛首次选举自己的主教，同年 11 月爱德华·梅森·特纳（Edward Mason Turner）当选主教，1972 年 5 月上任。2005 年，爱德华·安布罗斯·冈波斯（Edward Ambrose Gumbs）成为新的主教。教区大主教教堂是夏洛特阿马利亚的万圣大主教教堂（Cathedral Church of All Saints），建于 1848 年，以纪念维尔京群岛结束奴隶制，1995 年曾遭玛里琳飓风重创，后恢复，是乔治风格建筑，用岛上石块建成，用黄砖砌成拱形窗户。

货币

美元（United States Dollar，USD）。

安圭拉

名称

安圭拉（Anguilla），是英国海外领土，位于东加勒比海背风群岛的北端，距圣基茨岛西北 113 公里，邻近英属维尔京群岛。最早生活在该岛的土著阿拉瓦克人称其为"Malliouhana"，意为"拱形海蛇"。1493 年哥伦布第二次远航美洲到达安圭拉，但未登陆，对于安圭拉之名，大多数人认为由哥伦布所取。从此之后，欧洲人因其长鳗形而把该岛名字"Malliouhana"改为安圭拉（Anguilla）。"Anguilla"是早期西班牙语"anguila"的英语化和拉丁语化的形式，意为"鳗鲡"。16 世纪英国人到达该岛后，也因该岛长而窄的形状称其为"anguila"。安圭拉昵称为"Axa"。同样的原因，安圭拉曾被称为"蛇"（Snake）或"蛇岛"（Snake Island）。

首府

瓦利（The Valley）。位于安圭拉岛中部。其名意为"山谷"或"溪谷"。根据 2011 年的统计，该城只有 1067 人。瓦利小而迷人，这里没有摩天大楼，只有一幢幢小型建筑物。由于 1825 年安圭拉政府迁往圣基茨，因此该城殖民时期建筑不多，唯有沃尔布莱克宫（Wallblake House），建于 1787 年，这里是安圭拉殖民时期最好的地方。一个老棉花厂也对游客开放。站在城市制高点上，可以一览旧监狱的废墟，也可欣赏加勒比海壮观景色。

安圭拉旗

1967 年之前，安圭拉一直使用的是英国国旗。由于安圭拉不愿接受圣基茨和尼维斯的统治，1967 年以罗纳德·韦伯斯特为首的人民进步党掀起了一场脱离圣基茨和尼维斯的运动。同年，生活在美国旧金山的安圭拉人委托旧金山帕拉芒特旗帜公司（Paramount Flag Company of San Francisco，CA，USA）老板制作了主体图案为美人鱼的安圭拉旗帜，7 月 27 日将其寄回安圭拉。这面旗旗面为红色，旗面中心的深蓝色椭圆形中绘有两条白色美人鱼，它们的中间有一贝壳。深蓝色椭圆形上方写有金色英文大写字母"REPUBLIC OF"，下方写有"ANGUILLA"，两行字合起来意为"安圭拉共和国"。除旗面为红色的美人鱼旗外，还有旗面为紫色的美人鱼旗。不过美人鱼旗未得到安圭拉人认可，也从未被正式使用，两个月后的 9 月 30 日其便被三海豚旗所取代。三海豚旗一经问世，立即受到安圭拉人民的欢迎，至今仍被很多安圭拉人使用，但它也不是安圭拉正式旗帜。这面旗的旗面为白色，代表纯洁与和平。旗面中央三只黄色海豚，象征持久的团结和力量，也是安圭拉争取解放运动和寻求与其他岛团结的象征。三只海豚组成一个圆形，表示持续性。白色旗面以一个蓝色条为底部，象征安圭拉岛周围的海洋，也代表信仰、青春和希望。1969 年 2 月安圭拉单方面宣布成立共和国，因英国出兵干预，安圭拉的独立运动未能成功，三海豚旗被废弃，英国国旗重新成为安圭拉旗。但安圭拉人仍盼望有一面自己的旗帜。1980 年 12 月 19 日安圭拉正式脱离圣基茨和尼维斯，重新成为直属英国的自治领。1982 年 4 月 1 日改由总督管理。安圭拉前总督布莱恩·坎蒂（Brian Canty）设计了一面旗，并把草图寄给英国女王审批。1990 年 5 月 30 日，新旗第一次飘扬在安圭拉上空。这面旗把英国国旗和三海豚旗融合在一起。旗面为深蓝色，靠旗杆左上角为一个米字旗，旗的右面绘有一个盾，盾面底色为白色（占盾面 2/3），上绘三只海豚。盾面底部为蓝色。三只海豚代表友谊、智慧和力量。

安圭拉徽

于 1980 年 5 月 30 日采用。该徽为盾形，盾有黄色镶边。盾下部尖端底色为蓝色，盾上部底色为白色，上绘围成圆形的三只橙色海豚。地区徽中的白色代表和平和安宁；蓝色代表海洋，也代表信仰、青春和希望。三只橙色海豚代表友谊、智慧和力量。

安圭拉玺

安圭拉玺俗称海豚玺。由两圆组成，外圆为紫色，内圆为白色。内圆中央为安圭拉地区徽。外圆圆周写有白色大写英文字母"STRENGTH AND ENDURANCE"，意为"力量和耐力"。

总督旗

安圭拉总督是英国君主在海外领地安圭拉的代表。安圭拉总督是根据英国政府提议由英国君主任命的。总督在安圭拉拥有最高权力，但日常事务由当地民选官员处理。总督的主要职责是任命安圭拉首席部长。安圭拉总督拥有自己的旗帜，由英国国旗和安圭拉地区徽组成。安圭拉地区徽置于英国国旗中央，并被桂冠环绕。总督在总督府或乘车船出访时悬挂总督旗。总督旗上的地区徽使用与地区旗一样的海豚设计并镶金边。

总督府

总督府（Government House）是安圭拉总督府第，位于首都瓦利城老塔（Old Ta）。始建于 1969 年，1974 年重新翻修。总督府除作为总督和其家属住宅外，还是国家礼仪场所，接待和会见外国政要和国家元首。也是安圭拉元首（现为伊丽莎白二世）在安圭拉时的居住地。

安圭拉歌

安圭拉有两首地位等同的地区歌：《天佑女王》（*God Save the Queen*）与《上帝保佑安圭拉》（*God Bless Anguilla*）。如在位的英国君主是男性，《天佑女王》改为《天佑国王》（*God Save The King*）。《天佑女王》是英国和其包括安圭拉在内的海外领地的国歌。详见英属维尔京群岛歌。

《上帝保佑安圭拉》的词作者和曲作者为亚历克斯·理查森（Alex Richardson）。1981 年被采纳为安圭拉地区歌。

歌词译文：

第一节：
上帝保佑安圭拉，
健康成长，
保持高贵漂亮。
她屹立在海洋中央，
我们要把她变成，
幸福的土地和避风港。
我们把生命和爱心，
向她奉上。

合唱：
我们将竭尽心力，
建设壮丽、坚强和
自由的家乡。

我们会爱她拥抱她，

内心永恒永不变样。

坚持真理和正义。

高举我们的旗帜，

昂首奔向前方。

第二节：

我们将有力量

让她繁荣富强。

上帝赐予她领袖的

睿智与慈祥。

光辉与荣耀，

永远伴随着她。

愿她巍然屹立，

万代千秋永世长。

歌词原文：

God bless Anguilla

Nurture and keep her

Noble and beauteous

She stands midst the sea

Oh land of the happy

A haven we'll make thee

Our lives and love

We give unto thee

Chorus

With heart and soul

We'll build a nation

Proud, strong and free

We'll love her hold her

Dear to our hearts for eternity

Let truth and right

our banner be

We'll march ever on

Mighty we'll make

Long may she prosper

God grant her leaders

wisdom and grace

May glory and honour

Ever attend her

Firm shall she stand

Throughout every age

歌词原文见 http://www. gov. ai/national_song. php。

安圭拉象征

海豚（Dolphin）。安圭拉人把海豚视为争取自由、解放的象征，也是该地区的象征，在安圭拉旗、徽上都绘有海豚的图案。海豚是水生哺乳动物，生活在大陆架附近浅海，偶见于淡水之中。全世界共有 30 多种海豚。主食鱼类，会合作觅食。海豚有发达的大脑，因而是智商最高的动物之一。海豚有自己的"信号"——口叫声，以便于彼此相互联络。海豚形态憨厚、友善，并善于表演，深受人们欢迎。

安圭拉格言

"力量和毅力"（Strength and Endurance）。

安圭拉语

英语。英语是安圭拉官方语言，但大多数人讲安圭拉克里奥尔英语（Anguillan Creole English），其也被称为"加勒比背风群岛克里奥尔语"（Leeward Caribbean Creole）。安圭拉克里奥尔英语类似于整个东加勒比群岛所讲的英语，源于早期英语和西非语言。其语法特点可追溯至非洲语言，其他方面则可追溯至英语。1710年前抵达安圭拉的非洲奴隶来自当时的黄金海岸（Gold Coast）、奴隶海岸（Slave Coast）和向风海岸（Wind Ward Coast），这三个地区的语言对安圭拉克里奥尔英语产生重大影响。来到安圭拉岛的英国人和非洲人共同生活，英语和非洲语言相互融合，逐渐形成了安圭拉克里奥尔英语。

安圭拉花

白雪松花（White Cedar）。常青针叶乔木，叶常绿，鳞片状。树皮为红棕色到灰色。花雌雄同株，雄花为黄色，雌花为粉红色。果实为球果。生长速度缓慢，树高40~50英尺（相当于12.192~15.24米），个别可达80英尺（相当于24.384米）高。树直径为12~24英尺（相当于3.6576~7.3152米）。树龄可达800年。

安圭拉鸟

鸣哀鸽（Zenaida dove）。属于鸟纲、鸽形目（Columbiformes）、鸠鸽科（Columbidae）。通常被误称为斑鸠（Turtle Dove）。在树上或灌木上筑巢，有时栖息在石缝或植物丛中。一般产两个蛋，一年多达4窝。孵化需2周，小鸟出生2周后长羽毛。鸣哀鸽有28~31厘米长，看起来类似于哀鸠（mourning dove），但体型较小，更短，尾部更圆，颜色更深。以谷物和种子为食，有时也吃昆虫。常吞细沙砾以助消化。安圭拉为宣传鸣哀鸽，曾于 1995 年 4 月 10 日发行一套鸣哀鸽的邮票。

安圭拉运动

帆船比赛（Boat Racing）。帆船比赛是安圭拉文化重要组成部分，被视为该地区运动，活跃在安圭拉人的血液中。安圭拉帆船比赛史与该岛历史紧密联系在一起，其起源可追溯到哥伦布发现美洲前原来生活在该岛的原住民泰诺人（Taino）和阿拉瓦克人（Arawak）。驾船出海捕鱼或进行贸易是谋生的重要手段，驾船的传统延续至今。现在，帆船比赛成为安圭拉的一件盛事，不仅吸引了大批帆船运动的爱好者，也吸引了众多游客。安圭拉狂欢节等节假日期间定期举行帆船比赛。安圭拉帆船协会经常组织帆船俱乐部参加沃尔沃环球帆船赛、美洲杯帆船赛等国际赛事。美洲杯帆船赛起源于 1851 年，迄今已有超过 150 年的历史。

安圭拉服

安圭拉服设计者为 M.“穆蒂”·康纳（M.“Mutty”Connor）。安圭拉服颜色与安圭拉旗兰、白和橙色相同。

安圭拉食

豌豆和米饭（Peas and Rice）。安圭拉美食深受加勒比、非洲、西班牙、法国和英国的影响。安圭拉的豌豆和米饭是用椰子奶汁、香草和大蒜等制成的，不但富有营养，而且非常美味。这里的豌豆泛指豆科植物，如菜豆、鸽豆或豇豆等。谷物和豆子形成蛋白质的完美结合，加勒比很多国家都有这种饭食。制作时先把豆、辣椒籽和大蒜煮软，然后加入盐、胡椒粉、苏格兰帽椒（圆帽辣椒）、百里香、洋葱（通常加葱）、生姜末、椰奶和大米，熬至熟透，若添加咸猪肉或咸牛肉便可代替盐。豌豆和米饭一般在周日吃，配炖鸡、炖牛肉、炖羊肉、炖猪肉，或鱼虾海味。

宗教

新教是安圭拉岛主要宗教，教徒占全国人口的83.1%，其中圣公会（Anglicans）占29%，卫理公会占23.9%，耶稣教徒占30.2%。此外，安圭拉还有天主教（占5.7%）等宗教。1813年，新教开始在非洲黑奴中传播。1817年卫理公会在该岛建立教堂和学校。如今，全岛有15座以上教堂。圣公会形成于宗教改革时期的英格兰，在英格兰称为"英格兰教会"（Church of England），传入美国后称为"主教派教会"（Episcopal Church）。安圭拉属圣公会西印度群岛教省（Province of the West Indies），这个地区在成为英国殖民地后，于1883年成为圣公会的自治省。该教省共有8个教区，其中包括2个大陆教区（伯利兹和圭亚那）和6个群岛教区：伯利兹教区（Anglican Diocese of Belize）、圭亚那教区（Anglican Diocese of Guyana）、巴哈马和特克斯和凯科斯群岛教区（Diocese of The Bahamas and the Turks and Caicos Islands）、巴巴多斯教区（Diocese of Barbados）、牙买加和开曼群岛教区（Diocese of Jamaica and the Cayman Islands）、东北加勒和阿鲁巴教区（Diocese of the North East Caribbean and Aruba）、特立尼达和多巴哥教区（Anglican Diocese of Trinidad and Tobago）以及顺风群岛教区（Anglican Diocese of the Windward Islands）。共涉及12个岛屿，它们是：安提瓜、巴布达、多米尼克、蒙特塞拉特、安圭拉、阿鲁巴、尼维斯、萨巴、圣巴特、圣尤斯特歇斯岛、圣基茨和圣马丁岛（法属圣马丁和荷属圣马丁）。

货币

东加勒比元（East Caribbean Dollar, EC$）。1东加勒比元 = 100分

（cents）。是东加勒比国家组织 9 个成员中 8 个成员使用的货币（英属维尔京群岛使用美元）。1965 年取代英属西印度群岛元（British West Indies dollar），成为 8 个东加勒比国家组织成员使用的货币，并沿用至今。详见圣基茨和尼维斯。

百慕大

名称

百慕大（Bermuda）。又称百慕大群岛（Bermuda Islands）。位于北大西洋，是英国的自治海外领地。位于美国北卡罗来纳州哈特勒斯角东南 1070 公里、加拿大新斯科舍省塞布尔角南 1236 公里、波多黎各圣胡安北 1578 公里。由约 138 个岛屿和许多岩礁组成，总面积有 56 平方公里。1511 年西班牙历史学家佩德罗·马蒂尔·德安格莱里亚（Pedro Mártir de Anglería）在其出版的 "*Legatio Babylonica*" 一书中披露，1503 年，西班牙探险家胡安·德贝穆德斯（Juan de Bermudez）最先发现百慕大，他声称该群岛属于西班牙帝国。德贝穆德斯曾两次抵达百慕大群岛，但他并未登陆，因为他不想冒险穿过环绕群岛的危险的暗礁群。此后，葡萄牙和西班牙虽都声称该群岛属它们所有，但它们从未占领该岛。多年过后，人们以第一个发现百慕大群岛的西班牙航海家胡安·德贝穆德斯的姓氏另一译法"百慕大"为该群岛命名。在命名百慕大群岛之前，该群岛曾被称作萨默斯群岛（Somers Isles）。取此名的过程是这样的：百慕大群岛被发现后，很长时间仍荒无人烟。1607 年，英国弗吉尼亚公司在北美建立了詹姆斯敦和弗杰尼亚两块殖民地。1609 年，英国弗吉尼亚公司的乔治·萨默斯（George Somers，1554～1610）海军上将率领的由七艘船组成的第三补给舰队，离开英国前往詹姆斯敦运送食品和生活用品。舰队航行在大西洋上突遇飓风,七艘船被打散。乔治·萨默斯所在的旗舰"海洋冒险"号船被风刮至百慕大群岛附近水域时,船只逐渐下沉。乔治·萨默斯下令故意撞向百慕大群岛的暗礁,免得葬身海底。最后,他终于与 150 多名官兵和船员以及一只幸存的狗乘坐小船登上百慕大岛岸。乔治·萨默斯指挥部下在岛上建立起一个拓居点,在岛上生活了 10 个月。他们造了两艘船,乘船回到詹姆斯敦。百慕大群岛被宣布为英国所有,从此成为英国海外领地。为了纪念乔治·萨默斯,英国人把该群岛取名为萨默斯群岛。由于该群岛风暴频繁,条件恶劣,周围多危险的暗礁,百慕大群岛还被叫作"魔鬼岛"(Isle of Devils)。此外,百慕大群岛还被称为"鹭群岛"(La Garza)、"处女岛"(Virgineola)。

首府

汉密尔顿(Hamilton)。位于彭布罗克区南部的汉密尔顿港的北侧,建于 1790 年。百慕大第一个首府是 1612 年建立的圣乔治(St. George's),1815 年起首府迁至汉密尔顿,此后其便成为百慕大行政、金融、商业和贸易中心,也是百慕大最大的港口。面积为 185 英亩(相当于 748668.438144 平方米),人口约 1800 人(大部分在该城工作的人住在外地),是加勒比最小城市之一。其城名是为纪念创建该城的百慕大总督亨利·汉密尔顿(Henry Hamilton, 1734~1796)。汉密尔顿 1734 年生于爱尔兰首都都柏林。青年时期在科克度过。曾受命指挥英军第十五步兵团。七年战争期间取得路易斯堡和魁北克战役的胜利。1774 年任底特律副总督,并率领第八团。曾参加反对美国革命的战争,被美军抓获,押往弗吉尼亚州威廉斯堡,1781 年被遣返回伦敦。1782~1785 年任魁北克总督,被撤职后回英国。1787 年任百慕大副总督,1790 年升任总督。1794 年离职后任多米尼加总督。死于安提瓜岛。以汉密尔顿为名的地方很多,除百慕大有个汉密尔顿区(Hamilton Parish)外,美国有多个名叫汉密尔顿的城镇，加拿大、新西兰、英国也有叫汉密尔顿的城镇。

百慕大旗

百慕大旗为长方形，旗面为红色，长与宽之比为 2：1。靠旗杆左上角为英国米字旗，表明与英国的关系，旗右面正中绘有百慕大徽。百慕大旗于 1910 年 10 月 4 日采用。英国海外领地使用的国旗旗底为红色的比较少，大多数旗底采用蓝色。百慕大旗旗底使用的红色与加拿大和南非联邦早期的国旗旗底颜色相同，加拿大用到 1965 年，南非联邦用到 1928 年。百慕大政府旗与百慕大旗图案相同，只是旗底为深蓝色。

百慕大徽

百慕大徽主体图案为盾，盾面为白色。盾中央一头红狮站立于绿色草地上，狮胸前的盾被其两爪抓住。红狮是英国的象征，也是百慕大的象征，代表百慕大与英国的关系。盾上绘有一艘即将触礁失事的船，该船是英国弗吉尼亚公司"海洋冒险"号旗舰。1609 年，英国弗吉尼亚公司七艘船组成的舰队在大西洋航行时遭遇飓风。英国海军上将乔治·萨默斯下令将"海洋冒险"号旗舰撞向百慕大暗礁群，并率领部下乘小船登上百慕大岛岸脱险。盾下方的黄色飘带上用黑体大写拉丁文写有百慕大格言"Quo Fata Ferunt"，意为"命运把我们带向何方"。

总督旗

百慕大总督是英国国王在百慕大的代表，根据英国政府的建议由英国国王任命。总督是百慕大事实上的元首，他任命总理和参议院 11 名成员。百慕大总督拥有专用的旗帜。与其他英国海外领地一样，百慕大总督旗由英国国旗加本地区徽组成。百慕大徽置于米字旗正中的白色圆盘内。

总督府

总督府是百慕大总督的官邸，并且是行政办公室，也是百慕大国家元首英国女王伊丽莎白二世抵达百慕大时的官邸，坐落在俯瞰汉密尔顿北岸的兰顿山（Mount Langton）上。总督府建于 1892 年，是一座意大利风格的建筑，占地 210 英亩（相当于 849839.848704 平方米），设计师为威廉·卡蒂·哈利特（William Cardy Hallet）。取代了被称为"兰顿山"的老总督府。总督府有 30 多房间，包括一个大客厅和饭厅。总督卧房可俯瞰汉密尔顿港北岸。总督府正门外有三门炮，它们是 1919 年起放置在此的。炮的两侧有两棵华盛顿棕榈（衬裙棕榈），是 1975 年 2 月由伊丽莎白二世和菲利普亲王栽种的。总督府承担百慕大的礼仪功能，接待外国政要和国家元首并举行会议。

老总督府属于 1814～1816 年百慕大总督詹姆斯·科克本（James Cockburn）。1815 年百慕大首府从圣乔治迁至汉密尔顿时，其成为总督府。其建筑石头从法国进口，从远处或水上可以看见总督府的白色石塔和拱门。老总督府占地 33 英亩（相当于 133546.2619392 平方米），是百慕大最大的建筑之一。

百慕大歌

百慕大有两首地位等同的地区歌：《欢呼百慕大》（*Hail to Bermuda*）与英国国歌《天佑女王》（*God Save the Queen*）。如英国在位的是男性君主，《天佑女王》改为《天佑国王》（*God Save The King*）。《天佑女王》是包括开曼群岛在内的英国海外领地的地区歌。详见英属维尔京群岛歌。

《欢呼百慕大》词曲作者为贝特·约翰斯（Bette Johns）。

歌词译文：

第一段：

> 欢呼百慕大，
>
> 我的岛在太阳下。
>
> 自豪歌唱我们的国家。
>
> 我们齐心协力，
>
> 成长壮大。
>
> 这是我的特权：
>
> 歌唱万岁百慕大，
>
> 因为这个岛是我的家。

第二段：

> 欢呼百慕大，
>
> 我亲爱的国家。
>
> 这是我自己的岛屿，
>
> 充满信心团结起来建设它。
>
> 我们齐心一致，成长壮大。
>
> 这是我的特权：
>
> 歌唱万岁百慕大，
>
> 因为这个岛是我的家。

英文歌词原文：

1.

> Hail to Bermuda
>
> My island in the sun
>
> Sing out in glory
>
> To the nation we've become
>
> We've grown from heart to heart
>
> And strength to strength

This privilege is mine

To sing long live Bermuda

Because this island's mine

2.

Hail to Bermuda

My homeland dear to me

This is my own land

Built on strength and unity

We've grown from heart to heart

And strength to strength

For loyalty is prime

And sing long live Bermuda

Because this island's mine!

歌词原文见 http://www. nationalanthems. info/bm. htm。

百慕大象征

红狮（Red lion）。是英国的象征，也是百慕大的象征。在百慕大徽上就有一头红狮站立于绿色草地上。

百慕大格言

"命运把我们带向何方"（拉丁文为 Quo Fata Ferunt）。

百慕大语

英语。英语是百慕大的官方语言，用于媒体和正式文件。但大多数百慕大人讲百慕大英语。百慕大英语是 17 世纪随着移民到百慕大而发展起来的，用于休闲场合。美国人认为它有点儿英国味，而英国人认为它有点儿美国味，可以说是英式英语和美式英语的混合物。发音上，百慕大英语有些接近加勒比英语。在和前元音结合时，[v] 与 [w]、[d] 与 [dʒ] 的转换，可以看到 18、19 世纪英国南部发音的特点，如 "Bermudian Words" 改读成 "Bermewjan Vurds"。此外，[æ] 和 [ɛ] 的使用互换，元音常拉长。

民族英雄

每年 6 月第三个星期三，百慕大都要庆祝民族英雄日（National Heroes Day），目的是表彰那些被正式定为百慕大民族英雄的人。民族英雄称号是一个终生的荣誉，一个人被命名为民族英雄，将永远是民族英雄。

洛伊丝·布劳内 - 埃文斯（Lois Browne-Evans，1927 ~ 2007）是第一个获得百慕大民族英雄称号的人。青年时期曾就读于伦敦国王学院。1953 年成为百慕大第一个女律师。1963 年成为议会议员，5 年后担任进步工党（PLP）领导人。后被任命为第一个女司法部部长。她是国际女律师联合会成员、百慕大群岛企业和职业妇女俱乐部成员。1999 年获大英帝国爵士勋章。2007 年 5 月 29 日洛伊丝去世，百慕大下半旗表示悼念，葬礼的当天被宣布为公共假日。在她去世后不久，尤尔特·布朗总理领导的进步工党政府决定，计划中的新警察局/法院内部将以洛伊丝·布劳内 - 埃文斯的名字命名。2008 年进步工党政府宣布洛伊丝·布劳内 - 埃文斯为百慕大第一个民族英雄。

埃德加·菲茨杰拉德·戈登（Edgar Fitzgerald Gordon，1895 ~ 1955）生于特立尼达和多巴哥西班牙港。1912 年进入苏格兰爱丁堡大学学医，是医生、国会议员、民权活动家和劳工领袖，被誉为"工会之父"。他一生为百慕大工人事业和黑人平等权利而斗争，促进了百慕大的政治和社会变革。1921 年他曾在百慕大短暂停留，1924 年又来到百慕大从事医疗工作。他批评百慕大福利协会拒绝雇用黑人为社区护士。1944 年戈登成为百慕大工人协会主席，1946 年又成为殖民地议会议员。这一年百慕大工人协会的成员发展到 5000 人。议会通过《工会和冲突法》。他起草请愿书，要求英国当局调查黑人和工薪阶层处于社会边缘的问题。在他的努力下，1949 年议会通过《小学免费教育法》。1953 年黑人在议会中已有 9 席。1955 年 4 月 20 日因心脏病发作去世。2001 年 5 月 1 日百慕大发行包括戈登在内的三名"进步先锋"纪念邮票。2011 年 6 月民族英雄日，戈登获民族英雄称号，被誉为"现代百慕大的建筑师之一"。百慕大群岛历史博物馆展出了艾斯特·达伊（Esther Dai）绘制的包括戈登在内的 80 幅肖像画。

亨利·詹姆斯·"杰克"·塔克（Henry James "Jack" Tucker, 1903~1986）1903 年 3 月 14 日生于百慕大，祖先是 17 世纪移民百慕大的英国人。青年时期曾赴英国求学，但未能上大学便返回百慕大经商。他是富裕的、有影响力的商人，百慕大联合党成员。1968 年 6 月 10 日至 1971 年 12 月 19 日，他成为百慕大第一任总理，与埃德加·菲茨杰拉德·戈登一道被认为是 20 世纪百慕大重要的两位领导人之一。

保罗·罗斯福·奥西里斯·纳尔逊·布朗·卡马拉卡菲戈（Pauulu Roosevelt Osiris Nelson Brown Kamarakafego），政治活动家、民权运动领袖、生态环境工程专家。曾就读于纽约大学、南卡罗来纳大学、北卡罗来纳大学。1959 年获得加州理工学院生态工程博士学位。后赴西非利比里亚大学教授生物。其父病倒时返回百慕大，参加民权运动和地方政治活动。曾创立全民普选委员会，动员黑人推翻财产投票制度。1967 年加入进步工党。1968 年当选进步工党议员。他是农村科技和社区发展、太阳能发电和水电能源等问题方面的世界知名专家，是联合国农村发展和可再生能源顾问。曾多次获奖。

格拉蒂丝·卡莱恩·德库西·米西克·莫雷尔（Gladys Carlyon De Courcy Misick Morrell, 1888~1969）是女权运动的领袖，百慕大群岛福利社会奠基人。1911 年毕业于英国伦敦大学，获英语学士学位，是百慕大第一批获得大学学位的人之一。在英国，她成为妇女选举权运动的组织者，返回百慕大后，参加争取妇女投票权的运动。她是百慕大群岛福利协会创办人之一。她还关心环境问题，莫雷尔自然保护区以她的名字命名。2015年6月14日，她获得民族英雄称号。

爱德华·特伦顿·理查兹（Edward Trenton Richards，1908～1991）生于英属圭亚那伯比斯。1930年抵达百慕大授课。1943年赴英国学习法律。1948年当选议员。1971～1973年为百慕大联合党（UBP）领袖。1971年成为百慕大第一个黑人政府首脑，1973～1975年为百慕大总理。他还是百慕大第一个黑人法官，第一位被英国女王封为爵士的百慕大黑人。2015年6月14日获民族英雄称号。

玛丽·普林斯（Mary Prince，1788～1833）生于布拉吉什庞德（Brackish Pond）的奴隶家庭，从小多次被卖，充当奴隶，生活悲惨。1828年随奴隶主到伦敦。经受多年虐待，玛丽离开了她的主人，躲在哈顿花园摩拉维亚教会。1831年玛丽·普林斯自传《玛丽王子的历史》（*The History of Mary Prince*）出版，这是英国出版的第一部反映黑人妇女生活的书。玛丽·普林斯在书中讲述了奴隶制和个人的遭遇。1833年英国下院通过废除奴隶法。2007年10月26日是废除奴隶贸易的200周年纪念日，在英国伦敦大学树立起一座纪念玛丽的牌匾，上写"玛丽·普林斯，1788～1833，在1829年住在这所房子里的黑人妇女第一个出版其奴隶回忆录"。2012年百慕大宣布玛丽·普林斯为民族英雄。

战争纪念碑

战争纪念碑（The Cenotaph War Memorial）位于首都汉密尔顿内阁大楼外。是伦敦白厅著名纪念碑的复制品，旨在纪念两次世界大战期间在英军中服役战死的百慕大人，纪念碑上镌刻着他们的名字。

萨利·巴西特铜雕像

萨利·巴西特铜雕像（Sally Bassett Statue）。萨利·巴西特是1730

年在百慕大火刑柱上被烧死的百慕大黑人奴隶。她被处死的所谓罪名是用"巫术"反对白人奴隶主。有人说是在克劳拉内（Crow Lane）实施火刑，有人说是在靠近阿尔伯埃角（Albuoy's Point）的地方。2009 年纪念百慕大成立 400 周年之际，矗立起百慕大雕刻家卡洛斯·W. 唐林（Carlos W. Dowling）创作的萨利·巴西特铜雕像，以纪念占百慕大人口大多数的黑人的反奴隶制的英勇斗争。这尊铜雕像展现了怀有身孕的巴西特在火刑柱上被残忍烧死的画面。

凤凰钟

凤凰钟（Phoenix Clock），是百慕大首都汉密尔顿的著名地标。1893 年，汉密尔顿前街（Front Street）59 号的钟表制造和珠宝商邓肯·多伊（Duncan Doe）从美国马萨诸塞州波士顿霍华德钟表公司进口了霍华德邮政时钟，开始将其放置于皇后街（Queen Street），后转至瑞德街（Reid Street）。有一段时间凤凰钟钟摆出了问题，2009 年一位来自马萨诸塞州的钟表匠将其修复。

百慕大花

蓝眼草（Blue-eyed Grass）。学名为"Sisyrinchium montanum"。1753年由卡尔·林尼厄斯（Carl Linnaeus）命名。是一种多年生草本植物，高 10～50 厘米。茎和叶细长，叶有 3 毫米宽，呈绿色或褐色，边缘锋利。聚伞花序，有佛焰苞。每花序有 2～3 朵花，花的直径为 2 厘米，有 6 个紫色花被，基部为微黄色，雄蕊为黄色，花期为 6 个月。果实为长 4.5～6 毫米的胶囊，内含许多黑色的种子。

百慕大鸟

百慕大海燕（Bermuda Petrel）。学名为"Pterodroma Cahow"，是一种远洋海鸟，一种牛虻海燕。在百慕大被叫作"圆尾鹱"（Cahow），源于其怪异的叫声。它们以小鱿鱼、鱼和虾为食。百慕大海燕夜间在地面筑巢，是自然保护的希望象征。百慕大海燕是不错的飞鸟，在海上长大。五岁时飞回到原来地面的巢繁殖，雌鸟每季度只产一个蛋。雌鸟和雄鸟终生为伴。西班牙人最早到达百慕大群岛时，百慕大约有50万只百慕大海燕。西班牙人在岛上饲养的生猪群破坏鸟巢，吃掉鸟蛋、小鸟甚至成鸟，使百慕大海燕巢数量迅速减少。后来英国人来到百慕大，他们给百慕大海燕取了另一个名字"圆尾鹱"，意思是"昼伏夜出的鸟"。随英国人而来的老鼠、猫、狗，吃掉了残存的百慕大海燕。与此同时，殖民者也杀死了大批百慕大海燕。这样，到17世纪20年代，人们认为百慕大海燕已经灭绝。然而，令人想象不到的是，1951年美国鸟类学家罗伯特·库什曼·墨菲（Robert Cushman Murphy）和百慕大自然学家路易斯·L. 莫布雷（Louis L. Mowbray）在城堡港的四个岩石小岛发现了18对正在地面筑巢的百慕大海燕，一年只繁殖七八只小鸟。1966年百慕大政府设立专门保护百慕大海燕的官员，制订了保护这种鸟类的计划，在楠萨奇岛（Nonsuch Island）专门为百慕大海燕修筑了筑巢隧道和人工巢穴，把各岩石小岛上的百慕大海燕送到这里。经过一段时间，雏鸟飞向大海，经过3~5年成熟后再飞回鸟巢产卵。上述措施使百慕大海燕的数量显著增加，到2005年百慕大海燕已约有50只。2009年，一对百慕大海燕在楠萨奇岛孵出了第一只小鸟。2012年百慕大已有101对筑巢的百慕大海燕，其中13对在楠萨奇岛。尽管如此，百慕大海燕仍然受飓风和气候变化的严重威胁，因为它们大部分生活在孤零零的岩石上。

百慕大群岛候鸟和留鸟都受到1975年《鸟类保护法》的保护，家禽和那些被认为是有害物种（乌鸦、麻雀、kiskadees、椋鸟、野鸽和野生鸡）的除外。包括国鸟百慕大海燕在内的4种鸟列入《2012年受保护物种法令》之中，这是实行《2003年物种保护法令》后进一步对珍贵鸟类的保护措施。另外3种鸟有燕鸥（Common Tern）、白眼绿鹃（White-eyed Vireo）、白尾热带鸟（White-tailed Tropic Bird，长尾）。如果违反《鸟类保护法》（Protection of Birds Act），如捕获、杀死、伤害、拥有被保护的鸟类，就将被处罚 2000 美元。

百慕大动物

座头鲸（Humpback Whale）。又名大翅鲸、驼背鲸和巨臂鲸，属于须鲸亚目的海洋哺乳动物，为热带暖海性鲸类。"座头"之名源于日文"座头"，意为"琵琶"，意指鲸鱼背鳍的形状，它的底部有一个肉质隆起。这个名称也表明背鳍和尾巴之间的脊柱凹凸不平。座头鲸的鳍是纯白色的，背鳍相对小，胸鳍能长到 4.5 米，约占其体长的 1/3。座头鲸的体色是深色的，背部通常是黑色的，头下面是灰色或白色。座头鲸体短且宽，体长可达 18 米，体重为 25～30 吨。座头鲸以磷虾等小型甲壳动物为食，此外还有鳞鱼、毛鳞鱼、玉筋鱼和其他小型鱼类等。座头鲸为一夫一妻制，雌鲸每 2 年生育一次，每胎产 1 仔。座头鲸的寿命约为 60 年。

百慕大严格保护海洋生物。若有人违反 1978 年渔业保护物种法令，在百慕大经济专属区内未获许可捕获、杀害、伤害列入该法的海洋生物，则将被处以两年徒刑，处罚 25000 美元。

百慕大服

百慕大地处北大西洋西部，百慕大短裤（Bermuda Shorts）在百慕大十分流行。取百慕大短裤之名，是因有位裁缝途经百慕大，发现了这种别出心裁的短裤，便将它取名"百慕大短裤"带到欧洲，并沿用至今。百慕大短裤也被称为行走短裤（Walking Shorts）或裙子短裤（Dress Shorts），是一种特殊类型的短裤，下摆在膝盖之上 1～4 英寸（相当于 2.54～10.16 厘米）。真正的百慕大短裤不能像卡普里裤那样延伸到膝盖之下。休闲时，百慕大男女都爱穿这种短裤。人们认为，百慕大短裤配上及膝袜、衬衫、领带和外套，是合适的商务着装。百慕大短裤起源于在热带或沙漠地区服役、仍穿皇家海军服饰的英国陆军士兵，他们把长裤子的下半部分剪掉，以减轻烈日炎炎高温的折磨。没有想到的是，这种新款式的英军短裤后来竟成为时尚潮流。百慕大银行前执行副总裁杰克·莱特伯恩（Jack Lightbourn）透露，第二次世界大战期间，百慕大服装短缺，连银行员工都没有合适的衣服穿。银行安排裁缝以英军短裤的式样为每个员工缝制了两条短裤。短裤用灰色法兰绒制成，并搭配两双重灰色羊毛长袜，从此百慕大短裤开始成为百慕大职业装。战后对百慕大短裤进行了改进，布料颜色也变得丰富多彩，它成为百慕大地区服。2014 年索契冬奥会上，百慕大运动员身着地区服百慕大短裤步入运动场。

百慕大舞

冈贝舞（Gombey），是百慕大民间的一种化妆集体舞，舞者通常为男性，冈贝舞融合了非洲、本地土著、加勒比和英国文化，这种舞蹈经口头流传下来，代代相传，成为百慕大文化的标志之一。冈贝舞一词源于与巴哈马相似的民间舞"冈贝舞"（Goombay）。冈贝舞与其他加勒比民间舞也有相似之处。殖民时期作为奴隶或罪犯被带到百慕大的加勒比黑人，带来了加勒比民间舞。10～30 人组成一个冈贝舞队，各队的队长决定舞蹈的方向和风格。在节拍、舞蹈、服饰、头饰上，各冈贝舞队都有自己的特点，很容易区别。冈贝舞伴奏使用的鼓，是鼓面上绷有响弦的小鼓。此外，为之伴奏的还有壶鼓、笛以及口哨。舞者服饰从头到脚饰有流苏、镜子、铃铛和其他小物件，头上有孔雀羽毛头饰，戴画皮面具和斗篷。冈贝舞队长身披长斗篷，手持鞭子，控制整个队伍。历史上，百慕大统治阶级并不承认冈贝舞是一种艺术形式，甚至其被奴隶主所禁止。最初，只允许奴隶们一年跳一次舞。他们戴上面具以防遭到惩罚。冈贝舞表演最热闹的是在圣诞节期间，在复活节、元旦和百慕大日以及足球、板球比赛中也有冈贝舞表演。演员们在行进中表演自由舞、金枪鱼舞、斗鸡舞、圣经故事舞、慢舞、快舞，蛇舞等，大批人尾随欢呼。

百慕大菜

百慕大鱼杂烩（Bermuda Fish Chowder）。百慕大菜肴是其丰富多样的历史的反映，是英式菜肴和葡萄牙美食与当地海鲜刺鲅和石斑鱼的结合。百慕大鱼杂烩被视为百慕大菜，其实是一种汤，据说是由 17 世纪到达百慕大的英国殖民者所创。它的基本配料是鱼（石斑鱼、鳕鱼、方头鱼或鲈鱼）、番茄、洋葱、胡萝卜、芹菜、土豆、月桂叶、百里香、其他香料、辣酱油、青椒、大蒜、番茄酱、蛤蜊汁、西红柿罐头汁、辣椒、黑胡椒，以及黑朗姆酒和雪莉酒调味辣椒酱（由浸泡在雪莉和香料中的辣椒制成的热酱）。烹制时先在汤锅中用火加热油，添加芹菜、胡萝卜、洋葱、青椒、大蒜，嫩煎约 8 分钟，拌入番茄酱，煮 1 分钟。然后加入蛤蜊汁、土豆、西红柿罐头汁、辣酱油、辣椒、月桂叶和黑胡椒。煮至土豆变软，每 30 分钟搅拌一次。最后添加鱼片，煨约 10 分钟即可。百慕大鱼杂烩是百慕大人非常喜欢的菜肴，2006 年百慕大曾举办百慕大鱼杂烩大赛，几名大厨获奖。

百慕大酒

朗姆酒（Rum）。朗姆酒被视为百慕大酒。朗姆酒在百慕大已有 200 多年的历史。戈斯林兄弟有限公司是百慕大最早制造、批发和销售朗姆酒的公司，至今仍垄断百慕大的朗姆酒业。该公司由 1806 年从英国抵达百慕大的詹姆斯·戈斯林（James Gosling）成立。1860 年戈斯林兄弟开始调配混合朗姆酒。由于百慕大缺少种植甘蔗的土地，该公司从西印度群岛（包括特立尼达和多巴哥、牙买加、巴巴多斯等）进口蒸馏油，然后实验不同的混合与变陈方法，三年内开发出暗的、浓郁的黑朗姆酒，取名老朗姆酒（Old Rum）。但当时戈斯林兄弟有限公司还没有瓶装酒，顾客只能自己拿瓶来装酒。第一次世界大战后，游客蜂拥来到百慕大。为了开发市场，戈斯林兄弟有限公司手工制作香槟酒瓶，然后用黑蜡封上瓶出售，顾客称这种酒为"黑封朗姆酒"（Black Seal）。戈斯林黑朗姆酒成为世界顶尖朗姆酒之一。现今，戈斯林兄弟有限公司由戈斯林家族第七代管理，主要产品有黑朗姆酒（Black Seal Rum）、金朗姆酒（Gold Rum）、老朗姆酒和暴风雨姜汁啤酒（Stormy Ginger Beer），销往美国、加拿大、澳大利亚、新西兰等国，我国也进口戈斯林黑朗姆酒。

宗教

基督教新教是百慕大主要宗教，根据 2010 年统计，新教徒约占百慕大人口的 66%，其中圣公会信仰者占人口的 27%，非洲卫理公会主教派信仰者占 8.6%，基督复临安息日会信仰者占 6.7%，五旬节派信仰者占 3.5%，卫理公会信仰者占 2.7%，长老会信仰者占 2.0%，神的教会信仰者占 1.6%，浸信会信仰者占 1.2%，救世军信仰者占 1.1%，教友会信仰者占 1.0% 等。

圣公会（Anglicans）于宗教改革时期形成于英格兰，在英格兰称为"英格兰教会"（the Church of England），传入美国后称为"Episcopal Church"（主教派教会）。百慕大英国圣公会是英国在海外领土百慕大的教会，1978 年被重新定名，它是一个单一的教区，由 9 个教区组成。虽然不是教省的一部分，却是英国圣公会的一部分。现在的主教是尼古拉斯·迪尔（Nicholas Dill），圣公会在汉密尔顿是最神圣的三位一体大教堂（Cathedral of the Most Holy Trinity）。作为省外教区，直接受坎特伯雷大主教管辖。圣彼得教堂（St. Peter's Church）位于联合国教科文组织世界遗产圣乔治城，建于 17 世纪初，是英伦三岛外最古老的圣公会教堂，也是美洲最古老的圣公会教堂和新教教堂。1612 年百慕大正式成为英国殖民地时，就有了 9 个教区，每个教区都有自己的教堂和土地。1625~1839 年，百慕大属新斯科舍和爱德华王子岛教区。后百慕大成为建立在 1839～1919 年的纽芬兰和百慕大教区的一部分。1879年百慕大英国国教会会议成立，百慕大教区与纽芬兰省教区分开。但直到 1919 年，纽芬兰和百慕大才各自有了自己的主教。

天主教是百慕大第二大宗教，信仰者占百慕大人口的 15%，其他教和无教派信仰者占人口的 19%。汉密尔顿教区成立于 1953 年，是天主教会在北美的一个教区，是拿骚大主教管区的一个副主教管区，也是安的列斯群岛主教会议成员。从 2015 年 10 月起，威斯劳·斯皮瓦克（Wieslaw Spiewak）神父担任百慕大天主教主教，并任职至今。

货币

百慕大元（Bermudian dollar）。1 百慕大元 = 100 分（cents）。百慕大元与美元的比价为 1:1。

与加勒比其他国家一样，百慕大曾长期使用西班牙元，后发行自己的货币百慕大镑（Bermudian pound），其和英镑等值，1 百慕大镑等于20 先令，1 先令等于 12 便士。1842 年，百慕大当局决定百慕大镑与西班牙货币杜布隆（Doubloon）同时流通，1 杜布隆等于 64 先令。19 世纪 50 年代，西班牙货币退出百慕大，但因 1873 年发生的银圆危机，西班牙货币又重返百慕大。1876 年，百慕大出台西班牙银元失去通货资格的法律。1882 年，百慕大发布《合法货币法》，西班牙金杜布隆失去通货资格，这样百慕大镑、先令和便士成为百慕大合法货币。1970 年 2月 6 日，百慕大实行十进位制，并用百慕大元代替百慕大镑，1 百慕大元兑换 8 先令 4 便士，与美元等值。百慕大元与一年前实行十进位制的英国货币一起流通。1972 年 7 月 31 日，百慕大元与美元挂钩。

成立于 1969 年的百慕大金融管理局（Bermuda Monetary Authority）负责发行百慕大货币。

20 世纪百慕大发行各面值百慕大镑纸币，但铸币使用英国铸币。1970 年百慕大发行 1、5、10、20 和 50 百慕大元纸币。1974 年，百慕大金融管理局接管了纸币生产业务。1982 年发行 100 百慕大元，1988 年发行 2 百慕大元，1 百慕大元纸币被 1 百慕大元铸币所取代。2008 年百慕大宣布为庆祝移民定居百慕大 400 周年，将发行新设计的钞票。2009 年 3 月 9 日百慕大正式发行新版钞票，各面值票面都是 140 毫米 × 68 毫米，2009 年 1 月 1 日印刷，2009 年 3 月 9 日发行。

2 百慕大元主要颜色为青绿色，正面有蓝知更鸟图案，反面有船坞钟楼和海王星雕像，水印芙蓉花。这张纸币获 2010 年世界最佳纸币奖。

5 百慕大元主要颜色为粉色，正面有蓝枪鱼图案，水印马蹄湾海滩和萨默塞特桥图案。

10 百慕大元主要颜色为紫色，正面有蓝神仙鱼图案，反面有专员府（现百慕大国家博物馆）图案。

20 百慕大元主要颜色为绿色，正面有口哨青蛙图案，反面有吉布斯山灯塔和圣马可教堂图案。

50 百慕大元主要颜色为黄色，正面有长尾鸟（Longtail）图案，反面有圣彼得教堂图案。

100 百慕大元主要颜色为红色，正面有北美红雀图案，反面有百慕大议会大厦图案。

1970 年之前，百慕大没有发行过自己的铸币，但发行过纪念币。1970 年，百慕大货币管理局发行了面值为 1 分、5 分、10 分、25 分和 50 分铸币。从发行之初到 1988 年，1 分铸币都是铜币，1988 年改成镀铜钢币，1991 年又改成镀铜锌币。其他面值的铸币都是白铜币。1983 年发行 1 百慕大元、5 百慕大元镍黄铜铸币。1990 年 1 月 1 日，5 百慕大元铸币最终停止流通。1988 年发行的 1 百慕大元铸币比 1983 年发行的铸币轻 1/3。50 分铸币逐渐被淘汰。所有面值的百慕大铸币正面都是伊丽莎白二世头像。1970～1985 年，使用的是由阿诺德·梅钦（Arnold Machin）绘制的肖像，1986～1998 年使用的是由拉斐尔·马克洛夫（Raphael Maklouf）绘制的肖像。1999 年至今则使用伊恩·兰克-布罗德利（Ian Rank-Broadley）绘制的肖像。百慕大偶尔发行纪念币庆祝某些事件、历史里程碑，纪念植物和动物。这些纪念币有一定的面值，但一般被作为收藏品或有价值的储存品。

1 分铸币（1991 年发行至今）是镀铜锌币，重 2.5 克，直径为 19 毫米，正面绘有伊丽莎白二世像，反面绘有野生猪。

5 分铸币是白铜币，重 5 克，直径为 21.2 毫米，正面绘有伊丽莎白二世像，反面绘有神仙鱼。

10 分铸币是白铜币，重 2.45 克，直径为 17.9 毫米，正面绘有伊丽莎白二世像，反面绘有百慕大群岛复活节百合。

25 分铸币是白铜币，重 5.92 克，直径为 25 毫米，正面绘有伊丽莎白二世像，反面绘有飞行的长尾鸟。

50 分铸币是白铜币，重 12.6 克，直径为 30.5 毫米，正面绘有伊丽莎白二世像，反面绘有百慕大地区徽。

1 百慕大元铸币为镍黄铜币，分为两种，一种重 9.5 克，直径为 22.5 毫米，正面绘有伊丽莎白二世像，反面绘有百慕大群岛地图和圆尾鹱；另一种重 7.56 克，直径为 26 毫米，正面绘有伊丽莎白二世像，反面绘有百慕大群岛的小艇。

5 百慕大元铸币为镍黄铜币，直径为 25.5 毫米，正面绘有伊丽莎白二世像，反面绘有百慕大地图和洋葱。

1992 年为庆祝哥伦布发现美洲 500 周年，百慕大当局第一次发行面值为 50 百慕大元的纪念纸币，这种纸币既可流通又可作为纪念币。从此之后，百慕大发行了一系列纪念纸币。1994 年为纪念百慕大金融管理局成立 25 周年发行 100 百慕大元的纪念纸币，1997 年为纪念百慕大金融管理局伯纳比办事处开幕，发行 20 百慕大元的纪念纸币，2003 年为纪念伊丽莎白女王登基 50 周年，于"女王银禧纪念日"发行 50 百慕大元纪念纸币。

百慕大曾多次发行纪念币，均由英国皇家造币厂铸造。1959 年为纪念殖民地建立 350 周年，发现了 5 先令纪念币。重 28.28 克，直径为 38 毫米。1970 年百慕大改实行十进位制后，百慕大金融管理局发行多枚纪念币。20 世纪 70 年代，即 1972 年、1975 年和 1977 年分别发行纪念币；80 年代，即 1981 年、1984 年、1986 年、1987 年、1988 年和 1989 年分别发行纪念币；90 年代，即 1990 年、1992 年、1993 年、1994 年、1996 年和 1997 分别发行纪念币；进入 21 世纪后，即 2000 年、2003 年、2005 年、2007 年、2009 年、2010 年、2011 年、2012 年、2013 年、2014 年、2015 年和 2016 年分别发行纪念币。下面简要介绍 2010～2016 年百慕大发行的纪念币。

2016 年发行 2 百慕大元银面北美红雀纪念币，重 31.604 克，直径为 38.61 毫米，合金 999 Ag，发行 1000 枚，价格为 115 美元。北美红雀又叫作主红雀、枢机鸟、红衣主教，因为它全身披红，就像梵蒂冈的高级神职人员——红衣主教。

2016 年发行 5 百慕大元金面北美红雀纪念币，重 1.555 克，直径为 16 毫米，合金 999 Au，发行 500 枚，价格为 185 美元。

2016 年发行 25 分铜镍面北美红雀纪念币，重 28.28 克，直径为 36.61 毫米，CuNi 75/25，发行 1000 枚，价格为 30 美元。

2015 年发行 2 百慕大元银面白尾鹲纪念币，重 31.604 克，直径为 38.61 毫米，合金 999 Ag，发行 1000 枚，价格为 115 美元。

2015 年发行 5 百慕大元金面白尾鹲纪念币，重 1.555 克，直径为 16 毫米，合金 999 Au，发行 500 枚，价格为 185 美元。

2015 年发行 25 分铜镍面白尾鹲纪念币，重 28.28 克，直径为 36.61 毫米，CuNi 75/25，发行 1000 枚，价格为 30 美元。

2014 年发行 2 百慕大元银面小树蛙纪念币，重 31.604 克，直径为 38.61 毫米，合金 999 Ag，发行 1000 枚，价格为 115 美元。

2014 年发行 5 百慕大元金面小树蛙纪念币，重 1.555 克，直径为 16 毫米，合金 999 Au，发行 500 枚，价格为 185 美元。

2014 年发行 25 分铜镍面小树蛙纪念币，重 28.28 克，直径为 36.61 毫米，CuNi 75/25，发行 2000 枚，价格为 25 美元。

2013 年发行 1/20 盎司金面蓝天使鱼纪念币，重 1.555 克，直径为

16 毫米，合金 999 Au，发行 500 枚，价格为 185 美元。

2013 年发行 25 分铜镍面蓝天使鱼纪念币，重 28.28 克，直径为 36.61 毫米，CuNi 75/25，发行 2000 枚，价格为 25 美元。

2013 年发行 2 百慕大元银面蓝天使鱼纪念币，重 31.604 克，直径为 38.61 毫米，合金 999 Ag，发行 1000 枚，价格为 112 美元。

2012 年发行 1/20 盎司金面蓝枪鱼纪念币，重 1.555 克，直径为 16 毫米，合金 999 Au，发行 500 枚，价格为 185 美元。

2012 年发行 2 百慕大元银面蓝枪鱼纪念币，重 31.604 克，直径为 38.61 毫米，合金 999 Ag，发行 1000 枚，价格为 112 美元。

2012 年发行 25 分铜镍面蓝枪鱼纪念币，重 28.28 克，直径为 36.61 毫米，CuNi 75/25，发行 2000 枚。

2011 年发行 25 分铜镍面蓝鸟纪念币，重 28.28 克，直径为 36.61 毫米，CuNi 75/25，发行 2000 枚，价格为 25 美元。

2011 年发行 1/20 盎司金面蓝鸟纪念币，重 1.555 克，直径为 16 毫米，合金 999 Au，发行 500 枚，价格为 185 美元。

2011 年发行 2 百慕大元银面蓝鸟纪念币，重 31.604 克，直径为 38.61 毫米，合金 999 Ag，发行 1000 枚，价格为 112 美元。

2010 年发行 2 百慕大元银面圆尾鲹纪念币，重 31.604 克，直径为 38.61 毫米，合金 999 Ag，发行 1000 枚，价格为 85 美元。

2010 年发行 1/20 盎司金面圆尾鲹纪念币，重 1.555 克，直径为 16 毫米，合金 999 Au，发行 500 枚，价格为 185 美元。

英属维尔京群岛

名称

英属维尔京群岛（The British Virgin Islands）。英属维尔京群岛是维尔京群岛的一部分，另一部分是美属维尔京群岛。位于大西洋和加勒比海之间，距波多黎各东海岸 100 公里，在背风群岛的北端。1493 年哥伦布抵达该岛，1672 年被英国兼并。1872 年成为英国殖民地背风群岛的一部分，1917 年美国从丹麦手中购买丹麦属西印度群岛并将其改称美属维尔京群岛后，英国管辖的维尔京群岛部分被称为英属维尔京群岛。但英属维尔京群岛政府出版物仍继续使用原来的名称"维尔京群岛地区"（The Territory of the Virgin Islands）。维尔京群岛名称来源同美属维尔京群岛。

首府

罗德城（Road Town）。位于托尔托拉岛南岸中部，为英属维尔京群岛的主要港口、行政中心和旅游中心。人口约 9400 人（2004 年）。其名源于航海术语"停泊区"（Roadstead），意思就是一个可以用于避风虽不如港口，但船只更容易到达的开敞锚地。

英属维尔京群岛旗

英属维尔京群岛旗于 1960 年 11 月 15 日采用。长方形，长宽之比为 2:1。英属维尔京群岛地区旗旗面为深蓝色,靠旗杆上角为英国米字旗,这和其他英国殖民地旗帜一样,表示与英国的传统关系。旗的右面绘有英属维尔京群岛地区徽。白色象征和平与诚实;红色象征坚韧、勇敢、力量和勇气;蓝色象征警惕、真理和忠诚、毅力和正义;英属维尔京群岛民用地区旗与上述英属维尔京群岛地区旗图案完全相同,只是旗面为红色。英属维尔京群岛悬挂国旗有许多严格规定,如不许在地面拖拽国旗、应用新国旗换掉破烂或褪色的国旗、用有尊严的方式销毁旧国旗等。

英属维尔京群岛徽

英属维尔京群岛地区徽于 1960 年 11 月 15 日采用。其主体图案是绿色盾,盾的中央绘有传说中的 4 世纪的英国公主圣乌尔苏拉。圣乌尔苏拉身着一袭白色衣裙,右手提一盏金色油灯。圣乌尔苏拉身体两边各有一竖列金色油灯,每列各有六盏,左边的六盏油灯包括圣乌尔苏拉手提的那盏油灯。这些油灯代表和她一同殉教的 11000 名太阳圣女。盾下方的黄色飘带上用黑体拉丁文写有 "VIGILATE",意为 "警惕"。1493 年哥伦布抵达该群岛时,想起了圣乌尔苏拉和 11000 名处女的传说,遂为该群岛取名维尔京群岛,意为 "处女群岛",而英属维尔京群岛徽图案也使用了这个传说。

总督旗

英属维尔京群岛总督由英王任命,负责防务、治安、外事、司法和部分财政事务,并拥有有限立法权。英属维尔京群岛总督旗与其他英国海外领地总督旗相似,在英国国旗的米字中心绘有英属维尔京群岛徽。

总督专车

英属维尔京群岛总督拥有自己的专车,车型是英国产路虎揽胜

（Range Rover）。该车由皇家维尔京群岛警察部队警官驾驶。路虎揽胜由英国路虎公司制造。1948 年第一款路虎诞生后，便取得成功。20 世纪 50 年代中期，人们已熟知路虎的耐用性和出色越野性。第一代路虎揽胜则诞生于 1970 年，1994 年第二代路虎揽胜上市，第三代路虎揽胜于 2001 年出炉。2008 年面世的 LRX 概念车，具有不错的灵活性、操控性和驾驶性能，而且具有多功能性。

总督府

英属维尔京群岛总督府位于首府罗德城。英属维尔京群岛最早的总督府建于 1899 年，1924 年被飓风摧毁。1925～1926 年在原址兴建新楼房，因被认为不适宜做总督府，从 1999 年起不再是总督府。2003 年，这座建筑经过改造成为对外开放的博物馆，陈列的家具和文物记录了老总督们的故事。同年在老总督府附近建立新的总督府和接待大厅，由"OBM"和"FCO Estates"设计，子午线建筑公司（Meridian Construction）施工。同年 11 月竣工，总督托马斯·马坎（Thomas Macan）入住新总督府。

英属维尔京群岛歌

和其他英国海外领地一样，英属维尔京群岛正式国歌为《天佑女王》（God Save the Queen）。如果在位的英国君主是男性，《天佑女王》歌名改为《天佑国王》（God Save The King）。《哦，美丽的维尔京群岛》（Oh, Beautiful Virgin Islands）是英属维尔京群岛歌。

《天佑女王》原名《天佑国王》，产生于 18 世纪 40 年代，是一首称颂英国国王的歌曲。据说 1740 年在伦敦举行的一次宴会上，为了祝贺爱德华·弗农（Edward Vernon）海军上将从西班牙人手中夺取了哥伦比亚港口皮特贝罗（今属巴拿马），亨利·凯里（Henry Carey）首次演奏了这首歌。然而，传统上认为第一次公开演唱该歌是在 1745 年。

当时在伦敦德鲁里剧院和科文特加登剧院举行的两场音乐会上，人们高唱这首歌曲以支持在与詹姆斯二世党人邦尼王子查理（Bonnie Prince Charlie）争斗中失利的国王乔治二世（George Ⅱ）。人们唱这首歌来鼓舞忠于乔治二世的部队的士气，以齐心协力击败詹姆斯二世党人。19世纪初起，《天佑国王》成为英国国歌。1837 年至 1901 年维多利亚女王（Queen Victoria）在位时和 1952 年伊丽莎白二世（Queen Elizabeth Ⅱ）登基后，因君主为女性，《天佑国王》遂改称《天佑女王》。

　　《天佑女王》作为英国国歌，却没有授权版本，因为歌词不是固定由一个人撰写的，其内容在历史上早已出现，而后传承下来。据记载，1545年初，在英国就已出现"天佑国王"的口号，得到的回答则是"长期统治着我们"。至于国歌的曲作者是谁，至今仍扑朔迷离，莫衷一是。不少人声称曲作者属于自己，其中包括约翰·布尔（John Bull）、亨利·凯里（Henry Carey）、亨利·佩尔塞（Henry Purcell）和约瑟夫·海顿（Joseph Haydn）等。现在，一般认为这首歌的曲调由亨利·凯里所写。

　　《天佑国王》或《天佑女王》作为英国国歌，长期以来在英国存在不同看法。有人提议用著名爱国歌曲兼英格兰国歌《耶路撒冷》（Jerusalem）代替《天佑国王》作为联合王国国歌，这个提议受到许多人的支持，甚至包括英王乔治五世（George V，1865～1936）。当他听到管弦乐队演奏《耶路撒冷》时，也觉得应该用它替换国歌。2010～2016年任职的英国第 53 任首相戴维·卡梅伦（David William Donald Cameron，生于 1966 年）也大力支持《耶路撒冷》成为英国国歌。

　　《耶路撒冷》是英格兰一首家喻户晓、耳熟能详的歌曲，2012 年伦敦奥运会开幕式的第一首曲子就是多克海德唱诗班献上的《耶路撒冷》。《耶路撒冷》的曲调由休伯特·帕里（Sir Charles Hubert Hastings Parry，1848～1918）在 1916 年谱写，歌词则取自英国浪漫主义诗人威廉·布莱克（William Blake，1757～1827）于 1804 年为史诗《弥尔顿》（Milton）的序言所写的短诗。《耶路撒冷》从《圣经》第一卷《创世记》中得到灵感，古时基督耶稣曾踏足英伦。《耶路撒冷》中唱道：

"那些步履是否为真，踏上英格兰翠绿的山峦，神圣的基督是否确曾在英格兰的碧野里出现……我不会终止思想的征战，也不会让宝剑在手中昏眠，直到在英格兰的碧野，构筑起耶路撒冷的城垣。"1862 年出版的英国国教圣公会的《古今圣歌集》，首次收录了《耶路撒冷》这首歌。除了《耶路撒冷》外，还有人提出以《希望与荣光之地》（*Land of Hope and Glory*）作为英国国歌，BBC 在 2005 年对民众的调查显示，有 55% 的人赞成这种选择。

英国国歌的取舍一直争论不休，而且用《耶路撒冷》替代《天佑国王》或《天佑女王》的呼声很高，但时至今日，并未得到官方确认。可能是作为英格兰国歌的《耶路撒冷》，用来成为整个联合王国的国歌还没得到完全认同吧。

《天佑女王》是英国国歌和皇室颂歌，同时也是包括英属维尔京群岛在内的海外领地的歌。一般只演唱第一段，其他段落不唱，少数情况下演唱第二段。2012 年伦敦奥运会开幕式上演唱了三段，这属于特殊情况。

《天佑女王》前三段歌词中文译文：

第一段：

上帝保佑女王，

祝她万寿无疆，

神佑女王！

常胜利，沐荣光；

孚民望，心欢畅；

治国家，王运长；

神佑女王！

第二段：

扬神威，张天网，

保王室，歼敌人，

一鼓涤荡。

破阴谋，灭奸党，

把乱盟一扫光；

让我们齐仰望，

神佑女王！

第三段：

愿上帝恩泽长，

选精品，倾宝囊，

万岁女王！

愿她保护法律，

使民心齐归向，

一致衷心歌唱，

神佑女王！

歌词中文译文见 http://baike. haosou. com/doc/6996713 – 7219592. html。

《天佑女王》歌词英文原文：

1.

God save our gracious Queen!

Long live our noble Queen!

God save the Queen!

Send her victorious,

Happy and glorious,

Long to reign over us,

God save the Queen.

2.

O Lord, our God, arise,

Scatter thine (her) enemies,

And make them fall：

Confound their politics,

Frustrate their knavish tricks,

On thee our hopes we fix：

God save us all.

3.

Thy choicest gifts in store

On her be pleased to pour,

Long may she reign.

May she defend our laws,

And ever give us cause,

To sing with heart and voice,

God save the Queen.

注：＊当（男性）国王在位时，上面两行应换为：

With heart and voice to sing,

God save the King.

4.

Not in this land alone,

But be God's mercies known,

From shore to shore！

Lord make the nations see,

That men should brothers be,

And form one family,

The wide world over.

5.

From every latent foe,

From the assassins blow,

God save the Queen!

O'er her thine arm extend,

For Britain's sake defend,

Our mother, prince, and friend,

God save the Queen!

6.

Lord grant that Marshal Wade

May by thy mighty aid

Victory bring.

May he sedition hush,

And like a torrent rush,

Rebellious Scots to crush.

God save the Queen!

歌词英文原文见 http://baike. haosou. com/doc/6996713 - 7219592. html。

《哦，美丽的维尔京群岛》词作者为阿雅娜·赫尔（Ayana Hull），曲作者为阿雅娜·赫尔和卡雷姆－纳尔逊·赫尔（Ayana Hull and Kareem-Nelson Hull）。阿雅娜·赫尔和卡雷姆－纳尔逊·赫尔是兄妹俩。

2005 年，英属维尔京群岛政府已经开始挑选地区歌和地区服的工作，当时的教育和文化部部长艾琳·帕森斯（Eileene L. Parsons）被选为地区服和地区歌特设委员会主席。该委员会收到 24 首参赛歌曲，其中 3 首入围决赛：《维尔京群岛，我热爱的土地》（*Virgin Islands, Land I Love*）、《创造奇迹：美丽的维尔京群岛》（*Wonder of Creation: The Beautiful Virgin Islands*）和《哦，美丽的维尔京群岛》。随后，民众代表在网上为中意的歌投了票。2011 年继任教育和文化部部长迈伦·V. 沃尔温（Myron V. Walwyn）继续进行地区歌大赛的工作。2012 年 6 月 10 日，英属维尔京群岛政府在艾琳·L. 帕森斯大礼堂举行入围地区歌、地区服公开赛，3 首入围歌曲都当众演唱。结果，《哦，美丽的维尔京群岛》在众议院中得到 10 票（共 13 张票），从而取得胜利。2012 年 9 月 20 日英属维尔京群岛众议院公布 2012 年第 18 号决议，正式宣布阿雅娜·赫尔和卡雷姆－纳尔逊·赫尔创作的《哦，美丽的维尔京群岛》为英属维尔京群岛地区歌。2013 年 7 月 24 日英属维尔京群岛众议院正式确认《哦，美丽的维尔京群岛》为英属维尔京群岛地区歌。

《哦，美丽的维尔京群岛》歌词第一段中文译文：

> 离开历史的痛苦的小屋
> 我们的祖先流血和牺牲！
> 但凭着力量和意志力
> 我们来恢复美丽的维尔京群岛的骄傲！
> 为了保护我们的美丽
> 我们制订计划来保留您宝贵土地的所有权！
> 教育我们的人民
> 是保持这一地区成功的金钥匙！

《哦，美丽的维尔京群岛》全部歌词原文：

1.

> Out of the huts of history's pain
> Our ancestors bled and died!
> But with strength and will power we overcame
> To restore Beautiful Virgin Islands pride!
> To preserve our beauty we devised a plan
> To retain ownership of your precious lands!
> Educating our people is the golden key
> To maintain the success of this Territory!

Chorus

Oh how radiant are your daughters!

And how wealthy are your sons!

Your beaches boast your beauty!

And your success is second to none!

Green and brilliant are your hillsides!

They replenish our hopes and pride!

Oh Beautiful Virgin Islands!

Your qualities can never be denied!

2.

May God richly bless this country!

May we ask three things of thee…

Courage for our great leaders

That they may rule our destiny!

We ask for wisdom for our people

That we may live in harmony!

And understanding for children

So they may cherish this legacy!

Chorus

歌词原文见 http://www. nationalanthems. us/forum/YaBB. pl？ num ＝ 1351954501/s。

英属维尔京群岛格言

"警惕"（Vigilate）。

英属维尔京群岛语

英语。英属维尔京群岛的官方语言为英语，但很多人讲克里奥尔英语，即维尔京群岛克里奥尔语。当地人视维尔京群岛克里奥尔语是英语的一种方言，而不是克里奥尔英语。维尔京群岛克里奥尔语以英语为基础，融合了大量西非语言词语。

维尔京群岛克里奥尔语是在奴隶贸易时期发展起来的语言。来自西非海岸的黑奴被贩卖至维尔京群岛，在甘蔗种植园从事繁重的体力劳动。美属维尔京群岛当时虽为丹麦殖民地，但居住在圣托马斯岛和圣约翰岛的欧洲人口中以来自荷兰的居多。非洲黑奴来自西非不同地方，讲各种语言。彼此之间以及与荷兰种植园主也无法通话。为了进行沟通，逐渐创立了以荷兰语为基础的克里奥尔语。这种语言被称为"Negerhol-lands"，意为"黑人荷兰语"（现在已基本消失）。直到 19 世纪英国占领丹麦属西印度群岛时，黑人荷兰语还是圣托马斯岛和圣约翰岛的主流语言。圣克罗伊岛有所不同，在该岛的欧洲人主要来自英格兰、爱尔兰和苏格兰，18、19 世纪非洲黑奴发展了一种以英语为基础的克里奥尔语。19 世纪圣托马斯岛和圣约翰岛的克里奥尔语已逐渐抛弃黑人荷兰语，到 19 世纪末，英式克里奥尔语完全取代了黑人荷兰语。

维尔京群岛克里奥尔语与三 S 岛（指萨巴岛、圣马丁岛和圣尤斯特歇斯岛）的克里奥尔语属同一个克里奥尔语。与美属维尔京群岛克里奥尔语一样，英属维尔京群岛克里奥尔语也不是官方语言。由于在当地社会，标准英语和维尔京群岛克里奥尔语之间的不断接触，许多人，特别是中青年人讲一种介于两者之间的语言，被称为美索不达语（me-solects）。与加勒比其他岛屿克里奥尔语一样，对英属维尔京群岛克里奥尔语的使用也因人们的社会经济阶层而异。中上层人口在家或朋友间可讲克里奥尔语，但在专业领域和正式场合则讲标准英语。较低的社会经济阶层人口则在日常生活的各个方面使用克里奥尔语。与其他加勒比克里奥尔语相同，维尔京群岛克里奥尔语一般不成文，但当地作家经常用克里奥尔语写文章，而年轻人在网上交流时也会用之写信。因为没有标准的拼写系统，人们常用英语拼写。

与其他加勒比克里奥尔语一样，维尔京群岛克里奥尔语的代词比英语少，动词变位也少。维尔京群岛克里奥尔语中名词复数、所有格和动词现在时第三人称没有"s"，如英语"my eyes"（我的眼睛），转成维尔京群岛克里奥尔语则是"ma eye dem"。维尔京群岛克里奥尔语发音不同于标准英语，与其他加勒比地区，特别是圭亚那、开曼群岛、伯利兹和巴拿马的口音有点相似，但在许多方面也独具特色。在维尔京群岛克里奥尔语中，牙科擦音（"TH"音）常被省略，其元音发音也与标准英语大相径庭。英语的后缀"er"，标准英语为 [ər]，而维尔京群岛克里奥尔语则读作 [æ]，如 computer（计算机）读作 [kompuːtæ]（"computah"）。

英属维尔京群岛花

夹竹桃（Oleander）。学名为"Nerium indicum Mill"。是一种常见的观赏灌木，高达 5 米，枝条灰绿色。叶常绿，叶面深绿，3 ~ 4 枚轮生的叶狭窄、暗淡，长 4 ~ 8 英寸（相当于 10.16 ~ 20.32 厘米）。聚伞花序顶生，花冠颜色从白色到深红色，几乎全年都开花。花朵艳丽，常用于观赏。茎皮纤维可做混纺原料，种子可榨油。

英属维尔京群岛树

白雪松树（White Cedar）。学名为"Tebebuia Heterophylla"。是一种常绿乔木，侧柏属，枝条短而展开。生长于潮湿森林尤其是在针叶沼泽中。树龄长，甚至超过 1500 年。这种树用途广泛，可用来制作单桅帆船、建筑和医药，在英属维尔京群岛经济发展中有重要作用，而作为观赏植物广泛种植。其花也被称为英属维尔京群岛花。

英属维尔京群岛鸟

哀鸠（Mourning Dove）。学名为"Zenaida macroura"，也叫斑鸠或雨鸽，是北美洲数量最多、分布最广的鸟之一。体型中等，长约 31 厘米，重 112～170 克。一般近 128 克。哀鸠羽毛为浅灰色和褐色，椭圆翅膀很宽，翅膀上有黑色斑点，头圆。尾长而尖。成熟雄鸟颈部两侧有明亮的紫-粉红色斑块，浅粉色直达胸部。冠为蓝灰色。雌鸟和雄鸟外观相似，体型略小，羽毛颜色暗一些。哀鸠有栖脚，三趾向前，一趾向后。腿短，呈红色。喙短而黑，通常是棕、黑色。以种子为食，有时吃蜗牛和昆虫。繁殖力强，雌鸟一次产蛋 2 枚。雄雌共同孵蛋。雄鸟负责上午到下午，雌鸟负责其他时间。一年可产 6 窝。一般在树上筑巢，雄鸟给雌鸟运送筑巢材料，雌鸟负责建巢。飞行能力强，每小时可飞行 88 公里。

英属维尔京群岛音乐

芬吉（Fungi），是当地民间音乐的称呼，与英属维尔京群岛食芬吉同名。芬吉历史悠久，根据当地历史记载，芬吉的根在非洲，黑奴把邦哥鼓（Bongo）和舞蹈带入英属维尔京群岛，芬吉在此地生根发芽，同时融合了西方和本地音乐的特色，不断发展，一代一代传承下来，形成独特的英属维尔京群岛传统音乐，并被选为英属维尔京群岛音乐。芬吉一直被视为英属维尔京群岛文化的重要部分，当地的学校也时常举办芬吉音乐活动。芬吉乐队又称"刮擦乐队"（scratchbands），演员在音乐伴奏下翩翩起舞，使用的乐器有葫芦、邦哥鼓、尤克里里（Ukulele）、键盘乐器、五弦琴、吉他、低音乐器、三角铁和萨克斯管等。

英属维尔京群岛服

从 2005 年起，英属维尔京群岛开始挑选地区服的工作。2012 年 6

月 10 日，英属维尔京群岛政府在艾琳·L. 帕森斯大礼堂举行入围地区歌、地区服公开赛。同年 7 月 24 日，英属维尔京群岛服被国民大会通过，众议院正式批准采用英属维尔京群岛服。该地区服是印花服装，上绘表达该地区独特文化的斑鸠、夹竹桃、木槿、刺果番荔枝、糖苹果，代表维尔京群岛的单桅帆船和英属维尔京群岛的地区名称。印花服装由白色、蓝色和红色织物制成。英属维尔京群岛服设计者为弗洛伦斯·菲利普斯（Florence Phillips）夫人和凯蒂琳·弗雷泽（Kirtin Frazer）小姐，印花设计者为凯龙·哈里（Keiron Harry）先生。

英属维尔京群岛颜色

下面几种颜色代表英属维尔京群岛和人民。

黄色：代表冉冉升起的太阳。

绿色：代表该地区青翠的山丘。

蓝色：反映美丽的加勒比海。

白色：反映该地区的海滩。

红色：代表维尔京群岛争强好胜的天性。

英属维尔京群岛食

鱼和芬吉（Fish and Fungee）。芬吉（又称 Fungi）是维尔京群岛传统主食。制作的方法是把煮熟的玉米面加上秋葵烹调成团，就着水煮鱼或咸鱼吃。

宗教

英属维尔京群岛宪法自称其人民是信仰上帝的民族。新教是该群岛主要宗教。2010 年 The World Factbook 估计，新教徒占该群岛人口的 70.2%，其中卫理公会（Methodist）信仰者占 17.6%，圣公会（Anglican）信仰者占 9.5%，上帝的教会（Church of God）信仰者占 10.4%，基督复临安息日会（Seventh Day Adventist）信仰者占 9.0%，五旬节派（Pentecostal）信仰者占 8.2%，浸信会信仰者占 7.4%，新约上帝教会信仰者占 6.9%，其他新教徒占 1.2%。罗马天主教徒占 8.9%，耶和华见证会信仰者占 2.5%，印度教徒占 1.9%，其他宗教信仰者占 6.2%，无宗教信仰者占 7.9%，不确定的占 2.4%。

但是根据 worldatlas.com 在 2012 年的统计，新教徒占该群岛人口的 86%，其中卫理公会信仰者占 33%，圣公会信仰者占 17%，上帝的教会信仰者占 9%，基督复临安息日会信仰者占 6%，浸信会信仰者占 4%，耶和华见证会信仰者占 2%，天主教徒占 10%。

罗德城卫理公会教堂位于首府罗德城，建于 1820 年。粉顶白墙，赭红色大门和窗，颜色鲜明，美观大方。石墙厚实，木质天花板和支撑的横梁用棕红色热带硬木制成。厅堂宏大，可容纳约 400 人。曾遭受飓风多次袭击，1926 年重建。

其他教派著名教堂有罗德城的圣乔治圣公会教堂（St. Georges Anglican Church）、罗德城的圣威廉天主教教堂（St. William's Catholic Church）、罗德城浸信会教堂（Road Town Baptist Church）、罗德城基督复临安息日会教堂（Road Town Seventh Day Adventist Church）等。

保护神

圣乌尔苏拉（Santa Ursula）。传说是不列颠国王的女儿。虽笃信基督教，却被许配给一个异教徒——布列塔尼王国的王子。圣乌尔苏拉向这个王子提出，若想娶她，须等她三年，因为她要完成前往罗马朝圣的心愿。于是，圣乌尔苏拉与 10 名贵族贞女为伴开始朝圣之旅。这 11 位童贞女还各自带领 1000 名童贞女同行。归途中经过（德国）科隆（Cologne），被入侵的匈奴王阿提拉（Attila, King of the Huns）所率领的匈奴人袭击。阿提拉对圣乌尔苏拉公主图谋不轨，遭到圣乌尔苏拉拼死反抗，最终包括圣乌尔苏拉公主在内的 11000 位贞女一同殉道。这段传说成为维尔京群岛得名的来源，而圣乌尔苏拉也成为该群岛的保护神。

货币

美元（United States dollar）。东加勒比国家组织 9 个成员中唯一使用美元的成员。英属维尔京群岛曾以英镑、法郎、美元为流通货币，1951 年以英属西印度群岛元作为货币单位，与英镑硬币同时使用。1961 年改用美元，与美属维尔京群岛一致，并沿用至今。世界上使用美元作为货币的国家或地区还有厄瓜多尔、东帝汶、萨尔瓦多、马绍尔群岛、密克罗尼西亚、帕劳、特克斯和凯科斯群岛、津巴布韦。

开曼群岛

名称

开曼群岛（Cayman Islands）。是英国在西加勒比海的海外属地，由大开曼（Grand Cayman）、小开曼（Little Cayman）和开曼布拉克（Cayman Brac）三岛组成。位于古巴以南、牙买加西北，距牙买加约 320 公里。哥伦布第四次也是最后一次远航美洲时，船只被强风吹走，于 1503 年 5 月 10 日发现开曼群岛，岛上有大量海龟，于是他将群岛命名为"Las Tortugas"，西班牙文意为"海龟群岛"。有文字记载，英国人弗朗西斯·德雷克爵士（Sir Francis Drake）是 1586 年登临该群岛的第一人。该群岛周围海域有许多海洋鳄鱼，当地加勒比语称之为"caymanas"，他便用"caymanas"的变音"caiman"为群岛命名，意为"鳄鱼"。

首府

乔治敦（George Town）。位于大开曼岛的西海岸，是开曼群岛最大的城市，目前也是仅次于美国纽约、英国伦敦、日本东京和中国香港的世界第五大金融中心。以英国国王乔治三世（George Ⅲ，1738～1820）命名。乔治三世全名乔治·威廉·弗雷德里克（George William Frederick）。1760 年 10 月 25 日登基为大不列颠国王及爱尔兰国王，1801 年 1 月 1 日成为大不列颠及爱尔兰联合王国国王。因晚年精神错乱，太子威尔士亲王乔治以摄政王身份代为统治。1820 年驾崩。开曼群岛首府与南美的圭亚那首都同名，二者英文拼法相同，但前者名由两个词（George Town）组成，后者是一个词（Georgetown）。

开曼群岛旗

开曼群岛旗长与宽之比为 2∶1，旗面有两个版本——蓝色用于陆地，红色用于海上。靠旗杆的左上角为英国米字旗，旗的右面绘有开曼群岛徽。开曼群岛旗从 1958 年 5 月 14 日开始使用，1959 年正式使用。在此之前所有官方场合全部使用英国国旗。但当时开曼群岛旗右面的徽绘在一个白色圆盘里。1999 年去掉了白色圆盘，只留下徽，而且徽扩大了一倍。这面旗一直沿用至今。开曼群岛旗的使用有严格规定，如不能在夜间或恶劣天气下悬挂，不能使旗帜接触地面，不能使用褪色或破损的旗帜，在海上船只应悬挂红色开曼群岛旗等。

开曼群岛徽

开曼群岛徽主体图案为盾形，占盾面 1/3 的上部底色为红色，上绘一头右前爪抬起的金狮，代表英国。盾下部占盾面 2/3，白色和蓝色波纹各三条，相互交替，代表海洋。上绘三颗绿色五角星，星都有黄色镶边。三颗星代表大开曼、小开曼和开曼布拉克（Cayman Brac）三岛。盾的上面绘有一只在一卷绳子上的绿龟，龟后面是金色菠萝。绿龟代表开曼群岛的航海史，哥伦布发现该群岛时便以"海龟群岛"命名。龟下的绳表示开曼群岛传统的茅草绳业。绿龟后的菠萝代表与牙买加的联系。盾下方的黄色飘带上用蓝色大写拉丁文写有"HE HATH FOUNDED IT UPON THE SEAS"，意为"他把地建立在海上"，这是来自《圣经》的话，表示开曼群岛基督教传统和与海的密切联系。1957 年立法会批准了开曼徽提案，并征求公众意见。1958 年 5 月 14 日，英国女王下令批准皇家授权给开曼群岛的徽。1959 年正式使用。

总督旗

开曼群岛宪法规定，总督代表英国女王，由女王任命，负责外事、防务、内部治安和公共服务事业，并任行政委员会主席。开曼群岛总督有自己的旗帜，该旗由英国米字旗和开曼群岛地区徽组成，地区徽在米字旗中央的白色圆盘内。圆盘镶有黄边，并由地区花野香蕉兰围绕。

总督专车

开曼群岛总督的专车为米色凯迪拉克帝威（Cadillac DeVille）轿车，引擎盖上悬挂总督旗，车前和车后带有取代车牌的皇冠。其他高官和来访贵宾乘坐福特远足（Ford Excursions）汽车。

总督府

位于大开曼岛最著名的海滩七英里海滩（Seven Mile Beach），建于1964年，以替换旧总督府（1972年被烧毁）。现总督府专门被作为总督官邸而建。总督府也有执行国家礼仪的功能，接待外国政要和国家元首，并举行会议。英国女王伊丽莎白二世和其丈夫菲利普亲王曾两次造访总督府。

开曼群岛歌

开曼有两首地位等同的歌：《亲爱的开曼岛》（*Beloved Isle Cayman*）与《天佑女王》（*God Save the Queen*）。如英国在位的是男性君主，《天佑女王》改为《天佑国王》（*God Save The King*）。《天佑女王》是包括开曼群岛在内的英国海外领地的地区歌。详见英属维尔京群岛歌。

《亲爱的开曼岛》词、曲作者为利拉·罗斯·希尔（Leila Ross Shier），她是长老会教堂管风琴师，酷爱音乐，才华横溢。1930年6月，创作出《亲爱的开曼岛》。多年间，她用吉他自弹自唱这首歌，受到热烈欢迎，并在开曼人之间传唱。很长时间，《亲爱的开曼岛》是开曼群岛非正式国歌。直至 1993 年，开曼群岛通过《开曼群岛国徽、国旗和国歌法》（Cayman Islands Coat of Arms, Flag and National Song Law），《亲爱的开曼岛》才正式成为开曼群岛国歌。

歌词前三段与合唱译文：

第一段：

　　啊，柔美的土地，清新的微风，

　　树木青翠那么美丽，

　　到处都是造物主壮观的痕迹。

　　啊，当淡绿色的大海，

　　慢慢变成深蓝色，

　　我的思绪飞向上帝，

　　我总是想起你。

合唱：

　　亲爱的，屹立于蓝色的加勒比海

　　翠绿的岛屿，

　　我来了，飞快来至，

　　美丽的岛屿，就是你。

　　即使我漫游远方，

　　我的心铭记着你。

　　祖国，亲爱的开曼岛，

　　我不能忘记你。

第二段：

　　远离城市的喧嚣，

　　远离城市的烦恼，

　　享受月光的轻抚，

　　享受阳光的照耀，

　　品尝水果和珍稀的果汁,

　　丰富、美味和舒畅。

　　教堂悦耳的钟声敲响,

　　我的心对你充满渴望。

(合唱)

第三段:

　　当世俗一切激情,

　　声色犬马都已厌倦,

　　抵达你的海岸,

　　欢迎让人多么喜欢。

　　当旺季来临,

　　令人安宁好运不断。

　　我最爱你,

　　亲爱的岛屿,开曼!

(合唱)

英文歌词原文:

1.

　　O land of soft, fresh breezes,

　　Of verdant trees so fair

　　With the Creator's glory reflected ev'rywhere.

　　O sea of palest em'rald,

　　Merging to darkest blue,

　　When'ere my thoughts fly Godward,

　　I always think of you.

　　Chorus: Dear, verdant island, set

In blue Caribbean sea,

I'm coming, coming very soon,

O beauteous isle, to thee.

Although I've wandered far,

My heart enshrines thee yet.

Homeland! Fair Cayman Isle

I cannot thee forget

2.

Away from noise of cities,

Their fret and carking care,

With moonbeams' soft caresses,

Unchecked by garish glare,

Thy fruit and rarest juices,

Abundant, rich and free,

When sweet church bells are chiming,

My fond heart yearns for thee.

(Chorus)

3.

When tired of all excitement,

And glam'rous worldly care,

How sweet thy shores to reach,

And find a welcome there,

And when comes on the season,

Of peace, good will to man,

'Tis then I love thee best of all,

Beloved Isle, Cayman!

（Chorus）

歌词原文见 http://www.gov.ky/portal/page/portal/cighome/cayman/islands/nationalsymbols/song。

开曼群岛格言

"他在海上创立了它"（He hath founded it upon the seas）。

民族英雄

1993 年，开曼群岛议会通过《民族英雄法》。1994 年，第一个被宣布为开曼群岛民族英雄的人是已故执政委员会成员詹姆斯·马诺阿·博登（James Manoah Bodden）。1996 年，首任议会发言人西比尔·约内·麦克劳克林（Sybil Ione McLaughlin）女士成为第二个开曼群岛民族英雄。2003 年庆祝发现开曼群岛 500 周年时宣布每年 1 月第四个星期一为开曼群岛民族英雄日。在第一个民族英雄日庆祝活动中，在圣乔治中心的 500 周年广场建立了荣誉墙，墙上刻有为开曼群岛发展做出重要贡献的 500 个人的名字。2011 年 1 月 24 日民族英雄日，有 5 位开曼群岛人荣获民族英雄称号。2012 年 1 月 23 日民族英雄日，又有一人获得民族英雄称号。开曼群岛民族英雄简介如下。

詹姆斯·马诺阿·博登于 1994 年 6 月 28 日被宣布为民族英雄。1972 年和 1984 年博登两次当选议会议员，曾任负责旅游和航空事务的部长，帮助建立了开曼群岛国际航空公司和罗伯茨欧文斯国际机场。詹姆斯·马诺阿·博登去世后，开曼群岛为他举行了国葬。1994 年 9 月，在议会对面的英雄广场为他树立了纪念铜像。

西比尔·约内·麦克劳克林女士于 1945 年进入政府部门工作，1959 年成为议会职员，也是第一位在议会任职的开曼群岛妇女。

1965～1980 年任英联邦议会协会开曼群岛分会秘书。1991 年 2 月至 1996 年任开曼群岛立法议会首任发言人。1996 年获民族英雄称号。

托马斯·威廉·法林顿（Thomas William Farrington, 1900～1978）于 1921 年成为公务员。作为议会议员长达 55 年，被称为开曼群岛"议会之父"。20 世纪 40 年代曾帮助建立约翰·格雷高中。他是首批进入行政委员会的人之一，是基督教民主党创建者，也是开曼群岛国际航空公司的创始成员。他在开曼群岛第一个机场的建设和开曼群岛加入西印度群岛联盟中发挥了重要作用。

西比尔·乔伊斯·希尔顿（Sybil Joyce Hylton, 1913～2006）是开曼群岛第一个感化及福利官员，为弱势青少年的终生辩护者。1963 年她为开曼群岛唯一的感化官，她作为开曼群岛感化及福利部部长直至 1982 年。提倡建立青少年独立法庭，帮助开展开曼群岛童子军运动。1968 年获开曼群岛荣誉证书和勋章，10 年后获不列颠帝国勋章。

奥蒙德·L. 潘顿（Ormond L. Panton, 1920～1992）是开曼群岛历史上的一位著名政治人物。他建立了开曼群岛第一个政党国家民主党，并作为该党领袖在大选中获胜。曾是开曼律师协会成员，1980 年至 1984 年担任开曼航空有限公司董事。曾获不列颠帝国勋章。

德斯蒙德·维尔·沃特勒（Desmond Vere Watler, 1914～1994）于 1969 年成为开曼群岛首任财政部部长，1972 年任开曼群岛首席部长，后任执政委员会主席。曾获不列颠帝国勋章。

玛丽·伊芙琳·伍德（Mary Evelyn Wood, 1900～1978）是第一个当选议员和陪审员的开曼群岛妇女。20 岁时做过小学教师，几年后改行做护士。20 世纪 30 年代末伤寒流行时，她为抢救病人做了大量工作。1959 年，她在帮助开曼群岛妇女赢得投票权后，加入了国家民主党，并成为博登委员会主席。1962 年，她成为该地区立法会议代表。她还积极参加教会活动。1965 年荣获开曼群岛荣誉证书和勋章。

威廉·沃伦·康诺利（William Warren Conolly, 1920～2008）是开曼群岛政治、经济和社会领域的杰出人士，2012 年获民族英雄称号。

因无钱未能实现接受高等教育的梦想。1944 年成为公务员。二战时期随美国商船外出三年。回国后开了一家杂货店。1952 年，他重新开始政治生涯，成为立法会议议员和法官。1958 年，他成立开曼先锋党，但不久后解散。1959 年被任命为立法会议议员。1962 年他成为国家民主党创始人之一和该党副主席。10 年后，他成为执政委员会第一批成员。他是英联邦议会协会开曼群岛分会的创始成员。他启动了一些关键的立法工作，涉及公司、银行和信托公司、土地评审和土地注册等法律。他帮助建立旅游部和自然资源部。康诺利还在社会中发挥作用。他协助建立开曼群岛法律协会并在两届协会服务。他是加勒比公用事业公司创建者之一，在其董事会服务 34 年，直至 2000 年作为名誉董事退休。他还是开曼群岛商会创建者之一。1974 年获不列颠帝国勋章。1995 年获银茅草奖，以表彰他对开曼群岛旅游发展所做的贡献。

开曼群岛语

英语。英语是开曼群岛官方语言和通用语，但带有多种土腔，反映出威尔士、苏格兰和英格兰语言这些不同来源。因众多的牙买加移民的存在，故牙买加方言也在开曼群岛常见。葡萄牙语是开曼群岛的第二大用语。也有一些人讲西班牙语，多见中美和古巴方言，主要是来自洪都拉斯、古巴、哥伦比亚、尼加拉瓜和多米尼加共和国的移民。

开曼群岛花

野香蕉兰（Wild Banana Orchid）。学名为"Schomburgkia Thomsoniana"。开曼群岛共有 26 种兰花，其中，最知名的开曼群岛花是野香蕉兰。野香蕉兰的假鳞茎像香蕉，故名野香蕉兰。野香蕉兰生长于另一种植物上，通常是白木、桃花心木和苏木。野香蕉兰是兰花的一种，属"Cymbidium canaliculatum"，是开曼群岛特有的植物品种。开曼群岛野香蕉兰有两个品种：一种是产于大开曼岛的 Schomburgkia thomsoniana var.,

另一种是产于开曼布拉克岛和小开曼岛的 Schomburgkia thomsoniana var. minor。这两种野香蕉兰都有紫唇香味花，大开曼岛的野香蕉兰花瓣主要为白色，而另外两岛的花朵略小，花瓣呈淡黄色。潮湿和多雨使野香蕉兰繁花似锦。虽不是濒危物种，但其寄主树木的减少，也使其数量减少。在开曼群岛毁坏或带走野香蕉兰属非法。

开曼群岛树

银茅草棕榈（silver thatch palm），以叶的形状命名。学名为"Coccothrinax proctorii"，以植物学家乔治·普罗科特（George Proctor）博士的姓氏为名，是热带棕榈树的一种，树木高大、挺拔，约 20 英尺（相当于 6.096 米）高，树冠小而密。顶部是绿色，底部是银色。20 世纪 60 年代初，银棕榈在开曼人的生活中扮演了重要的角色。其树叶有多种用途，可盖屋顶，编织帽子、篮子和簸箕。早年用树叶制成的草绳在古巴和牙买加大受欢迎，用于航运、渔业和制糖业，收入曾是开曼群岛最大的出口收入来源。

开曼群岛鸟

开曼鹦鹉（Cayman Parrot）。学名为"Amazona Leucocephala"。开曼群岛的鸟类共有 180 种，其中开曼鹦鹉为国鸟。开曼鹦鹉体长 28～33 厘米。绿色羽毛，翅膀有些蓝色羽毛。头部有多种颜色，上额和眼睛周围为白色，颈部为粉红色，尾有蓝色外缘。腿为粉红色。开曼鹦鹉是古巴鹦鹉（Cuban amazon）的两个亚种：一个是大开曼鹦鹉（Grand Cayman Parrot），另一个是体型小些的开曼布拉克鹦鹉（Cayman Brac Parrot）。大开曼岛约有 3400 只鹦鹉。开曼鹦鹉栖息于干燥的森林中。筑巢于树洞，食果实和种子。3 月至 9 月繁殖。每次产 2～4 个蛋，孵化 26～28 天。

开曼群岛球

足球是开曼群岛人喜爱的体育运动。20世纪50年代，开曼群岛开始兴起足球运动，60年代已形成一定规模。1966年开曼群岛足球协会成立，1992年开曼群岛足球协会加入国际足联。1980年开始举办国内足球联赛，1991年起开曼群岛男子足球队开始参加国际、洲际足球比赛，但在世界杯和中北美洲及加勒比海地区金杯外围赛阶段从未取得过出线资格。在2014年6月205个国家和地区男子足球队世界排名中，居第185位。2000年起开曼群岛女子足球队开始参加国际、洲际足球比赛。

开曼群岛菜

椰子虾龟牛排（Coconut Shrimp Turtle Steak）。开曼群岛的饮食类似于牙买加，同时受英国影响。开曼群岛海域多有绿海龟，其肉瘦并温和，味道鲜美，通常制成汤或炖着吃。用绿海龟肉烧成的菜肴是开曼群岛的特色菜，通常加西红柿、洋葱和辣椒。在椰子虾龟牛排这道菜中，除绿海龟肉外，还有虾和椰子，当地餐馆多供应这道菜。

宗教

开曼群岛大部分人信仰新教，主要有圣公会（Anglican）、上帝教会（Church of God）、基督复临安息日会（Seventh-day Adventist）、长老会/联合教会（Presbyterian/United Church）和浸信会（Baptist）等。开曼群岛一部分人信仰天主教。此外，还有少数人信仰巴哈伊教、犹太教、佛教、印度教、伊斯兰教等。开曼群岛属圣公会西印度群岛大主教管区下辖的牙买加和开曼群岛主教管区（Diocese of Jamaica and the Cayman Islands）。这个管区是由成立于1824年的牙买加主教管区（Diocese of Jamaica）发展而来的。当时包括巴哈马和英属洪都拉斯（现伯利兹）。1861 年和 1891 年巴哈马和英属洪都拉斯分别脱离这个教区。2001 年牙买加教区扩大，把开曼群岛包括进来。

根据 www. worldministries. org 在 2010 年的估计，开曼群岛新教徒占全国人口的 67.8%，其中，上帝的教会（Church of God）信仰者占22.6%，基督复临安息日会（Seventh Day Adventist）信仰者占 9.4%，长老会/联合教会（Presbyterian/United Church）信仰者占 8.6%，浸信会（Baptist）信仰者占 8.3%，五旬节派（Pentecostal）信仰者占 7.1%，圣公会（Anglican）信仰者占 4.1%，卫斯理圣洁（Wesleyan Holiness）信仰者占 2.4%，非教派信仰者占 5.3%，罗马天主教徒占 14.1%，耶和华见证人（Jehovah's Witness）信仰者占 1.1%，其他教信仰者占7.0%，无宗教信仰者占 9.3%，未确定的占 0.7%。

开曼群岛的著名教堂有以下几个：埃尔姆斯利纪念联合教堂（Elmslie Memorial United Church）在乔治敦市中心港湾大道 48 号；南海湾联合教堂（South Sound United Church）位于南海湾大街 44 号；圣伊格内修斯天主教教堂（St Ignatius Catholic Church）位于乔治敦。

货币

开曼群岛元（Cayman Islands Dollar）。又称开曼元。1 开曼群岛元 =100 分（cents）。1972 年以前，开曼群岛的货币为牙买加元（Jamaican dollar）。1972 年 5 月 1 日，开曼群岛元取代牙买加元成为开曼群岛货币。但牙买加元到 1972 年 8 月 1 日才停止在开曼群岛流通，不再是开曼群岛法定货币。1974 年《货币法》（Currency Law）规定，从1974 年 4 月 1 日起，开曼群岛元和美元挂钩，1 开曼群岛元 =1.2 美元。1983 年废除了 1974 年《货币法》，代之以《修订货币法》（Monetary Authority Law）。1997 年《修订货币法》又被《货币金融管理局法》（Monetary Authority Law）第 22 节所取代。2013 年修订的《货币金融管理局法》第 22 节规定，开曼群岛元与美元的比价由开曼群岛总督决定。

1972 年 5 月 1 日，开曼群岛发行 1 开曼元、5 开曼元、10 开曼元和 25 开曼元纸币。1981 年发行 40 开曼元纸币，但没几年便停止流通。1982 年发行 100 开曼元纸币，1987 年再发行 50 开曼元纸币。1997 年 1 月，开曼群岛金融管理局（CIMA）接管了纸币的发行业务，发行了面值为 1 美元、5 美元、10 美元、25 美元、50 美元、100 美元的纸币。开曼群岛 1~100 开曼元面值的纸币大小一样，都是 156 毫米×66 毫米；各面值纸币正面都有英国女王伊丽莎白二世肖像；都有安全线、水印和序列号；正面和反面都出现国际版权符号；正面都有开曼群岛徽和格言；都是在英国德拉鲁印钞公司印刷的。纸币运用了开窗式防伪线、凹版印刷技术、珠光油墨、黑水印、全息防伪技术等。2010 年发行的各面值纸币颜色、图案等如下。

2010 年发行的 1 开曼元纸币主要颜色为紫色、蓝色和橙色。纸币正面绘有天使鱼、开曼群岛地图、开曼群岛徽和英国女王伊丽莎白二世像。背面绘有鹦鹉螺壳、开曼布拉克岛峭壁。水印为龟、电子版"CIMA"和基石。

5 开曼元纸币主要颜色为绿色，纸币正面绘有玳瑁、开曼群岛地图、开曼群岛徽和英国女王伊丽莎白二世像。背面绘有海螺壳和开曼鹦鹉。水印为龟、电版"CIMA"和基石。

10 开曼元纸币主要颜色为红色、紫色和黑灰色，纸币正面绘有陆栖蟹、开曼群岛地图、开曼群岛徽和英国女王伊丽莎白二世像。背面绘有贝壳和野生香蕉兰花。水印为龟、电版"CIMA"和基石。

25 开曼元纸币主要颜色为深棕色、浅棕色和橙色，纸币正面绘有扇贝壳、开曼群岛地图、开曼群岛徽和英国女王伊丽莎白二世像。背面绘有扇贝壳、玳瑁、鱼和珊瑚。水印为龟、电版"CIMA"和基石。

50 开曼元纸币主要颜色为紫色，纸币正面绘有黄貂鱼、开曼群岛地图、开曼群岛徽和英国女王伊丽莎白二世像。背面绘有贝壳和黄貂鱼。水印为龟、电版"CIMA"和基石。

100 开曼元纸币主要颜色为橙色、褐色和红色，纸币正面绘有开曼帆船、开曼群岛地图、开曼群岛徽和英国女王伊丽莎白二世像。背面绘有海螺壳、圣乔治金融中心鸟瞰图。水印为龟、电版"CIMA"和基石。

1972 年开曼群岛发行第一批流通铸币，面值有 1、5、10 和 25 分，由英国皇家造币厂铸造，截至 1977 年。1977～1984 年由美国富兰克林造币厂铸造。1986～2008 年由英国皇家造币厂铸造。所有铸币正面有英国女王伊丽莎白二世像。1986 年以前用的是阿诺德·梅钦（Arnold Machin）所绘画像。1986 年使用拉斐尔·马科罗弗（Rafael Maklouf）新绘制的画像。从 1999 年起开始使用兰·兰克 - 布罗德利（Ian Rank-Broadley）绘制的画像。现在的铸币反面的图案与原始图案相同，没有变化。然而铸币使用的材料在 1992 年发生变化，青铜被镀钢铜代替。铸币反面图案、大小、重量及材料如下。

1 分铸币图案为树枝上的画眉鸟，直径为 17 毫米，重 2.55 克，镀钢铜币。

5 分铸币图案为小龙虾，直径为 18 毫米，重 2.55 克，镀镍钢币。

10 分铸币图案为一只玳瑁，直径为 20.96 毫米，重 3.45 克，镀镍钢币。

25 分铸币图案为一艘两桅帆船，直径为 24.26 毫米，重 5.10 克，镀镍钢币。

蒙特塞拉特

名称

蒙特塞拉特（Montserrat）。英国的海外领地，是一个长约 16 公里、宽约 11 公里的火山岛，位于加勒比海西印度群岛中背风群岛南部，东北、东南分别与安提瓜岛和瓜德罗普岛隔海相望，海岸线长约 40 公里。1493年，哥伦布第二次远航美洲时发现该岛，命名为圣玛利亚德蒙特塞拉特（Santa María de Montserrat），以纪念西班牙巴塞罗那西北 60 公里蒙特塞拉特山的蒙特塞拉特修道院（Monasterio de Montserrat）所供奉的蒙特塞拉特的圣母玛利亚，简称蒙特塞拉特。蒙特塞拉特山（Montserrat）又名锯齿山，因其由一块块犬牙状交错的石头组成的山壁而得名。蒙特塞拉特修道院位于西班牙巴塞罗那附近的群山怀抱之中，以供奉加泰罗尼亚保护神黑脸圣母像而闻名世界，蒙特塞拉特修道院是西班牙最吸引人的圣母朝圣地。传说，公元 5 世纪圣人路加雕刻了一尊黑脸圣母塑像并把它带到西班牙。公元 8 世纪摩尔人入侵西班牙时，为躲避战火的威胁，黑脸圣母像被藏到蒙特塞拉特山上的一个洞穴里。100 多年后，一群牧童发现了这个洞穴，找到了黑脸圣母像。后来，黑脸圣母像被放置在蒙特塞拉特山的蒙特塞拉特修道院。经历史和考古学家的研究，该塑像雕刻于 12 世纪，塑像之所以呈现黑色，原因是木料上的清漆涂层随时间的流逝而产生化学变化。蒙特塞拉特被称为"加勒比的绿宝石岛"（The

Emerald Isle of the Caribbean），实际上是把它比作爱尔兰，因为爱尔兰以"绿宝石岛"被人们所熟知。蒙特塞拉特得此称呼，一是由于它与爱尔兰海岸相似，二是由于其一些居民的祖先是爱尔兰人。

首府

普利茅斯（Plymouth）。位于蒙特塞拉特岛南部，曾是该岛唯一进出口港口。其名是一英语姓氏。1995 年 7 月初，苏弗里埃尔火山（Soufrière Hills volcano）爆发，使普利茅斯大部分地区蒙上一层厚厚的火山灰。因城市处于危险状态，当年 12 月居民被疏散，许多居民离开蒙特塞拉特。1996 年，一些留在该岛的居民返回普利茅斯。1997 年 6 月，一场更大的火山喷发夺取了城市周围 19 个人的生命，迫使该城居民永久撤离。当年 8 月，发生更猛烈的火山喷发，摧毁了普利茅斯残余建筑，所有的街道和建筑被永久埋在厚厚的火山熔岩、火山灰和岩石里，普利茅斯遂被彻底抛弃。从 1998 年起，蒙特塞拉特岛西北部的布莱兹（Brades）成为蒙特塞拉特实际上的首府。在这里建立了临时政府大楼。布莱兹又称布莱兹埃斯塔特（Brades Estate）。不过，蒙特塞拉特准备在该岛西北部的小海湾（Little Bay）地区建立新首府。

蒙特塞拉特旗

蒙特塞拉特旗首次与蒙特塞拉特徽一道于 1909 年 4 月 10 日采用。1999 年 1 月 25 日，蒙特塞拉特旗再次被确认。蒙特塞拉特旗长与宽之比为 1∶2，旗面为深蓝色（代表意识、诚信、决心和公义），靠近旗杆的左上角为英国米字旗，表示和英国的关系，旗的右面正中绘有蒙特塞拉特盾徽。蒙特塞拉特旗是蒙特塞拉特历史与英国、爱尔兰历史的组合。悬挂蒙特塞拉特旗有许多规定，该旗不能接触地面或被拖在地面上；该旗如果破旧应换成新旗；不宜悬挂的破损旗应销毁，最好是焚毁；悬挂半旗代表哀悼，倒挂旗帜表示痛苦。

蒙特塞拉特徽

蒙特塞拉特徽首次使用是在 1909 年 4 月 10 日，是英国授予其背风群岛殖民地的徽的一部分。蒙特塞拉特徽为盾形，盾面上部为蓝色，下部尖端为红色。盾面中的女人为爱尔兰女性的化身，她身穿绿色长袍，左手扶金色的竖琴，右手扶黑色十字架。长袍的绿色是爱尔兰的象征，金色的竖琴为爱尔兰的另外一个象征，反映了殖民地的爱尔兰血统，早期定居蒙特塞拉特的移民很多是 17 世纪被奥利弗·克伦威尔（Oliver Cromwell）流放到蒙特塞拉特的爱尔兰人后裔，他们是爱尔兰的奴隶、契约仆人和囚犯。十字架表示对基督教的尊崇。

总督旗

蒙特塞拉特总督是英国国王在蒙特塞拉特的代表，由英国国王根据英国政府的提议任命。总督负责任命首席部长。蒙特塞拉特总督有自己的旗帜，总督旗是从 1958 年背风群岛解体、蒙特塞拉特成为英国独立的殖民地开始存在的，由英国国旗和国旗正中的蒙特塞拉特徽组成，蒙特塞拉特徽在白色圆盘内，圆盘被花环围绕。

总督府

蒙特塞拉特总督府原来在普利茅斯，1997 年因火山爆发被抛弃。现今的总督府是一座现代化建筑，坐落在布莱兹的占地很大的花园中。总督府是蒙特塞拉特总督官邸，也发挥国家礼仪功能，接待外国政要和国家元首，并举行会议。还是蒙特塞拉特元首、英国女王伊丽莎白二世在蒙特塞拉特停留时的住所。

蒙特塞拉特歌

蒙特塞拉特有两首地位等同的歌：《祖国》（*Motherland*）与《天佑

女王》（*God Save the Queen*）。如英国在位的是男性君主，英国国歌《天佑女王》改为《天佑国王》（*God Save The King*）。《天佑女王》是包括开曼群岛在内的英国海外领地的地区歌。详见英属维尔京群岛歌。

《祖国》（*Motherland*）的词作者为霍华德·A. 弗格斯（Howard A. Fergus），曲作者为 J. A. 乔治·艾里什（J. A. George Irish）。《祖国》最初名为《哦，绿宝石岛》（*Oh Emerald Isle*），被认为是非官方的"民族主义国歌"，歌中表达了对 20 世纪 70 年代初蒙特塞拉特教育和文化复兴中出现的新生文化的自豪感。领导这个运动的 J. A. 乔治·艾里什当时是西印度群岛大学地方分校的学术和行政主管。2014 年蒙特塞拉特立法会议正式通过《祖国》为蒙特塞拉特歌。《祖国》词、曲作者荣获蒙特塞拉特最高奖"卓越勋章"（Order of Excellence）。

歌词译文：

第一段：

蒙特塞拉特骄傲的祖国，

儿女们高举您的大旗，

为您献出泪水和辛劳，

上帝手中的绿宝石岛。

合唱：

蒙特塞拉特幸福之岛，

儿女们为你歌唱，

前面是福是祸是友是敌，

你的人民把你依靠。

第二段：

建设伟大的祖国，

我们奋发图强倾尽全力。

跳起舞来打起鼓，

欢庆我们成为自己命运的主人。

（合唱）

第三段：

我们歌唱和谐的土地，

愿上帝将她永远守卫。

把蒙特塞拉特建成希望之乡，

加勒比海上的天堂。

（合唱）

第四段：

瘟疫到不了你的海岸，

没有悲伤的源泉。

跟随上帝奋斗的人，

他们的精神自由永远

（合唱）

英文歌词原文：

Oh Montserrat, proud Motherland

Your children raise your standard high.

In toil and tears to serve you well,

The emerald jewel from God's hand.

Chorus：

Oh Montserrat, by nature blest

To you your children sing

Come well or woe, come friend or foe

To you your people cling.

Rise up and make our country great

With art and skill and sacrifice

With masque and drum we celebrate,

Triumphant masters of our fate

We sing our land in harmony

May God be her eternal guard

And make Montserrat a house of hope,

A haven in the Carib Sea.

No pestilence shall mar your shore

No fount of sadness overwhelm

A people striving under God

Their spirits free forevermore

歌词原文见 http://www. gov. ms/wp-content/uploads/2013/07/Motherland-Lyrics. pdf。

词作者霍华德·A. 弗格斯在 2001 年和 2004 年两次任蒙特塞拉特总督。著有《蒙特塞拉特画廊：我们历史上的一些著名人物》(*Gallery Montserrat*: *Some Prominent People in Our History*)、《蒙特塞拉特岛：一个加勒比殖民地的历史》(*Montserrat*: *History of a Caribbean Colony*) 等。

曲作者 J. A. 乔治·艾里什全称詹姆斯·艾尔弗雷德·乔治·帕特里克·艾里什 (James Alfred George Patrick Irish)，简称乔治·艾里什 (George Irish)。他是一名学者、音乐家、作曲家、社区领袖和社会工程师。艾里什毕业于西印度群岛大学，是第一个获得该校西班牙语博士学位的学生。曾任西印度群岛大学西班牙语系主任，在多米尼加共和国圣多明各自治大学、纽约城市大学任拉美和加勒比研究教授，纽约布鲁克林的梅德加尔埃弗斯学院加勒比研究中心和国际项目办公室主任。他还是加勒比研究学术杂志 *Wadabagei* 创始人和主编，纽约加勒比迪亚斯波拉出版公司和加勒比美国研究基金公司总裁。著有《加勒比解放远景》（*Visions of Liberation in the Caribbean*）、《生活在殖民地熔炉中》（*Life in a Colonial Crucible*）、《革命意识的增长》（*Growth of a Revolutionary Consciousness*）等 32 部著作。1986 年移居美国。

蒙特塞拉特格言

"优秀人民，自然形成，上帝培育"（A people of excellence, molded by nature, nurtured by God）。

蒙特塞拉特语

英语。英语是蒙特塞拉特官方语言，在官方场合、正式文件和媒体中使用英语。但大多数蒙特塞拉特人讲蒙特塞拉特克里奥尔英语（Montserrat Creole English），其又称安提瓜和巴布达克里奥尔英语（Antigua & Barbuda Creole English）或背风群岛加勒比克里奥尔英语（Leeward Caribbean Creole English）。蒙特塞拉特克里奥尔英语与其他以克里奥尔语为基础的加勒比英语有很多共同点。蒙特塞拉特克里奥尔英语与相邻的圣基茨和尼维斯和安提瓜克里奥尔语的发音相近，其句法与正规英语有差别。

民族英雄

民族英雄勋章（Order of National Hero）是蒙特塞拉特最高勋章，授予为蒙特塞拉特提供卓越服务、改变国家进程、显著改变蒙特塞拉特人民生活的蒙特塞拉特人。第一个获得民族英雄勋章的人是首任首席部长威廉·亨利·布兰布尔（William Henry Bramble，1901～1988），另一个获得民族英雄勋章的是罗伯特·威廉·格里菲斯（Robert William Griffith，1904～1996）。

威廉·亨利·布兰布尔是蒙特塞拉特工会领导人、工党领袖和蒙特塞拉特首任首席部长，1960～1970 年在职。他促进了蒙特塞拉特的经济发展，多样化开发土地，建立发电厂以增加电力供应，积极发展旅游业以增加国民收入。他支持建立安的列斯广播电台，为整个加勒比地区广播新闻。他帮助解决贫苦阶层的一些实际问题，如工人的住房和农村儿童的入学问题等，因而被视为民族英雄。1995 年蒙特塞拉特国际机场以他的名字命名，但机场由于 1997 年火山喷发而消失。

罗伯特·威廉·格里菲斯被认为是"劳工运动之父"。卫理公会教徒。他是 20 世纪 40 年代初蒙特塞拉特第一个组织劳工运动的人。他是第一个不是传统商人和农场主而赢得蒙特塞拉特立法会议席位的人。1946 年，他成立蒙特塞拉特工会并注册。1991 年获大英帝国勋章。2015 年 3 月 16 日，他被授予民族英雄称号。

蒙特塞拉特花

蝎尾蕉花（Heliconia Flowers）。蝎尾蕉花也被称为"龙虾爪"（Lobster Claw）或天堂假鸟花（False Bird of Paradise）。多年生大型草本植物。具根茎。叶革质，基生成二列。顶生穗状花序，下垂。苞片有15～20 枚，排成两列，不互相覆盖，呈船形，基部红色，渐向尖变黄色，边缘绿色。鲜艳美观，耐久不变。花呈黄绿色。花呈杯形，储水可供鸟类和昆虫饮用。喜温热、湿润、半阴环境。可连续开花 10 年以上。可作观赏植物。

蒙特塞拉特鸟

蒙特塞拉特黄鹂（Montserrat oriole）。学名为"Icterus oberi"。其学名是为纪念美国自然学家弗雷德里克·阿尔比恩·奥伯（Frederick Albion Ober），是一种中型拟黄鹂科黑黄色鸟。栖息于蒙特塞拉特中心山和苏弗里埃尔火山南部地区。1995～1997 年，由于林木遭砍伐、飓风和火山爆发，栖息地遭到严重破坏。因丧失栖息地，其面临灭绝危险，被国际鸟盟列为极危鸟，仅存 200 ~ 800 只。只在戈尔韦苏弗里埃尔以东的竹林、钱斯峰山背风坡和中心山发现有这种鸟。蒙特塞拉特黄鹂以昆虫和水果为食。一岁之后繁殖，通常产 2 个蛋。

蒙特塞拉特舞

江比舞（jumbie）。江比舞大约产生于 1980 年，被称为"蒙特塞拉特民间宗教最纯粹的表现"，是蒙特塞拉特民间文化重要的组成部分，汇集了当地民俗、舞蹈、歌曲和音乐。该舞还是爱尔兰与非洲音乐和舞蹈的结合，西方乐器奏出非洲音乐，舞者跳出爱尔兰舞步，上身扭动却具有非洲风格。在蒙特塞拉特民间宗教中，江比是幽灵，或是死者的灵魂。江比舞即意为"灵魂舞"，灵魂包括非洲的"sukra"、"jabless"、爱尔兰的美人鱼、动物灵魂和杰克灯。表演江比舞时有 4 对舞者，一男一女组成一对。他们表演江比舞，跳起五组节奏逐渐加快的四对舞。表演过程中，可更换舞伴，直至有人最终被一个灵魂占有。舞者常疯狂奔走，有时摔在地上，大声喊叫。伴奏乐器有芭芭拉（一种手鼓）、三角铁、横笛、一种产生奇特声音的法国鼓（也叫江比鼓）、手风琴等。芭芭拉和法国鼓类似于爱尔兰的羊皮鼓。这三种鼓都用指尖、手掌和手背演奏。蒙特塞拉特爱尔兰人把江比舞追溯至奴隶解放前，那时奴隶们试图跳白人和庄园主跳的舞。江比舞一般在主办人家中举行，以庆祝婚礼、洗礼等重大事件。据说江比舞可引导进行精神占有和转让占卜技巧。江比舞通常旨在治疗疾病、去除诅咒和发现有罪人身份。

蒙特塞拉特运动

板球。板球是蒙特塞拉特最受欢迎和普及的运动，蒙特塞拉特板球队是西印度群岛板球队的组成部分之一。吉姆·艾伦（Jim Allen）是第一个代表西印度群岛板球队参赛的蒙特塞拉特板球运动员，曾代表西印度群岛板球队参加世界板球系列赛。蒙特塞拉特板球队是背风群岛板球队的组成部分，但在小地区比赛中，它可以作为独立的实体参赛。蒙特塞拉特有两个一流的板球场为背风群岛比赛服务，一个是普利茅斯的斯特奇公园（Sturge Park），它从 20 世纪 20 年代开始使用，可惜在 1997 年火山爆发中被摧毁；另一个是 2000 年在小海湾新建的塞勒姆奥瓦尔板球场（Salem Oval），在这里也举行过高水平板球比赛。

蒙特塞拉特食

山羊水（Goat Water）。也被称为小子炖（Kiddy Stew），是一种炖羊肉配硬皮面包卷的食物。配料包括山羊肉、面包果、洋葱、番茄、香料与香草和面粉，可加朗姆酒、威士忌和各种块茎蔬菜。这种菜香辣可口。山羊水可能源于爱尔兰。这道菜被形容为“爱尔兰炖牛肉”，用山羊肉代替牛肉。制作过程如下：肉洗净，切成块，用盐和胡椒调味，放置半小时。放入大锅炖煮 2 小时，锅从火上移开。将木瓜、面包果和洋葱切成丁，在人造黄油中嫩煎，然后加入肉中并回火。开锅加入香草和胡椒。混合 3 汤匙（45 毫升）面粉加水调成糊状物，加 2 汤匙（30 毫升）肉汁，添加到肉中并继续煨炖。用剩余的面粉制成小饺子添加到汤中。添加肉块继续煨，直至肉变软，炖成棕色。去掉香草和辣椒，配以热面包卷。

宗教

新教和天主教是蒙特塞拉特的主要宗教。新教包括圣公会、卫理公会、五旬节派和基督复临安息日会等。最早到达蒙特塞拉特的欧洲移民是来自爱尔兰的天主教徒，蒙特塞拉特之名就和西班牙巴塞罗那附近的天主教的蒙特塞拉特修道院和圣母玛利亚密切相关，而且在蒙特塞拉特旗和徽上，也都有表达天主教信仰的十字架，因此，在很长一段时间，天主教在蒙特塞拉特占据统治地位。但现在，新教已超越天主教，成为蒙特塞拉特信仰人口最多的宗教。

据 2017 年 CIA World Factbook 和其他来源的统计数字，新教徒占蒙特塞拉特人口的 67.1%，其中圣公会信仰者占 21.8%，卫理公会信仰者占 17%，五旬节派信仰者占 14.1%，基督复临安息日会信仰者占 10.5%，上帝的教会信仰者占 3.7%。罗马天主教徒占 11.6%，拉斯特法里派（Rastafarianism）信仰者占 1.4%，其他占 6.5%，无宗教信仰者占 2.6%，未确定的占 10.8%（2001 年估计）。

蒙特塞拉特全国行政单位被划分为三个教区（Parish），它们是圣彼得教区（Saint Peter Parish）、圣安东尼教区（Saint Anthony Parish）和圣乔治教区（Saint Georges Parish）。

蒙特塞拉特保护神

圣帕特里克（Saint Patrick）。17 世纪，一些爱尔兰人抵达蒙特塞拉特岛定居，带来了天主教和保护神圣帕特里克。此后，圣帕特里克便成为蒙特塞拉特保护神，每年 3 月 17 日是蒙特塞拉特"圣帕特里克节"（Saint Patrick's Day），岛上居民举行庆祝活动。圣帕特里克原为爱尔兰的守护神。公元 385 年（一说 373 年）圣帕特里克出生在威尔士，取教名为麦克斯威恩。16 岁时被强盗掠走成为奴隶。6 年后逃出，进入盖尔一所修道院。12 年后返回爱尔兰传教，建立了多所教堂和学校。他用爱尔兰随处可见的三叶酢浆草，形象地阐明了圣父、圣子、圣灵三位一体的教义，使众多爱尔兰人接受洗礼成为天主教徒。公元 493 年 3 月 17 日，圣帕特里克逝世，爱尔兰人为了纪念他，将这一天定为圣帕特里克节。

货币

东加勒比元（East Caribbean Dollar）。是包括蒙特塞拉特在内的北美洲加勒比海地区的数个前英国殖民国家与英国殖民地共同使用的货币。自 1965 年以来一直是蒙特塞拉特货币，它取代了英国西印度群岛元（British West Indies Dollar）。详见圣基茨和尼维斯。

特克斯和凯科斯群岛

名称

特克斯和凯科斯群岛（Turks and Caicos Islands，TCI）。是英国海外属地。由特克斯群岛和凯科斯群岛的 40 多个小岛组成。在加勒比海巴哈马群岛东南端，距海地北部约 145 公里，约距美国迈阿密 1000 公里。东部濒临大西洋，西部同古巴隔海相望。特克斯（Turks）之名一说源于土生土长的特克斯头仙人掌（Turk's-cap cactu），这种仙人掌遍布该地区各岛。凯科斯（Caicos）之名源于原住民卢卡杨语词语"caya hi-co"，意为"一串岛屿"。民间流传另一种说法：17、18 世纪，海盗把特克斯和凯科斯群岛作为藏身地，袭击经过此地驶往欧洲的西班牙珠宝船。200 多年前，奥斯曼帝国控制着地中海，突厥人不时劫掠航行在大西洋的欧洲船只，突厥人成了海盗的代名词。这样，海盗出没的特克斯岛之名便应运而生。凯科斯另一说源于突厥语"KAYIK"，意为"小船"。

首府

科伯恩城（Cockburn Town），又称大特克（Grand Turk）。位于特克斯群岛的大特克岛（Grand Turk Island），是特克斯和凯科斯群岛第一个殖民点，1681 年由从百慕大抵达此地的采盐者所建。1766 年成为该群岛政府所在地。城内多 18、19 世纪百慕大风格建筑，街道长而狭窄，有许多古老街灯。科伯恩（Cockburn）源于苏格兰一个姓氏。与巴哈马群岛的圣萨尔瓦多岛的科伯恩城（Cockburn Town）同名，圣萨尔瓦多岛的科伯恩城之名是为纪念 1837～1844 年巴哈马总督弗朗西斯·科伯恩（Francis Cockburn）。特克斯和凯科斯群岛曾受巴哈马群岛政府管辖，或许特克斯群岛的科伯恩城的名称也源于此。除上述圣萨尔瓦多岛的科伯恩城外，世界各地还有好几个以科伯恩为名的地方，如加拿大安大略省有个科伯恩岛（Cockburn Island）；澳大利亚西澳大利亚州首府科伯恩城（City of Cockburn）中文译名同特克斯群岛的科伯恩城，但英文写法有异，而且其名是为纪念乔治·科伯恩（George Cockburn）海军上将；南澳大利亚州的一座城镇名叫科伯恩。此外，澳大利亚还有一条科伯恩河（Cockburn River），是纳莫河（Namoi River）的支流。

特克斯和凯科斯群岛旗

1766 年，特克斯和凯科斯群岛成为英国殖民地。1804 年，特克斯群岛归牙买加管辖。1848 年，凯科斯和特克斯群岛成为单独殖民地。1962～1965 年，特克斯和凯科斯群岛是英国直属殖民地。1965～1973 年归巴哈马管辖，巴哈马总督也是特克斯和凯科斯群岛总督。特克斯和凯科斯群岛旗于 1968 年 11 月 7 日采用，1999 年做了修改。特克斯和凯科斯群岛旗与其他英国海外领地旗相似，长与宽之比为 2∶1，官方旗面为深蓝色，靠近旗杆的左上角为英国米字旗，表明与英国的关系。旗的右面正中绘有特克斯和凯科斯群岛盾形国徽。民间旗为红色，其他同官方旗。民间旗还未得到议会批准，是非正式旗帜，但很受人民欢迎。

1968 年之前，特克斯和凯科斯群岛曾使用过两种旗，一种是 1875～1889 年旗，另一种是 1889～1968 年旗。这两种旗旗面都为深蓝色，左上角为英国米字旗，旗的右面中央是圆形徽。徽图样大体相同，都有在海中航行的一艘帆船，海岸陆地上绘有两座盐堆，一个采盐工人在劳作，表明采盐在当时经济中的重要地位。圆的下部写有"特克斯和凯科斯群岛"（Turks and Caicos Islands）。这两种旗的区别表现为徽的颜色有所不同，1875～1889 年旗上徽的天空和大海颜色较深，1889～1968年旗上徽的颜色较浅，工人的服装颜色也有所不同。第一种旗上徽圆的下部为白色，字体为黑色；第二种旗上徽圆的下部为黄色，字体为棕色。

特克斯和凯科斯群岛徽

1965 年 9 月 28 日特克斯和凯科斯群岛采用自己的地区徽。地区徽主体为盾，盾面为黄色，上绘海螺壳、龙虾和仙人掌。左右两边各有一只红鹳扶持，盾上面放置一顶头盔，头盔上有一只白鹈鹕，白鹈鹕两边各有一株剑麻，代表特克斯和凯科斯群岛绳索业的紧密联系。

总督旗

特克斯和凯科斯群岛总督是英国国王在英国海外领地特克斯和凯科斯群岛的代表，英国国王根据英国政府的提议任命，总督的作用与国家元首相似，任命总理和议会 5 名成员。特克斯和凯科斯群岛总督拥有自己的旗帜，于 1999 年采用。总督旗与其他英国海外领地总督旗类似，在米字旗中央添加盾形徽，盾形徽在一白色圆内，圆被月桂枝环绕。

总督府

特克斯和凯科斯群岛总督府位于大特克斯岛滑铁卢（Waterloo）。建于 19 世纪末。是一座白色二层建筑。

特克斯和凯科斯群岛歌

特克斯和凯科斯群岛有两首地位等同的歌：《这是我们的土地》（*This Land of Ours*）与《天佑女王》（*God Save the Queen*）。如英国在位的是男性君主,《天佑女王》改为《天佑国王》(*God Save The King*)。《天佑女王》是包括开曼群岛在内的英国海外领地的地区歌。详见英属维尔京群岛歌。

《这是我们的土地》词、曲作者为康拉德·豪厄尔(Conrad How-ell,1962~2015)。

歌词译文:

第一段:

　　我们向这片土地致敬

　　宣布她是我们的国家

　　这片有希望的土地

　　美丽而崇高

　　国土小却是我们自己的家园

合唱:

　　特克斯和凯科斯群岛

　　我们牢固而自由的国家

　　我们宣誓一定

　　忠于特克斯和凯科斯群岛

第二段:

　　从东到西从北到南

　　我们的海岸和大洋相连

　　周围有欢乐的山丘与沙滩

　　看到的是原生态的美丽田园

(合唱)

第三段:

　　我们的人民千锤百炼

　　把多元的种族、家族、信仰和语言,

　　在共同的目标下

融成一片。

（合唱）

第四段：

我们勇敢站起来

维护星罗棋布的岛屿

我们这片家园

我们相信上帝站在上帝一边

（合唱）

英文歌词原文：

1.

Oh we salute this land of ours

Our country we declare

This promised land

With its beauties grand

Though small it is our own

Chorus：

Turks and Caicos, Turks and Caicos

Our country firm and free

Our allegiance, Turks and Caicos

We pledge and we affirm.

2.

From the east, west, north and south

Our banks and oceans meet

Surrounding sands and hills of glee

Our pristine beauties see

Chorus

3.

Our people forged and blend
With multiplicity
Of race and kind and creed and tongue
United by our goals

Chorus

4.

We stand with courage brave
To maintain this land of ours
With islands scattered here and there
With trust in God we stand.

Chorus

英文歌词原文见 http://www. nationalanthems. info/tc. htm。

词、曲作者康拉德·豪厄尔是牧师、传教士，也是广受欢迎的电视、广播节目主持人，并在政府的几个委员会任职。2015年9月12日晚在其家附近死亡，死因不明。在追悼会上，特克斯和凯科斯群岛总理鲁弗斯·W. 尤因（Rufus W. Ewing）说，"康拉德·豪厄尔的死是重大损失"，"他的一生为社会的发展做出了宝贵的贡献"；总督彼得·贝金汉（Peter Beckingham）说，"我国失去了自己的一个民族英雄"，但

"他创作的歌美妙的词语将永远和我们在一起"。

特克斯和凯科斯群岛格言

"天然美丽"（Beautiful By Nature）。

特克斯和凯科斯群岛语

特克斯和凯科斯群岛官方语言为英语，在政府机构、学校、媒体使用标准英语，但大多数人讲特克斯和凯科斯群岛克里奥尔语（Turks and Caicos Islands Creole）。特克斯和凯科斯群岛克里奥尔语是一种以英语为基础的克里奥尔语，与巴哈马克里奥尔语十分接近。在发音、语法、词语等方面与英语有一定差别。

发音上，有时丢掉 [h] 的发音，致使 harm 和 arm 两个词的发音相同。一些人把 [v] 和 [w] 合并成单一音素，根据上下文来读带有 [v] 或 [w] 的词，如"word"中"w"读 [w]，"elsewhere"中"w"读 [v]。特克斯和凯科斯群岛克里奥尔语没有齿擦音，英语同源词常读成 [d] 或 [t]，如"this"读成"dis"，"think"读成"tink"。R 不发音，除非它先于一个元音才发音。

在语法上，特克斯和凯科斯群岛克里奥尔语的代词一般和标准英语相同。然而，第二人称复数可用"yinna"、"y'all or"和"all a ya"三种形式中的一种。特克斯和凯科斯群岛克里奥尔语的物主代词常与标准英语不同，如"your"（你的）变成"ya"；"his"（他的）或"hers"（她的）变成"he"或"har"；"their"（他们的）变成"dey"；"is that your book?"（是你的书吗？）变成"das ya book?"此外，特克斯和凯科斯群岛克里奥尔语的物主代词与标准英语不同（见表1）。

在动词使用上，特克斯和凯科斯群岛克里奥尔语与标准英语有差别，如动词短语"to go"的标准英语用法为"I'm going to Freeport."（我要去自由港。），特克斯和凯科斯群岛克里奥尔语则有下面三种表达方式："Igoin ta Freeport.""Igern ta Freeport.""I gun go Freeport."。

表1　标准英语与特克斯和凯科斯群岛克里奥尔语物主代词区别

标准英语	mine	yours	his	hers	ours	theirs
特克斯和凯科斯群岛克里奥尔语	mines	yawnz（s.）或 yawz（s.）yinnas（pl.）	he own	har own	ah own	dey own/des

对于动词"to do"的使用，特克斯和凯科斯群岛克里奥尔语与标准英语也有差别，如：标准英语"I eat conch every day"（我每天吃海螺。），特克斯和凯科斯群岛克里奥尔语为"I does eat conch erry day."；标准英语"What kind of work do you do?"（你做哪种工作?），特克斯和凯科斯群岛克里奥尔语为"Wa you does do?"。

动词"to be"在现在时中常变位为"is"，而不管主语是谁（见表2）。

表2　标准英语与特克斯和凯科斯群岛克里奥尔语"to be"区别

标准英语	I am	You are	We are	They are
特克斯和凯科斯群岛克里奥尔语	I is 或"I's"（读成"eyes"）	You is 或"You's"（读成"use"）	We is 或"We's"（读成"weez"）	Dey is 或"Dey's"

在特克斯和凯科斯群岛克里奥尔语中，动词短语"to be"的否定式常使用"een"的形式，如标准英语"I am not going…（我没要……），特克斯和凯科斯群岛克里奥尔语为"I een gern"。

特克斯和凯科斯群岛克里奥尔语中有5500个以上单词或短语在标准英语中没有发现，它们源于其他克里奥尔语、非洲语等，如jook、juck或juke可能源于西非语言，这几个词在其他克里奥尔语中也常出现。

民族英雄

每年5月25日是特克斯和凯科斯群岛民族英雄日（National Heroes

Day）。特克斯和凯科斯群岛的民族英雄是詹姆斯·亚历山大·乔治·史密斯·麦卡特尼（James Alexander George Smith McCartney，1945～1980）。人们称他为"杰格斯"·麦卡特尼（"Jags" McCartney）。他是特克斯和凯科斯群岛首任首席部长。"杰格斯"·麦卡特尼1945年6月30日出生于特克斯和凯科斯群岛大特克斯岛。他以牙买加著名律师詹姆斯·亚历山大·乔治·史密斯（James Alexander George Smith，1877～1942）的名字为名。青少年时期赴牙买加治病和学习，学习了马库斯·加维（Marcus Garvey）和马丁·路德·金（Martin Luther King Jr.）的著作。高中毕业后返回特克斯和凯科斯群岛，开展有关大特克斯岛青年的计划，组织工会并参与工人运动，推动土地改革。1976年"杰格斯"·麦卡特尼领导的人民民主运动（People's Democratic Movement）在大选中获胜，他成为首任首席部长。麦卡特尼的一个中心目标是实现特克斯和凯科斯群岛人民自决。促进制定新宪法以增强和保护人民的权利，促进国家进步。1980年5月9日，麦卡特尼死于飞机失事。为了纪念麦卡特尼，大特克斯国际机场以他的名字命名。

特克斯和凯科斯群岛花

特克斯和凯科斯群岛石南花（Turks and Caicos Island heather）。学名为"Limonium bahamense"，是一种当地特有的海洋薰衣草，生长在特克斯群岛和凯科斯群岛南部的盐滩上。其种子被收集存储在千年种子库。

特克斯和凯科斯群岛树

凯科斯松（Caicos pine），又称加勒比松（Caribbean pine），是特克斯和凯科斯群岛和巴哈马群岛特有的松树和松树林中重要的树种，是当地重要的木材。近年来，因遭受一种外来的介壳虫侵害，大部分树木死亡，存在灭绝的危险。这种害虫是在2005年被发现的。为了保护凯科斯松，特克斯和凯科斯群岛环境和海洋事务部、农业部和科研部门连同国外科研部门采取多种措施，共同开展拯救凯科斯松的工作。

特克斯和凯科斯群岛植物

特克斯头仙人掌遍布特克斯和凯科斯群岛各岛，也被称为戴帽仙人掌或桶式仙人掌，是带有红色大头的圆形仙人掌。这种仙人掌个头不大，成熟时才长出红色的头，头不断生长，直至头仙人掌死亡。头上有白色软毛和棕色或红色刚毛，有密集的孔，头顶有粉红色的花。其果实呈棒状，通常为红色或粉红色，非常可口，味道像火龙果。

特克斯和凯科斯群岛鸟

褐鹈鹕（Brown Pelican）。学名为"Pelecanus Occidentalis"。特克斯和凯科斯群岛共有 201 种鸟类，褐鹈鹕是特克斯和凯科斯群岛鸟，也是圣基茨和尼维斯鸟与法属圣马丁鸟。褐鹈鹕是美洲的一种小鹈鹕，长106~137 厘米，重 2.75~5.5 公斤，翼展 1.83~2.5 米，鸟喙非常长，有 28~34.8 厘米。头为白色，背部、臀部、尾巴为灰色和暗褐色，有时带有锈色。成鸟胸和腹部为黑褐色，腿和爪为黑色。飞行能力强，也善于游泳，但不会潜水。喜群居，老幼雌雄全年在一起。以食水中鱼为主，有时也食两栖类和甲壳类动物，如虾。成鸟每天可食 1.8 公斤食物。常在树上和地上筑巢。巢用芦苇、草、秸秆、树枝等筑成。每年孵化 2~3 窝，一窝有 2~4 个蛋。孵化约 28~30 天。雏鸟 35 天可独立行走，但离巢需 68~88 天。雏鸟成熟需 2~5 年。

大特克灯塔

大特克灯塔（Grand Turk Lighthouse）是特克斯和凯科斯群岛标志性建筑之一。位于大特克岛北端，有公路可达。建成于 1852 年，由英国建筑师亚历山大·戈登（Alexander Gordon）设计、钱斯兄弟公司

（Chance Brothers）在伦敦预制而成，共花费 4100 英镑。大特克灯塔焦平面为 33 米，其特点是由带有反射镜的 8 个管状鲸油灯，把原来的光的强度放大 450 倍。建筑师戈登称它是"一个海上宏大的灯光"。然而，灯塔使用了 40 年，周围的沉船仍然不断，灯光不亮或太暗的抱怨也不绝于耳。1943 年，钱斯兄弟公司为灯塔安装了菲涅耳透镜和煤油光，使灯塔能见度超过 15 英里（相当于 24.14016 千米）。2006 年，嘉年华邮轮航线粉刷和翻新灯塔、灯塔管理人小屋和其他建筑，这是开发大特克岛计划的一部分，使大特克斯成为游船常规站点。

特克斯和凯科斯群岛音乐

里普索音乐（Ripsaw Music），即粗齿锯音乐。又称雷克 'n'斯克拉珀（Rake 'n' Scrape）。产生于特克斯和凯科斯群岛奴隶制时期。使用的乐器有锯（saw）、山羊皮鼓（goatskin drum）、手拉手风琴（hand accordion，当地人称其为"Constentina"）、手工沙球（maracas）、原声吉他（acoustic guitar）。有时还可加入钢琴。主要乐器是锯，这种锯非常普通，在五金店都可找到。演奏时用金属刮刀击打和刮擦锯，产生一种独特的刮擦音响。这种击打乐器的方式在当地称为"扯锯"（Ripping the Saw）。将锯弯曲，随着音乐的节奏打击刮擦，产生一种摆动的泛音，产生粗齿锯音乐独特之音。洛维·福布斯（Lovey Forbes）和其子科里·福布斯（Corry Forbes）是特克斯和凯科斯群岛创作和录制粗齿锯音乐的高手。洛维·福布斯把粗齿锯音乐同国外流行音乐的组合称为"组合音乐"（Combina Music）。

特克斯和凯科斯群岛舞

瓦恩舞（The Wine），或称威宁舞（Winin）、瓦恩 - 厄普舞（Wine-up），是特克斯和凯科斯群岛非常受欢迎的舞蹈。人们着民族服装，围成圆圈，在粗齿锯音乐伴奏下，扭动腰部、旋转臀部跳起欢快的舞蹈。

特克斯和凯科斯群岛运动

板球（Cricket）。板球是特克斯和凯科斯群岛运动，2002年，特克斯和凯科斯群岛板球队成为国际板球理事会成员。2004年，特克斯和凯科斯群岛板球队首次亮相，参加巴拿马美洲板球锦标赛。他们战胜了苏里南板球队，获得第四名。2010年参加国际板球理事会美洲锦标赛，也获得第四名，继续留在第二组。著名的板球运动员有卡尔顿·桑德斯（Carlton Saunders）、沙布尔·查尔莱里（Chabbie Charlery）、多诺万·马修斯（Donovan Matthews）、亨利·桑德斯（Henry Saunders）、杰里米·琼斯（Jeremy Jones）、库尔特·埃弗斯利（Kurt Eversley）、萨布顿·约翰（Sabuton John）等。

特克斯和凯科斯群岛服

21世纪前，特克斯和凯科斯群岛没有自己的地区服。在文艺演出、群众游行等活动中，本地区服只能用牙买加国服替代。2001年9月，特克斯和凯科斯群岛旅游局委托其文化官员戴维·鲍恩（David Bowen）设计该地区服。戴维·鲍恩为此做了大量工作。他考察了各种风格的世界民族服装，在特克斯和凯科斯博物馆查看了该地区盐耙工、农民、渔民和种植园奴隶的工作服照，会见了各种职业的人，以使地区服表现出特克斯和凯科斯群岛的历史文化传统和展示40个岛屿与珊瑚礁的特色。艰辛的劳动终于获得回报，2002年6月1日，在英国女王登基50周年庆典期间，他所设计的服装正式亮相，并从此成为特克斯和凯科斯服。女装为印花连衣裙、围巾、腰带和短跟皮鞋；男装为印花衬衫、宽松长裤和草帽。女装袖子上有按黄色、红色、白色和橙色排序排列的4种颜色。男装衬衫右袖上显示前4种颜色，左袖上则显示另外4种颜色。

上述8种颜色中，红色代表首府大特克，颜色来自特克斯头仙人掌的红色果实；白色代表盐岩礁；橙色代表南部和东部凯科斯群岛，颜色取自龙虾和鱼，象征当地的渔业；棕褐色代表中凯科斯群岛，颜色来自曾覆盖屋顶的茅草，茅草还用来做草帽、篮子和扫帚；绿色代表北凯科斯群岛和鹦鹉礁，颜色取自果树和其他树木；绿松石色代表普罗维登夏莱斯、松岛和西凯科斯群岛，颜色来自环绕这些岛屿的绿松石水域；粉红色代表的海螺壳、火烈鸟和组成岛屿链的无数无人居住的珊瑚礁；黄色代表照耀岛屿和珊瑚礁的太阳光辉。

特克斯和凯科斯群岛菜

海螺沙拉（Conch salad）。特克斯和凯科斯群岛周围海域盛产海螺。海螺是一种巨大的海蜗牛，数百年来，其美丽的粉红色、白色外壳，已经成为加勒比岛屿的象征。海螺沙拉是特克斯和凯科斯群岛最流行的菜，被称为特克斯和凯科斯群岛菜，主料是肉质鲜美的海螺，配以辣椒、洋葱、西红柿和柑橘汁等制成。

宗教

根据 CIA The World Factbook 在 2015 年的统计，特克斯和凯科斯群岛新教徒占全部人口的 72.8%（其中浸信会信仰者占 35.8%，神的教会信仰者占 11.7%，圣公会信仰者占 10%，卫理公会信仰者占 9.3%，基督复临安息日会信仰者占 6%），天主教徒占 11.4%。耶和华见证会信仰者占 1.8%，其他占 14%。

浸信会教派在 1835 年出现于特克斯和凯科斯群岛，在大特克岛建立起第一座教堂。现在浸信会教会在特克斯和凯科斯群岛浸信会联盟（Turks and Caicos Islands Baptist Union）指导下运作。

特克斯和凯科斯群岛属于圣公会巴哈马与特克斯和凯科斯群岛教区，该教区在西印度群岛教省管辖之下。位于首府科伯恩城前街的圣玛利亚圣公会的大教堂，建于 1899 年，是特克斯和凯科斯群岛第一座大教堂。建筑为红顶白墙，用白色水洗石灰石建成。

基督复临安息日会于 1947 年建立第一座教堂，至今共建有 10 座教堂，其中大特克岛有 2 座，普罗维登夏莱斯有 5 座。

1984 年前，特克斯和凯科斯群岛是天主教巴哈马拿骚大主教区的一部分，从 1984 年起成为独立教区，首任大主教为劳伦斯·阿洛伊休斯·伯克（Lawrence Aloysius Burke）。

货币

美元（United States Dollar，USD）。世界上有一些国家或地区没有自己的货币，它们使用的是外国货币。把美元作为货币的国家或地区有厄瓜多尔、东帝汶、萨尔瓦多、马绍尔群岛、密克罗尼西亚、帕劳、特克斯和凯科斯群岛、英属维尔京群岛、津巴布韦。特克斯和凯科斯群岛是其中之一。

法属圭亚那

名称

　　法属圭亚那（Guyane française）。法国的海外领地。位于南美洲东北部，东部和南部与巴西为邻，西部与苏里南相接，濒临大西洋。1946年法国宣布法属圭亚那为法国的"海外省"。1977年成为法国的一个大区。1498年哥伦布第三次远航美洲抵达法属圭亚那，称其为"Land of pariahs"，意为"贱民之地"。"圭亚那"（Guayana）之名源于土著印第安语。一说在奥里诺科河三角洲的印第安瓦拉奥语（warao）中，"Guai"意为"名字"，"Yana"意为"是否定"，两词合在一起的"Guayana"为"没有名字""不能命名的土地"之意，由此引申出"Guayana"意为"不敢命名的土地""神圣的土地"，这就同传说中的"黄金国"相关联起来。另一说圭亚那意为"多水之乡"，因为境内多河流、瀑布、湖泊，著名的凯厄图尔瀑布落差达226米。还有一说，圭亚那由印第安瓜拉尼语的"guai"（出生）和"ana"（亲属）组成，表示其人民种族构成的亲缘关联关系。至于其国名中的法属（française）则源于殖民时代。当时包括法属圭亚那在内的南美洲东北部一大片地区通称圭亚那，而西班牙、英国、荷兰、法国和葡萄牙五个殖民国家分别控制一部分地盘，从西向东分别称为西属圭亚那（现委内瑞拉的圭亚那地区）、英属圭亚那（现圭亚那）、荷属圭亚那（现苏里南）、法属圭亚那和葡属圭亚那（现巴西阿马帕州)。这就是法属圭亚那得名的由来。

首府

卡宴(Cayenne)。位于大西洋沿岸卡宴河口卡宴岛西北岸。始建于1643 年。1624 年和 1630 年,法国殖民者曾两次试图在卡宴设立殖民点,分别因葡萄牙的阻挠和当地印第安人的抵抗而未能成功。1643 年,庞塞特·德布雷蒂尼(Poncet de Brétigny)控制的新成立的鲁昂公司(Company of Rouen)在该地可俯瞰卡宴河口的小山上建立起村镇,标志着卡宴的诞生。这座村镇以当地印第安酋长卡宴(Cayenne)之名命名,并沿用至今。卡宴建城之后,曾遭荷兰、英国和法国反复争夺,数次易手,1809 年又被巴西控制,直至 1814 年才最后落入法国之手。19世纪 50 年代至 20 世纪 40 年代,这里曾是法国政治犯和囚犯流放的中心地,大批犯人被折磨致死,故有"不流血的断头台"的恶称。经过多年的发展,卡宴如今已经成为法属圭亚那经济、政治和文化中心。1898 年起中国人开始移民法属圭亚那,至 2014 年,华侨约为 5000 人。卡宴城内有唐人街,被称为"芝加哥"(Chicago)。

塞佩鲁堡

塞佩鲁堡(Fort Cépérou)是法属圭亚那和首府卡宴的标志性古迹。法国殖民者建于 1643 年,当时以印第安酋长塞佩鲁(Cépérou)之名命名。从古堡上可俯瞰卡宴全城和卡宴河口。

法属圭亚那旗

法属圭亚那旗呈长方形,长与宽之比为 4∶3。从左上角至右下角的对角线,将旗面分为两个相等的三角形。右上方为绿色,左下方为黄色。旗面中央绘有一颗红色五角星。绿色代表覆盖法属圭亚那大部分地区的森林,黄色代表金矿和其他矿藏,红色代表社会主义方向和人民的鲜血。该旗灵感来自在 1967 年 9 月该地区第一个工会——圭亚那劳动者工会（UGT）总书记特雷内·莫拉蒙特（Turenne Radamonthe）支持下所设计的旗帜。这面旗帜不仅被工会使用，而且被独立运动组织，如非殖民化和社会解放运动（MDES）就使用过。2005 年 12 月，在阿瓦拉－亚利马波（Awala-Yalimapo）举办的社会论坛上对法属圭亚那是否采用该旗帜进行了讨论。2007 年 6 月，为纪念工会设计旗帜 40 周年，对此问题再次进行讨论。2010 年 1 月 25 日就是否采用该旗帜举行公民投票，结果赞成票占 70.22%，反对票占 29.78%。2010 年 1 月 29 日议会批准采用这面旗帜，从而使该旗成为法属圭亚那旗。在此之前，法属圭亚那一直以法国国旗为地区旗。

其实，在 2010 年采用现旗之前，法属圭亚那曾存在一面表示法属圭亚那的地区旗。这面旗旗面为白色，旗面中部为法属圭亚那标识。标识分为上下两部分，每部分都类似一个矩形。上面部分为蓝色，右上角有一颗黄色五角星，下面部分为绿色，在两条橙色波浪线上的一只黄色船上有一穿橙色服装的人。上面部分之上写有"GUYANE"，意为"圭亚那"；下面部分之下写有"LA RÉGION"，意为"地区"。

法属圭亚那徽

法属圭亚那徽主体为盾形。盾面分为三部分，中部为红色，上有一只带金色桨的黑色的船，船上装载着成堆的黄金，代表法属圭亚那丰富的矿藏。船下部为绿色，也是盾面下部，代表河水，河水中有三朵白睡莲，两朵在上，一朵在下。盾面上部为蓝色，上绘三朵金色百合花（是法国旧王朝的象征），百合花之上写有"1643"的金字，表示这一年法属圭亚那成为法国一部分。盾上有金色墙冠。墙冠之上的飘带上写有黑体大写拉丁文法属圭亚那格言"Fert Aurum Industria"，意为"工作创造财富"。

总督府

法属圭亚那总督府即今省长府。总督原来是法国在法属圭亚那的代表，后来改称省长（préfet）。省长经议会选举产生，由法国总统任命，是名义行政负责人。行政权在部长会议。省长府又称格勒诺布尔宫（Place de Grenoble）和利奥波德·埃德尔宫（Place Léopold Héder），位于靠近海岸的戴高乐大街东端，是一座红顶白墙二层建筑。正门前 13 根圆柱连接屋顶，圆柱后为楼房的外廊，呈现典型的法国建筑风格。门前有大片宽阔绿地。如今，总督府是卡宴旅游景点之一。

法属圭亚那歌

法属圭亚那是法国海外领地，没有正式和非正式地区歌。现在法属圭亚那使用的是法国国歌《马赛曲》（*La Marseillaise*）。词曲作者为鲁热·德·利尔（Rouget de Lisle，1760~1836）。

1789 年爆发法国大革命，废除了君主制和封建制度，引起欧洲邻国封建统治者的惊恐和敌视。1792 年 4 月 20 日，法国对奥宣战。各地的革命力量组成同盟军开赴巴黎，准备抗击外国军事干涉。4 天之后的 4 月 24 日，一个名叫鲁热·德·利尔的工兵上尉到斯特拉斯堡市长迪特里希男爵（Philippe-Frédéric de Dietrich）家做客。迪特里希请求他写一首鼓舞义勇军斗志、抵抗侵略的歌曲。鲁热·德·利尔答应了市长，连夜赶写歌曲。他奋笔疾书，很快写出歌词并谱好曲，随后交给市长。在市长女儿钢琴伴奏下，他满怀激情演唱了刚刚谱写出的歌。在场的听众听后激动万分，欢呼不已。鲁热·德·利尔把抄好的歌片送给了莱茵军的一些军官，斯特拉斯堡出版社随后印行了《莱茵军战歌》。斯特拉斯堡市乐队在为开赴前线的国民自卫军送行时也演奏了这首曲子。在此期间，普鲁士和奥地利联军攻入法国。法国最南端城市马赛迅速组织起一支 500 人的义勇军。5 月底，在马赛义勇军集会上，一个来自蒙特佩利耶（Montpellier）名叫弗朗索瓦·米雷尔（François Mireur, 1770 ~ 1798）的医科大学毕业生高声唱起《莱茵军战歌》，引起义勇军的强烈共鸣，这首歌遂成为马赛义勇军的进行曲。7 月 30 日，马赛义勇军高唱《莱茵军战歌》开进巴黎，并在 8 月 10 日的起义中，冲进土伊勒里宫。《莱茵军战歌》不胫而走，传遍巴黎大街小巷。由于这首歌是由马赛人带来的，人们把它叫作《马赛曲》，《马赛曲》成为全民之歌、共和之歌。1795 年 7 月 14 日，法兰西第一共和国正式确立马赛曲为国歌，其也是法国第一首国歌。后来在 1804 年拿破仑一世（Napoléon I）称帝后，不再是国歌。1815 年路易十八（Louis ⅩⅧ）复辟和 1824 年查理十世（Charles X）登位后，这首歌被彻底禁唱。只是在 1830 年的七月革命之后，《马赛曲》才被短暂地重新使用。1871 年《马赛曲》被巴黎公社采用，但歌名改为《公社马赛曲》，歌词也是新的。8 年之后的 1879 年，《马赛曲》被恢复为法国国歌，并一直保持至今。

《马赛曲》共有 7 段（第七段是 1792 年添加的，作者不详），一般只唱第一段，下面是第一段中文译文：

前进，祖国儿女，快奋起，光荣的一天等着你！你看暴君正在对着我们举起染满鲜血的旗，举起染满鲜血的旗！听见没有？凶残的士兵嗥叫在我们国土上，他们冲到你身边，杀死你的妻子和儿郎。
合唱
武装起来，同胞，把队伍组织好！前进！前进！用肮脏的血做肥田的粪料！

法语歌词原文：

Couplet n°1
Allons enfants de la Patrie,
Le jour degloire est arrivé !

Contre nous de la tyrannie,

L'étendard sanglant est levé, (bis)

Entendez-vous dans les campagnes

Mugir ces féroces soldats?

Ils viennent jusque dans vos bras

Égorger vos fils, vos compagnes !

Refrain

Aux armes, citoyens,

Formez vos bataillons,

Marchons, marchons !

Qu'un sang impur

Abreuve nos sillons !

Couplet n°2

Que veut cette horde d'esclaves,

De traîtres, de rois conjurés ?

Pour qui ces ignobles entraves,

Ces fers dès longtemps préparés ? (bis)

Français, pour nous, ah ! quel outrage

Quels transports il doit exciter !

C'est nous qu'on ose méditer

De rendre à l'antique esclavage !

Couplet n°3

Quoi ! des cohortes étrangères

Feraient la loi dans nos foyers !

Quoi ! ces phalanges mercenaires

Terrasseraient nos fiers guerriers ! (bis)

Grand Dieu ! par des mains enchaînées

Nos fronts sous le joug se ploieraient

De vils despotes deviendraient

Les maîtres de nos destinées !

Couplet n°4

Tremblez, tyrans et vous perfides

L'opprobre de tous les partis,

Tremblez ! vos projets parricides

Vont enfin recevoir leurs prix ! (*bis*)

Tout est soldat pour vous combattre,

S'ils tombent, nos jeunes héros,

Laterre en produit de nouveaux,

Contre vous tout prets à se battre !

Couplet n°5

Français, en guerriers magnanimes,

Portez ou retenez vos coups !

Épargnez ces tristes victimes,

À regret s'armant contre nous. (*bis*)

Mais ces despotes sanguinaires,

Mais ces complices de Bouillé,

Tous ces tigres qui, sans pitié,

Déchirent le sein de leur mère !

Couplet n°6

Amour sacré de la Patrie,

Conduis, soutiens nos bras vengeurs

Liberté, Liberté chérie,

Combats avec tes défenseurs ! (*bis*)

Sous nos drapeaux que la victoire

Accoure à tes mâles accents,

Que tes ennemis expirants

Voient ton triomphe et notre gloire !

Couplet n°7

Nous entrerons dans la carrière

Quand nos aînés n'y seront plus,

Nous y trouverons leur poussière,

Et la trace de leurs vertus, (*bis*)

Bien moins jaloux de leur survivre,

Que de partager leur cercueil,

Nous aurons le sublime orgueil,

De les venger ou de les suivre

法语歌词原文见 http://www.elysee.fr/la-presidence/la-marseillaise-de-rouget-de-lisle/。

法属圭亚那语

法语。尽管法语为法属圭亚那官方语言，但许多法属圭亚那人日常讲的是法属圭亚那克里奥尔语（French Guianese Creole）。法属圭亚那克里奥尔语类似于安的列斯克里奥尔语，但它们在词语和语法上有一些差异。一般来说，安的列斯人可以理解法属圭亚那克里奥尔语，但法属圭亚那克里奥尔语和加勒比地区克里奥尔语之间的明显差异，可能会引起一些词义上的混乱。这些差异还表现在法属圭亚那克里奥尔语受法语和巴西葡萄牙语的影响更多一些，因为它靠近巴西，许多巴西人生活在法属圭亚那。在法属圭亚那克里奥尔语中还有不少印第安语和非洲语词语。根据 2013 年的数据，法属圭亚那人口为 25 万人。根据 2011 年统计，56.5% 的人口在本地出生，9.3% 生于法国，3.4% 生于瓜德罗普和马提尼克，30.8% 生于其他国家（主要是苏里

南、巴西、海地、圣卢西亚和多米尼克）。克里奥尔人占法属圭亚那
人口的 60% ~ 70%。

法属圭亚那克里奥尔语主要用法语字母，只有少数例外。"Q"和
"X"分别被"K"和"Z"所取代。一般不使用"C"这一字母，测量
除外。法属圭亚那克里奥尔语没有很多有法国特色的音。字母 j（[ʒ]）
被读音 [z] 所代替。也没有 [y] 的读音，这个音被读成 [i]，写成 i。
因此，标准法语的"usé"一词在法属圭亚那克里奥尔语中写成"isé"。
法属圭亚那克里奥尔语是一种没有鼻化元音、非卷舌音的语言，如标准
法语"Bonjour"（你好），在法属圭亚那克里奥尔语中写成"Boujou"，
读成 [bonzu]。标准法语"Merci"（谢谢），在法属圭亚那克里奥尔语
中写成"Mèsi"，读成 [mɛsi]。

法属圭亚那有六种印第安语言，它们是阿拉瓦克语（Arawak）、帕
利胡尔语（Palijur）、卡利纳语（Kali'na）、瓦亚纳语（Wayana）、瓦扬
皮语（Wayampi）和埃梅里永语（Emerillon）。这六种语言分成三个语
系，阿拉瓦克语和帕利胡尔语属阿拉瓦克语系，瓦扬皮语和埃梅里永语
属图皮 - 瓜拉尼语系，卡利纳语和瓦亚纳语属加勒比语系。

阿拉瓦克语，有时拼写成 arawac、arawaco 或 aruak，属阿拉瓦克语
系，是一种以 SVO 语序（主谓宾）为主的多合成语言。阿拉瓦克语系
又称迈普兰语系（maipuran, maipurano, maip_ re），该语系覆盖加勒
比地区、中美洲和南美洲（厄瓜多尔、乌拉圭和智利除外）的所有国
家，是南美印第安诸语系中通行最广的语言。阿拉瓦克语与塔伊诺语
（Taino）和瓜希罗语（Guajiro）同属阿拉瓦克语系，它们相似，但不相
同。阿拉瓦克是印第安部落的名称，以其主要农作物木薯或木薯根的称
呼为名。有些阿拉瓦克人称自己为洛科诺人（Lokono），意思是"人
民"，故阿拉瓦克语也称洛科诺语。约有 2500 人讲阿拉瓦克语，阿拉瓦
克语主要流行于法属圭亚那、圭亚那和苏里南，还有特立尼达岛以及委
内瑞拉北部沿海地区。如今，讲阿拉瓦克语的老年人居多，这种语言面
临消亡的危险。

　　阿拉瓦克语使用拉丁字母，由 29 个字母组成，其中有 10 个元音字母 a, aa（aa 有时使用 a·），e, ee（有时使用 e·，e），i, ii（有时使用 i·，i），o, oo（有时使用 o·，o），y（有时使用 u, f），yy（有时使用 y, uu, ꞟ）；19 个辅音字母 b, ch（有时使用 ċ），d, f（有时使用 fh），h, j（有时使用 y），k（有时使用 c, qu），kh（有时使用 c, qu, k），l, lh（有时使用 r），mr, n, p, r, s（有时使用 z, c），t, th（有时使用 t），w（有时使用 hu），'。最后一个辅音 "'" 是停顿音。

　　帕利胡尔语与阿拉瓦克语同属阿拉瓦克语系，有时拼写成 Palikúr, Palikr; Palikur, Palikour, 它也是一种以 SVO 语序（主谓宾）为主的多合成语言。在法属圭亚那中部沿海地区和奥亚波克河下游约有 500 人讲帕利胡尔语。巴西南部和苏里南的帕利胡尔人也讲这种语言。帕利胡尔得名于 1513 年，当时西班牙探险家维森特·亚内斯·平松（Vicente Yanez Pinzon）在亚马孙河河口北部地区遇到众多土著印第安人，该地区被称作帕里库拉省（Paricura），其省名实际上是原住民名。后来帕里库拉之名被讹传为 Paricuria, Paricura, Paricores, Palincur（s），Palicur, Palicours, Paricur, Pariucur, Parikurene, Parikur, 最后定名为 Palikur。数词 1～10 为 Pahat、Pitana、Mpana、Paxnika、Awair、Tino、Peru、Kamui、Kairi 和 Uni。

　　瓦扬皮语亦称奥扬皮语（Oyampi），属图皮－瓜拉尼语系，是一种以 SOV 语序（主宾谓）为主的多合成语言。其受卡里布诺（Karib）的影响，语言在语音和词汇上存在方言差异。讲瓦扬皮语的大约有 1000 人，主要是法属圭亚那东南部的奥亚波克人（Opiapoquc）和巴西东北部的阿马帕里（Amapari）人。奥亚波克人大多数也说法语，许多人懂瓦亚纳语。瓦扬皮语有 6 个元音 a, e, i, o. u, y（有时也使用 ꞟ）；有 20 个辅音字母 ch（有时也使用 sh, x），h（有时也使用 j），j（有时也使用 ll），g, ḡ（有时也使用 g），k（有时也使用 c, qu），l, m, mb, n, nd, ng, nt, n̄, p, r, s, t, v, '。最后一个辅音 "'" 是停顿音。

埃梅里永语与瓦扬皮语一样属图比－瓜拉尼语系，这种语言以土著埃梅里永人的名称为名，亦为一种以 SOV 语序（主宾谓）为主的多合成语言。埃梅里永人生活在奥亚波克河支流卡莫皮河（Camopi）的定居点和马罗尼河支流坦波克河（Tampok）的定居点。

卡利纳语属加勒比语系，是一种具有复杂动词形态的凝聚性语言，语序主要是 SOV（主宾谓）。加勒比语本名 Kalina, Carina, 也被称为 Caribe, Carina, Gulibi, Galibi, Kali'na, Kalihna, Kalinya, Galibi, Carib, Maraworno 和 Marworno。加勒比语共 28 个字母，其中有 6 个元音字母 a, e（有时也使用 ee），i（有时也使用 ii），y（有时也使用 ï, ɨ），o（有时也使用 oo），u（有时也使用 uu）；18 个辅音 b, ch, d, g, h（有时也使用 j），j（有时也使用 y），k（有时也使用 c, qu），kw（有时也使用 qu），m, n, ng, p, r（有时也使用 l），s, sh, t, w（有时也使用 hu），'。"'"是停顿音。使用重音符号。

瓦亚纳语也属加勒比语系，在巴西、苏里南和法属圭亚那有 700 人使用。同卡利纳语一样，也是一种具有复杂动词形态的凝聚性语言，语序主要是 SOV（主宾谓）。

除上述语言外，法属圭亚那还有 4 种栗色克里奥尔语（Maroon Creole languages），它们是 Aluku, Saramaka, Ndyuka 和 Paramaccan。这是逃脱奴隶制并建立了独立的定居点的非洲黑人所讲的语言。联合国教科文组织警告栗色克里奥尔语濒临消失。

法属圭亚那格言

"工作创造财富"（Fert Aurum Industria）。

法属圭亚那花

百合花（Lily）。学名为"Lilium"。是百合科百合属多年生草本球根植物，全世界已发现 120 多个百合花品种。百合花株高 70～150 厘米，鳞茎球形，淡白色，先端常开放，如莲座状。花朵硕大，多呈白色，漏斗形，单生于茎顶。百合花茎干亭亭玉立，花姿雅致，叶片青翠娟秀，是观赏植物。百合花喜凉爽，较耐寒。克洛维一世（Clovis I, 466～511）是法国墨洛温王朝的第一个国王，公元 493 年，克洛维一世首先使用百合花作为法国王室象征。自 1643 年法属圭亚那成为法国海外领地，百合花就成为法属圭亚那花。

法属圭亚那鸟

高卢雄鸡（coq gaulois）。14 世纪后，法国人已把高卢雄鸡作为自己的代表形象。但直到文艺复兴时期，雄鸡才真正成为法国的象征。法国大革命和七月王朝时期，雄鸡取代了王权的标志——百合花。法兰西第一共和国国旗被绘上了雄鸡的形象，成为当时法国人民革命意识的象征。在第一次世界大战期间，雄鸡也是法兰西民族抵抗德国入侵的象征。从 20 世纪 80 年代起，高卢雄鸡还被当作法国足球队和橄榄球队的标志。法属圭亚那是法国海外领地，也把高卢雄鸡作为国鸟。在首府卡宴城内的一个广场上，专门竖立了一座雄鸡纪念碑。

狂欢节

带有浓郁非洲－加勒比风格的法属圭亚那狂欢节，是当地人民最盛大的节日。狂欢节期间，人们头戴面具，身着颜色鲜艳的服装，载歌载舞，到处是欢乐的海洋。每年法属圭亚那狂欢节的时间并不固定，一般在主显节和圣灰星期三之间举行，在忏悔节结束，前后历时两个月，可谓世界上时间最长的狂欢节。节日期间，吸引游客的是传统服饰、化装舞会、大游行和滑稽婚礼。

参加法属圭亚那狂欢节活动的妇女被称为"托卢卢"（Touloulou），意即"皇后"。她们身着长裙、戴多米诺面具、长手套，穿长丝袜，全身围得严严实实，不露手脚，连双眼眼皮上也要涂满黑墨。这种服饰还要追溯至殖民初期，狂欢节从欧洲传至法属圭亚那。那时狂欢节是殖民者专有的节日，广大奴隶被拒之门外。许多奴隶无视禁令，把自己从头到脚装扮起来，让人认不出身份，秘密参加狂欢节，把它作为重获自由和嘲笑殖民者的一种方式。参加狂欢节的男舞者身着卡利姆布（kalimb），即红色缠腰带，身上涂有糖浆，他们代表逃亡的奴隶。除上述主要服饰外，参加狂欢节的舞者还要扮成其他人物。有舞者扮演左姆比·巴雷约（Zombi Baréyo），身穿白色裤子和衬衫，戴尖帽和面具，代表面包师；有舞者装成博比（Bobi），穿的是土豆旧麻袋，以被皮带系住的熊出现；有舞者穿戴成遭人妒忌并保护其他女人的贵妇卡罗林（Karolin）；有舞者变身带翼的人物，通常穿黑色或两色调服装，代表蝙蝠（Soussouris），以吸血行为著称；有舞者穿白色衣服，代表死亡（Lanmò）；有舞者穿红色和黑色服装，装成红魔（Diab rouj）。1885 年，当地政府正式将狂欢节这些装扮服饰形式定为狂欢节的内容之一，一直流传下来。

周五和周六，从半夜开始至清晨 5 时，各大舞厅举行化装舞会，托卢卢免费进入。在舞会进行中间，她们不得随意摘下面具，不能用真嗓子说话唱歌，必须改变正常的走路姿势。在和男伴跳舞时，避免眼睛直视对方，尽量掩盖自己的真实身份，使女人都以平等身份尽情狂舞。男舞者则要付 20 多美元门票入场，沿着舞厅四壁站成一排，等着托卢卢来相邀。他们和神秘女郎相伴而舞，不知是熟人还是陌生人。舞场规定，女人跳得尽兴、口干舌燥时，可令男舞伴为其买饮料，男人不得躲避。即便如此，男人们还是乐此不疲，蜂拥而来，情绪高昂。

周日是狂欢节大游行，分别在卡宴、库鲁和圣洛朗举行。参加游行者名叫维德斯（Vides），他们为游行已经准备几个月时间。游行各支队伍根据年度主题着装，装饰花车在街道上行驶，乐手们用鼓和铜管乐器奏出欢快的乐曲。巴西移民车队着装类似里约热内卢狂欢节，而亚裔移民则舞龙上阵。成千上万名观众站立在人行道上或坐在设置的看台上观看游行队伍，不时发出赞叹声。

周一，举行滑稽婚礼。妇女穿男人的长袍扮作新娘，男子穿女人服装扮作新郎，他们进行的假结婚表演，令人捧腹大笑。

周二，是狂欢节的最后一天，以巴巴尔国王（Vaval）的出现作为标志，巴巴尔国王雕像乘坐由稻草做成的独木舟抵达。当地人认为巴巴尔国王是"狂欢节的魔鬼和灵魂"，大批人聚集在沙滩上欢迎他。在此之际，舞者们身着装饰着角和尾巴的黑色或红色彩色服装，手拿着干草叉。晚上，人们将巴巴尔国王雕像点燃。

星期三，人们穿黑色和白色衣服悼念逝去的巴巴尔国王。

法属圭亚那音乐

阿勒克（Aléké）是20世纪50年代在法属圭亚那兴起的一种以鼓为基础的音乐，类似于萨尔萨和梅林格音乐。出现的第一个阿勒克乐队名叫萨尔卡乐队（Salka），随后是比吉廷乐队（Bigi Ting）和丰代林乐队（Fondering）。现代著名乐手有比吉·莫尼（Bigi Monie）等。

法属圭亚那球

足球。足球是法属圭亚那人最喜欢也是最普及的体育运动。1962年10月18日，法属圭亚那成立法属圭亚那足球协会。从1991年起，法属圭亚那足球队开始参加中北美洲及加勒比海地区金杯男子足球锦标赛。法属圭亚那足球协会是中北美洲及加勒比海地区足球协会成员之一，但还未加入国际足联。

法属圭亚那菜

法属圭亚那食物是印度尼西亚、中国、越南、法国和西班牙食物的混合体。法属圭亚那食物多含有海鲜，因为大西洋和加勒比海盛产鱼类。常用香料和辣椒作为佐料。被称为卡宴的辣椒是以法属圭亚那首府的名字命名的。

法属圭亚那一道地区菜为阿瓦拉肉汤（法文为 Bouillon d'awara，圭亚那克里奥尔语为 Bouyon Wara）。阿瓦拉（awara）是当地一种棕榈果。该菜是典型的圭亚那克里奥尔菜，在复活节和圣灵降临节招待客人食用。制作时把棕榈果与烟熏鸡、熏鱼、火腿、咸牛肉、海虾、鳕鱼、培根、菠菜、辣椒、甘蓝、黄瓜、青豆、茄子等混合在一起放入锅中，用文火加热 36 小时。制作完毕后辅以白米饭食用。法属圭亚那有一句俗语："如果你吃了阿瓦拉肉汤，你就会返回圭亚那。"关于阿瓦拉肉汤在法属圭亚那还流传一个传说：法属圭亚那一位公主爱上了一个白人，但其家人不喜欢这个白人，姑娘提出做一道流行于全圭亚那的菜，如果白人喜欢吃这道菜，两个相爱的人就结合在一起，其家人答应了。结果，白人非常爱吃阿瓦拉肉汤，姑娘和白人小伙子喜结连理。

法属圭亚那另一道地区菜是红胡椒炖肉（Guyanese pepperpot），该菜源于印第安人，配料包括肉桂、加勒比辣椒和用木薯根制作的酱汁卡萨雷普（cassareep）。这道菜在法属圭亚那重大节日如圣诞节食用，辅以咖喱鸡和煮米饭。

法属圭亚那食

罗蒂（Roti）。罗蒂是法属圭亚那在节日期间吃的传统食物，是一种不发酵的饼，类似我国北方的烙饼，但薄一些。用阿塔粉（atta flour）制成，配以咖喱鸡、羊肉、鸭肉和鱼片。

宗教

天主教是法属圭亚那主要宗教。据 catholic-hierarchy.org 的统计，1950 年，法属圭亚那人口为 2.3 万人，天主教徒为 0.7 万人，占人口的 30.4%；2016 年法属圭亚那人口为 30 万人，天主教徒为 20 万人，占人口的 66.7%。2013 年基督教新教徒占法属圭亚那人口的 4%。法属圭亚那的卡宴主教管区（Diocèse de Cayenne）前身为建于 1651 年的法属圭亚那卡宴宗座监牧区（Prefecture Apostolic of French Guiana-Cayenne），是法兰西堡大主教区的一个副主教区。1933 年 1 月 10 日升为法属圭亚那－卡宴宗座代牧区（Vicariate Apostolic of French Guiana-Cayenne），1956 年 2 月 29 日成为卡宴主教管区。主教的座位在卡宴圣救世主大教堂（Cathédrale Saint-Sauveur de Cayenne）。现任主教埃马纽埃尔·马里耶·菲利普·路易斯·拉丰（Emmanuel Marie Philippe Louis Lafont）于 2004 年 6 月 18 日接任，任职至今。路易斯·阿尔贝·约瑟夫·罗歇·桑卡莱（Louis Albert Joseph Roger Sankalé）于 1998～2004 年任主教。首府卡宴圣救世主大教堂建于 16 世纪。1876 年卡宴一座小教堂的祭坛、布道坛和忏悔室被搬往大教堂。大教堂整体于 1992 年 12 月 9 日、大教堂塔楼和柱廊于 1999 年 3 月 9 日分别被宣布为历史纪念物。

货币

欧元（Euro）。法属圭亚那是法国海外领地，同法国一样，使用欧元作为货币。纸币有 5 欧元、10 欧元、20 欧元、50 欧元、100 欧元、200 欧元和 500 欧元七种，铸币有 1 欧分、2 欧分、5 欧分、10 欧分、20 欧分、50 分和 1 欧元、2 欧元 8 种面值。

欧元是欧盟中的德国、法国、意大利、荷兰、比利时、卢森堡、爱尔兰、西班牙、葡萄牙、奥地利、芬兰、立陶宛、拉脱维亚、爱沙尼亚、斯洛伐克、斯洛文尼亚、希腊、马耳他、塞浦路斯 19 个国家的货币，也是非欧盟中 6 个国家（地区）摩纳哥、圣马力诺、梵蒂冈、安道尔、黑山和科索沃地区的货币。摩纳哥、圣马力诺、梵蒂冈、安道尔 4 个袖珍国根据与欧盟的协议使用欧元，而黑山和科索沃地区则单方面使用欧元。

各国印制的欧元纸币的正面、背面图案都一样，也不带任何国家标志。纸币正面图案以门和窗为主，象征着合作和坦诚精神。12 颗星围成一个圆圈，象征欧盟各国和谐地生活在欧洲。纸币反面图案为桥梁，象征欧洲各国联系紧密。纸币上的各种门、窗、桥梁图案分别代表欧洲各时期的建筑风格，币值从小到大依次为古典派、浪漫派、哥特式、文艺复兴式、巴洛克式和洛可可式、钢铁和玻璃式、现代派建筑风格，颜色则分别为灰色、红色、蓝色、橘色、绿色、黄褐色、淡紫色。欧元图案是由奥地利纸币设计家罗伯特·卡利纳设计的。欧元硬币正面都相同，标有硬币的面值，称为"共同面"（common side）。硬币背面图案分别由发行国自行设计，图案为各自国家的象征。

法国为了挑选该国的欧元硬币背面图案，特地成立了一个由财政部部长领导的评选委员会。该委员会由钱币学家、艺术家、原欧盟委员会成员克里斯廷·斯克里夫纳（Christine Scrivener），议员、法国造币厂雕刻家埃马纽埃尔·康斯坦斯（Emmanuel Constans），皮埃尔·罗迪耶（Pierre Rodier），经济界代表和女演员伊蕾娜·雅各布（Irene Jacob）组成。他们在提交的1200多件设计作品中，为每个面值的硬币选中了三种题材。

1欧分、2欧分、5欧分的图案由法国造币厂雕刻家法比亚尼·库蒂亚德（Fabienne Courtiade）设计，图案中心是法国年轻妇女玛丽安，她是法国的象征。玛丽安坚毅的面部表情，表达对欧洲稳定、长久发展的祝愿。10欧分、20欧分、50欧分由洛朗·若尔洛（Laurent Jorlo）设计，图案中出现播种者，沿用了原法国法郎上永恒的主题。1欧元和2欧元硬币由玛莱尔·若阿金·希门尼斯（Maler Joaquim Jiminez）设计。一棵象征着生命、坚强和增长的树立于六角形之中，外圈镌刻法国格言"自由，平等，博爱"（Liberté，Egalité，Fraternité）。

瓜德罗普

名称

瓜德罗普（Guadeloupe）。为法国的海外省，位于加勒比海小安的列斯群岛中部，由巴斯特尔岛（Basse-Terre）和大特尔岛（Grande-Terre）两个大岛以及玛丽－加兰特岛（Marie-Galante）、拉德西拉德岛（La Désirade）和桑特斯群岛（Îles des Saintes）等组成。1493 年 11 月 4 日哥伦布第二次远航美洲时发现瓜德罗普，将其命名为圣玛利亚·德瓜德罗普·德埃斯特雷马杜拉（Santa María de Guadalupe de Extremadura），以纪念西班牙埃斯特雷马杜拉瓜德罗普城拉斯比柳埃尔卡斯修道院（Monasterio de las Villuercas）尊崇的瓜德罗普圣母玛利亚（Santa María de Guadalupe）。后简称瓜德罗普。瓜德罗普最早居民为阿拉瓦克人（Arawak），他们称该岛为卡鲁克拉（Karukera），意为"丽川岛"。

首府

巴斯特尔（Basse-Terre）。与圣基茨和尼维斯首府巴斯特尔中译名相同，原文字母也相同，不同的是瓜德罗普首府巴斯特尔的原文分为"Basse"和"Terre"两个词，中间以"－"连接。瓜德罗普首府巴斯特尔位于瓜德罗普西半部的巴斯特尔岛西南岸、苏弗里耶尔火山麓（Soufrière volcano），是次于皮特尔角城（Pointe-à-Pitre）的第二大城。

该城始建于 1643 年，此前是印第安人的一个村庄。巴斯特尔之名法语意为"低地"或"向下的土地"。巴斯特尔所在岛地势实际很高，附近的苏弗里耶尔火山海拔达 1467 米。为什么以"低地"为名？原来巴斯特尔之名来自 17 世纪在加勒比海使用的法语术语，用于称呼避风的海岸地区。在加勒比海，从东北吹来盛行风，加勒比群岛西部的背风群岛受贸易风保护，17 世纪时就被称为"Basse-Terre"，因为它位于顺风区。而加勒比群岛东部的岛屿位于迎风区，这片地区就被称为"卡贝斯特"（Cabesterre）。这样 17 世纪时，法国在加勒比海岛一些殖民地就使用"Basse-Terre"表示岛的西部，"Cabesterre"表示岛的东部。瓜德罗普首府之所以被称为巴斯特尔（Basse-Terre），与前述圣基茨和尼维斯首都巴斯特尔一样，因为它处于所在岛的西部。巴斯特尔所在岛原来叫作瓜德罗普（Guadeloupe），18 世纪时也改称巴斯特尔岛，整个群岛则称瓜德罗普。

瓜德罗普旗

瓜德罗普为法国海外领地，其正式旗帜是法国国旗。然而，也有代表瓜德罗普的非正式旗。这种非正式旗分带黑色旗面和带红色旗面两种，上面的图案相同，长与宽之比为 2:1。旗面分为上下两部分，下面部分占旗面的 2/3，有黑色和红色两种，上绘金色太阳和在太阳后面的几株绿色甘蔗；上面部分为蓝色，上绘三朵金色百合花。

瓜德罗普徽

瓜德罗普为法国海外领地，其正式徽是法国国徽。但存在代表瓜德罗普的非正式徽。主体图案在蓝色和绿色正方形（左上为天蓝色，右下为绿色）中，金色太阳和深蓝色鸟绘在正方形的对角线上。正方形下写有法文黑色大写字母"REGION GUADELOUPE"，意为"瓜德罗普区"。字体下有一道黄色杠。

瓜德罗普歌

与法属圭亚那一样，瓜德罗普是法国海外领地，没有本地自己的正式和非正式歌。现在法国国歌《马赛曲》（*La Marseillaise*）是瓜德罗普使用的歌。词曲作者为鲁热·德·利尔（Rouget de Lisle，1760~1836）。参见法属圭亚那歌。

瓜德罗普语

法语是瓜德罗普官方语言，行政、教育系统都使用法语，但大多数人讲瓜德罗普克里奥尔语（Guadeloupean Creole），讲克里奥尔语的人约有 43 万人。瓜德罗普克里奥尔语以法语为基础，并有来自英语、班图语和美洲印第安语的词语。瓜德罗普克里奥尔语还被称为"Patwa"、"Patois"和"Kreyol"。瓜德罗普克里奥尔语与马提尼克岛和海地的克里奥尔语有些相似，不少能够听懂。瓜德罗普克里奥尔语的形成可追溯至殖民和奴隶制时期。像其他地区克里奥尔语的产生一样，语言交际的需要使瓜德罗普克里奥尔语应运而生。瓜德罗普殖民化过程中，法国人将加勒比人、非洲人和欧洲人带到瓜德罗普。不同种族的人共同生活在一起，交流的需要迫使他们打造出一种共同的语言，这就是瓜德罗普克里奥尔语。被贩运到瓜德罗普的非洲人随着时间的流逝和奴隶贸易的废除，失去了他们祖先的语言知识，于是把克里奥尔语作为他们的第一语言。由于与非洲人民的密切联系，结果克里奥尔语成为一个黑皮肤人的语言，其被殖民主义认为是一种下等的语言，甚至不配称作语言。它被称作一种"方言"，"蹩脚的法语"。这种语言在社会上被边缘化，成为所谓"语言规划"的对象。第二次世界大战结束后，瓜德罗普兴起了独立运动。20 世纪七八十年代，克里奥尔语曾成为瓜德罗普人争取独立的重要象征之一。今天，瓜德罗普社会各阶层越来越认识到克里奥尔语振兴的文化价值。

瓜德罗普象征人物

圣琼·佩斯（Saint-John Perse，1887~1975）。原名阿列克西·圣-莱热·莱热（Alexis Saint-Leger Leger）。法国诗人、外交家，1960年获诺贝尔文学奖。1887年5月31日生于瓜达罗普皮特尔角城。其曾祖父是一位律师，1815年在瓜达罗普定居。他的祖父和父亲也是律师，父亲还是市议会成员。其家族有一个咖啡种植园和一个甘蔗种植园。1899年因地震与经济危机，全家迁回法国，定居波城。中学毕业后进入波尔多大学攻读法律。1907年其父去世，佩斯虽因经济问题曾中断一段学业，但还是在1910年毕业。1911年发表第一部诗集《赞扬》（*Éloges*）。1914年进入外交部，1916~1921年任法国驻中国大使馆秘书。后曾任外交部部长办公室主任、外交部秘书长等职。1924年他发表长诗《阿纳巴斯》（*Anabase*）时开始启用圣琼·佩斯的笔名。1940年5月因反对政府与法西斯德国妥协而被撤职。同年7月流亡美国，在华盛顿国会图书馆任顾问。在战争期间，任罗斯福总统有关法国事务的顾问，因而被当时的法国政府取消了国籍，没收了财产。第二次世界大战期间，他写了《流放》（*Exil*，1942）、《雨》（*Pluies*，1943）、《雪》（*Neiges*，1944）等诗集。战后又出版了《风》（*Vents*，1946）、《海标》（*Amers*，*Seamarks*，1957）、《纪事》（*Chronique*，1960）等诗集。1958年获国际诗歌大奖和国家文学大奖。

瓜德罗普花

百合花（Lily）。同法属圭亚那。详情见法属圭亚那花。

瓜德罗普鸟

高卢雄鸡（coq gaulois）。同法属圭亚那。详情见法属圭亚那鸟。

瓜德罗普球

足球。瓜德罗普人喜爱足球，把它视为地区球。瓜德罗普足球代表队水平很高，是加勒比地区强队之一。瓜德罗普足球代表队由瓜德罗普足球协会管理，其属于法国足球总会的地区分支。瓜德罗普不是国际足联成员，不能参加国际足联的比赛，但它是中北美洲及加勒比海地区金杯赛（CONCACAF Gold Cup）成员之一，多次参加该项赛事。中北美洲及加勒比海地区金杯赛是由中北美洲及加勒比海足球协会每两年一度举办的国际性足球锦标赛，是中北美洲及加勒比海地区顶级的国际级赛事。2007 年的中北美洲及加勒比海地区金杯赛小组赛，瓜德罗普队曾以 2 : 1 击败实力强大的加拿大队，战平海地队，八强战中更曾爆冷淘汰实力不俗的洪都拉斯队，半决赛仅以 0 : 1 不敌墨西哥而无缘决赛。2009 年的比赛中瓜德罗普足球队也闯进 8 强，但以 1 : 5 输给哥斯达黎加队，未能晋级半决赛。瓜德罗普盛产球星，多名球员受聘欧洲顶级俱乐部并入选法国国家足球队，包括杜林、韦托特、亨利及沙夏等。瓜德罗普有两大体育场为足球比赛服务，一个是巴斯特尔的圣克洛德体育场（Stade Saint-Claude），可容纳观众 10000 人，是瓜德罗普足球队的训练场地；另一个是皮特尔角城的勒内塞尔日纳巴若斯体育场（Stade René Serge Nabajoth），可容纳观众 7500 人。

瓜德罗普音乐和舞蹈

祖卡（Zouk）。在法属安的列斯克里奥尔语中，祖卡意为"聚会"或"喜庆"。但该词最初是指以波兰舞蹈玛祖卡舞（mazurka，mazouk）为基础的流行舞蹈。或许"祖卡"一词即源于玛祖卡舞。《小罗伯特词典》（*The Dictionary Le Petit Robert*）把祖卡定义为"起源于 1980 年小安的列斯（瓜德罗普和马提尼克岛）的有节奏的音乐和舞蹈"。祖卡产生于 20 世纪 80 年代，源于瓜德罗普和马提尼克民间音乐，特别是瓜德罗普的格沃卡（gwo ka）和马提尼克的舒瓦尔布瓦（chouval bwa）以及泛加勒比传统的卡利普索（Calipso）音乐和舞蹈，同时融合非洲和欧洲音乐和舞蹈。祖卡舞蹈动作独特，通过身体、胯部的摆动和头部的动作体现出女性的柔美，舞伴之间的互动和谐使舞蹈充满浪漫与激情。祖卡舞中可加入现代舞、非洲民间舞、南美民族舞等各种舞蹈元素，以使其更加多元化。

瓜德罗普的格沃卡（gwo ka）意为"大鼓"，形成于18世纪奴隶制时代，来自非洲的黑奴从各地的音乐和舞蹈中，发明了用于交流的新的艺术形式——格沃卡，把舞蹈、音乐、乐器和歌唱结合成一体，同时吸收了瓜德罗普印第安音乐风格。格沃卡有七个节奏，由鼓手击打而成。现代格沃卡在狂欢节等节日中演出，增加了手鼓、钟和电吉他等乐器。

瓜德罗普服

瓜德罗普妇女服装蕴含着该地区丰富的文化。节假日期间，妇女们（尤其是老一代）穿一种别具风格的传统长裙装，面料具有多个层次，五颜六色，丰富多彩。她们头戴具有不同象征意义样式的马德拉斯头巾（原本是南印度"头巾"），每种样式有不同的名称。所戴头饰也有讲头，有"蝙蝠"式的，有"消防员"式的，有"瓜德罗普女人"式的。在瓜德罗普淑女的装扮中，珠宝饰物（主要是金饰物）同样重要，这些饰物体现出欧洲、非洲和印第安风格的完美结合。

瓜德罗普菜

科伦坡鸡（Colombo de Poulet）是将加勒比海地区菜和印度菜相融合的菜肴。因为奴隶制废除后有很多印度人移民到瓜德罗普，咖喱被传入该地区。咖喱是这道菜的主要成分之一。这道菜中的柠檬和椰奶则显示出克里奥尔菜肴的风格。食用这道菜时，盘子上被放上松软的鸡肉，配上含有洋葱和土豆片的黄色的咖喱酱以及米饭。

瓜德罗普饮

普朗特于（Planteur），是瓜德罗普一种果味鸡尾酒，用朗姆酒、橙汁水果鸡尾酒、番石榴汁、西番莲汁勾兑而成，有时也加入其他果汁。这种混合而成的新鲜饮料中酒精约占15%。

宗教

天主教是瓜德罗普的主要宗教，信徒占人口的95%。瓜德罗普属巴斯特尔主教管区（Diocèse de Basse-Terre），全称巴斯特尔和皮特尔角城主教管区（Diocèse de Basse-Terre et Pointe-à-Pitre）。巴斯特尔主教管区是加勒比天主教拉丁礼（Latin Rite）的一个教区，是法兰西堡大主教管区（全称圣皮埃尔和法兰西堡大主教管区，Archidiocèse de Saint-Pierre et Fort-de-France）的副主教区，二者都是安的列斯主教会议（Antilles Episcopal Conference）成员。巴斯特尔主教管区成立于1850年9月27日，当时名为瓜德罗普和巴斯特尔主教管区（Diocese of Guadeloupe and Basse-Terre），1951年7月19日，与皮特尔角城教区合并，并改为现名，所以它在职主教的全称是巴斯特尔－皮特尔角城主教管区主教，但一般称巴斯特尔主教管区主教。巴斯特尔主教管区包括整个法属海外大区（海外省）瓜德罗普，并负责管理法国2个海外行政区圣巴泰勒米和法属圣马丁。2012年6月15日，让－伊夫·里奥克勒（Jean-Yves Riocreux）就任该教区主教，并任职至今。

瓜德罗普天主教的大教堂是巴斯特尔圣母瓜达卢佩大教堂（Basilique-Cathédrale Notre-Dame de Guadeloupe），是巴斯特尔主教管区的主教堂，供奉瓜达卢佩圣母。巴斯特尔圣母大教堂始建于1736年，是一座巴洛克风格的火山石建筑，教堂正面饰有圣彼得、圣保罗和圣玛利亚雕像。教堂后面是独立的钟楼。

货币

欧元（Euro）。瓜德罗普是法国海外领地，所以同法国一样，其货币为欧元。参见法属圭亚那货币。

马提尼克

名称

马提尼克（Martinique），法国海外领地。位于东加勒比海安的列斯群岛中的向风群岛的最北部，在圣卢西亚北部，巴巴多斯西北部，多米尼克南部。马提尼克岛最早的居民是印第安西沃内人，后被印第安阿拉瓦克人所取代，随后来自亚马孙地区的印第安加勒比人又征服了阿拉瓦克人。阿拉瓦克人为马提尼克取名为"Madinina"，意为"花岛"。"Madinina"演变为"Madiana"和"Matinite"。1494年哥伦布第二次远航美洲时发现马提尼克，1502年他第四次远航美洲时在马提尼克岛登陆，把该岛称为"Jouanacaëra-Matinino"。"Jouanacaëra"的名字来自伊斯帕尼奥拉岛泰诺人所描述的一个神话岛屿的名字。根据历史学家悉尼·达奈伊（Sydney Daney）所说，"Jouanacaëra"源于加勒比语，意为"鬣蜥岛"。所以，"Jouanacaëra-Matinino"的名字实际上是阿拉瓦克名字和加勒比语名字的结合。后来，由于受邻近岛屿多米尼克（Dominica）的影响，该岛被称为马提尼克（Martinique）。另一说1502年哥伦布在该岛登陆时，引用《圣经》上圣徒马太的名字，将该岛定名为"马丁尼卡"。1635年该岛成为法国的殖民地，改称"马提尼克岛"。

首府

法兰西堡 (Fort-de-France)，位于马提尼克岛西岸的马当河注入法兰西堡湾的河口，是西印度群岛中最大城市之一。1638 年，马提尼克首任总督雅克·迪埃尔·迪帕尔凯 (Jacques Dyel du Parquet，1606 ~ 1658) 为保护城市免受敌人的攻击，建造了圣路易堡，但堡垒很快就被摧毁。1669 年路易十四 (Louis XIV) 任命巴斯侯爵 (Marquis of Baas) 为总督，重建堡垒。在他及其继任者，特别是布莱纳克伯爵 (Count of Blénac) 的指挥下，使用沃邦 (Vauban) 的设计建成了堡垒。这个堡垒最初名叫皇家堡 (Fort-Royal)，法国大革命时期曾改名为共和国堡 (Fort-La-Republique)，但该名字使用时间不长。19 世纪某个时候定名为法兰西堡，并沿用至今。然而，皇家堡的老名至今仍在克里奥尔语中以富瓦亚尔 "Foyal" 的形式使用，该城居民也被称为富瓦亚尔人 (Foyalais)。

历史上，马提尼克第一大城曾是圣皮埃尔 (Saint-Pierre)。1902 年 5 月 8 日，圣皮埃尔毁于培雷火山 (Mt. Pelee) 爆发，法兰西堡取代了圣皮埃尔成为马提尼克的最大城市。法兰西堡也是法国第五大港，港内有法国海军基地。

马提尼克旗

马提尼克是法国海外领地，所以其官方旗帜是法国三色旗，但马提尼克也有自己的非官方旗帜 "蛇旗"。蛇旗为矩形，长与宽之比为 3:2。蓝色旗面被白十字分成四部分，每个部分都绘有一条呈 "L" 形的蛇，蛇是马提尼克特产的枪头蛇，枪头蛇为中南美特产的大毒蛇。蛇头为三角形，舌分叉。在马提尼克甘蔗和香蕉种植园中，有许多枪头蛇。蛇旗原为法国殖民地圣卢西亚—马提尼克的旗帜，其历史可追溯至 1766 年。这一年的 8 月 4 日殖民政府发布法令，规定法国殖民地马提尼克和圣卢西亚的商船必须悬挂与现今的旗图案基本一样的旗，只是旗面为浅蓝色。

白色十字将旗面分为四部分，每个部分都绘有一条呈"L"形的蛇，但形态与现今的旗略有不同，更像"L"形。取"L"形是因当时马提尼克归圣卢西亚管辖，而圣卢西亚（Saint Lucia）中的卢西亚（Lucia）的第一个字母是"L"。该法令规定自法令公布 3 个月后，没有配备圣卢西亚—马提尼克旗的船只将被处罚 300 镑，船只将被拖到皇家港（今法兰西堡）修理。船只在靠近海岸时未悬挂圣卢西亚—马提尼克旗将被处罚 100 镑。1790 年法国大革命后这面旗帜不再使用，但 200 年后马提尼克又重新恢复使用，其成为马提尼克的标志，但不是官方旗帜。

马提尼克徽

马提尼克徽与马提尼克旗一样，面世于 1766 年 8 月 4 日。马提尼克徽为盾形，图案也与其旗完全一样。盾面为深蓝色，白色十字把盾面分为四部分，每部分都绘有一条白色枪头蛇。

总督府

马提尼克总督府位于马提尼克首府法兰西堡，是一座具有典型法国风格的二层白色建筑。

马提尼克歌

与法属圭亚那一样，马提尼克是法国海外领地，没有自己的正式和非正式地区歌。现在马提尼克使用的地区歌是法国国歌《马赛曲》（*La Marseillaise*）。词曲作者为鲁热·德·利尔（Rouget de Lisle，1760 ～ 1836）。参见法属圭亚那国歌。

马提尼克语

马提尼克官方语言为法语，但很多人讲马提尼克克里奥尔语（Martiniquan Creole）。马提尼克克里奥尔语是安的列斯克里奥尔语的一个分支，与瓜德罗普、圭亚那和海地克里奥尔语非常接近。马提尼克克里奥尔语以法语、加勒比语和带有英语、西班牙语和葡萄牙语元素的非洲语为基础。由于语法、句法、词语和发音与标准法语有很大差异，因此操标准法语者很难懂马提尼克克里奥尔语。马提尼克克里奥尔语词语主要来自法语，但使用非洲语言的句法。马提尼克克里奥尔语起源于殖民化初期，法属安的列斯种植园的黑人奴隶来自非洲各地，操不同语言，由于他们与讲法语的法国奴隶主无法沟通，于是他们被迫创造了一种新的交流方式。他们把从奴隶主那里听到的法语词语用非洲语言的句法相串联，产生出新的单词和克里奥尔语。这种新的交流方式在法属加勒比地区广泛流行，经过几个世纪的演变，克里奥尔语变成了一种完全独立的语言。马提尼克克里奥尔语多出现于口头传说，用于书面的则不多。如今，在朋友之间和家庭内部经常用马提尼克克里奥尔语交流。一些媒体人员和政客也开始经常使用马提尼克克里奥尔语，将其作为民族独立的一个象征并阻止其文化被法国同化。马提尼克克里奥尔语和法语不仅词语差异很大，语法也有很多不同，例如，马提尼克克里奥尔语使用助动词和动词不定式表示时态，而法语动词则通过变位表达时态。马提尼克克里奥尔语使用的助动词有 ka、te、te ka、te kai、te ke、se 等。2007 年马提尼克作家伊比斯·鲁热（Ibis Rouge）出版第一部马提尼克克里奥尔语法语词典。

城堡

马提尼克首府法兰西堡有圣路易堡（Fort Saint Louis）、德赛堡（Fort Desaix）、塔尔唐松堡（Fort Tartenson）和盖尔博堡（Fort Ger-bault）四个城堡。四个城堡均建于法国殖民初期，负责守卫法兰西堡。它们是马提尼克古迹，也是地标。在四个城堡中圣路易堡和德赛堡较为著名。

圣路易堡是法兰西堡海边的一个城堡，由法国殖民者建于 1638 年，以保护法兰西堡港湾附近维修的船只。圣路易堡之名是为纪念法国国王路易十八（Luis XⅢ）。1672 年，在总督让－夏尔·德巴斯－卡斯泰尔莫雷（Jean-Charles de Baas-Castelmore）指挥下城堡最后完工。当时修筑时挖了一条沟，使城堡同村镇分开。1759 年和 1762 年，英国军队曾两次占领圣路易堡，将城堡改名为爱德华堡（Fort Edward）。1763 年，《巴黎条约》签订后，城堡回到法国手中，于是将该堡取名为皇家堡（Fort Royal）。1793 年法国大革命后，该堡改称共和国堡（Fort de la République）。1802 年《亚眠条约》签订后，法国从英国手中夺回控制权，恢复原名圣路易堡。现今的圣路易堡既是法国海军基地，又是马提尼克历史建筑文物，还是个旅游景点。不过，海军基地不对外开放。

德赛堡是保护法兰西堡的四个城堡之一。1762 年英军占领皇家堡后，法国为抵抗英军的再次攻击，准备增建新的城堡。1769 年 6 月 1 日，在可俯瞰皇家堡的莫内加尼耶山（Morne Garnier）上开始兴建由法国工程师勒伯夫（Le Bœuf）设计的一座半月形城堡，一条 300 米长的地下长廊通往半月形城堡。1780 年，城堡竣工，以时任马提尼克总督布耶侯爵（Marquis de Bouillé）之名为该堡命名。1793 年，该堡先后改名为波旁堡（Fort Bourbon）和公约堡（Fort la Convention）。1793 ～ 1802 年和 1809 ～ 1814 年英军占领该堡期间曾称其为乔治堡（Fort George）。1802 年法国收复该堡后，拿破仑·波拿巴将其命名为德赛堡，以纪念路易·德赛（Louis Desaix，1768 ～ 1800）将军。如今，德赛堡是法国驻安的列斯群岛军队和海军陆战队第 33 团司令部，也是马提尼克旅游景点之一。

奴隶纪念碑

17、18 世纪，随着甘蔗、咖啡种植园的发展，马提尼克劳动力的需求量急剧增加。为了补充劳动力，法国从非洲贩运来数万名黑奴。1830 年，一艘满载黑奴的轮船在马提尼克钻石海湾附近失事，大批黑奴丧生。在废除奴隶贸易 150 周年时，马提尼克雕塑家洛朗在当年父辈出事地点的海边山坡竖立起十几个石人雕像。这些石人雕像高达 8 英尺（相当于 243.84 厘米），它们面向大海，低着头，张着嘴，驼着背，两手垂肩跪立在地上，双手和双腿埋在土中。这些黑奴似乎在向人们诉说他们的悲惨遭遇，让马提尼克人不要忘记祖辈的历史。

舍尔歇图书馆

舍尔歇图书馆（Schoelcher Library）是法兰西堡地标建筑。这座拜占庭式的建筑是马提尼克最漂亮的建筑，设计者为法国著名建筑师古斯塔夫·埃菲尔（Gustave Eiffel，1832~1923）。1855 年他从巴黎中央工艺制造学院（Ecole Centrale des Arts et Manufactures）毕业后，专门研究金属建筑，巴黎的标志性建筑埃菲尔铁塔和纽约港自由女神像的骨架就出自他手。舍尔歇图书馆这座金属结构风格建筑，是埃菲尔为巴黎首届世博会建造的。世博会结束后，就被整体拆卸装船运往马提尼克。舍尔歇图书馆之名是为纪念废除奴隶制的推动者维克托·舍尔歇（Victor Schoelcher，1804~1893）。舍尔歇是法国作家、政治家和废奴主义者，写有许多论述社会问题和政治问题的著作。1848 年，其任海军部副部长时曾起草废除殖民地奴隶制的著名法令，被誉为"法国的废除奴隶制之父"。

马提尼克花

百合花（Lily）。学名"Lilium"。与法属圭亚那等海外领地一样，马提尼克把百合花作为地区花。详情见法属圭亚那。

马提尼克鸟

高卢雄鸡（coq gaulois）。与法属圭亚那等海外领地一样，马提尼克把高卢雄鸡作为地区鸟。详情见法属圭亚那。

马提尼克音乐和舞蹈

马提尼克贝莱（bélé）。马提尼克贝莱是该岛和其他加勒比岛屿的民间音乐和舞蹈，是黑人奴隶传统音乐的遗产。"贝莱"一词可能源于法语"belle aire"，意为"好地方"，或古法语"aire"，意为"脱粒台"。也可能源于非洲语言中的一个词。马提尼克贝莱可能源于多米尼克最古老的克里奥尔音乐舞蹈，该舞受到非洲舞蹈的浓厚影响。贝莱本身是一面大鼓，一般有两个击鼓手，一个用蒂布瓦（tibwa，两根小棍）击打安装在贝莱上的一段竹子，另一个乐手负责击鼓。大鼓上还装有响葫芦，一般被称作"沙沙"（chacha）。贝莱乐队由歌手、合唱队、舞者、蒂布瓦乐手、鼓手等组成，创造了"对话"和"响应"的新形式。鼓手和舞者进行"对话"，歌手进行"呼叫"，合唱队和观众可"响应"，生动活泼，热闹非凡。马提尼克的其他民间音乐如舒瓦尔布瓦（chouval bwa）、比吉内（biguine）以及祖卡（zouk）等也从贝莱中吸收了很多东西。

马提尼克球

足球。马提尼克人喜欢足球，把它视为地区球。马提尼克足球队归马提尼克足球协会管辖，它不属于国际足协，不能参加世界杯，但它是中北美洲及加勒比海地区足球协会成员之一，可以参加中北美洲及加勒比海地区足球协会（CONCACAF）有关赛事。马提尼克足球队取得过不错的成绩。例如，1993年马提尼克足球队曾获加勒比杯冠军；2002年获中北美洲及加勒比海地区金杯赛第四名；2010年在海外杯（Coupe de l'Outre-Mer）中夺冠。

马提尼克服

卡拉贝拉（Karabela）。传统的加勒比黑人妇女服装：宽大的色彩斑斓裙子，绣花短袖上衣，宽领口。各色鲜艳头巾裹住头发。

马提尼克菜

鱼肉汤（Court Bouillon），是马提尼克美味佳肴，由水煮鱼和贝类制成的浓汤。汤里加柠檬汁、香草，偶尔加一点儿胡萝卜、洋葱和芹菜提味。

马提尼克饮

咖啡。咖啡是在 19 世纪 20 年代传到马提尼克岛的，把咖啡树带到马提尼克的人是法国海军军官——加布里埃尔·马蒂厄·德·克利（Gabriel Mathieu de Clieu），他使马提尼克成为中南美洲咖啡的发源地。1723 年，德·克利奉命驻守马提尼克。临出发前，他在巴黎皇家植物园盗走了 1714 年荷兰政府送给国王路易十四的咖啡树，乘船将其带往马提尼克。为了抵挡海风和海水的侵袭，他把咖啡树苗放在特意制作的玻璃罩子里。在航行中遇到淡水不足的情况下，他甚至用自己不多的饮用水浇灌咖啡树。到达马提尼克后，德·克利将咖啡树苗栽种在普里切。1726 年马提尼克第一次收获咖啡，1777 年马提尼克岛咖啡树已达 1879 万棵。此后，咖啡又从马提尼克岛传入海地、多米尼加和瓜德罗普岛，并在中美和南美洲普及开来。德·克利退役后返回法国，法国政府不但未追究他盗走咖啡树的行为，而且 1918 年还在马提尼克岛法国福特种植园为他竖立雕像，以表彰他为咖啡的传播做出的贡献。如今，咖啡已经成为马提尼克人的日常饮料，与人民生活息息相关。

马提尼克酒

农业朗姆酒（Rhum Agricole），被视为该岛的地区酒。朗姆酒分为农业朗姆酒和工业朗姆酒两种，通过天然甘蔗榨取甘蔗汁，经过发酵和蒸馏制作出的朗姆酒被称为农业朗姆酒；将加工完糖后剩下的废糖蜜制作的朗姆酒是工业朗姆酒。马提尼克岛产的农业朗姆酒被世界公认为品质最好，是该岛主要出口品之一，马提尼克农业朗姆酒的生产有着悠久历史。

甘蔗最早由阿拉伯人传入欧洲，哥伦布远航美洲时又将甘蔗传入西印度群岛。西印度群岛甘蔗种植园迅速扩大，马提尼克岛一半以上的种植园种植甘蔗。在榨糖的同时，利用榨糖后剩下的糖蜜蒸馏出朗姆酒。后来欧洲开始大量从甜菜根中提炼糖，导致国际蔗糖价格迅猛下跌，马提尼克大量甘蔗园、糖厂破产倒闭。1870 年，马提尼克岛残存的几家糖厂决定采用新方法，用新鲜甘蔗汁来酿造朗姆酒，从而使一种新型、独特的朗姆酒——农业朗姆酒诞生。农业朗姆酒的出现，使马提尼克经济不再受国际糖价的影响。第一次世界大战期间，由于法国本土一半以上的蒸馏厂遭到破坏，军队医用酒精、生产炸药所需酒精短缺。马提尼克所有蒸馏厂开足马力生产这种军需品，农业朗姆酒的产量大大提高，不断被送往前线。战后马提尼克农业朗姆酒产量虽有下降，但在法国市场上的占有率逐渐走高。1970 年以后，法国消费的农业朗姆酒已多于工业朗姆酒。为了保护马提尼克农业朗姆酒，法国针对农业朗姆酒建立起 AOC 制度（原产地命名保护法）。AOC 产地的农业朗姆酒通常被标识为 Rhum de Martinique（意指马提尼克岛产朗姆酒），在瓶身标有AOC 字样。其他的农业朗姆酒则禁止用这个标识。从 1996 年起，"AOC 马提尼克农业朗姆酒"（AOC Martinique Rhum Agricole）认证正式成立，对种植地区、种植方法、榨取甘蔗汁的方法、发酵方法、蒸馏方法、贮存方法、熟化方法等都做了详细规定。

马提尼克农业朗姆酒分为以下三类。

1. 白色朗姆酒（Rhum Blanc）：通过将蒸馏后的朗姆酒存储在桶内3 个月，使酒精含量在 40% ~60%，再装瓶出售。该类型最后的成品大概只有蒸馏后的 83%。这种酒带有花卉、其他植物、水果的芳香，与酒香混合为一体。

2. 琥珀色朗姆酒：又分浅琥珀色朗姆酒（Rhum Paille）和深琥珀

色朗姆酒（Rhum Ambré）两种。浅琥珀色朗姆酒要求在橡木桶内至少18个月。深琥珀色朗姆酒要求至少在橡木桶内3年。

3. 老的朗姆酒或陈年朗姆酒（Rhum Vieux）：是经过多年陈化的朗姆酒，即陈年佳酿。因在橡木桶内存储的时间不同，其表示方式也不同：VO 表示存储了 3 年的；VSOP 表示存储了 4 年的；XO 表示存储了 6 年的；rhum vieux traditionnel 是存储了 5～7 年的；rhum vieux tradrhum vieux hors d'âge 是存储了 8～12 年的；rhum vieux millésimé 是存储了 15 年以上的。

如今，马提尼克甘蔗种植园占地 4000 公顷，每年生产农业朗姆酒 705 万升。由于农业朗姆酒的日益普及和国际市场糖价的上升，马提尼克甘蔗种植园占地面积还在不断增加。

瓦瓦尔节

马提尼克狂欢节被称为瓦瓦尔节（Vaval），是马提尼克重要的节日，也是马提尼克标志之一。瓦瓦尔节从 2 月初开始，持续 6 周的时间，活动内容以音乐会、选美比赛和群众狂欢夜为主。音乐在瓦瓦尔节中起着重要作用，节日期间各乐队在岛上各地游行。20 世纪初，克里奥尔乐队乘坐卡车或小型汽车游行，演奏一种称为"biguine vidé"的音乐。第二次世界大战后，瓦瓦尔节一度衰落，20 世纪 80 年代随着新的音乐形式和新的传统的出现（包括呼叫和应答式的歌曲），瓦瓦尔节得以复苏。常见 50 人以上的游行乐队，其中包括一些喇叭乐手、打击乐手和舞者。这些大乐队被称为"徒步团"（groups à pied），分别与一个社区挂钩。瓦瓦尔节第六周星期一为滑稽模仿日，许多人女扮男装和男扮女装亮相街头。星期二被称为"肥美的星期二"或"鬼神日"，人们穿上红色的衣衫，佩戴恐怖的鬼面具走出家门。在星期三，人们均着白、黑色服装，这时已到瓦瓦尔节尾声。瓦瓦尔节期间，马提尼克还举行帆船比赛，参赛的各村庄都有自己的旗帜，使用的帆船船体是圆的，没有龙骨，参赛者的重量和使用的力气对保持船体的平衡起很大的作用。

宗教

马提尼克多数人信仰天主教，信徒占全国人口的 95%，信仰印度教和非基督教的人占比不到 5%，还有少数人信仰新教和犹太教。马提尼克属天主教圣皮埃尔和法兰西堡大主教管区（Archidiocèse de Saint-Pierre et Fort-de-France），简称法兰西堡大主教管区。法兰西堡大主教管区前身为 1850 年 9 月 27 日成立的马提尼克主教管区（diocèse de Martinique），从属于波尔多大主教区（Archidiocèse de Bordeaux）。1853 年 9 月 12 日更名为圣皮埃尔主教管区（diocèse de Saint-Pierre），1902 年 5 月 8 日改名为圣皮埃尔和法兰西堡主教管区（diocèse de Saint-Pierre et Fort-de-France）。1967 年 9 月 26 日升格为圣皮埃尔和法兰西堡大主教管区。2015 年上任的达维德·马凯尔（David Macaire）大主教任职至今。截至 2006 年，法兰西堡大主教管区共有 47 个主教管区，35 名主教，23 名教士，31 万名天主教徒。

马提尼克的大教堂是法兰西堡圣路易大教堂（Cathédrale Saint-Louis de Fort-de-France），位于法兰西堡市中心舍尔歇大街和布莱纳克大街交叉路口。它是一座 19 世纪后期罗马复兴教堂，由法国著名建筑师古斯塔夫·埃菲尔设计、皮埃尔－亨利·皮克（Pierre-Henri Picq）建造，完工于 1895 年。在此教堂之前，这个地方先后建造过 6 所教堂，先后因火灾、地震、飓风等天灾人祸而垮塌。第一座教堂始建于 17 世纪中期，1657 年对外开放。第六座大教堂于 1890 年被大火焚毁。为了抵御自然灾害，埃菲尔设计出金属结构的圣路易大教堂，铁梁支撑墙架和天花板。圣路易大教堂是一座哥特式复兴风格的建筑，有新罗马式的圆形拱门，教堂尖塔高 57 米。教堂内部华丽多姿，多彩的墙壁、彩色玻璃窗和铁栏杆令人叹为观止。唱诗班阁楼下面的地下墓穴埋葬着马提尼克几任总督。20 世纪 70 年代中期圣路易大教堂曾进行大规模翻修，保留了埃菲尔建筑的整体设计风格，1978 年翻修完毕。如今，圣路易大教堂是法兰西堡最重要的地标之一，也是马提尼克的宗教中心。

货币

欧元（Euro）。马提尼克是法国海外领地，所以同法国一样，其货币为欧元。参见法属圭亚那货币。

法属圣马丁

名称

　　法属圣马丁（Saint-Martin），正式全名为圣马丁行政区（Collectivité de Saint-Martin），是法国海外领地。其辖区主要包含圣马丁岛的北部和附近的岛屿，圣马丁岛南部由荷兰管治。圣马丁岛位于加勒比海东北部，波多黎各以东 300 公里。最早在圣马丁岛定居的是来自南美洲奥里诺科河流域的阿拉瓦克人（Arawak），公元 14 世纪被加勒比人（Caribe）所取代，他们用加勒比语为该岛取名"Soualiga"，意为"盐的土地"，因为他们在这里发现大量盐田和含盐水。他们还曾叫该岛"Oualichi"，意为"女人岛"。1493 年 11 月 11 哥伦布第二次远航美洲发现圣马丁岛，这一天是圣马丁日（día de San Martín de Tours），遂为该岛命名圣马丁岛（Isla de San Martín）。历史上，圣马丁岛曾遭法国、荷兰和英国反复争夺。1648 年，法国与荷兰签署了瓜分圣马丁岛的协议，法属区为 54 平方公里，荷属区为 34 平方公里。出发前荷兰人喝了杜松子酒和淡啤，法国人则喝了康杰白兰地和白酒。康杰白兰地和白酒酒劲要比杜松子酒和淡啤大，因此法国人比荷兰人更兴奋，跑得也更快，结果占的地方就比荷兰人大。另一传说荷兰人被一个法国少女迷住了，浪费了不少时间，结果占的地方少。1948 年，岛上两国边界处竖立起一块纪念碑，以纪念和平分治 300 周年。纪念碑的四周飘扬着荷兰国旗、法国国旗、荷属安的列斯旗和圣马丁联合管理旗。

首府

马里戈（Marigot）。位于圣马丁岛西海岸。"Marigot"一词源于
"maricage"，古法语意为"池塘"或"沼泽"。因为马里戈原是一片被
红树林包围的沼泽地，后在靠近池塘的地方建起渔村，但平时在街上也
可以捡拾许多螃蟹，所以取名马里戈。马里戈城市不大，只有几条街，
但具有浓郁的加勒比风格，街道两旁有多家餐馆和酒馆。周三和周六上
午都有集市，出售椰子、鳄梨、甘薯等产品。

法属圣马丁旗

法属圣马丁是法国海外领地，2007年7月正式成为法国中央政府
直辖的海外行政区，法国国旗也是其国旗。作为海外行政区，法属圣马
丁还有自己的行政区旗，但并不正式。法属圣马丁行政区旗旗面为白
色，旗面中央为法属圣马丁标识。标识由蓝色丝带和绿色丝带组成，蓝
色丝带呈"S"形，绿色丝带呈"M"形，"S"和"M"是圣马丁
（Saint Martin）的部首字母，代表圣马丁，象征精致、优雅和时尚。蓝
色丝带代表海洋，绿色丝带代表路易堡，海洋和路易堡是法属圣马丁人
公认的该地区的象征。在蓝色丝带和绿色丝带之间，绘有法属圣马丁的
法文和英文字母（Saint-Martin Caraibe Française French Caribbean）。法属
圣马丁还有一面非正式行政区旗，这面旗旗面为蓝色，旗面中央绘有一
个类似白色马天尼的酒杯。杯内有一点红酒，呈三角形，红酒上为一片
黄色柠檬，呈半圆形。

法属圣马丁徽

法属圣马丁徽为盾形。盾面图案由马里戈湾、太阳、一艘帆船、褐鹈
鹕、棕榈叶和芙蓉花组成。马里戈湾代表法属圣马丁所处地理位置，棕榈

叶象征热带气候，帆船代表法属圣马丁的捕鱼业和旅游业，褐鹈鹕、芙蓉花代表圣马丁岛珍贵的动植物。盾形上部的黑色旗面写有黄色法文"Collectivité de Saint-Martin"，意为"圣马丁行政区"。

法属圣马丁歌

《可爱的圣马丁岛的土地》（*O Sweet Saint Martin's Land*），是法属圣马丁和荷属圣马丁共同的区歌。词曲作者为热拉尔·肯普斯（Gerard Kemps）。1954 年天主教会任命热拉尔·肯普斯为法属圣马丁主教。1958 年他使用英文（圣马丁岛广泛使用英文）创作的《可爱的圣马丁岛的土地》很快成为法属圣马丁和荷属圣马丁共同的区歌。也有法文版的《可爱的圣马丁岛的土地》，但词和曲都与英文版不同。1984 年荷兰女王生日那一天，热拉尔·肯普斯获得荷兰奥兰治－拿骚勋章（Ridder in de Order van Oranje van Nassau）。

由于法属圣马丁是法国海外领地，因此正式国歌是法国国歌《马赛曲》（*La Marseillaise*）。词曲作者为鲁热·德·利尔（Rouget de Lisle，1760～1836）。参见法属圭亚那国歌。

《可爱的圣马丁岛的土地》歌词译文：

第一段：
　　你说，你发现，
　　世界哪个地方，
　　有这么可爱的一个小岛，
　　像海上的圣马丁，
　　虽多讲英文，
　　却由法国人与荷兰人两个自由国度组成？
合唱：
　　哦，甜美的圣马丁家园

海岸和沙滩如此明亮

海上的水手和自由的港湾

青山连绵

阳光下多姿灿烂。

哦，我爱你天堂一般，

美轮美奂的大自然。

哦，我爱你天堂一般，

美轮美奂的大自然。

第二段：

绿色苍茫多漂亮

阳光照耀下

红花艳丽闪光

草地上路中间你的牛羊，

迷人的驴儿

我不能忘

（合唱）

第三段：

你令人赞美的白色小鸟

它们早晚飞翔

一直像飞机的翅膀

出来觅食

返回栖息处

给我带来它们的和谐安详

（合唱）

第四段：

圣马丁，我喜欢你的名字

岛上哥伦布的名声

和旧的回忆都已尘封

你的南十字星之夜

令我实在高兴

愿你海岸在上帝保护中！

（合唱）

英文歌词原文：

1.

Where over the world, say where,

You find an island there,

So lovely small with nations free

With people French and Dutch

Though talking English much,

As thee Saint Martin in the sea?

Chorus

O sweet Saint Martin's Land

So bright by beach and strand

With sailors on the sea and harbors free

Where the chains of mountains green

Variously in sunshine sheen

Oh I love thy Paradise,

Nature beauty fairly nice

Oh I love thy Paradise,

Nature beauty fairly nice

2.

How pretty between all green

Flamboyants beaming gleam

Of flowers red by sunlight set

Thy cows and sheep and goats

In meadows or on the roads

Thy donkeys keen I can't forget

Chorus

3.

Thy useful birds in white

Their morn and evening flight

Like aircrafts-wings in unity

Their coming down for food

Then turning back to roost

Bring home to me their harmony

Chorus

4.

Saint Martin I like thy name

In which Columbus fame

And memories of old are closed

For me a great delight

Thy Southern Cross the night

May God the Lord protect thy coast!

Chorus

歌词原文见 http://www. nationalanthems. info/mf. htm。

法属圣马丁语

法属圣马丁官方语言为法语，但以英语为基础的克里奥尔语是当地主要的地方方言（参见英属维尔京群岛国语）。部分居民讲荷兰语、西班牙语、英语和葡萄牙语。来自阿鲁巴、博奈尔和库拉索的移民讲帕皮阿门托语（Papiamento，一种以西班牙语为基础，杂有葡萄牙语、荷兰语、英语、阿拉瓦印第安语乃至非洲语等词语的克里奥尔语）。

圣路易堡

圣路易堡（Fort St. Louis），是法属圣马丁的历史古迹，也是法属圣马丁的象征之一。位于圣马丁岛背风面，俯瞰马里戈湾。根据法国国王路易十六（Louis XVI）的命令，圣马丁和圣巴泰勒米岛总督让·塞巴斯蒂安·德迪拉特（Jean Sébastien de Durat）始建于1767年，以抵抗外来入侵者，保护移民点，保卫马里戈港储存盐、咖啡、甘蔗和朗姆酒的仓库。后来，圣路易堡被放弃，成了一片废墟。19世纪该堡被修复，见证了法国和英国之间的争斗。从1993年起，该堡进行恢复和重建工作。登上堡顶，首府马里戈和蔚蓝大海尽收眼底。

边界方尖碑

1648年西班牙人放弃圣马丁岛。岛上定居的荷兰人和法国人分别要求本国政府接管该岛。荷兰人捷足先登，企图阻止法国人登陆，圣基茨总督 Chevalier Longvillier de Poincy 率领300人强行登上该岛。1648年3月23日，荷法两国政府在孔科尔迪亚山签署合作条约，把该岛划分为两部分。传说两国边界的位置是由两国两个赛跑选手之间的比赛决定的。合作条约规定两国的人员和货物可自由流动。象征边界的标志是1648年竖立的边界方尖碑，它成为圣马丁岛的标志之一。

法属圣马丁花

芙蓉（Hibiscus）。落叶灌木或小乔木，高 2~5 米。花初开时白色或淡红色，后变深红色，花瓣近圆形，直径为 4~5 厘米，花期 8~10 月。

法属圣马丁鸟

褐鹈鹕（Brown Pelican）。学名"Pelecanus Occidentalis"。圣马丁岛共有 95 种鸟类，有些是本地鸟，有些是迁徙鸟。在本地鸟中，一些来自周边岛屿，一些常住圣马丁岛，其中包括法属圣马丁鸟褐鹈鹕。褐鹈鹕是法属圣马丁象征之一，并出现在其区徽上。褐鹈鹕同时也是特克斯和凯科斯群岛鸟和圣基茨和尼维斯国鸟。

圣马丁岛的沿海水域经常可见这种大型海鸟，它们停留在码头的船只上或栖息于悬崖。褐鹈鹕体型粗大，体重为 6.5~9 千克。嘴形宽大直长，上嘴尖端朝下弯曲，呈钩状；下嘴分左右二支，其间有一巨大而能扩缩的皮肤喉囊。飞行力强，常群飞群栖，极善游泳，但不会潜水。游泳时张口捕鱼，将捕得的鱼兜入喉囊内。喉囊可以容纳褐鹈鹕胃容量 2~3 倍的食物。鼻孔小，耳位于嘴基。眼前部裸出。颈长而较细小。翅宽阔，但形不长也不尖；尾短而呈方形；跗跖短而扁平，前面有网眼状细鳞。褐鹈鹕视力好，可在 20 米高度发现鱼。6 月初至 8 月初是褐鹈鹕繁殖季节，对栖息环境的破坏是造成褐鹈鹕数量不断减少的主要原因，过度捕捞和海洋废物也危及了褐鹈鹕的生存。幸运的是，目前阿姆斯特丹堡和鹈鹕岩等褐鹈鹕重要的育种和筑巢场地风险不大。法属圣马丁自然基金会对褐鹈鹕进行了跟踪研究并采取保护措施。

法属圣马丁球

足球。法属圣马丁最普及的运动是足球。足球组织受北方群岛足球委员会（Comité de Football des Îles du Nord）管理。和法国其他海外领地一样，它不属于国际足联，不能参加世界杯，但它是中北美洲及加勒比海地区足球协会（CONCACAF）成员之一。2014 年 8 月，法属圣马丁足球队与英属维尔京群岛足球队举行了友谊赛，同时法属圣马丁足球协会（SMFA）主席宣布全面重返加勒比海国际足球的三年规划，制定了吸引国际招聘人员注意力并获得 2017 年中北美洲及加勒比海地区金杯赛资格的长期目标。除足球外，棒球、垒球、拳击、田径和篮球也是法属圣马丁人喜欢的运动。

法属圣马丁菜

卡利亚洛汤（Callaloo Soup），也是特立尼达和多巴哥等国国菜。法属圣马丁饮食深受非洲、印第安和欧洲饮食影响，但还是以克里奥尔饮食为主。法属圣马丁用鱼类和贝类制作的菜别具特色。

殖民时期，从西非贩运来的黑奴带来了西非的饮食，和当地饮食特点相结合后，形成了法属圣马丁食品卡利亚洛。卡利亚洛是一种呈绿色的汤菜。主要原料为达申叶（Dasheen，一种热带块茎植物，又称芋头叶），其他配料有奥克罗（Ochro，当地一种植物）、黄油、细香葱、胡椒、洋葱、芳香带苦味的安格斯图拉树皮、咸猪肉、青椒以及香料、奶油等。制作时，先把达申叶的叶柄和主脉去掉，把剁碎的奥克罗、达申叶和洋葱等混合在一起放入一个锅中加上水炖 1 小时。在另一个锅中把咸猪肉煮沸，去掉肉中多余的盐分，然后把咸猪肉捞出并与青椒一起放入第一个锅中，合炖 1.5 小时。喝卡利亚洛汤时，要配上鲜美的陆栖蟹肉饼。

宗教

宗教生活在圣马丁岛占有重要地位，法属圣马丁大多数人信仰天主教。一些来自其他地方的移民信仰圣公会、基督复临安息日会、卫理公会、耶和华证人、巫术、伊斯兰教、印度教等。

法属圣马丁属天主教巴斯特尔和皮特尔角主教管区（Diocèse de Basse-Terre et Pointe-à-Pitre），或简称巴斯特尔主教管区（Diocèse de Basse-Terre）。巴斯特尔主教管区包括整个法国海外省瓜德罗普以及圣巴泰勒米和法属圣马丁。巴斯特尔主教管区是法兰西堡大都会大主教管区（Metropolitan Archdiocese of Fort-de-France）的副主教管区，它们都是安的列斯主教会议的成员。巴斯特尔主教管区成立于1850年9月27日，当时名为瓜德罗普和巴斯特尔主教管区（Diocese of Guadeloupe and Basse-Terre），1951年7月19日，与皮特尔角城教区合并，并改为现名，所以它的在职主教的全称是巴斯特尔－皮特尔角城主教管区主教，但一般称巴斯特尔主教管区主教。让－伊夫·里奥克勒（Jean-Yves Riocreux）主教于2012年6月15日上任，任职至今。

很长时间新教在法属圣马丁占据统治地位。1936年，第一个天主教教士抵达法属圣马丁。1941年韦尔（Wall）教士在法属圣马丁上任，开始在马里戈路易堡大街建设图尔圣马丁教堂（Église de Saint Martin de Tours），该教堂用于祭拜法国图尔圣马丁。与此同时，韦尔教士还策划在马里戈路易堡大街建立大卡塞天主教教堂（Eglise catholique à Grand Case）。大卡塞天主教教堂又称海中之星玛利亚教堂（Église de Marie Etoile de la Mer），海中之星是圣母玛利亚的旧称。在荷属圣马丁也有一座与之同名的教堂。

法属圣马丁保护神

法属圣马丁保护神是圣马丁（Saint Martin）。圣马丁还是法国、匈牙利的国家保护神以及士兵、裁缝、乞丐的保护神。

圣马丁是指古罗马圣人马丁（Martin，316～397），古罗马语马丁被称为"Martinus"。马丁年轻时是罗马皇帝恺撒的卫队军官，驻扎在当今意大利境内的亚敏斯。他作战勇敢，乐善好施。传说马丁在军队服役时，在 337 年隆冬腊月的一个暴风雪夜，他在亚敏斯城门口碰到一名衣不蔽体的老年乞丐。马丁用剑把自己的披肩劈成两半，一半给瑟瑟发抖的乞丐披上，以防乞丐冻死，另一半留给自己。当天夜晚，马丁梦见耶稣身披他送的半边披肩现身，原来乞丐是耶稣装扮的。后来，马丁从军队退役，决心为神服务。他成为传教士，并在 370 年被推选为图尔（Tours）的主教。传说马丁拥有治病并使人起死回生的特异功能，救活了许多人，他的足迹遍布欧洲。相传他于 397 年 11 月 11 日病逝，被天主教封为圣人，世界各地纷纷建立起以他的名字命名的教堂。11 月 11 日被天主教列为圣马丁节，圣马丁节在欧洲盛行，如西班牙、葡萄牙、德国、奥地利、荷兰、瑞士、比利时、英国、马耳他、波兰等。每年圣马丁节，法属圣马丁和荷属圣马丁都要举行盛大的庆祝活动，人们表演传统音乐，共享美味佳肴。

货币

欧元（Euro）。法属圣马丁是法国海外领地，所以同法国一样，其货币为欧元。参见法属圭亚那货币。

荷属圣马丁

名称

荷属圣马丁（荷兰语：Sint Maarten）正式全称为圣马丁海岛领地（荷兰语：Eilandgebied Sint Maarten）。原为荷属安的列斯（荷兰语：Nederlandse Antillen）辖下五个岛区（Eilandgebieden）之一，面积为 34 平方公里，其主要辖区为圣马丁岛南半部（占全岛的 1/3），现为荷兰王国的自治国（英语：Autonomous Country）。国名来源同法属圣马丁。

首府

菲利普斯堡（Philipsburg）是荷属圣马丁（Sint Maarten）的主要城镇，也是圣马丁岛的行政中心及商业中心。1763 年由荷兰海军军官、苏格兰人约翰·菲利普斯（John Philips）建立，并以他的名字命名。菲利普斯堡很快成为一个繁华的国际贸易中心。今天，它像以往一样繁华。两条主干道弗龙特大街（Front Street）和巴克大街（Back Street）穿过菲利普斯堡。弗龙特大街两旁有提供意大利皮革制品、日本相机以及本土工艺品的免税店，有豪华的咖啡馆和酒店。

城标

荷属圣马丁首府菲利普斯堡最醒目的建筑是老法院宫（courthouse），

它是该城最著名的城标。老法院宫建于 1793 年，是一座具有殖民时代风格的白色木结构建筑，楼顶竖立着一个彩塑菠萝。在荷属圣马丁的徽章和旗帜上，也绘有老法院宫的正面图案。

老街标志

菲利普斯堡城市不大，只有几条街道。老街（Old Street）有一个醒目的标志——双狮雕塑，引众多游人注目观看。

古堡

阿姆斯特丹堡（Fort Amsterdam）和威廉堡（Fort Willem）是菲利普斯堡两个历史古堡，它们是菲利普斯堡在圣马丁历史上的重要战略地位的见证。阿姆斯特丹堡位于大湾和小湾之间的半岛上，始建于 1631 年，是荷兰在加勒比地区的第一个军事前哨。不过，建成后不久就被西班牙占领，成为西班牙在波多黎各以东最重要的堡垒。1648 年这个堡垒被西班牙抛弃，从那时起一直掌握在荷兰手中。19 世纪，该堡停止了所有的军事行动，但进入 20 世纪 50 年代后被用作信号和通信站。如今，原始古堡的几堵墙仍然存在，成为被人凭吊的古迹。这里还是远眺菲利普斯堡的绝佳地点。

威廉堡位于市中心以西，上有电视发射塔。1801 年由英国人所建，1816 年被荷兰人接管。

荷属圣马丁旗

设计者为罗塞尔·理查森（Roselle Richardson），1985 年 6 月 13 日正式采用，这一天荷属圣马丁旗在岛政府行政大楼升起，但当时荷属圣马丁还是荷属安的列斯的一部分。2010 年 10 月 10 日，荷属安的列斯解体，荷属圣马丁成为荷兰的自治国，实行高度自治，该旗为其专有。荷属圣马丁旗为矩形，长与宽之比为 3 : 2，旗面由两条平行相等的红色和蓝色的横条以及左侧的一个白色等腰三角形组成。等腰三角形中间绘有荷属圣马丁徽。旗的红、蓝、白三种主色调与荷兰国旗相同。红色象征战争和流血，蓝色象征和平和赦免保证，白色象征纯洁和信念。一说红色代表团结和勇气，白色代表和平和友谊，蓝色代表环境、天空、海滩和海洋。荷属圣马丁旗有点类似于菲律宾国旗，但是红色和蓝色横条顺序相反。

荷属圣马丁徽

于 1982 年 11 月 17 日采用。主体图案为带有红色边框的盾形，盾面为浅蓝色，正中绘有老法院宫。左上角绘有荷属圣马丁花橙色鼠尾草，右上角绘有荷兰—法国友谊纪念碑。盾上方有一只在黄色升起的太阳前面飞行的荷属圣马丁鸟褐鹈鹕。盾下方的黄色条带上写有荷属圣马丁格言"永远前进"（SEMPER PRO GREDIENS）。

总督旗

荷属圣马丁总督是荷兰国王在荷属圣马丁的代表，其代表和保卫荷兰王国的整体利益，是荷属圣马丁政府首脑，向荷兰王国政府负责。荷属圣马丁总督有专有的旗帜。2010 年 9 月 20 日，荷兰国王对荷属圣马丁总督旗的构成做出下列规定：荷属圣马丁总督旗为矩形，长与宽之比为 3∶2，顶部和底部绘有红色、白色和蓝色顺序的条纹（与荷兰国旗的颜色相同），每一条纹宽度等于旗的 1/12。旗顶部和底部条纹之间旗面为白色，中央为圆形荷属圣马丁徽，圆直径为旗长的 5/12；圆的外圈是一橙色环带，圆面为天蓝色，中央绘有白色的老法院宫。总督在菲利普斯堡时，总督府飘扬总督旗。总督车上也配有小型总督旗。

荷属圣马丁歌

《可爱的圣马丁岛的土地》（*O Sweet Saint Martin's Land*）是法属圣

马丁和荷属圣马丁共同的地区歌。词曲作者为热拉尔·肯普斯（Gerard Kemps）。详见法属圣马丁国歌。

荷属圣马丁格言

"永远前进"（Semper pro grediens）。

荷属圣马丁语

荷属圣马丁官方语言为荷兰语、英语，但一些人讲以英语为基础的克里奥尔语，一些人讲帕皮阿门托语（Papiamento），一些人讲西班牙语。

英语是圣马丁岛的日常行政语言和交流语言，也是大多数人的第一语言。荷属圣马丁政府在与荷兰政府沟通时使用荷兰语，之前荷属安的列斯政府也是这样的。当地标牌使用荷兰语和英语。政府文件继续使用荷兰语。荷属圣马丁有英语和荷兰语中学。荷兰政府对圣马丁和三S岛的政策促进了中学英语教育。

荷属圣马丁花

橙色鼠尾草（orange-yellow sage），是唇形科鼠尾草属的植物。管状花目，唇形科，鼠尾草属。多年生草本植物，根粗壮，木质茎高6～40厘米，叶大多数基生，间有1～2对茎生。花萼呈钟形，长9～10毫米，花冠颜色多种，有橙黄、白、深蓝及紫色等。

荷属圣马丁鸟

褐鹈鹕（pelican）。也是法属圣马丁鸟。详见法属圣马丁鸟。

荷属圣马丁球

足球。荷属圣马丁最普及的运动是足球。受荷属圣马丁足球协会

（Sint Maarten Soccer Association）管理。荷属圣马丁足球协会不属于国际足联，不能参加世界杯。2002 年，它成为中北美洲及加勒比海足球协会（CONCACAF）准成员，2013 年 4 月，在中北美洲及加勒比海足球协会举行的第 18 届大会上成为正式成员。荷属圣马丁足球协会还是加勒比海足球联盟的成员，并于 1989 年首次参加加勒比海杯。荷属圣马丁足球比赛在菲利普斯堡拉乌尔伊利杰体育中心（Raoul Illidge Sports Complexin）举行。拉乌尔伊利杰体育中心建于 1987 年，可容纳 3000 名观众，以赞助建设该球场的当地慈善家拉乌尔·伊利杰的名字命名。2013 年该体育中心暂时关闭重修，以修建排水系统、安装人造草皮等。

荷属圣马丁菜

卡利亚洛汤（callaloo soup）。也是特立尼达和多巴哥和法属圣马丁等国和地区菜。

殖民时期，从西非贩运来的黑奴带来了西非的饮食，和当地饮食特点相结合后，形成了荷属圣马丁食品卡利亚洛。卡利亚洛是一种呈绿色的汤菜。主要原料为达申叶（Dasheen，一种热带块茎植物，又称芋头叶），其他配料有奥克罗（Ochro，当地一种植物）、黄油、细香葱、胡椒、洋葱、芳香带苦味的安格斯图拉树皮、咸猪肉、青椒以及香料、奶油等。制作时，先把达申叶的叶柄和主脉去掉，把剁碎的奥克罗、达申叶和洋葱等混合在一起放入一个锅中加上水炖 1 小时。在另一个锅中把咸猪肉煮沸，去掉肉中多余的盐分，然后把咸猪肉捞出并与青椒一起放入第一个锅中，合炖 1.5 小时。喝卡利亚洛汤时，要配上鲜美的陆栖蟹肉饼。

在荷属圣马丁首府菲利普斯堡，有法国、荷兰、意大利和克里奥尔风味与当地食材混合而创造出来的美味菜肴。荷属圣马丁以海鲜美食著称，主要配料是龙虾，其他配料有深受欢迎的芭蕉和蔬菜梨，这些配料可以放在一起炒或蒸熟，制成炖菜或汤。在克里奥尔美食中，细香葱是必不可少的配料。用细香葱、辛辣的辣椒、香草、糖、醋和油制成的酱汁（sauce chien）很有名，素菜散发出烤肉和烤鱼的味道，类似我国素菜馆用素菜做出的荤菜。

荷属圣马丁酒

瓜瓦贝里（Guavaberry）酒。瓜瓦贝里酒是由用细橡木桶装的陈年朗姆酒、蔗糖和圣马丁岛野生瓜瓦贝里混合而成的酒。瓜瓦贝里源于加勒比印第安语，是生长在圣马丁岛中部山区的一种稀有水果树。瓜瓦贝里与番石榴（Guava）不同，是卡姆果（Camu）的近亲，类似于酸果蔓（cranberry）的果实。瓜瓦贝里酒带有木香、果香、辣、苦和甜的特殊味道。瓜瓦贝里树高矮不一，有的仅高几米，有的则可高达 20 米。其树枝为红褐色，花朵不多，为粉色和白色。成熟的浆果呈球形，直径为9～14毫米，差不多为樱桃的一半，呈橙黄色或暗红色，味道相当甜。几百年前，瓜瓦贝里酒就已在圣马丁岛的家庭作坊开始酿造，成为圣马丁岛文化和传统的组成部分，并经常出现在圣马丁岛的歌曲和故事中。瓜瓦贝里酒曾被称为圣诞节酒。节日期间，众多歌手走家串户。在各家门前高唱"早上好，早上好，我来讨要瓜瓦贝里酒。"户主纷纷从橱柜取出珍藏的瓜瓦贝里酒瓶，往小酒杯中倒入瓜瓦贝里酒，送给歌手饮用。随着时间的推移，瓜瓦贝里酒已成为荷属圣马丁酒，并成为该地区的象征之一。荷属圣马丁首府菲利普斯堡主要街道弗龙特大街有一家瓜瓦贝里百货店（Guavaberry Emporium），供应荷属圣马丁酒瓜瓦贝里酒以及用瓜瓦贝里制成的果汁、饮料、馅饼、蛋糕等，非常受外来游客的欢迎。

宗教

荷属圣马丁新教徒居多，但也有相当多的人信仰天主教。根据 CIA The World Factbook 提供的 2011 年估计数字，荷属圣马丁新教徒占人口的 41.9%，其中五旬节派信仰者占 14.7%，卫理公会信仰者占 10.0%，基督复临安息日会信仰者占 6.6%，浸信会信仰者占 4.7%，圣公会信仰者占 3.1%，其他新教信仰者占 2.8%。天主教徒占人口的 33.1%，印度教徒占 5.2%，基督教徒 4.1%，耶和华见证人信仰者 1.7%，福音派信仰者 1.4%，穆斯林和犹太教徒占 1.1%，其他占 1.3%（涉及佛教、锡克教、拉斯特法里派），无信仰者占 7.9%，不明的占 2.4%。

天主教荷属圣马丁菲利普斯堡图尔圣马丁教区是库拉索岛威廉斯塔德主教管区的一部分。现在，威廉斯塔德教区主教为路易斯·安东尼奥·塞科（Luis Antonio Secco）。图尔圣马丁教区由圣言会（Divine Word Missionaries）的两名教士主持。他们是亚当·奥莱什丘克（Adam Oleszc-zuk）和约哈尼斯·巴利（Yohanes Bally）。1844 年，位于菲利普斯堡前街的第一座天主教堂奠定了基石。1952 年 5 月 30 日，建成了图尔的圣马丁罗马天主教教堂（Stmartin of Tours Roman Catholic），共花费 132659 荷兰盾，根据今天的汇率约为 74000 美元。1897 年在辛普森湾建造起一座小教堂，1965 年被海洋玛丽星小教堂（Church of Mary Star of the Sea）所替代。1977 年在南沃德建立了基督复活教堂（Risen Christ Church）。

荷属圣马丁保护神

圣马丁（St. Martin of Tours，316~397）。在荷属圣马丁首府菲利普斯堡天主教堂门前矗立着保护神圣马丁雕像。圣马丁是许多地方的保护神。参见法属圣马丁保护神。

货币

荷兰安的列斯盾（Netherlands Antillean Guilder，ANG；荷兰语：Gulden）。1 荷兰安的列斯盾 = 100 分（Cents；荷兰语：Centen）。至 2019 年，荷属圣马丁和库拉索使用荷兰安的列斯盾，但库拉索和荷属圣马丁计划用加勒比盾（Caribbean Guilder，CMG；荷兰语：Caribische Gulden）取代荷兰安的列斯盾，但荷兰安的列斯盾将继续流通。

18 世纪荷属安的列斯流通荷兰盾（Dutch Guilder）。1794 年荷属西印度群岛有了专有的铸币，这时 1 荷兰安的列斯盾等于 20 斯托伊佛（Stuiver）。1799～1828 年，荷属西印度群岛发行雷阿尔（Reaal），1 雷阿尔 = 6 斯托伊佛，或 3⅓ 雷阿尔 = 1 盾。1828 年，荷属西印度群岛重新发行荷兰盾，1 荷兰盾 = 100 分。当荷属安的列斯使用的货币再次发行时，头批纸币和硬币的名称用了库拉索（Curaçao）之名。1892 年和 1900 年发行的货币以荷兰货币的名字命名。1952 年发行的货币使用了"荷属安的列斯"（Netherlands Antilles，荷兰文：Nederlandse Antillen）的名字。1940 年，德国占领荷兰，荷属圣马丁与荷兰货币的联系被打破，于是盯住美元，1.88585 荷兰盾 = 1 美元。1971 年联系汇率制度调整为 1.79 荷兰盾 = 1 美元。1986 年阿鲁巴脱离荷属安的列斯。不久之后，阿鲁巴开始发行自己的货币，阿鲁巴弗罗林取代平价的荷兰安的列斯盾。

1794 年，用于荷兰西印度群岛、面值为 2 斯托伊佛，1/4、1 和 3 荷兰盾的银币发行。1828 年荷兰盾重新引入后，1838 年，一些 1 荷兰盾被切割为 1/4 荷兰盾，生产出压印"C"字的 1/4 盾铸币。1900 年和 1901 年，1/10 和 1/4 银盾铸币发行，与荷兰铸币一道流通。德国占领荷兰和荷属安的列斯货币与荷兰分离后，1942 年发行了 1 分铜币，1943 年发行 5 分铜镍合金硬币。1944 年发行了 2½ 铜币以及 1 和 2½ 银币。1941 年至 1944 年发行的铸币在美国铸造，带有"P"或"D"的标志，大多数面额的铸币上绘有小棕榈树。这种钱币也在苏里南使用。1970 年，镍币取代银币。1978 年重新发行 2½ 盾铸币。1979 年引入 1 分和 2½ 分铝币。1989 年发行 1 分和 5 分铝币，10 分和 25 分镍合钢币，50 分、1 和 2½ 镀金钢币。随后在 1998 年发行 5 盾镀金钢币。铸币有荷兰贝娅特丽克丝（Beatrix）像，正面为荷属安的列斯徽。

1892 年库拉索银行发行面额 25 分和 50 分、1 盾和 2½ 盾纸币。这是仅有的一次发行面值为分的纸币。1900 年发行 5 盾、10 盾、25 盾、50 盾、100 盾、250 盾和 500 盾纸币。1920 年暂停发行 1 盾和 2½ 盾纸币，但 1942 年政府重新发行。从 1954 年起，库拉索银行发行的纸币反面出现了"荷属安的列斯"（Nederlandse Antillen）的名称，1955 年发行了带有荷属安的列斯名称的 2½ 盾纸币。1962 年库拉索银行更名为荷属安的列斯银行。从 1969 年起，发行的纸币开始注有 1967 年 8 月 28 日的日期。这些纸币用法规纪念碑（Statuut）代替了寓言女人的形象。1962 年以后 500 盾纸币不再发行。

1998 年发行的一套纸币由 10 盾（蜂鸟）、25 盾（火烈鸟）、50 盾（领口麻雀）和 100 盾（蕉林莺）组成，上述四种鸟都绘于纸币正面。1986 年版 5 盾（黄鹂）和 250 盾（加勒比模仿鸟）停止发行，5 盾纸币由 4 盾硬币取代，而 250 盾纸币在库拉索和圣马丁不被广泛使用。纸币的尺寸维持 147 毫米 × 66 毫米，各面值纸币颜色经过严格挑选，以相互区别。

荷属安的列斯铸币由 1 分、5 分、10 分、25 分、50 分和 1 盾、2½ 和 5 盾组成，1 盾 = 100 分。

1 分铸币由铝制成，直径为 14 毫米，重 0.7 克。正面由两个圆组成，内圆绘有橘枝水果，外圆边缘镌刻"荷属安的列斯"（Netherlands Antilles）字样。背面中心为币值 1 分（1c），边缘绘有贝壳和铸造铸币的年份。有磨边。

5 分铸币由铝制成，圆形，直径为 16 毫米，重 1.16 克。正面由两个圆组成，内圆绘有橘枝水果，外圆边缘镌刻荷兰文"荷属安的列斯"（Netherlands Antilles）字样。背面中心为币值 5 分（5c），边缘绘有贝壳和铸造铸币的年份。5 分铸币还被称为"Stuiver"，荷兰语意为"小钱"。

10 分铸币由镍合钢制成，圆形，直径为 18 毫米，重 3 克。正面由两个圆组成，内圆绘有橘枝水果，外圆边缘镌刻荷兰文"荷属安的列斯"（Netherlands Antilles）字样。背面中心为币值 10 分（10c），边缘绘有贝壳和铸造铸币的年份。10 分铸币还被称为"dubbeltje"，荷兰语意为"1 角钱"。

25 分铸币由镍合钢制成，圆形，直径为 20.2 毫米，重 3.5 克。正面由两个圆组成，内圆绘有橘枝水果，外圆边缘镌刻荷兰文"荷属安的列斯"（Netherlands Antilles）字样。背面中心为币值 25 分（25c），边缘绘有贝壳和铸造铸币的年份。有磨边。25 分铸币还被称为"kwartje"，荷兰语意为"四分之一"。

50 分铸币由镀金粘钢制成，方形，长和宽各为 20 毫米，重 5 克。四边形正面内有两个圆，内圆绘有橘枝水果，外圆边缘镌刻荷兰文"荷属安的列斯"（Netherlands Antilles）字样。背面中心为币值 50 分（50c），边缘绘有贝壳和铸造铸币的年份。有磨边。50 分铸币还被称为"groot stuiver"，荷兰语意为"大小钱"。

1 盾铸币由镀金粘钢制成，圆形，直径为 24 毫米，重 6 克。正面中心为国王像，像的周围写有大写荷兰文"WILLEM-ALEXANDER KONING DER NEDERLANDEN"，意为"荷兰国王威廉·亚历山大"。背面为荷属安的列斯国徽和面值 1 盾（1G）以及荷兰文"荷属安的列斯"。底部是铸造年份。硬币的边缘光滑，上面写有"上帝与我们同在"（God be with us）的字样。

$2\frac{1}{2}$ 盾铸币由镀金粘钢制成，圆形，直径为 28 毫米，重 9 克。正面中心为王后像，像的周围写有大写荷兰文"BEATRIX KONINGIN DER NRDERLANDEN"，意为"荷兰王后贝娅特丽克丝"。背面为荷属安的列斯国徽和面值 $2\frac{1}{2}$ 盾（$2\frac{1}{2}$ G）以及荷兰文"荷属安的列斯"。底部是铸造年份。硬币的边缘光滑，上面写有"上帝与我们同在"的字样。$2\frac{1}{2}$ 盾铸币还被称为"rijksdaalder"，荷兰文意为"$2\frac{1}{2}$ 盾硬币"。

5 盾铸币由镀金粘钢制成，圆形，直径为 26 毫米，重 14 克。正面中心为国王像，像的周围写有大写荷兰文"WILLEM-ALEXANDER KONING DER NEDERLANDEN"，意为"荷兰国王威廉·亚历山大"。背面为荷属安的列斯国徽和面值 5 盾（5G）以及荷兰文"荷属安的列斯"。底部是铸造年份。硬币的边缘光滑，上面写有"上帝与我们同在"（God be with us）的字样。

阿鲁巴

名称

阿鲁巴（Aruba）。阿鲁巴是荷兰王国的一个自治国（Autononvous Country），与荷兰之间的关系类似一种联邦（Commonwealth）体制。位于加勒比海南部小安的列斯群岛最西端的一个岛屿，在委内瑞拉海岸以北29公里，岛长19.6英里（相当于31.54千米），宽6英里（相当于9.66千米）。阿鲁巴之名的来源有多种说法，一说源于西班牙语"oro huba"，意为"有黄金"；一说源于印第安加勒比语的"ora"和"oubao"，分别意为"壳"和"岛"；一说来自古代金矿，阿鲁巴的意思是"红金"。1499年西班牙人占领该岛后，传说西班牙人曾在此淘金，"阿鲁巴"一词即由西班牙语"黄金"转化而来；一说阿鲁巴为印第安加勒比语"贝壳"之意；一说阿鲁巴原为原住民印第安人的一种运动，他们以此运动为重要习俗，并以此命名该岛。欧洲人抵达这里后，沿用了土著人的名称。它与隶属荷属安的列斯的库拉索岛（Curaçao）和博奈尔岛（Bonaire）经常被合称为"ABC群岛"。1499年5月西班牙船长阿隆索·德奥赫达（Alonzo de Ojeda）在库拉索岛登陆时，因岛上原住民身材高大，便把ABC群岛称为"巨人群岛"（Islas de los Gigantes）。

首府

奥拉涅斯塔德（Oranjestad）。阿鲁巴首府，也是最大城市。位于该岛西端的南海岸。在当地帕皮亚门托语中，奥拉涅斯塔德常被简称为"Playa"，意为"海滩"。该城是1796年祖特曼堡（Fort Zoutman）修建后不久围绕该堡发展起来的。最初它没有正式名称，只是马湾（Bay of Horses）的一座城镇。19世纪20年代，阿鲁巴发现冲击金矿，人们对阿鲁巴的兴趣大增，该城以荷兰王国第一位国王奥兰治-拿骚亲王威廉（Willem van Oranje-Nassau）之名命名。

祖特曼堡

阿鲁巴注册的纪念建筑有300处，在阿鲁巴纪念建筑办公室的推动下，不少纪念建筑得到修复或重新安置。位于奥拉涅斯塔德港附近的祖特曼堡（Fort Zoutman）是阿鲁巴著名的纪念建筑物，也是阿鲁巴最古老的建筑。1798年由荷兰军队修建，当时安置了4门炮，以防御海盗袭击和保卫城市。1826年祖特曼堡曾重修。1830～1834年不再驻军。1859年，阿鲁巴警察大队占据祖特曼堡，紧靠东墙和西墙建起牢房。1868年，在祖特曼堡的西部，建立了威廉三世塔，作为该堡的附属部分。威廉三世塔作为灯塔使用了很长时间，1868年开始使用煤气灯，1935年电气化。1963年其被移走。1983年对祖特曼堡和威廉三世塔进行了修复并重新开放，成为阿鲁巴历史博物馆（Historical Museum of Aruba）。每周二祖特曼堡举办欢迎节（Bonbini Festival），游人可欣赏到岛上的民俗音乐和舞蹈，了解这里的风土人情和人文历史。

阿鲁巴之父

贝蒂科·克罗埃斯（Betico Croes），生于1938年1月25日。阿鲁巴政治活动家，被称为"阿鲁巴之父"（Father of the Aruban Nation）。曾是人民选举运动党（Movimiento Electoral di Pueblo）领袖，阿鲁巴从荷属安的列斯分离的提出者和促进者，是1976年制定阿鲁巴地区旗、地区徽和地区歌的负责人。1977年，克罗埃斯组织关于阿鲁巴独立的公民投票，支持票占83%。1981年2月圆桌会议上，通过了克罗埃斯提出1991年阿鲁巴独立的建议，但在1983年3月圆桌会议改变了独立时间，规定独立分两步走：第一步，1986年阿鲁巴从荷属安的列斯独立；第二步，1996年阿鲁巴从荷兰独立（后来阿鲁巴只成为荷兰自治国，1994年阿鲁巴政府与荷兰、荷属安的列斯政府商议后，决定无限期延长过渡时期）。1985年12月31日克罗埃斯在阿鲁巴脱离荷属安的列斯前夕因车祸昏迷，1986年11月21日去世。多年来，有人认为他死于政治谋杀，据说有人在发生事故时看到一辆小汽车飞速驶离事故地点，但未得到证实。为了纪念贝蒂科·克罗埃斯，其诞辰1月25日为阿鲁巴公共节日，称为"贝蒂科·克罗埃斯日"（Betico Croes Day）；为纪念他而设立了阿鲁巴贝蒂科·克罗埃斯解放者杯；奥拉涅斯塔德主要商业街也以他的名字命名。

阿鲁巴旗

　　1976年阿鲁巴举行地区旗选拔赛，630多件作品参赛，现阿鲁巴地区旗拔得头筹。1976年3月16日，阿鲁巴议会批准现阿鲁巴地区旗。同月18日，阿鲁巴地区旗第一次飘扬在阿鲁巴首府奥拉涅斯塔德上空。阿鲁巴地区旗为矩形，长与宽之比为3∶2。旗底为浅蓝色（被称为飞燕草"Larkspur"）。下方有两条黄色条纹（被称为彩旗黄"Bunting Yellow"）。左上方有一颗红色四角星（被称为联邦旗红"Union Flag Red"），星有白色饰边。蓝色象征天空、海洋、和平、希望、阿鲁巴的未来和与过去的联系；黄色代表阿鲁巴和荷兰之间的联合、阿鲁巴黄色地区花万格洛（Wanglo）以及太阳和金矿。红星为四角代表罗盘的四个方位，象征很多阿鲁巴人来自四面八方，红星还代表阿鲁巴岛本身是蓝色海洋中白色海滩镶嵌的一片红壤土地，红色代表阿鲁巴的印第安人为阿鲁巴洒下的热血。星星周围的白色边框代表纯洁、诚实和阿鲁巴岛的白色沙滩。旗帜的蓝色象征海洋的颜色。黄色条纹代表阿鲁巴成为荷兰王国独立自治成员的运动，也代表 19 世纪给岛民带来繁荣的大地的矿物财富。阿鲁巴旗代表阿鲁巴人的联系、希望和愿望。每年的 3 月 18 日为阿鲁巴的地区旗和地区歌日，这一天是阿鲁巴的公共假日，在首府奥拉涅斯塔德举行盛大纪念活动。这一天也被视为阿鲁巴的国庆日。

阿鲁巴徽

阿鲁巴徽的原始设计是 1955 年在阿姆斯特丹完成的，从那以后，它就成为阿鲁巴的标志。阿鲁巴徽为盾形，主要由七部分组成：盾顶上的狮子顶饰象征权力和慷慨；把盾分为四部分的白十字表示忠诚和信仰；盾面四部分中的左上部分盾面为蓝色，上绘有黄色芦荟，它是阿鲁巴第一重要出口商品；右上部分盾面为黄色，上绘蓝色海面突起一座山，它是阿鲁巴最知名和第二高山胡伊贝格山（Hooiberg），象征阿鲁巴岛从海中升起；左下部分盾面为黄色，上绘两手紧握，代表阿鲁巴同世界的友好关系；右下部分盾面为红色，上绘白色齿轮，代表工业；盾下面的一对月桂树枝，是和平与友谊的传统象征。

总督旗

阿鲁巴总督是荷兰国王在阿鲁巴的代表，代表和维护荷兰王国的利益，是阿鲁巴政府首脑，向荷兰王国政府负责。阿鲁巴总督有专门的旗帜。阿鲁巴总督旗于 1985 年 10 月 29 日被批准，1986 年 1 月 1 日正式使用。阿鲁巴总督旗旗底为白色，顶部和底部各有三条红、白和蓝色横条纹，每个条纹占总督旗高度的 1/12。红、白和蓝色横条纹代表荷兰国旗，表示阿鲁巴同荷兰的关系。在总督旗中心，有一个浅蓝色圆盘，直径为旗高度的 5 /12。圆盘上部绘有镶白边的红色四角星，圆盘下部绘有两条黄色横条纹。镶白边的红色四角星和两条黄色横条纹都来自阿鲁巴旗。

阿鲁巴歌

《阿鲁巴，我们的国家》（*Aruba Dushi Tera*）。词作者为胡安·查巴亚·兰佩（Juan Chabaya Lampe），是阿鲁巴音乐家、歌唱家、作家，被尊为"加勒比之父"（Padú del Caribe，生于 1925 年），他创作了阿鲁巴国歌歌词。最后一段歌词作者为乌韦尔特（利奥）·博伊［Hubert（Lio）Boi］。曲作者为鲁福·韦弗（Rufo Wever，1917～1977）。1976 年 3 月 18 日《阿鲁巴，我们的国家》被批准为阿鲁巴歌，这一天也成为阿鲁巴歌日。歌词用帕皮阿门托语（Papiamento）写成。

阿鲁巴国歌中译文：

第一段：

阿鲁巴可爱的祖国

我们可敬的摇篮

你虽小或许也简单

却受尊崇无边

合唱：

亲爱的祖国阿鲁巴

我们的石头岛多可爱

我们对你的爱多强烈

任何力量不能翻

任何力量不能翻

第二段：

你的海滩多么让人赞叹

都被棕榈来装扮

你的国徽和旗帜

象征标志让我们豪气冲天

合唱

第三段：

    我们的人民伟大

    是真诚的体现

    愿上帝引导对自由的爱

    并存在永远

合唱

阿鲁巴歌帕皮阿门托语歌词原文：

I.

1. Aruba patria aprecia

nos cuna venera

chikito y simpel bo por ta

pero si respeta.

Chorus

O, Aruba, dushi tera

nos baranca tan stima

Nos amor p'abo t'asina grandi

Cu n'tin nada kibre

Cu n'tin nada kibre

2. Bo playanan tan admira

cu palma tur dorna

bo escudo y bandera ta

orgullo di nos tur!

Chorus

3. Grandeza di bo pueblo ta

su gran cordialidad

cu Dios por guia y conserva

su amor pa libertad！

Chorus

歌词原文见 http://www. nationalanthems. us/forum/YaBB. pl？ num = 11 12430556/1。

阿鲁巴格言

"一个幸福岛"（One Happy Island）。

阿鲁巴语

阿鲁巴是多民族国家，多种语言普遍存在，其中大多数人能说四种以上语言。荷兰语原为阿鲁巴官方语言，所有的官方文件都以荷兰文记述流通，学校以荷兰语授课。但据 2000 年统计，在阿鲁巴人口中，讲帕皮阿门托语的人口占 66.3%，讲西班牙语的占 12.6%；讲英语的占 7.7%；讲荷兰语的只占 5.8%。2003 年 3 月 19 日，阿鲁巴宣布帕皮阿门托语与荷兰语同为阿鲁巴官方语言。为了与国际环境和周遭大部分使用西班牙语的国家接轨，英语在阿鲁巴也有不少人在使用，并且被列入官方制定的教育课程中。儿童从四年级起开始学习英语，从五年级起开始学习西班牙语。

阿鲁巴当地居民的母语为帕皮阿门托语，这是一种以西班牙语、非洲葡萄牙语为基础，杂有荷兰语、英语、阿拉瓦克印第安语乃至非洲语词语的克里奥尔语，主要在 ABC 岛屿（阿鲁巴岛、博奈尔岛、库拉索岛）上流行。在阿鲁巴被称为 Papiamento，在博奈尔和库拉索则被称为 Papiamentu。1976 年起，阿鲁巴的帕皮阿门托语有了自己的拼写字母。然而，早在 1775 年库拉索岛一个犹太人的一封信中就已出现帕皮阿门托语文字，表明帕皮阿门托语已经存在 300 多年。1871 年第一份帕皮阿门托语报纸问世。19 世纪中叶，帕皮阿门托语曾是书面材料选择的语言，包括天主教圣歌和教科书。帕皮阿门托语作为教学语言存在了很长时间，直至荷兰规定教学语言只能用荷兰语。

帕皮阿门托语是讲不同语言的人在相互接触中发展起来的一种语言，它是被作为通用语与其他人沟通而使用的一种语言。这是一种克里奥尔语，其词语主要来自西班牙语，同时掺杂葡萄牙语、印第安阿拉瓦克语以及多种非洲语。帕皮阿门托语最初以非洲黑奴带来的非洲葡萄牙语为基础，后来从巴西荷兰语区来的西班牙犹太人促进了该语的发展，再后来随着移民的增多和地理位置靠近讲西班牙语的委内瑞拉和哥伦比亚，帕皮阿门托语受到西班牙语的极大影响。帕皮阿门托语不是西班牙语的变种，因为其语法与现代西班牙语明显不同，而且它包含大量来自葡萄牙语和英语的词语。其语法更类似于非洲葡萄牙克里奥尔语。一般来说没有词位变化和动词变位，仅有过去分词。在表达动词时态时，在动词前加入时态前置词，例如，"mi lo biba"，意为"我将生活"；在动词 biba（生活）前加入时态前置词"lo"，"lo"表示动词的将来时。帕皮阿门托语句子中单词的顺序为主语、动词和宾语。另外，帕皮阿门托语使用的代词没有性的差别。

1995 年以后，帕皮阿门托语在阿鲁巴才变得重要起来。1998 年，它开始被正式列入学校课程。从那时起，阿鲁巴接受了母语帕皮阿门托语。如今岛上帕皮阿门托语字典和帕皮阿门托语写成的童话一应俱全。

阿鲁巴花

万格洛花（Wanglo），是韭莲（Rainflower）的一种，花为黄色。在阿鲁巴旗中两条黄色条纹代表阿鲁巴花万格洛花。

阿鲁巴树

迪维迪维树（Divi-divi），又称风吹树（Windblown Tree）。因岛上

季风风大，且都向一个方向刮，迪维迪维树朝一个方向倾斜，外观上成为枝繁叶茂的歪脖子树。迪维迪维树是阿鲁巴树，是阿鲁巴的象征之一，也是阿鲁巴的名片。迪维迪维树原产于加勒比海地区、中美洲、墨西哥和南美洲北部，在阿鲁巴这种树通称为"Watapana"，其学名为"Caesalpinia Coriaria"。当地许多书和旅游杂志把这种树作为封面。

阿鲁巴鸟

穴居猫头鹰（Burrowing Owl）。学名为"Athene Cunicularia Hypugaea"。当地称之为"Shoco"，是特有亚种穴居猫头鹰，仅在阿鲁巴出现。穴居猫头鹰是鸮形目鸱鸮科的鸟类。个头小，约8英寸（相当于20.32厘米）高，体重超过5盎司。其羽毛是斑驳的棕色和白色，身体纤瘦，腿长，短尾，眼呈亮黄色，白眉毛。与许多其他猫头鹰不同的是，雌雄都是一样的尺寸。以啮齿类动物遗弃的洞穴为巢，或者自己打洞为巢，喜欢用多种发出恶臭的动物粪便来装饰自己的小窝。分布于美洲地区，可以住在不同的栖息地，活动在开阔的草地和农田或空地上。在阿鲁巴仙人掌、灌木丛和林中可见穴居猫头鹰。与大多数猫头鹰不同的是，穴居猫头鹰经常白天活动，尽管晚上也出来猎食。喜欢捕食个头大的昆虫（比如一些甲虫）和麻雀、老鼠等小动物。近年来，阿鲁巴穴居猫头鹰的数目不断减少，濒临灭绝，仅剩不到200对。为了保护这种珍稀鸟，阿鲁巴鸟类保护基金会发起了一场使穴居猫头鹰成为地区鸟的运动。2012年，穴居猫头鹰最终成为阿鲁巴地区鸟，并出现在阿鲁巴货币和邮票上。2012年还是阿鲁巴"穴居猫头鹰年"。阿鲁巴岛上的阿里科克国家公园（Arikok National Park）成为保护穴居猫头鹰的基地。

狂欢节

每年2月阿鲁巴狂欢节（Carnival Parade）是举国欢庆的日子。阿鲁巴狂欢节是20世纪30年代由加勒比移民引入的，1954年阿鲁巴举行的一系列小巷庆祝活动，拉开了狂欢节在阿鲁巴生根的序幕。1955 年阿鲁巴第一次公开举行狂欢节，首次选出狂欢节女王，欢乐的人们沉浸在绚丽多彩的歌舞中。1957 年阿鲁巴开始狂欢节传统大游行（Grand Parades）。1966 年 11 月 11 日 11 点 11 分，阿鲁巴狂欢节基金会（Stichting Arubaanse Carnaval）宣告成立，成为组织阿鲁巴狂欢节的领导机构，从此每年此时准点开始狂欢节。从 1981 年起，阿鲁巴岛最古老的蒂沃利社交俱乐部开始举行灯光游行，接着是儿童游行，随后是圣尼古拉斯狂欢节大游行，最后是奥拉涅斯塔德狂欢节大游行。忏悔星期二午夜，人们将一个真人大小的莫莫王雕像燃烧，标志着阿鲁巴岛狂欢节的结束。

2014 年 2 月 13 日，阿鲁巴邮政部门发行"阿鲁巴狂欢节 60 周年"纪念邮票 1 套 4 枚，表现了阿鲁巴狂欢节参与者精美的头饰。

阿鲁巴球

足球。阿鲁巴足协成立于 1932 年，多年来，阿鲁巴足球受到荷兰皇家足球协会的影响和帮助。1988 年加入国际足联，是中北美洲及加勒比海足球协会（CONCACAF）成员之一。阿鲁巴有 62 个注册足球俱乐部。阿鲁巴足球队 1924～1986 年曾代表荷兰安的列斯足球队出战。阿鲁巴国家足球队是现在世界上实力最弱的国家队之一，世界杯外围赛全部出局，从未参加国际足联世界杯和中北美洲及加勒比海地区金杯赛。阿鲁巴是加勒比海足球联盟的成员，但未获得参加加勒比杯的资格。在 2014 年 6 月 205 个国家和地区男子足球国家队世界排名中，阿鲁巴居第 165 位。

棒球也是阿鲁巴较普及的运动，这与委内瑞拉和一些加勒比岛国是一样的。

阿鲁巴食

奶酪耶纳（Keshi Yena）。1499 年西班牙人发现阿鲁巴并占领该岛后，西班牙饮食文化传入阿鲁巴。1636 年荷兰人夺得阿鲁巴控制权，荷兰饮食又对阿鲁巴饮食产生重大影响。奶酪耶纳是阿鲁巴最著名的食物，被视为阿鲁巴食。这种食物起源于荷属西印度群岛奴隶的食物，做法是把鸡肉、辣椒、酸豆、橄榄和西红柿混合起来加上香料一起放在豪达奶酪"壳"中烘焙后即得。"Keshi"源于帕皮阿门托语"kaas"，意为"奶酪"。

阿鲁巴啤酒

巴拉西啤酒（Balashi beer），阿鲁巴岛产啤酒，是 5 度全麦芽啤酒。用从苏格兰进口的麦芽、从德国巴伐利亚进口的啤酒花和该岛纯净水制成，不含人工添加剂。巴拉西啤酒是由布劳韦赖伊国家巴拉西酒厂（Brouwerij Nacional Balashi）生产制造的。巴拉西（Balashi）之名源于阿鲁巴沿海一地区名，该地区地处金矿废墟，1800～1916 年曾出现金矿繁荣。1996 年，阿鲁巴最大公司之一梅塔公司（MetaCorp）在巴拉西地区筹建该厂，1998 年动工兴建，1999 年 5 月酿造出阿鲁巴第一批啤酒，成为阿鲁巴第一个独特产品，味道类似于荷兰比尔森啤酒（Dutch Pilsner）。巴拉西啤酒的金色曾被象征阿鲁巴金矿。2001 年布鲁塞尔"世界品质评鉴大会"或"国际优质食品组织"（Monde Selection）的"世界精选啤酒"赛中，巴拉西啤酒夺魁。2004 年再获大金奖。巴拉西啤酒除满足当地供应外，还向库拉索和博奈尔出口。

宗教

主要宗教为天主教。据 www. mapsofworld. com 2010 年的统计，约有 75.3％的居民为天主教徒。4.9％信奉新教，其中卫理公会信仰者 0.9％，基督复临安息日会信徒占 0.9％，英国圣公会信仰者 0.4％，其他新教徒占 2.7％。耶和华见证人信仰者占 1.7％，其他宗教 12％，无宗教信仰者占 5.5％，未确定的占 0.5％。

1499 年西班牙发现阿鲁巴后，统治该岛超过 100 年，天主教也随之传入阿鲁巴。1508 年，首任主教把一个木制十字架作为礼物送给阿鲁巴酋长西马斯（Simas），天主教在阿鲁巴的影响日益扩大。阿鲁巴属于天主教卡斯特里大主教管区（Archdiocese of Castries）所辖的圣约翰－巴斯特尔主教管区（Roman Catholic Diocese of Saint John's-Basseterre）。2019 年阿鲁巴岛上有 8 个教区和 8 个教区教堂，一些小教堂不断增多。

在阿鲁巴众多教堂中，阿尔托维斯塔教堂（Chapel of Alto Vista）最为著名。阿尔托维斯塔教堂位于阿鲁巴诺德城（Noord）东北部沿海的一座山丘上，其名"Alto Vista"西班牙语意为"登高远眺"，因为从这里可远眺大海和整个阿鲁巴岛。它是一所石教堂，由来自委内瑞拉科罗的传教士多明戈·安东尼奥·希尔韦斯特雷（Domingo Antonio Silvestre）出资建于 1750 年，是阿鲁巴兴建的第一座教堂。来自委内瑞拉的一位教士带来一个 1 英尺（相当于 30.48 厘米）长的十字架，安装在教堂上。在这座草顶石墙教堂中，希尔韦斯特雷教士使大批印第安人皈依天主教。阿尔托维斯塔教堂被称为"朝圣教堂"。后来这里暴发瘟疫，大量人死亡，幸存者迁往诺德，在那里建立了阿鲁巴第二座天主教堂。1816 年阿尔托维斯塔教堂被遗弃，并变成废墟。1952 年，阿尔托维斯塔教堂在原地重建。阿鲁巴一位名叫弗朗西斯卡（Francisca）的教师，募集了 5000 弗罗林，买下荷兰制作的圣母像，放入新建的阿尔托维斯塔教堂。新教堂不大，长 50 米，宽 16 米，但红顶黄墙，显得十分醒目。1954 年，圣母雕像戴上阿鲁巴人捐献的镶嵌宝石的金冠。不幸的是，后来这座圣母雕像被一个疯子破坏，只得又换了一座新的圣母像。教堂周围修有多明戈·安东尼奥·希尔韦斯特雷等教士的白色坟墓。

阿鲁巴岛南部公路旁的塞罗埃普雷托（Seroe Preto）有一座独特的天主教堂——路德石窟（Lourdes Grotto）。路德石窟建于 1958 年，内有一尊重达 700 公斤的圣母玛利亚雕像。每年 2 月 11 日（路德夫人节），天主教徒结队从圣尼拉斯的圣特雷的西塔教堂出发，前往石窟举行弥撒。

阿鲁巴许多公共节日与天主教有关，如狂欢节、复活节、圣尼古拉斯节、圣尼古拉斯的拜访节、圣诞节等。

阿鲁巴的荷兰路德改革派有 3 所教堂，其他新教教派也有自己的教堂。奥拉涅斯塔德犹太社区有一座犹太教堂。

阿鲁巴还有不少人保留一种叫作"布鲁阿"（Brua）的本土信仰，他们相信幸运符、魔法、精神财产和算命。

货币

阿鲁巴弗罗林（Aruban Florin）。1 阿鲁巴弗罗林 = 100 分（Cent）。阿鲁巴原为荷兰安的列斯一部分时，采用与荷兰同样的货币单位"盾"，称为阿鲁巴盾（Aruban Guilder），国际货币代号为 AWG。1986 年阿鲁巴成为荷兰王国内的自治国后，根据中央银行条例，成立了阿鲁巴中央银行（Centrale Bank van Aruba），发行了与美元挂钩的新的货币，单位阿鲁巴弗罗林，取代了阿鲁巴盾，国际货币代号仍是 AWG。

1986 ~ 1989 年，阿鲁巴中央银行发行面值为 5 阿鲁巴弗罗林的临时银行纸币、10 阿鲁巴弗罗林的临时银行纸币、25 阿鲁巴弗罗林的临时银行纸币、50 阿鲁巴弗罗林的临时银行纸币 和 100 阿鲁巴弗罗林的临时银行纸币。1990 年阿鲁巴发行、约翰·恩斯赫德父子公司（Joh. Enschedé en Zonen）印刷同面值新一套多色纸币。纸币图案设计者——该国画家埃韦利诺·芬戈尔（Evelino Fingal）为阿鲁巴考古博物馆馆长，他从古老的印第安人的绘画和罐的碎片中找到灵感，把前哥伦布时期的陶器的装饰图案与阿鲁巴岛特有动物的图画相结合。1993 年发行面值为 500 阿鲁巴弗罗林的纸币。2003 年发行新版 10 阿鲁巴弗罗林纸币、25 阿鲁巴弗罗林纸币、50 阿鲁巴弗罗林纸币、100 阿鲁巴弗罗林纸币和 500 阿鲁巴弗罗林纸币。新版纸币保留原来的外观，但提高了防伪性能。

10 阿鲁巴弗罗林纸币主要颜色为浅蓝色，上绘动物海螺。

25 阿鲁巴弗罗林纸币主要颜色为橙色，上绘动物响尾蛇。

50 阿鲁巴弗罗林纸币主要颜色为红色，上绘动物穴居猫头鹰。

100 阿鲁巴弗罗林纸币主要颜色为绿色，上绘动物青蛙。

500 阿鲁巴弗罗林纸币主要颜色为暗蓝色，上绘动物红石斑鱼。

阿鲁巴弗罗林铸币面值有 5 分、10 分、25 分、50 分和 1 阿鲁巴弗罗林与 5 阿鲁巴弗罗林。1986 年阿鲁巴中央银行在发行纸币的同时，发行了 5 分、10 分、25 分和 50 分，1 阿鲁巴弗罗林和 $2\frac{1}{2}$ 阿鲁巴弗罗林铸币。铸币图案设计者也是埃韦利诺·芬戈尔，由荷兰货币公司（Nederlandse Munt N. V.）铸造。1995 年方形 5 阿鲁巴弗罗林铸币代替 5 阿鲁巴弗罗林纸币，$2\frac{1}{2}$ 阿鲁巴弗罗林铸币停止流通。2005 年方形 5 阿鲁巴弗罗林铸币被圆形金色 5 阿鲁巴弗罗林铸币取代，因为老的方形 5 阿鲁巴弗罗林铸币容易被仿造。阿鲁巴弗罗林铸币大部分用镍合全钢制造，只有 5 阿鲁巴弗罗林铸币是用铜和其他金属铸造的。在外形上，只有 50 分铸币保留了方形，阿鲁巴人把它叫作"约廷"（Yotin）。在 1、$2\frac{1}{2}$ 和 5 阿鲁巴弗罗林铸币的背面绘有荷兰王国国家元首像。1986 年到 2013 年铸币绘有荷兰女王贝娅特丽克丝（Beatrix）像，从 2014 年起就改为国王威廉 - 亚历山大（Willem-Alexander）像。自 1986 年以来，每年阿鲁巴都要发行一套流通铸币，每套铸币都分别绘有阿鲁巴文化、动物、植物和历史建筑图案，例如，2001 年为历史建筑；2002 年为海洋活动；2003 年为阿鲁巴经历；2004 年为狂欢节 50 年；2005 年为阿鲁巴、奥拉涅斯塔德、贝壳岛；2006 年为阿鲁巴的史前岩石艺术；2007 年为奥拉涅斯塔德；2008 年为原生树木；2010 年为阿鲁巴鸟类；2011 年为阿鲁巴爬行动物；2012 年为阿鲁巴岛捕鱼；2013 年为阿鲁巴花卉。

1986～2015 年，阿鲁巴每年都发行一枚以上纪念金币或银币。如 1992 年发行巴塞罗那奥运会纪念银币；1994 年发行第二次世界大战胜利 50 周年纪念银币；1995 年发行海龟纪念银币；1996 年发行 1896 年亚特兰大奥运会开幕 100 周年纪念银币；2003 年发行动物系列壳鱼纪念银币；2004 年发行纪念女王小朱莉安娜（1909～2004）纪念金币；
2005 年发行贝娅特丽克丝女王在位 25 周年纪念金币；2007 年发行海豚
国际年纪念银币；2013 年发行阿鲁巴欢迎国王威廉－亚历山大纪念金/
银币；等等。

库拉索

名称

库拉索（Curaçao）。位于加勒比海南部，是南距委内瑞拉西北岸100 公里的岛屿。该岛原为荷属安的列斯群岛的一部分，2010 年 10 月 10 日后改制为荷兰王国的自治国。与邻近的阿鲁巴（Aruba）与博奈尔（Bonaire）常被合称为"ABC 群岛"。

库拉索的名称有多种说法，一说派生于葡萄牙语的"Coração"，意为"心脏"，指的是该岛作为贸易的中心。西班牙商人保留了该名，西班牙语化为"Curazao"，荷兰延续了该名称，荷兰语化为"Curaçao"。一说派生于葡萄牙语的"Curação"，意为"治疗"。传说葡萄牙人抵达库拉索岛时，一些患有维生素 C 缺乏病的水手上岸后，因食用了岛上大量水果，很快病就痊愈了，因此，把该岛命名为"Ilha da Curação"，葡萄牙语意为"治疗岛"。另一种解释为库拉索岛是岛上最早的居民阿拉瓦克人曾用来标识自己的名字，早期西班牙语曾用"库拉索印第安人"（Indios Curaçaos）称呼当地居民。帕皮阿门托语中库拉索的写法为"Kòrsou"。当地华人则称其为古拉索。岛上居民分属 50 多个不同的民族，是世界各地人种的杂居地，因此，人们叫它"世界岛"。库拉索又有"小阿姆斯特丹"之称。

首府

威廉斯塔德（Willemstad）。荷兰语意为"威廉城"。建于 1634 年，该城以荷兰王国第一位国王奥兰治－拿骚亲王威廉（Willem van Oranje-Nassau）之名命名。威廉斯塔德是库拉索最大的城市和主要港口。1997年，拥有独特风格建筑和港口入口的威廉斯塔德市中心被联合国教科文组织列为世界文化遗产。2010年10月10日，原"荷属安的列斯"解体，原"荷属安的列斯"首都威廉斯塔德成为"库拉索"的首府。

库拉索旗

2010年10月10日，原"荷属安的列斯"解体，"库拉索"作为一个荷兰王国框架内的自治国成立，并使用了自己的新地区旗。

库拉索旗长和宽之比为3∶2，旗面为蓝色。旗下半部有一条黄色条纹，旗面上蓝、黄、蓝部分之比为5∶1∶2。靠近旗杆左上角绘有两颗白色五角星，较小的星在较大的星左上方，分别代表库拉索岛和小库拉索岛（Klein Curazao），也代表"爱与幸福"。两颗星的五角代表库拉索居民来自五大洲。被黄色条纹分开的上部和下部蓝色旗面象征海洋和天空，黄色条纹象征照耀库拉索岛的灿烂阳光。

阿鲁巴采用自己的地区旗后，1979年库拉索也获得批准拥有自己的地区旗。1984年，库拉索举行地区旗竞选比赛。在评比委员会收到2000多个地区旗设计图案中，10个入围。通过评选，1982年11月29日评比委员会宣布马丁·登·杜尔克（Martin den Dulk）设计的地区旗拔得头筹。此后，马丁·登·杜尔克设计的地区旗经过多次修改，于1984年7月2日正式成为库拉索地区旗，7月2日这一天也成为库拉索的地区旗日（Dia di Bandera）。

库拉索徽

库拉索徽主体图案为盾形，盾分为左右两部分。左部分绘有海上一艘满载白银的帆船，荷兰国旗在旗杆上飘扬。右部分绘有一棵枝头上结满果实的苦橙树。盾中心绘有阿姆斯特丹城徽。盾的顶端绘有代表荷兰王朝的王冠。船只是从 1634 年起在库拉索岛上的荷兰东印度公司的象征。橙色代表荷兰皇族（奥兰治－拿骚）。苦橙是库拉索生产的库拉索酒的主要原料之一。盾中心的阿姆斯特丹城徽是荷兰东印度公司和库拉索首府威廉斯塔德阿姆斯特丹堡（Fort Amsterdam）的象征。

总督旗

库拉索总督在库拉索代表荷兰国家元首，即荷兰国王，代表和保护荷兰王国的整体利益，是库拉索政府首脑，但无任何政治权力，向荷兰王国政府负责。作为政府首脑，总督有豁免权，没有政治责任，不是内阁成员。库拉索总督任期 6 年，可延长一个任期。库拉索总督有自己的总督旗。旗面为白色，旗面顶部和底部各有红白蓝条纹，代表荷兰三色国旗。旗面正中绘有蓝色圆形，圆形西方有黄色条纹，圆形上部绘有两颗白色五角星，较小的星在较大的星左上方，与库拉索旗图案相同。

总督府

总督府在阿姆斯特丹堡内。阿姆斯特丹堡是位于库拉索首府威廉斯塔德的城堡，荷兰西印度公司建于 1634 年，当时其不仅作为军事堡垒，而且是西印度公司的总部。如今是库拉索政府和库拉索总督府所在地。阿姆斯特丹堡曾以西印度公司阿姆斯特丹商会之名命名，曾是库拉索岛八个堡垒中的主要堡垒。

17 世纪 30 年代，荷兰西印度公司在加勒比地区寻找新的前哨时瞄上了当时为西班牙属地的库拉索。1634 年荷兰海军上将约翰内斯·范瓦尔贝克（Johannes van Walbeeck）率领 200 名士兵登上库拉索岛，与守岛的 32 名西班牙士兵激战。西班牙士兵抵抗三个星期后，于 1634 年8 月 21 日投降。范瓦尔贝克下令在圣安娜湾建设一座堡垒，由荷兰军人和来自安哥拉的黑奴进行建设。然而因缺乏饮用水和食物，该堡条件很差，士兵们险些为提薪和增加食物配给而发生哗变。1635 年（或

1636 年）城堡建成，堡垒设计有 3 米宽的墙和 5 个堡垒，然而只建成 4 个堡垒，城堡上设有面向大海的大炮。1804 年阿姆斯特丹堡曾遭英军上尉 John Bligh 率领的军队占领，当年攻城堡时的子弹至今仍然嵌在城堡教堂的西南墙上。1929 年 6 月委内瑞拉人 Rafael Simón Urbina 带领 250 名士兵占领阿姆斯特丹堡，掠走堡上的武器、弹药和岛上的财宝，并把库拉索总督 Leonardus Albertus Fruytier 掠往委内瑞拉。随后，荷兰政府决定在库拉索岛永久驻扎海军陆战队和船只。如今，阿姆斯特丹堡内设有政府办公室和总督府。阿姆斯特丹堡成为世界遗产威廉斯塔德、内城及港口古迹区的一部分。

库拉索歌

《库拉索歌》（帕皮阿门托语为 *Himno di Kòrsou*）。1898 年为庆祝威廉明娜女王加冕，来自荷兰的教士拉杜尔普斯（Radulphus）最先撰写了库拉索歌歌词，当时歌名为《我们的祖国在每一个国家都鲜为人知》（帕皮阿门托语为 *Den Tur Nashon Nos Patria Ta Poko Konosí*）。庆祝活动期间，当地小学圣约瑟夫学校的学生用奥地利的蒂罗尔州歌《安德烈亚斯－霍弗之歌》（*Andreas-Hofer-lied*）的旋律唱教士拉杜尔普斯创作的歌。直到 1830 年才由教士坎迪多·努文斯（Cándido Nouwens）为拉杜尔普斯的歌词谱了曲。多年以来在荷兰国家假日女王日（或女王节）和其他正式场合演唱这首歌。1978 年库拉索政府请当地 4 名音乐家，即吉列尔莫·罗萨里奥（Guillermo Rosario）、马埃·恩里克斯（Mae Henriquez）、恩里克·马勒（Enrique Muller）和贝蒂·多兰（Betty Doran）改写歌词，并将歌名改为《库拉索歌》。1978 年 7 月 26 日，该歌正式成为库拉索歌。2003 年 6 月 18 日，库拉索政府颁布正式使用地区歌的规定。内容包括禁止用帕皮阿门托语以外的语言演唱地区歌、一般只唱地区歌头两节和最后两节，只有在总督、首相等高官任期开始时，政府组织的会议和官方活动升旗时唱全部 8 节歌词，电视台和广播电台在开始和结束时播放地区歌等。第一节准确概括了库拉索歌的主题，热情赞扬了宏伟的小岛库拉索。

库拉索歌中译文：

第一节：

  让我们放声高唱

  歌唱库拉索的荣光

  库拉索虽是小岛

  却像坚石屹立在海洋

第二节：

  库拉索我们爱你

  超过所有国家之上

  我们歌唱你的荣耀

  这是发自内心的赞扬

第三节：

  我们人民在斗争

  信心一直在心中

  坚持工作不松懈

  我们一定会成功

第四节：

  让我们齐心协力，

  为了岛屿的繁荣

  让我们团结起来

  取得胜利定能行

第五节：

  向祖国证明

  我们的荣誉和忠诚

  高举旗帜

　　　　我们民族团结向前冲

第六节：

　　　　我们的生命很短暂

　　　　奉献祖国虽死犹生

　　　　团结起来去战斗

　　　　为了自由、爱情和宽容

第七节：

　　　　当我们远离家乡

　　　　一切都让我们回想

　　　　库拉索的骄阳和海滩

　　　　让我们自豪难忘

第八节：

　　　　让我们赞美救世主

　　　　一直和永远

　　　　他使我们做库拉索人

　　　　令人骄傲

库拉索歌帕皮阿门托语原文：

1.

　　　　Lantá nos bos ban kanta

　　　　grandesa di Kòrsou；

　　　　Kòrsou isla chikitu,

　　　　Baranka den laman！

2.

　　　　Kòrsou nos ta stima bo

　　　　ariba tur nashon.

　　　　Bo Gloria nos ta kanta

di henter nos kurason.

3.

Nos pueblo tin su lucha,

ma semper nos tin fe

di logra den tur tempu

viktoria ku trabou!

4.

Ban duna di nos parti

p'e isla prosperá.

Laga nos uni forsa

p'asina truinfá.

5.

Nos patria nos ta demostrá

Honor i lealtat,

meskos na e bandera

union di nos nashon.

6.

Nos bida lo ta poko

pa duna nos pais,

luchando uní pa libertat,

amor i komprenshon.

7.

I ora nos ta leu fo'i kas

nos tur ta rekordá

Kòrsou su solo i playanan,

orguyo di nos tur.

8.

Laga nos gloria Kreadó

tur tempu i sin fin,

k'El a hasi nos digno

di ta yu di Kòrsou!

歌词原文见 http://www.nationalanthems.info/cw.htm。

库拉索语

库拉索官方语言是荷兰语和帕皮阿门托语（Papiamentu）。2007年帕皮阿门托语与荷兰语一起成为库拉索官方语言。讲母语帕皮阿门托语的人口占库拉索人口的75%。其他语言还有西班牙语和英语。帕皮阿门托语属加勒比海克里奥尔语族，将欧洲语言与非洲语言相结合是其特色，融合了西班牙语、葡萄牙语、荷兰语、英语、非洲语和印第安阿拉瓦克语。历史学家认为，帕皮阿门托语之名来自西班牙语的"Papia"，"Papia"源于古西班牙语和葡萄牙语的"Papear"（说话）。帕皮阿门托语起源于17世纪来自非洲各地区奴隶同葡萄牙与荷兰主人的语言交流。与其他的克里奥尔语不同，帕皮阿门托语是库拉索社会共同语言，已成为库拉索主要组成元素之一。然而，早在1775年一个库拉索岛的犹太人的一封信中就已出现帕皮阿门托语文字，表明帕皮阿门托语已经存在300多年。1976年起，帕皮阿门托语有了自己的拼写字母。20世纪80年代中期，帕皮阿门托语被引入学校课程，20世纪90年代起，帕皮阿门托语也成为库拉索官方语言。参见阿鲁巴语。

世界遗产

1997年威廉斯塔德、内城及港口古迹区被联合国教科文组织世界遗产委员会列入《世界遗产名录》。世界遗产委员会评价：威廉斯塔德港口是荷兰人于 1634 年在加勒比海的库劳岛建成的一处优良的贸易港湾，这座城镇经历了几个世纪的繁荣后仍然继续发展，当代的城镇清晰地反映了历史小城的特色，表现为欧式与荷兰风格建筑的结合，因为在当时西班牙与葡萄牙殖民者在此从事贸易活动。

库拉索岛是早期西班牙和荷兰殖民者的贩奴中心，曾经繁荣一时，保留有不同时期的多彩历史建筑，海港沿岸的彩色建筑具有独特的加勒比海风格。首府威廉斯塔德的历史地区内，大约有 750 幢建筑，大多数是历史性的城镇建筑，被列为纪念物。在城镇外的区域里，有 80 多个 18 世纪和 19 世纪的乡下建筑。威廉斯塔德有四个重要的历史区，它们是蓬达（Punda）、奥特拉班达（Otrobanda）、彼得马艾斯马尔（Pietermaai Smal）和斯卡卢（Scharloo）。1634 年荷兰从西班牙手中夺取库拉索时就建立了蓬达，蓬达之名源于荷兰语“de punt”；奥特拉班达则建于 1707 年，是威廉斯塔德新的地区，也是该城的文化中心。奥特拉班达源于帕皮亚门托语“otro banda”，意为“另一边”。彼得马艾斯马尔和斯卡卢分别建于 18 世纪和 19 世纪。蓬达和奥特拉班达是威廉斯塔德两个著名的历史区，由圣安娜湾（Sint Anna Bay）隔开，通过艾玛女王桥（Queen Emma Bridge）相连。蓬达的大街两旁，矗立着一座座粉色、黄色、鳄梨色建筑，令人赏心悦目。据说，1817 年，库拉索总督抱怨说，建筑物上耀眼的太阳光刺得他头疼，他下令把建筑物染上颜色。如今当局规定，各建筑必须保持鲜活的颜色，每两年必须进行粉刷。蓬达的阿姆斯特丹堡和犹太教堂米克维·以色列·伊曼纽尔（Mikvé Israel-Emanuel）是两座历史悠久的建筑。阿姆斯特丹堡曾是来自荷兰殖民地的总督彼德·史蒂文森的居所；犹太教堂米克维·以色列·伊曼纽尔则由来自阿姆斯特丹和巴西累西腓的犹太人建于 1651 年，一说建于 1732 年，是美洲大陆最古老的犹太教堂。奥特拉班达区有多条鹅卵石小巷，令人回想起 17 世纪荷兰城镇的景象。

库拉索花

基布拉阿查花（Kibrahacha）。当地基布拉阿查树开的亮黄色花朵。3~6月为开花时节，春雨过后，库拉索山坡基布拉阿查树缀满黄色花朵，鲜艳夺目，景象万千。

库拉索树

迪维迪维树（Divi-divi）。与阿鲁巴花相同。学名为"Caesalpinia coriaria"，是生长于加勒比、中美和南美的豆科乔木或大灌木。因受贸易风的影响，树干常扭曲，所以树高很难超过9米。叶为羽状复叶，有5~10对羽片，每个羽片各有15~25对小叶；每个小叶7毫米长、2毫米宽。果实为5厘米长的豆荚。参见阿鲁巴树。

库拉索鸟

拟掠鸟（Trupial，或称Troupial、Turpial）。与委内瑞拉国鸟同。库拉索岛栖息的鸟类众多，已注册鸟类有168种以上，其中51种是繁殖鸟，数十种是蜂鸟，71种来自北美，19种来自海鸟。鸟类有黄鹂、燕鸥、鹭、白鹭、火烈鸟等，其中拟掠鸟被视为库拉索地区鸟，它是最常见的本土鸟类，为中型鸟，长17~54厘米，嘴大而尖，尾长。头和胸部为黑色、腹部为明亮的橙色，黑翅膀带有白色条纹。眼睛为黄色，眼周围带有蓝色小斑点。筑巢于树上，其巢为囊状吊巢，故有吊巢鸟的别称。

狂欢节

狂欢节是库拉索最受欢迎、最长的节日，持续时间长达2个月。狂欢节起源于欧洲，19世纪库拉索延续了狂欢节传统，举办化装舞会和在私人会所游行，但直到1969年狂欢节才在库拉索真正普及开来，并成为最盛大节日。节日期间，库拉索不分肤色种族、男女老幼、贫富贵贱，人们载歌载舞，欢呼雀跃，形成欢乐的海洋。库拉索狂欢节有两个大游行，圣灰星期三前最后一个星期日的"大游行"（主游行）和圣灰星期三前的周二晚上的告别游行使狂欢节达到高潮。周日白天大游行，队伍始于罗斯福大街，到埃乌文斯大街结束。装饰华丽的彩车穿过街道，引起当地居民和外来游客的欢呼和喝彩。彩车上有舞者扮演的狂欢节女王（她代表地球之母，是生育和和平的象征）、狂欢节莫莫王（他作为不孕症、罪恶和坏运气的象征）、王子和潘乔（Pancho）。随着彩车缓缓行进，人们跳起欢乐的通巴舞（Tumba）。狂欢节庆祝活动通常持续到圣灰星期三前夕。周二晚上的告别游行中，花车装饰着闪亮的灯光，令人叹为观止。游行最后，燃烧充草大娃娃莫莫王，标志着狂欢节结束。

库拉索舞

通巴舞是库拉索最重要的舞蹈和音乐形式之一，也是库拉索当地特有的舞蹈和音乐类型，其重要如同巴西的桑巴舞。通巴歌词内容通常与社会现实乃至政治现象密切相关，可以借唱歌跳舞批评某个人或某个机构，也可以表达对某人的问候和赞美。通巴源于非洲，但其名源于17世纪的西班牙舞蹈。在梅伦格舞、其他加勒比黑人舞以及爵士舞影响下，通巴舞节奏发生变化，成为库拉索岛最受欢迎的舞蹈。狂欢节期间举办的为期4天的通巴节，是库拉索每年举行一次的音乐家、歌手和乐队的盛会。通巴节期间，首府威廉斯塔德庞达区人行道两旁已经变成舞池，少男少女翩翩起舞。与此同时，各地音乐家、歌手和乐队也云集在一起，推出各自得意的作品。经过评选，获胜者成为一年一度的通巴节"通巴国王"或"通巴皇后"。

库拉索球

足球。2010年库拉索改制为荷兰王国的自治国后，2011年库拉索足球协会加入国际足联。库拉索国家足球队由库拉索足球协会负责管理。在 2014 年 6 月 205 个国家和地区男子足球队世界排名中，库拉索居第 153 位。库拉索培养出一些知名足球运动员，如库拉索国家足球队成员库科·马蒂纳（Cuco Martina），2015 年效力于英格兰足球超级联赛的南安普顿足球俱乐部，现效力于英超埃弗顿足球俱乐部。威廉斯塔德埃尔希利奥·阿托体育场（Estadio Ergilio Hato）是库拉索最大体育场，可容纳 1.5 万名观众，其名是为纪念该地区著名足球运动员埃尔希利奥·阿托。

库拉索食

库拉索著名菜肴贾姆博（Giambo 或 Jambo）被认为是库拉索食，它是一种包含大量秋葵的汤菜，汤里有腌肉、猪尾巴和多种海鲜，吃的时候伴以玉米。

库拉索酒

库拉索酒（Curaçao），是库拉索岛最著名的特产，是用当地一种柑橘树果实拉腊阿（laraha）的皮调香浸制而成的利口酒。这种柑橘树是由 1527 年西班牙人移植在库拉索岛的巴伦西亚橙树转化而来的，当时南加勒比岛干旱的气候和土壤没能使巴伦西亚橙树茁壮成长。后来其果实从亮橙色逐渐变成绿色，甜味也变成苦味。但人们发现，果实拉腊阿的干果皮芳香袭人，可利用其果皮提取物制成别有风味的库拉索利口酒。库拉索利口酒有蓝色、橙色及无色透明类型，橘香悦人，香馨优雅，味微苦但十分爽适。酒精度为 25～35 度，比较适合作为餐后酒或配制鸡尾酒。

宗教

库拉索属天主教威廉斯塔德主教管区（Bisdom Willemstad），该主教管区包括荷兰在加勒比地区所有海外领地，有库拉索、荷属圣马丁、博奈尔岛、圣尤斯特歇斯、萨巴，该主教管区是安的列斯主教会议成员（Antilles Episcopal Conference）。威廉斯塔德主教管区前身是 1752 年成立的库拉索使徒区（Apostolische Prefectuur Curaçao）。1842 年 9 月 20 日升格为一个使徒教区（Apostolisch Vicariaat）。1958 年 4 月 28 日成为威廉斯塔德主教管区。历史上，尽管荷兰殖民者都是新教徒，但天主教在库拉索一直占优势地位。来自委内瑞拉的西班牙天主教传教士，向非裔安的列斯群岛人传教，方济各会教士甚至用帕皮阿门托语传教。奴隶制度废除后，荷兰的天主教教士、修女来到库拉索和其他荷属岛屿传教。天主教的优势使天主教学校的数量远远超过公立学校。根据 CIA The World Factbook 在 2011 年的估计，天主教徒占当地人口的 72.8%。

威廉斯塔德主教堂为位于威廉斯塔德的玫瑰圣母大教堂（Heilige Rozenkrans Kathedraal）。该教堂建于 1870 年，1958 年威廉斯塔德主教管区成立时，升格为大教堂。玫瑰圣母大教堂外部呈黄赭色，内部装饰华丽，呈亮白色。大教堂饰有许多雕像，其中包括圣母玛利亚雕像、受尊崇的委内瑞拉医生何塞·格雷戈里奥·埃尔南德斯博士（Dr. José Gregorio Hernández）雕像等。从 1997 年起，该教堂成为威廉斯塔德、内城及港口古迹区世界文化遗产的一部分。

自 1970 年左右，非主流的基督教派别运动日益广泛。这些运动大部分是以美国为基地的。库拉索其他主要宗教有五旬节教会，信仰者占 6.6%；新教徒占 3.2%；基督复临安息日会信仰者占 3%；耶和华见证人信仰者占 2%；福音教会信仰者占 1.9%。其他宗教信仰者占 3.8%；一些人信奉类似于萨泰里阿教（Santeria）和伏都教的非洲宗教。6% 的人口无宗教信仰。与拉丁美洲其余地区相同，东正教的势力在该岛正在增强。库拉索还有一些印度教徒、穆斯林以及犹太教徒。犹太教徒的规模虽很小，但其在库拉索岛的历史上有着重要的影响。1651 年，库拉索岛上成立了美洲第一个犹太教会，美洲最早的犹太教堂也在这里。

货币

荷属安的列斯盾（Netherlands Antillean Guilder，ANG）。1 荷兰安的列斯盾 = 100 分。荷属安的列斯盾是至 2019 年库拉索与荷属圣马丁共同使用的货币，可能不久以后荷兰安的列斯盾将被新的货币单位加勒比盾（Caribbean Guilder）取代。参见荷属圣马丁币。

荷兰加勒比区

名称

荷兰加勒比区（荷兰语为 Caribisch Nederland）是荷兰位于加勒比地区的三个特别行政区博奈尔岛（Bonaire）、圣尤斯特歇斯岛（Sint Eustatius）和萨巴岛（Saba）的集体名称，三个岛合称 BES 岛屿。博奈尔岛地处荷兰两个自治国阿鲁巴和库拉索以东，委内瑞拉近岸。萨巴岛和圣尤斯特歇斯岛位于荷兰王国自治国荷属圣马丁以南、圣基茨和尼维斯的西北。博奈尔、萨巴岛和圣尤斯特歇斯这三个特别行政区原为荷属安的列斯的一部分（下辖五个成员：库拉索、荷属圣马丁、博奈尔、萨巴和圣尤斯特歇斯），2010 年 10 月 10 日荷属安的列斯解体后，库拉索和荷属圣马丁分别成为荷兰王国的自治国，而余下的三个荷属安的列斯岛屿直接纳入荷兰本土，成为荷兰加勒比区。博奈尔、萨巴岛和圣尤斯特歇斯被称为 BES 岛屿，因为博奈尔、尤斯特歇斯和萨巴名字的字母开头分别是 B、E 和 S。阿鲁巴、博奈尔和库拉索则被称为 ABC 群岛（它们岛名的开关字母分别为 A、B、C），而西班牙人称 ABC 群岛为"巨人群岛"（las Islas de los Gigantes），得名是因为该群岛的原住民印第安阿拉瓦克人（Arawak）的一支卡克蒂奥人（Caquetio）身材非常高大。

博奈尔岛地处荷兰两个自治国阿鲁巴和库拉索以东，委内瑞拉近岸。博奈尔之名源于该岛原住民印第安卡克蒂奥人所取的名字"Bonay"，意为"低地"。1499 年，阿隆索·德奥赫达（Alonso de Ojeda）在亚美利哥·维斯普奇（Amerigo Vespucci）和胡安·德拉科萨（Juan de la Cosa）陪同下抵达库拉索岛和博奈尔岛，声称该岛群属于西班牙。1500 年胡安·德拉科萨绘制的世界地图（Mappa Mundi）中，称博奈尔为帕洛布拉西尔岛（Isla do Palo Brasil），意为"巴西木岛"。后来，西班牙和荷兰殖民者延续了卡克蒂奥人给该岛取的名字，但在拼写上修改成"Bojnaj"和"Bonaire"。最后，博奈尔（Bonaire）之名保留下来，并延续至今。一说博奈尔岛（Bonaire）源于葡萄牙语"bom"（好）和西班牙语"aire"（空气）。阿根廷首都布宜诺斯艾利斯（Buenos Aires）与博奈尔的外文名相似，布宜诺斯艾利斯意为"好空气"，但博奈尔（Bonaire）之名至今还未有证据表明有"好空气之意"。1636 年荷兰占领博内尔岛，范瓦尔比克（van Walbeeck）为荷兰首任司令。1799 ~ 1816 年，博奈尔被多国控制，1816 年回到荷兰手中。

萨巴岛位于小安的列斯群岛北部，在圣尤斯特歇斯岛西北 26 公里，西南距瓜德罗普岛 210 公里。萨巴之名一般认为源于原住民印第安阿拉瓦克人所操阿拉瓦克语"Siba"，意为"岩石"；一说萨巴之名源于阿拉伯语 Sabha，意为《圣经》的萨巴王国。萨巴岛被称为"未受伤害的女王"，是因这个 13 平方公里的火山岛的独特生态系统受到精心保护。

圣尤斯特歇斯位于加勒比海北部，是西印度群岛中背风群岛的一个岛屿。原为印第安加勒比人居住地，1493 年被克里斯托弗·哥伦布发现。原住民称其为斯塔蒂亚（Statia）。金岩石（Golden Rock）是历史上圣尤斯特歇斯在加勒比地区处于贸易繁荣时期时的昵称。圣尤斯特歇斯之名则是为纪念公元 2 世纪罗马皇帝哈德良（Hadrian）统治时期的殉难者圣尤斯特歇斯（荷兰语为 Saint Eustace）而命名。尤斯特歇斯在皈依基督教之前名叫普拉西多斯（Placidus），是为罗马帝国图拉真大帝（Trajan）服务的将军。普拉西多斯在罗马附近的蒂沃丽花园猎鹿时，突然发现鹿角间现出十字架。他立即皈依基督教，和其家人一道受洗，改名为尤斯特歇斯。为了考验他的信仰是否坚定，一连串的灾难接踵而来：财产被盗；仆人死于瘟疫；海上航行时其妻子被船长绑架；他的两个儿子被狼和狮子叼走。尽管如此，尤斯特歇斯没有失去信仰。他经受住考验，很快与家人团聚。传说他因拒绝做异教徒而遇难。

首府

博奈尔首府克拉伦代克（Kralendijk），也是博奈尔主要港口。当地帕皮阿门托语（Papiamentu）称其为普拉亚"Playa"，意为"海滩"。1639 年修建奥兰治堡（Fort Oranje），1810 年荷兰殖民者在奥兰治堡周围建立殖民点，延续帕皮阿门托语的称呼普拉亚（Playa）。1840 年，荷兰殖民当局改称其为"Koralendijk"，意为"珊瑚礁"或"珊瑚坝"，克拉伦代克（Kralendijk）是后来英语化的名称，参见 http://www. mafeng-wo. cn/photo/18064/scenery_ 2838306/22731248. html。

萨巴首府博坦（The Bottom）原荷兰语名称为"De Botte"，古荷兰语意为"碗"，指其地理位置是群山环抱的一个山谷。博坦是后来英语化的名称。

圣尤斯特歇斯首府奥拉涅斯塔德（Oranjestad）是一个人口只有 1000 人的小城。其名可能源于 17 世纪建于市中心的奥兰治堡（Fort Oranje）。奥兰治堡设有大炮，拥有完整的防御工事和庭院，在堡上可俯瞰大海。

荷兰加勒比区旗

博奈尔旗 从 1981 年 12 月 11 日开始采用。博奈尔旗为矩形，旗面右下角为蓝色三角形，占旗面 1/2。左上角有一个小的黄色三角形。两个三角形被白色条纹隔开，白色条纹内绘有一黑边罗盘，罗盘内有一红色六角形。蓝色和黄色三角形分别代表海洋和太阳，白色条纹代表天空。红、白和蓝色是荷兰国旗颜色，表示博奈尔忠于荷兰王国。黑色罗盘代表博奈尔人民来自世界四面八方，也代表航海家航行全世界。红色六角形代表博奈尔原始的六个村镇：安特里奥尔（Antriol）、尼基博科（Nikiboko）、北萨利尼亚（Nort Saliña）、普拉亚（Playa）、林孔（Rincon）和特拉科拉（Tera Korá）。此外，还有一些说法：星上的红色代表博奈尔人民的鲜血和生存的权利；黄色代表博奈尔岛上花的颜色，因为大多数原产于博奈尔的花都是黄色，如基布拉阿查花（Kibrahacha）、库库花（Cucu）、瓦塔帕纳花（watapana）、安格洛斯花（anglos）和仙人掌的花等；白色代表和平、自由、安宁和国际主义；红色六角形代表荷属安的列斯原始的六个岛，即荷属圣马丁、圣尤斯特歇斯、萨巴、阿鲁巴、库拉索和博奈尔；蓝色代表勇敢的博奈尔人民。

1981 年，美国旗帜学家怀特尼·史密斯（Whitney Smith，1940 ~ 2016）参与了博奈尔旗的设计，他还是圭亚那国旗设计者。怀特尼·史密斯获得哈佛大学学士学位和波士顿大学文学硕士和博士学位。1964 ~ 1970 年任波士顿大学政治学教授。1961 年他和格哈德·格拉尔（Gerhard Grahl）第一次创办旗帜学期刊《旗帜公报》（*The Flag Bulletin*）。1962 年在马萨诸塞州温切斯特建立旗帜研究中心（Flag Research Center）。1965 年与克莱斯·谢克斯马（Klaes Sierksma）在荷兰 Muiderberg 组织召开第一次旗帜学国际大会（First International Congress of Vexillology）。1967 年建立美国旗帜学协会（North American Vexillological Association，NAVA），他和克莱斯·谢克斯马、路易斯·米尔曼（Louis Mühlemann）还合作创建旗帜学协会国际联盟（International Federation of Vexillological Associations）。1966 年他设计了圭亚那国旗，并任圭亚那政府顾问。他还设计了南极洲旗。他著书 27 部，如《穿越时代和世界的旗帜》（*Flags Through the Ages and Across the World*）、《美国国旗书》（*The Flag Book of the United States*）、《各国旗帜知识》（*Flag Lore of all Nations*）。

萨巴旗 1816 年起萨巴受荷兰统治，使用荷兰国旗。然而，一些岛民认为萨巴是一个"共和国"，他们在旗上添加了一个特殊的标志——一个绿色卷心菜，用来强调他们的独立。这个标志可能使用到

19 世纪 20 年代。

现今萨巴旗是经过评选比赛选出来的，在评选委员会收到的 130 件设计作品中，一位年仅 18 岁的萨巴居民丹尼尔·约翰逊（Daniel Johnson）脱颖而出，夺得第一名。1985 年 12 月 6 日丹尼尔·约翰逊设计的旗被正式确认为萨巴旗。萨巴旗为矩形，旗面中心为白色菱形，菱形正中绘有一颗黄色五角星。旗面上面两角为大小相等的两个红色三角形，旗面下面两角为大小相等的两个蓝色三角形。旗面上的黄星代表萨巴岛、自然美景和未来的希望；红、白、蓝色代表历史上萨巴同荷兰及荷属安的列斯的关系。此外，白色代表和平、友谊、纯洁和宁静，蓝色代表岛民生存重要源泉的大海，红色代表团结、勇气和决心。还有一说，蓝色象征天堂，令人想起创造了萨巴岛的上帝。

圣尤斯特歇斯旗 由苏维纳·苏亚雷斯（Zuwena Suares）设计，2004 年 11 月 16 日被采用，这一天也是圣尤斯特歇斯日（Statia Day）。圣尤斯特歇斯旗为矩形，长与宽之比为 3∶2。旗面有蓝、红、白、金和绿色。旗面被中间的菱形分成四块五边方形，每块都有红边。旗面中间钻石菱形为白色，上绘绿色岛屿的轮廓，钻石菱形上方中心绘有一颗黄色五角星。

荷兰加勒比区徽

博奈尔徽 博奈尔委员会于 1986 年批准采用，当时博奈尔还属于荷属安的列斯。2010 年 10 月 10 日荷属安的列斯解体后，博奈尔保留了这个徽。博奈尔徽主体图案为盾形，蓝色盾面上绘有金色舵轮，表示博奈尔人是该地区最好的航海家，也代表博奈尔工业。舵轮圆盘内的白色盾面上绘有黑色罗盘，罗盘中心为一红色六角星，罗盘象征航行的决心，六角星代表包括博内尔在内的六个岛。盾面的蓝色天空和海洋统一，海天一色，代表加勒比海，同世界其他地区相联系，在博奈尔经济上发挥重要作用。盾形之上绘有金色王冠，这表示博奈尔属于荷兰，王冠和星象征荷兰在博奈尔的主权。

萨巴徽 主体图案为盾形，白色盾面中心为美丽的绿色萨巴岛，岛左上方绘有一条鱼，代表萨巴渔业；岛右上方绘有一只帆船，象征萨巴海员；岛下方绘有一块黄土豆，代表萨巴的土豆。盾顶上绘有萨巴鸟奥杜邦海鸥（Audubon's Shearwater）的头。盾下方黄色飘带上写有黑体大写"萨巴"（SABA）和拉丁文国家格言"REMIS VELISQUE"，意为"桨和帆"。萨巴徽是由 1985 年萨巴岛委员会确定下来的，当时萨巴还是荷属安的列斯的一部分。2010 年 10 月 10 日荷属安的列斯解体后，萨巴沿用了原来的徽。

圣尤斯特歇斯徽 圣尤斯特歇斯徽是由沃尔特·黑勒布兰德（Walter Hellebrand）设计的，2004 年 11 月 9 日由圣尤斯特歇斯岛委员会通过，当时圣尤斯特歇斯还是荷属安的列斯的一部分。2010 年 10 月 10 日荷属安的列斯解体后，圣尤斯特歇斯保留了这个徽。

圣尤斯特歇斯徽主体图案为盾形，盾形分为三部分：金岩石（Golden Rock）、奥兰治堡（Fort Oranje）和神仙鱼（angelfish），它们分别代表过去、现在和将来。金岩石是历史上圣尤斯特歇斯在加勒比地区处于贸易繁荣时期时的昵称；奥兰治堡是圣尤斯特歇斯岛最古老的建筑和社会生活的中心；神仙鱼象征该岛丰富的自然和生态遗产，自然美景也吸引众多游客。盾面被象征财富的蓝色珠子所环绕。盾顶上绘有王冠，象征岛上原来的 16 个堡垒。盾后有两根交叉成圣安德鲁十字的甘蔗，象征古老的甘蔗种植园。盾形下面的白色飘带上写有黑体大写拉丁文"SUPERBA ET CONFIDENS"，意为"骄傲和自信"。

总督府

圣尤斯特歇斯副总督府 位于首府奥拉涅斯塔德教会街。与岛上建筑颜色相同，是一座红顶白墙一层木质建筑。建于 18 世纪，呈加勒比建筑风格。

政府大楼

2010 年 10 月 10 日荷属安的列斯解体后，博奈尔、圣尤斯特歇斯和萨巴三个荷属安的列斯岛屿并入荷兰本土，成为荷兰加勒比区，类似荷兰本土的县市级。三个岛都有岛政府，由一名市长及市内阁组成；均向荷兰政府委派的专员负责。三个岛还有议会。下面是对三个岛的政府大楼的简要介绍。

博奈尔政府大楼位于首府克拉伦代克，是一座红瓦黄墙二层楼房，正门有台阶直上二楼。

萨巴政府大楼位于首府博坦，是一座红顶白墙二层建筑。

圣尤斯特歇斯政府大楼也是一座二层建筑，建筑外檐为走廊，有个树木葱茏的院落。

荷兰加勒比区歌

博奈尔歌　《阳光和微风的土地》（帕皮阿门托语为 *Tera di Solo y suave biento*）。1964～2000 年曾为荷属安的列斯歌，后为博奈尔歌。词作者为特巴（Tba），曲作者为 J. B. A. 帕尔姆（J. B. A. Palm）。

博奈尔歌中译文：

第一节：
　　阳光和微风的土地
　　骄傲的祖国从海上兴起
　　人民谦恭总是满意
　　一向勇敢维护自己
　　让我们每天努力
　　宣告博奈尔和
　　我们和谐的歌声唱起

可爱的博奈尔，我们心爱的大地

第二节：

让我们博奈尔人在一起

放声高唱

我们是健康种族子弟

一直高兴，相信上帝

没有力量能把我们的爱带离

我们感觉我们的岛

虽小且不完美

我们对它的爱胜过天地

帕皮阿门托语博奈尔歌原文：

1.

Tera di Solo i suave bientu

Patria orguyoso Sali foi laman

Pueblo humilde i sèmper kontentu

Di un kondukta tur parti gaba

Pues lage nos trata tur dia

Pa sèmper nos Boneiru ta menta

Pa nos kanta den bon armonia

Dushi Boneiru nos tera stima

2.

Laga nos tur como Boneiriano

Uni nos kanto i alsa nos bos

Nos ku ta yiu di un pueblo sano

Sèmper contentu sperando den Dios

Ningun poder no por kita e afekto

Ku nos ta sinti pa e isla di nos

Maske chikitu ku su defekto

Nos ta stimele ariba tur kos

歌词原文见 http://www. nationalanthems. info/bnr. htm。

萨巴歌　《萨巴你从海洋上升起》（*Saba you rise from the ocean*）。词曲作者为多米尼加修女克里斯蒂娜·玛利亚·赫乌里森（Christina Maria Jeurissen）。创作于 1960 年。

萨巴歌中译文：

> 萨巴，你从海上升起，
> 岛上山高坡陡，
> 我们如何抵岛向你致意，
> 海上的岛屿，
> 巉岩绝壁。
> 来吧，我们来看划手，
> 他的脸从容镇定不慌不忙，
> 引导我们乘风破浪
> 顺利上岸安然无恙。

合唱：
> 哦，萨巴，最珍贵的宝石，
> 在加勒比海。
> 你的美丽会留在心间，
> 虽然我们可能远离你云游四海。

> 哦，萨巴，海上的珍珠，
> 虽然小，可爱而友善。

别忘了要感谢，

万物创造者上帝的恩典。

他会善良地指引你，

赐福给你方方面面，

使你永葆珍贵，

萨巴，亲爱的在我心田。

合唱：

哦，萨巴，最珍贵的宝石，

在加勒比海。

你的美丽会留在心间，

虽然我们可能远离你云游四海。

萨巴歌英文原文：

Saba, you rise from the ocean,

With Mountain and hillside so steep,

How can we reach you to greet you,

Isle of the sea, rough and deep.

Come, let us look at the rowers

with faces so placid and calm,

Guide us now safe through the breakers,

take us ashore without harm.

Chorus

Saba, Oh Jewel most precious,

In the Caribbean sea.

Mem'ries will stay of thy beauty,

Though we may roam far from thee.

Saba, oh pearl of the ocean,

Friendly and lovely, though small,

Do not forget to be grateful,

To God the creator of all.

He in his goodness will guide you

and bless you in every part,

Making you always most precious

Saba, so dear to my heart.

Chorus

Saba, Oh jewel most precious,

In the Caribbean Sea.

Mem'ries will stay of thy beauty,

Though we may roam far from thee.

歌词原文见 http://www.sabatourism.com/generalinfo.html#ant。

圣尤斯特歇斯歌 《金岩石颂歌》（*Golden Rock Anthem*）。彼得·范·登·赫费尔（Pieter van den Heuvel）作词，佚名作曲。1954 年彼得·范·登·赫费尔创作《金岩石颂歌》歌词。2004 年 11 月 16 日被确认为圣尤斯特歇斯歌。

《金岩石颂歌》中译文：

第一节：

在深蓝色海洋

与加勒比海之间，

波涛滚滚，

我亲爱的明珠屹立那边。

从金星到白墙，

从基尔到小山，

很久之前有个黄金泉眼，

曾是钻石瀑布非同一般。

合唱：

我会一直想念你金岩，

即使离你远去，

绝不会把你忘记，

不管身处何边。

第二节：

斯塔蒂亚你的过去让人赞叹，

虽然也曾经历种种磨难。

向美国国旗

第一次敬礼激情满满*。

一个国家的自由，

是我们的堡垒推动向前。

美国和斯塔蒂亚人民，

都为它对我们的上帝赞叹。

合唱：

我会一直想念你金岩，

即使离你远去，

绝不会把你忘记，

不管身处何边。

第三节：

在上城和下城，

破败房屋之间，

唤起崇高的情感，

永远不会失散。

我们忠诚永远，

持之以恒从不失言。

愿上帝永不抛弃我们，

保佑总督和女王。

合唱：

我会一直想念你金岩，

即使离你远去，

绝不会把你忘记，

不管身处何边。

注：*指 1776 年 11 月 16 日奥兰治堡大炮发炮第一次向美国国旗致敬。

《金岩石颂歌》英文原文：

Between the deep blue ocean

And the Caribbean Sea

Where the waves are all in motion

Lies a Pearl so dear to me

From Quill to little mountain

From Venus to White Wall

Long ago a golden fountain

Once a diamond waterfall

Chorus

Golden Rock I'll always miss you

When I am far from thee

Never ever I'll forget you

Wheresoever I may be

Statia's past you are admired

Though Rodney filled his bag

The first Salute was fired

To the American Flag

The freedom of a nation

Promoted by our Fort

American and Statian

Both praise for it our Lord

Chorus

Among the ruined houses

Of Low and Upper Town

There a lofty feeling rouses

Which never will break down

It's faithfulness forever

As ever it has been

May God forsake us never

And save Governor and Queen

Chorus

Golden Rock I'll always miss you

When I am far from thee

Never ever I'll forget you

Wheresoever I may be

歌词原文见 http://home. hetnet. nl/ ~ kerveltuin/, http://www. arubasta-
tion. com/Article4927. phtml, http://www. nationalanthems. us/forum/YaB B. pl?

num = 1100598806/2。

荷兰加勒比区格言

萨巴格言："桨和帆"（拉丁文为 Remis Velisque）。

圣尤斯特歇斯格言："骄傲和自信"（拉丁文为 Orgullosa y confiada）。

博奈尔格言："自由统一"（拉丁文为 Libertate unanimus）。

历史象征

博奈尔的奥兰治堡。奥兰治堡是博奈尔的历史象征之一。奥兰治堡建于 1639 年，为保卫博奈尔岛的主要堡垒。17 世纪末，该堡扩建。1810年英国人在堡附近建立名为"普拉亚"（Playa）的殖民点。1808～1812年，堡上设置了英国大炮，并保留至今。该堡曾作为博奈尔岛司令官住所近 200 年，直至 1837 年在隔壁另建新的司令官官寓。1868 年在堡附近建立了木质灯塔，1932 年改为石质灯塔。多年来，该堡曾作为政府中心、储放政府物品的仓库、监狱、警察和消防局。1999 年城堡建筑被恢复，现在是法院。

圣尤斯特歇斯的奥兰治堡。其与博奈尔的奥兰治堡同名，是圣尤斯特歇斯岛的古迹之一，也是该岛历史象征之一。奥兰治堡由法国人建于1629 年，其城墙上有大炮，庭院也很漂亮。

荷兰加勒比区语

博奈尔官方语言是荷兰语，但讲荷兰语的人口只占 8.8%，而大多数人讲帕皮阿门托语，占人口的 74.7%。帕皮阿门托语是西班牙语和非洲葡萄牙语相融合的语言。博奈尔讲西班牙语和英语的人口分别占11.8% 和 2.8%。萨巴官方语言是荷兰语和英语。与库拉索和博奈尔不同，萨巴和圣尤斯特歇斯讲帕皮阿门托语的人不多。英语是萨巴岛使用的主要语言，从 19 世纪起各级学校就开始使用英语。萨巴英语是一种维尔京克里奥尔英语，也是当地方言。圣尤斯特歇斯官方语言也是荷兰语和英语，少数人说西班牙语。

荷兰加勒比区花

黑眼苏珊花（Black-eyed Susan）是萨巴花。多年生或一年生草本野生植物，高 2~3 英尺（相当于 60.96~91.44 厘米）。单瓣金黄色，圆顶花心为紫褐色。每朵花可开 2~4 周，花期为 6~8 月。

荷兰加勒比区树

迪维迪维树（Divi-divi）是博奈尔树。与阿鲁巴、库拉索等地区树同。参见阿鲁巴树、库拉索树。

荷兰加勒比区鸟

加勒比火烈鸟（Flamingo）是博奈尔鸟。博奈尔岛的鸟类有 210 多种，其中火烈鸟是博奈尔鸟。火烈鸟是海岸鸟。世界上只有四个地方有大量加勒比火烈鸟，博奈尔岛就是其中之一。体长 120~145 厘米，翼展 130~150 厘米，体重 2200~2800 克。雄雌相似，是一种羽色鲜艳、多姿多彩的大型涉禽。全身的羽毛主要为朱红色。火烈鸟头小，嘴细长，眼小，颈部细长，弯曲呈"S"形，尾羽却很短，一双红腿又细又长。加勒比火烈鸟主要靠滤食藻类和浮游生物为生，喜欢结群生活，通常不迁移。每年营巢一次，新巢大多建在旧巢之上。每窝产蛋 1~2 枚，雄鸟和雌鸟共同孵蛋，孵化期约 28~32 天。雏鸟出壳后马上就能下地行走，第二天即可下水游泳。雏鸟羽毛呈灰色，第 3 年才变为红色，达到性成熟状态。寿命为 20~50 年。

奥杜邦海鸥（Audubon's Shearwater）是萨巴鸟，拉丁文为 Puffinus lherminieri。当地称其为韦德雷戈（Wedrego），得名是因其叫声好似

"Where'd We Go"（我们去哪里）这句话。奥杜邦海鸥是一种中型黑褐色和白色海鸟，大部分时间在海上渡过，划过水面捕食鱼类，细长的喙使它们能够抓住猎物。吃小鱼、甲壳类动物和鱿鱼，潜水深度达到2米。萨巴是奥杜邦海鸥重要的繁殖地，约有奥杜邦海鸥1000只。奥杜邦海鸥作为萨巴地区鸟，在其地区徽上占据突出位置。12月至次年5月，奥杜邦海鸥会在岛上悬崖峭壁的洞穴和缝隙中筑巢。近年来，奥杜邦海鸥的巢受到不断增多的野猫、鼠和山羊践踏的威胁，同时栖息地和食物来源减少。萨巴保护基金会正密切关注奥杜邦海鸥面临的问题，采取多种措施保护奥杜邦海鸥，并禁止猎杀、买卖和占有奥杜邦海鸥。

荷兰加勒比区鱼

天使鱼（Angel Fish）是圣尤斯特歇斯鱼。天使鱼又称神仙鱼，属于丽鱼科、天使鱼属，原生活于亚马孙河流域。背鳍和腹鳍很长，极像天使展开的翅膀，是热带鱼的代表鱼类，具有较高的观赏价值，被誉为"观赏鱼皇后"。

荷兰加勒比区舞

西马丹舞（Simadan）是博奈尔最为普及的舞蹈，在庆祝玉米丰收时，博奈尔人在巴里鼓伴奏下跳起欢快的西马丹舞，同时品尝当地的美食和饮料。

荷兰加勒比区乐器

巴里鼓（Bari）是博奈尔乐器。在制作乐器上，博奈尔人富有创意，他们把小的朗姆酒桶用一张伸展的羊皮覆盖制作的鼓称为巴里，在跳传统的西马丹舞时击打其伴奏。博奈尔有些乐器是用废旧的工具制成的，如查皮（Chapi）是一种小型的敲击乐器，它是用锄头的金属一端制成的，用一根小金属棒敲击。葫芦、海螺壳和牛角也是博奈尔人常使用的乐器。

荷兰加勒比区酒

萨巴香料朗姆酒（Saba Spice），是萨巴岛生产的一种浓烈型朗姆酒，由甘蔗压出来的糖汁，经过发酵、蒸馏而成。萨巴香料朗姆酒芬芳馥郁，味道独特。萨巴制作朗姆酒历史悠久，在国际享有盛名。18 世纪，朗姆酒与糖曾是萨巴的主要出口商品。

宗教

荷兰加勒比区超过 80% 的人口有宗教信仰。荷兰统计局公布的数字显示，2013 年博奈尔 15 岁以上的居民 88% 有宗教信仰。萨巴和圣尤斯特歇斯 83% 的人有宗教信仰。荷兰加勒比区有宗教信仰的人数远远超过欧洲的荷兰，荷兰只有半数以上的成年人（18 岁及以上人口）表示有宗教信仰。30% 的教徒每星期至少参加一次宗教活动，老年人参加活动更为频繁，妇女参加活动的次数是男人的两倍。然而，有 40% 的人从未去过教堂，其中妇女占 1/4。

与荷兰一样，罗马天主教是荷兰加勒比区最大的宗教组织。荷兰加勒比区属天主教威廉斯塔德主教管区（Bisdom Willemstad），该主教管区包括荷兰在加勒比地区所有海外领地，有库拉索、荷属圣马丁、博奈尔岛、圣尤斯特歇斯、萨巴，该主教管区是安的列斯主教会议成员（Antilles Episcopal Conference）。威廉斯塔德主教管区前身是 1752 年成立的库拉索使徒区（Apostolische Prefectuur Curaçao）。1842 年 9 月 20 日升格为一个使徒教区（Apostolisch Vicariaat）。1958 年 4 月 28 日成为威廉斯塔德主教管区。威廉斯塔德主教堂为位于威廉斯塔德的玫瑰圣母大教堂（Heilige Rozenkrans Kathedraal）。

博奈尔多数人信仰天主教，根据 2013 年荷兰加勒比区综合调查（Omnibus Survey Dutch Caribbean）统计，博奈尔 68% 的人口信仰罗马天主教，五旬节派信仰者占 7%，基督复临安息日会信仰者占 1%，福音派信仰者占 5%，新教徒占 3%，耶和华见证人信仰者占 1%，印度教徒占 1%，其他新教信仰者占 2%，没有宗教信仰者占 12%。林孔天主教堂是博奈尔有名的天主教堂。林孔的第一座天主教堂不过是在帕拉米拉小山上建的一个小屋（Para Mira），第一座真正的天主教堂 1837 年由施密特（Smit）神父所建，1858 年林孔成为教区（parish）。林孔天主教堂建于 1860 年，1861 年 9 月 17 日竣工开放。1907 年 10 月，教堂被暴风雨摧毁。1908 年安布罗修斯·厄文斯（Ambrosius Euwens）神父在原地重建教堂，以多明我会圣人圣卢多维克斯·贝尔特兰杜斯（St. Ludovicus Bertrandus）命名。

2013 年，萨巴天主教徒占 45%，五旬节派信仰者占 4%，福音派信仰者占 4%，新教徒占 3%，圣公会信仰者占 9%，穆斯林占 6%，其他宗教信仰者占 11%，没有宗教信仰者占 18%。另一来源称，2018 年，天主教在萨巴已占优势，已占人口的 58%。只有 14% 人口信仰英国圣公会，22% 信仰耶和华见证会、基督复临安息日会、印度教、伊斯兰教和犹太教等。5% 的人口没有宗教信仰。

萨巴原来新教徒居多。17 世纪中叶英国圣公会随英国移民传入萨巴，1659 年萨巴人曾请求荷兰给他们派一个懂英语的教士来。1777 年，教士柯克帕特里克（Rev d. Mr. Kirkpatrick）关于在萨巴建立英国圣公会和萨巴教区的要求获得圣尤斯特歇斯岛司令约翰尼斯·德格拉夫（Johannes de Graaf）批准后，在瓦利（The Valley，后来的博托恩，Bottorn）建立起一座英国圣公会教堂——基督教堂（Christ Church）。1877 年在荷兰政府和荷兰新教宗教会议的资助下，萨巴第二大城温沃德赛德（Windwardside）建立起第二座圣公会教堂——神圣的三位一体教堂（Holy Trinity Church）。1878 年 2 月 25 日，安提瓜主教 W. W. 杰克逊在神圣三位一体教堂祝圣。那一年，在 2072 名居民中有 1458 名圣公会教徒。同年英国牧师戴维·霍普（David Hope）抵达萨巴，成为首任萨巴圣公会教区长。从那时至今，萨巴有连续 38 任圣公会教区长。多年间，萨巴的圣公会教堂变化很大，包括在 1871 年和 1932 年飓风过后，神圣三位一体教堂在 1929 年、1953 年和 1986 年的大修，以及基督教堂在 1969 年的大修。随着时间的推移，新教在萨巴的势力减弱，据 2013 年荷兰加勒比区综合调查，圣尤斯特歇斯天主教徒占 25%，五旬节派信仰者占 4%，基督复临安息日会信仰者占 17%，卫理公会信仰者占 22%，圣公会信仰者占 4%，其他宗教信仰者占 11%，没有宗教信仰者占 17%。另一来源称，圣尤斯特歇斯 27% 人口是信仰卫理公会的教徒，25% 人口是天主教徒，21% 人口信仰第七日基督复临，19% 人口信仰其他宗教，8% 没有宗教信仰。

货币

美元（US Dollar）。从 2011 年 1 月 1 日起，博奈尔、萨巴和圣尤斯特歇斯流通的货币均为美元。在此之前，它们使用荷属安的列斯盾（Netherlands Antillean Guilder）。

附　录

西班牙

国名

西班牙（España），全称西班牙王国（Reino de España），位于欧洲西南部伊比利亚半岛，西与葡萄牙为邻，东北部与法国及安道尔接壤，北濒比斯开湾，东和东南临地中海，南与非洲的摩洛哥隔直布罗陀海峡相望。

多年来，关于西班牙国名的由来一直存在争论，直到现在也还没有定论。不过，大多数人认为 España 一词意为"野兔国"，派生于罗马语名字"Hispania"。"Hispania"来源于腓尼基语的"i-spn-ya"，意为"野兔"。腓尼基语名字"i-spn-ya"最早出现在公元前 10 世纪至前 8 世纪。那时腓尼基人越过地中海，向西班牙扩张。据说腓尼基人踏上伊比利亚半岛时，在沿岸一带发现了很多野兔，于是便以"i-spn-ya"为该地区命名，代替了原来希腊人以该地区原始居民为名取的伊比利亚（Iberia）的名字。在腓尼基语中，"i-spn-ya"词首的"i"是"海岸"（costa）、"岛"（isla）或"土地"（'tierra）的意思，词尾的"ya"意为"地区"（región），而"spn"在腓尼基语以及希伯来语中可以读作"saphan"，意为"野兔"。罗马人继承了腓尼基语"i-spn-ya"这一名字，并把它罗马语化，为"Hispania"，意为"盛产野兔之地"。后来，"Hispania"逐渐演化为"España"。古罗马著名政治家西塞罗（Marcus

Tullius Cicero，公元前 106 年至公元前 43 年）、罗马共和国末期的军事统帅恺撒大帝（Gaius Julius Caesar，公元前 100 年至公元前 44 年）、古罗马作家老普林尼（Gaius Plinius Secundus，公元 23 年至公元 79 年）、古罗马历史学家提图斯·李维（Titus Livius，公元前 59 年至公元 17 年），特别是古罗马诗人卡图卢斯（Catullus，公元前约 87 年至公元前约 54 年）都曾使用过"Hispania"这一名字。阿德里亚诺时代铸造的钱币上，"Hispania"以坐着的贵妇脚下有只兔子的形象出现，也印证了西班牙是"野兔之地"。

西班牙的国名的来源还有其他几种说法。

其一，文艺复兴时期，西班牙学者安东尼奥·德内夫里哈（Antonio de Nebrija，1441～1522）提出"Hispania"是本地伊比利亚语词 Hispalis 的变形，是伊比利亚半岛主要城市的名字，可能意为"西方世界的城市"，后来，"Hispania"又成为整个地区的名字。与这种说法相仿的是，"Hispania"源于古代诗歌中常用的一词"Hesperia"（希腊文为"Εσπερία"），是"西方的土地"或"日落之地"的意思。最初希腊人称意大利为"Hesperia"，因为意大利在希腊西面，后来引申至西班牙，西班牙比意大利还要往西。

其二，有些人认为"i-spn-ya"意为"北方的土地"。1767 年坎迪多·马里亚·特里格罗斯（Cándido María Trigueros）提出，"i-span-ya"意为"北方的土地"。从非洲海岸到达伊比利亚半岛的腓尼基人看到伊比利亚半岛在其旅途的北方，便为其取名为"i-spn-ya"。巴塞罗那纯文学皇家学院也说 spn（希伯来语和阿拉米语中的 sphan）在腓尼基语中意为"北方"。

其三，一些人认为"Hispania"来自巴斯克语。19 世纪西班牙作家胡安·安东尼奥·莫格尔（Juan Antonio Moguel）提出"Hispania"一词可能源于巴斯克语词语"izpania"，这个词由"iz"和意为"分开"的"pania"或"bania"两个词构成，全词义为"分开海洋之地"。1902 年，米格尔·德乌纳穆诺（Miguel de Unamuno）也说"España"名称来自巴斯克语词语"ezpaña",其名暗指半岛在欧洲的位置。还有人说"Hispania"来自巴斯克语词语"Ezpanna",意为"边缘"或"边界",这是因为伊比利亚半岛位于地中海的尽头,在欧洲大陆的西南角。一些巴斯克学家认为 España 源于巴斯克语词语"Española",意为"肩地",因为该地区组成古欧洲的西肩。拉腊门迪(Larramendi)神父说,在巴斯克语中,Ezpaña 意为"舌,深入海中的长陆地"、"唇"或"极端",这可能应用到欧洲西南端地区。西班牙半岛也被称作伊比利亚半岛,源于其原始居民。

其四,西班牙闪米特语专家赫苏斯·路易斯·孔奇略斯(Jesús Luis Cunchillos,生于 1936 年)博士和何塞·安赫尔·萨莫拉(José Ángel Zamora)对各种闪米特语进行了比较研究,认为"span"一词词根是腓尼基语 spy,意为"锻造金属","i-spn-ya"可能意为"锻造金属的地方",他们推断出腓尼基人因看到伊比利亚半岛盛产黄金,故为其取名"i-spn-ya"。

其五,一些人提出西班牙之名出自该国古代国王的名字。古时候,西班牙有位在希腊出生的国王名叫 Heracles。因为他眷恋家乡故土,决定放弃王位,把王国交给他的侄子 Espan,Espan 即位后便把他的名字作为王国的名字,从此西班牙之名流传至今。有人认为,不论是"Hispalis",还是"Hispania",它们都是派生于西班牙两个传说中的国王(父子关系)"Hispalo"和"Hispan"或"Hispano"的名字,他们是海格力斯(Hércules)的儿子和孙子。

国都

马德里(Madrid),是西班牙最大城市,是仅次于伦敦和柏林的欧洲第三人口大城,在面积上也是仅次于伦敦和巴黎的欧洲第三大城。

马德里名字得来有一段美丽的传说。古时候,马德里森林茂密,人烟稀少。附近村落的一个小男孩在外面玩耍时,忽然看到远处来了一头

大棕熊。小男孩赶紧爬上一棵草莓树,棕熊也追到了树下。这时,赶来
找孩子的妈妈在不远处大声叫着孩子的名字。小男孩听到妈妈的叫声,
怕棕熊伤害妈妈,赶忙朝妈妈高呼:"Madre Id!"这句话连写就是 Ma-
drid,意思就是"妈妈快跑!"后来,小男孩和妈妈都得救了,小男孩
勇敢的故事流传下来,成为一段佳话,也成为马德里名字的来源。现在
马德里市徽上有棕熊和草莓树,大概跟上述传说有关。

不过关于马德里名字的来源,还有以下其他几种说法。

其一,马德里最早有记载的名字来自安达卢西亚时代的阿拉伯语称
谓"مجريط"(Maǧrīṭ)。关于Maǧrīṭ的起源,历史上曾出现过多种假设。
到目前为止,流传最广的说法是 1959 年由阿拉伯语专家海梅·奥利
弗·阿辛(Jaime Oliver Asín)提出的。他说"Maǧrīṭ"或"Maŷriṭ"派生
于阿拉伯语词语"Maǧra",意为"通道"或"河床"。"Maǧra"添加意
为"多"或"大量"的罗马语后缀"-it",即"Maǧrīṭ"或"Maŷriṭ",
便意为"多水之地"。不过,海梅·奥利弗·阿辛此前认为马德里
(Madrid)来源于混居于摩尔人之间的西班牙人所讲的古西班牙语词语
"Matrice",即意为"子宫"或"源泉"。上述阿拉伯语地名和古西班牙
语地名过去分别被穆斯林和基督徒使用,他们各自居住在 Almudena 丘
陵和 las Vistillas 丘陵的村落,两个村落间有一条小河流过,如今这条河
已成为名为塞戈维亚的街道。但后来,海梅·奥利弗·阿辛修正了自己
的说法,否认马德里(Madrid)源于古西班牙语词语"Matrice",只承
认马德里源于阿拉伯语词语"Maǧrīṭ"。在中世纪西班牙语中,"Maǧrīṭ"
变为"Magerit"保留下来。有人说马德里之名源于公元 9 世纪在曼萨
纳雷斯河(Rio Manzanares)上建立的马赫里特堡(Magerit),意思是
"丰水之地"。

关于"Maǧrīṭ"的来源,语言学家琼·科罗米内斯(Joan Coromi-
nes)有不同看法。1960 年,他提出"Maǧrīṭ"是古西班牙语词语"Ma-
trich"的阿拉伯语音化,"t"变为"ǧ",和阿拉伯语单词"Maǧra"没有
关系。后来,阿拉伯语专家和语言学家 Federico Corriente 发展了他的理

论，如今这一理论广为人知。

其二，根据传说，马德里由神话英雄奥克诺·比亚诺尔（Ocno Bianor）所建。奥克诺·比亚诺尔将该城命名为曼图亚（Mantua），以纪念他的母亲曼图亚。马德里也曾被称为梅特拉吉尔塔（Metragirta），这是以奥克诺·比亚诺尔崇拜的女神的名字命名的。古时马德里周围山丘中多有棕熊出没，山丘上多有野草莓树（madroño），熊和野草莓树是中世纪马德里的标志。

其三，有人认为马德里的原始名字为 Ursaria，拉丁文意为"熊之地"。得名是因马德里附近森林中有许多熊，还有很多草莓树，从中世纪起，熊和草莓树便成为马德里的标志。

其四，有人推测马德里最早的名字产生于公元前 2 世纪。罗马帝国在曼萨纳雷斯河岸建立了一个殖民点，这个村落的名字为马特里塞（Matrice），该名源于穿过村落的河流名。公元 5 世纪日耳曼语系的苏维汇人（Sueves）和汪达尔人（Vandais）以及阿兰人入侵后，罗马帝国没有必需的军事力量保卫其在伊比利亚半岛的领土。结果，汪达尔人很快占领了这些领土，但他们又被西哥特人赶走，然后西哥特人统治了西班牙，当时罗马皇帝称其为"Hispania"，称马德里为马特里塞。公元 8 世纪阿拉伯人征服伊比利亚半岛后，把马特里塞改为迈里特（Mayrit）。迈里特由阿拉伯语词语"ميرا"（Mayra）（水）和伊比利亚—罗马语后缀"it"（地方）组成，为"多水之地"的意思。现今的马德里之名由马特里特（Matrit）演变而来。

其五，阿拉伯人占领马德里后，此地由于木材丰富，有利于建设要塞和城市，因此被称为"Medshrid"，"Medshrid"可能源于阿拉伯语词语"Matria"（木材）。"Medshrid"后演变为马德里（Madrid）。

卡斯蒂利亚 - 莱昂大区的首府巴利亚多利德（Valladolid）是西班牙旧都，建于 1072 年。1469 年 10 月 19 日，卡斯蒂利亚女王伊莎贝拉一世（Isabel Ⅰ de Castilla）和阿拉贡国王费尔南多二世（Fernando Ⅱ de Aragón）在巴利亚多利德洛斯比韦罗宫（Palacio de los Vivero）举行婚礼，在这里，西班牙国王派哥伦布（意大利文为 Cristoforo Colombo，西班牙文为 Cristóbal Colón，1451～1506）远航，探索未知世界，建立了横跨几大洲的庞大帝国，1506 年，哥伦布在此与世长辞。在巴利亚多利德还举行过费尔南多三世的加冕仪式，1527 年 5 月 21 日，西班牙国王费利佩二世（Felipe II）在皮门特尔宫（Palacio de Pimentel）诞生，《唐·吉河德》一书作者塞万提斯晚年生活在巴利亚多利德。

巴利亚多利德之名来源有多种说法，最普遍的说法是源于古西班牙塞尔梯贝里亚语（Celtiberia）的 Vallis Tolitum，意为"水的山谷"。得名是因 19 世纪皮苏埃尔加河（río Pisuerga）和埃斯格瓦河（río Esgueva）及其众多支流流经该地区。一说巴利亚多利德之名源于安达卢西亚时期的阿拉伯语词语 Balad al-Walīd（بلد الوليد），意为"巴利德城"，是指阿拉伯人占领期间统治伊斯兰帝国的欧梅亚王朝哈里发巴利德一世（Walid I）。一说巴利亚多利德之名源于 Vallis Olivetum，意为"橄榄谷"，不过该地区冬季寒冷，春季多霜冻，不可能有大片橄榄林。一说从中世纪起，该城被称为 Vallisoletum，意为"阳光谷"。一说巴利亚多利德是 valle de lid 的变异，意为"战斗谷"。因此地为平原，古时多有氏族和部落聚集在此地厮杀。

巴利亚多利德俗称普塞拉（Pucela），这个称呼出现于 15 世纪，其来源有以下几种说法。一说 15 世纪百年战争中，巴利亚多利德的一些骑士与他们的追随者前往法国，与圣女贞德（法文为 Jeanne d'Arc，西班牙文为 Juana de Arco）并肩战斗，共同反抗英国人。圣女贞德在西班牙又被叫作奥尔良少女（Doncella de Orleans）。法国把"Doncella"称为"pucelle"，而当时"pucelle"在西班牙有个非常相似的称呼"pucela"。百年战争结束后，众骑士返回巴利亚多利德，他们时常说起在法国的战斗经历，并总将其同奥尔良的普塞拉（pucela de Orleans）联系在一起。于是人们就把这些骑士称为普塞拉人（pucelanos），久而久之，巴利亚多利德也被俗称为"普塞拉"了。但没有任何历史文件记载巴利亚多利德的一些骑士参加过百年战争。

巴利亚多利德大学教授塞尔索·阿尔穆伊尼亚（Celso Almuiña）提出巴利亚多利德地处谷地之中，皮苏埃尔加河、埃斯格瓦河流经此处，卡斯蒂利亚运河经过此处，因此是个半干枯的水塘，人们称该地为"po-za"，即水塘之意。"poza"的缩小语为"pozuela"，由此衍生出"Pucela"的俗称。

另一说巴利亚多利德曾出产意大利波佐利水泥（Pozzuoli），罗马时代称其为"Puteoli"，后演变为"puzolana"。当时水泥通过巴利亚多利德各港口运往各地，人们就把巴利亚多利德人称为"普塞拉人"，巴利亚多利德也被称为普塞拉了。

国庆

10 月 12 日。10 月 12 日原为西班牙日，从 1987 年起，这一天成为西班牙国庆节，以纪念 1492 年 10 月 12 日哥伦布到达美洲大陆这一伟大的历史事件。每年国庆仪式上，由国王检阅海、陆、空三军部队。

哥伦布生于 1451 年的意大利热那亚，他从小热爱航行，14 岁开始当水手，多次航行于地中海、北海之间。他在实践中积累了丰富的航海经验，学会了航海驾驶技术，掌握了罗盘、海图和各种航海仪器的使用方法，这为他后来远航美洲创造了条件。他在移居里斯本后，与葡萄牙一名贵族女子结婚，岳父送给他大量航海资料。1485 年，他移居西班牙。当时的欧洲，流传着东方，尤其是中国和日本有数不尽的金银财宝的说法。哥伦布相信地圆说，认为从欧洲西渡大西洋就可以到达远东，但他并不知道欧亚之间还有一个辽阔的美洲大陆。为了实现开辟新航路的夙愿，他曾多次上书葡萄牙、西班牙、法国和英国宫廷，恳求自主航行，但均遭到拒绝。他在西班牙苦苦等了 8 年，直到 1492 年 4 月，西班牙国王费尔南多二世和女王伊莎贝拉一世才批准他的远航计划。经过几个月的准备，同年 8 月 3 日，哥伦布率领由三艘帆船组成的船队，驶离西班牙巴罗斯港。经过两个多月的艰苦航行，终于在 10 月 12 日发现了美洲。此后，哥伦布又三次前往美洲，1506 年 5 月 20 日，哥伦布在西班牙北部的巴利亚多利德一个旅店里去世，随后，被安葬在该城一座圣方济各会的修道院墓地内。哥伦布开辟了从欧洲横渡大西洋到美洲并安全返回的新航路，把美洲和欧洲，进而把新大陆和旧大陆紧密地联系起来，与此同时，新航路的发现为西班牙、葡萄牙向美洲扩张开辟了道路。

国家奠基者

天主教双王（Reyes Católicos），是卡斯蒂利亚女王伊莎贝拉一世（Isabel I de Castilla，1451 ~ 1504）和阿拉贡国王费尔南多二世（Fernando II de Aragón，1452 ~ 1516）二人的合称。该称号是 1494 年由教皇亚历山大六世（Alexander VI）授予的。费迪南多二世和伊莎贝拉一世二人的联姻加速了西班牙统一的进程，他们携手清除了盘踞南方八百年之久的摩尔人，统一了除葡萄牙之外的整个半岛，被认为是西班牙的奠基者。

费迪南多二世和伊莎贝拉一世的婚姻还有一段曲折动人的故事：本来，伊莎贝拉的异母兄、卡斯蒂利亚 - 莱昂国王恩里克四世（Enrique IV）为与欧洲强国联姻，巩固自己的统治，曾先后计划让伊莎贝拉嫁给比她大 20 岁的鳏夫葡萄牙国王阿方索五世（Alfonso V），法国国王路易十一的兄弟、懦弱无能的居也纳公爵，或者同英国王室结亲。然而伊莎贝拉却自有主见，看上风度翩翩、英勇善战的阿拉贡王子费尔南多。她派使前往阿拉贡向费尔南多王子表达爱慕之情，费尔南多王子闻之喜出望外，托信使给公主捎去家传珍宝——一条价值 4 万金币的项链。后来，费尔南多王子化装成挑夫，混在商队里潜入伊莎贝拉住地，两个有情人终于相会。由于伊莎贝拉和费尔南多同属特拉斯塔玛拉王室（Trastámara），且都是卡斯蒂利亚国王胡安一世（Juan I）的后裔，实际上是堂兄妹，故他们结亲需要得到教皇保罗二世（Paulo II）的许可。在遭到教皇拒绝后，他们伪造了教皇证明，以掩饰他们的近亲关系。伪证一说由托莱多大主教阿方索·卡里略·德阿库尼亚（Alfonso Carrillo de Acuña）炮制，一说出自教皇使节安东尼奥·贝内里斯（Antonio Veneris）之手。1469 年 10 月 19 日，伊莎贝拉和费尔南多在巴利亚多利德的洛斯比韦罗宫举行婚礼，伊莎贝拉时年 18 岁，费尔南多 17 岁。1474 年，23 岁的伊莎贝拉被立为卡斯蒂利亚女王，1479 年，费尔南多成为阿拉贡国王。两人清除贵族势力，加强中央集权，维持强大军队。1490 年他们亲率大军进攻穆斯林在西班牙南端的最后一个据点格拉纳达，并于 1492 年攻占格拉纳达，彻底终结了穆斯林在伊比利亚半岛的统治，确定了天主教在西班牙的统治地位。

国旗

西班牙国旗为长方形，长与高之比为 3:2。旗面自上而下由红黄红三个平行长方形组成，上下红色部分各占旗面的 1/4，中间黄色部分占旗面的 1/2。黄色旗面偏左绘有西班牙国徽，国徽之高占旗面高的 2/5。国徽的主要图案盾徽由四部分组成，分别代表组成西班牙的四个古老王国。红、黄两色是西班牙人民喜爱的传统颜色，西班牙国旗俗称"红黄旗"（La Rojigualda）。传说西班牙国旗的色彩源于哥德王鲜血浸染的金盾，所以西班牙国旗又被称为"血与金"。

西班牙国旗于 1978 年 12 月 29 日采用。最初它曾被用作西班牙海军旗，于 1785 年设计。在此之前，西班牙海军旗旗面为白色（波旁家族的颜色），旗面偏左绘有军徽。

西班牙国旗的历史可以追溯至很久以前，不过一般认为，中世纪西班牙还未出现国旗，只存在一些带有图像和符号的其他旗帜。西班牙最早的旗帜是罗马统治伊比利亚半岛时期古罗马军团使用的军旗。公元 5 世纪初侵入西班牙的西哥特人继续使用这种旗帜。到伊斯兰摩尔人侵入伊比利亚半岛，西班牙才开始出现以东方传来的丝绸等轻薄面料制成的旗帜，穆斯林和十字军成员则是欧洲使用旗帜的第一批人，旗帜主要作为国王和贵族的标志。

到了中世纪，西班牙各王国都有了各自的纹章标志，它们在地中海和大西洋航行的海军舰队的船只都悬挂着自己的旗帜。阿拉贡王国的旗帜底色为黄色，上绘四根垂直的红色条纹。1230 年卡斯蒂利亚王国与莱昂王国合并后，开始使用四等分旗，直至 1475 年天主教王朝创立新的标志，四等分旗才退出历史舞台。四等分旗旗面分为四部分，左上部分和右下部分底色为红色，上绘金色三塔城堡（门和窗为天蓝色），这是卡斯蒂利亚的象征；右上部分和左下部分底色为白色，上绘一头紫色狮子，这是莱昂的象征。狮子的设计者为莱昂的阿方索七世（Alfonso Ⅶ of León），1126 年他成为莱昂和卡斯蒂利亚国王。城堡设计者为阿方索七世之孙——卡斯蒂利亚的阿方索八世（Alfonso Ⅷ of Castile）。1230 年费尔南多三世统一卡斯蒂利亚王国与莱昂王国，将四等分旗作为王国象征。

在卡斯蒂利亚国王胡安娜一世（Juana I de Castilla，1479 ~ 1555）于 1496 年与奥地利大公费利佩（Felipe）结婚后，西班牙采用了曾是奥地利大公的标志布尔戈尼十字旗（Cruz de Borgoña），即“圣安德烈斯十字旗”（Cruz de San Andrés）。布尔戈尼十字旗成为西班牙历史上最重要的旗帜之一。自其子西班牙卡洛斯一世（Carlos I de España）即位起，布尔戈尼十字旗成为西班牙的标志。

16 世纪哈布斯堡王朝上台后，西班牙各船队都有自己的旗帜，旗面上的布尔戈尼十字上方绘有各自司令的徽章。1700 年费利佩五世即位后，统一了西班牙的象征标志，在布尔戈尼十字旗白色旗面上添加了王室盾徽。

西班牙国王卡洛斯三世（Carlos Ⅲ de España，1716 ~ 1788）在位时，法国、英国、西西里或托斯卡纳的海军旗旗面颜色都为白色，这就使海战中难以辨别盟国船只和敌国船只。1785 年，盟国英国的舰队误将两艘西班牙军舰击沉。事后，英国舰队辩解说误击是因西班牙的海军旗与敌国法国的海军旗非常相似，其把西班牙军舰当成了法国军舰。为避免再次发生这样的事件，西班牙国王卡洛斯三世命海军大臣安东尼奥·巴尔德斯·巴桑（Antonio Valdes y Fernandez Bazan）制作一面专属海军的新旗帜。巴桑为此举办了海军旗制作竞赛，把其中最好的 12 幅设计图上交国王。国王最后选中了红黄红三色旗，但下令将黄色旗条宽度变为红色旗条的两倍。1785 年 5 月 28 日，卡洛斯三世正式下令把带有国徽的红黄红三色旗作为西班牙海军旗。在卡洛斯三世之子卡洛斯四世（Carlos IV）于 1788～1808 年在位期间，这面海军旗也成为陆军旗。后来，该旗逐渐在全国普及，特别是在 1808～1814 年独立战争期间。1843 年 10 月 13 日西班牙女王伊莎贝拉二世（Isabel II，1833～1868 年在位）下令把该旗作为西班牙国旗。从那时起，除第二共和国时期（1931～1936）国旗最下部分由红色改为紫色以纪念反抗卡洛斯一世的卡斯蒂利亚社员并对国徽做了部分变动外，西班牙三色旗一直未变。不过随着时间的推移，黄色旗条中的国徽有过多次变化，现今国旗中的国徽已是第六次被设计了。

国徽

1981 年 10 月 5 日国会颁布 1981 年第 33 号法令，正式采用新的西班牙国徽。西班牙国徽主体图案为盾形。盾徽分为四部分：左上部底色为红色，上绘金色三塔城堡，门和窗为天蓝色，象征古王国卡斯蒂利亚；右上部底色为白色，上绘一头吐舌、伸爪、头戴王冠的紫狮，象征莱昂王国；左下部底色为黄色，上绘四根垂直的红柱，象征阿拉贡王国；右下部底色为红色，上绘包含叉形、十字形和饰边的金链，中心嵌有一颗蓝宝石，象征纳瓦拉王国（Reino de Navarra）。盾徽底部为白色，上绘一个红石榴和两片绿叶，象征格拉纳达王国（Reino de Granada）。盾面中心有红色在外、蓝色在内的两个椭圆形，蓝色椭圆形中绘有三朵百合花（波旁－安茹王朝的标志），象征国家富强、人民幸福、民族团结。盾徽上端有一顶饰有珍珠和莨芳花的王冠，冠顶有一个金色十字架。王冠是国家主权的象征。盾徽两旁各有一根银柱，即海格立斯柱（Columnas de Hércules），亦称大力神银柱。柱底座和柱头为黄色。右柱顶置有帝国冠，左柱顶置有王冠。一条红色饰带缠绕两根银柱的中端，右面饰带写有金字"Plus"，左面饰带写有金字"Ultra"，合起来为拉丁文"Plus Ultra"，意为（航向）"通向更远的地方"，暗示了西班牙视海格立斯柱为通向新世界之门。

国佩

西班牙国佩为圆形，包括红黄红三环，是西班牙象征标志之一，人们在重要活动中佩戴。从 17 世纪起，西班牙军人开始在军帽或军服胳膊上佩戴一种红色佩饰，将其作为西班牙的标识，以与其他国家军队相区别。1808～1814 年西班牙独立战争（又称法国侵略西班牙战争、半岛战争、西班牙战争等）中，像其他一些国家一样，许多西班牙人模仿法国大革命中人们佩戴的三色法国国佩，也戴上了金穗系住的圆形纯红色饰物，以表达自己的爱国情怀，这成为西班牙正式使用国佩作为国家象征标志的开始。1809 年 8 月 18 日，西班牙国王约瑟夫·波拿巴（José Bonaparte，1768～1844）为维护法国对西班牙的统治，下令禁止佩戴任何颜色的国佩（军人三角帽的国佩除外）。在西班牙独立战争和费尔南多七世（Fernando Ⅶ de España）统治西班牙后，1815 年 1 月 7日，国防部重新下令禁止西班牙人使用红色国佩，仅限军人、王室家族成员和邮政员工使用国佩。后来，限制佩戴国佩的规定逐渐放宽：允许一些机构和组织的成员佩戴国佩。1832 年财政部人员获准佩戴国佩。在 1843 年西班牙旗采用后，西班牙曾打算把红色国佩改为红黄二色国佩，但未能成功。1844 年 10 月 2 日，西班牙颁布法令规定，军队各部门和所有国家雇员一律佩戴红色国佩。1869 年西班牙临时政府觉得在使用红色国佩时似乎看到了波旁王朝的影子，为此咨询了历史科学院。

历史科学院报告说，波旁家族的颜色是蓝色和白色，而红色是西班牙的传统颜色。到 19 世纪末，西班牙国佩从一色改为两色，以和国旗保持一致。西班牙第二共和国时期（1931～1939），西班牙三环国佩中的中心环被从红色改为紫色，以与当时红黄紫三色国旗一致。西班牙第二共和国结束后，又恢复红黄红三环国佩，并延续至今。

国王旗

国王旗是西班牙国王个人旗帜。2014 年 6 月 20 日，西班牙国王费利佩六世根据 2014 年第 524 号皇家法令，确立了费利佩六世的国王旗和国王徽，并对 1977 年 1 月 20 日通过的关于国王旗和国王徽的第 1511 号皇家法令进行修改。费利佩六世的国王旗为正方形旗，金线镶边，底色为胭脂红。旗面中心绘有西班牙国王徽盾。费利佩六世恢复了西班牙国王旗传统的胭脂红底色（其父胡安·卡洛斯一世的国王旗底色为深蓝色），删掉了其父国王徽中盾后面交叉的波旁红十字、盾下的一束 5 支红箭和红色轭门。国王旗飘扬在马德里王宫、萨苏埃拉宫、国王其他王宫上空，国王专车上挂有小型国王旗。

国王徽

费利佩六世的国王徽为四分盾徽，盾徽左上部底色为红色，上绘金色三塔城堡，门和窗为天蓝色，象征古王国卡斯蒂利亚；右上部底色为白色，上绘一头吐舌、伸爪、头戴王冠的紫狮，象征莱昂王国；左下部底色为黄色，上绘四根垂直的红柱，象征阿拉贡王国；右下部底色为红色，上绘包含叉形、十字形和饰边的金链，中心嵌有一颗蓝宝石，象征纳瓦拉王国。盾徽底部为白色，上绘一个红石榴和两片绿叶，象征格拉纳达王国。盾面中心有红色在外、蓝色在内的两个椭圆形，蓝色椭圆形中绘有三朵百合花（波旁－安茹王朝的标志），象征国家富强、人民幸福、民族团结。盾徽上端有一顶饰有珍珠和莨芳花的王冠，冠顶有一个金色十字架。王冠是国家主权的象征。四分盾被金羊毛骑士团徽章项链围绕。

国王专车

西班牙王室拥有西班牙最大的车队之一，拥有多种防弹装甲车，包括奥迪 A6、梅赛德斯－奔驰 S 级车和独家专属的劳斯莱斯幻影 IV 等。

国王专机

西班牙空军拥有 2 架定制的空中客车 A310、5 架猎鹰 900 和几架直升机供国王、首相、政府高级官员和王室成员出行使用。这些运输服务由空军第四十五集团负责，总部设在距离马德里 24 公里的托雷霍恩空军基地。

马德里王宫

马德里王宫（Palacio Real de Madrid）位于曼萨纳雷斯河东岸、马德里商业区西部的拜伦大街（Calle de Bailén），是西班牙国王官邸，但这里只作为举办官方礼仪活动、国事活动的场所，王室都居住在萨苏埃拉宫（Palacio de la Zarzuela）。马德里王宫始建于 1738 年。这一年，费利佩五世下令在 1734 年 12 月 24 日焚毁的阿尔卡萨尔宫（Alcázar）基础上兴建新王宫，由意大利建筑师菲利波·尤瓦拉（Filippo Juvara）负责设计和施工。1736 年 3 月尤瓦拉去世。其弟子詹巴蒂斯塔·萨凯蒂（Giambattista Sacchetti），又称胡安·包蒂斯塔·萨凯蒂（Juan Bautista Sacchetti）或乔瓦尼·包蒂斯塔·萨凯蒂（Giovanni Bautista Sacchetti）等人继续施工，整个工程历经 26 年才最后竣工。1764 年卡洛斯三世（Carlos Ⅲ）首先入住新的王宫，最后入住的国王是阿方索八世。第二共和国时期，西班牙总统曼努埃尔·阿萨尼亚（Manuel Azaña）也曾在此居住，但改称其为国家宫（Palacio Nacional）。

马德里王宫又称东方王宫（Palacio de Oriente），得名是因王宫外的东方广场，该广场是由拿破仑兄弟、西班牙国王何塞·波拿巴一世下令修建的。马德里王宫占地 13.5 万平方米，拥有 3418 个房间。从建筑面积上讲，其是欧洲最大的王宫，也是世界最大的王宫之一。

马德里王宫呈正方形，整座建筑由白色花岗岩筑成，融合了西班牙传统王室建筑风格和巴洛克建筑风格。王宫内主要大厅有阿拉瓦尔德罗斯大厅（Salón de Alabarderos）、圆柱大厅（Salón de Columnas）、加斯帕里尼大厅（Cámara de Gasparini）、瓷器厅（Gabinete de Porcelana）、镜厅（Salón de Espejos）、王位大厅（Salón del Trono）、皇家教堂（Real Capilla）和皇冠大厅（Sala de la Corona）等。宫内装饰华丽，富丽堂皇，藏有众多金银器皿、瓷器、绘画作品、壁毯和多种皇室用品等。宫内藏有许多著名画家的精美画作，如米开朗琪罗·梅里西·德·卡拉瓦乔（Michelangelo Merisi da Caravaggio，1571～1610）、迭戈·罗德里格斯·德席尔瓦－委拉斯开兹（Diego Rodríguez de Silva y Velázquez，1599～1660）、弗朗西斯科·何塞·德·戈雅－卢西恩特斯（Francisco José de Goya y Lucientes，1746～1828）等画家的作品，还珍藏着历史上伟大的弦乐器制造师斯特拉迪瓦里（Stradivarius）家族制作的 5 把小提琴，这些小提琴至今仍被在很多重要的音乐会上使用。现今马德里王宫已被辟为博物院，专供游人参观。

萨苏埃拉宫

萨苏埃拉宫（Palacio de la Zarzuela）是西班牙国王的居所，位于马德里郊外的帕尔多山（Monte del Pardo）。其名因附近多欧洲黑莓（zarzas）得来。1627 年费利佩四世令建筑师胡安·戈麦斯·德莫拉（Juan Gómez de Mora）在马德里附近的名叫拉萨苏埃拉（La Zarzuela）的地方修建狩猎小屋。德莫拉从帕拉第奥式别墅汲取灵感，设计出巴洛克风格的矩形建筑。花园设计出自加斯帕尔·班达尔（Gaspar Bandal），阿隆索·卡沃内利（Alonso Carbonell）负责石板房顶、画廊、带喷泉花园、苗圃和果园的施工。后来，卡洛斯三世对建筑进行了改造，并增添了各式挂毯、瓷器、钟表和新古典主义家具。

1958 年，萨苏埃拉宫被严重损毁。建筑师迭戈·门德斯（Diego Méndez）负责重建该宫。他保留了原建筑框架，重修了花园，增添了新的建筑。如今，王室家族主要居住在主楼和 1990 年修建的左右两翼配楼。

萨苏埃拉宫有三层。一层是厨房和办公室，二层是国王与助手办公室、图书馆、会客室和饭厅，三层是卧室、客房和书房。左右配楼是王室成员和其他人的房间。萨苏埃拉宫还有一个小教堂、运动场和直升机停机坪。

从 1962 年起，萨苏埃拉宫成为前国王胡安·卡洛斯·波尔冯（Juan Carlos de Borbón）和王后索菲亚（Sofía de Grecia）婚后的住所。1975 年胡安·卡洛斯一世（Juan Carlos I）即位后，继续居住在此，直至现在。

1999 年西班牙投入 423 万欧元，在萨苏埃拉宫内兴建面积为 3150 平方米的太子宫（Pabellón del Príncipe）。2002 年 6 月 26 日，当时的太子费利佩（Felipe）主持太子宫竣工仪式。2014 年 6 月 19 日费利佩六世（Felipe VI）即位后，仍在太子宫居住。

首相旗

西班牙现首相旗是在 2008 年 11 月 21 日采用的，图案与国旗完全相同，但为正方形，王徽位于旗面中央。

首相专车

西班牙首相使用奥迪车。2004～2011 年首相何塞·路易斯·罗德里格斯·萨帕特罗（José Luis Rodríguez Zapatero）使用的奥迪 A8L 是

2005 年 3 月以 38 万欧元（52 万美元）购买的，据说该车拥有卫星通信等最新功能，取代了上任首相何塞·玛利亚·阿斯纳尔·洛佩斯（José María Alfredo Aznar López）使用的奥迪 A8。2011～2018 年，首相马里亚诺·拉霍伊·布雷（Mariano Rajoy Brey）车队更新了车辆，包括新的奥迪 A8L、梅赛德斯－奔驰 S600 和奥迪 A6。

首相专机

见上述国王专机。

首相府

西班牙首相府蒙克洛亚宫（Palacio de la Moncloa）位于马德里西北部的蒙克洛亚－阿拉瓦卡区（Moncloa-Aravaca），靠近马德里大学城。建于 17 世纪。蒙克洛亚宫最初属于女伯爵安娜·德门多萨（Ana de Mendoza），后多次转手，1781 年到了阿科斯（Arcos）女公爵手中。1784 年女公爵阿科斯死后，房产传给其女阿尔瓦·德托尔梅斯（Alba de Tormes）女公爵。1802 年阿尔瓦·德托尔梅斯女公爵去世，因无子女继承，蒙克洛亚宫成为国王卡洛斯四世资产的一部分。1846 年，伊莎贝拉二世把蒙克洛亚宫转让给国家，归开发部所有。内战期间，建筑几乎全部损毁。1955 年建筑师迭戈·门德斯负责重建，蒙克洛亚宫成为接待外国元首和其他人员的场所。1954 年蒙克洛亚宫成为国家文化遗产。1977 年，西班牙首相阿道弗·苏亚雷斯·冈萨雷斯（Adolfo Suárez González）把首相府从比利亚梅霍尔宫（Palace of Villamejor）迁至此处，其从此成为西班牙首相府。蒙克洛亚宫保留了原有的新古典主义风格，收藏许多珍贵的挂毯、钟表和绘画作品，如 17 世纪著名钟表匠弗朗索瓦－路易斯·戈东（François-Louis Godon）制作的奇怪的灯钟，著名画家安东·拉斐尔·门格斯（Anton Raphael Mengs）、费曼多·布兰比拉（Fernando Brambila）和琼·米罗（Joan Miró）的画作等。

国歌

《皇家进行曲》(*Marcha Real*)。西班牙、波斯尼亚和黑塞哥维那、圣马力诺是世界上国歌只有乐曲没有歌词的国家。西班牙国歌是欧洲最古老的国歌之一。根据西班牙文献记载,《皇家进行曲》由曼努埃尔·德埃斯皮诺萨·德洛斯蒙特罗斯(Manuel de Espinosa de los Monteros,1730~1810)创作于 1761 年,原名为《格拉纳德拉进行曲》(*Marcha Granadera*)或《掷弹兵进行曲》(*Marcha de Granaderos*)。据说德埃斯皮诺萨是军人出身,文化程度不高,虽谱出了这首军歌,但并未配上歌词。历史上曾讹传该曲是由普鲁士国王腓特烈二世(Friedrich Ⅱ von,1712~1786)所作。腓特烈二世在音乐上颇有建树,传说腓特烈二世创作出这首曲子,把它当作礼物送给了西班牙卡洛斯三世派往普鲁士学习军事的军官胡安·马丁·阿尔瓦雷斯·德索托马约尔(Juan Martín Álvarez de Sotomayor)。然而,这种说法并未得到广泛承认。1770 年,卡洛斯三世将《掷弹兵进行曲》定名为《荣誉进行曲》(*Marcha de Honor*),下令在重大庆典中演奏。伊莎贝拉二世在位期间,《荣誉进行曲》成为国歌。

1868 年革命后,普里姆(Prim)将军召集竞选国歌比赛,但参赛歌曲质量太低,未能得到人们的认可,国歌评选委员会不得不宣布《掷弹兵进行曲》继续为西班牙国歌。第一共和国(1873~1874)和第二共和国(1931~1939)时期,曾采用《列戈颂》(*Himno de Riego*)为国歌。拉斐尔·德尔列戈(Rafael del Riego,1785~1823)是西班牙民族英雄。1820 年 1 月 1 日,德尔列戈发动反对国王费尔南多七世专制的起义。起义失败后,1823 年德尔列戈在马德里英勇就义。《列戈颂》是起义战士歌颂德尔列戈的歌曲,词作者为埃瓦里斯托·费尔南德斯·德圣米格尔(Evaristo Fernández de San Miguel),曲作者不详,但有人提出是何塞·梅尔乔·戈米斯(José Melchor Gomis)。《列戈颂》共有 9 段歌词,第一段歌词是：

> 战士们，
> 祖国召唤我们去战斗。
> 我们向祖国发誓：
> 不胜利毋宁死。

歌词西班牙语原文为：

> Soldados, la patria
> nos llama a la lid,
> juremos por ella
> vencer o prefiero morir.

1936～1939 年西班牙国内战争（Guerra Civil）结束后，《皇家进行曲》重新成为国歌。尽管现在西班牙国歌《皇家进行曲》没有歌词，但《皇家进行曲》诞生后的 200 多年间，曾几次出现过为其配的歌词，只不过没有普及开来。

1843 年，旅居西班牙的阿根廷抒情诗人、剧作家本图拉·德拉维加（Ventura de la Vega, 1807～1865）曾为西班牙女王伊莎贝拉二世撰写《皇家进行曲》歌词，他是伊莎贝拉二世的老师和西班牙皇家学院院士。他写的歌词如下：

> 来吧，西班牙人
> 快来呼喊。
> 上帝保佑女王，
> 上帝保佑国家。

歌词西班牙语原文为：

> Venid españoles
>
> Algrito acudid.
>
> Dios salve a la Reina,
>
> Dios salve al país.

1909 年阿方索十三世在位期间，爱德华多·马基纳（Eduardo Marquina）曾为《皇家进行曲》填词，歌中合唱部分为：

> 光荣，光荣，祖国的皇冠，
>
> 至高无上的光辉，
>
> 那是你旗帜上金子般的闪耀！
>
> 生命啊，生命，祖国的未来，
>
> 你的眼中，
>
> 是敞开的心。
>
> 红与黄，不朽的旗帜
>
> 肉体和灵魂合成的颜色。
>
> 红与黄，希望与成功，
>
> 旗帜，你是人类奋斗的标志！

合唱部分西班牙语原文为：

> ¡Gloria, gloria, corona de la Patria,
>
> soberana luz
>
> que esoro en tu pendón!
>
> ¡Vida, vida, futuro de la Patria,
>
> que en tus ojos es

abierto corazón…!

Púrpura y oro：bandera inmortal

¡en tuscolores juntas，carne y alma están！

Púrpura y oro：querer y lograr：

¡túeres，Bandera，el signo del humano afán！

马基纳的歌词虽曾在官方活动中演唱，但未被官方所承认，也未得到人们的青睐，故不久就被抛弃。

1928年，西班牙诗人何塞·马里亚·佩曼（José María Pemán，1898～1981）奉当时执政的独裁者米格尔·普里莫·德·里维拉（Miguel Primo de Rivera，1870～1930）将军之命，撰写了《皇家进行曲》的歌词。部分歌词如下：

西班牙万岁！
西班牙人民的儿子们
重振雄风，昂首向前。
在蓝色的海面，
在太阳照过的地方，
要继续
祖国的光荣

部分歌词西班牙语原文为：

¡Viva España！

alzad la frente hijos del pueblo español

quevuelve a resurgir.

Gloria a la Patria

quesupo seguir

sobre el azul del mar

elcaminar del sol.

1939 年佛朗哥统治西班牙后，佩曼修改了《皇家进行曲》歌词的个别词句，如把"昂首向前"改为"振臂向前"等，并在西班牙各地演唱。1975 年佛朗哥去世后，佩曼所写的《皇家进行曲》歌词被弃置。1996 年至 2004 年，西班牙首相阿斯纳尔曾让一些诗人为国歌撰写歌词，但没有一个版本获得赞同。

2007 年 6 月，西班牙政府为支持该国申办 2016 年奥运会，批准该国奥委会为国歌征集歌词。在收到的 7000 多份歌词投稿中，最终选中了失业工人保利诺·库韦罗（Paolino Cubero）撰写的歌词。6 月 21 日，在马德里交响乐团伴奏下，多明戈在马德里市政会议厅的胡安·卡洛斯一世音乐厅演唱了由库韦罗填写歌词的西班牙国歌。歌词如下：

西班牙万岁！／我们一起唱／用不同的声音／同一颗心；

西班牙万岁！／从绿色的山谷／到浩瀚的海洋／是兄弟的赞歌；

我们热爱自己的祖国／要去拥抱她／在她湛蓝的天空下／各民族亲如一家；

光荣的子孙／伟大的历史／歌唱正义与繁荣／歌唱民主与和平。

歌词西班牙语原文为：

Viva Espa&ntilde；a, alzad los brazos

hijos del pueblo espa&ntilde；ol,

que vuelve a resurgir.

Gloria a la Patria que supo seguir,

sobre el azul del mar, el caminar del sol.

¡ Triunfa Españ a! Los yunques y las ruedas

cantan al compás

delhimno de la fe.

Juntos con ellos cantemos de pie

la vida nueva y fuerte de trabajo y paz.

歌词西班牙语原文见 http://baike. so. com/doc/1140528 – 1206600. html。

2008 年 1 月 11 日，媒体曝光了库韦罗填写的国歌歌词，引起轩然大波。库韦罗的歌词并未得到西班牙大多数人的认可，反而存在很多非议，甚至攻击。最终，西班牙奥委会不得不宣布西班牙国歌征选活动结束，西班牙国歌继续处于无歌词状态。

国家格言

"通向更远的地方"（拉丁文为 Plus Ultra）。原为西班牙国王卡洛斯一世（亦为神圣罗马帝国皇帝查理五世）的个人格言，以显示新的西班牙帝国的活力，是原始的拉丁文格言"Non Plus Ultra"（不再进一步超越）的反义语，"Plus Ultra"表达了哥伦布发现美洲后神圣罗马帝国变为世界强国的政治野心，是拉丁文和西班牙文的一句格言。据说，卡洛斯一世使用这条格言是受到他的私人医生和顾问、米兰人文学家路易吉·马利亚诺（Luigi Marliano）的影响。1516 年马利亚诺劝告这位未来的国王说，在他成年并获大师级金羊毛勋章（Gran Maestro de la Orden del Toisón de Oro）（意指当上国王）后，其办公室应挂上格言"Plus Ul-tra"。这句格言鼓励海员们勇于挑战，忘掉希腊神话中的古老警告。希腊神话说大力神在直布罗陀海峡立起两大支柱，它们是世界的边界，这是地中海海员们可能到达的最后边界。支柱上刻有警告铭文"Non Plus Ultra"，意为"此处之外，再无一物"，表示海格力斯之柱就是已知世界的尽头。而 1492 年哥伦布率船队穿越大西洋，抵达西印度群岛后，"Non Plus Ultra" 这个警告铭文失去意义。16 世纪初，卡洛斯一世成为阿拉贡王国和卡斯蒂利亚王国国王后，"Plus Ultra" 在西班牙开始流行，并成为国家格言，在当时缠绕西班牙国徽两根银柱的饰带上也写上了 "Plus Ultra" 的铭文。随后，它成为西班牙哈布斯堡王朝的格言，并出现在西班牙元上。如今，"Plus Ultra" 绘制在西班牙国旗和国徽上，成为它们的重要组成部分之一。

国语

西班牙语（Español），也称卡斯蒂利亚语（Castillano）。西班牙语为源于西班牙卡斯蒂利亚地区的罗马语，是西班牙的官方语言，也是拉丁美洲大多数国家和个别非洲国家的官方语言。讲西班牙语的人口约占全国人口的 99%，西班牙语是 89% 西班牙人的母语。全世界讲西班牙语的人口为 4.5 亿 ~5 亿人。西班牙语是联合国 6 种工作语言之一。

罗马人入侵伊比利亚半岛之前，当地居民使用伊比利亚各个部落的土语。公元 3 世纪，罗马帝国征服了包括现今西班牙、葡萄牙在内的伊比利亚半岛，把通俗拉丁语（latín vulgar）强加于当地土著语言之上，这样就演变出许多新的语言。5 世纪西罗马帝国崩溃后，卡斯蒂利亚语（即西班牙语）由伊比利亚的通俗拉丁语的几种方言演变而来。12 ~ 13 世纪，卡斯蒂利亚的方言已成为西班牙最具优势的方言。到了 16 世纪，卡斯蒂利亚语即西班牙语逐渐成为西班牙的国语。

由于西班牙语派生于通俗拉丁语，因此其语法结构和很多词语源于拉丁语，它们中有深刻的拉丁语印迹。例如，西班牙语词语 Sol（太阳）、土地（Tierra）、草地（Prado）、11 月（Noviembre）、12 月（Diciembre）分别源于拉丁语词语 Sole、Terra、Prato、Novem、Dicem。国内的其他方言如加泰罗尼亚语、加利西亚语、巴斯克语也丰富了西班牙语词语。

与此同时，由于历史原因，西班牙语还受到日耳曼语、阿拉伯语、法语、意大利语、英语等语言的影响，西班牙语中有很多这些语言的痕迹。公元 409 年，日耳曼人入侵伊比利亚半岛，建立西哥特王国。一些日耳曼语词语，特别是有关军事方面的词语被拉丁语吸收，如 Guerra（战争）、Tropa（军队）、Guardia（卫兵）、Feudo（封地）等。公元 712 年至 1492 年阿拉伯人统治期间，阿拉伯语对西班牙语产生重大影响，西班牙语吸收了大量阿拉伯语词语，如 aduana（海关）、tarifa（价目表）、cifra（数字）、tambor（鼓）、zanahoria（胡萝卜）、acequia（水渠）、aldea（村庄）等。此外，西班牙语的前置词 hasta 和形容词前缀 -i 也来自阿拉伯语。11 世纪至中世纪，随着法国人抵达西班牙，大量法语词语进入西班牙语，如 Parlamento（议会）、Personal（人物）、Burocracia（官僚）、Chofer（司机）、Fraile（教士）、Homenaje（纪念）、Mensaje（信函）、Mesón（酒馆）、Vinagre（醋）等。15～17 世纪，意大利语的艺术类词语和非艺术类词语与常用语渗入西班牙语中，如 Partitura（乐谱）、Batuta（指挥棒）、Aria（咏叹调）、Novela（小说）、Soneto（十四行诗）、Diseño（设计）、Modelo（样式）、Ferrocarril（铁路）等。从 18 世纪开始，特别是 20 世纪后，西班牙语吸收了大量英语经济、金融、科技等词语。1492 年哥伦布发现美洲新大陆后，西班牙语传入新大陆，西班牙语吸收了美洲本地语言中的一些词语。

西班牙语共有 29 个字母，它们是 a、b、c、ch、d、e、f、g、h、i、j、k、l、ll、m、n、ñ、o、p、q、r、rr、s、t、u、v、x、y、z。29 个字母中包括 5 个元音字母和 24 个辅音字母。有些外来词和专有名词还使用字母 w。1994 年，西班牙皇家学院确定"ch"和"ll"不再作为单独字母出现在字母表中，但美洲西班牙语依然将这两个字母列在字母表内。在西班牙语字母中，h 不发音，b 和 v 的发音相同。西班牙语的名词和形容词有阳性和阴性之分，一般以 -o 结尾的名词或形容词为阳性词语，以 -a 结尾的名词或形容词为阴性词语。名词和形容词都有单复数两种形式，通常为在词根后面加 -s 或 -es。西班牙语的动词分为三类：

以-ar 结尾的动词为第一变位动词、以-er 结尾的动词为第二变位动词、以-ir 结尾的动词为第三变位动词。西班牙语的动词有许多不同的时态，不同的动词和人称有不同的变位方式。

国家勋章

金羊毛骑士团徽章（El Toisón de Oro）是西班牙王位继承人身份的象征，也是西班牙国王徽的组成部分之一。金羊毛骑士团是 15 世纪欧洲最古老的骑士团之一，英国、荷兰、丹麦、西班牙等欧洲君主立宪制国家拥有勋章者的骑士团成员都是王位继承人。1430 年，勃艮第公爵和弗兰德伯爵费利佩三世（Felipe Ⅲ）以英格兰嘉德骑士团为典范设立该骑士勋章。后来，金羊毛骑士团的领主权因勃艮第公国并入西班牙哈布斯堡王朝归属西班牙，费利佩二世（Felipe Ⅱ）在西班牙设立了金羊毛骑士团徽章。由于勃艮第公爵的继承者玛利亚（María）与奥地利公爵马克西米连一世（Maximiliano I）结亲，金羊毛骑士团徽章便与奥地利王室挂上了钩。18 世纪初，西班牙哈布斯堡王朝绝嗣，随着波旁家族登上王位，奥地利哈布斯堡王朝和西班牙波旁王朝均声称对金羊毛骑士团拥有领主权，金羊毛骑士团由此分成两支，一支是西班牙的，另一支是奥地利的。尽管一般认为金羊毛骑士团徽章属于世俗勋章，但实际上它是一种王室勋章，因为骑士团首领仅仅与其奠基者的继承人联系在一起，而不是国家或地区。这就解释了该勋章最初是勃艮第的，后来过渡到与西班牙王室和奥地利王室相连。

西班牙现国王费利佩年仅 13 岁时，得到了前国王胡安·卡洛斯一世颁发给他的这枚勋章，这表示他成为王室继承人。一般在重要场合才佩戴金羊毛骑士团徽章，比如费利佩国王大婚时就佩戴了该勋章。

卡洛斯三世西班牙皇家卓越勋章（Real y Distinguida Orden Española de Carlos Ⅲ）简称卡洛斯三世勋章。卡洛斯三世勋章作为西班牙第一个国家级勋章，历史悠久，由卡洛斯三世在 1771 年 9 月 19 日下令创立，以表彰为西班牙和王室做出重要贡献的人。自创建以来，尽管它被定为军事勋章，但一直代表西班牙授予的最杰出公民奖。1847 年该勋章被正式转为公民勋章，2000 年和 2002 年政府和王室分别再次确认该勋章授予为国家提供卓越服务的公民。第一共和国和第二共和国时期曾取消该勋章。1942 年 5 月 10 日，佛朗哥政权恢复该勋章。1983 年准许妇女获得该勋章。

卡洛斯三世西班牙皇家卓越勋章分为金链章（Collar）、大十字章（Gran Cruz）、头等骑士章（Encomienda de número）、骑士章（Encomienda）和十字章（Cruz）等。

金链章授予王室成员和国家与政府首脑以及获得大十字章 3 年以上的西班牙公民。金链由 4 个卡洛斯三世的数字"Ⅲ"、8 头伸爪的狮子、8 个城堡、4 组战利品串起的链子组成，下端系住金十字勋章。勋章为马耳他十字形，由四个"V"字组成，设计源于第一次十字军东征时使用的十字，即 12 世纪耶路撒冷圣约翰医护骑士团骑士常用的旗帜标志或者其所佩戴的骑士章。十字有四个相等的分枝，两两对称；每枝顶端各有两个金球，四个分枝之间各有一朵金百合花。勋章正面中心绘有圣母受孕像，格言"美德与功绩"（Virtuti et mérito）呈半椭圆形围绕圣母受孕像。背面中心是卡洛斯三世的数字"Ⅲ"。获得该勋章的名额限制在 25 人之内。

大十字章授予为国家做出杰出贡献的西班牙人，包括参众两院议长、宪法法院院长、司法委员会主席、最高法院院长、国家部长或其他高级官员，此外，还可授予获得西班牙其他民用或军用大十字章 3 年以上的人。获得大十字章的名额限制在 100 人之内，但不包括部长。系住大十字章的骑士带为天蓝色丝带，宽 101 毫米。丝带中部为宽 33 毫米的白色条带。白色条带系住银十字。银十字由四个"V"字组成，伸展出四个相等的分枝，两两对称；每枝顶端各有两个银球，四个分枝之间各有一朵金百合花。勋章正面的椭圆中绘有圣母受孕像，圣母脚下是卡洛斯三世的数字"Ⅲ"，周围饰边上写有格言"美德与功绩"（Virtuti et mérito）。

　　头等骑士章授予为西班牙提供出色服务的公民，也授予获得骑士章 3 年以上的人。银十字由四个"V"字组成，伸展出四个相等的分枝，两两对称；每枝顶端各有两个银球，四个分枝之间各有一朵金百合花。勋章正面的椭圆中心绘有卡洛斯三世的数字"Ⅲ"，周围饰有桂冠。获得头等骑士章的名额限制在 200 人之内。

　　骑士章授予为西班牙提供出色服务的公民，也授予获得十字章 3 年以上的人。用宽 45 毫米的天蓝色丝带系住（丝带中部为 15 毫米宽的白色条带），挂在获得者脖子上。章上的金十字直径为 52 毫米，十字由四个"V"字组成，伸展出四个相等的分枝，两两对称；每枝顶端各有两个金球，四个分枝之间各有一朵金百合花。勋章正面中心绘有圣母受孕像，反面中心绘有卡洛斯三世的数字"Ⅲ"，周围饰有格言"美德与功绩"（Virtuti et mérito）。骑士章无名额限制。

　　十字章授予为西班牙提供出色服务的公民，名额没有限制。金十字由四个"V"字组成，伸展出四个相等的分枝，两两对称；每枝顶端各有两个金球，四个分枝之间各有一朵金百合花。中心金色椭圆上绘有圣母受孕像，反面中心绘有卡洛斯三世的数字"Ⅲ"，周围饰有格言"美德与功绩"（Virtuti et mérito）。十字章宽 50 毫米，高 75 毫米。用金扣与天蓝色丝带相连，丝带宽 30 毫米，丝带中部为 10 毫米白色条带。

　　天主教伊莎贝拉勋章（Orden de Isabel la Católica）由西班牙国王费尔南多七世创立于 1815 年 3 月 14 日，当时名为皇家和美洲天主教伊莎贝拉勋章（Real y Americana Orden de Isabel la Católica），以纪念卡斯蒂利亚女王伊莎贝拉一世，奖励那些坚定效忠西班牙、在为西班牙本土和美洲与海外领地提供卓越服务上立场坚定的西班牙公民和外国人。1847 年 7 月 26 日王室下令改革该勋章，改称天主教伊莎贝拉勋章。关于该勋章的最新规定是 1998 年王室下发的命令：奖励在西班牙做出非凡举动并巩固和促进西班牙与国际社会加强友谊与合作的西班牙人和外国人。天主教伊莎贝拉勋章分为金链章（创建于 1927 年 6 月 22 日）、大十字章（创建于 1815 年 3 月 24 日）、头等骑士章（Encomienda de número，创建于 1815 年 3 月 24 日）、骑士章（Encomienda，创建于 1815 年 3 月 24 日）、军官十字章（Cruz de oficial，创建于 1931 年 10 月 10 日）、十字章（Cruz，创建于 1815 年 3 月 24 日）、银奖章（Medalla de plata，创建于 1907 年 4 月 15 日）和铜奖章（Medalla de bronce，创建于 1907 年 4 月 15 日）。

国家诗人

米格尔·德·塞万提斯（Miguel de Cervantes，1547 ~ 1616）、洛佩·德维加（Lope de Vega，1562 ~ 1635）和费德里戈·加西亚·洛尔卡（Federico García Lorca，1898 ~ 1936）被誉为西班牙国家诗人。

米格尔·德·塞万提斯是西班牙伟大的小说家和剧作家，因撰写不朽名著《唐·吉诃德》闻名于世，与此同时他还是著名诗人。

1547 年 9 月 29 日，塞万提斯出生在卡斯蒂利亚的阿尔卡拉德埃纳雷斯镇。1566 年塞万提斯定居马德里。他虽仅受过中学教育，但喜爱文学，阅读过大量文艺复兴时期的文学作品。1571 年，他参加了西班牙与土耳其之间的勒班陀战役。左手因负伤残废。1575 年，他被土耳其人掳到阿尔及尔做划桨的奴隶。1580 年，他才被赎回西班牙。他一直生活困顿，两次蒙冤入狱，50 余岁开始撰写《唐·吉诃德》，其中一部分是在监狱里写成的。1605 年《唐·吉诃德》第一部出版，立即风靡全国。1615 年推出《唐·吉诃德》第二部。《唐·吉诃德》是文艺复兴时期的现实主义杰作。他一生中还写过众多抒情诗和讽刺诗，创作过相当多的八音节诗和新歌谣集。主要诗作有《致佩德罗·帕蒂利亚》（*A Pedro Padilla*）、《费尔南多·德·埃莱拉之死》（*A la muerte de Fernando de Herrera*）、《致阿斯图里亚的胡安·鲁福》（*A la Austriada de Juan Rufo*）和写于 1614 年的长篇叙事诗《帕尔纳索斯山之旅》（*El viaje del Parnaso*）等。1616 年 4 月 23 日逝世于马德里。

洛佩·德维加是文艺复兴时期西班牙黄金世纪最重要的诗人和剧作家，文学地位仅次于塞万提斯，被誉为"西班牙文学中的莎士比亚"、"西班牙民族戏剧之父"、"天才中的凤凰"（Fénix de los ingenios），塞万提斯称他为"大自然中的魔鬼"（Monstruo de la Naturaleza）。

德维加出身贫寒，天资聪颖，5 岁就认识拉丁文和卡斯蒂利亚文，并创作诗歌。12 岁时就创作了他的第一部喜剧《真正的情人》（El verdadero amante），可惜已遗失。他一生创作了 3000 首十四行诗、3 部长篇小说、4 部短篇小说、9 首叙事诗、3 首说教诗、几百部喜剧。他是西班牙最伟大的抒情诗人之一，从 18 岁起，平均每天创作 200 多句诗。他的主要作品有《抒情诗》（Rimas）、《歌谣集》（Romancero general）等，其中叙事诗有《安赫利卡的美丽》（La hermosura de Angélica）、《被征服的耶路撒冷》（La Jerusalén conquistada）、《拉加托马基亚》（La Gatomaquia）等。

费德里戈·加西亚·洛尔卡是杰出的西班牙诗人、剧作家。主要作品有《诗集》（Libro de poemas，1921）、《萨尔瓦多达利颂》（Oda a Salvador Dalí，1926）、《吉卜赛歌谣》（Romancero gitano，1928）、《纽约的诗》（Poeta en Nueva York，1930）、《六首加莱戈斯的诗》（Seis poemas galegos，1935）和《暗恋十四行诗》（Sonetos del amor oscuro，1936）等。洛尔卡擅长吉卜赛风格的写作手法，成名作《吉卜赛歌谣》即此风格的代表。西班牙内战期间，他因支持第二共和国而被佛朗哥军队士兵杀害。

国家化身

伊斯帕尼亚（Hispania）。伊斯帕尼亚是西班牙为古罗马帝国一个行政省时的名字，也是西班牙这个国家人格化的名字。伊斯帕尼亚像不时出现在纸币和铸币上。例如，在古罗马和古迦太基为争夺地中海西部统治权而进行的第二次布匿战争期间（公元前 218 年至公元前 201 年），西班牙雇佣军奉罗马元老院之命，在西西里岛的 Morgantina 铸造了一批银币。银币上绘有一个拿长矛的骑士和伊斯帕尼亚女性形象。这大概是最早出现的伊斯帕尼亚女性形象。公元前 81 年，波斯图米亚家族在罗马铸造了绘有伊斯帕尼亚头像的银币，这是历史上第一次出现绘有伊斯帕尼亚头像的银币。

1868 年西班牙废黜伊莎贝拉二世后，1869 年西班牙的铸币、纪念碑、雕像和浮雕上开始出现伊斯帕尼亚像。1870 年发行的 5 比塞塔银币的正面图案就是坐在卧榻上的伊斯帕尼亚像。她头戴城堡形王冠，背靠群山，手拿橄榄枝伸向前方。上缘环书国名"España"，下书发行年份"1870"。西班牙第一共和国和第二共和国期间发行的纸币和铸币上也出现过伊斯帕尼亚像。近些年来，如 1999 年、2000 年和 2001 年，西班牙铸币再次出现伊斯帕尼亚像。

世界遗产

1982 年 5 月 4 日西班牙成为《保护世界文化和自然遗产公约》的缔约国，截至 2016 年 7 月 17 日第 40 届世界遗产大会休会，西班牙共有 45 项世界遗产（其中包括文化遗产 40 项、自然遗产 3 项、文化和自然混合遗产 2 项），含跨国项目 3 项（文化遗产 2 项、文化和自然混合遗产 1 项），拥有数仅次于意大利（51 项）和中国（50 项），居世界第 3 位。此外，西班牙还拥有 12 项非物质文化遗产（有 1 项是 2016 年 11 月通过的）。

西班牙的文化遗产如下。

1. 格拉纳达的艾勒汉卜拉、赫内拉利费和阿尔巴济（La Alhambra, el Generalife y el Albaycín de Granada），位于安达卢西亚（Andalucía）自治大区的格拉纳达（Granada）（1984 年，1994 年扩大范围。年份为被联合国教科文组织世界遗产委员会列入世界遗产年份，下同）。

2. 布尔戈斯大教堂（Catedral de Burgos），位于卡斯蒂利亚－莱昂

（Castilla y León）自治大区的布尔戈斯（Burgos）（1984 年）。

3. 科尔多瓦历史中心（Centro Histórico de Córdoba），位于安达卢西亚自治大区的科尔多瓦（Córdoba）（1984 年，1994 年扩大范围）。

4. 圣洛伦索·德埃尔埃斯科里亚尔修道院（Monasterio y Real Sitio de San Lorenzo de El Escorial），位于马德里（Madrid）自治大区的圣洛伦索·德埃尔埃斯科里亚尔（San Lorenzo de El Escorial）（1984 年）。

5. 安东尼·高迪的建筑作品（Obras de Antoni Gaudí），包括圭尔公园、圭尔宫（1984 年），文森特公寓、神圣家族教堂、巴特里奥公寓和圭尔住宅区的地下教堂（2005 年）（1984 年，2005 年扩大范围）。

6. 阿尔塔米拉和西班牙北部旧石器时代洞穴艺术的洞穴（Cueva de Altamira y arte rupestre paleolítico del norte de España），位于坎塔布里亚（Cantabria）自治大区的桑蒂利亚纳德尔马尔（Santillana del Mar）（1985 年，2008 年扩大范围）。

7. 奥维耶多古建筑和阿斯图里亚斯王国（Monumentos de Oviedo y del Reino de Asturias），位于阿斯图里亚斯（Asturias）自治大区的奥维耶多（Oviedo）（1985 年，1998 年扩大范围）。

8. 阿维拉古城及城外教堂（Ciudad Vieja de Ávila e Iglesias Extramuros），位于卡斯蒂利亚－莱昂自治大区的阿维拉（Ávila）（1985 年）。

9. 塞戈维亚古城及其输水道（Ciudad Vieja de Segovia y su Acueducto），位于卡斯蒂利亚－莱昂自治大区的塞戈维亚（Segovia）（1985 年）。

10. 圣地亚哥·德孔波斯特拉古城（Ciudad Vieja de Santiago de Compostela），位于加利西亚（Galicia）自治大区拉科鲁尼亚省的圣地亚哥·德孔波斯特拉（Santiago de Compostela, La Coruña）（1985 年）。

11. 历史名城托莱多（Ciudad Histórica de Toledo），位于卡斯蒂利亚－莱昂自治大区的托莱多（Toledo）（1996 年）。

12. 阿拉贡的穆德哈尔式建筑（Arquitectura mudéjar aragonesa），位于阿拉贡（Aragón）自治大区的特鲁埃尔（Teruel）（1986 年）。

13. 卡塞雷斯古城（Ciudad Vieja de Cáceres），位于埃斯特雷马杜

拉（Extremadura）自治大区的卡塞雷斯（Cáceres）（1986 年）。

14. 塞维利亚的大教堂、城堡和西印度群岛档案馆（La Catedral, el Alcázar y el Archivo General de Indias de Sevilla），位于安达卢西亚自治大区的塞维利亚（Sevilla）（1987 年）。

15. 萨拉曼卡古城（Ciudad Vieja de Salamanca），位于卡斯蒂利亚 - 莱昂自治大区的萨拉曼卡（Salamanca）（1988 年）。

16. 波夫莱特修道院（Monasterio de Poblet），位于加泰罗尼亚（Cataluña）自治大区塔拉戈纳省的比姆博迪（Vimbodí, Tarragona）（1991 年）。

17. 梅里达考古群（Conjunto Arqueológico de Mérida），位于埃斯特雷马杜拉（Extremadura）自治大区巴达霍斯省的梅里达（Mérida, Badajoz）（1993 年）。

18. 瓜达卢佩的圣玛利皇家修道院（Real Monasterio de Santa María de Guadalupe），位于埃斯特雷马杜拉自治大区的瓜达卢佩（Guadalupe）（1993 年）。

19. 圣地亚哥·德孔波斯特拉朝圣路线（El Camino de Santiago），位于加利西亚自治大区拉科鲁尼亚省的圣地亚哥·德孔波斯特拉（Santiago de Compostela, La Coruña）（1993 年）。它与耶路撒冷、梵蒂冈的朝圣之路齐名，并称基督教重要的三大朝圣路线。

20. 筑堡的历史名城昆卡（Ciudad Histórica Fortificada de Cuenca），位于卡斯蒂利亚 - 拉曼恰（Castilla-La Mancha）自治大区的昆卡古城（Cuenca）（1996 年）。

21. 巴伦西亚丝绸交易厅（La Lonja de la Seda de Valencia），位于巴伦西亚（Comunidad Valenciana）自治大区的巴伦西亚（Valencia）（1996 年）。

24. 苏索和尤索修道院（Monasterio de Suso y Yuso），位于拉里奥哈（La Rioja）自治大区的圣米连德拉科戈利亚（San Millán de la Cogolla）（1996 年）。

22. 拉斯梅德拉斯（Las Médulas），位于卡斯蒂利亚 – 莱昂自治大区莱昂省的卡鲁塞多（Carucedo, León）（1997 年）。

23. 巴塞罗那的加泰罗尼亚的帕劳音乐宫及圣保罗医院（Palacio de la Música Catalana y Hospital de San Pablo, Barcelona），位于加泰罗尼亚（Cataluña）自治大区的巴塞罗那（Barcelona）（1997 年）。

25. （葡萄牙的）科阿谷 –（西班牙的）谢加贝尔德的史前岩石艺术遗迹群（Sitios de arte rupestre prehistórico del valle del Cóa y de Siega verde），在西班牙分布于萨拉曼卡（Salamanca）自治大区的比亚德拉耶瓜（Villar de la Yegua）［科阿谷（1998 年），谢加贝尔德（2010 年）］。

26. 伊比利亚半岛地中海盆地的岩画艺术（Arte rupestre del arco mediterráneo de la península ibérica），主要分布于巴伦西亚自治大区的卡斯特利翁（Castellón）（1998 年）。

27. 阿尔卡拉德埃纳雷斯大学城及历史区（University and Historic Precinct of Alcalá de Henares），位于马德里自治大区的阿尔卡拉德埃纳雷斯（Alcalá de Henares）（1998 年）。

28. 拉古纳的圣克斯托瓦尔（San Cristóbal de La Laguna），位于加那利群岛（Islas Canarias）特内里费岛（Tenerife）（1999 年）。

29. 塔拉科考古遗址（El Conjunto Arquelógico de Tarraco），位于加泰罗尼亚自治大区的塔拉戈纳（Tarragona）（2000 年）。

30. 阿塔皮尔卡考古遗址（Yacimiento de Atapuerca），位于卡斯蒂利亚 –莱昂自治大区布尔戈斯省的阿塔普尔卡（Atapuerca, Burgos）（2000 年）。

31. 博伊谷地的罗马式教堂建筑（Iglesias Románicas de la Vall de Boí），位于加泰罗尼亚自治大区列伊达省（Lleida）（2000 年）。

32. 埃尔切的帕梅拉尔（Palmeral de Elche），位于巴伦西亚自治大区阿利坎特省的埃尔切棕榈树林（Palmeral de Elche, Alicante）（2000 年）。

33. 卢戈的罗马城墙（Muralla romana de Lugo），位于加利西亚自治大区卢戈市（Lugo）（2000 年）。

34. 阿兰胡埃斯文化景观（Paisaje Cultural de Aranjuez），位于马德里自治大区阿兰胡埃斯（Aranjuez）（2001 年）。

35. 乌韦达和巴埃萨城文艺复兴时期的建筑群（Conjunto Monumental Renacentista de Úbeda y Baeza），位于安达卢西亚自治大区哈恩省的巴埃萨（Baeza）（2003 年）。

36. 比斯卡亚桥（Puente de Vizcaya），位于巴斯克（Vasco）自治大区的比斯卡亚（Vizcaya）（2006 年）。

37. 埃库莱斯灯塔（Torre de Hércules），位于加利西亚自治大区拉科鲁尼亚省的半岛（península de la ciudad de La Coruña）（2009 年）。

38. 特拉蒙塔那山区文化景观（Paisaje cultural de la Serra de Tramuntana），位于巴利阿里（Baleares）群岛的马略卡岛（Mallorca）（2011 年）。

39. 水银遗产：阿尔马登与伊德里亚（Patrimonio del mercurio. Almadén e Idrija）。其位于西班牙卡斯蒂利亚-拉曼恰自治大区雷阿尔城省的阿尔马登（Almadén）和斯洛文尼亚（Slovenia）的伊德里亚（Idrija）（2012 年）。

40. 安特科拉石坟遗址（Sitio de los Dólmenes de Antequera），位于安达卢西亚自治大区马拉加省的安特科拉（Antequera，Málaga）（2016 年）。

西班牙的自然遗产如下。

1. 加拉霍艾国家公园（Parque nacional de Garajonay），位于加那利群岛拉加梅拉岛（La Gomera）（1986 年）。

2. 多尼亚那国家公园（Parque Nacional de Doñana），位于安达卢西亚自治大区的韦尔瓦省和塞维利亚省（Huelva y Sevilla）（1994 年）。

3. 泰德国家公园（Parque Nacional del Teide），位于加那利群岛（Islas Canarias）特内里费岛（Tenerife）（1986 年）。

西班牙的文化和自然混合遗产如下。

1. 比利牛斯-珀杜山（Pirineos-Monte Perdido），位于西班牙和法国交界的比利牛斯山脉，西班牙一侧在阿拉贡（Aragón）自治大区（1997 年西班牙一侧，1999 年法国一侧）。

2. 伊维萨岛的生物多样性和特有文化（Ibiza, biodiversidad y cultura），位于巴利阿里群岛的伊维萨岛（Ibiza）（1999 年）。

西班牙的非物质文化遗产如下。

1. 埃尔切神秘戏剧（El Misterio de Elche）（2008 年）。

2. 基督圣体圣血节（La Patum de Berga）（2008 年）。

3. 水法庭（Tribunal de las aguas）（2009 年）。

4. 戈梅拉岛的口哨语言（EL Silbo Gomera）（2009 年）。

5. 弗拉门戈舞（El Flamenco）（2010 年）。

6. 叠人塔（Los Castells）（2010 年）。

7. 女巫之歌（El Canto de la Sibila de Mallorca）（2010 年）。

8. 阿尔赫梅西健康圣母节（La Fiesta de la Mare de Déu de la Salut de Algemesí）（2011 年）。

9. 科尔多瓦庭院节（La Fiesta de los Patios de Córdoba）（2012 年）。

10. 驯鹰（La Cetrería，与德国、法国、意大利、葡萄牙等 17 个国家共享）（2012 年）。

11. 地中海饮食（La dieta mediterránea，与希腊、意大利和摩洛哥等国共享）（2013 年）。

12. 巴伦西亚的拉斯法利亚斯节（La fiesta de las Fallas de Valencia）（2016 年 11 月）。

国花

香石竹（英文为 Carnation，西班牙文为 Clavel）。因花有淡淡的香气，故称香石竹。学名为 Dianthus caryophyllus。又名康乃馨，还被称为麝香石竹、荷兰石竹、丁香石竹、狮头石竹、大花石竹、神圣之花、绢绒花、母亲花等。香石竹是多年生草本植物，属石竹科。高 40～70 厘米，全株无毛，粉绿色。茎丛生，直立，基部木质化。花常单生枝端，鲜艳多姿，花色多样，有红、紫、粉、黄、白等色。据说香石竹在

2000 多年前起源于西班牙，由诺尔曼人传入英国及欧洲其他国家。也有说由突尼斯引进。2 月至 6 月是香石竹花开放最盛的时节。香石竹不仅是西班牙国花，也是斯洛文尼亚、摩纳哥、摩洛哥等国国花。

欧洲关于康乃馨有不少美丽的传说。在希腊神话中，传说有一位美丽少女，以编织花冠为生。因她技艺高超，生意兴隆，被同业者暗杀。太阳神阿波罗特别同情这位少女，把她变成康乃馨。有人说，基督诞生时，康乃馨从地下长了出来，所以是喜庆之花。还有人说，圣母玛利亚看到耶稣受到苦难而流下伤心的泪水，眼泪掉下的地方就长出来康乃馨，因此粉红康乃馨成为不朽的母爱的象征。

如今，康乃馨也与母亲节紧紧联系在一起。1906 年 5 月 9 日，美国费拉德尔菲亚城（费城）的安娜·查维斯（Ann Jarvis）小姐的母亲过世，她悲痛万分。翌年其母逝世一周年纪念日时，她希望亲友把母亲生前最喜爱的白色康乃馨佩戴在襟上，同时呼吁建立一个颂扬母爱的节日。1908 年 5 月 10 日，她的家乡费城举行了世界上第一次"母亲节"庆祝活动。美国著名作家马克·吐温代表全美民众写信给安娜·查维斯小姐，支持她设立母亲节的创意。1914 年美国国会通过决议，确定每年 5 月的第二个星期天为母亲节（Mother's Day），同年 5 月 9 日威尔逊总统颁令实行。1934 年 5 月，美国发行母亲节邮票，邮票画面上一位母亲注视着花瓶中的香石竹。邮票的发行使香石竹的影响范围扩大，香石竹逐渐成为母亲节的花。母亲节这一天，母亲健在的人佩戴红石竹，并把一束康乃馨送给母亲；而丧母的人则佩戴白石竹，以示哀思。康乃馨成为母爱的象征。

除香石竹外，有人说石榴花（Granada）也是西班牙国花。西班牙国徽底部就绘有一个红石榴和两片绿叶。关于石榴花也有个动人的传说。2000 多年前，西班牙国王有个名叫玉晶的公主，她爱上了一个普通人家的小伙子。国王闻之大怒，把小伙子判刑并发配到远方。玉晶公主伤心欲绝，每天站在王宫花园的假山下哭泣，后气绝身亡。在她洒下泪珠的地方，长出一棵棵火红的石榴树，据说石榴籽是玉晶公主的泪珠凝成的。石榴树是玉晶公主的象征，人们把它栽遍全国，石榴花也成为西班牙国花。

国鸟

伊比利亚帝国鹰（Águila imperial ibérica）。又称阿达尔贝尔蒂鹰（Aquila adalberti），是为了纪念巴伐利亚的王子阿达尔贝特·威廉·格奥尔格·路德维希·冯·拜仁（Adalbert Wilhelm Georg Ludwig von Bayern，1828~1875），他是巴伐利亚国王路德维希一世（巴伐利亚）第四子。伊比利亚帝国鹰是一种猛禽，属鹰科，帝国鹰的亚种，属于濒危动物，2011年仅存300对。成鹰除上身有棕色点缀白色羽毛外，全身呈深褐色。后颈比其他地方稍显苍白，尾部更暗一些。1岁以下幼鹰羽毛颜色在褐色和红色之间，2岁以后变为淡黄色，到3岁时黄色羽毛间出现大量深褐色和黑色羽毛。四五岁时羽毛已呈暗褐色，5岁成为成鹰，可以繁殖了。成鹰平均高78~83厘米，重2.8公斤。雌鹰身躯比雄鹰大，可重达3.5公斤。翼展为1.8~2.1米。它可存活20年左右，个别可达27年，甚至41年。它栖息于从山区松林到沿海湿地地带。伊比利亚帝国鹰固守自己的领地，不愿迁移。它捕食野兔、鸽子、乌鸦等，有时还捕食小狐狸、老鼠。伊比利亚帝国鹰为单配，3月至7月为发情期，筑巢于栓皮槠或松树上，巢可使用多年，每次产蛋4~5枚，每枚重130克，孵蛋43天。雏鹰65~78天可离巢，但仍需成鹰喂养。4个月后幼鹰可独立生活。

国石

祖母绿（Esmeralda）。这种宝石最早发现于古埃及红海附近，当地人把它作为珍宝。其名Esmeralda可能来自波斯语，意为"绿色石头"。它被称为绿宝石之王，是世界公认的名贵宝石之一，和钻石、红宝石、蓝宝石并称世界四大宝石。祖母绿被认为是永恒的春天和永生的象征。

祖母绿属绿柱石家族，属于六方晶系。祖母绿晶体常呈六方柱状，少见锥面。柱面及底轴面有蚀坑。祖母绿平均长 2～3 厘米，颜色范围为淡绿至深绿。略带蓝色调，质地好，透明。有的祖母绿晶体中可见一氧化碳气泡、液状氯化钠和立方体食盐气液固三相包体，这是非常罕见的，只有哥伦比亚祖母绿才有。

国舞

弗拉门戈舞（Flamenco）。弗拉门戈舞是西班牙的一种综合性艺术，它集舞蹈、歌唱、器乐（主要为吉他）于一体，过去在西班牙南部流行，现在已扩展到西班牙全国，并成为西班牙的代表性艺术之一。一般认为，弗拉门戈舞出现于 18 世纪末西班牙安达卢西亚城乡，从这时起 Flamenco 这个词被记录为音乐和舞蹈术语。记载弗拉门戈舞最古老的书是 1774 年何塞·卡达尔索（José Cadalso）所著的《摩洛哥文件》（*Las Cartas Marruecas*）。然而，弗拉门戈舞最终形成却经历了漫长的历史过程。从弗拉门戈舞的形成过程可以发现其早期受安达卢西亚音乐和舞蹈风格影响。希腊、迦太基、罗马、拜占庭的居民把地中海边远地区的音乐带到安达卢西亚，后来西哥特人又带来他们的文化。从公元 8 世纪起，阿拉伯人在此统治 700 多年，阿拉伯音乐和舞蹈对安达卢西亚的音乐和舞蹈产生了重大影响。15 世纪，吉卜赛人从印度等地迁居到安达卢西亚，带来含有印度踢踏舞风格的豪放泼辣的歌舞，其与安达卢西亚音乐和舞蹈相结合，最终形成了弗拉门戈舞。在表演弗拉门戈舞时，歌手演唱传统歌曲，吉他手伴奏，舞者可即兴发挥，和着节奏翩翩起舞，用头和手臂舞出各种优美的姿态，用脚踏出扣人心弦的旋律。随着音乐节奏的加快，舞者的步伐也加快，舞蹈达到高潮，吉他手弹下最后一响，舞者随之摆出美妙的造型，一切戛然而止。

关于 Flamenco 这个词的起源，存在多种说法。一说 Flamenco 源于一种涉禽的名字。一说西班牙语 Flamenco 一词可能派生于"fire"（火）

或"flame"（火焰）。一说 Flamenco 可能指吉卜赛球员和表演者火热的表演行为。一说涉及历史学家布拉斯·因方特（Blas Infante）所著的《弗拉门戈的起源和洪多民歌的秘密》（*Orígenes de lo Flamenco y Secreto del Cante Jondo*），其中说 Flamenco 来自安达卢西亚摩尔人所操的阿拉伯语词语 fellah min gueir ard（أرض غير من فلاح），意为"无地的农民"，或者来自西班牙阿拉伯语词语 fellah mengu，意为"被驱逐的农民"。这些农民是居住在西班牙安达卢西亚受过洗礼的摩尔人。他们为免遭宗教迫害通过这一方式成为罗马移民。加西亚·巴里奥索（García Barrioso）神父认为 Flamenco 来自阿拉伯语词语"fellah-mangu"，意为"农民的歌"。一说 Flamenco 源于佛兰德。费利佩·佩德雷利（Felipe Pedrell）所著的《西班牙流行音乐专辑》（*Cancionero Musical Popular Español*）第 2 卷附录指出，卡洛斯五世时期，Flamenco 从佛兰德传到西班牙，并在那儿得名。一说 1881 年德摩菲洛（Demófilo）在第一次进行关于 Flamenco 的研究时说，吉卜赛人在安达卢西亚常被称为弗拉门戈人。1841 年乔治·博罗（George Borrow）在所著的《洛斯辛卡利》（*Los Zíncali*）中说西班牙吉卜赛人已经获得了这个流行的称呼。一说 Flamenco 源于 flamancia，而 flamancia 源自 flama，指性格热情的吉卜赛人。西班牙皇家学院字典说 Flamenco 通俗的意思为"粗鲁或无礼"

2010 年 11 月联合国教科文组织宣布弗拉门戈舞为人类非物质文化遗产。

国家乐器

吉他（Guitarra）。吉他是西班牙最普遍、最主要的民族乐器，也被视为国家乐器。吉他是一种弹拨乐器，形状与提琴相似，通常有六弦，但亦有四弦、八弦、十弦和十二弦。弹奏时用一只手拨动琴弦，另一只手的手指抵在指板（覆盖在琴颈上的金属小条）上，吉他的共鸣箱使弹奏的声音得到加强。吉他家族中最"贵族"的古典吉他与小提琴、钢琴并称世界三大著名乐器。

　　早在公元前两三千年前古埃及、古巴比伦和古波斯就出现古弹拨乐器。考古学家找到的最古老的类似现代吉他的乐器，是 1400 年前生活在小亚细亚和叙利亚北部的赫梯人城门遗址上的"赫梯吉他"（Hittite Guitar）。也有说考古发现，在土耳其北部阿拉卡 - 休於（Alaça Hüyük）的浮雕上有公元前 1000 年左右赫梯人和亚述人创制的类似于里拉琴（lira，世界最简单、最古老的多弦乐器）但添加了共鸣箱的丝弦乐器图案。

　　西班牙吉他的发源存在几种解释。第一种说法源于希腊名为 kizára 或 kettarah 的乐器，罗马人统治时期，其被西班牙语化为西塔拉（cítara），也叫作菲蒂库拉（fidícula）。这就是说，吉他派生于希腊 - 罗马的西塔拉，但乐器添加了手柄。许多考古学家和专家认为公元 400 年，吉他通过罗马帝国到达西班牙。随着时间的推移，西塔拉发生许多变化（如结构和弦数的变化），逐渐演变成现代吉他。第二种说法源于阿拉伯古鲁特琴（alaúde，该词派生于 al ud），这种带琴颈的乐器通过阿拉伯人入侵伊比利亚半岛传入此地。公元 11、12 世纪，西班牙出现了"摩尔吉他"（guitarra morisca）和"拉丁吉他"（guitarra latina）。摩尔吉他源于第二种说法，琴体为椭圆形，背部鼓起，使用金属弦；拉丁吉他源于第一种说法，琴体具有与现代吉他类似的 8 字形平底结构，使用羊肠弦。16 世纪，大量吉他演奏曲作品涌现出来。1546 年阿隆索·穆达拉（Alonso Mudarra）在塞维利亚出版的《古吉他音乐简谱的三部书》（*Tres libros de música en cifra para vihuela*）中记录了第一部四弦吉他曲作品。1596 年胡安·卡洛斯·阿马特（Juan Carlos Amat）在巴塞罗那出版的《五弦西班牙吉他》（*Guitarra española de cinco órdenes*）是有关西班牙吉他的最古老的著作。1606 年吉罗拉莫·蒙特萨尔多（Girolamo Montesardo）在博洛尼亚出版的 *Nuova inventione d'involatura per sonare Il balleti sopra la chitarra espagnuola* 是第一部有关西班牙吉他曲的伟大作品。通常认为安达卢西亚音乐家维森特·埃斯皮内尔（Vicente Espinel）发明了五弦西班牙吉他。17 世纪末，吉他在伊比利亚半岛已十分普及。18 世纪初，雅各布·奥托（Jacob Otto）给吉他增加了第六根弦，使吉他发生重大变化。18 世纪末 19 世纪初，西班牙一些吉他使用简单的六弦，在结构上出现一些变化。19 世纪中叶，弗朗西斯科·塔雷加（Francisco Tárrega）通过使用手工定位和改变按弦法使吉他的发展达到鼎盛时期。20 世纪西班牙制琴师何塞·拉米雷斯（José Ramírez）和吉他手纳西索·耶佩斯（Narciso Yepes）在吉他低音部位加上四根弦，1964 年纳西索·耶佩斯在柏林首次弹奏十弦吉他。

国球

水球（Water polo）。西班牙足球水平闻名于世，但它的国球不是足球而是水球。水球是一种在水中进行的集体球类运动，集游泳、手球、篮球、橄榄球于一体的运动。水球运动员在比赛时以游泳的方式运动，每队上场 7 人，包括守门员 1 人。比赛时间为 32 分钟，射入对方球门次数多的一方获胜。西班牙男子水球队在 1996 年亚特兰大奥运会和 1998 年世界锦标赛上均荣获金牌，在 2006 年欧洲锦标赛和 2007 年墨尔本世界锦标赛上都获得铜牌。西班牙女子水球队在 2012 年伦敦奥运会上获得银牌。曼努埃尔·埃斯蒂亚特（Manuel Estiarte）是西班牙传奇水球运动员，是水球史上进球数量最多的球手（累计射进 127 个球），在 2000 年悉尼奥运会后退役，曾任国际奥委会现役运动员委员会主席。

尽管足球不是西班牙国球，却是西班牙最为普及的运动。西班牙男子足球队虽然水平很高，不过很长时间并未取得突出战绩。近些年来，由于重视培养青少年球员，成绩突飞猛进。在 2008 年欧洲足球锦标赛中，西班牙男子足球队战胜德国男子足球队获得冠军，在 2010 年南非世界杯力克荷兰男子足球队夺得大力神杯，在 2012 年成功卫冕欧洲足球锦标赛冠军。2016 年 5 月 29 日，西班牙皇家马德里队通过点球大战以 6:4（常规时间成绩为 1:1）战胜马德里竞技队夺得 2015 ~ 2016 赛季欧冠冠军。

国食

土豆鸡蛋饼（tortilla de patatas），或称西班牙饼（tortilla española）。墨西哥玉米饼虽然也叫 tortilla，但二者毫不相干。土豆鸡蛋饼是西班牙最常见的特色小吃。尽管各地区做法有所不同，但最普通的是用鸡蛋、土豆，有的再加上洋葱。先将土豆切成薄片或小方块，然后在中等温度的橄榄油中炸，或连同切好的洋葱片一起炸，直至变软，但不能呈褐色。将土豆取出，沥干，拌入打过的加盐的生鸡蛋液，然后放入锅内慢慢炸。鸡蛋饼先炸一面，然后翻过来再炸另一面，也可以加入其他配料，如绿色或红色的辣椒、香肠、金枪鱼、虾和各种蔬菜。土豆鸡蛋饼可热吃，也可凉吃，通常作为野餐食品食用。土豆鸡蛋饼的西班牙文 tortilla 一词最早出现在 1817 年致纳瓦拉法院的函件上，函件中提到了土豆鸡蛋饼。根据传说，在围攻毕尔巴鄂期间，卡洛斯国王派托马斯·德苏马拉卡雷吉（Tomás de Zumalacárregui）将军为军队创造了快速营养食品土豆鸡蛋饼。尽管这是不是真的还无定论，但在卡洛斯战争（Carlist Wars，西班牙波旁王朝内部争夺王位继承权的战争）初期，土豆鸡蛋饼就已传播开来。另一个传说是，战争期间，德苏马拉卡雷吉将军路过一家农舍，他请农妇做饭。农妇家里只有几个鸡蛋、土豆和洋葱，就用这几样东西混合起来做出土豆鸡蛋饼。德苏马拉卡雷吉将军吃后大喜，觉得味道非常不错。后来，他把土豆鸡蛋饼在军队中推广开来。

国菜

海鲜饭（Paella）。源于西班牙巴伦西亚。其名一说源于西班牙巴伦西亚普遍使用的炊具 paila，意为"锅"；一说来自意大利语词语"padella"，该词从当时属于西班牙王室的意大利海港那不勒斯传入西班牙。这个词最早出现在 16 世纪一部歌剧剧本插图中的庇护六世（Pío V）的厨师巴尔托洛梅奥·斯卡皮（Bartolomeo Scappi）的食谱中。

西班牙海鲜饭与法国蜗牛和意大利面并称西餐三大名菜，常作为国宴中的一道菜招待外国贵宾，用油炒过的大米加上各种海鲜或肉（做配料）制作而成。制作时用橄榄油炒虾、贝类、鱿鱼、肉和蔬菜，再和米一起翻炒煮熟，撒上珍贵的藏红花粉，最后放到烤箱里微烤一下，一盘金黄色的海鲜饭就做好了。

1992 年 3 月 8 日，西班牙厨师曼努埃尔·贝拉尔特（Manuel Velarte）和安东尼奥·加尔比斯（Antonio Galbis）在 72 人团队的配合下，制作出供 10 万多人食用的巨型海鲜饭。海鲜饭直径 20 米，高 1.7 米，重 30 吨，用了橄榄油 1000 升，鸡肉 6250 公斤，兔肉 2600 公斤，鸭肉 400 公斤，青豆 2400 公斤，棉豆 1600 公斤，西红柿 1 吨，水 9000 ~ 12000 升，辣椒粉 5 公斤，藏红花粉 1 公斤，迷迭香 2 公斤，盐 150 公斤，蜗牛 1 吨，大米 5 吨。

国汤

冷汤（Gazpacho）。源于西班牙南部的安达卢西亚，是正餐前的开胃清爽凉汤。使用的主要原料有西红柿、葱头、大蒜、面包、橄榄油、醋、胡椒粉等。制作时把洗净的西红柿去籽切成块，再把洋葱、面包切块，大蒜切片，然后把切好的西红柿、洋葱、面包和大蒜放到一个盘子中，加入盐、胡椒粉和醋，放置 15 分钟。随后放入搅拌机，加上橄榄油和矿泉水，搅拌成糊状，放入冰箱 1 ~ 2 小时。食用时倒入杯中或盆中，挤入柠檬汁即可。可根据个人爱好在制作时添加切好的黄瓜、青椒等。

据说在 1492 年哥伦布发现美洲前，西班牙人只用面包、大蒜、橄榄油、盐和醋制作冷汤。待西红柿等传入西班牙后，西红柿才成为冷汤的主要原料。

国酒

雪莉酒（Sherry）和桑格利亚酒（Sangria）是西班牙两种著名的

酒，被尊为西班牙国酒。

雪莉酒。Sherry 是雪莉酒的英文名称，其实它源于雪莉酒的西班牙名称 Jerez（赫雷斯）。雪莉酒是闻名于世的酒。莎士比亚在剧作《亨利四世》中说，即使我有上千个儿子，作为男人的第一条原则，我都会教他们饮用雪莉酒，并用"装在瓶子里的阳光"来赞美它。

赫雷斯是西班牙南部安达卢西亚自治区的一个小镇，该镇位于加的斯省赫雷斯德拉弗龙特拉（Jerez de la Frontera）、圣玛利亚港（El Puerto de Santa Maria）和圣卢卡德巴拉梅达（Sanlúcar de Barrameda）三个城市连接的三角形地带，是著名的雪莉酒金三角。主要用这个三角形地带出产的帕鲁米诺葡萄（Palomino）以特殊方式酿造的酒被冠以赫雷斯之名，其他地方酿造的这种酒都不能冠以此名。欧洲保护"雪莉酒"原产地，根据西班牙法律，所有贴有"雪莉酒"的葡萄酒必须来自这一三角形地带。1933 年，原产地名称赫雷斯第一次被官方正式承认，当时官方将其命名为 D. O. 赫雷斯 - 赫雷斯 - 雪莉（D. O. Jerez-Xeres-Sherry）。

雪莉酒由来已久。早在公元前 1100 年，在腓尼基人把葡萄酒酿造方法传入西班牙后，赫雷斯就已成为西班牙葡萄栽培中心。公元前 200 年，罗马人统治伊比利亚半岛，酿酒业得到发展。公元 711 年，摩尔人控制了该地区，引入蒸馏法，开始生产白兰地和强化葡萄酒。摩尔人统治时期，赫雷斯被称为 Sherish，这是阿拉伯语词语 شريش 的音译，由此派生出 Sherry 和 Jerez。在阿拉伯帝国统治的 5 个世纪，这里继续生产葡萄酒。公元 966 年，科尔多瓦第二个哈里发下令摧毁葡萄园。赫雷斯居民试图用葡萄园生产葡萄干养活帝国军队的理由来阻止哈里发的行动，但哈里发还是摧毁了这里 2/3 的葡萄园。1264 年卡斯蒂利亚的阿方索十世（Alfonso X of Castile）占领赫雷斯，雪莉酒的产量、出口至欧洲其他国家增加，它成为享誉世界的名酒。哥伦布在远航至美洲时，带去了雪莉酒。在 1519 年麦哲伦准备进行环球航行时，据说用在雪莉酒上的花费比用在武器上的花费还多。

雪莉酒在英国非常受欢迎，尤其是在 1587 年弗朗西斯·德雷克（Francis Drake）洗劫加的斯后。那时，加的斯是西班牙最重要的海港之一，西班牙在那里准备武装入侵英国。德雷克在摧毁西班牙舰队后带回的战利品中，有 2900 桶雪莉酒，这大大促进了雪莉酒在英国的推广。由于雪莉酒是出口到英国的主要葡萄酒，因此许多英国公司应运而生，很多英国家庭也建立起雪莉酒酒窖。

1894 年赫雷斯地区葡萄园遭到葡萄根瘤蚜严重破坏。大葡萄园开始种植抵抗力强的葡萄，而小葡萄园由于无力抵御昆虫的侵袭而被抛弃。

雪莉酒一般分成天然酒和高浓度酒两大类，天然酒的酒精含量和糖的含量都很少。高浓度酒则是在天然酒中添加糖和酒精。雪莉酒主要有菲诺（Fino）、曼萨尼利亚（Manzanilla）、阿蒙蒂利亚多（Amontillado）、帕洛科尔塔多（Palo Cortado）、奥洛罗索（Oloroso）、德里（Dry）、帕莱克雷阿姆（Cream）、杜尔塞（Dulce）、莫斯卡特尔（Moscatel）和佩德罗希梅内斯（Pedro Ximénez）等。其中前 5 类为天然酒，尤以曼萨尼利亚和阿蒙蒂利亚多为佳。后几种为高浓度酒，每升佩德罗希梅内斯的糖含量竟高达 212 克。高浓度酒很少被直接饮用，一般作为调和酒，或被用于烹饪。

桑格利亚酒是西班牙的一种低酒精水果酒，适宜冰冻饮用，口感稍甜。夏天饮用此酒可以提神醒脑。桑格利亚酒主要用葡萄酒做基酒，加入时令水果（苹果、桃、橙子等）浸泡，再加入一些柠檬汽水、朗姆酒或白兰地调制而成。

奥斯本牛

奥斯本牛（西班牙文为 Toro de Osborne，英文为 Osborne Bull）是西班牙的非官方国家象征。奥斯本牛是具有 14 米高的半侧面的公牛的黑色轮廓形象。1956 年奥斯本雪莉公司［由托马斯·奥斯本·曼

（Thomas Osborne Mann）成立于 1772 年］为宣传其生产的赫雷斯白兰地，委托阿索尔广告公司制作广告。阿索尔广告公司画家马诺洛·普列托（Manolo Prieto）设计出黑色公牛的广告，随后在全西班牙主要公路附近矗立起一个个巨型黑色公牛雕像。最开始的公牛形象比较小，设计也与后来的略有不同。后改为大一些的公牛形像是为了遵守该国禁止在公路 150 米范围内打广告的规定。1994 年 9 月欧盟发布禁止在所有公路打含有酒精饮料的广告的法令，随后公牛广告被拆除。但那时公牛形象已深入人心，许多城市、文化机构、艺术家、政治家、媒体强烈要求保留公牛形象。尽管一些人主张根据法律完全清除公牛形象，但在公众的压力下，1997 年 12 月，西班牙最高法院最终裁定保留这些标志，理由是它们已成为景观的一部分，具有 "审美或文化意义"，从而将公牛形象变成公共领域形象。这样公牛形象保留了下来，只是原来的广告被完全删除。如今，公牛形象不仅是商业象征，而且随着时间的推移，它已从过去起广告作用的形象变为西班牙的一个文化象征，进而成为西班牙的象征。现在西班牙全国共有 91 座公牛雕像，其中安达卢西亚地区就有 23 座公牛雕像。公牛形象不时出现在旅游纪念品（T 恤、帽子、钥匙链、烟灰缸、明信片、瓷砖、杯垫等）等上，并被印在国旗上。此外，公牛形象还经常出现在体育比赛和西班牙军队的训练中。

人们把西班牙称为 "斗牛之国"。西班牙全国有斗牛场 400 余处，其中可容纳万人以上的就有 40 多处，每年斗牛次数至少有 5000 场。这种有民族特色的竞技活动吸引了成千上万的观众。据说，斗牛起源于西班牙古代的宗教活动。当时，人们将牛杀死作为奉献给神的祭品。13世纪西班牙国王阿方索十世在位时，这种杀牛祭神的单纯宗教活动演变成斗牛表演。真正的斗牛表演出现在 16 世纪，骑士拿着长矛骑在马上，等牛冲过来时，顺势将矛插进牛身，把牛杀死。后来又演变成骑士手持长矛，骑在佩戴护甲的马上，追逐公牛，直至将牛刺死。18世纪中叶，一个没有骑马的勇士与牛搏斗，最后用剑把牛刺死，这件事不仅轰动一时，而且使斗牛别开生面。自那时起，西班牙各地开始兴建正式的斗牛场，使斗牛成为一种传统的竞技活动。

宗教

天主教是西班牙的主要宗教，历史上曾长期为该国国教。根据 2016 年 7 月西班牙社会学研究中心（Centro de Investigaciones Sociológicas, CIS）公布的数字，约 68% 的西班牙人认同自己为天主教徒，2% 为其他信仰（包括伊斯兰教、基督教新教和佛教等）的追随者，约 27% 为无神论者或非信仰宗教者。大多数西班牙人不定期参加宗教崇拜活动，认同自己为天主教徒的西班牙人中的 59% 经常参加弥撒，16% 一年去几次，9% 每月去几次，15% 每周六去或一周去几次。教区神父总数从 1975 年的 24300 人减少到 2005 年的 19307 人。据 2005 年西班牙教会统计（Estadísticas de la Iglesia en España, 2005），2000 ~ 2005 年，修女数量下降 6.9%，只有 54160 人。近年来，世俗化进程不断加快，参加宗教活动（洗礼、天主教婚礼）的人数不断减少。根据 CIS 在 2014 年 1 月的统计，西班牙 18 ~ 24 岁青年只有约 48.4% 说自己是天主教徒，约 47.1% 承认不考虑宗教问题，不是信徒或是无神论者。

天主教在西班牙历史悠久。从公元前 218 年罗马人占领伊比利亚半岛，西班牙就开始确立天主教国教的地位。公元 410 年，西哥特人占领西班牙，西班牙居民坚持信奉天主教。公元 711 年，信仰伊斯兰教的北非摩尔人越过直布罗陀海峡入侵西班牙，在 718 年控制了伊比利亚半岛的大部分，在西班牙开始进行为期近 800 年的伊斯兰统治。在此期间，由于阿拉伯人和柏柏尔人的抵达和一些天主教徒皈依伊斯兰教，穆斯林数量在西班牙大大增加。只有西班牙北部边缘地带仍处于天主教统治之下。面对阿拉伯人的侵略和占领，西班牙天主教徒开始进行反抗。随着公元 722 年在阿斯图里亚斯地区科瓦东加山打响"再征服"战争（收复失地运动），西班牙从此开始了持续几个世纪的战争。1492 年 1 月 2 日，西班牙天主教徒攻陷格拉纳达，西班牙"再征服"战争宣告完成，西班牙最终实现统一。阿拉伯人被赶出伊比利亚半岛，天主教完全控制了整个西班牙。

天主教双王伊莎贝拉一世和费尔南多二世在西班牙建立起宗教裁判所，以残酷手段惩罚异端，以维护天主教的正统性。1501 年，西班牙颁布命令，要求所有穆斯林要么放弃信仰伊斯兰教，要么离开西班牙；1556 年，费利佩二世要求剩余的穆斯林立即放弃自己的语言、宗教和习俗；1609 年，费利佩三世签署驱逐令。从 1492 年格拉纳达陷落到 17 世纪 20 年代，共有约 300 万名穆斯林被驱逐（或处死）。1767 年，西班牙又把犹太教徒驱逐出国。19 世纪 30 年代，西班牙王室撤销了宗教裁判所，但实际上西班牙并未实行宗教自由政策。1851 年，天主教成为国教。这一年西班牙政府和罗马教廷签订协议，规定西班牙政府支付教士工资，并负担天主教堂的其他开销，以作为对 1835 ~ 1837 年没收天主教堂财产的补偿。1931 年第二共和国颁布的宪法废除了该协议，威胁天主教在西班牙的霸权地位。佛朗哥统治时期恢复了天主教的特权，天主教成为西班牙唯一具有合法地位的宗教。只有天主教堂可以拥有财产或出版著作，西班牙政府不仅继续支付教士的工资和补贴教堂，还协助重建被战争摧毁的教堂建筑物。强制进行天主教教育，禁止离婚、堕胎、销售避孕药。佛朗哥取得了在西班牙命名罗马天主教主教的权力，以及对教区教士任命的否决权。1953 年佛朗哥政府与梵蒂冈签订的协议给予教会更大的特权，包括免除教会的税、禁止侵犯教会财产、免除教士兵役等。

1965 年梵蒂冈第二次会议使西班牙其他宗教派别拥有更多权力。1966 年，佛朗哥政权通过一项法律以减少对其他宗教派别的限制，但仍重申天主教教会的特权。

1976 年，国王胡安·卡洛斯·德博尔班单方面放弃任命主教的权力。同年晚些时候，西班牙和梵蒂冈签署了一项新的协议，恢复西班牙国王任命主教的权力。教会同意经修订的"协议"，其中规定教会和国家的财政逐步分离。不用于宗教目的的教会财产今后将被征税，教会对国家补贴的依赖程度逐渐降低。但这一协议并未被真正执行，1987 年教会获得公共补贴 1.1 亿美元。

1978 年西班牙宪法第十六条确认保障西班牙人的宗教信仰自由，宣布任何宗教都不具有国家性质，从而取消了天主教的国教地位。

建于 1075 年、于 1211 年完工的圣地亚哥·德孔波斯特拉大教堂是西班牙天主教反对伊斯兰教的重要象征之一，是欧洲最大的罗马式教堂之一，也是天主教著名朝圣地之一。相传它是大雅各之路的终点，耶稣十二门徒之一的大雅各（James the Great）安葬于此。

西班牙全境分 11 个教区，其中托莱多教区是最大的也是最重要的一个。托莱多主教自哥特时期以来就是西班牙的红衣大主教。

西班牙除天主教外，还有基督教新教、伊斯兰教、犹太教等宗教流传。此外，西班牙有少量印度教徒、佛教徒、道教徒和巴哈伊教徒。当然，不少西班牙人不信仰任何宗教。

国家保护神

西班牙不仅有国家保护神，而且每个城镇、每种职业都有自己的保护神。

大圣地亚哥（Santiago el Mayor）是西班牙国家保护神，也是该国骑兵、陆军和加利西亚的保护神。每年 7 月 25 日在圣地亚哥·德孔波斯特拉举行盛大的纪念大圣地亚哥的活动。

大圣地亚哥是耶稣十二门徒之一大雅各的西班牙语读音。大雅各是西庇太（Zebedee）之子，故被称为"西庇太的儿子"（Son of Zebedee）。大雅各的母亲撒罗米（Salome）与耶稣的母亲为姊妹，因此大雅各乃大卫的后人、耶稣的表兄弟。大雅各是耶稣另一门徒约翰的兄长，兄弟俩和其父都是加利利海的渔夫。耶稣路过加利利海时，大雅各成为最早受耶稣感召的门徒。大雅各本来性格暴躁，耶稣曾给他取外号"半尼其"（Boanerges），意为"雷子"。后来经过耶稣的教导，他变成一个能宽容人的门徒。在十二门徒中，大雅各与彼得、约翰较得耶稣信赖，是门徒核心圈人物之一。他见证过耶稣的一些重大事迹，如主显圣容和耶稣在客西马尼园中忧伤祈祷等。耶稣死后，大雅各曾在巴勒斯坦宣讲福音，并在西班牙布道，后又前往耶路撒冷寻找耶稣之母玛利亚。公元 44 年，犹太国王希律·亚基帕一世（Herodes Agripa I）将大雅各斩首，大雅各成为第一个殉难的门徒。据传，大雅各的尸骨被其弟子保存在地中海的一艘石船中，该船后来沿大西洋驶抵加利西亚，其尸骨被埋葬在伊里亚弗拉维亚（Iria Flavia）。9 世纪，特奥多罗（Teodomiro）主教发现大雅各的墓地。为了纪念这位伟大的宗教传人，西班牙将其居住的地方命名为圣地亚哥·德孔波斯特拉。将他去世的 7 月 28 日作为圣地亚哥节，这一天也是西班牙的保护神节。加利西亚的圣地亚哥·德孔波斯特拉不仅是西班牙天主教徒朝圣的地方，也是世界许多国家天主教徒的朝圣地，每年来自世界各地成千上万的天主教徒前来朝圣，圣地亚哥·德孔波斯特拉遂成为天主教朝圣地之一。

圣母玛利亚是西班牙守护神。圣母玛利亚即玛利亚圣母无染原罪（la Inmaculada Concepción）。圣母玛利亚原为拿撒勒的一位犹太少女，后嫁给木匠若瑟，但在成婚之前即感圣神怀孕，婚后生下耶稣。传说玛利亚一直追随耶稣传教，她曾在耶稣蒙难时守在十字架下。耶稣升天后，玛利亚在耶路撒冷参加马可在家中举行的祈祷。门徒约翰受耶稣之托把玛利亚接到以弗所，玛利亚在那里养老。

西班牙对圣母玛利亚的崇拜由来已久。早在西哥特统治时期，西哥特国王万巴（Wamba）就已被命名为"玛利亚圣母无染原罪的捍卫者"。后来的西班牙君主，如费尔南多三世（Fernando Ⅲ）、海梅一世（Jaime I）、阿拉贡的海梅二世（Jaime Ⅱ de Aragón）、卡洛斯一世（Carlos I）及其子费利佩二世也都是圣母玛利亚的忠实信徒。卡洛斯三世十分尊崇圣母玛利亚，以自己的名义下令圣母玛利亚是他的所有领地的保护神。从 1615 年起，圣母玛利亚正式成为整个西班牙的保护神。从 1644 年起，圣母玛利亚节（12 月 8 日）成为整个西班牙的节日。

1708 年，教皇克莱门特十一世（Clemente XI）宣布，从 1708 年起，圣母玛利亚节成为整个天主教会的节日。1892 年西班牙女王 María Cristina de Habsburgo-Lorena 正式宣布圣母玛利亚为西班牙步兵守护神。

货币

欧元（Euro），是包括西班牙在内的欧盟国家的通用货币。1999 年 1 月 1 日起西班牙正式使用欧元。1 欧元相当于 100 欧分。欧元纸币共有 7 种，面值分别为 5 欧元、10 欧元、20 欧元、50 欧元、100 欧元、200 欧元和 500 欧元。各国印制的欧元纸币的正面、背面图案都一样，也不带任何国家标志。纸币正面图案以门和窗为主，象征合作和坦诚精神，12 颗星围成一个圆圈，象征欧盟各国和谐地生活在欧洲。纸币反面图案为桥梁，象征欧洲各国联系紧密。纸币上的各种门、窗、桥梁图案分别反映欧洲各时期的建筑风格，面值从小到大的纸币的风格依次为古典派、浪漫派、哥特式、文艺复兴式、巴洛克式和洛可可式、钢铁和玻璃式、现代派，颜色则分别为灰色、红色、蓝色、橘色、绿色、黄褐色、淡紫色。欧元图案是由奥地利纸币设计家罗伯特·卡利纳设计的。

欧元硬币有 8 种，面值分别为 1 欧分、2 欧分、5 欧分、10 欧分、20 欧分、50 欧分、1 欧元、2 欧元。欧元硬币正面图案都相同，标有面值，被称为"共同面"（common side）。硬币背面图案分别由发行国自行设计。西班牙欧元硬币背面图案分为三种：1 欧分、2 欧分、5 欧分是圣地亚哥·德孔波斯特拉古城的大教堂；10 欧分、20 欧分、50 欧分是西班牙作家米格尔·德·塞万提斯头像；1 欧元、2 欧元则是西班牙国王胡安·卡洛斯一世头像。所有硬币都刻有代表欧盟的 12 颗星和铸造年份。

西班牙正式使用欧元之前，货币单位为比塞塔（Peseta）。1868 年 10 月 19 日至 1999 年 1 月 1 日，西班牙比塞塔是西班牙法定货币，流通至 2001 年 12 月 31 日。2002 年 1 月 1 日起欧元开始在西班牙流通，西班牙比塞塔沿用至 2002 年 2 月 28 日，3 月 1 日停止使用。比塞塔可以在西班牙银行以"1 欧元 = 166.386 比塞塔"兑换成欧元，截止日期为 2020 年 12 月 31 日。

1808 年，巴塞罗那出现第一枚西班牙比塞塔硬币——2½ 比塞塔，那时正是法国拿破仑占领西班牙时期。第二年，西班牙又铸造出 1 比塞塔和 5 比塞塔硬币。比塞塔一说源于加泰罗尼亚语词语 peceta，它是 peça（硬币）的指小词；一说比塞塔是比索（peso）的指小词，比索是西班牙老银币的名称，也是一些拉美国家货币的名称。

1868 年 10 月 19 日，塞拉诺（Serrano）将军临时政府财政部部长劳尔诺诺·菲戈罗拉（Laureano Figuerola）签署了将比塞塔作为国家货币单位的法令，以用其取代埃斯库多（escudo）。与此同时，度量制度在拉丁货币联盟的范围内正式生效。1869 年西班牙铸造出第一枚 1 比塞塔硬币，它重 5 克，相当于 4 里亚尔（reales）。第一批发行的比塞塔包括：1 分铜币，重 1 克；2 分铜币，重 2 克；5 分铜币，重 5 克；10 分铜币，重 10 克；20 分银币，重 1 克；50 分银币，重 2.5 克；1 比塞塔银币，重 5 克；2 比塞塔银币，重 10 克；5 比塞塔银币，重 25 克；100 比塞塔金币，重 32.25 克。在比塞塔作为唯一的西班牙货币生效之前，西班牙共有 21 个货币单位在流通。1 比塞塔银币一直被用至第二共和国。1937 年西班牙生产出首枚非贵重金属比塞塔硬币。该比塞塔硬币上出现了代表共和国的女人像。这些硬币被称为"鲁比亚"，西班牙语意为"金黄色"，这是铜镍合金的颜色。最后一枚 1 比塞塔银币是在 1933 年第二共和国时期铸造的，此前共流通过 200 万枚 1 比塞塔银币。1939 年弗朗西斯科·佛朗哥政权停止用贵重金属制造的硬币的流通，铸造出 5 分、10 分比塞塔铝币，后来又铸造出 25 分比塞塔、1 比塞塔、5 比塞塔、50 分比塞塔（1951 年），2.5 比塞塔（1954 年），1944～1982 年生产出这些硬币，并合法发行至 1997 年。到 1958 年，因通货膨胀，25 比塞塔和 50 比塞塔开始流通；1966 年又开始流通 100 比塞塔银币。从西班牙过渡时期起，硬币上绘有胡安·卡洛斯一世像。1980 年西班牙生产出 50 分比塞塔、1 比塞塔、5 比塞塔、25 比塞塔、50 比塞塔和 100 比塞塔 1982 年足球世界杯纪念币。

从 1982 年起，为削减成本，西班牙开始生产 1 比塞塔铝币。1982 年，100 比塞塔铜铝合金币开始流通。同年 2 比塞塔铝币，1983 年 10 比塞塔铜镍合金币，1986 年 200 比塞塔铜镍合金币，1987 年 500 比塞塔铜铝合金币也开始流通。200 比塞塔硬币和 500 比塞塔硬币取代了同价值的纸币。1983 年所有小于 1 比塞塔的钱币都被撤销。1989 年，西班牙开始生产直径只有 14 毫米的比塞塔铝币，这是世界上最小的硬币之一。最后一套铸币呈现白黄色交替的特点，硬币大多使用黄色（面值为 5 比塞塔、25 比塞塔、100 比塞塔和 500 比塞塔），有些使用白色（面值为 1 比塞塔、10 比塞塔、50 比塞塔和 200 比塞塔）。从 1992 年开始实施主题货币计划，当年推出了纪念巴塞罗那奥运会和塞维利亚世博会的 5 比塞塔、25 比塞塔和 50 比塞塔硬币，次年又推出了纪念圣徒大雅各的硬币。后来，每年都铸造印有西班牙社区和自治城市名称和图像的硬币，但加泰罗尼亚、安达卢西亚和加利西亚除外，因为硬币上已绘有代表它们的事件。唯一例外的是巴伦西亚。与此同时，铸造了绘有西班牙历史人物的 10 比塞塔、50 比塞塔、200 比塞塔硬币。1995 年，铸造了面值为 2000 比塞塔的硬币，但流通量很少。1997 年老的 1 比塞塔硬币、5 比塞塔硬币、25 比塞塔硬币、50 比塞塔硬币、200 比塞塔硬币（采用 1989 年以前的设计，有些自 20 世纪 40 年代就开始流通）退出流通领域。大直径的 100 比塞塔硬币也退出流通领域。最后发行比塞塔硬币的时间是 2001 年，面值有 1 比塞塔、5 比塞塔、10 比塞塔、25 比塞塔、50 比塞塔、100 比塞塔、200 比塞塔、500 比塞塔。

最早的比塞塔纸币于 1874 年 7 月 1 日印刷，面值为 25 比塞塔、50 比塞塔、100 比塞塔、500 比塞塔和 1000 比塞塔。由于当时纸币价值很高，因此发行量由银行和其他金融机构控制。第一套纸币的发行量为 200 万比塞塔。到 1935 年，又发行新一套同值的纸币。由于比塞塔贬值，担心 5 比塞塔银币被当作金属卖掉而消失，1935 年西班牙发行了 5 比塞塔、10 比塞塔纸币，以作为"银证"，这使 5 比塞塔银币退出流通领域。西班牙内战期间，国家经济陷入危机。由于无法购买金属，西班牙银行不得不印刷低面值纸币，如 50 美分比塞塔，1 比塞塔、2 比塞塔、5 比塞塔和 10 比塞塔。

西班牙经济恢复后，货币需求发生变化。1974 年已有 7 亿比塞塔流通，其中多为低面值纸币，1978 年流通量已达 10 亿比塞塔。尽管比塞塔贬值，但纸币最大面值仍为 1000 比塞塔，其中很多是日常支付所必需的。从 20 世纪 70 年代起，低面值纸币退出流通领域，被新面值纸币取代。1976 年发行的 5000 比塞塔纸币，是一个多世纪以来首次投入流通领域的面值超过 1000 比塞塔的纸币。1979 年发行倒数第二套比塞塔纸币，不同面值的纸币有不同颜色的代码。1980 年发行的 2000 比塞塔纸币和 1985 年发行的 10000 比塞塔纸币也属于这套纸币。1982 年停止印刷 100 比塞塔及以下面值的纸币，1987 年停止生产 200 比塞塔纸币和 500 比塞塔纸币，200 比塞塔硬币和 500 比塞塔硬币开始流通。1992 年流通的纸币（面值为 1000 比塞塔、2000 比塞塔、5000 比塞塔和 10000 比塞塔）的尺寸小于以前发行的纸币。1997 年，所有在 1992 年前发行的纸币停止流通，唯有 1992 年发行的 4 种面值的纸币（1000 比塞塔、2000 比塞塔、5000 比塞塔、10000 比塞塔）留存下来，并一直延续到 2002 年欧元进入市场。

比塞塔还有其他俗称，如佩拉（pela）、鲁比亚（rubia）、卡拉（cala），甚至还被称为丘法（chufa，铁荸荠）。一些面值的硬币和铸币也有各自的俗称。5 分硬币（5 céntimos）被称为"小狗"（perra chica），10 分硬币（10 céntimos）被称为"胖狗"（perra gorda），25 分硬币（25 céntimos）被称为"里亚尔"（real），5 比塞塔银币被称为"杜罗"（duro，西班牙银币名，等于 5 比塞塔），100 比塞塔纸币被称为"比列特"（billete）。1970 年最后一次发行 100 比塞塔纸币，1982 年其被 100 比塞塔银币所取代，它被称为 20 个杜罗（20 duros）。500 比塞塔纸币被称为 100 个杜罗。1000 比塞塔纸币被称为"塔莱格"（talego，矮胖子）、纳波（napo）或"绿票子"（billete verde）。5000 比塞塔纸币被称为"甘薯"（boniato），这是因为纸币中的棕色类似甘薯皮的颜色。5000 比塞塔纸币还被称为 1000 个杜罗。

葡萄牙

国名

葡萄牙共和国（República Portuguesa），简称葡萄牙（Portugal）。位于欧洲西南部，伊比利亚半岛的西端，东部和北部临西班牙。

葡萄牙（Portugal）名称来源有多种说法。一说源于曾受上帝之命建造方舟的诺亚（Noé）的孙子图巴尔（Túbal），他建立了以他自己名字为名的塞图巴尔城（Setúbal），后来这个城名演变为整个葡萄牙的国名。这个名字来源显然带有浓厚的神话色彩。

一说源于恩里克·德波尔戈尼亚（Enrique de Borgoña）伯爵在葡萄牙地区建立的城市波尔图（Porto）。

一说西班牙历史学家胡安·科尔塔达（Juan Cortada）在其所著《自远古至 1839 年葡萄牙史》（*Historia de Portugal：desde los tiempos más remotos hasta* 1839）一书中提出葡萄牙之名可能出自高卢人。高卢人在今波尔图上岸后，把该地区命名为波尔图斯加略鲁姆（Portus Gallorum），后其演变为现名葡萄牙。

科尔塔达在他的书中还说出一种来源：在杜罗河（Duero）附近，建立起一个名叫卡莱（Cale）的城市，随后又建立起一座港口波尔图斯（Portus），两个城市结合起来的名字为波尔图斯卡莱（Portus Cale），意为"温暖的港口"。中世纪罗马人将杜罗河两岸地区也称为波尔图卡莱地区（Terra Portucalense）。11 世纪，莱昂王国和卡斯蒂利亚王国的阿方索六世将这一地区赠给勃艮第的恩里克伯爵，称其为"波尔图斯卡莱领地"。后来 Portus Cale 一词中的轻辅音"C"逐渐被浊辅音"G"所取代，而词尾元音"e"也由轻读渐渐消失，慢慢演变成葡萄牙（Portugal）。1143 年，恩里克伯爵之子阿方索一世（Alfonso I）在此领土上建立了独立王国，称为葡萄牙王国。波尔图斯卡莱后来经葡萄牙语简化为波尔图（Porto），如今是葡萄牙第二大城。

一说源于波尔图（porto）的拉丁文古名——Portus-Galliae，意为高卢港口，因为高卢船只经常光顾这个港口。

一说阿拉伯语、土耳其语、阿尔巴尼亚语和其他一些语言把橙称为 Portokal，而 Portugal 可能就源于 Portokal。因为摩尔人入侵葡萄牙地区后，看到这里有大量橙树，故以橙为名。

在古希腊和古罗马时代，葡萄牙还曾被称为卢济塔尼亚（Lusitania）。相传古时生活于葡萄牙的一个原始部落首领名叫卢佐（Luso），于是伊比利亚半岛西部的土著人便被称为卢济塔尼亚人。罗马人占领伊比利亚半岛后，将其分为三个省，其中一个即包括葡萄牙大部分领土在内的卢济塔尼亚省。罗马帝国崩溃后，随着卢济塔尼亚省的消失，Lusitania 一词渐为 Portugale 所取代。如今，卢济塔尼亚还经常出现在葡萄牙文学作品中，以表示对他们的祖先卢济塔尼亚人的崇敬之情。

国都

里斯本（Lisboa）。位于伊比利亚半岛的特茹河河口，西濒大西洋。是葡萄牙首都，也是该国最大城市，西欧最西端和最古老城市。西班牙历史学家蓬波尼乌斯·梅拉（Pomponius Mela）把里斯本的名字用拉丁文写成 Ulyssippo。后来，老普林尼（Pliny the Elder）把里斯本称为 Olisippo，而希腊人把它称作 Olissipo（Ὀλισσιπών）或 Olissipona（Ὀλισσιπόνα）。根据博沙尔（Bochart）的提法，里斯本在古罗马以前的名字 Olissipo 可能源于腓尼基人。Olissipo 派生于腓尼基语 Allis Ubbo，意为"安全港"，因为它是塔霍河（Tajo）河滩上的良港。公元 1 世纪罗马作家则说里斯本是由神话英雄奥德修斯（Odysseus）在从特洛伊回家途中建立起来的。虽然现代考古发掘表明自公元前 1200 年起，腓尼基人开始出现在这个地方，但有关里斯本来源的民间传说并没有什么可信度。有人提出里斯本名字来自罗马对之前塔霍河（Tagus）的称谓 Lisso 或 Lucio。西哥特人称其为"Ulishbona"。公元 719 年摩尔人夺取该城后，用阿拉伯语称其为 اليكسبونا（al-Lixbûnâ）或 لشبونة（al-Ushbuna）。

国庆

从世界范围看，一个国家的国庆日一般都定在自己的建国日。然而，葡萄牙却与众不同，1977 年把国庆日定在该国著名诗人路易斯·瓦斯·德卡蒙斯（Luís Vaz de Camoës，1524～1580）逝世的 1580 年 6 月 10 日，称其为"葡萄牙日、贾梅士日暨葡侨日"。国家成立的 10 月 5 日则被定为"共和国日"。德卡蒙斯的生平详见下述国父。

国父

路易斯·瓦斯·德卡蒙斯，葡萄牙伟大诗人、文学巨匠，被视为该国国父。1524 年出生于里斯本的一个小贵族家庭。在德卡蒙斯很小的时候，做船长的父亲死于印度的果阿。母亲把他培养成人，叔父资助他攻读科英布拉大学。求学期间，德卡蒙斯对历史和文学产生浓厚兴趣。1543 年返回里斯本后，他在宫廷工作时写出大量抒情诗，因爱上王后的侍女而被逐出王宫，被流放到里巴特茹省。他在那里从军，并被派往摩洛哥，在一次作战行动中失去右眼。1551 年退役后返回里斯本。1553 年，德卡蒙斯决定前往印度果阿求职。他乘船穿过大西洋，沿瓦斯科·达·伽马（Vasco da Gama，1468～1523）开辟的航线，绕过好望角，抵达印度果阿。途中，德卡蒙斯萌发了创作史诗《卢济塔尼亚人之歌》（也称《葡国魂》，*Os Lusíadas*）的强烈欲望，抵达果阿后，他便开始了《卢济塔尼亚人之歌》的创作。他因抨击权贵而被总督逐出果阿，来到马六甲。据说他曾在澳门居住两年，并在那里写出《卢济塔尼亚人之歌》的很多篇章。1560 年德卡蒙斯因遭诬告被召回果阿并被囚禁，新总督上任后，他才被释放。1567 年，他离开果阿回国。途中因经济拮据滞留莫桑比克，1570 年才回到里斯本。1572 年，他的《卢济塔尼亚人之歌》终于出版。该诗以航海家瓦斯科·达·伽马远航印度为主线，中间穿插希腊神话中的诸神对人间生活的干预，讴歌葡萄牙人民的勇敢无畏和聪明才智，无情揭露了宫廷和贵族的荒淫腐败。1580 年 6 月 10 日，德卡蒙斯与世长辞。德卡蒙斯的诗歌创作体裁丰富，有牧歌、颂歌、挽歌和十四行诗等。他的代表作《卢济塔尼亚人之歌》影响深远，被誉为文艺复兴时期杰出的人文主义作品，他在葡萄牙文学史上具有举足轻重的地位。遗憾的是，他的诗集《路易斯·德卡蒙斯诗集》（*Parnasum of Luís de Camões*）已遗失。西班牙大文豪塞万提斯称他为"葡萄牙的珍宝"，有时葡萄牙语被称为"卡蒙斯语"源于其名。德卡蒙斯逝世 300 年后的 1880 年，葡萄牙王室把他的遗骸移入里斯本热罗尼莫修道院的教堂。1977 年葡萄牙把国庆日定在德卡蒙斯逝世的 1580 年 6 月 10 日，称其为"葡萄牙日、贾梅士日暨葡侨日"。葡萄牙人民为了缅怀德卡蒙斯，在葡萄牙护照上印上了他的肖像，里斯本贝伦区发现纪念碑基座上也刻上了他的肖像。

国家奠基者

维里亚托（Viriato，卒于公元前 139 年）和阿方索一世（Alfonso I，1109 ~ 1185，1139 ~ 1185 年在位）被视为葡萄牙国家奠基者。

维里亚托是葡萄牙民族英雄，葡萄牙独立的永恒象征，千百年来受到人民的尊重和纪念。维里亚托做过牧羊人、猎人，后来成为勇敢的军人。公元前 150 年，他从罗马总督加尔巴（Galba）屠刀下死里逃生。

他体格强壮，机智过人，是个优秀的战略家。他淡泊名利，全身心投入抗敌斗争。公元前148年维里亚托成为卢济塔尼亚部落领袖，率领葡萄牙人民进行抵抗罗马人入侵伊比利亚半岛的英勇斗争。他与伊比利亚半岛其他部落结盟，共同反对罗马侵略者，杀死众多敌人，取得了多次胜利，表现出非凡的军事才能。后遭背叛，于公元前139年在睡觉时被杀害。德国历史学家、诺贝尔文学奖获得者克里斯蒂安·阿蒂亚斯·西奥多·蒙森（Christian Matthias Theodor Mommsen，1817～1903）这样评价他，"一个荷马英雄再次出现"（one of the Homeric heroes had reappeared）。千百年来，葡萄牙人民以民族英雄维里亚托自豪，把他视为葡萄牙国家奠基者之一。

阿方索一世即阿方索·恩里克斯（Alfonso Henriques），绰号"征服者"（O Conquistador）、"奠基者"（O Fundador）和"伟大的人"（O Grande）。葡萄牙第一代国王。1109年生于吉马朗伊什的科英布拉（Coimbra，Guimarães）。其父勃艮第的恩里克（Henry of Burgundy，1066～1112）是勃艮第家族统治葡萄牙的第一个成员，其母特蕾莎（Teresa）是莱昂王国和卡斯蒂利亚王国国王阿方索六世（Alfonso VI）之女。阿方索六世把从摩尔人手中收复的今葡萄牙北部的一片土地封给女婿勃艮第的恩里克，并封他为葡萄牙伯爵。1112年其父去世时，阿方索·恩里克斯只有3岁，其母特蕾莎代其摄政。为了追求莱昂更多的继承权，特蕾莎与加利西亚最强大的伯爵费尔南多·佩雷斯·德特拉瓦（Fernando Pérez de Trava）联手。阿方索王子逐渐长大时，特蕾莎企图剥夺他的继承权，引起葡萄牙贵族的不满。葡萄牙贵族不喜欢加利西亚和葡萄牙之间的联盟，聚集在阿方索王子周围。1112年，阿方索王子在萨莫拉大教堂被宣布为骑士，建立起军队，并控制了其母的一些土地。1128年，阿方索王子在军队和部分贵族的支持下，战胜加利西亚的费尔南多·佩雷斯·德特拉瓦伯爵。阿方索把其母特蕾莎流放到加利西亚，接管了政权，并宣布正式主政。他还击败他母亲的援兵——他母亲的侄儿、自己的表兄莱昂王国的阿方索七世（Alfonso VII de León），使葡萄牙从莱昂王朝脱离，赢得独立。1129 年 4 月 6 日，阿方索宣布自己为葡萄牙王子。1137 年，在塞尔内雅战役中，阿方索打败了莱昂王国的军队。然后，他掉头向南攻击摩尔人。1139 年 7 月，在欧里基（旧译奥利基，Ourique）城取得对摩尔人的压倒性大胜，建立葡萄牙王国，并被他的士兵们一致拥戴为葡萄牙国王。1143 年与莱昂王国签订《萨莫拉条约》，莱昂王国阿方索七世正式承认阿方索一世的王位。1147 年，阿方索一世打败摩尔人，占领圣塔伦。同年 10 月，他在英国十字军的援助下攻克里斯本，定其为国都。其后陆续攻克阿尔卡塞尔 - 杜沙尔、埃武拉、贝雅、塞尔帕等城市，扩大了国家疆域。1179 年教廷正式承认阿方索一世为葡萄牙第一代国王。1184 年，尽管阿方索一世年事已高，但率军解救了遭摩尔人围困在桑塔伦（Santarém）的其子桑乔（Sancho）。1185 年 12 月 6 日阿方索一世去世。由于阿方索一世使葡萄牙赢得独立，葡萄牙人把他尊为英雄和国家奠基者。

国旗

葡萄牙国旗为绿红两色旗，靠近旗杆部分为绿色，占旗面的 2/5，其余部分为红色，占旗面的 3/5。旗的长度为宽度的 1.5 倍，即宽高之比为 2∶3。绿色和红色交接处中部绘有没有月桂花圈的国徽（浑天仪和葡萄牙盾牌）。浑天仪的直径是国旗高度的一半，上面有五个圆弧，分别代表：黄道、赤道、两条纬线、一条子午线。中央是国家盾牌——白边弧形底的红色盾牌和白色内盾。内盾上绘有五个较小的蓝色盾牌，弯边指向下方，像希腊十字形一样排列。红色盾牌边缘饰有七座黄色城堡，其中三座在上缘部分。

葡萄牙现国旗是在 1910 年 10 月资产阶级革命胜利后产生的。1910 年 10 月 15 日，一个负责审查候选国旗的委员会成立，成员包括被认为是 19 世纪葡萄牙最伟大的画家科伦巴诺·博尔达洛·平尼艾罗（Columbano Bordalo Pinheiro, 1857~1929），新闻记者、外交家、政治家、该国首任总理若昂·沙加斯（João Chagas，1863~1925），外交家、作家阿贝尔·波泰略（Abel Botelho，1855~1917）以及 1910 年革命的两名军事领袖拉迪斯劳·佩雷拉（Ladislau Pereira）和阿方索·帕剌（Alfonso Palla）。

该委员会挑选了葡萄牙共和党的绿色和红色作为国旗颜色。这两种颜色曾出现在 1891 年 1 月 31 日葡萄牙共和党在波尔图举行暴动和 1910 年 10 月 5 日该党发动起义推翻君主制时所举的旗上。绿色和红色是共和党一直使用的颜色，这两种颜色深受人民欢迎并普及开来。新国旗不使用王国时期的蓝白色旗，而使用绿红二色，是要表明同君主制的区别以及同君主制的决裂。绿色不是传统的颜色，代表推翻君主制实行共和制的一种激进变化和国家的希望。红色代表为祖国献出生命的烈士的鲜血。新国旗还改变了王国时期国旗与皇室徽章紧密结合的传统，但再次使用若昂六世时期国旗上的浑天仪和历史更为久远的葡萄牙盾牌。1910 年 11 月 29 日葡萄牙共和国临时政府通过了新国旗。1911 年 6 月 19 日，葡萄牙立宪大会核准并通过新国旗，同月 30 日颁布的第 150 号令决定正式采用新国旗。1910 年，12 月 1 日被定为国旗日，并成为全国性节日。1987 年第 150 号法令规定，在星期日和国定假日，国旗从上午 9 点悬挂至日落；在举行官方仪式或其他正式公共会议的日子，可在现场悬挂国旗；中央政府、地方政府或者私人机构如果认为适当，则其他日子也可悬挂国旗。

葡萄牙有应对不尊重国旗的刑罚。1910 年 12 月 28 日的法令提出，"对通过演讲、出版著作或任何其他公共行为显示出不尊重国旗——祖国的象征的任何人，判处 3~12 个月徒刑及处以相应的罚款，若其再犯，则将被流放，正如刑法第 62 条所说"。现刑法第 332 条规定违规者最高可被判处 2 年徒刑。如果刑期短于 240 天，则可转换为罚款。

国徽

葡萄牙国徽是与国旗一起于 1911 年 6 月 30 日被正式采用的。它以中世纪以来王国使用的国徽为基础。葡萄牙国徽通常被称为五基纳斯（Five Quinas），意即"五点形""梅花形"，或简称基纳斯（Quinas）。葡萄牙现国徽是由 1910 年 10 月 5 日成立的葡萄牙共和国于同月 15 日指定的一个委员会设计的。同年 11 月 29 日，它获得临时政府的批准，被 1911 年 6 月 19 日制宪议会颁布的法令所确认，并载于 1911 年 6 月 30 日第 150 号官方日志上。

委员会提出了三个不同版本的国徽，三个版本都包括放置在浑天仪之上作为核心因素的葡萄牙盾牌。上绘有五个较小的蓝色盾牌，弯边指向下方，像希腊十字形一样排列。红色盾牌边缘饰有七座黄色城堡，其中三座在上缘部分。

第一个版本是基本版本，只由浑天仪和上面的葡萄牙盾牌组成。该版本用于国旗和海军旗。从 1911 年 9 月 23 日起，这一版本也可作为共和国总统、部长和其他国家机构的特有标志。有时，这个版本被非正式地称为"葡萄牙小国徽"。

第二个版本由浑天仪和葡萄牙盾牌组成，周围饰有两个月桂枝。桂枝交叉处和下面的白色饰带上用大写葡萄牙语黑字写有德卡蒙斯的诗句"这是我亲爱的著名的祖国"（Esta é a ditosa Pátria minha amada）。这个版本可作为军事单位的团旗。

第三个版本与第二个版本类似，只是白色饰带变成了红色和绿色，上面没有诗句。这个版本用于玺、硬币上和作为其他标志。

葡萄牙国徽最早可追溯到近 1000 年前勃艮第的恩里克所使用的银盾蓝色十字徽，经过多个世纪，葡萄牙国徽的图案内容也有所增减。1911 年正式采用至今的国徽上的浑天仪最早由曼努埃尔一世（Manuel I）用在他的个人旗帜上，后来成为国徽的重要组成部分。浑天仪当时是天文学和导航上非常重要的仪器，在地理大发现时期用它来探索未知海域，是葡萄牙航海家开拓新大陆的历史见证物，是葡萄牙航海时代的一种符号象征。浑天仪上的葡萄牙盾牌是葡萄牙最主要且最古老的符号，从桑乔一世开始就一直在葡萄牙国旗上使用。盾徽红色边缘上的七座黄色城堡是 1252 年为庆祝葡萄牙和卡斯蒂尔王族联姻而添加的，用于纪念葡萄牙人从摩尔人手中收复的省份。白色盾徽中的五枚小型蓝盾组成了"赎罪十字"，分别代表 1139 年在阿方索一世领导下，在欧里基战役中打败摩尔人的 5 位国王。每个蓝色小盾上的 5 个白色圆斑表示基督被钉在十字架上时的 5 处伤口，暗示阿方索一世以耶稣的名义在圣灵的帮助下击败了摩尔人。25 个圆斑加上 5 枚蓝色盾徽计数 30，这正是犹大出卖耶稣换取的银币的总数。

国佩

葡萄牙现国佩从 1910 年开始使用，为红绿两色，红色在外，绿色占据中心。过去国佩是葡萄牙最重要的国家象征之一，军人、警察和其他公职人员在头上佩戴，许多市民也佩戴它表示爱国精神。有一段时间该国佩曾作为葡萄牙军用飞机的标志，后来其被基督的十字架所取代。尽管现在葡萄牙已很少使用国佩，甚至其已被遗忘，但这个标志仍然出现在军事学院学员制服的圆形帽上。

历史上，葡萄牙使用过几种颜色的国佩。1797 年前，葡萄牙一直使用布拉干萨家族的绿、白两色作为国佩颜色，但一般很少使用。葡萄牙陆军军服上配有这种国佩，也只作为点缀，没有任何象征意义。从 1797 年起，国佩被广泛用于军服上，当时葡萄牙王室把国佩的颜色改为蓝红二色，而绿白二色只作为布拉干萨公爵家族和巴西公爵或王子的颜色，蓝红二色国佩置于军服的帽子上。此外，蓝红二色被用作步兵团旗帜的颜色和文职官员制服的颜色。1820 年自由革命后，国佩的颜色改为蓝白二色。后来国佩的新颜色也被用在葡萄牙王室的旗帜上。1797～1821 年和 1823～1830 年葡萄牙国佩为蓝红二色，而 1821～1823 年和 1830～1910 年则为蓝白二色。

总统旗

葡萄牙总统旗为长方形，底色为绿色，旗中央绘有葡萄牙国徽

（盾牌和浑天仪），长与高之比为 3∶2。总统在总统府居住时悬挂总统旗，总统专车悬挂小型总统旗。

总理旗

葡萄牙总理旗为长方形，底色为白色，旗中央绘有葡萄牙国徽（盾牌和浑天仪），两条绿色宽条在国徽后面交叉通过四个旗角，旗的四周有红色的边框，边框里是金色的月桂叶图案。总理旗于 1972 年 2 月 2 日采用。

总统专车

葡萄牙总统专车是奔驰 S600 或宝马 760Li。

总统专机

葡萄牙空军于 1990 年购买了三架达索猎鹰 50 供总统、总理、内阁成员及高级官员使用，由基地在里斯本军用机场（AT1）的"山猫" 504 中队操控。这三架飞机也经常用于远程急救、人体器官运输和医疗后对病人的运送，主要往返于葡萄牙的亚速尔群岛和马德拉群岛。

总统府

贝伦国家宫（Palácio Nacional de Belém），简称贝伦宫，得名于所在的里斯本贝伦区。2006 年 3 月 10 日，葡萄牙文化部宣布贝伦国家宫为国家纪念物，其包括宫殿、花园、总统博物馆和其他附属建筑。

贝伦宫位于贝伦区一座山丘上，坐北朝南，面朝塔古斯河（Tagus，又称特茹河），毗邻阿方索·德阿尔布克尔克广场（Praça Afonso de Albuquerque），靠近贝伦历史中心（Historical centre of Belém）和热罗尼莫斯修道院（Monastery of the Jeronimos）。其主立面由 5 座建筑组成，呈"L"形。

贝伦宫由葡萄牙贵族曼努埃尔·德阿尔布克尔克（Manuel de Alburquerqu）建于 1559 年。葡萄牙国王曼努埃尔一世得到这块地，为其取名金塔德贝伦（Quinta de Belém），并盖了 3 座大厅和 2 座中庭。到 17 世纪后半叶，该产业落在皇廷后裔手中，成为阿韦拉斯伯爵的产业，最后被一修道院所占。1726 年，若昂五世（João V）用 20 万克鲁扎多从巴西掠夺的黄金从阿韦罗第三伯爵若昂·达·席尔瓦·特洛（João da Silva Telo）手中购买了这块地产，并下令全部改建，把其变成一个马术学校和供王室逍遥的场所。1755 年里斯本发生地震，但并没有影响贝伦地区，18、19 世纪贝伦宫与安茹大宫（Palacio Ajuda）和凯卢斯宫（Palacio Queluz）成为王室生活的中心，宫内建立了饲养非洲动物的动物园和新古典主义风格的驯马场。19 世纪下半叶，贝伦宫开始接待来访的外国元首，其中有西班牙伊莎贝拉二世（Isabel Ⅱ）、阿马德奥一世（Amadeo I）、阿方索十二世（Alfonso Ⅻ），普鲁士皇帝腓特烈·威廉二世（Frederick William Ⅱ）和法国总统埃米尔·卢贝（Émile Loubet）等。1886 年 5 月 22 日，贝伦宫成为布拉甘萨（Braganza）公爵和皇太子、后来的卡洛斯一世（Carlos Ⅰ）和奥尔良阿米莉亚（Amelia de Orleans）公主的官邸。王储路易斯·费利佩（Luís Felipe）和国王曼努埃尔二世（Manuel Ⅱ）在这座宫内出生。1889 年王储成为君主，入住该宫。

贝伦宫保留了 18、19 世纪的装饰风格，在 1919 年葡萄牙推翻君主制后成为总统府。贝伦宫的总统办公室与蓝色大厅相邻。总统办公室曾是国王卧室和贵宾下榻的地方。这个房间经过多次改造，最近的一次是 1886 年为女王阿梅利亚（Amélia）改造，画家科伦巴诺（Columbano）和马洛阿（Malhoa）曾参与改造。

除总统办公室外，贝伦宫还有以下几个大厅。

喷泉大厅（Sala das Bicas）是贝伦宫主要的大厅，因一面墙上的两个大理石狮子头喷泉而得名。

该大厅有黑白相间的大理石瓷砖地板、多色瓷砖护墙板。彩绘木天花板上有巨大的青铜吊灯，厅内底座上的 8 个墨绿色半身塑像代表罗马皇帝。

餐厅在喷泉大厅右边，是 16 世纪葡萄牙国王曼努埃尔一世增加的。1980 ～ 1985 年该厅曾作为博物馆展示拉马洛伊内斯（Ramalho Eanes）总统获得的礼品，后改为招待来访外宾的餐厅。

肖像画廊在喷泉大厅的左边，1985 年开始悬挂历任总统的肖像。

金色大厅（Sala Dourada）与贝伦宫的一个接待厅相连，华丽的天花板由面板制成，中央天花板镶有罗马帝国的寓言绘画作品和四个圆雕饰。

帝国大厅（Sala Império）以帝国风格的家具而闻名，也被称为绿色大厅（Sala Verde）。曾被称为肖像或总统大厅，因为 1985 年前曾在那里悬挂共和国总统的肖像。曾悬挂总统肖像的墙如今被一幅巨大绘画作品所替代。在此之前，还曾被称为若昂五世大厅（Sala D. João V），因为在该大厅曾有一个若昂五世半身像，如今该半身像在马夫拉修道院。

蓝色大厅（Sala Azul）也被称为大使大厅（Sala dos Embaixadores）。政府成员在这个大厅宣誓就职，外国大使在这里向共和国总统递交国书。

路易斯十五世大厅（Sala Luís XV）以墙上的绘画作品著称。

金色大厅后有一小教堂，墙壁光滑，材料为木镶板；祭台后的新古典主义金叶木高架；安德烈·雷诺索（André Reinoso）画的《牧羊人的崇拜》（A. Adoração dos Pastores）。拱形的天花板上有大量的装饰图案。一面墙壁上是画家保拉·雷戈（Paula Rego）于 1935 年创作的粉画《圣母玛利亚的生命循环和耶稣基督的激情》（Ciclo da Vida da Virgem Maria e da Paixão de Jesus Cristo）。国王曼努埃尔二世（Manuel II）和他的弟弟路易斯·费利佩（Luís Filipe）以及总统拉马略·埃亚内斯（Ramalho Eanes）的第二个儿子米格尔（Miguel）曾在此受洗。

总理旗

葡萄牙总理旗与总统旗一样为长方形，但旗面底色为白色，两条绿带呈 X 形交叉，中央绘有葡萄牙国徽。旗面四周红色边缘上绘有金月桂叶花纹。该旗从 1972 年起使用至今。

总理专车

葡萄牙总理专车为奔驰 S350 Blue Tec。奔驰公司形容该车型是"有史以来最节油、最安全的 S 级车型"，最高时速为 250 公里。

总理专机

见上述总统专机。

总理府

议会后面的一座豪宅为葡萄牙总理府，是葡总理办公和居住地。总理府建于 1877 年，建在议会所属修道院的花园里，从 1938 年总理搬进来起，这里成为总理的正式官邸，但不是所有任职总理都在此居住。

国歌

《葡萄牙人》（*A Portuguesa*）。词作者为恩里克·洛佩斯·德门东萨（Henrique Lopes de Mendonça），曲作者为阿尔弗雷多·凯尔（Alfredo Keil）。

葡萄牙第一首正式国歌是 1808 年由马科斯·波图加尔（Marcos Portugal）专为摄政王若昂亲王（Dom João）所做的《爱国歌》（*Hymno Patriótico*），该歌鼓励葡萄牙人民继续在战场上英勇战斗。1807 年 11 月若昂亲王逃往巴西，以免做拿破仑的阶下囚。1809 年 5 月 13 日，在里斯本圣卡洛斯剧院为庆祝摄政王生日演奏了这首歌。1821 年若昂六世（João Ⅵ，若昂亲王在 1816 年成为"葡萄牙、巴西和阿尔加尔弗联合王国"国王）返回葡萄牙，马科斯·波图加尔献给他用赞美诗曲调演唱的《爱国歌》。这首歌很快传播开来，并开始在官方活动上演唱，成为葡萄牙国歌。

若昂六世去世和佩德罗四世（Pedro Ⅳ）即位后，新国王制定了新宪法。此时，佩德罗四世本人谱写的《宪章国歌》（*O Hino da Carta*），又称"国歌"（*Hymno nacional*），成为更常用的国歌，1834 年 5 月起正式成为葡萄牙国歌。

葡萄牙现国歌诞生于 19 世纪 90 年代。当时葡萄牙共和运动兴起，对君主制形成强烈的冲击。1890 年 1 月 11 日，英国针对葡萄牙提出的粉红地图计划（占领葡属安哥拉和葡属莫桑比克之间的英国殖民地，即今日的赞比亚全境和津巴布韦部分领土）发出最后通牒，要求葡放弃该计划。英方随即派军舰前往里斯本，声称葡萄牙若不撤走在莫桑比克及安哥拉之间的军队便向里斯本开火。在英国的威胁下，葡萄牙布拉干萨王朝只得顺从英国撤出军队。本来对王朝横征暴敛不满的广大民众，听到王朝屈服于英国的消息，怒不可遏、义愤填膺，掀起抗议浪潮。

作曲家阿尔弗雷多·凯尔听从包括拉斐尔·博尔达洛·皮内罗（Rafael Bordalo Pinheiro）和泰奥菲洛·布拉加（Teófilo Braga）在内的一群朋友的提议，谱出爱国进行曲《葡萄牙人》。诗人恩里克·洛佩斯·德门东萨接受皮内罗的请求，为凯尔的乐曲填了词。数以千计的乐谱副本随同传单和海报一起免费散发，这首歌很快在民众中传唱开来，受到热烈欢迎。这首歌还跨越国界，被翻译成多种语言。1890 年 3 月 29 日，在圣卡洛斯剧院举行的伟大爱国音乐会上演奏了《葡萄牙人》。这首歌成为人们的政治武器和赞美共和之歌，当时的几种食品，如罐装沙丁鱼和饼干也以这首歌命名。

1891 年 1 月 31 日，共和党人在波尔图高唱《葡萄牙人》举行反对君主制的起义。但起义惨遭镇压，歌曲也被禁唱。1910 年 10 月 5 日，葡萄牙人民推翻君主制建立共和国，翌年立宪大会第一次会议正式宣布《葡萄牙人》为葡萄牙国歌，取代了被废黜的君主立宪制的国歌《宪章国歌》。

很长时间以来，葡萄牙国歌的基本旋律、乐器，特别是铜管乐器存在几种版本。1956 年葡政府指定了一个委员会提出国歌的正式版本，1957 年 7 月 16 日部长理事会批准了国歌正式版本。这个版本的乐谱和歌词至今有效。

在国家民事和军事仪式上正式演奏国歌，向祖国、国旗或共和国总统致敬。在欢迎外国元首时演奏其他国家国歌和葡萄牙国歌。

葡萄牙国歌第一段歌词：

海上的英雄，高贵的人民

英勇与永恒的国度，

让今天再次彰显

葡萄牙的辉煌！

在记忆的迷梦中

祖国发出吼声：

你们伟大的先烈

定会领导你们走向胜利！

武装起来！武装起来！

捍卫疆土！保卫领海！

武装起来！武装起来！

为祖国战斗吧！

冒着炮火前进，前进！

葡萄牙国歌第一段歌词葡萄牙语原文：

A Portuguesa

Heróis do mar, nobre povo,

Nação valente, imortal

Levantai hoje de novo

O esplendor de Portugal!

Entre as brumas da memória,

Ó Pátria, sente-se a voz

Dos teus egrégios avós,

Que há-de guiar-te à vitória!

Às armas, às armas!

Sobre a terra, sobre o mar,

Às armas, às armas!

Pela Pátria lutar

Contra os canhões marchar, marchar!

歌词原文见 http://www.portugal.gov.pt/pt/a-democracia-portuguesa/simbolos-nacionais/hino-nacional.aspx。

国家格言

"这是我亲爱的著名的祖国"（Esta é a Ditosa Pátria Minha Amada），摘自葡萄牙伟大诗人路易斯·瓦斯·德卡蒙斯创作的史诗《卢济塔尼亚人之歌》，被写在葡萄牙国旗绿红两色交接处所绘国徽的饰带上。

国语

葡萄牙语。葡萄牙官方语言。巴西、安哥拉、佛得角、几内亚比绍、莫桑比克、赤道几内亚、圣多美和普林西比、东帝汶等国也以葡萄牙语为官方语言。中国澳门特别行政区、印度果阿邦等地不少人使用葡萄牙语。全世界约有 2.17 亿人讲葡萄牙语，葡萄牙语是世界第六大语言，仅次于汉语、英语、法语、西班牙语和阿拉伯语。葡萄牙语的使用者绝大部分居住在巴西，而只有约 1200 万名使用者居住在葡萄牙。葡萄牙语是欧洲联盟、南方共同市场、美洲国家组织、西非经共体和非洲联盟的官方语言。

葡萄牙语共有 23 个字母，其中有 5 个元音字母，即 a、e、i、o、u，还有 18 个辅音字母即 b、c、d、f、g、h、j、l、m、n、p、q、r、s、t、v、x、z，另外还有 3 个外来字母：w、k、y。动词是葡萄牙语重要组成部分，动词变位要随人称、时态、语式等的不同而变化。所谓时态是指现在时、过去时、将来时；所谓语式是指陈述式、虚拟式、命令式等。葡萄牙语动词分为第一变位动词（以-ar 结尾的动词）、第二变位动词（以-er 结尾的动词）和第三变位动词（以-ir 结尾的动词）。葡萄牙语的名词、形容词等有性数的变化。葡萄牙语分为葡萄牙的葡萄牙语（简称葡葡）和巴西的葡萄牙语（简称巴葡）两种，两者在发音、词语方面有一定的差异。

葡萄牙语是印欧语系罗曼语族的一部分，它的形成和发展有漫长的历史进程，由中世纪的加利西亚王国的通俗拉丁语的几种方言演化而来，并保留了一些凯尔特语音。语言学家称，葡萄牙语是由西北中世纪加利西亚王国的加利西亚－葡萄牙语、老葡萄牙语或老加利西亚语演变而来的。9 世纪到 12 世纪，葡萄牙从统治加利西亚的莱昂王国获得独立，这个地区的人们所操的语言被称为原始葡萄牙语。9 世纪的拉丁行政文件最早记录下加利西亚－葡萄牙语单词和短语。1139 年葡萄牙成为阿方索一世统治下的独立王国。1290 年，葡萄牙国王迪尼斯一世（Dinis I）在里斯本创建了第一所葡萄牙大学并下令正式使用葡萄牙语，简称其为"共同语言"。12 世纪到 14 世纪是加利西亚－葡萄牙语发展的第一阶段，加利西亚－葡萄牙语越来越多地被用于文件和其他书面形式材料中。

前罗马居民，其中包括凯尔特伊比利亚人、卢济塔尼亚人、凯尔特人和孔蒂人讲凯尔特伊比利亚语，其词语大多源于凯尔特语和加利西亚语，这两种语言是中世纪加利西亚－葡萄牙语的共同起源。

加利西亚－葡萄牙语在形成过程中又受到多种其他语言的影响。

第一，加利西亚－葡萄牙语词语大部分来自拉丁语。公元前216年，罗马人到达伊比利亚半岛后，拉丁语在此地区慢慢传播开来。少数词来源于拉丁语中的凯尔特语，其通常是高卢语的外来词，有的来自其他语言，主要是法语和奥克西唐语。这些词超过500个，其中有几个动词，有用城镇、河流、器具和植物命名的地名。

第二，加利西亚－葡萄牙语含有不少日耳曼语词。409～711年，操日耳曼语的苏维汇人和西哥特人征服了伊比利亚半岛。他们逐渐融入当地居民中，采用了半岛的通俗拉丁语方言，并把日耳曼语的一些词语渗入其中。它们主要是战争词语，如"asespora"（刺激）、"estaca"（桩）和"guerra"（战争），它们分别来自哥特语"spaúra"、"stakka"和"wirro"。日耳曼语的影响也存在于地名和以西哥特君主及其后代为名的地名和姓氏中，如 Ermesinde、Esposende 和 Resende。Ermesinde、Esposende 中的 sinde 和 sende 源于日耳曼语"sinths"（军事探险），而Resende 的前缀 re 来自日耳曼语"reths"（委员会）。来自日耳曼语的葡萄牙语名字、姓氏、城镇名的例子包括恩里克（Henrique）、恩里克斯（Henriques）、维尔莫伊姆（Vermoim）、曼迪姆（Mandim）、卡尔基姆（Calquim）、巴吉姆（Baguim）、热蒙德（Gemunde）、格蒂姆（Guetim）、塞尔蒙德（Sermonde）。

第三，加利西亚－葡萄牙语受到阿拉伯语的影响。711年摩尔人入侵之后，阿拉伯语成为半岛地区的行政语言，但大多数剩余的基督徒继续说一种莫萨拉比克语（Mozarabic，混居于摩尔人中间的西班牙人的语言）。葡萄牙语约800个单词来自伊比利亚摩尔语。

第四，15、16世纪，随着葡萄牙航海家的地理大发现，葡萄牙语被传播到非洲、亚洲和美洲的许多地区，与此同时吸纳了许多来自巴西、亚洲和世界其他地区的词语，例如来自日本语的 catana（弯刀）和来自汉语的 chá（茶），源于南美泰诺语的 batata（甘薯）、ananás（菠萝）和 abacaxi（菠萝），源于瓜拉尼语的 tucano（巨嘴鸟）等。

第五，受到其他欧洲国家语言的影响，特别是法语和英语流入的外来语。这些是迄今为止在提及外来语时重要的语言，例如，分别源于法语 crochet、paletot、bâton、filet、rue 的 colchete/crochê（早饭）、paletó（夹克）、batom（口红）、filé/filete（牛肉）、rua（街）；分别来自英语 beef、football、revolver、stock、folklore 的 bife（牛排）、futebol（足球）、revólver（左轮手枪）、estoque（股票）、folclore（民俗学）；分别源于意大利语 maccherone、pilota、carrozza、baracca 的 macarrão（面食）、piloto（飞行员）、carroça（车）、barraca（营房）；源于西班牙语 castellano 的 castelhano（卡斯蒂利亚）。

国家勋章

1976 年至今葡萄牙共有两种国家勋章：一种是恩里克王子勋章（Ordem do Infante Dom Henrique），另一种是自由勋章（Ordem da Liberdade）。

恩里克王子勋章是根据 1960 年 6 月 2 日颁布的第 43.001 号法令设立的国家勋章，以纪念航海家恩里克王子逝世 500 周年。恩里克王子（Infante Dom Henrique，1394～1460）1394 年 3 月 4 日生于波尔图，是国王胡安一世（Juan I）和王后费丽帕·德兰开斯特（Felipa de Lancaster）第五子，1460 年 11 月 13 日去世于萨格雷斯。恩里克王子建立了世界首座航海学校以及航海事业所必需的天文台、图书馆、港口和船厂，促进了葡萄牙航海业的发展，为葡萄牙成为海上霸主奠定了基石。恩里克王子勋章设立之初是为奖励为葡萄牙在世界的扩张活动、海事研究或知识传播而提供服务的人士，1962 年和 1980 年宪法略做修改，变为奖励那些为国家提供杰出服务或为扩大葡萄牙文化、历史和价值影响的国内外人士。恩里克王子勋章分为大金链（Grande Colar-GColIH）、大十字（Grã-Cruz-GCIH）、高官（Grande-Oficial-GOIH）、骑士团长（Comendador-ComIH）、官员（Oficial-OIH）和骑士/女士（Cavaleiro/Dama-CavIH/Dam-IH）6 级。此外，还有金质奖章（Medalha de Ouro-MedOIH）和银质奖章（Medalha de Prata-MedPIH）。宪法对每级勋章和奖章的数量都有限制。

获得大金链级恩里克王子勋章的葡萄牙人有部长会议前主席安东尼奥·德奥利韦拉·萨拉萨尔（António de Oliveira Salazar）、葡萄牙前总理和欧盟委员会主席若泽·曼努埃尔·杜朗·巴罗佐（José Manuel Durão Barroso）、葡萄牙前总统安东尼奥·拉马略·埃亚内斯（António Ramalho Eanes）等。

大金链级恩里克王子勋章由葡萄牙总统专门授予外国国家元首和总统，也可授予成就非凡、与葡萄牙关系密切的前外国国家元首。如第一枚大金链级恩里克王子勋章于 1960 年被授予巴西前总统库比切克（Juscelino Kubitschek），后来还被授予西班牙前国王胡安·卡洛斯（Juan Carlos）、法国前总统密特朗（François Mitterrand）、南斯拉夫前总统铁托（Josip Broz Tito）、波兰前总统瓦文萨（Lech Wałęsa）、南非前总统曼德拉（Nelson Mandela）等人。也有通过法令授权其他人士的例外情况，如授予爱丁堡公爵菲利普亲王（Filipe, Duque de Edimburgo）。

自由勋章在 1974 年葡萄牙发生推翻独裁政权的康乃馨革命后，根据 1976 年 10 月 4 日颁布的第 709 - A/76 号法令设立。本勋章是为奖励在捍卫文明和人的尊严的价值观念中为民主和自由做出杰出贡献的人士。自由勋章分为大金链（Grande Colar-GColL）、大十字（Grã-Cruz - GCL）、高官（Grande-Oficial-GOL）、骑士团长（Comendador-ComL）、官员（Oficial-OL）和骑士/女士（Cavaleiro/Dama-CavL/DamL）6 级。

1976～2014 年，共有 470 人获得自由勋章。在葡萄牙籍获奖者中，2 人获得大金链级自由勋章，105 人获得大十字级自由勋章，120 人获得高官级自由勋章，133 人获得骑士团长级自由勋章，28 人获得官员级自由勋章，4 人获得骑士/女士级自由勋章，如葡萄牙前总理和总统马里奥·苏亚雷斯（Mário Soares）获得大金链级自由勋章。此外，38 个机构为名誉成员。

在 43 名外国获奖者中，12 人获得大金链级自由勋章，15 人获得大十字级自由勋章，6 人获得高官级自由勋章，1 人获得骑士团长级自由勋章，8 人获得官员级自由勋章。此外，1 个机构（大赦国际）为名誉成员。大金链级自由勋章由葡萄牙总统授予外国前国家元首和对葡萄牙做出突出贡献的人士，如法国前总统密特朗、捷克前总统哈韦尔（Václav Havel）、智利前总统艾尔文（Patricio Aylwin）等人。

国家诗人

路易斯·瓦斯·德卡蒙斯和费尔南多·安东尼奥·诺盖拉·佩索阿（Fernando António Nogueira Pessoa，1888 ~ 1935）被誉为葡萄牙国家诗人。

路易斯·瓦斯·德卡蒙斯详见上述国父。

费尔南多·安东尼奥·诺盖拉·佩索阿是葡萄牙著名诗人和作家，在葡萄牙现代文学史上具有崇高地位，对葡萄牙现代文学产生巨大影响。1888 年 6 月 13 日生于里斯本，5 岁时父亲患肺结核去世，母亲再嫁葡萄牙驻南非德班领事后，于 1896 年初随母亲前往南非。他在当地小学、中学和商业学校系统接受了英文教育。1903 年，在开普敦大学学习时，他的英语论文获维多利亚女王纪念奖（Queen Victoria Memorial Prize）。1904 年 7 月，他只有 16 岁时便在《新生水星》上以笔名查尔斯·罗伯特·阿农（Charles Robert Anon）发表诗歌《希利尔第一个夺占了押韵的领域……》（*Hillier did first usurp the realms of rhyme …*）。1905 年 2 ~ 6 月，他又在《新生水星》上发表了 4 首诗。他除使用查尔斯·罗伯特·阿农的笔名外，还使用过戴维·梅里克（David Merrick）、霍勒斯·詹姆斯·费伯（Horace James Faber）和亚历山大·瑟奇（Alexander Search）等。1905 年，他回到里斯本，次年考取里斯本大学文学院，攻读哲学、拉丁语和外交课程。由于生病和参加反独裁罢课，入学不到一年便中断了学业。1907 年，他开始在一家美国商业信息公司工作。他的祖母去世后，他把继承的财产用于建立一家名为"Empreza Ibis"的出版社，但很快倒闭。从 1908 年起，他从事有关贸易的英文翻译工作，并以此职业工作一生。1912 年，他为《阿吉亚》(Águia) 杂志写散文和文艺批评。他在 1915 年为前卫杂志《奥菲厄》(Orpheu)、从 1924 年起为《鲁伊瓦斯》(Ruy Vaz)、1927 年为《出现》(Presença) 等杂志翻译和写作。此时他和他的姐夫经营一家贸易和会计杂志。1933 年，他发表的诗《献词》(Mensagem) 是他在世时唯一用葡萄牙文发表的作品。1935 年 11 月 29 日，他因肝绞痛住进法国圣路易医院，次日 (11 月 30 日) 去世，年仅 47 岁。截至 1986 年，已出版的佩索阿的作品包括 11 卷诗集、9 卷散文、3 卷书简。此外，还有一些作品尚在发掘和整理中。代表作有《不安之书》(Livro do Desassossego，一译《惶然录》)、《守羊人》(The Keeper of Sheep)。

非正式国家化身

泽·波维尼奥 (Zé Povinho) 是葡萄牙著名画家、漫画家、陶瓷艺术家拉斐尔·博尔达洛·皮涅罗 (Rafael Bordalo Pinheiro，1846～1905) 在 1875 年创造出来的一个普通葡萄牙人艺术形象。葡萄牙语的"Zé"是名字若泽 (José) 常见的缩短的形式，而"Povinho"则是"Povo" (人) 的昵称。1875 年 5 月 22 日，一本名为《神灯》(A Lanterna) 的杂志上刊出了皮涅罗所画的泽·波维尼奥的人物形象，但当时还没有为其取名。同年 12 月 6 日发行的同一本杂志上，这个人物形象有了泽·波维尼奥的名字。拉斐尔·博尔达洛·皮涅罗在他此后的人生中一直在画这个人物形象，其出现在许多流行报刊上。泽·波维尼奥是个仁慈、简单的人，但是一个反对权威精英、不公正和专制的理想化的人物，受到葡萄牙人民的热烈欢迎。泽·波维尼奥先成为葡萄牙工人的象征，最终成为葡萄牙的非正式国家化身。

共和国肖像

头戴月桂树叶头冠和弗里吉亚帽的青年妇女是葡萄牙共和国的人格化形象，即共和国肖像（Efígie da República），如同美国的山姆大叔（Uncle Sam）、法国的玛丽安（Marianne）、英国的不列颠尼亚（Britannia）、瑞士的赫尔维蒂亚（Helvetia）等一样。这个形象模仿1830年法国著名画家欧仁·德拉克罗瓦（Eugène Delacroix，1798~1863）的代表画作《自由引导人民》中高举三色旗的自由女神玛丽安（Mariane）创造出来。1910年10月5日推翻君主制的革命胜利后，共和国肖像被确认为葡萄牙国家的正式象征。在此之前，共和国肖像曾作为共和党人的一个政治象征。之后，西蒙斯·德阿尔梅达（Simões de Almeida）雕塑的半身共和国肖像（Busto da República）成为葡萄牙的象征。其复制品出现在所有公共建筑物上，肖像也出现在埃斯库多硬币上。新的共和国政权认为共和国肖像如同国徽和国旗，是葡萄牙的国家象征。虽然初衷是把共和国肖像作为葡萄牙的国家化身，但未能得到普遍认可，通常它只被看作共和制的化身，而不作为国家的象征。

世界遗产

葡萄牙虽是个小国，但是拥有世界遗产较多的国家之一。截至2016年，葡萄牙的世界遗产共有15处。此外，葡萄牙还有4项非物质文化遗产。

葡萄牙的世界遗产如下。

英雄港中心区（Centro Histórico de Angra do Heroísmo）。英雄港建立于15世纪下半叶，位于大西洋中心亚速尔群岛中部。圣塞巴斯蒂安和圣胡安包蒂斯塔要塞是军事建筑的两个独特典范（1983年，年份为被联合国教科文组织世界遗产委员会列入世界遗产年份，下同）。

巴塔利亚修道院（Mosteiro da Batalha），始建于1388年，为纪念

1385 年若昂一世在阿尔茹巴罗塔战役中战胜卡斯蒂利亚人而建，是哥特式建筑风格杰作（1983 年）。

哲罗姆派修道院和贝莱姆塔（Mosteiro dos Jerónimos e Torre de Belém em Lisboa）。哲罗姆派修道院是典型的葡萄牙建筑。贝莱姆塔是为纪念利斯博恩崇高的守护神——圣维森特而建，是地理大发现的见证（1983 年）。

克赖斯特女修道院（Convento de Cristo），位于埃斯特类马杜拉里巴特茹省桑塔伦姆地区的托马尔市。始建于 12 世纪末，1344 年完工。具有罗马 – 拜占庭的建筑风格。象征葡萄牙对外来文明的开放（1983 年）。

埃武拉历史中心（Centro Histórico de Évora）。罗马统治时期名城、15 世纪葡萄牙国王居住地。古城保存着建于 2 世纪的狄安娜神殿等古罗马时期的建筑遗址（1986 年）。

阿尔科巴萨隐修院（Mosteiro de Alcobaça），位于里斯本北部的圣玛利亚，建于 12 世纪阿方索一世统治时期，是典型哥特式建筑（1989 年）。

辛特拉文化景观（Paisagem Cultural de Sintra）。辛特拉是 19 世纪第一块云集欧洲浪漫主义建筑的土地。辛特拉王宫是摩尔式、哥特式和葡式风格的混合体，佩纳宫则集文艺复兴式、摩尔式、曼努埃尔式建筑风格之大成（1995 年）。

波尔图历史中心（Centro Histórico do Porto）。千年历史古城。拥有 12 世纪罗马建筑风格波尔图大教堂和早期哥特式圣马丁教堂，以及圆柱山修道院和高 10 层（高 246 英尺，相当于 74.9808 米）的僧侣塔等（1996 年）。

科阿峡谷岩石艺术遗址（Sítios de arte rupestre do Vale do Coa e Siega Verde），位于葡萄牙瓜达区查所斯蒙太斯省和奥多都罗省，拥有旧石器时代上千幅岩石动物雕刻画（1998 年）。

马德拉月桂树公园（Laurissilva da Madeira），月桂树森林存活面积最大的地区，面积占原始森林面积的 90%。拥有众多珍稀动植物（1999 年）。

上杜罗葡萄酒产区（Região Vinhateira do Alto Douro）。该地区所产葡萄酒风味独特，该地区已有超过 2000 年产酒史（2001 年）。

吉马良斯历史中心（Centro Histórico de Guimarães）。始建于 4 世纪的小城，1143 年成为葡萄牙王国都城，是葡萄牙文明的摇篮（2001 年）。

皮库岛葡萄园文化景观（Paisagem da Cultura da Vinha da Ilha do Pico）。拥有保护海岛抵御海风和海水侵蚀的环岛石墙，葡萄酒酿造可追溯至 15 世纪（2004 年）。

埃尔瓦斯城边防军营及其防御工事（Cidade-Quartel Fronteiriça de Elvas e as suas Fortificações），修建于 17～19 世纪，拥有世界上最大的防御干沟系统（2012 年）。

科英布拉大学（Universidade de Coimbra）。创建于 1290 年，是葡萄牙最古老的大学（2013 年）。

葡萄牙的非物质文化遗产如下。

法朵（El fado）于 2011 年被联合国教科文组织列为世界非物质文化遗产，这是葡萄牙的首个非物质文化遗产。详见下述国家音乐。

葡萄牙阿连特茹民歌（Cante Alentejano）于 2014 年被联合国教科文组织列为世界非物质文化遗产。阿连特茹民歌是葡萄牙南部阿连特茹地区特有的民歌形式，演唱者完全清唱，且均以合唱形式出现，无任何乐器伴奏，有着自己独特的旋律、歌词和演唱风格。阿连特茹民歌合唱团最多由 30 名演唱者组成。阿连特茹民歌表达了当地居民对自然、母爱以及宗教的朴素情感。

葡萄牙 Bisalhães 黑陶制作工艺（El procedimiento de fabricación de la cerámica negra de Bisalhães）于 2016 年被联合国教科文组织列为世界非物质文化遗产。葡萄牙黑陶制品举世闻名，主要用于装饰和日常烹饪。古法制作的黑陶制品通常带有制作村落的标志。这项工艺只限亲属间传承，存在失传的危险。

地中海饮食（Dieta mediterrânica），2013 年 12 月联合国教科文组织将地中海饮食列入西班牙、葡萄牙、希腊、摩洛哥、意大利、克罗地亚等国家共同拥有的非物质文化遗产。这些国家的饮食以蔬菜、水果、鱼类、五谷杂粮和橄榄油为主，因而心脏病发病率很低，人们普遍寿命较长，且很少患有糖尿病、高胆固醇血症等现代病。葡萄牙虽非地中海国家，但它与西班牙、意大利、希腊等国有密切的文化和经济往来，故也逐渐适应了地中海饮食的习惯。葡萄牙的地中海饮食有鲜明的特色，在蔬菜、水果中，西红柿是葡萄牙各地菜肴必备的原料，葡式沙拉即由生菜、西红柿、洋葱加上其他配料构成，葡式海鲜饭里也有不少西红柿。葡萄牙用橄榄油烹饪、烘烤食品和调拌沙拉，有助于降低胆固醇水平。其菜肴富含豆类和坚果，传统的豆煮肉（Feijoada）就是用大量的豆子与熏香肠、猪肉同煮。添加大量多样的香料也是葡萄牙菜肴的特色之一，葡萄牙人在烹饪猪排骨和煮贝类或蜗牛时常加上大蒜。

国花

薰衣草（Lavandula）。其名源于古法语 lavandre，后派生于拉丁语 lavare。Lavare 意为"洗"，是指该植物制成药液后治病。薰衣草为多年生植物，属唇形科薰衣草属。其叶形花色优美典雅，蓝紫色花序颖长秀丽。薰衣草早在罗马时代就已普遍种植，因功效多，故被称为"香草之后"。可做观赏植物，提炼香精、香料和调味品，并被广泛用于医疗活动中，茎和叶都可入药，是治疗伤风感冒、腹痛、湿疹的良药。

国树

栓皮栎（Quercus suber），通常称作"cork oak"。壳斗科、栎属（Quercus）常绿植物。落叶乔木。原产于西南欧、地中海沿岸和西北非洲。树高可达 20 米。叶长 4～7 厘米。橡子长 2～3 厘米。这种栎树的寿命有 150～200 年。世界软木原料主要采自栓皮栎的外皮，称栓皮或软木，是一种十分珍贵、稀有的资源。首次采剥树龄在 20 年，以后隔 9 年左右时间轮剥一次。剥去栓皮并不会对树造成伤害，新一层的软木会重新长出来，使其成为可再生资源。软木是一种独具特色的绿色环保资源。世界上使用的葡萄酒软木塞，半数以上是由葡萄牙的栓皮栎树皮制成的。栓皮还可制作软木地板等。

国家动物

巴塞卢斯公鸡（Galo de Barcelos），是葡萄牙最常见的象征标志之一。这个标志来源于巴塞卢斯雄鸡的神话。传说 17 世纪一个虔诚的加利西亚人离开故乡，前往圣地亚哥德孔波斯特拉朝圣。他途经巴塞卢斯时，正巧赶上当地一个地主（有说是客栈老板）失窃。可怜的加利西亚人被当地人当作小偷抓了起来，他虽大声喊冤，但无济于事。当局将他逮捕，并判处其绞刑。这个可怜人要求把他带到判他死刑的法官面前，当局满足了他的请求，带他到了法官家。法官这时正大摆宴席款待朋友，可怜人向法官力陈他的无辜，并指着餐桌上的烤鸡喊道："我实在冤枉！他们绞死我时，这只雄鸡会叫唤！"法官决定不吃桌上这只雄鸡，把盘子推在一边，但还是不理会可怜人的叫屈。然而这个朝圣者被套上绳索时，餐桌上的烤鸡突然站起来并高声鸣叫，正像朝圣者预言的一样。法官顿时知道自己错了，赶忙跑向绞刑架。他发现朝圣者虽被挂上绞刑架，但绳索的结松了，并未能吊死朝圣者。朝圣者被立即释放，平安踏上朝圣之路。几年后，这个加利西亚人回到巴塞卢斯，为"雄鸡老爷"雕刻了十字架，以赞美圣母玛利亚和圣地亚哥。如今，该十字架收藏在葡萄牙西北布拉加区巴塞卢斯的考古博物馆中，向人们诉说着当年的故事。

国石

猫眼石。它还被称为"猫儿眼""猫睛"等。猫眼石表现出与猫的眼睛一样的特点，灵活明亮，能够随着光线的强弱而变化，因而得名。猫眼石是金绿宝石中最珍贵的一种，属世界五大珍贵高档宝石之一，据说 10 克拉以上的高品质猫眼石可价值百万美元。猫眼石是金绿宝石矿物族的重要变种之一。硬度为 8.5 度,仅次于钻石和红、蓝宝石。其呈棕黄色、黄绿色或黄褐色,透明至半透明,玻璃光泽。蜜黄色和棕黄色是猫眼石的较佳颜色。主要产于气成热液型矿床和伟晶岩岩脉中。

国舞

维拉舞(Vira)。维拉舞是葡萄牙的一种古老民间舞蹈,在米尼奥(Minho)最为流行,但在其他许多省也跳维拉舞,如埃什特雷马杜拉。维拉舞包括下列几种:老维拉舞(Vira Antigo)、运气舞(Vira das Sortes)、华尔兹维拉舞(Vira Valseado)、海岸维拉舞(Vira de Costas)、伤感维拉舞(Vira das Desgarradas)、巴蒂多维拉舞(Vira Batido)、三跳维拉舞(Vira de Três Pulos)和两跳维拉舞(Vira de Dois Pulos)等。维拉舞是三拍舞,类似于华尔兹舞,但比华尔兹舞跳得更快。男女成对围成圆圈,逆时针旋转,跳到一定阶段,男舞者们步入圆圈中心,用右脚击打地面,然后返回女伴旁,围绕圆圈继续旋转。接着,女舞者们像男伴一样步入圆圈中心,用右脚击打地面,随后回到男伴旁,接着围绕圆圈旋转。这样周而复始,男女互相替换。

国家音乐

法朵(Fado),是葡萄牙最有代表性的民间音乐,被称为葡萄牙国家音乐,被誉为该国的国宝和国粹,其地位犹如巴西的桑巴舞和西班牙的弗拉门戈舞,堪称葡萄牙的"蓝调歌曲"。2011 年 11 月,法朵被联合国教科文组织列为世界非物质文化遗产。法朵深受葡萄牙人热爱和欢迎,大街小巷的餐馆、咖啡厅都能听见法朵,法朵已经成为葡萄牙人生活中不可或缺的灵魂。"法朵"一词据说源于拉丁文 fatum,意为"命运"。法朵由歌曲和器乐两部分组成,曲调与歌词表达哀怨、失落和伤痛的情怀。法朵通常由一位男性或女性歌者进行独唱表演,同时用 12

弦葡萄牙吉他和古典吉他伴奏，如今有时加上钢琴、手风琴、小提琴。法朵混杂了非裔巴西人音乐、当地流行歌舞、乡村音乐以及 19 世纪早期的城市音乐等。法朵出现于 19 世纪初，其起源有多种说法：一说源于摩尔人的音乐；一说源于中世纪的行吟诗人的歌唱；一说是已居住在葡萄牙 1000 多年的犹太人对乡愁、怀旧的音乐表达；一说起源于 19 世纪的巴西，是非洲音乐和当地音乐的结合。葡萄牙法朵分为里斯本法朵和科英布拉法朵两派，前者流行于码头工人中，著名歌手为阿马莉亚·罗德里格斯（Amalia Rodriguez，1922～1999）；后者属学院派，与中世纪的行吟诗人的歌唱密切相连，歌唱主题主要为爱情、友谊和思乡之情。20 世纪五六十年代是其鼎盛时期，著名歌手有埃德蒙多·贝当古（Edmundo Bettencourt）、路易斯·戈伊斯（Luis Gois）和若泽·阿丰索（Jose Afonso）等。

阿马莉亚·罗德里格斯被誉为法朵女王（Rainha do Fado），她曾是一名刺绣女工，19 岁时在里斯本夜总会演唱大获成功，她对传统的法朵进行了革新，并首先将法朵艺术推向世界舞台。现代著名法朵歌手有玛丽莎（Mariza）和米西亚（Misia）等。

国家乐器

葡萄牙吉他（guitarra portuguesa）。选用铁梨木、冷杉、黑杨等优质木材制作。音箱为梨形，稍凸。采用 12 根钢丝弦，12 根弦分六组，一组两根，是仍然使用普雷斯顿调谐器的少数乐器之一。用自己拇指和食指的指甲或套在拇指和食指的塑料、金属或珍珠母拨子弹奏。葡萄牙吉他有里斯本吉他和科英布拉吉他两种类型。两种类型的吉他尺寸不同，里斯本吉他为 445 毫米，科英布拉吉他为 470 毫米。科英布拉吉他的结构比里斯本吉他简单。里斯本吉他响板大一些，轮廓窄一些，声音更亮。

葡萄牙吉他的发展历史悠久。早在 13 世纪和文艺复兴时期，葡萄牙行吟诗人和歌手已使用类似葡萄牙吉他的乐器希特琴（cittern，类似吉他的乐器），尽管开始仅限于宫廷的贵族圈子。后来，希特琴逐渐流行开来。到 17 世纪和 18 世纪，葡萄牙的剧院、酒馆和理发店都有希特琴的演奏。1649 年出版的葡萄牙国王若昂四世的皇家音乐图书馆的目录里面有 16 世纪和 17 世纪外国作曲家著名的希特琴音乐著作，这说明当时葡萄牙已经拥有高水平的希特琴演奏家。阿尔科巴萨修道院有一尊 1680 年制作的天使弹奏希特琴的大型雕塑，表明葡萄牙人对葡萄牙吉他的直接祖先希特琴的热爱。18 世纪下半叶，葡萄牙出现了所谓的"英国"吉他。这种吉他是由德国、英国和荷兰等琴师在葡萄牙制作的一种改良的希特琴，受到波尔图市音乐人的欢迎。然而这种乐器并未得到普及，到 19 世纪下半期便消失了。与此同时，葡萄牙出现了一种由里斯本法朵"陪伴"的新型希特琴——葡萄牙吉他。葡萄牙吉他替代了西班牙吉他。葡萄牙吉他用于音乐独奏或伴奏，其广泛的曲目经常出现在音乐厅和世界各地的古典音乐节和其他音乐节。早在 1905 年，琴师们开始制作大号葡萄牙吉他，称之为"guitarrão"，但数量很少，且很少制作成功。后来，著名琴师吉尔贝托·格拉西奥（Gilberto Grácio）成功制成一把大号葡萄牙吉他，他称之为"guitolão"。这种吉他比普通吉他在低音和高音上音域更为宽广。20 世纪，葡萄牙吉他尽管保留了六组弦、弦调谐和手指技术等特征，但在尺寸、机械调谐系统等方面进行了重大改进。

葡萄牙里斯本最著名的葡萄牙吉他手是阿尔曼多·奥古斯托·弗莱雷（Armando Augusto Freire，1891～1946），经常被称为阿曼迪诺（Armandinho）。他还是作曲家，是葡萄牙传奇人物，以演奏 12 弦葡萄牙吉他闻名全国。阿图尔·帕雷德斯（Artur Paredes，1899～1980）则是著名葡萄牙科英布拉吉他手，现在的科英布拉吉他手很多是由他培养出来的。他的儿子卡洛斯·帕雷德斯（Carlos Paredes，1925～2004）也是享誉世界的葡萄牙吉他手。

国球

足球，是葡萄牙最普及的体育项目。葡萄牙足球协会是主管葡萄牙足球的团体，负责组织、管理各级联赛、葡萄牙杯赛、葡萄牙超级杯赛及葡萄牙国家队，其总部设在里斯本。葡萄牙足协成立于 1914 年，1923 年加入国际足联，1954 年加入欧足联。葡萄牙国家男子足球队成立于 1914 年，其风格类似于西班牙国家男子足球队，注重个人技术，但风格偏软，整体作战能力较差。2003 年请到巴西教练斯科拉里后，风格走向实用，防守朝硬朗方面发展，成绩也慢慢提升。葡萄牙队曾五次杀入世界杯决赛圈，最好战绩是在 1966 年世界杯获得季军。葡萄牙曾 7 次晋身欧洲杯决赛圈，2000 年打入四强。2004 年以东道主身份夺得欧洲杯亚军。在 2008 年奥地利瑞士欧洲杯，葡萄牙在四分之一决赛被德国淘汰。在 2012 年波兰乌克兰欧洲杯，葡萄牙先后击败丹麦、荷兰及捷克杀入四强。在 2016 年法国欧洲杯，葡萄牙战胜法国队，捧起德劳内杯。

葡萄牙培养出许多著名球员，尤西比奥·达·席尔瓦·费雷拉（Eusébio da Silva Ferreira，1942～2014）和克里斯蒂亚诺·罗纳尔多（Cristiano Ronaldo，生于 1985 年）是较突出的两个。尤西比奥司职前锋，是 20 世纪 60 年代一位传奇射手，有"黑豹"之称。他出生于葡萄牙管辖的莫桑比克首都洛伦索－马贵斯（Lourenco Marques，现在称为马普托），为葡萄牙夺得 1966 年世界杯季军立下汗马功劳，并被评为该届的最佳射手。2014 年 1 月 5 日，尤西比奥因心脏衰竭在里斯本去世，葡萄牙全国为他哀悼三天。

克里斯蒂亚诺·罗纳尔多，又称 C 罗。出生于葡萄牙马德拉，司职边锋并兼任中锋。2003 年转会加盟英格兰曼彻斯特足球俱乐部，2009～2010 赛季转会西甲球队皇家马德里足球俱乐部，2018 年转会至意甲尤文图斯足球俱乐部。与此同时，他还担任葡萄牙国家足球队队长。C罗带球速度极快，善于突破和射门，拥有强悍的身体素质，技术非常全面，是当今足坛最杰出、最顶尖的足球运动员之一。2006年世界杯带领葡萄牙杀入四强。2012年率葡萄牙队杀入欧洲杯四强，被欧足联官方评选为2012年欧洲杯最佳阵容。2016年带领葡萄牙队获欧洲杯冠军，这是葡萄牙国家队历史上的第一个国际大赛冠军。2019年随葡萄牙国家队赢取第1届欧洲国家联赛冠军。曾获得2008年、2016年、2017年世界足球先生，2008年、2013年、2014年、2016年金球奖，2008年、2013年、2014年、2016年、2017年欧冠最佳射手，2008年、2011年、2014年、2015年欧洲金靴奖。

国食

葡式蛋挞。是一种小型的奶油酥皮馅饼，属于蛋挞的一种。葡式蛋挞有酥皮爽脆的底部，烤焦的琥珀焦糖外皮，内含充实的蛋奶，撒上肉桂粉或糖粉调味料，无比香醇、甜腻。首都里斯本几乎所有咖啡厅、糕饼店里都有葡式蛋挞出售，但质量最高的非里斯本的贝伦甜点店（Pastéis de Belém）莫属。这家店与贝伦地区的著名历史建筑"热罗尼莫斯修道院"（Mosteiro dos Jerónimos）相邻。传说1820年葡萄牙自由革命之后，包括热罗尼莫斯修道院在内的所有修道院均被关闭。热罗尼莫斯修道院的修女们为了维持日常生活，试着做一些甜点在隔壁的糖果店出售。她们制作的点心松软酥脆，受到人们热烈欢迎，慢慢成为当地的美食。1837年，这家糖果店成为出售葡式蛋挞的专卖店，取名贝伦甜点店。如今，贝伦甜点店已拥有180多年的历史，每日都宾客盈门，永远排着长队。据说葡式蛋挞的秘方除了制作师傅外，连店里的工作人员都不知道，给葡式蛋挞增添了一种神秘的色彩。

国菜

干鳕鱼（Bacalhau）。用盐腌制后风干的鳕鱼。葡萄牙所有餐馆和专卖店都有干鳕鱼出售。干鳕鱼还是西班牙西北部加利西亚以及葡萄牙原殖民地佛得角、安哥拉、巴西、印度果阿等地的佳肴。古时在大西洋和地中海都可以捕到鳕鱼，但后来因捕捞过度，其变得稀少，葡萄牙所需要的鳕鱼如今只能从挪威、芬兰、冰岛等国进口了。

鳕鱼肉质厚实、刺少、味道鲜美，含有丰富的维生素 A、维生素 D 和维生素 E。鳕鱼肉的蛋白质含量非常高，而脂肪含量却很低，葡萄牙人把它叫作"液体黄金"。葡萄牙人酷爱鳕鱼，2014 年巴西世界杯期间，葡萄牙国家足球队运往巴西营地的物品中，就包含 200 公斤的干鳕鱼。据说在葡萄牙鳕鱼有 365 种做法，天天吃也不会重样。甚至有人说葡萄牙的鳕鱼有 1001 种做法。鳕鱼不仅是葡萄牙人日常餐桌上的"常客"，还是款待尊贵客人的必备佳肴。而且，干鳕鱼是圣诞节家家户户的传统晚餐。圣诞节吃鳕鱼可追溯到 16 世纪末。当时教会要求人们在圣诞节前的一个礼拜内不能吃肉，但可吃鱼。这样，鳕鱼慢慢成为葡萄牙圣诞大餐中不可或缺的一道佳肴，并形成了习惯。

烹调鳕鱼前，先用清水或牛奶浸泡数小时，使硬的鱼块胀大起来，鱼肉显得雪白细嫩，略带一丝海盐的清香。食用鳕鱼可添加蔬菜，葡萄牙特色鳕鱼菜肴有：鳕鱼丝炒鸡蛋土豆丝、炉烤鳕鱼加烘土豆、橄榄油焗鳕鱼、高汤炖鳕鱼等。此外，鳕鱼还是葡萄牙其他菜肴必不可少的成分。

公元 10 世纪，斯堪的纳维亚半岛的海盗从葡萄牙海岸入侵伊比利亚半岛未能得逞，于是带来鳕鱼交换葡萄牙生产的盐，这种贸易关系维持了好几个世纪。从 14 世纪起，葡萄牙渔民就在英国海岸捞捕鳕鱼，15 世纪又在格陵兰建立了渔业殖民地。葡萄牙人食用鳕鱼历史悠久，从哥伦布发现新大陆开始，至少已有 500 年。1497 年"发现"纽芬兰岛后，在巴斯克捕鲸船抵达钱纳尔－巴斯克斯港后的很长时间，船员开始在鳕鱼丰富的大浅滩捕鱼。葡萄牙船员们将鳕鱼用盐腌后晒干，使鳕鱼在回航的路上能保存更长的时间。鳕鱼成为葡萄牙美食，葡萄牙人称其为"忠实的朋友"（Fiel amigo）。有人说鳕鱼菜肴源自挪威的克里斯蒂安桑镇，从 18 世纪起葡萄牙鱼买家从那里买进鳕鱼，鳕鱼是挪威西北部日常食物。在葡萄牙和其他天主教国家，这道菜也很受欢迎，因为许多日子教会禁止吃肉 [周五、四旬斋（大斋期）和其他节日]，代之以吃鳕鱼。

国酒

波特酒（vinho do Porto）。以葡萄牙著名港口城市波尔图之名命名的加强（或加烈）葡萄酒。所谓加强（或加烈）葡萄酒，就是在葡萄酒酿造过程中添加白兰地而使酒精含量增加的葡萄酒。波特酒酒精含量通常在 20% 左右，高于红酒，低于白兰地，被称为"葡萄酒中的绅士"。

虽然波特酒在波尔图市的酒窖中陈酿，但酿造是在杜罗河上游的河谷地带，葡萄的种植也在此地区。杜罗河被誉为葡萄牙的母亲河，葡萄牙人在杜罗河两岸开垦出一片片梯田葡萄园。从 12 世纪开始，英国人在这个地区生产葡萄酒并将其出口到英国。17 世纪末 18 世纪初，为使运往英国的葡萄酒在海运途中不变质，酒商们开始在葡萄酒中加入葡萄蒸馏酒精（或白兰地）。

波特酒传统的发酵方法是把葡萄放进花岗岩酿酒槽里，然后由酿酒工人把葡萄踩破，接着进行酒精发酵。当已经达到需要的糖度时，把酒从槽中放出（如今人工踩踏葡萄已被二氧化碳自动发酵装置所取代）。随后，将葡萄汁液转移到已添加白兰地的橡木桶中，使酒精含量升高到 20% 左右，酵母被杀死，发酵自然停止。之后，把完成发酵和加烈工序的酒运至波尔图市，在各家波特酒厂设在加亚新镇（Villa Nova de Gaia）的酒窖中继续完成陈酿过程，直至成为成品装瓶出售。波特酒的类型包括宝石红波特（Ruby Port）、茶色波特（Tawny Port）、白波特（White Port）、年份波特（Vintage Port）、年份茶色波特（Colheita Port）、迟装瓶波特（Late Bottled Vintage Port）、桃红波特（Rose Port）、"沉淀"波特（Crusted Port）和珍藏波特（Garrafeira）等。法律规定只有位于金字塔顶端的年份茶色波特及年份波特才可以在酒标上标注年份。波特酒通常做餐后甜点酒饮用，但也有的在冷冻后被作为开胃酒在餐前饮用。

葡萄牙生产的波特酒在世界上享有很高的声誉，受到众多人的喜爱。多年来，其他许多国家也模仿生产波特酒类型的加强型葡萄酒。根据欧盟保护原产地指定原则，现在只有来自葡萄牙的产品才能被标记为波特。

宗教

葡萄牙宗教信仰自由，但天主教徒在葡萄牙占很大比重。根据2011年人口普查，全国人口84.6%以上信奉天主教。葡萄牙天主教有20个教区，它们分散在布拉加、里斯本和埃武拉3个大教区里。葡萄牙也有其他宗教存在，如后期圣徒、伊斯兰教、印度教、锡克教、东正教、耶和华见证人、巴哈教、佛教和犹太教等，但教徒较少，影响不大。此外，还有6.8%的人口宣称没有宗教信仰。

天主教是葡萄牙的主要宗教，也是最早传进葡萄牙的宗教。罗马统治时期，包括葡萄牙在内的整个伊比利亚半岛均属于罗马帝国的行省。公元1世纪创立的天主教在葡萄牙传播开来，成了当地人民的主要信仰。罗马帝国衰落后，信奉阿里乌斯教的西哥特人、汪达尔人占领了伊比利亚半岛，对当地天主教徒进行了残酷镇压。公元6世纪西哥特国王改信天主教，以维护自己在伊比利亚半岛的统治。自7世纪开始，阿里乌斯教逐渐销声匿迹，天主教又重新在伊比利亚半岛占据统治地位。公元711年，摩尔人、柏柏尔人越过直布罗陀海峡攻占伊比利亚半岛，把伊斯兰教强行带进这片土地。1139年7月，阿方索王子在欧里基击溃摩尔人，建立葡萄牙王国，成为葡萄牙国王，天主教在葡萄牙恢复统治地位。15世纪双王阿拉贡的费尔南多二世和卡斯蒂利亚的伊莎贝拉一世联手驱逐摩尔人，摩尔人逃回北非，天主教在葡萄牙取得压倒性优势。在航海大发现和海外扩张时期，天主教传教士一直伴随着葡萄牙的探险者进行殖民活动，并向"新世界"传播"福音"。历史上，葡萄牙曾数次将天主教定为国教。1910 年共和国成立后，政教正式分离，后来在 1976 年葡萄牙宪法中再次重申。1940 年颁布的《葡萄牙和教廷之间的和谐协定》（1971 年修订）和 2001 年颁布的《宗教自由法》是葡萄牙规定宗教自由的重要文件。葡萄牙实行共和制后，天主教在国内的作用有所下降。不过，即使现在天主教已丧失国教地位，但仍保留很多特权，其影响还是根深蒂固的。时至今日，葡萄牙还被认作一个天主教国家。葡萄牙保留了许多起源于天主教的节日和传统，如国王节/耶稣显灵日（Dia dos Reis/Adoração dos Magos）、狂欢节（carnaval）、圣周（Festa de Semana Santa）、健康圣母节（Nossa Senhora da Saúde）、圣安东尼奥节（Dia de Santo António）、法蒂玛节（Nossa Senhora de Fátima）、圣马丁尼奥节（Dia de São Martinho）等。

教堂是葡萄牙文化传统重要的组成部分，也是葡萄牙人民信仰的凝聚地。在葡萄牙众多教堂中，法蒂玛圣地（santuario di Fátima）、热罗尼姆斯大教堂（Mosteiro dos Jeronimos）和里斯本圣玛利亚主教堂（Santa Maria Maior de Lisboa）是葡萄牙较有代表性的三座教堂。

法蒂玛圣地距里斯本 120 公里，距欧雷姆城 11 公里，是世界天主教四大朝圣地之一，与梵蒂冈圣廷外观相似，由一座大教堂和一个巨大的圆形广场组成。大教堂属新巴洛克风格建筑，设计者是荷兰人冯·克里肯（G. Van Kriecken），建成于 1928 年。教堂前的圆形广场十分宏大，可容纳数十万人。每年 5 月 13 日和 10 月 13 日都要在此举行朝圣活动，吸引来自世界各地的 500 万名朝圣者。

法蒂玛圣地深受信徒的爱戴起源于一个传说。传说 1917 年 5 月 13 日的雨夜，圣母玛利亚曾在此显灵，3 个牧童目睹了圣母头顶光环出现在一棵橄榄树上，并听见她说了 3 个预言。牧童从此投身教会，虔诚信教。后来，梵蒂冈教廷承认了这个圣迹，几代教皇也曾拜访这个地方。在葡萄牙，法蒂玛圣母信徒的手上都带有一条红绳和一个圣母图案的首饰，分辨起来相当容易。

热罗尼姆斯大教堂，又称热罗尼姆斯修道院，坐落于里斯本，是葡萄牙全盛时期的建筑艺术珍品。1502 年，曼努埃尔国王下令把对香料和黄金饰品所征税的 5% 用于修建该教堂，以纪念葡萄牙人发现通往印度的海上航线。教堂由设计师迪奥戈凡设计，1516 年竣工。其结构呈拉丁十字形，30 对数十米高的塔尖直指苍穹。后院回廊以航海为题材，装饰华丽，回廊后是典雅的中庭花园。1755 年，里斯本突发大地震。市内教堂纷纷倒塌，唯独热罗尼姆斯大教堂屹立不倒，拯救了在此祈祷的全体王室成员。从而，热罗尼姆斯大教堂就添加了"上有神灵保佑"的神秘色彩。教堂内停放着大理石雕制的葡萄牙的诗魂德卡蒙斯、著名航海家达·伽马和著名作家埃尔库拉诺（Alexandre Herculano，1810 ~ 1877）的棺木，以供人们瞻仰。每位到访的外国国家元首，都要来此向葡萄牙著名诗人德卡蒙斯敬献花圈。2010 年 11 月 6 日，中国国家主席胡锦涛访问葡萄牙时，曾在热罗尼姆斯大教堂向德卡蒙斯墓献花环。1983 年与贝伦塔一起被联合国教科文组织宣布为世界遗产。

里斯本圣玛利亚主教堂，或称里斯本大教堂（Sé de Lisboa），位于葡萄牙首都里斯本城区阿尔法玛（Alfama），在摩尔人统治时期，这里曾是最繁华的地区。该教堂是罗马天主教里斯本宗主教区的主教座堂，也是里斯本最古老的教堂。摩尔人统治时期，这里曾是一座清真寺，1147 年葡萄牙国王阿方索一世赶走摩尔人后下令改建，其成为里斯本最早的晚期罗马风格教堂。该教堂经受过多次地震，特别是 1755 年里斯本地震，摧毁了主要的哥特式教堂和皇家殿堂，后重修。因曾改建数次，教堂混合了多种建筑风格，包括罗曼式、哥特式、新古典主义、洛可可和巴洛克式等。

国家保护神

葡萄牙人大多是天主教徒，他们对于保护神的信仰是长期以来形成的习俗，表达了人们祈求安居乐业、人财两旺、万事如意的良好愿望。葡萄牙既有国家保护神，又有地方、行业等保护神。从国家层面看，保护神有无原罪圣母（Imaculada Conceição）、法蒂玛圣母（Nossa Senhora de Fátima）、阿尔坎若·孔塞桑（Arcanjo Gabriel）、圣若热（São Jorge）、维森特·德萨拉戈萨（Vicente de Saragoça）、伊莎贝拉·德阿拉冈［Santa Isabel de Portuga（Isabel de Aragão）］、圣安东尼奥·德利斯博阿（Santo António de Lisboa）、圣弗朗西斯科·德博尔哈（Francisco de Borja）和圣胡安·德布里托（San Juan de Britö）等。

在葡萄牙众多保护神中，圣母玛利亚是天主教徒最为崇敬的人物，据说她的尊号有 49 个之多。葡萄牙则把尊号为无原罪圣母和法蒂玛圣母奉为保护神。无原罪圣母是天主教有关圣母玛利亚的教义之一。天主教相信耶稣的母亲玛利亚，在灵魂注入肉身的时候，即蒙受天主的特恩，使其免于原罪的沾染。1646 年，葡萄牙国王约翰四世宣布无原罪圣母是葡萄牙的保护神。每年 12 月 8 日圣母无染原罪瞻礼是天主教节日，是庆祝圣母玛利亚获得无原罪的恩赐的一个瞻礼。

法蒂玛圣母也称玫瑰法蒂玛圣母（Nossa Senhora do Rosário de Fátima），是 1917 年 5 月 13 日圣母玛利亚显现给 3 个牧童后，天主教徒给圣母玛利亚的称号。法蒂玛是里斯本东北方 150 公里处的一个山中小镇，现为葡萄牙和世界天主教徒朝圣的圣地。

货币

欧元（Euro）。欧元是包括葡萄牙在内的欧盟 19 国的基本货币单位，也是非欧盟中 6 个国家（地区）摩纳哥、圣马力诺、梵蒂冈、安道尔、黑山和科索沃的货币。摩纳哥、圣马力诺、梵蒂冈、安道尔 4 个袖珍国根据与欧盟的协议使用欧元，而黑山和科索沃则单方面使用欧元。

所有欧元区国家的欧元硬币正面图案是统一的，而硬币的背面图案则各不相同，但所有硬币都可在全部欧元区国家内使用。葡萄牙欧元硬币背面图案是由全国设计比赛中选出来的三幅作品构成的，设计者为维托尔·曼努埃尔·费尔南德斯·多斯桑托斯（Vítor Manuel Fernandes dos Santos）。他从历史标记获得创作的灵感，影印了葡萄牙第一个国王阿方索·恩里克的三枚印章，在参赛作品中脱颖而出。1 欧元和 2 欧元硬币背面的中央绘有 1144 年的国王印章，10 欧分、20 欧分和 50 欧分硬币背面中央绘有 1142 年的国王印章，1 欧分、2 欧分和 5 欧分硬币背面中央绘有 1134 年的国王印章，这枚印章上首次使用了"Portugal"（葡萄牙）字样。

葡萄牙使用欧元前的法定货币是葡萄牙中央银行——葡萄牙银行发行的埃斯库多（Escudo），1 埃斯库多等于 100 分（Centavos）。纸币的面额有 500、1000、2000、5000、10000 埃斯库多等。2003 年 1 月埃斯库多停止使用。500 埃斯库多纸币为紫罗兰色和棕色，正面人物为葡萄牙航海家若昂·德·巴罗斯（João de Barros，1496～1570），他于 1539 年率领一支探险队到达巴西北部；1000 埃斯库多纸币为紫色和棕色，正面人物为葡萄牙航海家佩德罗·阿尔瓦雷斯·卡布拉尔（Pedro Álvares Cabral，1467～1520 或 1468～1520），被普遍认为是最早到达巴西的欧洲人（1500 年 4 月 22 日）；2000 埃斯库多纸币为蓝紫罗兰色和深蓝绿色，正面人物为葡萄牙航海家巴托洛梅乌·迪亚斯（Bartolomeu Dias，1451～1500），1488 年探险至非洲最南端好望角的莫塞尔湾，为葡萄牙航海探险家瓦斯科·达·伽马开辟通往印度的新航线奠定了基础；5000 埃斯库多纸币为深橄榄绿色和棕紫色，正面人物为航海家瓦斯科·达·伽马，他是从欧洲绕好望角到印度航海路线的开拓者；10000 埃斯库多纸币为紫罗兰色和深棕色，正面人物为葡萄牙航海家恩里克王子，他开启了葡萄牙的航海事业和地理大发现。

葡萄牙使用欧元前的硬币面值为 1 埃斯库多、2.5 埃斯库多、5 埃斯库多、10 埃斯库多、20 埃斯库多、50 埃斯库多。在杜阿尔特一世（Duarte I，1391～1438）于 1433～1438 年在位时，葡萄牙就已出现埃斯库多这一货币单位。18 世纪葡萄牙曾铸造出几种面值的埃斯库多金币。

1722～1730 年铸造出 8 埃斯库多金币，1789 年铸造出 2 埃斯库多金币，1799 年铸造出 4 埃斯库多金币。1912～1916 年，10 分、20 分、50 分和 1 埃斯库多银币问世。1917～1922 年，1 分和 2 分铜币、4 分铜镍合金币出炉。1920 年铸造出 5 分铜币、10 分和 20 分铜镍合金币。1924 年推出 10 分和 20 分铜币、50 分和 1 埃斯库多铝铜合金币。1927 年铝铜合金币取代了铜镍合金币。1932 年出现了 2½ 埃斯库多、5 埃斯库多和 10 埃斯库多银币。2½、5 埃斯库多银币铸造至 1951 年，10 埃斯库多银币铸造至 1955 年。1963 年，2½、5 埃斯库多铜镍合金币流通，1969 年 10 分铝币、20 分与 50 分和 1 埃斯库多铜币上市。1971 年和 1977 年，分别出现 10 分和 25 分铜镍币。1986 年新的硬币开始流通，它们是 1 埃斯库多镍黄铜合金币、5 埃斯库多镍黄铜合金币、10 埃斯库多镍黄铜合金币、20 埃斯库多铜镍合金币和 50 埃斯库多铜镍合金币。1989 年和 1991 年，100 埃斯库多双金属币和 200 埃斯库多双金属币开始流通。

葡萄牙最早的货币单位是里亚尔（real）。葡萄牙第一任国王阿方索一世时期，使用的货币是十进位罗马金币以及西班牙莱昂和穆斯林硬币。为了对抗穆斯林金币，葡萄牙君主也开始铸造金币。阿方索四世（Alfonso Ⅳ）时，铸造出的钱币被称为里亚尔，意为"国王"的钱币，从此该名称流传下来。葡萄牙的这种钱币用银铜合金铸造。第一枚里亚尔银币是 1380 年由费尔南多一世（Fernando Ⅰ）推出的，价值 120 迪内罗（dinheiros，古罗马钱币）。若昂一世（João Ⅰ，1385～1433）统治时期，发行了价值 3½ 镑的白里亚尔（real branco）和价值 7 索尔多的黑里亚尔（real preto）。1433 年，杜阿尔特（Duarte）统治开始时，白里亚尔（相当于 840 迪内罗）已成为葡萄牙货币的基本单位。从曼努埃尔一世（Manual Ⅰ）统治时期（1495～1521）起，白里亚尔简化为里亚尔（real），这时也开始铸造铜币里亚尔。西班牙统治葡萄牙（1580～1640）结束后，若昂四世（João Ⅳ，1640～1656）统治时期，里亚尔的名称从"reais"改为"réis"。1837 年硬币面额采用十进制后，葡萄牙银行于 1847 年发行了第一批纸币。1854 年葡萄牙建立金本位制，

1000 里亚尔 = 1.62585 克黄金。这个标准一直持续到 1891 年，这一年葡萄牙政府将货币贬值。

　　1910 年葡萄牙爆发革命之后，1911 年 5 月 22 日，埃斯库多成为葡萄牙的法定货币单位，取代了里亚尔，1 埃斯库多 = 1000 里亚尔。1000 里亚尔一直是埃斯库多的俗称，一直到 20 世纪 90 年代。100 万里亚尔被称为 1 康托里亚尔，或简称 1 康托（conto），意思是 1000 埃斯库多。

参考文献和网站

参考文献

李春辉：《拉丁美洲史稿》（上册），商务印书馆，1983。

李春辉：《拉丁美洲史稿》（下册），商务印书馆，1983。

李春辉、苏振兴、徐世澄主编《拉丁美洲史稿》（第三卷），商务印书
　　馆，1993。

中国社会科学院拉丁美洲研究所编《拉丁美洲历史词典》，上海辞书出
　　版社，1993。

〔美〕E. 布拉德福德·伯恩斯：《简明拉丁美洲史》，王宁坤译，湖南
　　教育出版社，1989。

〔美〕艾·巴·托马斯：《拉丁美洲史》，寿进文译，商务印书馆，1973。

李明德主编《简明拉丁美洲百科全书》，中国社会科学出版社，2001。

李建忠编《简明拉丁美洲文化词典》，旅游教育出版社，1997。

郝名玮、徐世澄：《拉丁美洲文明》，福建教育出版社，2008。

吴德明：《拉丁美洲民族问题研究》，世界知识出版社，2004。

〔美〕尼·斯洛尼姆斯基：《拉丁美洲的音乐》，吴佩华、顾连理译，人
　　民音乐出版社，1983。

邵献图等编《外国地名语源词典》，上海辞书出版社，1983。

〔澳〕艾德里安·鲁姆：《世界地名》，杨德业等译，测绘出版社，1982。

焦震衡：《拉丁美洲地名考察》，社会科学文献出版社，2017。

焦震衡编著《外国象征标志手册》，新华出版社，1988。

焦震衡：《拉美和加勒比国家象征标志手册》，社会科学文献出版社，2015。

焦震衡编《世界地名故事》，科学普及出版社，1983。

焦震衡、杜福祥编著《外国名胜大观》，科学普及出版社，1985。

杨志敏、施飞编著《洪都拉斯 哥斯达黎加》，社会科学文献出版社，2010。

杨建民编著《巴拉圭》，社会科学文献出版社，2005。

王锡华、周志伟编著《危地马拉 牙买加 巴巴多斯》，社会科学文献出版社，2011。

赵重阳、范蕾编著《海地 多米尼加》，社会科学文献出版社，2009。

汤小棣、张凡编著《尼加拉瓜 巴拿马》，社会科学文献出版社，2009。

李靖堃编著《葡萄牙》，社会科学文献出版社，2006。

张敏编著《西班牙》，社会科学文献出版社，2007。

文庸等主编《基督教词典》，商务印书馆，2005。

白云晓编著《圣经地名词典》，中央编译出版社，2015。

梁工主编《圣经百科辞典》，辽宁人民出版社，1990。

América S. A. , ed. , *12,000 Minibiografias* (Panamá, 1986).

A Dictionary of Finance and Banking (USA : Oxford University Press, 2005).

A. , Móbil, *Historia del Arte Guatemalteco* (Guatemala: Serviprensa Centroamericana, 2002).

Adrián Inés Chávez, ed. , *Popol Wuj: Poema Mito-histórico Kí-chè* (Centro Vile, 1981).

Alan Twigg, *Understanding Belize: A Historical Guide* (Canada : Harbour Publishing, 2006).

Albaiges Olivart, Josep María, *Enciclopedia de Los Topónimos Españoles* (Barcelona: Planeta, 1998).

Albert Pick, Colin R. Bruce Ⅱ, Neil Shafer, eds. , *Standard Catalog of World*

Paper Money, *General Issues* (USA: Krause Publications, 1994).

Colin Baker, Sylvia Prys Jones, "Encyclopedia of Bilingualism and Bilingual Education," *Bilingual Research Journal*, Vol. 2 – 4, No. 22, 1998.

América S. A., ed., *Banderas y Escudos del Mundo* (Panamá, 1986).

Bart de Boer, Eric Newton, Robin Restall, *Birds of Aruba, Curaçao, and Bonaire* (USA: Princeton University Press, 2012).

Bart Jacobs, *Origins of a Creole*: *The History of Papiamentu and Its African Ties* (Berlin: de Gruyter, 2012).

Bartomeu Melia, *La lengua guaraní en el Paraguay Colonial* (Asunción: CEPAG, 2003).

Beverly Chico, *Hats and Headwear around the World*: *A Cultural Encyclopedia* (Oxford: ABC – Clio Press, 2013).

Carlos Esteban Deive, *Diccionario de Dominicanismos* (Santo Domingo: Librería La Trinitaria, 2002).

Carlos Pérez Pineda y Óscar Meléndez, *El Nombre Oficial de La República de El Salvador* (San Salvador, El Salvador: Dirección de Publicaciones e Impresos, 2015).

Carmen Fiallos, *Los Municipios de Honduras* (Honduras: Universitaria of Tegucigalpa, 1989).

Carol P. Shaw, *Flags* (UK: Harper Collins, 1992).

Catherine M. Murphy, *John the Baptist*: *Prophet of Purity for a New Age* (Collegeville: Liturgical Press, 2003).

Celeste Fraser Delgado, José Esteban Muñoz, eds., *Everynight Life*: *Culture and Dance in Latin/o America*, 1997.

Charles Prestwood Lucas, *A Historical Geography of the British Colonies*: *The West Indies* (USA: General Books LLC, 2009).

Chester L. Krause, Clifford Mishler, *Standard Catalog of World Coins*: *1801 – 1991* (USA: Krause Publications, 1991).

Chueca Goitia, Fernando, *El Palacio Real de Madrid* (León: Everest, 2000).

Colin Larkin, ed. , *The Encyclopedia of Popular Music* (UK: Oxford University Press, 2006).

Daniel E. Sheehy, *Garland Encyclopedia of World Music, Volume Two: South America, Mexico, Central America, and the Caribbean* (London: Routledge, 1999).

Dannin M. Hanratty, Sandra W. Meditz, *Paraguay: A Country Study* (Washington, D. C. : Library of Congress, 1988).

Dario A. Euraque, *Managua* (World Bank, 2009).

Dash, J. Michael, *Literature and Ideology in Haiti, 1915 – 1961* (New Jersey : Barnes and Noble Books, 1981).

David Gledhill, *The Names of Plants* (UK: Cambridge University Press, 2008).

David Horn, John Shepherd, eds. , *Bloomsbury Encyclopedia of Popular Music of the World* (London: Bloomsbury Publishing, 2017).

David Watts, *The West Indies: Patterns of Development, Culture, and Environmental Change since 1492* (UK: Cambridge University Press, 1990).

Demetrio Ramos Pérez, Luis Suárez Fernández, *Historia General de España y América* (Madrid : Rialp, 1989).

Diana Wells, *100 Birds and How They Got Their Names* (Algonquin Books of Chapel Hill, 2002).

Diccionario Biográfico, *Forjadores del Paraguay* (Buenos Aires, Argentina: Distribuidora Quevedo de Ediciones, 2000).

Dieter Lehnhoff, *Creación Musical en Guatemala* (Edctorial Galería Guatemala, 2005).

Dorling Kindersley, *Complete Flags of the World* (London: Dorling Kindersley Ltd. , 2008).

E. Cobham Brewer, *Brewer's Dictionary of Names* (London: Hodder Arnold, 1999).

Edgardo Otero, *El Origen de Los Nombres de Los Países* (Buenos Aires: Gargola, 2009).

Emilio Nieto Ballester, *Breve Diccionario de Topónimos Españoles* (Madrid: Alianza Editorial, 1997).

Fernando Arellano, *El Arte Hispanoamericano*, *Universidad Católica Andrés Bello* (Caracas, 1988).

Francisco Espinosa, *Los Símbolos Patrios*, *Decimoprimera Edición*, *Dirección de Publicaciones e Impresos*, *Consejo Nacional para la Cultura y el Arte* (*CONCULTURA*) (San Salvador, El Salvador: Ministerio de Educación, 1996).

Francisco Díez de Velasco, *Religiones en España: Historia y Presente* (Madrid, Spain: Ediciones Akal S. A. , 2012).

Frank Moya Pons, *Manual de Historia Dominicana* (Santiago: UCMM, 1977).

George R. Stewart, *Names on the Globe* (UK: Oxford University Press, 1975).

German de Granda Gutiérrez, *Español de América*, *Español de Africa y Hablas Criollas Hispánicas: Cambios, Contactos y Contextos* (Madrid: Gredos, 1994).

Gispert, Carlos, d'Angelo Graciela, *Enciclopedia de Honduras* (*Tomo I y II edición*) (Madrid: Océano, 2001).

Guido Gómez de Silva, *Diccionario Geográfico Universal* (Ciudad de México: Academia Mexicana de la Lengua, 1998).

Guido Gómez de Silva, *Breve Diccionario Etimológico de La Lengua Española* (Mexico City: Fondo de Cultura Económica, 1985).

Harding, Robert C. , *The History of Panama* (Greenwood Publishing, 2006).

Horváth Zoltán, *Banderas Del Mundo* (Budapest, 2002).

Howard A. Fergus, *Gallery Montserrat: Some Prominent People in Our History* (Canoe Press University of West Indies, 1996).

Instituto Geográfico Nacional, *Diccionario Geográfico de El Salvador*, 1986.

Isabel Aretz, *América Latina en Su Musica* (Siglo Veintiuno, 1980).

J. K. Torres, *The Audubon Society Encyclopedia of North American Birds* (New York: Alfred A. Knopf, 1982).

James F. Clements, *The Clements Checklist of the Birds of the World* (US: Cornell University Press, 2007).

James Robinson Planche, "British Costume: A Complete History of the Dress of the Inhabitants of the British Islands," http://Rare Books Club. com, 2012.

James Stuart Olson, Robert Shadle, eds. , *Historical Dictionary of the British Empire* (Greenwood Publishing Group, 1996).

Jean Chevalier, *Diccionario de Los Símbolos* (Herder, Barcelona, 2003).

Jill Bobrow, Dana Jinkins, *St. Vincent and the Grenadines* (Concepts Publishing Co. , Waitsfield, Vermont, 1993).

Jill Condra, *Encyclopedia of National Dress: Traditional Clothing around the World* (Oxford: ABC – Clio Press, 2013).

John Charles Chasteen, *National Rhythms, African Roots: The Deep History of Latin American Popular Dance* (University of New Mexico Press, 2004)

José A. Cardona, *Breve Historia de La Lglesia Presbiteriana en Puerto Rico* (Río Piedras, 1976).

José Juan Arrom, *Mitología y Artes Prehispánicas de Las Antillas* (Mexico: Siglo Veintiuno Editores, 1975).

José María Montes Vicente, *El libro de los Santos* (Madrid: Alianza, 2001).

Josep del Hoyo, Andrew Elliott, Jordi Sargatal (Vol. 1 – 7), David A.

Christie (Vol. 8 – 16), eds. , *Handbook of Birds of the World (Vol. 1 – 16)* (Barcelona: Lynx Edicions, 1992 – 2013).

Julian Granberry, Gary S. Vescelius, *Languages of the Pre-Columbian Antilles* (The University of Alabama Press, 2004).

Justino Mendes de Almeida, *De Olisipo a Lisboa: Estudos Olisiponenses* (Edições Cosmos, 1992).

Kopka, Deborah, *Central & South America* (Educational Press, Dayton, OH, USA, Lorenz, 2011).

La Monja Alférez, *Enciclopedia de México* (Mexico, 2001).

Louis Duzanson, *An Introduction to Government—Island Territory of St. Maarten* (St. Martin: House of Nehesi Publishers, 2004).

Luis Gallegos Valdés, *Panorama de la Literatura Salvadoreña* (UCA Editores, 1996).

Luis Hernandez Aquino, *Diccionario de Voces Indigenas de Puerto Rico* (Rio Piedras: Editorial Cultural, 1977).

Luis Muniz-Arguelles, *The Status of Languages in Puerto Rico* (University of Puerto Rico, 1986).

Lyle Campbell, *American Indian Languages: The Historical Linguistics of Native America* (New York: Oxford University Press, 1997).

Lynne M. Sullivan, *Adventure Guide to Aruba, Bonaire & Curacao* (Hunter Publishing, 2006).

Lynn Marie Houston, *Food Culture in the Caribbean* (Greenwood Press, 2005).

Lynx Edicions, *Handbook of the Birds of the World*, Volumen 1 – 16, 1992 – 2011.

María Isabel Gea, *Diccionario Enciclopédico de Madrid* (La Librería, Madrid, 2002).

Maureen E. Shea, *Culture and Customs of Guatemala* (Greenwood Publishing Group, 2001).

Merriam-Webster, *Merriam-Webster's Geographical Dictionary*, 2007.

Michael Craton, the New History Committee, *Founded upon the Seas: A History of the Cayman Islands and Their People* (Kingston, Jamaica : Ian Randle Publishers, 2003).

Michael Jamieson Bristow, ed. , *National Anthems of the World* (Cassell, 2006).

Molly Ahye, "Cradle of Caribbean Dance, Port of Spain of Trinidad and Tobago," *Heritage Cultures*, 1983.

Nancy Morris, *Puerto Rico: Culture, Politics, and Identity* (Praeger/Greenwood, 1995).

Oliver Dunn, Jr. James E. Kelley, *The Diario of Christopher Columbus's First Voyage to America 1492 – 1493* (Norman: University of Oklahoma Press, 1989).

Oscar Schmieder, *Geografia de América Latina* (México: Fondo de Cultura Económica, 1980).

Pancracio Celdrán Gomáriz, *Diccionario de Topónimos Españoles y Sus Gentilicios* (Madrid: Espasa, 2002).

Patrice Pavis, *Diccionario del Teatro, Dramaturgia, Estética, Semiología* (Paidós: Ediciones, 1998).

Patrick Taylor, ed. , *Nation Dance: Religion, Identity, and Cultural Differences in the Caribbean* (Indiana University Press, 2001).

Paul GBoultbee, David F. Raine, *Bermuda* (Oxford: ABC-Clio Press, 1998).

Paul GBoultbee, *Turks and Caicos Islands* (Oxford: ABC-Clio Press, 1991).

Pérez, Abón Satur, ed. , *Nueva Geografía Universal, Tomo IX, América* (Promexa: New Universal Geography, 1980).

Peter R. Bacon, *Flora, Fauna of the Caribbean: An Introduction to the Ecology of the West Indies, Port of Spain of Trinidad and Tobago* (Key Caribbean Publications, 1978).

Peter Waldmann, Herder, eds. , *América Latina* (Barcelona, 1984).

Peter Whitfield, *Cities of the World*: *A History in Maps* (University of California Press, 2005).

Philip Wilkinson, Douglas Charing, *Encyclopedia of Religion* (Dorling Kindersley Publishers Ltd. , 2008).

Ralph E. Gonsalves, *History and the Future*: *A Caribbean Perspective* (Kingstown, St. Vincent: Quik-Print, 1994).

Ramón D. Rivas, *Pueblos Indígenas y Garífuna de Honduras* (Tegucigalpa Universitaria, 1993).

Real Academia Española, *Diccionario Panhispánico de Dudas* (Madrid: Santillana, 2005).

Real Academia Española, *Diccionario de La Lengua Española* (23. ª *edición*) (Madrid: Espasa, 2014).

René Acuña, *Temas del Popol Vuh* (México: Especiales, 1998).

Ricardo Mendoza Orantes, Jurídica Salvadoreña, Lissette Mendoza García, eds. , *Símbolos Patrios de El Salvador* (San Salvador, El Salvador, 2006).

Richard William Cox, Dave Russell, Wray Vamplew, *Encyclopedia of British Football* (London: Routledge, 2002).

Rigoberto Bran Azmitia, " Historia del Himno Nacional de Guatemala," Comité Nacional Procentenario, 1972.

Robert L. Riffle, Paul Craft, *An Encyclopedia of Cultivated Palms* (Portland: Timber Press, 2003).

Robert W. McColl, *Encyclopedia of World Geography* (New York: Golson Books, 2005).

Rolando Saavedra Villegas, *Visión Histórica y Geográfica de Tomé* (Ediciones Perpelén, 2006).

Ron Toft, *National Birds of the World* (Hardback, 2014).

Ronald Fernandez, *Serafin Mendez Mendez*, *Puerto Rico Past and Present*: *An*

Encyclopedia （Greenwood Press，1998）.

Ryan ver Berkmoes et al. ，*Caribbean Islands*（Lonely Planet，2008）.

S. B. Jeffrey，" A Brief History of the Culture and Peoples of the Island of Saint Martin，" in Samuel M. Wilson，ed. ，*The Indigenous People of the Caribbean*（Gainesville：University Press of Florida，1997）.

Smith/Neubecker，*Escudos de Armas y Banderas de Todas Las Naciones*（Munich，1980）.

Sullivan，Lynne M. Bonaire，Curaçao，*Adventure Guide to Aruba*（Edison，NJ：Hunter Publishing，Inc. ，2006）.

T. M. Leonard，*Encyclopedia of the Developing World*（London：Routledge，2005）.

Tiit Saare，*Las Banderas Actuales*（Editorial Colibri，1998）.

Vernon W. Pickering，*A Concise History of the British Virgin Islands*（Falcon Publications，1987）.

Wagner Enis Weber，*Paraguay：Un Milagro Americano*（Asunción，PY：El Lector，2004）.

Wolfgang Mieder，*Encyclopedia of World Proverbs*（Prentice-hall，INC，1986）.

Yvonne Ortiz，*A Taste of Puerto Rico：Traditional and New Dishes from the Puerto Rican Community*（UK：Penguin Group，1997）.

Peter Manuel，ed. ，*Creolizing Contradance in the Caribbean*（Philadelphia：Temple University Press，2009）.

参考网站

http：// sohu. com/.

http：// xinhuanet. com/st/.

http：//baike. baidu. com/.

http://es. answers. yahoo. com/.

http://es. wikipedia. org/.

http://ilas. cass. cn/.

http://travel. veryeast. cn/.

http://www. answers. com/.

http://www. biografiasyvidas. com/.

http://www. britannica. com/.

http://www. encyclopedia. com/.

http://www. mfa. gov. cn/.

http://www. people. com. cn/.

http://www. toursclub-travel. com/.

http://www. viajes-a. net/.

http://www. geocicities. com/.

http://www. viajeros. com/.

巴拉圭

http://baike. baidu. com/picture/3162491/3162491/0/962bd40735fae6cd30
070c7d09b30f2442a70f7e？fr = lemma#aid = 0&pic = 4bed2e738bd4b31
cb06674a781d6277f9e2ff850.

http://blog. sina. com. cn/s/blog_99761ae60102v3fy. html.

http://guiaviaje. billetes. com/es/america-del-sur/paraguay.

http://hubpages. com/hub/How-To-Drink-Yerba-Mate-Paraguayan-Tea.

http://listas. 20minutos. es/lista/bailes-y-danzas-insignias-de-los-paises-lati-
nos-86979/.

http://media. photobucket. com/image/escarapela%　20paraguaya/mariamar-
celeste/escarapelasparaguayas. png？o = 1.

http://news. sina. com. cn/c/2013 − 08 − 17/053027972345. shtml.

http://www. arzobispado. org. py.

http://www. canal5paravision. com/paraguays-government-palace-palacio-de-
los-lopez/.

http://www. casadelaindependencia. org. py/v1/index. html.

http://www. catholic-hierarchy. org/diocese/dasun. html#info.

http://www. corazones. org/maria/america/paraguay_caacupe. htm.

http://www. faunaparaguay. com/?.

http://www. gacetaoficial. gov. py/.

http://www. me. gov. ar/efeme/america/paraguay. html.

http://www. mec. gov. py/cms/recursos/7358-aniversario-de-creacion-de-la-
catedral-de-asuncion.

http://www. medals. org. uk/paraguay/paraguay-text. htm.

http://www. paraguay. com/.

http://www. presidencia. gov. py/.

http://www. redparaguaya. com/elpais/himno. asp.

http://www. senatur. gov. py/.

http://www. southbear. com/vexillology/vexillograms/national/paraguay. html.

http://www. tabladeflandes. com/paraguay/asuncion_2008/Ciudad_Asuncion_
Paraguay. php.

http://www. taringa. net/posts/economia-negocios/2866255/El-Guarani _-Ac-
tual-moneda-de-curso-legal-en-el-Paraguay. html.

http://www. ultimahora. com/stone-encantada-el-arpa-paraguaya-n896898. html.

http://www. utilisima. com/recetas/1825-sopa-paraguaya. html.

http://www. viajeros. com/fotos/fauna-paraguaya-naturalmente-salvaje/1065910.

巴拿马

http://candilejasfotografia. com/2015/07/10/fortificaciones-de-la-costa-car-
ibena-de-panama-pt-2-san-lorenzo/.

http://chiriqui2000. tripod. com/info/david. htm.

http：//chitre. municipios. gob. pa/index. php/sobre-el-distrito/historia/item/
historia.

http：//himnonacionaldepanama. com/index. php/audios/.

http：//listas. 20minutos. es/？ do = show&id = 86713.

http：//mensual. prensa. com.

http：//mypanamalive. com/panama-celebra-el-3-de-noviembre/.

http：//revistavenamerica. com/home/leer_articulo. php？ contenido = 55.

http：//rutanomada. com/palacio-de-las-garzas-el-palacio-presidencial-de-pan-
am/.

http：//www. centroamericatouroperador. com/dl/pa/provincia-de-herrera. pdf.

http：//www. centrodereservas. net/？ Page = 87.

http：//www. chitrenet. net/david. html.

http：//www. corazones. org/maria/america/panama_asuncion. htm.

http：//www. costaricapages. com/panama/blog/panamas-favorite-soup – 214.

http：//www. crwflags. com/fotw/flags/pa_hist. html.

http：//www. ecotourismpanama. com/.

http：//www. ecured. cu/index. php/Flor_Nacional_de_Panama.

http：//www. encuentra24. com/panama-es/region/bienes-raices/prov-bocas-
del-toro.

http：//www. interuni. us/Cultura. htm.

http：//www. laestrella. com. pa/online/noticias/2012/01/10/asamblea-aprue-
ba-cambio-en-el-escudo-de-armas-de-panama. asp.

http：//www. letrasyalgomas. com/planeta-tierra-f5/algunos-simbolos-naciona-
les-de-nuestros-paises-y-hay-mas-destacado-agosto-2009 – t7391. htm.

http：//www. medals. org. uk/panama/panama-text. htm.

http：//www. monografias. com/trabajos81/historia-panama/historia-panama2.
shtml.

http：//www. protocolo. org/internacional/america/himno_nacional_de_panama_antecedentes_versiones_letra_del_himno. html.

http：//www. publicatepanama. com/colon. html.

http：//www. simbolospatrios. gob. pa/manueleamador. html.

http：//www. skyscrapercity. com/showthread. php？ t = 1299045.

http：//www. turismoenfotos. com/.

http：//www. worldatlas. com/webimage/countrys/namerica/camerica/pana-
ma/pasymbols. htm#page.

http：//www. yosoypanama. com/yopanama/index. php？ option = com _ k2&
view = item&id = 5&Itemid = 391% 22.

https：//www. presidencia. gob. pa/Hoja-de-Vida-Presidente.

伯利兹

http：//ambergriscaye. com/pages/town/factsbze. html.

http：//anthems. lidicity. com/index. html.

http：//baike. haosou. com/doc/1935251 – 2047418. html.

http：//blog. sina. com. cn/s/blog_99761ae60102ux53. html.

http：//chitre. municipios. gob. pa/index. php/sobre-el-distrito/historia/item/
historia.

http：//en. loadtr. com/Belmopan – 420450. htm.

http：//hispanoteca. eu/Landeskunde-LA/Pa% C3% ADses/Belize. htm.

http：//lyznc. blog. 163. com/blog/static/4393449720081111104713448/？ sug
gestedreading&wumii.

http：//www. atsnotes. com/catalog/banknotes/belize. html.

http：//www. belize. com/belize-flag.

http：//www. belize. gov. bz/index. php/the-national-symbols？ id = 115.

http：//www. belizemusicworld. com/mr-peters-biography. html.

http：//www. belizepropertycenter. com/spanish/informaci-n-vital-sobre-belice.
html.

http：//www. belmopancityonline. com/.

http：//www. caribbeanelections. com/knowledge/biography/heroes/bz_hero
es. asp.

http：//www. chaacreek. com/belize-travel-blog/2009/06/belize-national-an-
them-national-symbols/.

http：//www. crwflags. com/FOTW/flags/bz_gg. html.

http：//www. doc88. com/p-1572104791770. html.

http：//www. douban. com/group/topic/2973552/.

http：//www. embajadadebelize. org/aserca/simbolospl. htm.

http：//www. infojardin. com/foro/showthread. php? t = 107238.

http：//www. lonelyplanet. com/belize/sights/historic/government-house # js-ta
b-photos.

http：//www. mundicolor. es/centroamerica-caribe/belice-belize.

http：//www. nichbelize. org/houses-of-culture/history-of-government-house. html.

http：//www. puntagordabelize. com/pg/town. htm.

http：//www. travelbelize. org/destinations/corozal.

http：//www. viajejet. com/la-moneda-de-belice/belize-circulating-coins/.

http：//www. worldatlas. com/webimage/countrys/namerica/camerica/belize/
bzsymbols. htm#page.

https：//www. centralbank. org. bz/currency.

多米尼加

http：//27febrero. com/resena. htm.

http：//atheism. about. com/library/world/AJ/bl_DominicanIndex. htm.

http：//baike. baidu. com/view/60819. htm#sub22088.

http：//bispham. tripod. com/himno. html.

http：//consaborapueblo. com/.

http：//countrystudies. us/dominican-republic/33. htm.

http://dominicanisimo. diariosdominicanos. com/2009/01/historia-del-himno-nacional-de-la-republica-dominicana/.

http://es. paperblog. com/flor-y-arbol-nacional-de-republica-dominicana-caoba - 485856/.

http://foro. univision. com/t5/Amigos-de-Rep% C3% BAblica-Dominicana/El-baile-nacional-de-Haiti-a-igual-que-en-dominicana-es-el/m-p/324714594.

http://guiarepublicadominicana. com/santo-domingo.

http://hi. baidu. com/johyoroe/item/35058312e90cca6a70d5e85e.

http://html. rincondelvago. com/historia-de-la-republica-dominicana_1. html.

http://mirex. gov. do/index. php? option = com_content&view = article&id = 3542&Itemid = 106.

http://morellajimenez. com. do/fotosrepublicadominicana. htm.

http://pais. turismo. hispavista. com/informacion/p63-republica-dominicana.

http://redced-do. relpe. org/node/155.

http://uval. lacoctelera. net/post/2011/12/27/significado-himno-nacional-la-republica-dominicana.

http://viajesalarepublicadominicana. com/.

http://www. armariolibre. com/index. php? option = com _ content&view = article&id = 5675: duarte-y-los-simbolos-patrios-en-constitucion-del-2010& catid = 50: wilson-gomez-ramirez&Itemid = 78.

http://www. bancentral. gov. do/billetes_monedas/.

http://www. bilirrubina. com/historia_biografia_jose_reyes. htm.

http://www. cenit. cult. cu/sites/santodomingo/index. php? option = com _ content&view = article&id = 46&Itemid = 56.

http://www. centralhome. com/ballroomcountry/merengue. htm#ixzz151KNvNl7.

http://www. rosariosalsa. com. ar/ritmos/merengue. htm.

http://www. cig. gob. do/app/article. aspx? id = 2215.

http://www. colonialtours. com. do/faq. htm.

http://www. colonialzone-dr. com/flag-shield-national_symbols. html.

http://www. corazones. org/maria/america/rep_dom_altagracia. htm.

http://www. cosasdelcaribe. es/republica-dominicana-beisbol/.

http://www. crwflags. com/FOTW/flags/do_gov. html.

http://www. cubadebate. cu/noticias/2012/04/10/revista-semana-la-cumbre-
de-la-guayabera-sera-recordada-si-termina-el-veto-contra-cuba/.

http://www. diariolibre. com/noticias/2011/07/12/i297654_index. html.

http://www. dominicanaonline. org/portal/espanol/cpo_religion. asp.

http://www. dominicandream. com/Version%20ESPANOL/Guia%20al%20viaje/
Productos%20tipicos/Productos%20Tipicos. htm.

http://www. dominicanrepublic. com/.

http://www. eljaya. com/200911 − 1/a-linguistica. php.

http://www. embajadadominicanaecuador. com/html/info. htm.

http://www. esacademic. com/dic. nsf/eswiki/234969.

http://www. everyculture. com/Cr-Ga/Dominican-Republic. html.

http://www. filibustercartoons. com/pictessays_leaders_pres. php.

http://www. flickr. com/photos/orlandojorgemera/3348386541/in/photostream/.

http://www. google. com. hk/search? hl = zh-CN&newwindow = 1&safe =
strict&client = aff-360daohang&hs = LLi&source = hp&ei = a4vc TLDN-
Foj0vQOjl-GRCg&q = musica + nacional + de + la + republica +
dominicana&start = 20&sa = N.

http://www. historiapatriadominicana. org/simbolos. htm.

http://www. hudong. com/wiki/%E5%A4%9A%E7%B1%B3%E5%B0%
BC%E5%8A%A0%E6%AF%94%E7%B4%A2.

http://www. iasorecords. com/merengue-orquesta. cfm? language = es.

http://www. isfodosu. edu. do/portal/page/portal/isfodosu/recintos/emilio.

http://www. jmarcano. com/mipais/biografia/duarte. html.

http://www. laromanabayahibenews. com/.

http://www. listin. com. do/la-republica/2009/9/29/116472/Asamblea-de-fine-caracteristicas-simbolos-patrios-haciendo-variacion-al.

http://www. medals. org. uk/dominican-republic/dominican-republic023. htm.

http://www. monografias. com/trabajos29/simbolos-dominicana/simbolos-do-minicana. shtml.

http://www. naturallycurly. com/curltalk/non-hair-discussion/19007-i-hate-mens-suits-2. html.

http://www. oas. org/children/members/natSymbols/DominicanRepublic. html.

http://www. oei. es/cultura2/rdominicana/informe3. htm.

http://www. overseasstudy. cn/info_center/worldmaps/North_America/prtori-co. htm.

http://www. prd. org. do/ciudad/leyenda-e-historia-envuelven-la-fundaci%C3%B3n-de-santo-domingo.

http://www. profesorenlinea. cl/Paisesmundo/Republica_Dominicana/Repub-lica_Dominicana_Emblemas. html.

http://www. redfm. gob. do/SimbolosPatrios/EscudoNacional1. htm.

http://www. republica-dominicana-live. com/republica-dominicana/musica/merengue. html.

http://www. salonhogar. com/est_soc/mundopaises/rep_dom/himno. htm.

http://www. sitographics. com/enciclog/banderas/america/source/30. html.

http://www. spainexchange. com/guia/DO-religion. htm.

http://www. turismoenfotos. com/items/republica-dominicana/santo-domingo/2002_catedral-primada/.

http://www. turismosantodomingo. com/sancocho-dominicano. html.

http://www. viajesdominicana. com/el-panteon-nacional. html.

http://www. visualgeography. com/pictures/dominicanrepublic_13_2. html.

http://www. worlddingo. com/ma/.

海地

http://baike. baidu. com/view/333151. htm.

http://blog. sina. com. cn/s/blog_4cb4b94101000942. html.

http://blog. sina. com. cn/s/blog_57a711e30101rk72. html.

http://countrystudies. us/haiti/33. htm.

http://ezinearticles. com/? Haiti - - -Culture-And-Sports&id = 509983.

http://flagspot. net/flags/ht-hist. html.

http://haiti. pordescubrir. com/historia-del-nombre. html.

http://hubpages. com/hub/GourdsbecomesGourde.

http://internacional. universia. net/latinoamerica/datos-paises/haiti/moneda. htm.

http://latinamericanstudies. org/haiti/petion. pdf.

http://latin-american-writers. integrityshop. org/Justin_Lh% C3% A9risson/i-tem.

http://onlinelibrary. wiley. com/doi/10. 1111/j. 1468 - 0033. 2011. 01742. x/full.

http://recipeisland. com/blog1/recipe-island/haiti-recipes/haiti-national-dish-recipe/.

http://swenscheilen. fastpage. name/haitinationaldish/.

http://thelouvertureproject. org/index. php? title = Toussaint_Louverture.

http://travel. mapsofworld. com/haiti/cuisine-in-haiti. html.

http://www. allabouttheoccult. org/chinese/voodoo-religion. htm.

http://www. allhaitianpresidents. com/index. php/47.

http://www. altiusdirectory. com/Money/Haitian-gourde-79. html.

http://www. answers. com/topic/jean-jacques-dessalines.

http://www. authorstream. com/Presentation/isabelortiz - 343422-haiti-infor-matica-entertainment-ppt-powerpoint/.

http://www. ayitihistory. com/index. htm#patriotic_songs. htm.

http://www. caribbeanelections. com/knowledge/biography/bios/dessalines_ jean-jacques. asp.

http://www. caribbeanelections. com/knowledge/biography/heroes/ht_heroes. asp.

http://www. chinabaike. com/article/316/334/2007/20071009566196. html.

http://www. christian-siemer. de/wappen/amerika/haiti. htm.

http://www. conectate. com. do/articulo/papagayo-priotelus-roseigaster-aves-republica-dominicana/.

http://www. cubacurrency. com/HaitiCurrency. html.

http://www. echodhaiti. com/history/apetion. html.

http://www. embajadadehaiti. com/S%C3%ADmbolos%20Patrios-dehaiti-11. html.

http://www. esacademic. com/dic. nsf/eswiki/538597#Monedas.

http://www. essortment. com/all/kinghenrichris_rscn. htm.

http://www. everyculture. com/Ge-It/Haiti. htm.

http://www. fahnenversand. de/fotw/flags/ht_pres. htm.

http://www. flickr. com/photos/spiralsheep/3239502756/.

http://www. foodbycountry. com/Germany-to-Japan/Haiti. html#ixzz15uMJLvUg.

http://www. fouye. com/info. php/6.

http://www. haiti. org/index. php? option = com_contentid = 121&Itemid = 90.

http://www. historywiz. com/toussaint. htm.

http://www. identificacion-numismatica. com/t36420-las-primeras-monedas-a-mericanas-parte-3.

http://www. jmarcano. com/mipais/geografia/nombre. html.

http://www. kosmix. com/topic/hispaniolan_trogon#ixzz15tWL8xvA.

http://www. mdzol. com/mdz/nota/184664.

http://www. me. gov. ar/efeme/america/haiti. html.

http://www. medals. org. uk/haiti/haiti003. htm.

http://www. msymboll. totalh. com/america_haitian_gourde_coins. htm.

http://www. nationalanthems. info/ht – 03. htm.

http://www. national-anthems. org/anthems/country/HAITI.

http://www. nationmaster. com/country/ha-haiti/rel-religion.

http://www. newadvent. org/cathen/07114a. htm.

http://www. ngw. nl/int/car/haiti-nat. htm.

http://www. numismondo. net/hns/.

http://www. polymernotes. org/biographies/HTI_bio_dessalines. htm.

http://www. recipesgoldmine. com/caribbean2. html.

http://www. servinghistory. com/topics/Quadrille_dress：：sub：：Haiti.

http://www. stripes. com/news/in-haiti-a-rum-everyone-can-agree-on-1. 98876.

http://www. studentsoftheworld. info/sites/country/princesskaty. php.

http://www. taringa. net/posts/imagenes/9248298/Palacios-o-Casas-Presiden
ciales-de-America. html.

http://www. teachstreet. com/creole/articles/kiskeya-dance-troupe/what-are-
haitis-traditional-foods/pb-1tjadgb5s.

http://www. thejuliaproject. com/national-symbols-of-haiti. html.

http://www. travelinghaiti. com/info/national_anthem_of_haiti_la_dessalini-
enne. asp.

http://www. vtv. gob. ve/noticias-internacionales/33436.

http://www. world1934. com/bl/2011 – 02 – 18/1976. html.

http://www. worldatlas. com/webimage/countrys/namerica/caribb/haiti/htsy
mbols. htm#page.

http://www. worldlingo. com/ma/enwiki/es/Haiti.

http://zhidao. baidu. com/question/205398972. html.

http://www. flagsonstamps. info.

http://www. moun. com.

洪都拉斯

http://anyterreros. tripod. com/Roatan. htm.

http://baike. haosou. com/doc/5999944. html.

http://blog. sina. com. cn/s/blog_57a711e30102vh1l. html.

http://dev. honduraslaboral. org/picture/el-venado-cola-blanca/.

http://diccionario. sensagent. com/choloma/es-es/.

http://embajadadehonduras. org. co/index. php/cultura-y-turismo/nuestro-pai
s/simbolos-patrios/el-ave-nacional.

http://empleadosdehonduras. forogratuito. net/t37-breve-explicacion-del-him-
no-nacional-de-honduras.

http://es. answers. yahoo. com/question/index? qid=20120215144839AAA3bHx.

http://flagspot. net/flags/hn. html.

http://fotos. turismoenfotos. com/Basílica-de-Suyapa?.

http://hondurasensusmanos. info/.

http://kalletriniteka. es. tl/Historia. htm.

http://losdelpuerto. info/puerto-cortes-honduras/datos-generales/historia-de-
puerto-cortes.

http://lyznc. blog. 163. com/blog/static/4393449720081127112826461/? su
ggestedreading&wumii.

http://nacerenhonduras. com/2010/09/roatan-morat-y-barbareta. html.

http://thisishonduras. com/People_and_Culture. htm.

http://www. adesh. org/archivos_pdf/REPUBLICA%20DE%20HONDURAS. pdf.

http://www. angelfire. com/.

http://www. buscabiografias. com/bios/biografia/verDetalle/710/Francisco%
20Morazan.

http://www. corazones. org/maria/america/honduras_suyapa. htm.

http://www. cubacurrency. com/HaitiCurrency. html.

http://www. culturacentroamericana. info/Honduras/sobre-honduras/47-sobrecosta-rica-simbolos-patrios.

http://www. fotoe. com/sub/104863.

http://www. historiadehonduras. hn/SimbolosNacionales/himno. htm.

http://www. honduraseducacional. com/Municipios/Olancho/DulceNombrede-Culmi. htm.

http://www. lalimahn. com/.

http://www. latribuna. hn/2012/05/13/trujillo-un-hermoso-rincon-de-honduras/.

http://www. mafengwo. cn/travel-news/100687. html.

http://www. medals. org. uk/honduras/honduras008. htm.

http://www. minube. com/rincon/catedral-de-tegucigalpa-a2873.

http://www. mipueblonatal. com/balfate-colon. html.

http://www. monografias. com/.

http://www. msymboll. totalh. com/america_haitian_gourde_coins. htm.

http://www. municomayagua. com/comayagua/index. php? id=50.

http://www. musica. com/letras. asp? letra=810374.

http://www. olanchodelapaz. com/index. php? option=com_content&view=article&id=3&Itemid=2.

http://www. ordenamientoterritorial. hn/images/creacion_municipios/santa_barbara/ceguaca. pdf.

http://www. sigmahn. com/patrios. htm.

http://www. taringa. net/posts/imagenes/9248298/Palacios-o-Casas-Presidenciales-de-America. htm.

http://www. territorioscentroamericanos. org/.

http://www. worldatlas. com/webimage/countrys/namerica/camerica/honduras/hnsymbols. htm#page.

http://www. xplorhonduras. com/toponimias-de-honduras/.

http://www. zmvs. org/atlantida-tela/.

https://honduras. travel/gastronomia-y-cultura. php.

http://www. atlasdeladiversidad. net/.

尼加拉瓜

http://ilas. cass. cn/cn/lmgl/gg. asp？ infotypeid = 1201&contryID = 408.

http://listas. 20minutos. es/lista/bailes-y-danzas-insignias-de-los-paises-lati-
nos-86979/.

http://vianica. com/sp/nicaragua/informacion-practica/3-simbolos-nacionales.
html.

http://whc. unesco. org/zh/list/1236.

http://www. unesco. org/culture/ich/en/RL/el-gueguense-00111.

http://www. biografiasyvidas. com/biografia/d/dario_ruben. htm.

http://www. elnuevodiario. com. ni/.

http://www. estrelladenicaragua. com/todosobrenicaragua/simbolospatrios/himnos.
html.

http://www. flmnh. ufl. edu/maya/maya5. htm.

http://www. inifom. gob. ni/municipios/documentos/CHINANDEGA/posolte-
ga. pdf.

http://www. laprensa. com. ni/.

http://www. lavozdelsandinismo. com/simbolos-patrios-nicaragua/.

http://www. managua. gob. ni/modulos/documentos/caracterizacion. pdf.

http://www. mexicodesconocido. com. mx/el-huipil-una-prenda-secular. html.

http://www. msymboll. totalh. com/america_nicaraguan_cordoba_note. htm.

http://www. panoramio. com/photo/29257548.

http://www. presidencia. gob. ni/.

http://www. pronicaragua. org/es/descubre-nicaragua/poblacio.

https://vianica. com/nicaragua/practical-info/3-forward. html？ id = 3-simbolos-
nacionales. html.

https://vianica. com/sp/activity/10/visitando-las-ruinas-de-leon-viejo.

https://www. bcn. gob. ni/billetes_monedas/.

萨尔瓦多

http://anthems. lidicity. com/index. html.

http://blog. sina. com. cn/s/blog_57a711e30101p7o8. html.

http://javierperezdecuellar. pe/condecoraciones. php.

http://listas. 20minutos. es/lista/bailes-y-danzas-insignias-de-los-paises-lati-
nos-86979/.

http://neuroc99. sld. cu/salvador. htm.

http://recursos. miportal. edu. sv/miportal/index. php/noticias/item/129-his-
toria-del-himno-nacional-de-el-salvador.

http://tupian. hudong. com/a3_68_28_01300000426200125021282631688_
gif. html.

http://www. bicentenario. gob. sv/el-salvador-2011/patrimionio-cultural/in-
muebles/san-salvador/528-casa-presidencial.

http://www. biografiasyvidas. com/biografia/e/espino. htm.

http://www. botschaft-elsalvador. de/esp/himno-nacional. html.

http://www. corazones. org/maria/america/el_salvador. htm.

http://www. deguate. com/artman/publish/personajes _ proceres/JOSE _ MA-
TIAS_DELGADO_708. shtml.

http://www. directoriousuluteco. com/himno-nacional-de-el-salvador. html.

http://www. ecured. cu/index. php/Ahuachap%C3%A1n_(El_Salvador).

http://www. elsalvador. com/bandera/.

https://www. elsalvadormipais. com/monumento-al-divino-salvador-del-mundo.

http://www. fisdl. gob. sv/servicios/en-linea/ciudadano/conoce-tu-municipio/
la-libertad/720. html.

http://www. fotw. net/flags/sv. html.

http：//www. mipuebloysugente. com/elsalvador. htm.

http：//www. pixelescuscatlecos. com/simbolos_patrios. htm.

http：//www. presidencia. gob. sv/emblemas-nacionales/.

http：//www. presidencia. gob. sv/presidente-de-la-republica/.

http：//www. reinadelcielo. org/estructura. asp？ intSec = 1&intId = 143.

http：//www. skyscrapercity. com/showthread. php？ t = 1169917.

http：//www. taringa. net/posts/imagenes/9248298/Palacios-o-Casas-Presiden
ciales-de-America. html.

http：//www. worldatlas. com/webimage/countrys/namerica/camerica/elsalva-
dor/svsymbols. htm#page.

圣基茨和尼维斯

http：//baike. baidu. com/view/41752. htm.

http：//blog. coldwellbankerislands. com/archives/671.

http：//dosfan. lib. uic. edu/ERC/bgnotes/wha/saintkittsnevis9305. html.

http：//ilas. cass. cn/cn/lmgl/gg. asp？ contryID = 410.

http：//nevisblog. com/st-kitts-nevis-bradshaw-monument. html.

http：//searchstkitts. com/festivals/st-kitts-carnival/.

http：//travel. yahoo. com/p-travelguide-6698070-government _ house _ basse-
terre-i.

http：//www. ag. ohio-state. edu/ ~ ockint/studentpapers/Saint% 20and% 20
Kitts% 20and% 20Nenis. htm.

http：//www. atsnotes. com/catalog/.

http：//www. bookrags. com/research/saint-kitts-and-nevis-werp/sect3. html.

http：//www. brimstonehillfortress. org/events. asp？ siteid = 5.

http：//www. caribbeanamericanfoods. com/？ page = recipes&recipe_ID = 16.

http：//www. caribbeanelections. com/knowledge/biography/heroes/kn_heroes.
asp.

http：∥www. caribbeanlandandproperty. com/offshore _ company _ offshore _ banking/St_Kitts_Nevis.

http：∥www. caribeinsider. com/en/atributosnacionalesen/539.

http：∥www. china. com. cn/market/chengsmh/434851. htm.

http：∥www. crwflags. com/fotw/flags/kn. html.

http：∥www. definitivecaribbean. com/guide/StKitts. aspx？group = 5.

http：∥www. discover-stkitts-nevis-beaches. com.

http：∥www. eccb-centralbank. org/.

http：∥www. everyculture. com/No-Sa/Saint-Kitts-and-Nevis. html # ixzz1dwrf zgUb.

http：∥www. fmprc. gov. cn/chn/pds/gjhdq/gj/bmz/1206_29/.

http：∥www. geographia. com/stkitts-nevis/knpnt01. htm.

http：∥www. gov. kn/lp. asp？ctNode = 59&CtUnit = 55&BaseDSD = 7&mp = 1.

http：∥www. interchangefx. co. uk/pages/1184/currency_exchange _ East _ caribbean_Dollar_XCD/Nevis_and_Saint_Kitts.

http：∥www. nationalanthems. info/kn. htm.

http：∥www. nationsencyclopedia. com/Americas/St-Kitts-and-Nevis. html.

http：∥www. nevisisland. com/.

http：∥www. silvertorch. com/stksymbols. html.

http：∥www. sknaf. org/index. php？option = com_content&view = article&id = 27&Itemid = 87&showall = 1.

http：∥www. sknlabourparty. com/.

http：∥buckleysboyzlivi. webs. com/nationalherosandnatinalh. htm.

http：∥www. sknvibes. com/Government/NationalSymbols. cfm.

http：∥www. state. gov/g/drl/rls/irf/2005/51651. htm.

http：∥www. statoids. com/ukn. html.

http：∥www. stkittstourism. kn/.

http：∥www. ukmagic. co. uk/song_anthems/st_kitts_national_anthem. html.

http://www. visailing. com/articles/caribbean-sailing/caribbean-carnival. shtml.

http://www. worldatlas. com/webimage/countrys/namerica/caribb/stkittsand-
nevis/knflags. htm.

圣卢西亚

http://allrecipes. com/recipe/13139/callaloo-soup/.

http://anthems. lidicity. com/index. html.

http://blog. sina. com. cn/s/blog_4723b44e01018ffz. html.

http://castriescitycouncil. org/.

http://lyznc. blog. 163. com/blog/static/4393449720093221150141/? sugge
stedreading&wumii.

http://ndish. com/category/america/caribbean/.

http://saint-lucia. strabon-caraibes. org.

http://vagaband. blog. sohu. com/320978366. htm.

http://www. 71. cn/2015/0108/782460. shtml.

http://www. allthenationalanthems. com/country/santlucia. htm.

http://www. caribbeanamericanfoods. com/? page = recipes&recipe_ID = 17.

http://www. caribbeanelections. com/knowledge/biography/bios/compton_john.
asp.

http://www. catholicchurchsxm. org/index. php/about-us/hist.

http://www. christian-siemer. de/wappen/amerika/st-lucia. htm.

http://www. crwflags. com/fotw/flags/lc_gg. html.

http://www. doc88. com/p-1476080879704. html.

http://www. examiner. com/rum-in-national/admiral-rodney-extra-old-rum-fr
om-st-lucia.

http://www. grouprecipes. com/67435/callaloo-soup. html.

http://www. kbears. com/saintluc/anthemtext. html.

http://www. linkedin. com/grps? gid = 3801877.

http://www. nobelprize. org/nobel _ prizes/economics/laureates/1979/lewis-autobio. html.

http://www. paradise-islands. org/.

http://www. poets. org/poet. php/prmPID/220.

http://www. recipeisland. com/blog/category/recipe-island/st-martin-st-maarten-recipes/.

http://www. rslonline. com/sirjohn/biography-of-john-george-melvin-compton. xhtml.

http://www. stlucia. gov. lc/saint_lucia/national_anthem/national_anthem_of_saint_lucia. htm.

http://www. stlucia1979. com/page11. htm.

http://www. un. int/stlucia/Costume. htm.

http://www. visitslu. com/about_slu/great_stlucians/arts. html.

http://www. worldatlas. com/webimage/countrys/namerica/caribb/stlucia/lcsymbols. htm#page.

http://www. worldtravelguide. net/country/263/general_ information/Caribbean/St – Lucia. html.

圣文森特和格林纳丁斯

http://anthems. lidicity. com/index. html.

http://baike. baidu. com/view/682861. htm.

http://encyclopedia2. thefreedictionary. com/St. + Vincent + and + the + Grenadines + National + Heroes + Day.

http://flagspot. net/flags/vc_hist. html.

http://ilas. cass. cn/cn/lmgl/gg. asp? contryID = 412.

http://islandpropertyguide. com/island-info. php.

http://satucket. com/lectionary/Vincent. htm.

http://searchlight. vc/phyllis-punnett-writer-of-national-anthem-passes-p1667.

htm.

http://svgancestry. com/index. php/churches-in-st-vincent/.

http://traveltips. usatoday. com/food-served-st-vincent-grenadines-22763. html.

http://wanderlustandlipstick. com/blogs/foodfreeway/2010/10/10/spice-it-up-in-saint-vincent-and-the-grenadines/.

http://www. atrium-incorporators. com/st-vincent-the-grenadines-jurisdiction-information/.

http://www. caribbeanamericanfoods. com/? page = recipes&recipe_ID = 47.

http://www. caribbeanchoice. com/stvincent/carnival. asp.

http://www. caribbeanelections. com/knowledge/biography/heroes/vc_heroes. asp.

http://www. caribeinsider. com/en/atributosnacionalesen/543.

http://www. caricom. org/jsp/community/st_vincent_grenadines. jsp? menu = community.

http://www. carnaval2010. org/tag/the-st-vincent-grenadines-carnival-2011/.

http://www. catholicculture. org/culture/liturgicalyear/calendar/day. cfm? id = 22.

http://www. ccydel. unam. mx/pensamientoycultura/biblioteca% 20virtual/f% 20gargallo.

http://www. crwflags. com/FOTW/flags/vc. html#gg.

http://www. deepblueadventures. com/caribbean/stvincent/st-vincent-activi-ties. html.

http://www. definitivecaribbean. com/guide/StVincentandtheGrenadines. aspx? group = 5.

http://www. educationcaribbean. com/profile/vc_profile. asp.

http://www. encyclopedia. com/topic/Kingstown. aspx#3.

http://www. everyculture. com/No-Sa/Saint-Vincent-and-the-Grenadines. html.

http://www. fcvnet. net/ ~ paula/SVG. html.

http://www. geocities. com/baerhans_2000/Jesuit_massacre. html,)The surviving.

http://www. gov. vc/index. php? option = com_content&view = article&id = 9&Itemid = 102/.

http://www. islandmix. com/backchat/f6/happy-national-heroes-day-st-vincent-grenadines-157507/.

http://www. jis. gov. jm/special _ sections/CARICOMNew/stVincentandthe-Grenadines. html.

http://www. mayaparadise. com/izabal/garifuna. htm.

http://www. nationsencyclopedia. com/Americas/St-Vincent-and-the-Grenadines. html#ixzz1dwOBTgJU.

http://www. responsibletravel. com/svg/carnival. htm.

http://www. richmondvaleacademy. org/Article. asp? TxtID = 856&SubMenuItemID = 385&MenuItemID = 58.

http://www. spainexchange. com/guide/VC-language. htm.

http://www. statoids. com/uvc. html.

http://www. studentsoftheworld. info/sites/country/stvincent. php.

http://www. stvincent. com. vc/articles/detail/detail1. asp? id = 17&archive = 1.

http://www. sublet. com/information/caribbean/saintvincentgrenadines. asp.

http://www. svgottawa. org/index. php? option = com _ content&view = article&id = 3:facts-about-the-soufriere-tree&catid = 6:various-articles-on-st-vincent-and-the-grenadines&Itemid = 12.

http://www. svgpa. com/page/History.

http://www. tourism. gov. vc/index. php? option = com_content&view = article&id = 41&Itemid = 28.

http://www. visailing. com/articles/caribbean-sailing/caribbean-carnival. shtm.

http://www. visitsvg. com/discover/see. html.

http://www. worldatlas. com/webimage/countrys/namerica/caribb/stvincentandthegrenadines/vcflags. htm.

http：//www. worldflags101. com/.

http：//zhidao. baidu. com/question/315743659. html.

危地马拉

http：//baike. baidu. com/link？ url＝On5s34sKJjdaz9pvlMbVZsDcIn4pV45u KR-wsUovP3R1hfrngnd5YkjpL9RKSPDUNk2P5V4cz-35zWBcDuybR3 mp22UXeb3x86Q89WtZJK3.

http：//bellezaguatemalteca. lacoctelera. net/categoria/himno-nacional-guate-mala-letra-y-musica.

http：//blog. sina. com. cn/s/blog_79103bb90101con0. html.

http：//circuloculturalpoetaslatinos. bligoo. es/content/view/781748/GUATE-MALA-C-A-La-Ceiba-Arbol-Nacional. html.

http：//circuloculturalpoetaslatinos. bligoo. es/content/view/781755/GUATE-MALA-C-A-La-Marimba-Instrumento-Nacional. html.

http：//conquista. arts. ubc. ca/personajes. html.

http：//culturaguatemala. 6forum. info/t51-el-escudo-de-armas.

http：//espanol. china. com/news/world/476/20160115/548360. html.

http：//etimologias. dechile. net/？ Guatemala.

http：//grupos. emagister. com/debate/creacion_de_la_bandera_nacional_de_gua-temala_/14128－800190.

http：//histoguate. weebly. com/siacutembolos-patrios. html.

http：//home. galileo. edu/～ pmegz92/proyecto％ 20enred/webs/simbolos％ 20Patrios. html.

http：//hubpages. com/travel/caribbean-flowers.

http：//lavirgenmaria. com. ar/index. php？ name＝News&catid＝&topic＝19.

http：//mitologiayleyendas. ning. com/profiles/blogs/por-que-mi-pais-se-llama.

http：//ndish. com/category/america/caribbean/.

http://numismaticoinspr. webs. com/pesoprovincial18951896. htm.

http://static. wine-searcher. net/images/.

http://traduccion. trustedtranslations. com/espanol/traduccion-al-espanol/guat
emalteco. asp.

http://turistasxnaturaleza. pd2. iup. es/2010/02/18/el-baile-de-la-conquista/.

http://vic. sina. com. cn/20090531/205410248. shtml.

http://villagt. com/la-ceiba-pentandra. html.

http://welcome. topuertorico. org/city/sanjuan. shtml.

http://whc. unesco. org/en/list/266.

http://www. 360doc. cn/article/178233_288135186. html.

http://www. abc. es/internacional/abci-guayaba-prenda-oficial-durante-acuer-
do-colombia-201609271440_noticia. html.

http://www. all-about-guatemala. com/himno-nacional-de-guatemala. html#ixzz
20aVqzNg5.

http://www. answers. com/Q/What_is_the_national_dish_of_Puerto_Rico.

http://www. banguat. gob. gt/inc/ver. asp? id = /Publica/monedasybilletes/
ilustraciones-denominaciones. htm&e = 92607.

http://www. biografiasyvidas. com/biografia/a/alvarez_rafael. htm.

http://www. buenastareas. com/ensayos/Historia-Del-Escudo-y-Bandera-De/
5070861. html.

http://www. buenastareas. com/ensayos/Idiomas-De-Guatemala-Con-Mayor-N
umero/2861183. html.

http://www. buzzle. com/articles/puerto-rico-facts-interesting-facts-about-pue
rto-rico. html.

http://www. crwflags. com/FOTW/flags/gt-pres. html.

http://www. cuatro-pr. org/.

http://www. deguate. com/artman/publish/hist_indepe/Historia_de_los_S_
mbolos_Patrios_9113. shtml.

http://www. directoriousuluteco. com/simbolos-patrios-de-guatemala/127-te-cun-uman-heroe-nacion.

http://www. ehowenespanol. com/ropa-tradicional-historia-puerto-rico-sobre_43087/.

http://www. enciclopediaguatemala. org. gt/index. php/Escudo_Nacional.

http://www. enlaceacademico. org/integracion-centroamericana/guatemala/simbolos-patrios-guatemala/.

http://www. erroreshistoricos. com/curiosidades-historicas/origen/1445-el-origen-historico-de-los-nombres-de-cada-pais-latinoamericano. htmlPedro.

http://www. flmnh. ufl. edu/caribarch/Ceiba. htm.

http://www. grm. jovenclub. cu/retablo/los% 20heroes/jose% 20joaquin% 20palma. htm.

http://www. guatemalaok. com/index. php? option = com_content&view = article&id = 71&Itemid = 266.

http://www. guatemalaviajes. com/guatemalaciudad. htm.

http://www. identificacion-numismatica. com/t36424-las-primeras-monedas-a-mericanas-parte-final.

http://www. infolatam. com/2012/12/11/cepal-guatemala-crecera-un-33-en-2012-y-un-35-el-proximo-ano/.

http://www. investinguatemala. org/index. php? option = com_content&task = view&id = 14&Itemid = 16.

http://www. larutamayaonline. com/maps/mapaliguistico. gif.

http://www. leopl. com/estudios-sociales/224/escudo-de-armas-y-quetzal.

http://www. medals. org. uk/guatemala/guatemala001. htm.

http://www. mindef. mil. gt/nuestro_ejercito/nuestro_ejercito_simbolos. html.

http://www. monografias. com/trabajos96/suchitepequez/suchitepequez. shtml#ixzz2pZXiF03s.

http://www. msn. com/es-us/noticias/estados-unidos/el-espa? ol-es-primera-lengua-oficial-de-puerto-rico/ar-AAdX2Ek.

http://www. pordescubrir. com/pepian-guatemala. html.

http://www. revistasumma. com/economia/21333-economia-de-guatemala-se-
desacelerara-en-2012. html.

http://www. spanishschoolguatemala. com/assets/images/logotipo. jpg.

http://www. spanport. ucsb. edu/faculty/mcgovern/Countries/Guatemala/ne-
baj. jpeg.

http://www. squidoo. com/caribbean-flowers.

http://www. stereogardenia. com/editoriales/ArbolnacionaldeGuatemalaLaCei
baPentandra. htm.

http://www. topuertorico. org/culture/famouspr. shtml.

http://www. tulane. edu/ ~ howard/spanling/AmLang/Guata. html.

http://www. turismoenfotos. com/guatemala/ciudad-de-guatemala/.

http://www. univision. com/puerto-rico/noticias/leyes-y-prohibiciones/puerto-
rico-tendra-el-espanol-como-unico-idioma-oficial? ftloc = channel14 23: w
cmWidgetUimHulkDeckCards2x4.

http://www. utexas. edu/courses/stross/images/maylangschart. gif.

http://www. valerosos. com/prheroes. html.

http://www. viajeaguatemala. com/Guatemala/.

http://www. wondermondo. com/Countries/NA/LesserAntilles/PuertoRico/
CathedralSanJuanBautista. htm.

http://www. worldatlas. com/webimage/countrys/namerica/camerica/guate-
mala/gtsymbols. htm#page.

http://you. ctrip. com/photos/puertorico21617/r21617 – 7957043. html.

https://flagspot. net/flags/pr_hist. html.

https://item. taobao. com/item. htm? id = 45149068874.

https://www. segurosuniversales. net/portal/public/1_sobre_seguros/nuestra_
patria/simbolos_patrios. jsp.

波多黎各

http://anthems. lidicity. com/index. html.

http://blog. sina. com. cn/s/blog_99761ae60101hg83. html.

http://caribbeanamericanfoods. com/? page = island_dishes.

http://hubpages. com/travel/caribbean-flowers.

http://ndish. com/category/america/caribbean/.

http://niaolei. org. cn/tag/.

http://scenery. nihaowang. com/scenery700. html.

http://welcome. topuertorico. org/culture/foodrink. shtml.

http://wenda. haosou. com/q/1375040146066649.

http://whc. unesco. org/en/list/266.

http://www. 360doc. cn/article/178233_288135186. html.

http://www. 71. cn/2014/1113/787980_2. shtml.

http://www. aica. org/4206-puerto-rico-celebro-el-centenario-de-la-llegada-
    del-primer. html.

http://www. answers. com/Q/Why_is_the_frog_the_symbol_for_Puerto_Rico.

http://www. bbc. com/mundo/noticias/2015/09/150904_espanol_ingles_idi-
    oma_oficial_puerto_rico_hr.

http://www. buzzle. com/articles/puerto-rico-facts-interesting-facts-about-puer
    to-rico. html.

http://www. catedraldecaguas. com/catedral/Historia_de_la_Catedral. html.

http://www. catedralescatolicas. com/? tag = basilica-menor.

http://www. catedralsanjuan. com.

http://www. catholic-hierarchy. org/country/dpr2. html.

http://www. crwflags. com/FOTW/flags/pr_gov. html.

http://www. cuatro-pr. org/.

http://www. democracynow. org/1998/4/21/puerto_ricos_leading_nationalist_ hero_pedro.

http://www. diocesismayaguez. com/.

http://www. douban. com/group/topic/18116795/.

http://www. flmnh. ufl. edu/caribarch/Ceiba. htm.

http://www. goweirdfacts. com/top-ten-interesting-facts-about-puerto-rico-you-should-know. html.

http://www. horsing. org/article-2556-1. html.

http://www. identificacion-numismatica. com/t36424-las-primeras-monedas-a-mericanas-parte-final.

http://www. msn. com/es-us/noticias/estados-unidos/el-espa? ol-es-primera-lengua-oficial-de-puerto-rico/ar-AAdX2Ek.

http://www. nationalanthems. info/pr. htm.

http://www. omnilexica. com/? q = San + Juan#contents.

http://www. puertoricobirds. com/286eng. htm.

http://www. squidoo. com/caribbean-flowers.

http://www. topuertorico. org/reference/escudo. shtml.

http://www. torontojinqiu. com/forum. php? mod = viewthread&tid = 36.

http://www. univision. com/puerto-rico/noticias/leyes-y-prohibiciones/puerto-rico-tendra-el-espanol-como-unico-idioma-oficial? ftloc = channel14 23: w cmWidgetUimHulkDeckCards2x4.

http://www. usna. usda. gov/Gardens/collections/statetrees. html # silkcotton-tree.

http://www. valerosos. com/prheroes. html.

http://www. weisanli. com/fnation. php? p = all.

http://www. wondermondo. com/Countries/NA/LesserAntilles/PuertoRico/Cat hedralSanJuanBautista. htm.

http://www. worldatlas. com/webimage/countrys/namerica/caribb/puertorico/ prfacts. htm.

http://you. ctrip. com/photos/puertorico21617/r21617 – 7957043. html.

https://item. taobao. com/item. htm? id = 45149068874.

https://matadornetwork. com/trips/20-images-puerto-rico-cant-stop-looking/.

美属维尔京群岛

http://2001 – 2009. state. gov/r/pa/ho/time/wwi/107293. htm.

http://anthems. lidicity. com/index. html.

http://blog. sina. com. cn/s/blog_4bf538f90102vwyd. html.

http://hubpages. com/sports/The-Other-US-Olympic-Tean-in-2014-Winter-O-lympics.

http://tieba. baidu. com/p/592786657.

http://webserv. bahamaseducation. com.

http://www. amazon. cn/The-Memoirs-of-Alton-Augustus-Adams-Sr-First-Black-Bandmaster-of-the-United-States-Navy-Adams-Alton-Augustus-Sir/dp/0520251318.

http://www. answers. com/Q/What_is_the_name_of_the_Virgin_Islands_national_bird.

http://www. arkive. org/bananaquit/coereba-flaveola/.

http://www. bahamasschools. com/Symbol% 20 – % 20Flower. htm.

http://www. everyculture. com/To-Z/United-States-Virgin-Islands. html # ixzz3 qr2clhcB.

http://www. jamesieproject. com/.

http://www. rareflora. com/ordering2. htm.

http://www. usna. usda. gov/Gardens/collections/statetrees. html.

http://www. vi. gov/about. html.

http://www. wetings. com/home. htm.

http://www. worldatlas. com/webimage/countrys/namerica/caribb/usvirginislands/visymbols. htm#page.

https：//flagspot. net/flags/vi. html.

安圭拉

http：//anthems. lidicity. com/index. html.

http：//baike. baidu. com/view/934063. htm.

http：//fotw. fivestarflags. com/ai. html.

http：//geography. answers. com/history/anguilla-and-the-history-of-the-countrys-flag.

http：//hi. baidu. com/johyoroe/blog/item/9c8cd737b8369e3b0b55a91a. html.

http：//ndish. com/category/america/caribbean/.

http：//www. answers. com/Q/What_is_the_national_dress_of_Anguilla&src%3DansTT.

http：//www. bvicr. org/a/yingshuweijingqundao/2014/0201/1314. html.

http：//www. caribbeanelections. com/knowledge/biography/country_list/ai_bio. asp.

http：//www. caribeinsider. com/es/atributosnacionales/211.

http：//www. crwflags. com/fotw/flags/ai_6707. html.

http：//www. flagcounter. com/factbook/ai.

http：//www. gov. ai/flags. php.

http：//www. jeanpaulleblanc. com/StChristopherNevisAnquilla. htm.

http：//www. statoids. com/uai. html.

http：//www. worldatlas. com/webimage/countrys/namerica/caribb/anguilla/aisymbols. htm#page.

http：//www. worldstatesmen. org/Anguilla. html.

百慕大

http：//2bnthewild. com/plants/H192. htm#BEAU.

http：//allrecipes. com/recipe/12946/bermuda-fish-chowder/.

http：//dxnews. com/vp2mqt-montserrat/.

http：//lyznc. blog. 163. com/blog/static/43934497201083308192432/.

http：//www. anglican. bm/.

http：//www. answers. com/Q/What_is_the_national_flower_of_Bermuda.

http：//www. bermuda4u. com/businesses/goslings/.

http：//www. bermuda-online. org/abcbda3. htm.

http：//www. bma. bm/notes-and-coins/SitePages/Calling% 20In% 20of% 20 Legacy% 20Banknotes. aspx.

http：//www. caribbeanelections. com/knowledge/biography/bios/.

http：//www. docin. com/p－723560557. html.

http：//www. e-allmoney. com/banknotes/nam/bermuda. html.

http：//www. epicurious. com/recipes/food/views/bermuda-fish-chowder-104011.

http：//www. flags. net/country. php？ category＝NATL&country＝BERM& section＝CURR.

http：//www. hudong. com/wiki/% E7% 99% BE% E6% 85% 95% E5% A4% A7% E5% 85% 83.

http：//www. national-symbol. com/national-country-symbols-of-bermuda. html.

http：//www. nhbs. com/title/192293/national-birds-of-the-world？ bkfno＝207036.

http：//www. senojflags. com/Bermuda-Flags.

http：//yznc. blog. 163. com/blog/static/237884312010829103597/.

https：//www. cia. gov/library/publications/the-world-factbook/geos/bd. html.

https：//www. nwf. org/News-and-Magazines/National-Wildlife/Birds/Archives/ 2013/Bermuda-Petrels. aspx.

http：//www. bermudabiographies. bm.

英属维尔京群岛

http：//anthems. lidicity. com/index. html.

http：//baike. haosou. com/doc/5732421. html.

http://repeatingislands.com/2015/09/15/british-virgin-islands-annual-food-fete-full-of-flair-and-flavour/.

http://www.bvi.gov.vg/.

http://www.docin.com/p-380751560.html.

http://www.nationmaster.com/country-info/compare/British-Virgin-Islands/Germany/Religion.

http://www.sinofourway.com/flag/3603.html.

http://www.travelguidesinternational.com/recipes/national-dishes.htm.

http://www.vexillologymatters.org/british-virgin-islands-flag.htm.

http://www.vinow.com/general_usvi/culture/virgin-islands-language/.

http://www.worldatlas.com/webimage/countrys/namerica/caribb/britishvir-ginislands/vgsymbols.htm.

https://flagspot.net/flags/vg.html.

https://www.allaboutbirds.org/guide/Mourning_Dove/id.

https://www.thefreedictionary.com/northern%20white%cedar.

http://dict.eudic.net/dicts/en/EasTern White Cedar.html.

开曼群岛

http://anthems.lidicity.com/index.html.

http://garden.lovetoknow.com/wiki/Pictures_of_Types_of_Palm_Trees#11.

http://hubpages.com/travel/caribbean-flowers.

http://image.baidu.com/.

http://www.answers.com/Q/What_is_the_national_dish_of_cayman_islands.

http://www.caymanislands.ky/tour_guide/about_song.asp.

http://www.cimoney.com.ky/currency/currency.aspx?id=792.

http://www.e-allmoney.com/coins/nam/cayman-c.html.

http://www.everyculture.com/Bo-Co/Cayman-Islands.html#ixzz3svD3XAWo.

http：//www. gov. ky/portal/page/portal/cighome/government/roleofthegover-nor.

http：//www. nationalanthems. us/forum/YaBB. pl？num＝1087952273.

http：//www. rankinsider. com/savory-flavors-cayman. visit-the-cayman-islands. com.

http：//www. squidoo. com/caribbean-flowers.

http：//www. worldatlas. com/webimage/countrys/namerica/caribb/caymans/kysymbols. htm#page.

http：//www. worldtravelguide. net/cayman-islands/history-language-culture.

http：//www. encyclopedia. com/utility/printdocument. aspx？id＝1G2：3401 700049.

蒙特塞拉特

http：//anthems. lidicity. com/index. html.

http：//blog. sina. com. cn/s/blog_62a6efe501017x8y. html.

http：//dxnews. com/vp2mqt-montserrat/.

http：//geography. answers. com/north-america/the-flag-of-montserrat.

http：//iloveazure. com/forum. php？mod＝viewthread&tid＝275954.

http：//marcellaveneziale. journalism. cuny. edu/.

http：//www. allposters. fr/-sp/Heliconia-Flowers-Heliconia-Vaginalis-Belize-Affiches_i9001120_. ht.

http：//www. answers. com/Q/How_did_Montserrat_get_its_name.

http：//www. baike. com/wiki/％E8％92％99％E7％89％B9％E5％A1％9E％E6％8B％89％E7％89％B9.

http：//www. caribbeanchoice. com/recipes/recipe. asp？recipe＝341#sthash. CHmW6mtY. dpuf.

http：//www. caribbeanelections. com/knowledge/biography/bios/bramble_wil-liam. asp.

http：//www. crwflags. com/fotw/flags/ms. html.

http：//www. docin. com/p - 242540013. html.

http：//www. everyculture. com/Ma-Ni/Montserrat. html#ixzz3e4NMaFzc.

http：//www. gov. ms/wp-content/uploads/2013/07/Motherland-Lyrics. pdf.

http：//www. iexplore. com/travel-guides/caribbean/montserrat/food-and-res-
taurants.

http：//www. montserratreporter. org/fra0398 - 3. htm.

http：//www. nhbs. com/title/192293/national-birds-of-the-world？ bkfno = 207
036.

http：//www. paradise-islands. org/.

http：//www. squidoo. com/caribbean-flowers.

http：//www. visitmontserrat. com/.

http：//www. yododo. com/area/guide/01407550E1DC3745402881D340753B1
C#ixzz3CPOwqJzO.

http：//scenery. nihaowang. com/scenery11230. html.

http：//zhidao. baidu. com/question/165459059. html.

https：//www. trails. com/list_7343_types-plants-amazon-rainforest. html.

特克斯和凯科斯群岛

http：//anthems. lidicity. com/index. html.

http：//baike. haosou. com/doc/6006342 - 6219327. html.

http：//blog. sina. com. cn/s/blog_99761ae60101h8co. html.

http：//ecos. fws. gov/tess_public/profile/speciesProfile. action？ spcode = B02L.

http：//everything. explained. today/Brown_Pelican/.

http：//fotw. fivestarflags. com/tc_his. html.

http：//herbaria. plants. ox. ac. uk/bol/tci.

http：//hubpages. com/travel/caribbean-flowers.

http：//issuu. com/tcweeklynews/docs/september_19 - 25_all_pages.

http://magneticmediatv. com/2015/09/rev-dr-conrad-howell-missing/.

http://ndish. com/category/america/caribbean/.

http://tcimall. tc/turks-and-caicos-government-offices/.

http://today. caricom. org/2015/09/14/tci-mourns-death-of-national-song-author/.

http://webarchive. nationalarchives. gov. uk/20120614164126/.

http://www. kew. org/news/kew-blogs/ukots/ukots-seed-conservation. htm.

http://www. almi. tc/history. php.

http://www. birdtheme. org/country/turks. html.

http://www. caribbeanelections. com/knowledge/biography/heroes/tc_heroes. asp.

http://www. crwflags. com/.

http://www. delcampe. net/page/item/id, 292140615, var, Turks-and-Caicos-Islands-1950-KGVI-Scenic-Definitives – 1-Government-House-HM, language, E. html.

http://www. digplanet. com/wiki/Category: Turks _ and _ Caicos _ Islands _ cricketers.

http://www. dpreview. com/galleries/9079533667/photos/2527377/.

http://www. gov. tc/.

http://www. indexmundi. com/turks_and_caicos_islands/national_an them. html.

http://www. isnare. com/encyclopedia/Coat_of_arms_of_the_Turks_and_Caicos_Islands#sthash. G7MBvzOz. dpuf.

http://www. kew. org/discover/blogs/kew-science/rescuing-threatened-caicos-pine-turks-and-caicos-islands.

http://www. reefnews. com/reefnews/oceangeo/grndturk/natlhero. html.

http://www. kew. org/science/ukots/Pages/tci2ai. htm.

http://www. rtc107fm. com/world-news/item/10713-governor-mourns-passing-of-dr-conrad-howell. html.

http://www. sfgate. com/cgi-bin/article. cgi？f＝/c/a/2009/11/12/BAP71 AIOJD. DTL.

http://www. sinofourway. com/Flag/3801. html.

http://www. sportsviews. com/blog/106768/Brown_Pelican_ - _Ecological_ Success_Story.

http://www. suntci. com/.

http://www. tcgov. tc/.

http://www. tciaffairs. net/news/police-investigating-the-apparent-murder-of-rev-dr-conrad-howell/.

http://www. thefullwiki. org/Turks_and_Caicos_Islands.

http://www. turksandcaicostourism. com/ http://provo. com/ http://tcimall. tc/TCI.

http://www. virtualtourist. com/travel/Caribbean _ and _ Central _ America/ Turks_ and _ Caicos _ Islands/Grand _ Turk - 1707839/Things _ To _ Do-Grand_Turk - TG - N - 1. html.

http://www. worldatlas. com/webimage/countrys/namerica/caribb/turksand-caicos/tcsymbols. htm#page.

http://www. worldstatesmen. org/Turks_Caicos. html.

https://flagspot. net/flags/tc. html#gov.

https://www. superstock. com/stock-photos-images/1486 - 15789.

https://www. visittci. com/dining/cuisine.

https://www. tripadvisor. com/Trave/ - g147395 - .

https://www. tcmuseum. org/？s＝nationa/tcostume.

https://turksandcaicosreserations. com/turksandcaicosislands/turks-caico-na-tinal-costumel.

http://stjohn-yuide. com/stjohn-usvi-actionties/turks-head-cactus/.

法属圭亚那

http://baike. baidu. com/link? url = e-sVCy2jUsUPupOQSMaf9bmgu4xw9ng-jKcF5y-52FXWcvmyCFkX5coeidwd0XvKWddxHOc8l1kBq1Dhrqv0vK.

http://blog. sina. com. cn/s/blog_4cb6ce6b0100rrsk. html.

http://book. kongfz. com/item_pic_11991_80501268/.

http://dictionary. sensagent. com/French_Guiana/en-en/.

http://famouswonders. com/flag-of-french-guiana/.

http://lexbook. net/en/french-guiana.

http://www. answers. com/Q/What_is_french_Guiana_National_Dish.

http://www. gmw. cn/01gmrb/1998 – 02/22/GB/17611%5EGM3 – 2207. HTM.

http://www. goal. com/en/news/6851/hyundai/2014/06/13/4841904/why-the-gallic-rooster-is-the-symbol-of-the-france-national.

http://www. gouvernement. fr/en/the-gallic-rooster.

http://www. newworldencyclopedia. org/entry/French_Guiana.

http://www. teleflora. com/meaning-of-flowers/lily.

http://www. travbuddy. com/Cayenne-travel-guide-949089.

http://www. travelpod. com/travel-blog-city/French%20Guiana/Cayenne/tpod. html.

http://travel-spots. com/2011/08/travel – %E2%80%93-cayenne-the-capital-of-french-guiana/#. VoSLGNJAWlX.

http://www. tripadvisor. cn/Attraction _ Review-g294076-d5999957-Reviews-St_Saviour_Cathedral-Cayenne_Arrondissement_of_Cayenne. html.

http://www. unc. edu/ ~ rowlett/lighthouse/guf. htm.

http://www. worldatlas. com/webimage/countrys/samerica/frenchguiana/gf-symbols. htm#page.

https://flagspot. net/flags/gf. html.

http://www. everyculture. com/Cr-Ga/French-Guiana. html#ixzz3vVMj4vCZ.

http://www. best-country. com/sowh america/quiana/food.

http：//www. asia. com/traved-guides/French-guiana.

http：//www. catholic-hierarchy. org/diocese/dcaye. html.

http：//www. thefreedictionhry. com/cayenne. + French + Gmianq.

http：//www. unique-southamerica-trnvel-expetience. cmo/cayenne-qutan. html.

http：//www. native-languages. org/french-quianna. html.

瓜德罗普

http：//1. mshcdn. com/wp-content/uploads/2015/09/ellisisland-26. jpg.

http：//baike. baidu. com/view/139451. htm.

http：//baike. haosou. com/doc/3750353 – 3939953. html.

http：//blog. sina. com. cn/s/blog_99761ae60102uyme. html.

http：//ndish. com/category/america/caribbean/guadeloupe/.

http：//scenery. nihaowang. com/scenery11231. html.

http：//sh. sina. com. cn/lvyou/guadeluopu/index. html.

http：//wenwen. sogou. com/z/q100670448. htm.

http：//www. 36ak. com/tianwendili/shijiedili/14851. html.

http：//www. crwflags. com/fotw/flags/gp.

http：//www. cuisineetvinsdefrance. com/，recettes-de-cuisine-de-la-guadeloupe，
  78212. asp.

http：//www. everyculture. com/Ge-It/Guadeloupe. html#ixzz3e4Ir9wp8.

http：//www. national-symbol. com/.

http：//www. nationsonline. org/oneworld/map/google_map_Basse-Terre. htm.

http：//www. newworldencyclopedia. org/entry/Guadeloupe#cite_note – 8.

http：//www. nobelprize. org/nobel _ prizes/literature/laureates/1960/perse –
  bio. html.

http：//www. omniglot. com/writing/guadeloupean. php.

http：//www. textetc. com/traditional/st-john-perse. html.

http：//www. virtualtourist. com/travel/Caribbean_and_Central_America/Guadeloupe/Restaurants-Guadeloupe-TG – C – 1.

http：//www. worldatlas. com/webimage/countrys/namerica/caribb/guade-loupe/gpsymbols. htm#page.

https：//www. questia. com/read/1G1 – 123574980/creole-in-maryse-conde-s-work-the-disordering-of.

马提尼克

http：//allrecipes. com/recipe/64819/redfish-court-bouillon/.

http：//baike. baidu. com/view/96244. htm？fromtitle = % E9% A9% AC% E6% 8F% 90% E5% B0% BC% E5% 85% 8B&fromid = 2516120&type = syn.

http：//blog. sina. com. cn/s/blog_60e877410100evmi. html.

http：//culinaryarts. about. com/od/stocks/r/courtbouillon. htm.

http：//forum. unilang. org/viewtopic. php？f = 127&t = 166.

http：//fotosmundo. net/carnaval – 2013/.

http：//repeatingislands. com/2015/10/01/vanessa-bolosier-author-of-creole-kitchen/.

http：//voyageforum. com/discussion/cuisine-martinique-d180371/.

http：//www. 21pw. com/ls – 2012 – 2 – 6/l236554. html.

http：//www. ask. com/food/national-dish-martinique-70ceda43a3de0524？qo = questionPageSimilarContent.

http：//www. communes. com/martinique/martinique/fort-de-france _ 97200/photos. html？id = 2.

http：//www. crwflags. com/fotw/flags/mq. html.

http：//www. foodandwine. com/recipes/court-bouillon.

http：//www. islandtimeholidays. com/Martinique. htm.

http：//www. licorea. com/saint-james-paille-martinica-p-1638. html.

http：//www. martinica-turismo. com/descubra/galeria-fotos. php.

http://www. martinique. org/.

http://www. ron. es/#Martinica.

http://www. royalcaribbean. com/findacruise/ports/group/home. do? portCode = FDF.

http://www. thefreedictionary. com/national + currency" > national currency </a>.

http://www. tripadvisor. cn/Attraction _ Review-g1189183-d253288-Reviews-Habitation_Clement-Le_Francois_Arrondissement_of_Le_Marin_Martinique. html.

http://www. tripadvisor. com. mx/Attraction _ Review-g147328-d147821-Reviews-Schoelcher_Library-Fort_de_France_Arrondissement_of_Fort_de_France_Martinique. html.

http://www. uvinum. es/ron#page_description_footer.

http://www. vccoo. com/v/1f9821.

http://www. wine-searcher. com/regions-martinique.

http://www. worldatlas. com/webimage/countrys/namerica/caribb/martinique/martiniqueflags. htm.

http://www. wycliffe. net/world? code = gcf&continent = AME&country = BL.

法属圣马丁

http://anthems. lidicity. com/index. html.

http://baike. haosou. com/doc/5287998 – 5522374. html.

http://blog. sina. com. cn/s/blog_859130060100x0fp. html.

http://travelfoodanddrink. com/st-martin-food-and-drink/.

http://www. baike. com/ipadwiki/% E5% 9C% A3% E9% A9% AC% E4% B8% 81% E5% B2% 9B.

http://www. chinavalue. net/Wiki/% E5% 9C% A3% E9% A9% AC% E4% B8% 81% E5% B2% 9B. aspx.

http：//www. crwflags. com/fotw/flags/mf. html.

http：//www. geographia. com/st-martin/smpnt01. htm.

http：//www. iledesaintmartin. org/destination-saint-martin/vie-locale-saint-
　　martin. html.

http：//www. qmfound. com/martin. htm.

http：//www. recipetips. com/recipe-cards/t － －4128/callaloo-soup. asp.

http：//www. sintmaartenfreaks. com/.

http：//www. st-martin. org/.

http：//www. stmartinisland. org/st-martin-st-maarten-activities/st-martin-st-
　　maarten-places-to-visit. html.

http：//www. sxm-info. com/feature/marigot/index. html.

http：//www. worldatlas. com/webimage/countrys/namerica/caribb/saintmar-
　　tin/stmartinsymbols. htm#page.

http：//www. worldstatesmen. org/Saint_Martin. html.

https：//flagspot. net/flags/mf. html.

https：//www. newworldencyclopedia. org/entry/Saint_Martin.

荷属圣马丁

http：//allrecipes. com/recipe/13139/callaloo-soup/.

http：//anthems. lidicity. com/index. html.

http：//baike. so. com/doc/1236093 － 1307379. html.

http：//blog. sina. com. cn/s/blog_99761ae60101a5k7. html.

http：//guavaberry. com/recipes_wildlime. php.

http：//travelfoodanddrink. com/st-martin-food-and-drink/.

http：//vagaband. blog. sohu. com/321140069. html.

http：//www. 10best. com/destinations/saint-martin-sint-maarten/saint-martin-
　　sint-maarten/shopping/shopping-near-cruise-port/.

http：//www. aircanada. com/en/onair/february2010/eng-can-2/sundestination.

html.

http://www. geographia. com/st-maarten/anmphil01. htm.

http://www. grouprecipes. com/67435/callaloo-soup. html.

http://www. kabgsxm. com/governor-flag. aspx? language = EN.

http://www. museumsintmaarten. org/index. php? option = com_content&view = article&id = 90&Itemid = 123.

http://www. pricetravel. com/philipsburg.

http://www. recipetips. com/recipe-cards/t - - 4128/callaloo-soup. asp.

http://www. sinofourway. com/flag/3772. html.

http://www. sintmaartengov. org/Pages/default. aspx.

http://www. sxmparliament. org/about-parliament/parliament-logo. html.

http://www. tripadvisor. cn/Attraction_Review - g147347 - d6582952 - Reviews - Amsterdam _ Cheese _ and _ Liquor _ Store - Philipsburg _ Sint _ Maarten_St_Maarten_St_Martin. html.

http://www. waymarking. com/waymarks/WMNE73 _ St _ Martin _ of _ Tours _ Philipsburg_Sint_Maarten.

https://www. virtualtourist. com/travel/Caribbean _ and _ Central _ America/ Netherlands_Antilles/Sint _ Maarten - 2271935/Things _ To _ Do-Sint _ Maarten-TG-N - 1. html.

http://www. recipetips. com.

阿鲁巴

http://10000birds. com/what-is-the-national-bird-of-aruba. htm.

http://anthems. lidicity. com/index. html.

http://baike. baidu. com/subview/6092/8413329. htm.

http://beerofthecaribbean. com/.

http://blog. renren. com/share/328825350/4501205028.

http://blog. sina. com. cn/s/blog_4cb6ce6b0100xdnt. html.

http://geography. about. com/library/cia/blcaruba. htm.

http://royaljewelers. net/.

http://wenda. so. com/q/1378708352070261.

http://www. 360doc. com/content/10/1110/04/4269430_68092574. shtml.

http://www. altiusdirectory. com/Money/aruban-florin-10. html.

http://www. answers. com/Q/What_is_Aruba%27s_national_flower.

http://www. aruba. com/our-island/oranjestad.

http://www. bis-ans-ende-der-welt. net/Aruba-B-En. htm.

http://www. boneiruawe. com/konmenorashon-di-fecha-natalisio-di-betico-cro-es-konmemora-na-boneiru. html.

http://www. cbaruba. org/cba/getPage. do? page = NOTES _ AND _ COINS _ BANK_NOTES.

http://www. crwflags. com/fotw/flags/aw. html.

http://www. e-allmoney. com/banknotes/sam/aruba. html.

http://www. everyculture. com/A-Bo/Aruba. html#ixzz3Z40bUH3o.

http://www. factbites. com/topics/Betico-Croes.

http://www. institutodicultura-aruba. com/auacultura/pap/evento/diadibeti-co/diadibetico. htm.

http://www. lightphotos. net/photos/displayimage. php? album = 48&pid = 4089.

http://www. nationalanthems. us/forum/YaBB. pl? num = 1112430556/1.

http://www. national-symbol. com/national-country-symbols-of-aruba. html.

http://www. puzzle. de/divi-divi-tree-500-teile-nathan-puzzle. html.

http://www. visitaruba. com/facts/general/coatofarms. html? "Aruba Facts-General Knowledge-Coat of Arms".

http://www. worldatlas. com/webimage/countrys/namerica/caribb/aruba/aw-symbols. htm#page.

http://www. worldwidewebawards. net/Food/Aruba. html.

https://flagspot. net/flags/aw. html.

库拉索

http://anthems. lidicity. com/index. html.

http://baike. haosou. com/doc/6122897 – 6336051. html.

http://blog. sina. com. cn/s/blog_555b8d8b0101rar2. html.

http://news. 163. com/13/0916/15/98TE43SS00014AED. html.

http://travel. china. com/vane/tour/11119697/20131112/18141261. html.

http://www. alibaba. com/showroom/curacao-liqueur. html.

http://www. crwflags. com/fotw/flags/cw. html.

http://www. curacao. com/en/stories/history-and-heritage/world-heritage-cit-y-willemstad-punda/.

http://www. curacaocarnival. info/eng/index. php.

http://www. curacao-travelguide. com/about/flora_fauna. html.

http://www. curacaovacationguide. com/curacao.

http://www. gobiernu. cw/web/site. nsf/web/E0D885C49064414404257BAD0005EB1A? opendocument.

http://www. paradise-islands. org/montserrat/plymouth. htm.

http://www. royalcaribbean. com/findacruise/ports/group/home. do? portCode = CUR.

http://www. travelandleisure. com/articles/willemstad-curacao-architecture-design.

http://www. worldatlas. com/webimage/countrys/namerica/caribb/curacao/curacaoflags. htm.

http://www. worldheritagesite. org/sites/willemstad. html.

荷兰加勒比区

http://aggie-horticulture. tamu. edu/wildseed/20/20. 2. html.

http://blog. sina. com. cn/s/blog_99761ae60102uywq. html.

http://cousinisland. net/.

http：//hi. baidu. com/johyoroe/blog/item/cb529939d2230ec9d5622598. html.

http：//www. bonairegov. nl/index. php？ lang = en.

http：//www. crwflags. com/fotw/flags/bq-se. html.

http：//www. geographia. com/bonaire/boncul01. htm.

http：//www. nationalanthems. us/forum/YaBB. pl？ num = 1100598806/2.

http：//www. sabagovernment. com/.

http：//www. sabatourism. com/.

http：//www. statiagovernment. com/faq. html.

http：//www. statiatourism. com/.

http：//www. symbols. com/symbols/.

http：//www. tourismbonaire. com/bonaire-useful-facts.

http：//www. worldatlas. com/.

https：//flagspot. net/flags/bq-sa. html.

https：//s-media-cache-ak0. pinimg. com/originals/3b/1f/b2/3b1fb256f256f41
54bda94cdb429dbbb. jpg.

西班牙

http：//dle. rae. es/？ id = I2kiw28 （dle：Diccionario de la Lengua Espanola；.
rae：Real Academia Espanola）.

http：//www. abc. es/historia/abci-i-span-ya-misterioso-origen-palabra-espana-
y-nombre-otros-paises-europeos-201602012256_noticia. html.

http：//www. catholicity. com/encyclopedia/s/spain. html.

http：//www. dictionary. com/browse/etymology.

http：//www. enforex. com/culture/symbols. html.

http：//www. donquijote. org/culture/spain/history/madrid.

http：//www. nova. es/ ~ jlb/mad_es05. htm.

http：//mp. weixin. qq. com/s？ _biz = MzA5NTQ0ODIwMQ％ 3D％ 3D&idx =
2&mid = 2649756385&sn = 6f157915b3c046ad7847f352acc95ae6.

http：//www. fundeu. es/recomendacion/moncloa-y-zarzuela-articulo-1164/.

http：//www. lamoncloa. gob. es/gobierno/gabinete/Paginas/index. aspx.

http：//www. wtoutiao. com/p/X1aEM1. html.

http：//www. biografiasyvidas. com/biografia/v/vega. htm.

https：//www. poets. org/poetsorg/poet/federico-garcía-lorca.

http：//www. 997788. com/pr/detail_172_26104902. html.

http：//www. enforex. com/culture/spanish-dance. html.

http：//www. xs163. net/Detail. asp? id = 9108.

http：//www. elmundo. es/elmundo/2007/01/23/comunicacion/1169557115. html.

http：//www. fnmt. es/historia-de-la-peseta.

https：//es. wikipedia. org/wiki/Madrid.

https：//es. wikipedia. org/wiki/Tortilla_de_patatas.

https：//es. wikipedia. org/wiki/Escarapela_de_Espa? a.

https：//es. wikipedia. org/wiki/Archivo：Spanish_Presidential_Flag. svg.

https：//en. wikipedia. org/wiki/Order_of_Charles_Ⅲ.

https：//es. wikipedia. org/wiki/Orden_de_Isabel_la_Católica.

https：//es. wikipedia. org/wiki/Ventura_de_la_Vega.

http：//www. thefullwiki. org/Flag_of_Castile_and_León.

https：//commons. wikimedia. org/wiki/File：Guión _ del _ Rey _ de _ Espa? a. svg.

http：//baike. so. com/doc/1140528 - 1206600. html.

http：//baike. so. com/doc/510906 - 540872. html.

http：//baike. niaolei. org. cn/Spanish% 20Imperial% 20Eagle.

http：//tieba. baidu. com/p/4832720923.

http：//tieba. baidu. com/p/280888576.

http：//www. people. com. cn/GB/jinji/222/5662/5663/20010611/486441. html.

葡萄牙

http：//www. ordens. presidencia. pt/？idc = 128.

https：//flagspot. net/flags/country. html#g.

http：//www. presidencia. pt/.

http：//www. theportugalnews. com/news/view/906 − 9.

http：//theldndiaries. com/lisbon-things-to-do-in-a-weekend/.

http：//www. wissen-digital. de/Luís_de_Cam？es.

http：//www. coisas. com/Malandrice-das-Caldas-Ze-Povinho-Verde-Queres-
　　Fiado-Toma，name，226165016，auction_id，auction_details.

http：//www. coinsky. com/htm/shop/view. cgi？id = 420570#pic.

https：//tieba. baidu. com/p/2758955598.

http：//whc. unesco. org/zh/list/265.

http：//whc. unesco. org/zh/list/1117.

http：//image. so. com/i？src = 360pic_normal&q = 科英布拉大学.

https：//www. portugaliceland. is/areas-noticias/cultura/item/parabens-canto-
　　alentejano.

http：//www. unesco. org/culture/ich/es/USL/el-procedimiento-de-fabrica-
　　cion-de-la-ceramica-negra-de-bisalhaes-01199.

http：//freshfromnature. eu/.

http：//www. hbwy. com. cn/08xibanya/onews. asp？id = 810.

http：//folclore-online. com/dancas_populares/vira-minho. html#. WLPOjOyeqlU.

http：//sucai. redocn. com/tupian/5403811. html.

http：//sucai. redocn. com/tupian/5403827. html.

http：//www. visa800. com/a/ouzhouguojiayimin/haiwaishenghuo/20140113224
　　8. html.

http：//bacalhaudias. pt/caldeirada-de-bacalhau/.

http：//www. quanjing. com/imginfo/sps1288 − 1283. html.

http：//itbbs. pconline. com. cn/dc/50939845. html.

http://www. sanwen8. com/p/a9bx5zdo. html.

http://www. alamy. com/stock-photo/portuguese-escudo. html.

https://www. crwflags. com/FOTW/FLAGS/pt_gov. html.

http://baike. so. com/doc/793143 – 7518872. html.

https://baike. so. com/doc/9446515 – 9787886. html.

https://www. mafengwo. cn/poi/92887. html.

http://sanwen8. cn/p/3f8IYgc. html.

http://blog. 163. com/sabrina_918/blog/static/96793912008611103556 761/.

https://cn. bing. com/images/search? q = quercus-suber&FORM = BDCN16&
mkt = zh-cn&id = 3CCE2CA252E180793E472D280E8A17BE5E3F1380.

图书在版编目(CIP)数据

拉美和加勒比国家象征标志手册续集／焦震衡著
. -- 北京：社会科学文献出版社，2021.3
（中国社会科学院老年学者文库）
ISBN 978 - 7 - 5201 - 8072 - 6

Ⅰ.①拉… Ⅱ.①焦… Ⅲ.①国家表征 - 拉丁美洲 -
手册②国家表征 - 西印度群岛 - 手册 Ⅳ.
①D773.021 - 62②D775.021 - 62

中国版本图书馆 CIP 数据核字（2021）第 041274 号

中国社会科学院老年学者文库
拉美和加勒比国家象征标志手册续集

著　　者／焦震衡

出 版 人／王利民
组稿编辑／高明秀
责任编辑／许玉燕
文稿编辑／王春梅

出　　版／社会科学文献出版社·国别区域分社（010）59367078
　　　　　　地址：北京市北三环中路甲 29 号院华龙大厦　邮编：100029
　　　　　　网址：www.ssap.com.cn
发　　行／市场营销中心（010）59367081　59367083
印　　装／三河市东方印刷有限公司

规　　格／开 本：787mm × 1092mm　1/16
　　　　　　印 张：47　字 数：681 千字
版　　次／2021 年 3 月第 1 版　2021 年 3 月第 1 次印刷
书　　号／ISBN 978 - 7 - 5201 - 8072 - 6
定　　价／168.00 元

本书如有印装质量问题，请与读者服务中心（010 - 59367028）联系